Perspektiven der Ratspräsidentschaft in einer erweiterten Europäischen Union

Europäische Hochschulschriften
Publications Universitaires Européennes
European University Studies

Reihe XXXI
Politikwissenschaft

Série XXXI Series XXXI
Sciences politiques
Political Science

Bd./Vol. 511

PETER LANG
Frankfurt am Main · Berlin · Bern · Bruxelles · New York · Oxford · Wien

Olga Ilona Niemi

Perspektiven der Ratspräsidentschaft in einer erweiterten Europäischen Union

PETER LANG
Europäischer Verlag der Wissenschaften

Bibliografische Information Der Deutschen Bibliothek
Die Deutsche Bibliothek verzeichnet diese Publikation in der Deutschen Nationalbibliografie; detaillierte bibliografische Daten sind im Internet über <http://dnb.ddb.de> abrufbar.

Zugl.: München, Univ., Diss., 2004

D 19
ISSN 0721-3654
ISBN 3-631-53857-X

Europäischer Verlag der Wissenschaften
Frankfurt am Main 2005

www.peterlang.de

Meiner Familie

Vorwort

Reformdebatten haben in der Europäischen Union (EU) eine lange Tradition. Im Kern geht es um die Frage, inwieweit das bestehende Institutionengefüge vor dem Hintergrund der jeweiligen veränderten Anforderungen funktionsfähig bleibt. Die EU hat im Mai 2004 die größte Erweiterung seit ihrer Gründung vollzogen. Die Ratspräsidentschaft wurde hierbei als ein zentrales Reformthema des Institutionensystems diagnostiziert.

Die vorliegende Arbeit widmet sich den Perspektiven der Ratspräsidentschaft in einer erweiterten EU. Diese werden als Reformoptionen dargestellt, die abhängig von der Evolution des institutionellen Systems der EU sind. Auf Basis der Integrationstheorien werden drei mögliche Modelle einer erweiterten EU hergeleitet: die föderale, die intergouvernementale und die flexible EU. Diese Modelle beinhalten jeweils andere Voraussetzungen für die Reform der Ratspräsidentschaft. Mit Hilfe der aufgestellten Anforderungen an die Reform der Ratspräsidentschaft und den Modellen einer erweiterten EU wird analysiert, inwiefern aktuelle Reformvorschläge der Mitglied- und Beitrittsstaaten, der Organe der EU bzw. des Europäischen Konvents sowie der akademischen Institutionen die bestehenden Defizite der Ratspräsidentschaft beheben, die politischen Vorteile der Rotation weiterhin ermöglichen und die aus der Erweiterung resultierenden Herausforderungen bewältigen können. Darauf aufbauend werden die Reformoptionen in Abhängigkeit der einzelnen Modelle einer erweiterten EU entworfen. Abschließend wird die Relevanz der reformierten Ratspräsidentschaft differenziert nach den Modellen einer erweiterten EU auf Grundlage der erarbeiteten Reformoptionen beurteilt. Die Perspektiven des europäischen Integrationsprozesses operationalisiert durch die Modelle einer erweiterten EU werden mit möglichen Reformoptionen der Ratspräsidentschaft in Einklang gebracht.

Dem Buch liegt eine Dissertation an der Ludwig-Maximilians-Universität München zugrunde. Dies wurde im Juli 2004 von der Sozialwissenschaftlichen Fakultät als Dissertation zur Erlangung des akademischen Grades eines Doktors der Philosophie (Dr. phil.) angenommen.

Mein Dank gilt besonders Prof. Dr. Dr. h.c. Werner Weidenfeld für die wissenschaftliche Förderung und Betreuung meiner Arbeit. Des weiteren möchte ich mich bei Dr. Manuela Glaab, Mitarbeiterin am Lehrstuhl für Politische Systeme und Europäische Einigung des Geschwister-Scholl-Instituts, für ihre Hilfe und Diskussionsbereitschaft sehr herzlich bedanken.

Das Forschungsvorhaben wurde von der Finnischen Kulturstiftung gefördert. Ihr gilt ein ausdrücklicher Dank.

Mein ganz besonderer Dank gilt meinen Eltern und Geschwistern sowie meinem Freund Markus für ihre liebevolle Unterstützung und vielfältige Förderung. Sie haben diese Arbeit ermöglicht und maßgeblich zum Erfolg beigetragen. Meiner Familie widme ich dieses Buch.

München, im Februar 2005 Ilona Niemi

Inhaltsverzeichnis

Abkürzungsverzeichnis

A	Österreich
Abs.	Absatz
Art.	Artikel
AStV	Ausschuß der Ständigen Vertreter
B	Belgien
Bd.	Band
BIP	Bruttoinlandsprodukt
CAP	Centrum für Angewandte Politikforschung
CEPS	Centre for European Policy Studies
CER	Centre for European Reform
COCOR	Commission de Coordination du Conseil des Ministres
COREPER	Comité des Représentants Permanents
COREU	Correspondance Européenne
D	Deutschland
DK	Dänemark
d. Verf.	der Verfasser
E	Spanien
EAG	Europäische Atomgemeinschaft
ECOFIN	Economics and Finance Council
EEA	Einheitliche Europäische Akte
EG	Europäische Gemeinschaft(en)
EGKS	Europäische Gemeinschaft für Kohle und Stahl
EGV	Vertrag zur Gründung der Europäischen Gemeinschaft
EIPA	European Institute of Public Administration
EPC	European Policy Centre
EPZ	Europäische Politische Zusammenarbeit
ER	Europäischer Rat
ESVP	Europäische Sicherheits- und Verteidigungspolitik
EU	Europäische Union
EUMC	European Union Military Committee
EUMS	European Union Military Staff
EUR	Euro
EUV	Vertrag über die Europäische Union
EWG	Europäische Wirtschaftsgemeinschaft
EZB	Europäische Zentralbank
F	Frankreich
f./ff.	folgende Seite/folgende Seiten
FIN	Finnland
Fn.	Fußnote
FPÖ	Freiheitliche Partei Österreichs
FusV	Fusionsvertrag
GASP	Gemeinsame Außen- und Sicherheitspolitik
GB	Großbritannien
GO	Geschäftsordnung
GR	Griechenland
H.	Heft
Hrsg.	Herausgeber
I	Italien
ICRI	The Independent Commission for the Reform of the Institutions and Procedures of the Union

idF.	in der Fassung
IRL	Irland
i.V.m.	in Verbindung mit
KOM	Europäische Kommission
L	Luxemburg
Mio.	Millionen
NATO	North Atlantic Treaty Organization
NL	Niederlande
P	Portugal
PJZS	Polizeiliche und Justitielle Zusammenarbeit in Strafsachen
PSK	Politisches und Sicherheitspolitisches Komitee
S	Schweden
S.	Seite(n)
SAL	Sonderausschuß Landwirtschaft
SCIC	Service Commun Interprétation Conférence
UNO	United Nations Organization
vgl.	vergleiche
WEU	Westeuropäische Union
WFA	Wirtschafts- und Finanzausschuß
WWU	Wirtschafts- und Währungsunion
ZBJI	Zusammenarbeit in den Bereichen Justiz und Inneres

Verzeichnis der verwendeten Periodika

Aus Politik und Zeitgeschichte

Außenpolitik

Blätter für deutsche und internationale Politik

Common Market Law Review

Cooperation and Conflict

Daedalus

Dagens Nyheter

Der Spiegel

Deutschland. Zeitschrift für Politik, Kultur, Wirtschaft und Wissenschaft

Die politische Meinung

Die Presse

Die Welt

Die Zeit

Dokumente

Europa-Archiv

europablätter

Europäische Rundschau

Europäische Zeitung

Europarecht

European Affairs

European Environmental Law Review

European Journal of International Relations

European Law Review

European Union Politics

Financial Times

Financial Times Deutschland

Frankfurter Allgemeine Zeitung

Gegenwartskunde

German Politics

Government and Opposition

Handelsblatt

Helsingin Sanomat

integration

International Affairs

International Negotiation

Internationale Politik

Internationella studier

Irish Studies in International Affairs

Jahrbuch der Europäischen Integration

Journal of Common Market Studies

Journal of European Public Policy

Kurier

Northern Dimensions: The Yearbook of Finnish Foreign Policy

Österreichisches Jahrbuch für internationale Politik

Österreichische Zeitschrift für Politikwissenschaft

Perspektiven

Politische Studien

Politische Vierteljahresschrift

Publius: The Journal of Federalism

Staatswissenschaft und Staatspraxis

Studia Diplomatica

Süddeutsche Zeitung

Survival

The Economist

The European Union: Annual Review of the EU

The International Spectator

The World Today

Tourism Economics

Ulkopolitiikka

Unitas: Meritanordbanken Economic Review

Wirtschaftsdienst

Wirtschaftswissenschaftliches Studium

Wirtschaftswoche

Zeitschrift für ausländisches öffentliches Recht und Völkerrecht

Zeitschrift für internationales Privatrecht und Europarecht

Zeitschrift für Politikwissenschaft

Zeitschrift für Rechtsvergleichung, Internationales Privatrecht und Europarecht

1 UNTERSUCHUNGSRAHMEN

1.1 Forschungsinteresse

Die Europäische Union (EU) vollzieht im Mai 2004 die größte Erweiterung seit ihrer Gründung. Acht Staaten aus Mittel- und Osteuropa[1] sowie Malta und Zypern treten der EU bei. Durch die Mitgliedschaft Bulgariens und Rumäniens wird die EU in den nächsten Jahren weiter wachsen. Eine EU-27 stellt jedoch nicht den finalen Zustand der territorialen und politischen Integration Europas dar.[2] Durch die bevorstehende umfangreiche Erweiterung werden die Defizite des bestehenden Systems verstärkt und neue Probleme entstehen.[3] Die alte Logik der Integration kann diese neuen Herausforderungen nicht mehr bewältigen.[4] Um die Funktionsfähigkeit der EU sicherzustellen, ist eine Reform der Institutionen sowie Prozeduren, darunter auch die der Ratspräsidentschaft,[5] notwendig.

Seit der Regierungskonferenz 1996/1997 steht die Handlungsfähigkeit der Institutionen in bezug auf die Erweiterung an zentraler Stelle der europapolitischen Agenda.[6] Der Ablauf der Regierungskonferenz 2000 zeigte deutlich, daß das System der Regierungskonferenzen kein geeignetes Mittel mehr ist, große Reformen umzusetzen. In der Tagung des Europäischen Rates von Laeken im Dezember 2001 wurde die Erklärung von Laeken zur Zukunft der Europäischen Union verabschiedet, in der dem gleichzeitig konstituierten Europäischen Konvent eine institutionelle Reform zur Aufgabe gemacht wurde.[7] Im Juni 2003 hat der Europäische Konvent den Entwurf eines Vertrags über eine Verfassung für Europa vorgelegt,[8] der als Ausgangspunkt für die Arbeiten der im Oktober 2003 begonnenen Regierungskonferenz diente. Diese scheiterte im Dezember 2003 an der Frage der künftigen Machtverteilung im Rat der EU.[9] Im Januar 2004 hat die irische Ratspräsidentschaft die abgebrochenen Verfassungsverhandlungen wieder aufgenommen.[10] Ziel ist weiterhin die Schaffung der institutionellen Grundlagen für die erweiterte EU.

---

1 Estland, Lettland, Litauen, Polen, Slowakei, Slowenien, die Tschechische Republik und Ungarn.

2 Beispielsweise ist eine Mitgliedschaft der Türkei und der Staaten Südosteuropas nicht mehr kategorisch auszuschließen. Vgl. WEIDENFELD (2001b), S. 7. Im folgenden wird von einer EU-25+ gesprochen, wenn eine EU mit mehr als 25 Mitgliedstaaten gemeint ist.

3 Vgl. JANNING/GIERING (1999), S. 39.

4 Vgl. WALLACE (2003), S. 85.

5 Für den Begriff der Ratspräsidentschaft finden sich verschiedene Bezeichnungen. In der vorliegenden Arbeit wird alternativ auch Vorsitz und Präsidentschaft verwendet. Rechtlich korrekt muß vom Vorsitz des Rates der EU oder von der Präsidentschaft (des Rates der EU) oder der EU-Ratspräsidentschaft gesprochen werden. Vgl. HUMMER/OBWEXER (1999a), S. 410 ff.

6 Näheres dazu WEIDENFELD (1998b); WEIDENFELD (2001b).

7 Vgl. Erklärung von Laeken zur Zukunft der Europäischen Union (14./15.12.2001).

8 Vgl. DAS SEKRETARIAT (CONV 850/03). Teil III des Entwurfs wurde noch in einer Sitzung im Juli 2003 überarbeitet.

9 Vgl. *Frankfurter Allgemeine Zeitung 13.12.2003.*

10 Vgl. *Financial Times Deutschland 21.01.2004.*

Mit Blick auf die Erweiterung wurde die Ratspräsidentschaft als ein zentrales Reformthema des Institutionensystems diagnostiziert. Die Ratspräsidentschaft spielt eine maßgebliche Rolle bei der Gestaltung der Arbeit des Rates, insbesondere in bezug auf Impulse für das Verfahren bei legislativen und politischen Beschlüssen. Mit steigender Zahl der Mitgliedstaaten und höherer Integrationsdichte hat die Bedeutung des Vorsitzes auf allen Ebenen des Rates kontinuierlich zugenommen.[1] Wenn in den letzten Jahren über die Zukunft der EU im allgemeinen und über ihre Funktionsfähigkeit im speziellen debattiert wurde, ist die Frage der Reform der Ratspräsidentschaft stets präsent gewesen. Aus diesem Grund ist eine Vielzahl von unterschiedlichen Reformvorschlägen zur Neugestaltung der Ratspräsidentschaft entstanden. Die Reformdiskussion mündete in dem Verfassungsentwurf des Europäischen Konvents im Juni 2003, der eine substantielle Modifizierung des bisherigen Vorsitzsystems beinhaltet.

Die aktuelle Ratspräsidentschaft weist zahlreiche Defizite auf. Durch die Erweiterung wird insbesondere die Rationalität der halbjährlich rotierenden Präsidentschaft in Frage gestellt.[2] In einer EU-25+ ist das bisherige Rotationsprinzip nicht mehr praktikabel.[3] Die regelmäßig zwischen allen Mitgliedstaaten wechselnde Ratspräsidentschaft besitzt aber auch politische Vorteile, was für die Beibehaltung zumindest einiger Rotationselemente spricht. Vor diesem Hintergrund stellt sich die Frage, inwiefern die konzipierten Reformvorschläge der Ratspräsidentschaft die bestehenden Defizite beheben, die politischen Vorteile der Rotation weiterhin ermöglichen und die aus der Erweiterung resultierenden Herausforderungen bewältigen können. Die einzelnen Parameter der Reformvorschläge der Ratspräsidentschaft sind systematisch zu erfassen und auf Vor- und Nachteile zu überprüfen. Sherrington hat auf diesen Punkt in ihrer Untersuchung im Jahre 2000 hingewiesen:

> „Therefore what needs to be asked is whether the disadvantages of all these options that have been put forward and debated from time to time outweigh the advantages of the existing six-month rotating Presidency."[4]

In der vorliegenden Arbeit wird ein Analyseraster entwickelt, welches ermöglicht, die einzelnen Parameter der Reformvorschläge auf ihre jeweiligen positiven und negativen Aspekte hin zu bewerten. Für diese Evaluation ist ein theoretischer Hintergrund notwendig, da die Reform der Ratspräsidentschaft nicht im institutionellen Vakuum stattfinden kann. Wallace formuliert:

> „it must be pointed out that any discussion on the role and functions of the Presidency must be seen in the context of the general progress towards European integration and the changes in institutional balance which this development implies."[5]

Das spezielle Interesse dieser Untersuchung gilt den Perspektiven der Ratspräsidentschaft in einer erweiterten EU. Im vorliegenden Untersuchungszusammenhang

---

1 Vgl. GRECO (2003), S. 195; LEHNE (1999c), S. 69; MCCORMICK (1996), S. 130; SHERRINGTON (2000), S. 44.

2 Vgl. KOLLMAN (2003), S. 71.

3 Vgl. WURZEL (2001), S. 7.

4 SHERRINGTON (2000), S. 173.

5 WALLACE (1984b), S. 59. Crossick stellt ähnlich fest: „Before determining the question of Presidencies, it is first necessary to address the future role, organisation and functions of the various institutions needed to fulfil the key objectives of the Union in the foreseeable future". CROSSICK (2003), S. 2. Vgl. auch HOSCHEIT (1984), S. 16; O'NUALLAIN (1985b), S. xiv.

werden die Perspektiven als Reformoptionen[1] der Ratspräsidentschaft in einer EU-25+ verstanden, die abhängig von der Evolution des institutionellen Systems der Union sind. Der institutionelle Kontext einer erweiterten EU wird anhand von Modellen operationalisiert. Es wird jeweils eine Reformoption in Abhängigkeit der Erweiterungsmodelle der EU erarbeitet. Trotz der Tatsache, daß die von der Regierungskonferenz anzunehmende Verfassung die EU auf eine neue Grundlage für die nächsten Jahrzehnte stellen wird,[2] ist sie kein Endpunkt in der Integrationsentwicklung.[3] Im globalen Zeitalter ist eine institutionelle Ultima ratio der EU schwer vorstellbar.[4] Aus diesem Grund ist es legitim, die Perspektiven der Ratspräsidentschaft in einer erweiterten EU zu untersuchen. Im Rahmen der Arbeit ist neben der künftigen Ausgestaltung auch die Relevanz der Ratspräsidentschaft von Bedeutung. Sie hat im europäischen Integrationsprozeß permanent zugenommen.[5] Somit stellt sich die Frage, ob die Ratspräsidentschaft weiterhin an Relevanz im Institutionengefüge der EU gewinnen oder ob sie, erstmalig in ihrer Geschichte, einen verringerten Stellenwert einnehmen wird.

Zielsetzung der vorliegenden Untersuchung ist die systematische Analyse der Vorteile und Defizite der Parameter der bestehenden Reformvorschläge zur Ratspräsidentschaft und darauf basierend der Entwurf von Reformoptionen in Abhängigkeit der einzelnen Modelle einer erweiterten EU. Darüber hinaus wird die Relevanz der reformierten Ratspräsidentschaft im institutionellen System der erweiterten Union herausgearbeitet. Die vorliegende Arbeit bringt die Perspektiven des europäischen Integrationsprozesses operationalisiert durch die Modelle einer erweiterten EU mit möglichen Reformoptionen der Ratspräsidentschaft in Einklang. Der Ablauf der Untersuchung orientiert sich an folgenden Leitfragen:

- Welche Vorteile und Defizite der heutigen Ratspräsidentschaft existieren?
- Was sind die Anforderungen an die Reform der Ratspräsidentschaft?
- Inwiefern sind die Parameter der bestehenden Reformvorschläge zur Ratspräsidentschaft mit diesen Anforderungen kompatibel?
- Wie sind die Reformoptionen in Abhängigkeit des jeweiligen Modells einer erweiterten Europäischen Union?
- Welche Relevanz hat die Ratspräsidentschaft in einer erweiterten Europäischen Union?

1 Eine Reformoption umfaßt eine Kombination von mehreren auf Vorteile und Defizite überprüften Parametern der Reformvorschläge in Abhängigkeit der Modelle einer erweiterten EU. Ausführlich hierzu siehe 5.2.

2 Der Präsident des Europäischen Konvents Giscard d'Estaing stellte in einem Gespräch mit europäischen Zeitungen im Juli 2003 fest, daß die geplante Verfassung Europa für die nächsten dreißig bis vierzig Jahre auf eine neue Basis stellen werde. Vgl. *Süddeutsche Zeitung 10.07.2003.*

3 Diedrichs und Wessels formulieren: „Ein Endpunkt in der Evolution der Europäischen Union lässt sich damit auch in der anstehenden Regierungskonferenz 2004 nicht absehen. Dennoch: Die Debatte um die Zukunft der EU im Rahmen des Post-Nizza-Prozesses erscheint hinsichtlich der Anzahl und Reichweite der Vorschläge, Konzepte und Modelle ehrgeiziger als vergangene Diskussion um die Gestaltung des Einigungsprozesses." DIEDRICHS/WESSELS (2002), S. 175.

4 Vgl. BARTOSZEWSKI (2002), S. 863.

5 Vgl. HUMMER/OBWEXER (1999a), S. 410; MCCORMICK (1999), S. 126; SCHALLENBERG/THUN-HOHENSTEIN (1999), S. 11.

1.2 Forschungsstand

In der bestehenden Literatur lassen sich mehrere Cluster identifizieren, aus denen Erkenntnisse für die Untersuchung der Perspektiven der Ratspräsidentschaft in einer erweiterten EU abgeleitet werden können. Einerseits existieren wissenschaftliche Beiträge, die sich im allgemeinen mit dem Thema der Ratspräsidentschaft, auch geringfügig mit der Reform des Vorsitzes, beschäftigen. Ein weiterer Teil der Literatur befaßt sich speziell mit der Reform der EU-Institutionen und darunter auch mit der Neugestaltung der Ratspräsidentschaft. Die letzte Gruppe von Forschungsarbeiten beinhaltet die integrationstheoretischen Arbeiten und die neue Finalitätsdebatte der Union, die vor allem für die Erstellung des institutionellen Kontextes der vorliegenden Arbeit von primärer Bedeutung sind.

Infolge der permanent zugenommenen Bedeutung der Präsidentschaft entdeckte die Wissenschaft diese als eigenen Untersuchungsgegenstand ab Mitte der 70er Jahre.[1] Trotzdem hat der wissenschaftliche Diskurs der Ratspräsidentschaft geringe Beachtung geschenkt.[2] Die Diskrepanz zwischen der Brisanz der Thematik und der marginalen wissenschaftlichen Beschäftigung ist auffällig. Das geringe wissenschaftliche Interesse[3] kann vor allem auf folgende Faktoren zurückgeführt werden:

- Der erste Aspekt ist die fehlende Transparenz des Rates.[4] Das Fehlen von Information über den konkreten Willensbildungs- und Entscheidungsprozeß wird jedem deutlich, der sich mit dem Rat der EU oder dem Europäischen Rat wissenschaftlich beschäftigt.[5] Eine Untersuchung über das konkrete Wirken und die genauen Abläufe eines Vorsitzes ist schwierig, da die Ereignisse auf allen Ebenen der Ratshierarchie für einen Außenstehenden nur über Hörensagen und schriftliche Berichte nachvollziehbar sind.[6] Die Aussage „knowledge can only be built upon experience"[7] beschreibt diese Situation zutreffend.
- Des weiteren erschwert die enorme Reichweite und Komplexität der Aktivitäten der Ratspräsidentschaft eine qualitative Analyse mehrerer Vorsitze.[8] Oft wird auf einen begrenzten Aufgabensektor oder auf eine Ratspräsidentschaft fokussiert.

---

1 Vgl. VORNBÄUMEN (1985), S. 26.

2 Vgl. HUMMER/OBWEXER (1999b), S. 45 f.; SCHOUT (1998), S. 2; SVENSSON (2000a), S. 13; TALLBERG (2002), S. 9; WURZEL (1996a), S. 273; WURZEL (2000), S. 24.

3 Vgl. HAYES-RENSHAW/WALLACE (1997), S. 3; LANG (2002), S. 15; VAN SCHENDELEN (1996), S. 534; WUERMELING (1996), S. 167. Diese Aussage trifft auch auf den Europäischen Rat zu. Vgl. ROMETSCH (1999), S. 26.

4 Vgl. LANE/MATTILA (1998), S. 333; SHERRINGTON (2000), S. 5.

5 Vgl. ÅKERBLOM (1999), S. 31; BULMER/WESSELS (1987), S. 14 f.; EDWARDS/WALLACE (1978), S. 13; SCHALLENBERG/THUN-HOHENSTEIN (1999), S. 11; WESSELS (1980), S. 20.

6 Vgl. SCHALLENBERG/THUN-HOHENSTEIN (1999), S. 11. In der Regel werden zwar die Themen der Beratungen bekanntgegeben, jedoch nicht die Substanz oder die Richtung der Meinungsbildung. Ausnahmen zu dieser Regelung sind die Grundsatzdebatten über das Arbeitsprogramm der Ratspräsidentschaft sowie über das jährliche Arbeitsprogramm der Kommission. Vgl. RAUNIO/WIBERG (1998), S. 90.

7 Vgl. BASSOMPIERRE (1988), S. xi.

8 Ähnlich argumentiert RIIHIKALLIO (1997), S. 38.

Bei den Forschungsarbeiten, die sich mit der Thematik der Ratspräsidentschaft beschäftigen, lassen sich drei verschiedene Richtungen unterscheiden.[1] Der erste Teil der Untersuchungen befaßt sich mit den Merkmalen des Vorsitzes im Kontext der allgemeinen Darstellung des Rates sowie des Entscheidungsprozesses der Europäischen Gemeinschaften (EG) oder EU.[2] Diese Beiträge beschreiben vor allem die Evolution, die Funktionen, die institutionelle Stellung sowie einige Vorschläge zur Reform des Vorsitzes. Die Übertragung der Ergebnisse dieser hauptsächlich aus den 70er und 80er Jahren vorliegenden Arbeiten in den heutigen institutionellen Kontext der EU ist problematisch.[3] Hier werden die Defizite der Grundlagenforschung der Ratspräsidentschaft deutlich. Im Hinblick auf die Neugestaltung des Vorsitzes erweisen sich die Untersuchungen ebenfalls als nicht zufriedenstellend: Die Reform wird, falls überhaupt, als ein Randthema behandelt. Zudem fehlt eine systematische Herangehensweise, da kein Versuch unternommen wird, die Vorsitzreform nach zielorientierten Kriterien zu gestalten. Die meisten Beiträge beinhalten lediglich die Auflistung einiger Reformvorschläge.

Die zweite, umfangreichste Forschungsrichtung zur Ratspräsidentschaft konzentriert sich auf einen schon durchgeführten oder noch durchzuführenden nationalen Vorsitz.[4] Diese Arbeiten beziehen sich auf die Herausforderungen und Ambitionen einer Regierung während eines Vorsitzes oder evaluieren die Resultate eines Halbjahres. Diese Forschungsrichtung hat seit der letzten EU-Erweiterung im Jahre 1995 einen Boom erlebt, da vor allem die ersten Präsidentschaften Österreichs (1998),[5] Finnlands (1999)[6] und Schwedens (2001)[7] ein breites wissenschaftliches Interesse fanden.

---

1 Vgl. TALLBERG (2002), S. 10 f.

2 Zu dieser Gruppe von wissenschaftlichen Beiträgen gehören BULMER/WESSELS (1987); DE BASSOMPIERRE (1988); DI BUCCI (1988); EDWARDS/WALLACE (1978); HAYES-RENSHAW (1999); HAYES-RENSHAW/WALLACE (1997); HUMMER/OBWEXER (1999a); KIRCHNER (1992); SCHOUT (1998); SHERRINGTON (2000); VERBEKE/VAN DE VOORDE (1994); WALLACE/EDWARDS (1976); WESTLAKE (1999).

3 Die älteren Untersuchungen gehen insbesondere auf die Evolution und Stellung der Ratspräsidentschaft im Institutionengefüge ein. Die späteren Arbeiten beruhen hauptsächlich auf den Erkenntnissen der früheren Werke und geben somit den alten Forschungsstand wieder.

4 Vgl. BARRINGTON (1996); BJURULF (2001); DANIELS (1997); DE WINTER/TÜRSAN (2001); DI QUIRICO (2003); ELGSTRÖM (2003); FRANGAKIS/PAPAYANNIDES/APOSTOLIDES (1994); GRECO (2003); HÖLL (1998); HORT (1988); HUMPREYS (1997); KIRCHNER/TSAGKARI (1993c); KOPEINIG (1999); LABOHM (1996); LABOHM (1998); LANG (2002); LUTHER/OGILVIE (1998); MÄKI-LOHILUOMA (1999); MARTIKAINEN/TIILIKAINEN (2000); O'NUALLAIN (1985a); ORDOÑEZ (1989); POOS (1991); REHN (1998); RUIN (2002); SANTER (1991a); SCHALLENBERG/THUN-HOHENSTEIN (1999); STUBB (2000); TALLBERG (2001d); VOSS/BAILLEUL (2002); WALLACE (1986).

5 Eine eingehende Analyse über den ersten Vorsitz Österreichs bieten insbesondere LANG (2002); LUTHER/OGILVIE (1998); SCHALLENBERG/THUN-HOHENSTEIN (1999). Zahlreiche wissenschaftliche Beiträge sind darüber hinaus in dem von der Österreichischen Gesellschaft für Außenpolitik herausgegebenen Österreichischen Jahrbuch für internationale Politik 1998 publiziert.

6 Folgende Publikationen untersuchen die finnische Ratspräsidentschaft 1999: MÄKI-LOHILUOMA (1999); MARTIKAINEN/TIILIKAINEN (2000); RAUNIO/TIILIKAINEN (2003), S. 113-128; REHN (1998); TIILIKAINEN (2000b).

7 Die Herausforderungen und Ergebnisse der ersten schwedischen Ratspräsidentschaft werden detailliert in folgenden Arbeiten analysiert: RUIN (2002); TALLBERG (2001d). Zudem beinhaltet die Zeitschrift Cooperation and Conflict (2002) H. 2 und die schwedischsprachige Internationella studier (2002) H. 4 eine Vielzahl von Beiträgen über den ersten Vorsitz Schwedens.

Die letzte, zahlenmäßig geringste Kategorie der Vorsitzliteratur beinhaltet wissenschaftliche Arbeiten,[1] die die Kapazitäten der Ratspräsidentschaft als Agenda-shaper und Vermittler sowie die generelle Reichweite der politischen Steuerungsmöglichkeiten untersuchen.[2]

Für die vorliegende Arbeit bilden alle drei Forschungsrichtungen die Basis für das Herausarbeiten der Vorteile und Defizite des heutigen Vorsitzes, die der Aufstellung systematischer Anforderungen an die Reform des Ratspräsidentschaftssystems dienen. Da die Grundlagenforschung zur Ratspräsidentschaft Lücken aufweist und teilweise nicht mehr aktuell ist, erfolgt in der vorliegenden Untersuchung die Darstellung der derzeitigen Ratspräsidentschaftsinstitution im Detail.[3]

Im Gegensatz zur Basisliteratur zur Ratspräsidentschaft liegen aufgrund der Aktualität der Reform der EU-Institutionen eine Vielzahl von wissenschaftlichen Beiträgen zu diesem Thema vor. Die Institutionenreform wird seit der Regierungskonferenz von Amsterdam intensiv bearbeitet. Allerdings beziehen sich diese Arbeiten größtenteils auf das gesamte Institutionengefüge der Union.[4] Die Neuordnung des Vorsitzes wird kaum oder nur am Rande berücksichtigt, daher spielen diese Untersuchungen für die vorliegende Arbeit eine sekundäre Rolle.[5] Von zentraler Bedeutung sind dagegen die wenigen aktuellen wissenschaftlichen Beiträge, die sich auf die Reform des Europäischen Rates sowie Ministerrates im allgemeinen und auf die Neuordnung der Ratspräsidentschaft im speziellen konzentrieren.[6] Die Arbeiten dieser Forschungsrichtung leisten insbesondere bei der Identifizierung der Vorteile und Defizite der aktuellen Ratspräsidentschaft einen Beitrag.

Die bestehenden Reformvorschläge europapolitischer Akteure sind bisher kaum systematisch erfaßt worden, da die Neugestaltung der Ratspräsidentschaft erst seit der Konstituierung des Europäischen Konvents im März 2002 verstärkt auf der politischen Agenda der EU steht.[7] Die vorliegende Arbeit leistet einen Beitrag dazu, dieses Defizit zu beheben. Die Analyse der Parameter der konzipierten Reformvorschläge zur

---

[1] Kirchner stellt fest: „In spite of its [Presidency's; d. Verf.] apparent importance in EC decision-making, the Council Presidency has only received scart attention in academic literature, and, as far as literature is available, it is directed primarily towards the administrative role rather than the authority of the Presidency." KIRCHNER (1992), S. 3. Vgl. auch LAFFAN (2000), S. 4; SCHOUT (1998), S. 11; SVENSSON (2000a), S. 16; TALLBERG (2001a), S. 2.

[2] Vgl. LAFFAN (2000); MCDONAGH (1998); METCALFE (1998); RIIHIKALLIO (1997); SVENSSON (2000a); SVENSSON (2000c); TALLBERG (2001a); WURZEL (1996a).

[3] Dies geschieht insbesondere in Kapitel 2 und Kapitel 3.

[4] Vgl. BEST/GRAY/STUBB (2000); FRANßEN DE LA GERDA (2000); FRÖHLICH (2002b); GIERING (2001a); GIERING (2001d); GÖLER (2003); LEHNE (1999a); WESSELS (2001).

[5] Diese Beiträge sind für die Analyse der Stellung der Präsidentschaft im aktuellen Institutionengefüge der Union von Bedeutung. Vgl. 2.2.1. Zudem spielen sie für die Erstellung der systemischen Anforderungen an die Reform der Ratspräsidentschaft in Abschnitt 3.1 eine wichtige Rolle.

[6] Zu dieser Gruppe von wissenschaftlichen Beiträgen gehören: ARNAUD (2001); BERTELSMANN FOUNDATION AND CENTER FOR APPLIED POLICY RESEARCH (2002); CROSSICK (2003); DECKER (2002b); DEHOUSSE U.A. (2003); DE SCHOUTHEETE (2003); DE SCHOUTHEETE/WALLACE (2002); DURAND (2001); GRANT (2002a); GRANT (2002b); GREVI (2002); GREVI (2003a); GREVI (2003b); JOPP/MATL (2003); KOLLMAN (2003); MAGNETTE/NICOLAIDIS (2003); MAURER/MATL (2003); MÜLLER-BRANDECK-BOCQUET (2002b); QUERMONNE (2002); VAN DE VOORDE (2002); WALLACE (2003).

[7] Einige gesamtheitliche Beurteilungen nationalstaatlicher Vorschläge zur institutionellen Reform der EU sind jedoch veröffentlicht worden. Vgl. JOPP/MATL (2003); SCHOLL (2003).

Ratspräsidentschaft in Kapitel 4 stützt sich überwiegend auf die Aufarbeitung primärer Quellen, wie Reden, öffentliche Stellungnahmen und Beiträge.

In Analogie zur allgemeinen Vorsitzliteratur fällt in der Gesamtheit der Beiträge über die Reform der EU-Institutionen im allgemeinen und der Ratspräsidentschaft im speziellen auf, daß diese meist keine systematischen Zielgrößen für die Neugestaltung des Vorsitzes definieren.[1] Darüber hinaus werden die Entwicklungen des institutionellen Systems der EU auf die Reform der Ratspräsidentschaft nicht ausreichend berücksichtigt. Der Vorsitzreform mangelt es oft an theoretischer Fundierung. Typisch für die wenigen mit der Vorsitzreform befaßten Beiträge ist eine eher konträre Vorgehensweise: Die Reformvorschläge zur Ratspräsidentschaft werden anhand der theoretischen Trennlinie zwischen Supranationalisten und Intergouvernementalisten analysiert.[2]

Sehr umfassend untersucht sind dagegen die Integrationstheorien und die neue Finalitätsdebatte der Union. Die Behandlung der Thematik über den weiteren Weg und das finale Ziel der europäischen Einigung in der politikwissenschaftlichen Literatur ist vor allem seit der Grundsatzrede vom deutschen Außenminister Fischer in der Berliner Humboldt-Universität im Mai 2000 zahlreich.[3] Aufgrund der Literaturfülle zu den theoretischen Integrationsansätzen kann nur eine begrenzte Auswahl von Beiträgen in die Analyse miteinbezogen werden.[4] Es werden die Integrationsansätze berücksichtigt, die für die Erarbeitung der Perspektiven der Ratspräsidentschaft eine Rolle spielen.[5] Aus dem oben beschriebenen Literaturstand läßt sich ein deutlicher Forschungsbedarf im Hinblick auf die Perspektiven der Ratspräsidentschaft in einer erweiterten EU ableiten. Wie aufgezeigt wurde, ist die Zahl der Arbeiten zum Thema der Ratspräsidentschaft gering. Zudem ist die Grundlagenforschung des Vorsitzes dadurch gekennzeichnet, daß sie nicht mehr auf dem neuesten Stand der Integrationsentwicklung ist. Insbesondere im Hinblick auf die Reform der Ratspräsidentschaft ist das wissenschaftliche Interesse bisher marginal gewesen. Außerdem fehlt es an einer systematischen Analyse der Reformvorschläge zur Ratspräsidentschaft. Weiterhin wurden die Reform und die Relevanz der Ratspräsidentschaft bisher nicht mit der Integrationsentwicklung der EU in der Wissenschaft kombiniert.

1.3 Integrationstheorien

Die Perspektiven der Ratspräsidentschaft in einer erweiterten EU sind abhängig von der Evolution des europäischen Integrationsprozesses. Im folgenden werden die Integrationstheorien dargestellt, um die Vielfalt der theoretischen Konzepte zur Beschrei-

---

1 Eine Ausnahme bildet der Beitrag von The Thinking Enlarged Group, der als Zielgröße für die Reform des Institutionengefüges eine effiziente Führung in der EU setzt. Vgl. BERTELSMANN FOUNDATION AND CENTER FOR APPLIED POLICY RESEARCH (2002).

2 Beispielsweise analysieren Dehousse, Maurer, Nestor, Quermonne und Schild den deutsch-französischen Vorschlag zur institutionellen Architektur im Rahmen des Europäischen Konvents auf der Grundlage, welche Integrationselemente des Beitrags eine intergouvernementale und welche eine supranationale Ausprägung haben. Vgl. DEHOUSSE U.A. (2003). Ähnlich auch JOPP/MATL (2003).

3 Vgl. GIERING/JANNING (2001); JANNING (1999); MARHOLD (2001a); SCHNEIDER (2000); WEIDENFELD/GIERING (2002).

4 Zur Vielzahl der integrationstheoretischen Arbeiten siehe GIERING (1997a), S. 26 ff.

5 Vgl. 1.4.

bung, Erklärung und Prognose der Ratspräsidentschaft im Integrationsprozeß zu verdeutlichen. Diese Beschreibung bietet eine wichtige Voraussetzung zum Verständnis der bisherigen Entwicklung und gibt einen Überblick über mögliche künftige Szenarien. Die Integrationstheorien dienen als Grundlage für die Bildung des institutionellen Kontextes der vorliegenden Arbeit, der anhand von Modellen einer erweiterten EU operationalisiert wird.[1]

Die Geschichte der europäischen Integration ist zugleich die Geschichte der Diskussion um unterschiedliche Wege und Ziele zu ihrer Verwirklichung. Die wissenschaftliche Auseinandersetzung und die konkrete Politik waren und sind auch heute noch von verschiedenen europapolitischen Leitideen[2] und -bildern[3] inspiriert, welche für das Erfassen von Zusammenhängen der Realität sowie für das eigene Streben und Handeln Orientierungshilfen bieten. Schneider formuliert:

> „Wann immer die Integrationspolitik an einen Scheideweg kam, gab dies Anlaß zu Überlegungen und oft auch zu politischen Kontroversen darüber, in welche Richtung das Begonnene fortgeführt werden sollte; die Frage nach den Leitbildern kam auf."[4]

Neben den in erster Linie handlungsorientierten Leitideen und -bildern wurden zahlreiche Theorien im Verlauf der letzten 50 Jahre entwickelt, die teils in zeitlicher Abfolge, teils zeitlich parallel aus konkurrierenden Perspektiven ausgearbeitet wurden.[5] Jede Theorie beinhaltet unterschiedliche Voraussetzungen für das Instrument der Ratspräsidentschaft in der europäischen Integration, da die Relevanz der Faktoren und Akteure eines Integrationsprozesses differenziert gewichtet werden.[6] Der Einfluß der als relevant gehaltenen Faktoren und Akteure auf den Integrationsprozeß wird ebenso unterschiedlich eingestuft.

In der vorliegenden Arbeit werden jeweils die konkurrierenden Theorien einer Phase gegenübergestellt sowie ihre Fortentwicklungen chronologisch aufgezeigt. Es erfolgt eine Konzentration auf die in der wissenschaftlichen Literatur am meisten diskutierten Theoriestränge.[7] Seit Beginn der europäischen Integration haben Föderalismus, Intergouvernementalismus und Funktionalismus in der Theoriediskussion eine zentrale Rolle gespielt. Neben diesen drei Konzepten entstanden der transaktionale Ansatz sowie der Neofunktionalismus in den 50er Jahren. Während der letzten zwei

---

1 Vgl. 1.4.

2 Eine Leitidee ist eine zentrale Kategorie der Analyse der Politik. Die Leitideen sind den Leitbildern übergeordnet. Unter dem Dach einer Leitidee kann es konkurrierende Leitbilder geben. Näheres dazu DIEZ (1995), S. 16; KARAMA (2001), S. 27 f.

3 Als Leitbilder des europäischen Integrationsprozesses gelten Zielangaben, welche seine Finalität und eventuell den Weg zur Vollendung beschreiben. Vgl. KOWALSKY (1997), S. 77. Zur Bedeutung von Leitbildern für die Integration siehe JANNING (2000b), S. 281.

4 SCHNEIDER (1992), S. 3.

5 Detailliert zu den Funktionen von Theorien siehe WELZ/ENGEL (1993), S. 129 ff.

6 Dieser Abschnitt zielt nicht auf Beschreibung, Erklärung und Prognose der Stellung der Ratspräsidentschaft im europäischen Integrationsprozeß anhand der ausgewählten Theorien. Es sollen nur die jeweiligen Grundzüge dieser Ansätze dargestellt werden, um die Vielfalt der möglichen Erklärungsmuster für die Rolle des Vorsitzes im Institutionengefüge der Union zu verdeutlichen. Wie die Position der Ratspräsidentschaft anhand von einigen Theoriebeispielen interpretiert werden kann, siehe LANG (2002), S. 247 ff.; WESSELS (1998), S. 145 f.

7 Zur Begründung der Theorieauswahl (Föderalismus, Intergouvernementalismus, Funktionalismus, transaktionaler Ansatz, Neofunktionalismus und Flexibilisierungskonzepte) siehe näheres GIERING (1997a), S. 27 f.

Jahrzehnte ist das politikwissenschaftliche Spektrum der Integrationstheorie vor allem durch die Entwicklung der diversen Flexibilisierungskonzepte bereichert worden.

Als Kern der Integration betrachtet der Föderalismus[1] die Schaffung neuer politischer Ordnungsstrukturen durch einen konstitutionellen Akt und die Gewaltenteilung zwischen dem zu schaffenden europäischen Bundesstaat und den einzelnen nationalen Gliedstaaten. Unverzichtbarer Bestandteil des Föderalismus ist die Souveränitätsabgabe der Nationalstaaten an die neu geschaffene supranationale Regierung. Der Föderalismus bezeichnet somit das Verhältnis von fortbestehenden Teileinheiten zu einem sie beinhaltenden Gesamtverband. Die Föderalisten lehnen einen vollständig integrierten zentralistischen Einheitsstaat strikt ab. Die staatliche Ausgestaltung der Finalität im Föderalismus wird von Giering wie folgt formuliert:

> „Das Ziel ist also kein „europäischer Superstaat", sondern die Bändigung zentralistischer Tendenzen durch die Festlegung gemeinsamer Grundrechte und -werte, eine vertikale und horizontale Gewaltenteilung demokratischer Institutionen, sowie eine klare Kompetenzordnung, die autonomieschonend nach dem Prinzip der Subsidiarität allen beteiligten politischen Ebenen eigene Aufgabenbereiche zuweist."[2]

Föderalismus gilt als Konzept, in dem zugleich die Einheit gesichert und die Vielfalt bewahrt werden soll. Die Protagonisten des Föderalismus halten eine Verfassungsentwicklung der Integration zur Erreichung des föderalen Leitbildes, eines Bundesstaates, für notwendig. In der Vergangenheit herrschte darüber Uneinigkeit, wie der qualitative Sprung zur Herstellung eines europäischen Bundesstaates ablaufen sollte.[3] Frühe, klassische Konzepte verstanden die Integration als einen einmaligen Verfassungssprung mit einer Zurückstufung der Dominanz der souveränen Nationalstaaten.[4] Soziologisch ausgeprägte Ansätze thematisieren dagegen verstärkt den Prozeßcharakter von Integration; die neueren Konzepte gehen von einer graduellen Föderalisierung aus.[5] Die Integration wird insbesondere durch politische Entscheidungen vollzogen; das Integrationskonzept des Föderalismus läßt sich dabei auf die Formel „function follows form" zuspitzen.[6]

Der Intergouvernementalismus[7] teilt mit dem Föderalismus das Motiv des Wohlstands und der Friedenssicherung, allerdings stehen der Staat und der Erhalt seiner nationalen Souveränität im Vordergrund. Im wesentlichen basiert der Intergouvernementalismus auf der Prämisse des Realismus, die in den internationalen Beziehungen die Dominanz der Nationalstaaten akzentuiert.[8] Die Nationalstaaten sind die zentralen Akteure in den internationalen Beziehungen. Der Vertreter des liberalen Intergouvernementalismus Moravcsik stellt fest: „Intergovernmentalist theory seeks to analyse the EC as the result of strategies pursued by rational governments acting on the basis of their preferences and power."[9] Die Annahme eines rationalen Verhaltens der Staaten

---

1 Ausführlich zur Geschichte und Entwicklung des Föderalismus in Europa siehe z.B. BIEBER (2002), S. 363 f.; DEDMAN, (1996), S. 16 ff.; GIERING (1997a), S. 36 ff.

2 GIERING (2002a), S. 262.

3 Vgl. ROSAMOND (2000), S. 27; TEETZMANN (2001), S. 146 f.

4 Vgl. NYE (1971); WHEARE (1963).

5 Vgl. insbesondere ETZIONI (1965); FRIEDRICH (1968).

6 Vgl. BELLERS (1995), S. 151; SCHWARZ (2003), S. 2.

7 Zur klassischen Version des Intergouvernementalismus siehe HOFFMANN (1966). Ausführlich zum Intergouvernementalismus im allgemeinen siehe GIERING (1997a), S. 201 ff.; ROSAMOND (2000), S. 75 ff.

8 Vgl. WELZ/ENGEL (1993), S. 154 f.

9 MORAVCSIK (1993), S. 496.

bildet die Grundlage für die Interessen und Präferenzen. Ein rationaler Akteur versucht, sein Handeln einem möglichst optimalen Kosten-Nutzen-Kalkül zu unterwerfen.[1] Das zentrale Leitbild des Intergouvernementalismus ist ein Staatenbund, der generell als eine nicht nur auf bestimmte Zwecke beschränkte, organisierte politische Staatenverbindung mit eigener Völkerrechtssubjektivität definiert wird, sondern in der die Gliedstaaten selbständig bleiben, soweit die Befugnisse nicht durch einen Staatsvertrag auf den Bund übertragen werden.[2] Die Zusammenarbeit in einem Staatenbund beruht auf einem Konzept der gegenseitigen Unterrichtung und Konsultation, der Abstimmung und Festlegung gemeinsamer Standpunkte mit einheitlichem Vorgehen, der Kooperation von Exekutiven und des Abschlusses verbindlicher völkerrechtlicher Übereinkommen.[3] Die Integration erfolgt hauptsächlich auf der Basis zwischenstaatlicher Institutionen und Instrumente, die in der Lage sind, Kooperationsbedingungen zwischen den Nationalstaaten zu verbessern.

Beim Funktionalismus[4] steht ein friedenssicherndes System durch Wohlstand im Mittelpunkt. Er unterscheidet sich dennoch grundlegend vom Föderalismus, der auf Grundlage eines verfassungsrechtlich verankerten Souveränitätspooling ein gesamtgesellschaftliches Modell als Ziel hat. Einer der bedeutendsten Vertreter des Funktionalismus Mitrany geht explizit davon aus, daß die föderalistische Vorstellung einzelner weitreichender Integrationsschritte verfehlt sei.[5] Integration wird durch Sachzwänge, nicht durch politische Entscheidungen hervorgerufen. Ausgangspunkt des Funktionalismus sind technische und wirtschaftliche Aufgaben - low politics -, die sich bilateral nicht mehr erfolgreich managen lassen.[6] Aus diesem Grund werden von technischen Experten und Bürokraten geleitete transnationale Institutionen gegründet, die staatliche Aufgaben übernehmen. O´Neill faßt zusammen:

> „The functional approach emphasises the common index of need. Very many such needs cut across national boundaries (...) and an effective beginning for building up an international community of interest could be made by setting up joint agencies for dealing with these common needs."[7]

Die Leistungen der transnationalen Institutionen werden von der wohlfahrtsorientierten Bevölkerung immer mehr anerkannt und es kommt zur Übertragung neuer Zuständigkeiten auf Technokraten. Aus der funktionalen Integration läßt sich ein spill-over-Effekt ableiten. Die Integration in einem Politikfeld zieht weitere Vergemeinschaftung in thematisch benachbarten Feldern nach. Der Funktionalismus führt zur sektoral vernetzten Weltgemeinschaft ohne explizite normative Zielvorgabe zu ihrer Finalität.[8] Es sind die jeweiligen Interessen, durch die sich erst eine feste Struktur ergibt. Dieser Integrationsansatz läßt sich mit der Formel „form follows function" zusammenfassen.

---

1 Ausführlich zum Bargaining-Prozeß siehe TEETZMANN (2001), S. 55 ff.

2 Vgl. VERLAG HERDER (1995), S. 213.

3 Vgl. TESKE (1993), S. 69.

4 Der funktionale Ansatz wurde von Mitrany in seinem Werk „A Working Peace System" 1943 vorgestellt, siehe MITRANY (1943). Im allgemeinen zu Funktionalismus siehe ROSAMOND (2000), S. 31 ff.; WOLF (1999), S. 39 ff.

5 Vgl. MITRANY (1943), S. 7.

6 Vgl. WELZ/ENGEL (1993), S. 138.

7 O´NEILL (1996), S. 33.

8 Vgl. GIERING (1997a), S. 204.

Im Neofunktionalismus[1] werden high und low politics nicht als getrennt betrachtet.[2] Die Annahme des Funktionalismus, daß die Integration ihre Impulse durch die funktionale Notwendigkeit und die Wohlfahrtsorientierung der Bürger erhält, wird für obsolet erklärt. Die Integration ist vor allem abhängig von den Interaktionen wichtiger politischer Akteure.[3] Der Neofunktionalismus zielt im Unterschied zum klassischen Funktionalismus nicht nur auf eine Zusammenarbeit in bestimmten technischen Bereichen ab, sondern auf eine graduelle Übertragung nationalstaatlicher Kompetenzen auf supranationale Institutionen.[4] Das gemeinsame Engagement von Eliten und Regierungen bringt die Integration voran. Haas versteht Integration als

> „the process whereby political actors in several distinct national settings are persuaded to shift their loyalties, expectations and political activities toward a new centre, whose institutions possess or demand jurisdiction over the pre-existing national states. The end result of a process of political integration is a new political community, superimposed over the pre-existing ones."[5]

Analog zum Funktionalismus wird die Integrationsdynamik auf den spill-over-Prozeß zurückgeführt. Zum functional spill-over kommt zudem das political spill-over,[6] die funktionalistische Trennung zwischen politischen und technischen Bereichen entfällt. Auch der Neofunktionalismus läßt das Ziel der Integration offen, der Weg ist das Ziel.

Im Gegensatz zum (Neo-)Funktionalismus ist der Motor des Integrationsprozesses im transaktionalen Ansatz, auch als kommunikationstheoretischer Ansatz bezeichnet, nicht der spill-over-Mechanismus, sondern die Kommunikation zwischen den Gesellschaften und der gegenseitige Austausch von Wertemustern.[7] Dieser Ansatz geht vor allem auf Deutsch zurück.[8] Er kam zum Ergebnis, daß eine erfolgreiche Integration entscheidend von der Dichte der politischen, ökonomischen und sozialen Transaktionen und Kommunikationsprozesse innerhalb des Integrationsraumes abhängig ist. Hierbei ergibt sich eine Automatik der weiteren Integration, indem die Erkenntnis von Vorteilen zu einer weiteren Vernetzung führt.

> „Deutsch and his colleagues argued that the integrating territories must share a common set of values and that the communication and transactions between them must expand in numerous ways. This was their insight: integration was a learning process that took place over a long period of extensive and sustained contact between people from the politically relevant strata of society."[9]

Die soziale Mobilmachung im Rahmen der diplomatischen, ökonomischen, sozialen und kulturellen Austauschbeziehungen führt letztlich zur Bildung einer Sicherheitsgemeinschaft, die entweder auf institutionalisierten Prozessen oder auf der Bildung supranationaler Institutionen beruht.[10] Das Integrationsziel bleibt offen. Anders als beim Föderalismus ist das Gemeinschaftsbewußtsein der Bevölkerung der Grund der Institutionalisierung.

---

1 Vgl. HAAS (1958).

2 Vgl. O'NEILL (1996), S. 34.

3 Vgl. SCHWARZ (2003), S. 3.

4 Vgl. WELZ/ENGEL (1993), S. 142.

5 HAAS (1958), S. 16.

6 Zu den spill-over-Arten siehe BUSCH (2001), S. 250 f.; ROSAMOND (2000), S. 59 ff.

7 Vgl. TEETZMANN (2001), S. 62.

8 Vgl. DEUTSCH U.A. (1957).

9 NELSEN/STUBB (1998), S. 116.

10 Vgl. GIERING (1997a), S. 54 f.

Alle klassischen Integrationstheorien - Föderalismus, Intergouvernementalismus, Funktionalismus, Neofunktionalismus sowie der transaktionale Ansatz - setzen eine zeitlich parallele, einheitliche Integration der Nationalstaaten voraus. Die diversen Flexibilisierungskonzepte lassen dagegen eine nicht kohärente Entwicklung zu, um Integrationsblockaden umgehen zu können. Drei Instrumente können unterschieden werden, die die Zuordnung einzelner Flexibilisierungsansätze erleichtert: zeitliche, bereichsspezifische und mitgliedschaftliche Abstufung der Integration.[1] Das Konzept der abgestuften Integration sieht eine zeitliche Abstufung zwischen den integrationsunfähigen oder integrationsunwilligen Staaten vor, so daß das angestrebte Integrationsziel für alle Mitgliedstaaten einheitlich ist.[2] Im Rahmen des Konzepts der differenzierten Integration können einige EU-Mitglieder auch gegen den Widerstand der integrationsunwilligen Staaten voranschreiten. Das Konzept eines Europa à la carte relativiert die Bedeutung des acquis communautaire,[3] da den Mitgliedstaaten eine Wahl- und Entscheidungsfreiheit in allen Politikbereichen zugestanden wird.

Die obigen Ausführungen verdeutlichen, daß es die allgemein akzeptierte Integrationstheorie nicht gibt. Es herrscht eine Pluralität des Theorieangebots. Jede Integrationstheorie hat Stärken und Schwächen bei der Beschreibung, Erklärung und Prognose der europäischen Integration. Keine der Theorien kann allein die Komplexität und Vielschichtigkeit des europäischen Integrationsprozesses adäquat darstellen. Die neuen theoretischen Arbeiten versuchen, die verschiedenen Ansätze zu fusionieren.[4]

Durch die Darstellung der Integrationstheorien wurde gezeigt, welche Faktoren die einzelnen theoretischen Ansätze für die europäische Integration als bedeutsam erachten und dementsprechend selektieren. Die zentralen Akteure hängen wiederum eng mit dem vermuteten oder gewünschten Ziel des Integrationsprozesses zusammen. Die meisten Theorien fokussieren auf einen besonderen Aspekt von Kooperation und Integration. Die Integrationstheorien beschreiben, erklären und prognostizieren somit die institutionelle Stellung der Ratspräsidentschaft in einer erweiterten EU unterschiedlich.

Vor diesem Hintergrund stellt sich die Frage nach der künftigen Gestalt Europas, um die Perspektiven der Präsidentschaft herausarbeiten zu können. Die künftige Qualität Europas kann anhand von Modellen einer erweiterten EU, die mit unterschiedlichen Theorien einhergehen, beschrieben werden. Aus diesem Grund wird im folgenden erläutert, welche der dargestellten Integrationstheorien eine Rolle für die Bestimmung des institutionellen Kontextes der vorliegenden Arbeit spielen und wie sie für die Bildung der Modelle herangezogen werden.

---

1 Vgl. GIERING (2002b), S. 213; STUBB (1996), S. 285 ff.; WARLEIGH (2002), S. 81 f. Ausführlich zu den einzelnen Flexibilisierungskonzepten siehe 1.4.3.

2 Vgl. GIERING (1997a), S. 215.

3 Der acquis communautaire ist der gemeinschaftliche Besitzstand der EU, der sämtliche gültige Verträge und Rechtsakte, das Gemeinschaftsrecht, umfaßt. Vgl. HILLENBRAND (2002), S. 384.

4 Vgl. GIERING (2002a), S. 266.

1.4 Institutioneller Kontext: Modelle einer erweiterten Europäischen Union

Den grundlegenden institutionellen Kontext für die EU bilden der Vertrag von Paris und die Verträge von Rom. Der institutionelle Rahmen wurde durch jeden neuen Vertrag - Fusionsvertrag (FusV), Einheitliche Europäische Akte (EEA), Vertrag von Maastricht, Vertrag von Amsterdam und zuletzt Vertrag von Nizza (seit 01.02.2003 in Kraft) - weiterentwickelt. Da die Perspektiven der Ratspräsidentschaft abhängig von der Evolution der Integration der EU-25+ sind, wird der institutionelle Kontext einer erweiterten Union anhand von Modellen in der vorliegenden Arbeit operationalisiert.[1] Ein Modell ist definiert als eine idealtypische, symbolische oder graphische Darstellung einer Struktur, einer Verhaltensweise oder eines Systems.[2] Die Modellbildung erfolgt somit unter vereinfachenden Annahmen, die bestimmte Aspekte isolieren.[3] Die Reduktion der Komplexität macht eine Analyse möglich. Anhand der Gesamtheit der zentralsten Prozeß- und Strukturprinzipien einer Theorie werden schließlich Handlungsoptionen abgeleitet, in welcher Form der Prozeß der Integration im jeweiligen Idealmodell gestaltet werden sollte.

Die heutige EU läßt sich in keinem Standardmodell ausreichend darstellen.[4] Sie ist eine politische Organisation originärer Art und wird als Gebilde sui generis bezeichnet.[5] Kennzeichnendes Element der europäischen Integration ist zudem, daß ihr finales Ziel bis zum heutigen Tage offen ist. Dies wirkte sich bis heute positiv auf die Dynamik des Integrationsprozesses aus.[6] Nach Meinung der Politik und der Wissenschaft ist aber aktuell eine Präzisierung der Finalität der Integration notwendig.[7] Daraus folgt, daß die auf der funktionalen Monnet-Methode[8] beruhenden Modelle, welche keine explizite Zielvorgabe für die Finalität der Integration vorsehen, als nicht relevant für die vorliegende Arbeit gelten.[9]

Der europäische Integrationsprozeß ist ein Kristallisationspunkt eines breiten politischen, wirtschaftlichen und gesellschaftlichen Veränderungsprozesses.[10] Für die heutige Finalitätsdebatte ist charakteristisch, daß sie eine Prolongation der Integrationslo-

---

1 Der Begriff des Modells wird wegen seines höheren Abstraktionsgrades anstatt des Begriffes des Konzeptes gewählt. Näheres zu den Unterschieden dieser Begriffe siehe GIERING (1997a), S. 14.

2 Vgl. GIERING (1997a), S. 14. Zu den unterschiedlichen Modelltypen siehe TEUNE (1964), S. 285 ff.

3 Näheres zur Modellkonstruktion siehe RITTBERGER/WOLF (1991), S. 2.

4 Wann ein theoretisches Modell Orientierung für den Integrationsprozeß geben kann und somit Relevanz für die künftige Entwicklung besitzt, wird von Kinsky thematisiert. Vgl. KINSKY (1986), S. 105.

5 Vgl. LAURSEN (1996), S. 119; STÜWE (1999), S. 23.

6 Zur Offenheit des Endziels schreibt Weidenfeld: „Ohne eine starre Fixierung auf ein geschlossenes Europa-Modell konnte der Einigungsprozess je nach gegebener Situation an völlig unterschiedlichen Materien der Politik ansetzen - von dort aus versuchte man, Fortschritte zu erzielen." WEIDENFELD (2002b), S. 13. Vgl. auch BROK (1999), S. 41.

7 Vgl. FISCHER (Rede 12.01.1999); KÜHNHARDT/PÖTTERING (1998), S. 40; WEIDENFELD/JANNING (2001), S. 11.

8 Vgl. BURGESS (1996), S. 3 f.

9 Näheres zum Offenhalten der finalité politique im Funktionalismus siehe WARLEIGH (2002), S. 22.

10 Vgl. JACHTENFUCHS/KOHLER-KOCH (1996), S. 39.

gik der Anfangsjahre der Gemeinschaft darstellt.[1] Neben den Einigungsperspektiven der Föderalisten ist die Debatte durch intergouvernementale Überlegungen gekennzeichnet.[2] Somit ist es legitim, die beiden Extrempole des europäischen Integrationsprozesses, das föderale und intergouvernementale Modell einer erweiterten EU, in der Analyse zu berücksichtigen. Konzeptionell zwischen intergouvernementaler und supranationaler Linie liegt das Modell einer flexiblen Union, die die doppelte Herausforderung der EU, Erweiterung und Vertiefung, durch die Aufhebung der bisher geltenden einheitlichen Integrationsmethode darstellt.

> „Wenn es nicht gelingt, die EU zu erweitern und gleichzeitig ihre politischen Ziele zu realisieren, dann läge in der Vorwegnahme der politischen Finalität einer großen EU durch den Kreis der dazu fähigen und willigen Staaten die wohl einzige Chance, den Zusammenhalt zu stärken und das Integrationsprojekt voran zu bringen."[3]

Wie die obigen Ausführungen verdeutlichen, stehen drei Entwicklungsstränge zur Bestimmung der Finalität einer erweiterten EU zur Auswahl: Die föderale, die intergouvernementale und die flexible EU.[4] Diese bilden den institutionellen Kontext für die vorliegende Untersuchung.[5]

Die Modelle können, müssen aber nicht mit den konkreten Vorschlägen verknüpft sein, die von Wissenschaftlern und Politikern in die europapolitische Finalitätsdebatte eingebracht worden sind.[6] Ein Vorteil der Modellbildung besteht darin, daß sie ein Ideal darstellen. Da die Modelle einen Idealtypus repräsentieren, sind zahlreiche Zwischenmodelle denkbar, die spezifische Merkmale diverser Modelle kombinieren. Die Funktion der vorliegenden Arbeit ist jedoch nicht, alle möglichen Zukunftsszenarien Europas beim Erarbeiten der Reformoptionen der Ratspräsidentschaft zu berücksichti-

---

1 Vgl. WEIDENFELD/GIERING (2002), S. 784.

2 Vgl. JOPP/MATL (2003), S. 99.

3 BERTELSMANN FORSCHUNGSGRUPPE POLITIK (2002), S. 4 f.

4 Eine ähnliche Auswahl trifft die Bertelsmann Forschungsgruppe Politik vom Centrum für Angewandte Politikforschung (CAP) an der Universität München. Die Gruppe ernennt drei Entwicklungsstränge für den Integrationsprozeß: Eine Föderation europäischer Staaten, eine vertiefte Freihandelszone und eine differenzierte Integration. Näheres dazu BERTELSMANN FORSCHUNGSGRUPPE POLITIK (2002), S. 4 f. Auch Andersen und Eliassen sehen diese drei Entwicklungsmodelle vor: A federal Europe; A Europe of States; A Europe with variable geometry. Vgl. ANDERSEN/ELIASSEN (1993), S. 7.

5 Bei der Konstruktion der Modelle sind zwei Aspekte zu berücksichtigen. Erstens ist die Ambivalenz der einzelnen Bezeichnungen für die Modellbildung einer erweiterten EU problematisch. Beispielsweise ist der Terminus „Föderalismus" durch unterschiedliche ordnungspolitische Zielsetzungen eines Staatenwesens vorbelastet. Näheres dazu BIEBER (2002), S. 361. Zweitens ist es problematisch, daß es kaum wissenschaftliche Arbeiten gibt, die sich mit der Bildung von Modellen des Institutionengefüges der EU beschäftigen. Am hilfreichsten erwiesen sich die kohärenten Beiträge von Rometsch und der Tindemans-Gruppe. Rometsch hat diverse Leitbilder für die Kommission entwickelt, die für die Einordnung und Bewertung der empirischen Untersuchungsergebnisse herangezogen werden können. Vgl. ROMETSCH (1999), S. 55 ff. Im Vorfeld der Regierungskonferenz 1996/1997 hat die Tindemans-Gruppe, bestehend aus Politikern, öffentlichen Bediensteten und Sachverständigen aus allen Mitgliedstaaten sowie allen wichtigen politischen Richtungen, fünf Europaszenarien konstruiert, um eine umfassendere Sicht der möglichen Entwicklungen der Organe zu gewinnen. Vgl. TINDEMANS-GRUPPE (1996).

6 Das Ziel dieser Arbeit ist nicht, auf die Finalitätsdebatte näher einzugehen. Für die Modellbildung sind lediglich die wichtigsten Prozeß- und Strukturprinzipien wichtig. Ausführlich zur Finalitätsdebatte Europas siehe z.B. MARHOLD (2001a).

gen,[1] sondern die gesamte Reichweite der Entwicklungsperspektiven des Vorsitzes anhand von drei möglichst kohärenten Grundmodellen aufzuzeigen.[2]

Die folgende Darstellung der drei Modelle einer erweiterten EU beginnt mit einer Beschreibung ihrer wichtigsten Charakteristika und der ihnen zugrundeliegenden Theorien. Danach wird vor allem die Rolle des Europäischen Rates, des Ministerrates, der Kommission und des Europäischen Parlaments herausgearbeitet, da diese Institutionen das Umfeld, in dem die Ratspräsidentschaft agiert, am meisten determinieren.[3] Falls es für die Modellbildung notwendig ist, wird die Stellung weiterer Institutionen sowie Prozeduren der Entscheidungsfindung beschrieben. Die Modelle zeigen im wesentlichen auf, wie die Entscheidungen in einer erweiterten EU getroffen werden.

1.4.1 Föderale Europäische Union

Das Modell der föderalen EU basiert auf der Annahme, daß der europäische Integrationsprozeß in einem Bundesstaat bzw. in Vereinigten Staaten von Europa mündet, die nach den Prinzipien einer Föderation strukturiert sind. Die Mitgliedstaaten bilden einen föderalen Bund, der sich auf einen Verfassungsvertrag stützt. Ein föderaler Bund setzt voraus, daß die Gliedstaaten ihre Souveränität substanziell auf das Staatswesen transferieren, und daß eine europäische Verfassung die Kompetenzen der verschiedenen Integrationsebenen voneinander abgrenzt. Neben der vertikalen Gewaltenteilung ist das politische System durch die horizontale Gewaltenteilung zwischen Exekutive, Legislative und Judikative gekennzeichnet.[4] Das wichtigste institutionelle Merkmal des föderalen Modells einer erweiterten EU ist der Aufbau von Regierungskapazitäten.[5] Im föderalen Staatswesen entwickelt sich die Kommission zur europäischen Re-

---

[1] Zur Vielfalt der Europaszenarien siehe ALGIERI/EMMANOUILIDIS/MARUHN (2003); WESSELS/JANTZ (1997), S. 351 ff.

[2] Es werden Extremmodelle gebildet. Dieses Vorgehen ermöglicht, die Modelle für die Analyse zugänglich zu machen, denn die Kohärenz der Modelle geht auf diese Weise nicht verloren. Zudem wird es durch die Bildung von Extremmodellen möglich, deutliche Unterschiede bei den in Abhängigkeit der einzelnen Modelle entworfenen Reformoptionen zu erkennen. Dies spielt für die Darstellung der gesamten Reichweite der Perspektiven der Ratspräsidentschaft in einer erweiterten EU eine zentrale Rolle. Zum Vergleich haben Dehousse, Maurer, Nestor, Quermonne und Schild ein realitätsnäheres intergouvernementales und föderales Europaszenario in Anlehnung an den deutsch-französischen Vorschlag im Europäischen Konvent im Januar 2003 gebildet. Vgl. DEHOUSSE U.A. (2003), S. 18 ff.

[3] Bei der Darstellung des flexiblen Modells wird auf diese Vorgehensweise weitgehend verzichtet, weil das Institutionengefüge der flexiblen Union mit der heutigen EU institutionelle Ähnlichkeiten aufweist. Das aktuelle politische System der EU wird in Kapitel 2 erörtert.

[4] Das charakteristische Merkmal für das föderale Modell einer erweiterten EU ist eher die Kompetenzverflechtung im Sinne des bundesdeutschen kooperativen Föderalismus als die Kompetenztrennung im Sinne des amerikanischen Dualismus. Auch die zentrale Instanz ist von den Gliedstaaten abhängig. Näheres dazu SCHARPF/REISSERT/SCHNABEL (1976). In diesem Zusammenhang ist anzumerken, daß die institutionelle Gewaltenteilung durch Wandel und Wachstum von Staatsaufgaben ausgehöhlt wird. Daraus resultiert, daß die Macht von Regierungen zunimmt und die der Parlamente geschwächt wird. Vgl. OBERREUTER (2001), S. 171. Diese Erkenntnisse sind von besonderer Bedeutung für die Erarbeitung der Reformoption für die föderale EU, da sie die Kompetenzverflechtung als Gestaltungsprinzip für den Entwurf der föderalen Reformoption zulassen. Siehe 5.2.3.

[5] Vgl. SCHNEIDER/WESSELS (1994), S. 13; TIILIKAINEN/PELTOMÄKI (CONV 514/03).

gierung, die gewählt und gegenüber dem Europäischen Parlament verantwortlich ist.[1] Der Europäische Rat verliert seine integrationspolitische Leitfunktion und das Europäische Parlament besteht aus zwei Kammern. Der Ministerrat wird zur zweiten Kammer der Legislative umgestaltet,[2] der Europäische Gerichtshof zu einem Verfassungsgericht, der alle Kompetenzstreitigkeiten schlichtet.

Die Legitimität der europäischen Exekutive, der Kommission, basiert auf dem Europäischen Parlament.[3] Analog zu einem parlamentarischen Regierungssystem geht die Regierung entsprechend der politischen Konstellation aus der ersten Kammer des Parlaments hervor, die aus einer Direktwahl durch die europäischen Bürger resultiert. Die Kommission als europäische Regierung wird vom Parlament bestellt und kann auch von ihm abberufen werden. Die erste Kammer des Europäischen Parlaments ist die demokratische Komponente der föderalen Verfassungsordnung, denn sie soll die Repräsentanz der europäischen Bürger gewährleisten. Die Zusammensetzung der zweiten Kammer des Parlaments entspricht dem föderativen Gesichtspunkt gleichberechtigter Staaten. Der Ministerrat bildet als Vertretung der Mitgliedstaaten die zweite Kammer des Parlaments, dessen Entscheidungen auf allen Politikbereichen mit qualifizierter Mehrheit getroffen werden. In Analogie zum deutschen Bundesrat kennt der Ministerrat ein System der Stimmengewichtung.[4] Beide Kammern des Parlaments haben im wesentlichen dieselben gesetzgeberischen Rechte.[5] In Praxi bedeutet dies, daß das Mitentscheidungsverfahren zur Regelbeschlußmethode in der Union wird.

Die Föderalisierung der EU führt zur substantiellen Modifizierung des Funktionsbereiches[6] der Ratspräsidentschaft. Diese wird fundamentale Bestandteile ihres früheren Funktionsbereiches abgeben. Der Europäische Rat verliert im Gegensatz zum

---

1 Die europäische Exekutive könnte auch aus den nationalen Regierungen gebildet werden. Das würde bedeuten, daß der Europäische Rat zu einer europäischen Regierung weiterentwickelt werden würde. Beispielsweise plädierte der deutsche Außenminister Fischer für die Fortentwicklung des Europäischen Rates zur europäischen Exekutive als alternative Option in seiner Berliner Rede im Mai 2000. Vgl. FISCHER (Rede 12.05.2000). In der vorliegenden Arbeit wird das Kommissionsmodell bevorzugt, da es aktuell die meisten Fürsprecher findet.

2 Die Umwandlung des Ministerrates in eine zweite Kammer des Parlaments wird für die naheliegendste Option in einem föderalen System gehalten. Im Sinne der evolutiven Fortentwicklung der EU kommt nur diese Überlegung in Frage, da sie die bisherigen Organe beibehält. Die Machtverteilung wird an den nationalstaatlichen Verfassungen bekannte Strukturen angeglichen. Vgl. GROß (2003), S. 56.

3 Die europäische Exekutive könnte auch gemäß des Modells eines präsidentiellen Regierungssystems aufgebaut werden. Im präsidentiellen Modell würde der Kommissionspräsident unmittelbar von den europäischen Bürgern gewählt werden. Die Regierung würde ihre Legitimation durch die Volkswahl des Präsidenten erhalten. Der deutsche Außenminister Fischer sah die Direktwahl des Kommissionspräsidenten in seiner Berliner Rede im Mai 2000 als eine Option zur Bildung europäischer Exekutive in der Föderation vor. Vgl. FISCHER (Rede 12.05.2000). Aktuell hat der griechische Außenminister Papandreou eine Direktwahl im Europäischen Konvent während der Präsidentschaft Griechenlands im ersten Halbjahr 2003 befürwortet. Vgl. 4.4.1. Ausführlich zur direktgewählten Exekutive siehe BOGDANOR (1985), S. 174 ff. Da der Direktwahlvorschlag kaum Beachtung in der aktuellen Diskussion findet, wird das föderale Modell in der vorliegenden Arbeit nach einem parlamentarischen Regierungssystem gebildet. Decker nennt zwei Ursachen, warum das parlamentarische System vor dem präsidentiellen in der heutigen Verfassungsdebatte bevorzugt wird: „Die Gründe (...) dürften zum einen in den parlamentarischen Traditionen der Mitgliedstaaten liegen, die das präsidentielle Modell als institutionellen Fremdkörper erscheinen lassen; zum anderen hängen sie mit dem Verdacht zusammen, dass eine Volkswahl des Kommissionspräsidenten die konsensuellen Strukturen der EU noch stärker belasten würde als eine Wahl durch das Parlament." DECKER (2002b), S. 21.

4 Vgl. GROß (2003), S. 53.

5 Dies entspricht dem amerikanischen Kongreßmodell. Denkbar wäre auch das deutsche Bundesratmodell, in dem die zweite Kammer deutlich weniger Mitwirkungsrechte im legislativen Prozeß hätte.

6 Näheres zum Begriff siehe 4.3.

heutigen institutionellen Kontext der EU seine bisherige Rolle als Übergesetzgeber im Institutionengefüge. Er trifft sich weiterhin regelmäßig, aber wird ein Zuarbeiter der Kommission.[1] Der Ministerrat ist nicht mehr das zentrale Entscheidungsgremium der Gemeinschaft, sondern ausschließlicher Teil der Legislative. Dies hat zur Folge, daß der Unterbau des Ministerrates - der Ausschuß der Ständigen Vertreter (AStV) und die Arbeitsgruppen - eine weniger bedeutende Rolle für den Funktionsbereich der Ratspräsidentschaft spielt.[2] Der Aufgabenkatalog der Präsidentschaft[3] wird außerdem stark umformuliert, denn alle zentralen Politikbereiche - wie Innen-, Sozial-, Wirtschafts-, Außen- und Sicherheitspolitik - sind vergemeinschaftet.[4]

1.4.2 Intergouvernementale Europäische Union

Das Modell einer intergouvernementalen EU lehnt sich an das Leitbild eines Staatenbundes oder Europa der Vaterländer an.[5] Spezifisch für ein intergouvernementales Modell ist das Primat der nationalstaatlichen Souveränität im europäischen Integrationsprozeß. Das supranationale Handeln und die Zusammenarbeit der Staaten ergänzen lediglich die Politik der Mitgliedstaaten.[6] Die EU ist somit keine Union mit einem Staatscharakter, sondern ein Gebilde, in dem ein Pooling der nationalen Souveränitäten in Analogie zu einer gewöhnlichen internationalen Organisation stattfindet. Die zwischenstaatliche Union kennt gemeinsame Organe sowie supranationale Handlungsinstrumente und tritt nach außen uniform auf, besitzt aber gegenüber ihren Mitgliedstaaten keine verbindliche Gesetzgebungskompetenz und verfügt über keine zentralisierte Exekutive.[7] Das gemeinschaftliche Handeln ermöglicht, die Handlungsfähigkeit der zugrundeliegenden Nationalstaaten im Hinblick eines grenzüberschreitenden Problemdrucks zu erhalten oder wiederherzustellen. Die Union wird einzig und allein unter der Regie der im Rat gemeinsam agierenden Mitgliedstaaten tätig. Die Kommission verliert ihr derzeitiges Initiativmonopol im Gesetzgebungsprozeß, und sowohl der Europäische Rat als auch der Ministerrat bilden den institutionellen Nukleus des intergouvernementalen Modells.

> „The intergovernmental alignment highlights the function of the Union primarily as an association of Member States, with the Council as the central wielder of legislative, budgetary, and to a great extent executive power."[8]

Die überstaatlichen Institutionen spielen eine marginalisierte Rolle im Institutionensystem einer intergouvernementalen Union. Der Kommission fällt die Rolle eines mit Verwaltungsaufgaben betrauten Sekretariats zu[9] und steht als Dienstleister den gebün-

---

[1] Eine rein symbolische Rolle oder sogar eine Abschaffung des Europäischen Rates ist in einem weit fortgeschrittenen föderalen Modell vorstellbar.

[2] Durand argumentiert im Hinblick des AStV: „In a fully parliamentary system, the role of COREPER becomes problematic. It is arguable that it should disappear altogether from the legislative chain of command." DURAND (2003), S. 13.

[3] Vgl. 2.3.

[4] Vgl. 3.3.7.

[5] Vgl. GIERING (2002a), S. 263.

[6] Vgl. BERTELSMANN FORSCHUNGSGRUPPE POLITIK (2002), S. 4.

[7] Vgl. PLATZER (1995), S. 37.

[8] TIILIKAINEN/PELTOMÄKI (CONV 514/03).

[9] Vgl. ROMETSCH (1995), S. 163.

delten Interessen der Mitgliedstaaten zur Verfügung. Das Europäische Parlament wird auf eine Beratungsinstitution des Rates analog zur Kommission reduziert.

In dem intergouvernementalen Modell einer erweiterten EU ist der Europäische Rat die oberste Lenkungs- und Entscheidungsinstanz, in dem die höchsten Autoritätsträger der souveränen Nationalstaaten zusammenkommen. Die Befugnisse des Europäischen Rates gehen weit über die heute in Art. 4 EUV verankerte Leitlinienfunktion hinaus. Dies verleiht ihm die Rolle eines Übergesetzgebers im Institutionengefüge der Union.

„The European Council would be the key to the institutional system of the European Union (...). Its functions would go well beyond its current ones and consist of laying down the main directions of the Union, adopting the common strategies in foreign policy matters and exercising the constituent power on a European scale."[1]

Die Entscheidungsfindung des Europäischen Rates beruht auf Einstimmigkeit. Das wichtigste Entscheidungsgremium ist der Rat der EU, der aus nationalstaatlichen Regierungsmitgliedern besteht. Die Legitimation des Rates verläuft über die nationalen Regierungen, da die Regierungen und somit alle Ratsmitglieder ihren nationalen Parlamenten gegenüber gemäß den Bestimmungen der jeweiligen mitgliedstaatlichen Verfassung verantwortlich sind.[2] Im Ministerrat werden die Entscheidungen ebenso einstimmig gefaßt.[3] Im Gegensatz zum Europäischen Rat können im Rat der EU Entscheidungen auch mit qualifizierter Mehrheit in solchen Politikbereichen erfolgen, die als nicht kontrovers von allen Mitgliedstaaten charakterisiert worden sind.[4] Weitere Integrationsschritte sind somit möglich, solange die vitalen Interessen der einzelnen Mitgliedstaaten nicht betroffen sind. Die Reichweite der vergemeinschafteten Politikbereiche der EU kann sogar sinken, falls die Divergenzen zwischen den Mitgliedstaaten nicht zu schlichten sind. Die Folge wäre eine teilweise Renationalisierung des heutigen acquis communautaire.[5]

Die zentrale Stellung des Europäischen Rates und Ministerrates in einem intergouvernementalen Modell führt dazu, daß die Kommission zu einer Verwaltungsstelle in der Union wird. Die Kommission ist kein zentraler Akteur bei der Vorbereitung, Herstellung, Durchführung und Kontrolle von verbindlichen europapolitischen Entscheidungen, sondern sie ist ein politisches Neutrum mit unterstützenden Funktionen im Integrationsprozeß. Ihre Rolle ist somit kompatibel zu einem Sekretariat einer traditionellen internationalen Organisation. Das Europäische Parlament ist eine beratende Versammlung, die keine formellen Rechtsbefugnisse bezüglich des Entscheidungsprozesses im institutionellen System besitzt. Informell kann das Parlament dagegen den Rat konsultieren. Analog zur Stellung der Kommission und des Europäischen Parlaments wird die Rolle des Europäischen Gerichtshofs reduziert. Er ist dem Rat

---

1 DEHOUSSE U.A. (2003), S. 18.

2 Der britische Außenminister Straw stellte diesbezüglich in seiner Rede über die Reform Europas in Den Haag im Februar 2002 fest: „Obwohl die demokratische Legitimität bei vielen verschiedenen Teilen der EU-Strukturen liegen sollte, ruht die demokratische Rechenschaftspflicht in allererster Linie beim Ministerrat. Die Menschen erwarten von ihren Regierungschefs und Ministern, dass sie sich um ihre Interessen kümmern und dafür müssen sie vor ihren nationalen Parlamenten, den nationalen Medien und in nationalen Wahlen Rechenschaft ablegen." STRAW (Rede 21.02.2002).

3 Vgl. CRUM (2003), S. 376.

4 Analog zum Luxemburger Kompromiß kann kein Staat de facto überstimmt werden. Vgl. 2.2.1.

5 Aus der Rückverlagerung der Zuständigkeiten auf die nationale Ebene könnte resultieren, daß die EU die Form einer vertieften Freihandelszone annehmen würde. Vgl. BERTELSMANN FORSCHUNGSGRUPPE POLITIK (2002), S. 4.

und somit den Mitgliedstaaten untergeordnet und verfügt nicht über verfassungsrechtliche Kompetenzen.

In einem intergouvernementalen institutionellen System stehen der Kommission, dem Europäischen Parlament und dem Gerichtshof kaum oder nur sehr begrenzte Zuständigkeiten zu. Die an sie delegierten Funktionen unterliegen der expliziten Zustimmung des Rates. Daraus resultiert, daß der Europäische Rat und der Ministerrat das Institutionengefüge der Union ohne Gegengewichte determinieren können. Für die Ratspräsidentschaft hat das die Konsequenz, daß sie eine zentrale Position im Institutionengefüge der zwischenstaatlichen Union innehat.[1] Zudem bleibt das Tätigkeitsfeld des Vorsitzes, die gesamte Ratshierarchie, konstant. Die Rahmenbedingungen für das Agieren der Präsidentschaft verändern sich jedoch stark, da die Mitgliedstaaten zu primären Kooperationspartnern des Vorsitzenden werden. Durch die Dominanz des Rates wird die Bedeutung der engen Zusammenarbeit mit den Institutionen der Union in der Vorsitzführung marginal. Die quasi auf Einstimmigkeit beruhende Entscheidungsfindung übt zudem einen erheblichen Einfluß auf das Agieren der Ratspräsidentschaft aus.[2]

1.4.3 Flexible Europäische Union

Das Modell einer flexiblen EU beruht auf der Annahme, daß die künftige EU-Erweiterung und die Weiterentwicklung der politischen Integration nur in einem begrenzten Kreis realisierbar ist.[3] Die Flexibilisierung ist ein pragmatisches Instrument zur Progression der politischen Integration, falls nicht alle Mitgliedstaaten an einem europäischen Projekt partizipieren können oder wollen. Die Flexibilisierung gilt als notwendig, um zentrifugalen Tendenzen innerhalb einer heterogenen Union gerecht zu werden. Hierbei wird die Flexibilisierung als Oberbegriff für die Vielfalt der theoretischen Konzepte und Terminologie der nicht einheitlichen und gleichzeitigen Integration verstanden.[4] Die unterschiedlichen Flexibilisierungsansätze können drei Grundsatzkonzepten zugeordnet werden, dem Konzept einer abgestuften Integration, einer differenzierten Integration und eines Europa à la carte.[5]

Gemäß dem Konzept der abgestuften Integration schreiten einige Mitgliedstaaten zeitlich voran, während die zu diesem Zeitpunkt integrationsunfähigen oder -unwilligen Staaten später nachfolgen können. Die Abstufung erfolgt auf der Grundlage der gemeinsamen Institutionen sowie Verträge und erfordert die Zustimmung aller Mitglieder. Ziel der Abstufung ist, daß es kurzfristig im Kernbereich sowie langfristig zu einheitlichen, föderal organisierten Strukturen für alle Mitgliedstaaten kommen kann.[6] Beim Konzept der differenzierten Integration können Mitgliedstaaten auch

---

1 Vgl. CRUM (2003), S. 386.

2 Zwischenstaatliche Verfahren erweisen sich angesichts großer Mitgliederzahlen als ineffizient. Vgl. WESSELS/JANTZ (1997), S. 358.

3 Vgl. WEIDENFELD (2002a), S. 38.

4 Die Debatte zur differenzierten Integration ist durch eine Begriffsflut sowie eine mangelnde begriffliche Exaktheit gekennzeichnet. Vgl. FORGÓ (1998), S. 41; RECK (2001), S. 18, 25. In der vorliegenden Arbeit werden die unterschiedlichen Konzepte unter dem Terminus „Flexibilität" zusammengefaßt. Zur Begründung siehe GIERING (1997a), S. 214.

5 Die Darstellung der Hauptmerkmale der drei Flexibilisierungskonzepte basiert auf folgenden Arbeiten: GIERING (1997a); GIERING (1997b); GIERING (2002b); JANNING/GIERING (2001), S. 672.

6 Näheres zu den Zielvorgaben der einzelnen Leitbilder dieses Konzepts siehe GIERING (1997a), S. 216.

gegen den Widerstand anderer EU-Staaten voranschreiten. Die Teilnehmer dieses Integrationskerns bestimmen dann die Regeln, Ziele und das Tempo in differenzierten Politikfeldern ohne Mitentscheidungsrechte der nichtbeteiligten Staaten. Allerdings muß die Teilnahme anderer Mitgliedstaaten bei Erfüllung vorgegebener Kriterien offen stehen. Die differenzierte Integration zielt auf die Bildung einer föderalorganisierten politischen Union zwischen den Mitgliedern des Kerns. Sowohl die Abstufung der Integration als auch die Differenzierung gehen davon aus, daß der acquis communautaire in der Union erhalten bleibt, und daß der Integrationsstand zumindest in Teilbereichen durch eine begrenzte Mitgliederzahl vertieft wird. Das Konzept Europa à la carte negiert die Bedeutung des gemeinschaftlichen Besitzstands. In Anlehnung an das europapolitische Leitbild de Gaulles „Europa der Vaterländer" gewährt es den Staaten die absolute Wahl- und Entscheidungsfreiheit in allen Politikbereichen der Union. Wessels und Jantz formulieren die Grundidee des Europa à la carte:

> „Je nach Bereitschaft und Fähigkeit werden sich auf einem `offenen Markt der Möglichkeiten´ je nach Angebot und Nachfrage Gruppierungen finden und gegebenenfalls nach einem `try and error´ Verfahren wieder auflösen."[1]

Im Gegensatz zu den beiden anderen Konzepten der Flexibilisierung verkörpert das Europa à la carte eine flexible Form des Intergouvernementalismus. Da die Option eines Europa à la carte kaum Resonanz in der EU findet, werden lediglich die beiden anderen Flexibilisierungskonzepte bei der Bildung eines flexiblen Modells betrachtet.

Das Modell einer flexiblen Europäischen Union lehnt sich an das Konzept der Abstufung und Differenzierung an. Trotz der unterschiedlichen Integrationsmethoden dieser Ansätze sind viele institutionelle Aspekte sowie Strukturprinzipien gleich. Die beiden Flexibilisierungskonzepte besitzen als Hauptakteure die nationalstaatlichen Regierungen.[2] Die supranationalen Organe - die Europäische Kommission und das Europäische Parlament - spielen nur eine unterstützende Rolle. Der Prozeß der Flexibilisierung verläuft mit einer stark intergouvernementalen Ausprägung. Die supranationalen Institutionen spielen aber weiterhin eine wesentliche Rolle im Institutionengefüge einer flexiblen Union, denn der bisher erreichte acquis communautaire bleibt konstant oder wird ausgebaut.[3] Daraus resultiert, daß neue intergouvernementale Kooperationsformen neben den supranationalen Verfahren und Institutionen in einer flexiblen Union existieren. Die EU gilt weiterhin als Konstruktion sui generis. Janning hat einen Zwischenbegriff in Analogie zu dem vom Bundesverfassungsgericht entwickelten Terminus „Staatenverbund"[4] für die Rolle der Staaten bei einer Flexibilisierung der Integrationsentwicklung kreiert.

> „Leitbild flexibler und differenzierter Integration könnte in diesem Sinne Vorstellung einer *supragouvernementaler* [Hervorhebung; d. Verf.] Integration sein, das heißt, einer von Staaten betriebenen und zunächst von ihnen getragenen Vertiefung der Integration, die im Erfolg und über Zeit alle Mitgliedstaaten umfassen kann, aber nicht alle umfassen muß."[5]

---

1 WESSELS/JANTZ (1997), S. 359.

2 Vgl. GIERING (1997a), S. 221.

3 Näheres zu den integrationstheoretischen Zielvorgaben der einzelnen Flexibilisierungskonzepte siehe GIERING (1997a), S. 216.

4 Das Bundesverfassungsgericht bezeichnet die EU in seinem Maastricht-Urteil vom 12. Oktober 1993 als einen „Staatenverbund zur Verwirklichung einer immer engeren Union der staatlich organisierten Völker Europas". Maastricht-Urteil (12.10.1993).

5 JANNING (2000a), S. 13.

Das flexible Modell einer erweiterten EU stellt konzeptionell einen Kompromiß zwischen dem gemeinschaftlichen und dem intergouvernementalen Ansatz dar.[1] Neben dem institutionellen Aspekt der Verstärkung der zwischenstaatlichen Elemente im Institutionengefüge ergeben sich aus der Struktur des flexiblen Modells weitere Anforderungen an die erweiterte Union im allgemeinen und an die Reform der Ratspräsidentschaft im besonderen. Der deutsche Außenminister Fischer formulierte diesbezüglich in seiner Rede im Mai 2000 in der Berliner Humboldt Universität:

> „Allerdings wird eine immer stärkere Differenzierung auch neue Probleme aufwerfen; einen Verlust von europäischer Identität, an innerer Kohärenz sowie die Gefahr einer inneren Erosion der EU, wenn nämlich neben die Klammer der Integration immer größere Bereiche intergouvernementaler Zusammenarbeit treten sollten."[2]

Wie die Rede Fischers verdeutlicht, bringt die Flexibilisierung insbesondere für die Struktur mit sich, daß der Abstimmungs- und Koordinierungsbedarf in einer erweiterten Union steigt.[3] Die Flexibilisierung innerhalb des gemeinschaftsrechtlichen Rahmens erfordert vor allem eine Modifikation der bestehenden Institutionen und Verfahren. Die außerhalb des gemeinschaftsrechtlichen Rahmens etablierte Flexibilisierung benötigt die Errichtung von neuen Entscheidungsstrukturen.[4] Dies führt zu einer starken Zunahme der Komplexität des Gesamtsystems. Eine Flexibilisierungsdynamik kann zu einer unüberschaubaren Vielfalt an Verfahren und Institutionen mit jeweils wechselnder Besetzung innerhalb weniger Jahre führen.[5] Die zunehmende Komplexität wird nicht nur das Institutionengefüge der EU berühren, sondern auch EU-extern spürbar sein. Die Flexibilisierung kann einen negativen Einfluß auf die internationale Stellung und Glaubwürdigkeit der EU als außenpolitischer Akteur haben.[6] Darüber hinaus kann die Flexibilisierung dazu führen, daß der Solidaritätsraum der EU abgeschwächt wird.[7] Die rechtliche und institutionelle Gleichwertigkeit der Mitgliedstaaten kann aufgehoben werden und zu einer Desintegration führen. Generell gilt, daß je differenzierter die Integration ausgestaltet wird, desto intransparenter wird sie.[8]

Zusammenfassend kann festgehalten werden, daß das zentrale Ziel der Flexibilisierung die Übertragung neuer Zuständigkeiten in die gemeinschaftliche Entscheidungsfindung zumindest durch eine begrenzte Anzahl von Mitgliedstaaten ist. In diesem Prozeß nimmt die Bedeutung von intergouvernementalen Kooperationsformen zu. Für das flexible Modell ist zudem spezifisch, daß der erreichte Stand des acquis communautaire zumindest erhalten bleibt. Neben der Supragouvernementalität kennzeichnet eine hohe Komplexität das Modell. Aus der Flexibilisierung resultieren kurzfristig keine Änderungen für den Funktionsbereich der Ratspräsidentschaft,[9] allerdings muß

---

1 Vgl. JANNING (2000b), S. 284; JOPP (1995), S. 139.

2 FISCHER (Rede 12.05.2000).

3 Vgl. WESSELS (1996), S. 185.

4 Vgl. FORGÓ (1998), S. 71.

5 Vgl. GIERING (1997a), S. 221.

6 „One of the main worries about flexibility is its potential to undermine the Union's ability to capitalize on its growing powers by translating them into an effective voice on the world stage." WARLEIGH (2002), S. 65. Vgl. auch EHLERMANN (1999), S. 20.

7 Vgl. KOTZIAS (1998), S. 37; LIPPERT (2000a), S. 26; WESSELS (2000b), S. 358.

8 Vgl. PIEPENSCHNEIDER (1997), S. 232.

9 Längerfristig kann eine fundamentale Modifizierung erforderlich sein, falls die flexible Union starke föderale Züge bekommt.

bei der Gestaltung der Präsidentschaft die unterschiedliche Teilnahme der Mitgliedstaaten an den Integrationsprojekten der EU berücksichtigt werden.[1]

1.5 Vorgehensweise

Zielsetzung der vorliegenden Arbeit ist die Erarbeitung eines geschlossenen Konzeptes zur Reform der Ratspräsidentschaft. Wie die vorangegangenen Ausführungen zeigen, wurde die Reform der Ratspräsidentschaft bis dato marginal wissenschaftlich behandelt. Vor allem werden die Vor- und Nachteile der Reformvorschläge nicht systematisch herausgearbeitet und die konzipierten Reformoptionen nicht mit der Integrationsentwicklung der EU verknüpft. Die Grundannahme der vorliegenden Arbeit ist, daß in Abhängigkeit der unterschiedlichen Modelle einer erweiterten EU verschiedene Reformoptionen existieren:

- Je ausdifferenzierter die Reformoptionen in Abhängigkeit der Modelle einer erweiterten EU sind, desto besser eignen sie sich.

Zur Erreichung des dargestellten Ziels wird die in Abbildung 1-1 skizzierte Vorgehensweise gewählt.

An die Darstellung des Untersuchungsrahmens in Kapitel 1 schließt sich in Kapitel 2 die Beschreibung der Ausgangslage an, innerhalb derer die Vorteile und Defizite der heutigen Ratspräsidentschaft erarbeitet werden. Die Entwicklung der Rechtsgrundlagen, institutioneller Stellung, gegenwärtiger Funktionen und Determinanten zur Durchführung der Ratspräsidentschaft werden detailliert beschrieben. Das Kapitel endet mit der zusammenfassenden Darstellung der positiven und negativen Aspekte der heutigen Ratspräsidentschaft.

Das Kapitel 3 dient der Erarbeitung der Anforderungen an die Reform der Ratspräsidentschaft. Hierzu werden mit Hilfe der Analyse aus Kapitel 2 sowie der Literatur relevante Anforderungen gebildet. Die Gruppierung der Anforderungen zu verschiedenen Anforderungstypen erfolgt ebenfalls auf Grundlage der in Kapitel 2 ausgearbeiteten Ergebnisse und der vorliegenden Literatur. Um als Eingangsgrößen beim Entwurf der Reformoptionen Verwendung zu finden, werden die aufgestellten Anforderungen anschließend in bezug auf die Modelle einer erweiterten EU gewichtet. Die Gewichtung erfolgt auf Basis der in Kapitel 1 erarbeiteten Merkmale der einzelnen Erweiterungsmodelle. Die so entstandenen Anforderungskataloge für die Reform der Ratspräsidentschaft werden zum Abschluß des dritten Kapitels dargestellt.

In Kapitel 4 werden die aktuellen Reformvorschläge der Mitglied- und Beitrittsstaaten, der Organe der EU bzw. des Europäischen Konvents sowie der akademischen Institutionen beschrieben. Zur systematischen Erfassung der Reformvorschläge der Ratspräsidentschaft wird ein Parameterkatalog entwickelt, der die Berücksichtigung der wichtigsten Elemente der unterschiedlichen Reformbeiträge ermöglicht. Ein Überblick über die Parameter der zentralsten Reformvorschläge der aktuellen Diskussion inklusive des Verfassungsentwurfs des Europäischen Konvents rundet das vierte Kapitel ab.

[1] Bereits im heutigen Flexibilisierungsstadium verursacht die nicht synchrone Beteiligung der Mitgliedstaaten an Politikfeldern der Union Probleme für die Vorsitzführung. Vgl. 3.2.3.

Innerhalb des fünften Kapitels werden die Perspektiven der Ratspräsidentschaft erarbeitet. Hierzu erfolgt die Bewertung der Parameter der Reformvorschläge anhand der Anforderungen an die Reform der Ratspräsidentschaft. Auf Basis des in Kapitel 3 erarbeiteten Analyserasters werden die Vorteile und Defizite der einzelnen Parameter ermittelt. Darauf aufbauend werden die Reformoptionen in Abhängigkeit der einzelnen Modelle einer erweiterten EU anhand der Anforderungskataloge entworfen. Des weiteren wird die Qualität der Vorsitzbestimmungen des Verfassungsentwurfs des Europäischen Konvents untersucht. Zum Abschluß dieses Kapitels wird die Relevanz der reformierten Ratspräsidentschaft differenziert nach den Modellen einer erweiterten EU auf Grundlage der erarbeiteten Reformoptionen beurteilt.

Die Arbeit schließt in Kapitel 6 mit einer Zusammenfassung der Resultate sowie einem Ausblick auf weiteren Forschungsbedarf im Rahmen dieses Themas. Zudem werden folgende Arbeitshypothesen in Abhängigkeit der Modelle einer erweiterten EU neben der Grundannahme der Untersuchung abschließend bewertet:

- Je mehr Mitgliedstaaten es in der EU gibt, desto unwichtiger wird der Grundsatz der Einheitlichkeit des Vorsitzes als Strukturelement der Ratspräsidentschaft.
- Je komplexer das Institutionengefüge der EU ist, desto mehr gewinnt die Personifizierung der Ratspräsidentschaft an Bedeutung.
- Die Ratspräsidentschaft gewinnt dann an Relevanz im Institutionengefüge der Europäischen Union, wenn die souveräne Gleichheit der Mitgliedstaaten im Ratspräsidentschaftssystem nicht gegeben ist.

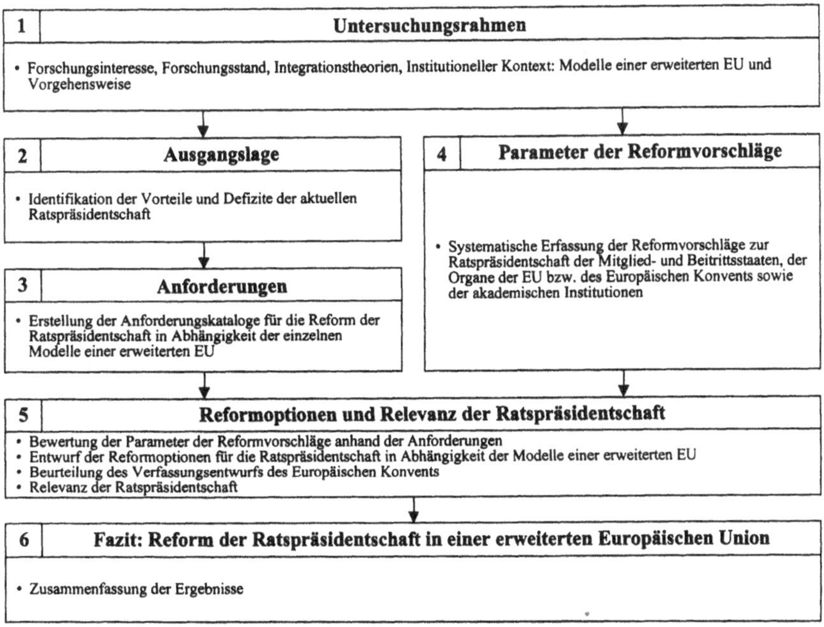

Abbildung 1-1: Vorgehensweise der Arbeit

2 AUSGANGSLAGE

Die Position der Ratspräsidentschaft im Institutionengefüge unterliegt seit Gründung der Europäischen Gemeinschaft für Kohle und Stahl (EGKS) einer permanenten Veränderung. Diese Entwicklungen ergaben sich aufgrund zunehmender Anzahl der Mitgliedstaaten und wechselnder politischer Zielsetzungen im europäischen Integrationsprozeß. Die jetzt anstehende Reform des Vorsitzes, deren hauptsächliche Ursache in der EU-Erweiterung zu sehen ist, erfordert zunächst die Analyse der aktuellen Ratspräsidentschaft.[1] Diese ist notwendig, da die Präsidentschaftsreform drei Ziele verfolgen soll: 1) Die bestehenden Vorteile des Vorsitzes beizubehalten, 2) die heutigen Defizite zu vermeiden und 3) den neuen Herausforderungen, die sich aus der EU-Erweiterung ergeben, gerecht zu werden.[2] Die derzeitigen Vorteile und Defizite werden im folgenden mit Hilfe der Analyse des strukturellen Umfelds der Ratspräsidentschaft anhand der Entwicklung von Rechtsgrundlagen, der institutionellen Stellung, der gegenwärtigen Funktionen und Determinanten zur Durchführung der Ratspräsidentschaft ermittelt. Durch diese Vorgehensweise können die positiven und negativen Aspekte des aktuellen Ratspräsidentschaftssystems dargestellt werden, die die Grundlage für die Aufstellung der Anforderungen an die Vorsitzreform bilden.

2.1 Entwicklung der Rechtsgrundlagen der Ratspräsidentschaft

Die rechtlichen Grundlagen der Ratspräsidentschaft sind auf drei unterschiedlichen Ebenen angesiedelt: 1) Rechtsgrundlagen in den Verträgen, 2) Rechtsgrundlagen in der Geschäftsordnung (GO) des Rates und 3) sonstige Rechtsgrundlagen.[3] Zu den sonstigen Rechtsgrundlagen zählen diejenigen Funktionen, die der Ratspräsidentschaft im Laufe der Zeit zugewachsen sind. Dazu gehören Erklärungen in einer Schlußakte, interinstitutionelle Vereinbarungen, Beschlüsse des Europäischen Rates, Beschlüsse des Rates „Allgemeine Angelegenheiten"[4] und die ständige Übung, die sich in praxi herausgebildet hat.[5] Die Darstellung der Rechtsgrundlagen der Ratspräsidentschaft wird im folgenden chronologisch ab den Gründungsverträgen vorgenommen. Die Meilensteine der Beschreibung sind die Gründungsverträge und deren Änderungen sowie Ergänzungen.

---

[1] Das politische System der EU braucht den Reformdruck einer Erweiterung, um sich weiterzuentwickeln. Vgl. WEIDENFELD (1997), S. 9.

[2] In Kapitel 3 werden die Herausforderungen, die sich aus der Erweiterung ergeben, in die Aufstellung der Anforderungen an die Reform der Ratspräsidentschaft integriert.

[3] Vgl. HUMMER/OBWEXER (1999a), S. 422.

[4] Auf dem Gipfel von Sevilla im Juni 2002 wurde der Rat „Allgemeine Angelegenheiten" in Rat „Allgemeine Angelegenheiten und Außenbeziehungen" umbenannt. Vgl. Art. 2 Geschäftsordnung des Rates (idF. vom 22.07.2002). Vgl. auch 2.2.2.

[5] Vgl. HUMMER/OBWEXER (1999b), S. 49.

2.1.1 Ratspräsidentschaft im Vertrag von Paris und in den Verträgen von Rom

Die sowohl qualitative als auch quantitative Ausgestaltung der vertraglichen Bestimmungen der Ratspräsidentschaft im Vertrag von Paris über die Gründung der EGKS von 1952 ist rudimentär. Die Ratspräsidentschaft trug als Primus inter pares die Verantwortung für die Einberufung und Leitung der Ratssitzungen mit Hilfe des Ratssekretariats.[1] „Der Präsidentschaft wurde der Charakter eines administrativen Instrumentes zugeschrieben."[2] Der marginale oder fast fehlende wissenschaftliche Diskurs über die Ratspräsidentschaft in den Anfangsjahren der Gemeinschaft spiegelt dies wider.[3] Dagegen wurden die für den Status der Ratspräsidentschaft relevanten Bezugspunkte bereits in den Gründungsverträgen verankert. Als Grundprinzipien für die Ausgestaltung der Ratspräsidentschaft wurden die Wahrnehmung des Vorsitzes durch die Mitgliedstaaten und die auf der souveränen Gleichheit beruhende Rotation bis dato beibehalten.

> „What is clear, is that the strong version of the Community idea, as embodied in the Treaty of Paris establishing the European Coal and Steel Community, anticipated only a modest and formal role for the Council Presidency. Two key principles were entreched: first that the Presidency would be exercised by the Member States (rather than by a collective representative, as in NATO, the Secretary General) and second that each Member State would occupy the office in turn on a basis of parity, irrespective of size, political weight or any other distinction."[4]

Die Reihenfolge für die Ausübung der Ratspräsidentschaft richtete sich anfänglich alphabetisch nach den Ländernamen in der jeweiligen Landessprache.[5] Die nur dreimonatige Dauer der Vorsitzperiode im Vertrag von Paris verdeutlicht die fehlende politische Substanz der Ratspräsidentschaft.[6] Da sich der Rat in den 50er Jahren selten getroffen hat, stellte der Dreimonatsturnus einen zu kurzen Zeitraum dar.[7] Eine Präsidentschaft leitete keine oder nur wenige Sitzungen während der drei Monate. In den Verträgen von Rom, mit denen die Europäische Wirtschaftsgemeinschaft (EWG) und die Europäische Atomgemeinschaft (EAG) 1957 gegründet wurden, wurde die Amtszeit der Ratspräsidentschaft deshalb auf sechs Monate verlängert. Das Ziel dieser ausgedehnten Vorsitzperiode war, die Kohärenz der Geschäftsführung im Rat sicherzustellen.[8] Die trotz allem weiterhin kurze Zeitdauer der Ratspräsidentschaft sollte den Mißbrauch des Amtes zur politischen Einflußnahme verhindern. Der alle drei Monate rotierende Vorsitz der EGKS verlängerte sich erst 1965 auf sechs Monate.[9] Die rudi-

---

1 Vgl. EDWARDS/WALLACE (1978), S. 34; WALLACE (1975), S. 307; WALLACE/EDWARDS (1976), S. 536.

2 VORNBÄUMEN (1985), S. 20. Vgl. auch SIERRA (2002), S. 6.

3 Wessels schreibt: „Quite a lot of contributions touched upon the role of the Presidency only marginally or not at all, reflecting implicitly an understanding of the Presidency as a technical manager with no weight of its own." WESSELS (1988), S. 305. Vgl. auch DE SCHOUTHEETE (1988), S. 74.

4 WALLACE (1985a), S. 2 f.

5 Vgl. DINAN (1999), S. 238.

6 Vgl. Art. 27 Abs. 2 Vertrag über die Gründung der Europäischen Gemeinschaft für Kohle und Stahl (18.04.1951).

7 Vgl. BUERSTEDDE (1964), Fn. 3, S. 116.

8 Vgl. EDWARDS/WALLACE (1978), S. 34.

9 Vgl. HAYES-RENSHAW/WALLACE (1997), S. 136.

mentären vertraglichen Bestimmungen wurden in der GO für den Rat der EGKS[1] und in der vorläufigen GO des Rates für EWG[2] näher ausgelegt.

In den ersten Jahren der Gemeinschaft wurde die Ratspräsidentschaft in den Mitgliedstaaten nicht als eine Chance, sondern als eine Belastung angesehen.[3] Sie hatte keine institutionelle Bedeutung jenseits formeller Vorkehrungen. Die Möglichkeit der politischen Einflußnahme durch die Ratspräsidentschaft war im Vertrag von Paris nicht enthalten. Über das Privileg der Sitzungsleitung hinaus kamen dem Vorsitz keine weiteren politischen oder gestalterischen Funktionen zu,[4] die das Amt für die Mitgliedstaaten interessant gemacht hätten.

Für die weitere Entwicklung der Ratspräsidentschaft war von Bedeutung, daß im Vertrag von Paris und in den Verträgen von Rom die Rechtsgrundlagen für den Status der Ratspräsidentschaft verankert wurden. Die Ratspräsidentschaft sollte jeweils von einem Mitgliedstaat ausgeübt werden, und jedes Land sollte unabhängig von machtpolitischen Realitäten sukzessiv die Vorsitzführung übernehmen.

2.1.2 Ratspräsidentschaft im Fusionsvertrag und in der Einheitlichen Europäischen Akte

Der Fusionsvertrag (FusV) von 1965 brachte keine inhaltlichen Neuerungen für die Vorsitzführung der EWG und EAG, denn die alle sechs Monate alphabetisch rotierende Ratspräsidentschaft wurde beibehalten.[5] Der bisher alle drei Monate rotierende Vorsitz der EGKS wurde auf sechs Monate ausgedehnt.[6] Die EG-internen und -externen Entwicklungen hatten als Konsequenz, daß das Arbeitsspektrum der Ratspräsidentschaft erweitert wurde. Aufgrund der zugenommenen Integrationsmaterie wurde der AStV[7] zur Vorbereitung der Ratstätigkeiten eingesetzt, in dem die Ratspräsidentschaft die Vorsitzführung inne hatte.[8] Der Rat wurde durch den FusV beauftragt, sich eine eigene GO zu geben.[9] Die GO präzisiert die vertraglichen Bestimmungen der Ratspräsidentschaft während der gesamten Dauer des Beschlußfassungsprozesses im Rat sowie analog in seinen vorbereitenden Gremien. Hauptsächlich beinhaltet die GO

1 Die GO für den Rat der EGKS besteht aus 14 Artikeln. Für die Ratspräsidentschaft sind vor allem Art. 2, 8, 13 von Bedeutung. Vgl. The Rules of Procedure of the Special Council of the European Coal and Steel Community (1952).

2 Die vorläufige GO des Rates blieb von 1958 bis 1979 in Kraft. Sie differenzierte die Funktionen der Ratspräsidentschaft in 20 Artikeln, wobei Art. 19 innovativ war. In diesem Artikel wurde der Ratspräsidentschaft die Möglichkeit zur Wahrnehmung der Repräsentationspflichten vis-à-vis dem Europäischen Parlament verankert. Vgl. Art. 19 The Provisional Rules of Procedure of the Council of Ministers of the European Economic Community (1958).

3 Vgl. EDWARDS/WALLACE (1978), S. 73.

4 Vgl. HUMMER/OBWEXER (1999a), S. 415.

5 Vgl. Art. 2 Abs. 2 FusV (08.04.1965).

6 Vgl. 2.1.1.

7 Der Vorgänger des AStV war die 1953 gegründete Commission de Coordination du Conseil des Ministres (COCOR). Vgl. ZWAAN (1995), S. 11 ff.

8 Vgl. Art. 4 FusV (08.04.1965).

9 Vgl. Art. 5 FusV (08.04.1965). Diese GO des Rates wurde erst am 24. Juli 1979 formell verabschiedet und beruht auf der vorläufigen GO des Rates von 1958. Vgl. HUMMER/OBWEXER (1999a), S. 415. Zuletzt wurde die GO den neuen primärrechtlichen Vorgaben durch eine Ratsentscheidung nach dem Europäischen Rat von Sevilla im Juli 2002 angepaßt. Vgl. Geschäftsordnung des Rates (idF. vom 22.07.2002).

des Rates die wenigen Chancen der Ratspräsidentschaft, auf rechtlicher Basis Politik zu gestalten. Die wichtigste Möglichkeit ist die Aufstellung der vorläufigen Tagesordnung für jede Ratstagung.[1]

Der Bedeutungswandel der Ratspräsidentschaft von einem passiven, administrativen Instrument zu einem aktiven, politischen Instrument hat sich vor allem Ende der 60er und während der 70er Jahre vollzogen.[2] Das quantitative Aufkommen der sonstigen Rechtsgrundlagen für die Ratspräsidentschaft neben den Rechtsgrundlagen in den Verträgen und in der GO des Rates in Form von Reformberichten spiegelte diesen Transformationsprozeß der Ratspräsidentschaft wider.[3] Für die Entwicklung der Ratspräsidentschaft hatten vor allem die die Mitgliedstaaten politisch verpflichtenden Berichte eine zentrale Rolle, da sie die Funktionen der Ratspräsidentschaft in der Europäischen Politischen Zusammenarbeit (EPZ) festlegten und über die Substanz der Römischen Verträge hinausgingen.[4] Die Entwicklung der EPZ geschah außerhalb des Rahmens der EG und die Hauptverantwortung für die Organisation der EPZ wurde dem Vorsitz übertragen. Die EPZ basierte auf zwischenstaatlicher Zusammenarbeit, so daß die Kommission und andere Gemeinschaftsorgane ausgeschaltet waren. Der Charakter der Ratspräsidentschaft innerhalb der EPZ und der EG unterschied sich wesentlich:

> „The Presidency in the EPC shows features clearly different from that of the EC, especially in the field of intellectual and organisational challenges (...). The differences are caused not only by the absence of institutions like the Council Secretariat and the Commission (which plays a different role in the EPC), but by the different nature of EPC issues and activities as well."[5]

Für die Etablierung der neuen Position der Ratspräsidentschaft sind insbesondere der Luxemburger Bericht (1970), der Kopenhagener Bericht (1973) und der Londoner Bericht (1981) im Rahmen der EPZ von zentraler Bedeutung.

Das Ausgangsdokument der EPZ, der Luxemburger Bericht, stellte die formale Bindung zwischen EPZ und EG durch die Ratspräsidentschaft her. Der Bericht legte fest, daß der Außenminister des Staates, der im Rat der EG den Vorsitz führt, auch den Vorsitz in den EPZ-Sitzungen wahrnehmen sollte.[6] Die Bedeutungszunahme der Ratspräsidentschaft kam im Kopenhagener Bericht dadurch zum Ausdruck, daß die neuen Kompetenzfelder des Vorsitzes in der EPZ in einem eigenen Abschnitt behandelt wurden. Insbesondere das Initiativrecht der Präsidentschaft wurde insofern ausgeweitet, als der Vorsitz nun die Kompetenz besaß, Konsultationen aus eigener Anregung auf geeigneter Ebene vorzuschlagen.[7] Des weiteren wurde das Telex-Kommunikationssystem (COREU) zwischen den Außenministerien der Mitgliedstaa-

1 Vgl. Art. 3 Abs. 1 Geschäftsordnung des Rates (idF. vom 22.07.2002).

2 Vgl. 2.2.1.

3 Vornbäumen stellt fest: „Einem rein administrativen Organ wäre bei Beibehaltung seiner Position kaum eine derartige Aufmerksamkeit beschieden worden." VORNBÄUMEN (1985), S. 29.

4 Vgl. NUTTALL (1992), S. 12; VORNBÄUMEN (1985), S. 30.

5 REGELSBERGER/WESSELS (1985), S. 91. Vgl. auch DE BASSOMPIERRE (1988), S. 60 ff.; KLAIBER (1984), S. 45; WALLACE (1984a), S. 5.

6 Vgl. Luxemburger Bericht (1970).

7 Vgl. Kopenhagener Bericht (1973).

ten im Kopenhagener Bericht eingerichtet, in dem die Ratspräsidentschaft eine koordinierende Rolle übernahm.[1]

Die wachsenden Aufgaben im Bereich der EPZ führten 1981 zur formellen Einführung des Troika-Systems im Rahmen des Londoner Berichts. Dabei sollte der amtierende Präsident von seinem Vorgänger sowie seinem Nachfolger unterstützt werden.[2] Informell war die Troika-Formel schon während des Europäisch-Arabischen Dialogs Mitte der 70er Jahre eingesetzt worden.[3] Bonvicini faßt die Probleme, die durch das Troika-Verfahren gelöst werden sollten, wie folgt zusammen:

> „erstens sollte auf diese Weise die Tätigkeit der (damals noch) Zehn besser koordiniert werden, zweitens sollte beim Wechsel von einer zur anderen Präsidentschaft ein gewisses Maß an Kontinuität und Homogenität von EPZ-Initiativen gewahrt werden."[4]

Der Grund zur Einführung des Troika-Verfahrens war u.a. die sowjetische Afghanistan-Invasion im Jahre 1979,[5] die die Schwächen der Ratspräsidentschaft in der EPZ deutlich zum Ausdruck brachte. Der Beitritt Griechenlands in die EG im Jahre 1981 übte ebenfalls einen bedeutenden Einfluß zur offiziellen Verankerung der Troika aus.[6] Neben den Verpflichtungen aus den Berichten wuchsen in den 70er Jahren auch weitere Aufgaben der Ratspräsidentschaft im Bereich der EPZ gewohnheitsrechtlich zu. Die deutsche Ratspräsidentschaft im Jahre 1974 unternahm zwei Maßnahmen, um die interne Kohärenz der EPZ zu verbessern. Erstens hat der deutsche Vorsitz das informelle Gymnich-Typ-Außenministertreffen[7] eingeführt und zweitens die Gymnich-Formel lanciert. Die Gymnich-Formel legt fest, daß die Ratspräsidentschaft die Sprecherrolle gegenüber den verbündeten und befreundeten Staaten übernehmen soll.[8] Im Schlußkommuniqué des Pariser Gipfels von 1974, im Gründungsakt des Europäischen Rates, wurde diese Sprecherrolle der Ratspräsidentschaft spezifiziert.[9]

Die Relevanz der Ratspräsidentschaft für die Kooperation mit den anderen Institutionen der EG nahm in den 70er und 80er Jahren stark zu. Hinsichtlich des Europäischen Rates bekam der Ratspräsident auf dem Treffen der Staats- und Regierungschefs in London im Jahre 1977 seine ersten bedeutenden Verpflichtungen. Seitdem bereitet die Ratspräsidentschaft die Agenda für den Europäischen Rat vor und publiziert die Ergebnisse als Schlußfolgerungen des Vorsitzes.[10] Der Präsidentschaft

---

1 Vgl. Kopenhagener Bericht (1973). Näheres über die praktische Applikation des COREU siehe A-Punkt-Vermerk des AStV an den Rat. Arbeitsmethoden des Rates: Außenbeziehungen der Europäischen Union (08.06.1995).

2 Vgl. Londoner Bericht (1981).

3 Vgl. NUTTALL (1992), S. 19; WALLACE (1983), S. 3 f.

4 BONVICINI (1989), S. 83.

5 Vgl. HUMMER/OBWEXER (1999a), S. 417; WALLACE (1985a), S. 9.

6 Vgl. GINSBERG (1998), S. 203.

7 Die ersten Leitlinien zur Wahrung des informellen Charakters der Treffen „Gymnicher Modell" wurden im Londoner Bericht von 1981 verankert. Vgl. Londoner Bericht (1981).

8 REGELSBERGER/WESSELS (1985), S. 82. Vgl. auch WESTLAKE (1999), S. 38.

9 „Der Vorsitz nimmt die Rolle des Sprechers der Neun wahr und tritt auf diplomatischer Ebene für sie auf." Schlußkommuniqué des Pariser Gipfels (09./10.12.1974). Die Präsidentschaft unterzeichnete zum ersten Mal ein internationales Dokument, die Schlußakte von Helsinki, 1975. Im selben Jahr nahm sie auch die Sprecherrolle im Namen der Neun in der Generalversammlung der Vereinten Nationen erstmalig wahr. Vgl. DE SCHOUTHEETE (1989), S. 96.

10 Vorher war die Ratspräsidentschaft schon partiell verantwortlich für die Vorbereitung der Tagungen des Europäischen Rates. Vgl. BONVICINI/REGELSBERGER (1987), S. 153; EDWARDS/WALLACE (1978), S. 49 f.

kommt in der Interorganzusammenarbeit seit der Einführung des sogenannten Trilogs im Jahre 1982 eine besondere Bedeutung zu.[1] Der Trilog, der aus der Praxis des Haushaltsverfahrens stammt, besteht aus der Zusammenkunft der Präsidenten des Europäischen Parlaments, der Kommission und des Rates und ist zu einem wichtigen Instrument des organübergreifenden Politikmanagements geworden. In der Feierlichen Deklaration von Stuttgart von 1983 wurden die ersten Repräsentationspflichten der Präsidentschaft gegenüber dem Europäischen Parlament festgelegt.[2] Schon im Jahre 1981 hatte die britische Premierministerin Thatcher das Fundament für diese Pflichten gelegt.[3] Zudem verpflichtete diese Deklaration den Vorsitz, sein Programm in einer Ansprache vor dem Europäischen Parlament am Beginn seiner Amtszeit darzulegen und über die erzielten Fortschritte am Ende der Präsidentschaft zu berichten. Des weiteren wurde verankert, daß sowohl die jährliche Berichterstattung über die Progression im Rahmen der EPZ als auch die Unterrichtung des Europäischen Parlaments über die behandelten außenpolitischen Themen zu den Funktionsfeldern des Vorsitzes gehören sollten.

Das Inkrafttreten der EEA im Jahre 1986 brachte für die Präsidentschaft neue Herausforderungen und Verantwortungen. Der Spielraum des Vorsitzes in den Verhandlungen wurde durch das faktische Ende des Luxemburger Kompromisses[4] erweitert, denn die EEA ermöglichte Entscheidungen mit qualifizierter Mehrheit im Rat.[5] In der EEA wurde zudem festgelegt, daß der Binnenmarkt bis 1992 vollendet werden sollte. Das Binnenmarktprogramm bewirkte, daß die Koordination der aufeinanderfolgenden Präsidentschaften einen höheren Stellenwert für die Handlungsfähigkeit der EG bekam. Dies führte zur Etablierung der sogenannten rolling programmes, die mehrere Vorsitze zur engen Zusammenarbeit verpflichteten.[6] Des weiteren wurde die bisherige Praxis des Vorsitzes im Bereich der EPZ vertraglich in der EEA bestätigt und die Rechtsgrundlagen für die EPZ geschaffen. Die herausragende Rolle der Präsidentschaft in diesem Politikfeld wurde explizit in der EEA verankert.[7] Auch die festgelegte Funktionsweise des wegen mangelnder Kontinuität und Überbelastung der mitgliedstaatlichen Administrationen eingerichteten technischen Sekretariats für die EPZ[8] unterstrich die starke Stellung des Vorsitzes:[9]

> „Member States had taken great care in drafting the SEA to ensure that the Secretariat had no powers of its own. It was placed under the authority of the Presidency, and could neither prepare papers or its own initiatives nor represent EPC to the outside world."[10]

---

1 Vgl. WESTLAKE (1999), S. 44 f.

2 Vgl. Feierliche Deklaration von Stuttgart (1983).

3 Thatcher nahm die Einladung des Europäischen Parlaments an, vor diesem eine Erklärung über die Tagung des Europäischen Rates persönlich abzugeben. Vgl. BUCK (1982), S. 62; MORGAN (1982), S. 460

4 Näheres zum Luxemburger Kompromiß siehe 2.2.1.

5 Vgl. LANG (2002), S. 66.

6 Vgl. WESTLAKE (1999), S. 43.

7 Vgl. Art. 30 Abs. 10b; Art. 30 Abs. 4; Art. 30 Abs. 5 EEA (28.02.1986).

8 Seit den 60er Jahren wurde über die Gründung eines Sekretariats für die politische Zusammenarbeit diskutiert. Weshalb das Sekretariat erst 1986 durch die EEA gegründet werden konnte, argumentiert Bonvicini wie folgt: „the problem of a Secretariat has never been simply one of organization; it has always retained strong political overtones." BONVICINI (1988), S. 58. Näheres zur Geschichte und Funktionsweise des Sekretariats siehe SPÄTH (1990).

9 Vgl. DE SCHOUTHEETE (1989), S. 98.

10 NUTTALL (2000), S. 23.

Mit dem Beitritt Spaniens und Portugals 1986 wurde das ursprüngliche Prinzip der alphabetischen Vorsitzreihenfolge der Mitgliedstaaten in ihrer jeweiligen Landessprache durch die Stresa-Formel 1987 abgelöst.[1] Die neue Formel „alternating rotation"[2] ermöglichte einem Staat, die Präsidentschaft abwechselnd einmal im ersten und einmal im zweiten Halbjahr auszuüben. Vorteil dieses Vorgehens war, daß die unterschiedlichen Belastungen der beiden Halbjahre angesichts der ungleichen Verteilung von Urlaubszeiten ausgeglichen werden konnten.[3] Des weiteren mußten die jahreszeitlich festgelegten Dossiers, wie die Agrarpreise oder der Haushalt, nicht durch dieselben Mitgliedstaaten Jahr für Jahr verhandelt werden.[4]

Festzuhalten ist, daß der FusV und die EEA den Grundstein für den rechtlichen Bedeutungswandel der Ratspräsidentschaft zu einem aktiven Instrument der europäischen Integration legten. Der Wandel der Ratspräsidentschaft kam insbesondere in ihrer neuen Rolle in der Gestaltung der EPZ zum Ausdruck.

2.1.3 Ratspräsidentschaft im Vertrag von Maastricht und Amsterdam

Mit dem Vertrag von Maastricht 1993 wurde die Europäische Union (EU) gegründet. Den stark supranationale Züge beinhaltenden EG (EG, EGKS und EAG) wurden die durch intergouvernementale Zusammenarbeit geprägte GASP sowie die Zusammenarbeit in den Bereichen Justiz und Inneres (ZBJI) unter dem Mantelvertrag der EU als jeweils einzelne Säule beigefügt.[5] Im Maastrichter Vertrag finden sich insbesondere Bestimmungen zur Ratspräsidentschaft im Zusammenhang mit den beiden neuen intergouvernementalen Säulen, GASP und ZBJI, sowie bezüglich des Europäischen Rates und der Wirtschafts- und Währungsunion (WWU).

Wie zur Zeit der EPZ verkörperte der Ratspräsident weiterhin die Außenvertretung der Union in Angelegenheiten der GASP.[6] Darüber hinaus legte die Präsidentschaft den Standpunkt der Union in internationalen Organisationen und auf internationalen Konferenzen dar und war für die Durchführung von gemeinsamen Aktionen verantwortlich.[7] Dabei wurde der Vorsitz durch die Troika unterstützt.[8] Der vorhergehende und nachfolgende Vorsitz bildeten weiterhin mit dem amtierenden Mitgliedstaat die Troika-Konstellation. Ferner wurde die Kommission an den Aufgaben in vollem Umfang beteiligt, so daß es sich eher um eine Quadriga als eine Troika handelte.[9] Bei der Durchführung seiner Aufgaben im Bereich der GASP konnte der Vorsitz auch die Hilfe des gestärkten, in das Generalsekretariat des Rates 1994 integrierten GASP-Sekretariats (früheres EPZ-Sekretariat) in Anspruch nehmen.[10] Der Vorsitz sollte ebenfalls sicherstellen, daß die Auffassungen des Europäischen Parlaments im Bereich

---

1 Vgl. VON DONAT (1987), S. 60.

2 Näheres zu diesem Begriff siehe SHERRINGTON (2000), S. 43.

3 In Brüssel gilt der August traditionell als Urlaubsmonat. Des weiteren fallen Ende Juli und Dezember weitgehend aus. Vgl. LANG (2002), Fn. 137, S. 68.

4 Vgl. VON DONAT (1987), S. 60.

5 Näheres zur Säulenstruktur der EU siehe 2.2.1.

6 Vgl. Art. J.5 Abs. 1 EUV (idF. vom 01.01.1995).

7 Vgl. Art. J.5 Abs. 2 EUV (idF. vom 01.01.1995).

8 Vgl. Art. J.5 Abs. 3 EUV (idF. vom 01.01.1995).

9 Vgl. Art. J.5 Abs. 3 EUV (idF. vom 01.01.1995).

10 Vgl. BRETHERTON/VOGLER (1999), S. 253; NUTTALL (2000), S. 181.

der GASP gebührend berücksichtigt werden.[1] Dem Ratspräsidenten wurde dieselbe Pflicht auch als Aufgabe hinsichtlich der dritten Säule der EU, die ZBJI, übertragen.[2]

Vor dem Inkrafttreten des Maastrichter Vertrags fanden sowohl formelle als auch informelle Außenministertreffen im Rahmen der EPZ im jeweiligen Vorsitzland statt. Um die Entscheidungseffizienz dieser Meetings zu steigern, wurde festgelegt, daß lediglich die informellen Gymnich-Treffen der Außenminister im Bereich der GASP auch künftig an anderen Orten als Brüssel und Luxemburg durchgeführt werden durften.[3]

Art. J.4 Abs. 2 EUV verankerte die Westeuropäische Union (WEU) als integralen Bestandteil in die Entwicklung der Union. Dies führte hinsichtlich der Abfolge und der Dauer des Vorsitzes zu einer Anpassung der Vorsitzführung im Rat der WEU an jene im Rat der EU.[4] Im ersten Halbjahr 1999 wurden die Präsidentschaften zum ersten Mal unter dem deutschen Vorsitz gemeinsam ausgeübt.[5] Die Vorsitzführung des Ratspräsidenten im Europäischen Rat wurde durch den Maastrichter Vertrag formalisiert.[6] Mit dem Vertrag von Maastricht bekam die Präsidentschaft auch eine zentrale Rolle in der ersten Säule der EU im Rahmen der Wirtschafts- und Währungsunion (WWU). Der Ratspräsident wurde für das Europäische Parlament und die Europäische Zentralbank (EZB) im Rahmen der WWU der wichtigste Ansprechpartner.[7] Darüber hinaus führte der Maastrichter Vertrag zu einer weitreichenden Überarbeitung der GO des Rates. Für die Ratspräsidentschaft sind zwei der veränderten Artikel von Bedeutung: die Einführung von öffentlichen Debatten über das Arbeitsprogramm eines neuen Vorsitzes und die Reform des schriftlichen Verfahrens.[8]

Die primärrechtlich verankerte, alphabetisch alle sechs Monate rotierende Ratspräsidentschaft wurde nach der Erweiterung durch Finnland, Österreich und Schweden im Jahre 1995 aufgegeben.[9] Gemäß des geänderten Art. 146 EGV hat der Rat selbst

---

[1] Vgl. Art. J.7 EUV (idF. vom 01.01.1995).

[2] Vgl. Art. K.6 Abs. 1 EUV (idF. vom 01.01.1995).

[3] Vgl. REGELSBERGER (1998), S. 450.

[4] Die Dauer der WEU-Präsidentschaft wurde auf sechs Monate (vorherige Dauer: ein Jahr) am 1. Juli 1994 verkürzt. Hinsichtlich der Abfolge sollte berücksichtigt werden, daß nur zehn EU-Mitgliedstaaten Vollmitglieder bei der WEU sind. Aufgrund dieser Tatsache wurde beschlossen, daß die Präsidentschaften der EU und der WEU integriert werden, wenn der vorsitzende EU-Mitgliedstaat ein Vollmitglied der WEU ist. In den anderen fünf Fällen (Dänemark, Finnland, Irland, Österreich und Schweden) wird der WEU-Vorsitz von einem seiner Vollmitglieder nach dem englischen Alphabet der Staatsnamen wahrgenommen. Vgl. HUMMER/OBWEXER (1999a), S. 420 f.; HUMMER/OBWEXER (1999b), S. 47. Auch der Sitz des WEU-Sekretariats wurde aus logistischen und symbolischen Gründen im Januar 1993 von London nach Brüssel verlegt.

[5] Vgl. VERHEUGEN (1999), S. 8.

[6] Vgl. Art. D EUV (idF. vom 01.01.1995).

[7] Vgl. Art. 103 Abs. 4; Art. 104c Abs. 11; Art. 109 Abs. 1; Art. 109b Abs. 1; Art. 109c Abs. 3 EGV (idF. vom 01.01.1995).

[8] Vgl. Art. 4 und Art. 10 The 1993 Revised Version of the Definitive Rules of Procedure of the Council (including 1995 amendments) (1993).

[9] Dieser institutionelle Beschluß wurde im Kontext von Beitrittsverhandlungen auf dem Gipfel des Europäischen Rates in Brüssel im Dezember 1993 gefaßt. Vgl. DEUBNER (1995), S. 15; VERBEKE/VAN DE VOORDE (1994), S. 31. Durch Art. 12 des Beitrittsvertrages mit Österreich, Finnland und Schweden wurde diese Regelung dem Art. 146 EGV (idF. vom 01.01.1995) hinzugefügt. Vgl. LANG (2002), Fn. 138, S. 69.

die Möglichkeit, die Reihenfolge des Vorsitzes einstimmig, nunmehr ohne Ratifikationserfordernis, festzulegen. Die alphabetisch rotierende Reihenfolge wurde auf eine flexible Basis gestellt. Die Ursachen für die Veränderung des bisherigen Rotationsprinzips zu einer „balanced rotation"[1] waren folgende Überlegungen:[2] Erstens sollten die neuen Mitgliedstaaten in das institutionelle System der EU integriert werden.[3] Zweitens sollte eine Reihenfolge entstehen, in der sich große und kleine Staaten abwechseln, um ein politisches und ökonomisches Gleichgewicht zu gewährleisten. Drittens sollte eine Alternanz zwischen den neuen und den in der Ratspräsidentschaft bereits erfahrenen Mitgliedstaaten entstehen. Viertens sollte die neue Reihenfolge die sicherheitspolitische Berechenbarkeit der EU gewährleisten, indem die vier neutralen EU-Mitgliedstaaten (Finnland, Irland, Österreich und Schweden) zwischen zwei Nicht-Neutralen eingebettet sind. Die Abbildung 2-1 über die Rotation der Ratspräsidentschaft veranschaulicht diese Überlegungen.

Jahr	Erstes Halbjahr (Januar bis Juni)	Zweites Halbjahr (Juli bis Dezember)
1995	Frankreich	Spanien
1996	Italien	Irland
1997	Niederlande	Luxemburg
1998	Vereinigtes Königreich	Österreich
1999	Deutschland	Finnland
2000	Portugal	Frankreich
2001	Schweden	Belgien
2002	Spanien	Dänemark
2003	Griechenland	Italien
2004	Irland	Niederlande
2005	Luxemburg	Vereinigtes Königreich
2006	Österreich	Finnland
2007	Deutschland	

Abbildung 2-1: Rotationsreihenfolge der Ratspräsidentschaft[4]

Der Amsterdamer Vertrag trat am 1. Mai 1999 in Kraft und beinhaltete geringe Veränderungen der Funktion der Ratspräsidentschaft. Obwohl die Stellung des Rates in der ersten Säule der EU zugunsten des Europäischen Parlaments geschwächt wurde, blieb der Rat durch den Machtzuwachs im Rahmen der zweiten und dritten Säule weiterhin das dominante Organ.[5] Die zentralen vertraglichen Veränderungen der Ratspräsidentschaft durch den Amsterdamer Vertrag lagen entsprechend des Macht-

1 Näheres zum Begriff SHERRINGTON (2000), S. 43.

2 Vgl. WESTLAKE (1999), S. 48 f.

3 Mit dem neuen Rotationsprinzip wurde den drei neuen Mitgliedstaaten eine zeitliche Schonfrist eingeräumt, um die Anpassung an die Mitgliedschaft in der EU und einen längeren Zeitraum für eine gründliche Vorbereitung des Vorsitzes zu ermöglichen. Dadurch sollte vermieden werden, daß keiner der EU-Neulinge den Vorsitz unvorbereitet innehaben sollte, wie es in der Vergangenheit schon vorgekommen war. Vgl. 3.2.3.

4 In Anlehnung an die Website des Vorsitzes.

5 Vgl. HUMMER/OBWEXER (1999a), S. 421 f.

zuwachses in der Neudefinition der Rolle des Ratspräsidenten im Bereich der GASP und der Polizeilichen und Justitiellen Zusammenarbeit in Strafsachen (PJZS).

Der Amsterdamer Vertrag veränderte insbesondere die Außenvertretung der Union. Nach wie vor vertritt die Präsidentschaft die Union in Angelegenheiten der GASP,[1] wird dabei allerdings nicht mehr nur von der vorherigen und nachfolgenden Ratspräsidentschaft unterstützt. Die mitgliedstaatliche Troika-Konstellation hatte sich in praxi nicht bewährt.[2] Die vorhergehende Ratspräsidentschaft hat in dem neuen Troika-System keine Funktion mehr, und die Rolle des nachfolgenden Vorsitzes ist begrenzt. Das neu eingerichtete Amt des Hohen Vertreters für die GASP nimmt nun eine zentrale Stellung in der Troika ein. Die GASP-Troika wurde so umstrukturiert, daß die Wahrnehmung der Aufgaben des Vorsitzes durch bis zu vier weitere Beteiligte gefördert werden kann.[3]

> „Statt von der vorherigen wie der nachfolgenden Ratspräsidentschaft begleitet, unterstützen nun der Generalsekretär des Rates als „Hoher Vertreter" sowie ein Vertreter der Kommission den Ratsvorsitz bei der Wahrnehmung seiner Aufgaben. (...) Der nachfolgende Vorsitz kann ebenfalls eingebunden werden, wodurch bereits eine „Quadriga" entsteht. Zudem kann der Rat einen Sonderbeauftragten für spezifische Aufgaben ernennen, was dann bereits eine „Pentarchie" zur Folge hat."[4]

Das Amt des Hohen Vertreters wurde mit der Erwartung eingerichtet, daß eine größere Sichtbarkeit und Kontinuität der GASP entstehen würde.[5] Bei dem Hohen Vertreter für die GASP handelt es sich nicht um einen eigenständig agierenden Außenminister Europas, sondern um einen Zuarbeiter für die Ratspräsidentschaft. Der Hohe Vertreter und unter seiner Leitung die ebenfalls neu gegründete Strategieplanungs- und Frühwarneinheit im Generalsekretariat des Rates[6] sollte insbesondere zur Reduzierung der Arbeitslast der Präsidentschaften, vor allem der kleineren Mitgliedstaaten, beitragen.[7] Die Möglichkeit zur Ernennung von Sonderbeauftragten für spezifische Themen oder Regionen ist ein weiterer den Vorsitz entlastender Ansatz.[8]

Seit dem Vertrag von Maastricht war die Ratspräsidentschaft zuständig für die Durchführung von gemeinsamen Aktionen im Rahmen der GASP. Im Amsterdamer Vertrag wurde ihr als weitere Kompetenz die Verantwortung zur Durchführung aller GASP-Beschlüsse übertragen.[9] Die Präsidentschaft blieb weiterhin für die Festlegung der Standpunkte der Union in internationalen Organisationen und auf internationalen Konferenzen verantwortlich.[10] Im Bereich der dritten Säule, PJZS, wurde der Ratspräsidentschaft die Verantwortung unter der Ermächtigung des Rates für den Abschluß der Übereinkommen mit Drittstaaten oder mit internationalen Organisationen übertra-

---

1 Vgl. Art. 18 Abs. 1 (idF. vom 02.10.1997).

2 Vgl. GOTTSCHALD (2001), S. 105.

3 Vgl. Art. 18 Abs. 3, 4 und 5 EUV (idF. vom 02.10.1997).

4 WEIDENFELD/GIERING (1998), S. 46 f.

5 Vgl. AXT (1997), S. 8 ff.; DASHWOOD (2000), S. 51; MÜLLER-BRANDECK-BOCQUET (2000), S. 34 f.

6 Näheres zur Strategieplanungs- und Frühwarneinheit im Generalsekretariat des Rates siehe CAMERON (1998), S. 64.

7 Vgl. ALLEN (1998b), S. 55.

8 Vgl. REGELSBERGER (2000), S. 225.

9 Gemeinsame Strategien, Aktionen und Standpunkte. Vgl. Art. 18 Abs. 2 EUV i.V.m. Art. 13, 14 und 15 (idF. vom 02.10.1997).

10 Vgl. Art 18 Abs. 2 EUV (idF. vom 02.10.1997).

gen.[1] Analog dazu ist im Art. 24 im Rahmen der GASP festgelegt, daß der Rat den Vorsitz ermächtigen kann, Verhandlungen mit einem oder mehreren Staaten oder internationalen Organisationen aufzunehmen, wenn der Abschluß einer Übereinkunft zur Durchführung von GASP notwendig ist.

Die Veränderungen der Vertragsgrundlagen im Amsterdamer Vertrag betrafen insbesondere die zweite und dritte Säule der EU. Die anderen Vertragsgrundlagen, wie beispielsweise gegenüber dem Europäischen Parlament, sind weitgehend gleich geblieben. Die nach dem Inkrafttreten des Amsterdamer Vertrages 1999 beschlossene, überarbeitete GO des Rates beinhaltete ebenfalls kaum Veränderungen hinsichtlich des Vorsitzes. Lediglich die den Vorsitz betreffenden Bestimmungen zur Veranlassung des schriftlichen Verfahrens wurden umformuliert.[2]

2.1.4 Ratspräsidentschaft im Vertrag von Nizza

Im Dezember 2000 beschloß der Europäische Rat in Nizza einen neuen EU-Vertrag, der nur geringe Integrationsfortschritte beinhaltete.[3] In erster Linie behandelte die Regierungskonferenz 2000 die Left-overs von Amsterdam,[4] um die Union handlungs- und erweiterungsfähig zu gestalten. In Nizza wurden deshalb nur wenige Beschlüsse gefaßt, welche die Rechtsgrundlagen des Vorsitzes veränderten. Die Tagungsortpraxis des Europäischen Rates wurde grundlegend modifiziert und einige Änderungen hinsichtlich der GASP trotz der Tatsache beschlossen, daß die Außenpolitik zu den Randthemen der Regierungskonferenz im Gegensatz zu Maastricht oder Amsterdam gehörte.[5]

Der Vertrag von Nizza verankert eine organisatorische Änderung in bezug auf die GASP, denn gemäß Art. 25 EUV hat das Politische und Sicherheitspolitische Komitee (PSK)[6] die Funktion des bisherigen Politischen Komitees übernommen. Seine Hauptaufgabe ist es, dem Rat bei der Analyse von Weltereignissen zu assistieren, die politischen Optionen vorzubereiten sowie Entscheidungen zu implementieren.[7] Das PSK soll als Motor der Europäischen Sicherheits- und Verteidigungspolitik (ESVP) und der GASP fungieren. In einer Krisensituation kann der Vorsitz im PSK von dem Hohen Vertreter statt der rotierenden Präsidentschaft wahrgenommen werden. Im März 2000 wurde zudem der Militärausschuß (EUMC)[8] und der Militärstab (EUMS)[9] eingerichtet, welche über direkte militärische Expertise verfügen.[10] Der EUMS steht unter

---

1 Vgl. Art. 24 Abs. 1 EUV (idF. vom 02.10.1997).

2 Vgl. Art. 10 Abs. 5 Geschäftsordnung des Rates (idF. vom 05.06.2000).

3 Vgl. GIERING (2001a), S. 52; GIERING (2001d), S. 401; GUÉROT (2001b), S. 13; MÜLLER-BRANDECK-BOCQUET (2001), S. 258

4 Zu den Left-overs von Amsterdam gehören Größe und Zusammensetzung der Kommission, Stimmengewichtung im Rat sowie Ausweitung der Abstimmungen mit qualifizierter Mehrheit. Näheres zu dieser Thematik siehe MAURER/SCHMALZ (2002), S. 259.

5 Vgl. GOTTSCHALD (2001), S. 121; REGELSBERGER (2001), S. 156.

6 Vgl. ALGIERI (2001), S. 168 ff.

7 Vgl. Art. 25 EUV (idF. vom 26.02.2001). Vgl. auch EVERTS (2002a), S. 15.

8 Vgl. ALGIERI (2001), S. 170 f.

9 Vgl. ALGIERI (2001), S. 171.

10 Vgl. REGELSBERGER (2002), S. 229. Zu den Vorsitzregelungen dieser beiden Gremien siehe 2.2.2.

der militärischen Leitung des EUMC, beide Sonderausschüsse sind im Generalsekretariat des Rates angesiedelt und haben einen ernannten Vorsitzenden.[1]

Die Ratspräsidentschaft hat im Laufe der Jahre neue Funktionen insbesondere im Bereich der EPZ/GASP hinzu gewonnen. Der Vertrag von Nizza bricht erstmalig mit dieser Kontinuität. Die bemerkenswerteste Neuregelung bezüglich des Vorsitzes findet sich im Zusammenhang mit dem Europäischen Rat. Seit der Gründung des Europäischen Rates sind die Gipfeltreffen im jeweiligen Vorsitzland abgehalten worden.[2] In der 22. Erklärung zum Vertrag von Nizza wurde der künftige Tagungsort des Europäischen Rates verankert:

> „Ab dem Jahr 2002 findet eine Tagung des Europäischen Rates unter jedem Vorsitz in Brüssel statt. Sobald die Union achtzehn Mitglieder zählt, finden alle Tagungen des Europäischen Rates in Brüssel statt.“[3]

Diese Erklärung hat als Konsequenz, daß zunächst entweder das außerordentliche oder das ordentliche Treffen des Europäischen Rates pro Präsidentschaft in Brüssel stattfindet, während später beide in Brüssel durchgeführt werden.[4] Im jeweiligen Vorsitzstaat können lediglich informelle Treffen der Staats- und Regierungschefs, die nicht auf Art. 4 EUV gestützt sind, organisiert werden.[5]

Diese neue Bestimmung wird wegen des Verlustes der nationalen Profilierung und der Zuordnung wichtiger Wegmarken größtenteils negativ beurteilt. Auch materielle Rahmenbedingungen, wie die Wahl des Tagungsortes, können einen wesentlichen Einfluß auf das Resultat eines Gipfels des Europäischen Rates ausüben.[6] Giering stellt fest, daß ein gangbarer Kompromiß gewesen wäre, zumindest den Abschlußgipfel jeder Ratspräsidentschaft im jeweiligen Mitgliedsland abzuhalten, um die positiven Effekte der Gipfel nicht zu verlieren.[7] Ähnlich argumentiert Grant:

> „However, there is a case for retaining one aspect of the existing rotating chairmanship. The presence of an EU summit in a particular member-state helps to give the Union – which generally appears to be distant – some real tangibility. If the citizens of a country see the heads of government arriving in one of their cities, they are more likely to take an interest in and develop some understanding of the EU. The Nice summit decided that all formal European Councils should in future meet in Brussels. That decision should be reversed, so that those countries which wish to host a summit are able to do so, by rotation.“[8]

Die 22. Erklärung zum Vertrag von Nizza wird aber auch als eine Möglichkeit angesehen, den Europäischen Rat effektiver in das tägliche Geschäft der Union zu integrieren.[9] Die formellen Außenministertreffen werden aus ähnlicher Überlegung seit dem

---

1 Vgl. 2.2.2.

2 Vgl. 2.2.2.

3 22. Erklärung zum Tagungsort des Europäischen Rates (idF. vom 26.02.2001). Belgien hat die 22. Erklärung als Ausgleich für die gegenüber den Niederlanden niedrigere Stimmenzahl im Rat der EU durchsetzen können. Vgl. ANTOLA/LEHTIMÄKI (2001), S. 39; DUFF (2001), S. 18; GIERING (2001a), S. 133.

4 Vgl. OBWEXER (2001b), S. 95.

5 Ein Beispiel für eine rein informelle Tagung wäre ein Treffen der Staats- und Regierungschefs, welches ohne Beteiligung der Außenminister und ein weiteres Mitglied der Kommission stattfände. Das informelle Treffen der Staats- und Regierungschefs und des Kommissionspräsidenten am 24./25.10.1998 in Pörtschach während der österreichischen Präsidentschaft ist ein Beispiel. Vgl. OBWEXER (2001b), S. 95.

6 „Apart from good preparatory work and a competent presidency, material considerations such as the summit´s location can affect the outcome.“ DINAN (1999), S. 252.

7 Vgl. GIERING (2001a), S. 133.

8 GRANT (2002b), S. 56.

9 Vgl. FRÖHLICH (2002b), S. 1116 f.; LUDLOW (2001), S. 15; THE EUROPEAN STEERING COMMITTEE OF NOTRE EUROPE (2001), S. 30.

Inkrafttreten des Maastrichter Vertrags in Brüssel organisiert.[1] Davor fanden sowohl die formellen als auch informellen Treffen der Außenminister im vorsitzenden Mitgliedstaat statt.

Die 22. Erklärung bestätigt die Tendenz zur ungleichen Rotation,[2] die sich bereits seit der neu eingeführten „balanced rotation" nach der letzten Erweiterung 1995 abzeichnet. Die Einführung des neuen Rotationsverfahrens bewirkte, daß die Mitgliedstaaten unterschiedliche Zeitperioden auf eine Vorsitzführung warten mußten.[3] Die flexible Reihenfolge der Rotation statt des diplomatischen Alphabets spiegelt ebenfalls eine Ungleichheit der Mitgliedstaaten wider.

> „Das bisherige System beruht auf dem Grundgedanken der Gleichheit der Mitgliedstaaten. (...) Das Abrücken vom alten Prinzip ist durch die im Dezember 1993 durch den Europäischen Rat entwickelte neue Rotation bereits eingeleitet. Die neue Folge in der Präsidentschaft reflektiert die Einsicht, daß die Union nicht von mehreren kleinen Mitgliedstaaten hintereinander geführt werden sollte. Die in Brüssel verabredete Folge privilegiert die großen Staaten und die Niederlande – eine Mischung von Anerkennung besonderer Gestaltungsmöglichkeiten und besonderem Gestaltungswillen."[4]

Beim Europäischen Rat von Laeken im Dezember 2001 wurden die Möglichkeiten der flexiblen Rotation erstmalig ausgeschöpft. Die 1995 eingeführten Bestimmungen zur Rotationsreihenfolge haben ermöglicht, daß Deutschland und Finnland die Termine für ihre turnusmäßig anstehenden Präsidentschaften von 2006 und 2007 tauschen konnten (vgl. Abbildung 2-1).[5] Offizielle Begründung für den Tausch war, daß der Originalzeitplan mit Parlamentswahlen in beiden Mitgliedstaaten (Deutschland: Herbst 2006; Finnland: Frühjahr 2007) kollidiert wäre.[6] Es wurde allerdings spekuliert, daß die Verhandlungen für die nächste siebenjährige EU-Finanzplanung, die im zweiten Halbjahr 2006 abgeschlossen werden, der tatsächliche Grund für den Tausch war. Deutschland wollte durch diesen Tausch erreichen, daß seine Verhandlungsposition, wie während der letzten Ratspräsidentschaft von 1999,[7] nicht durch die Präsidentschaftsrolle, die traditionell zu Neutralität verpflichtet, behindert wird.

Die Tendenz zur Veränderung der automatischen Rotation wurde des weiteren durch die Einführung von ständigen Vorsitzen in den EUMC sowie in den EUMS bestätigt.[8] Als ein weiteres Beispiel für die stille Reform der Gleichheit der Mitgliedstaaten neben dem Ende der Rotation in alphabetischer Reihenfolge und der Wahl der ständigen Vorsitze ist die in jüngerer Zeit aufgekommene Koordinierung der aufein-

---

1 Vgl. 2.1.3.

2 Vgl. ANTOLA/LEHTIMÄKI (2001), S. 39.

3 Die Bundesrepublik Deutschland wartete z.B. fünf Jahre auf die neue Vorsitzführung, wohingegen Spanien sieben, Belgien acht und Dänemark sowie Griechenland neun Jahre pausieren sollten. Vgl. HUMMER/OBWEXER (1999a), S. 420; RIIHIKALLIO (1997), S. 7.

4 JANNING (1995a), S. 275. Vgl. auch PIJPERS/VANHOONACKER (1997), S. 131; STEPPACHER (1997), S. 49.

5 Statt im zweiten Halbjahr 2006 den Vorsitz zu übernehmen, wird Deutschland nun erst Anfang 2007 die Ratspräsidentschaft innehaben. Vgl. *Der Spiegel 4/2002*; *Financial Times 30.04.2002*; *Financial Times Deutschland 30.04.2002*; *Helsingin Sanomat 01.05.2002*; *Süddeutsche Zeitung 02.05.2002*.

6 Näheres zur finnischen Position in *Helsingin Sanomat 01.05.2002*. Die Hintergründe für die deutsche Haltung wird in *Der Spiegel 4/2002* beschrieben.

7 Vgl. LAFFAN (2000), S. 17; MÜLLER-BRANDECK-BOCQUET (2002a), S. 176.

8 Van de Voorde argumentiert: „Es zeigt sich in der Tat, dass man seit Mitte der neunziger Jahre von dem Verfahren der blinden und automatischen Rotation Abstand genommen hat und dass Varianten geschaffen worden sind." VAN DE VOORDE (2002), S. 321.

anderfolgenden Präsidentschaften besonders in den Angelegenheiten der dritten Säule zu erkennen.[1]

Die Darstellung der Entwicklung der Rechtsgrundlagen verdeutlicht die Expansion des Aufgabenfeldes der Ratspräsidentschaft. Insbesondere hat sie viele neue Funktionen auf dem Bereich der GASP erhalten. Trotzdem hat sich die Qualität der rechtlich verankerten Kompetenzen im Laufe der Jahre wenig verändert, denn die Hauptfunktion liegt nach wie vor in der Vorsitzführung im Rat sowie in seinen untergeordneten Instanzen und im Europäischen Rat. Auf Basis der rechtlichen Verankerung der Ratspräsidentschaft läßt sich nur begrenzt Politik machen. Zu den wichtigsten Möglichkeiten gehört die Festlegung der Prioritäten der Ratspräsidentschaft bei Auswahl und Behandlung der Dossiers.

Die Funktionen des Vorsitzes basieren nicht nur auf den dargestellten Rechtsgrundlagen, sondern auch auf der gegenwärtigen institutionellen Stellung.[2] Die zugenommene Relevanz der Ratspräsidentschaft läßt sich durch den institutionellen Wandel und nicht nur durch die Entwicklung der Rechtsgrundlagen erklären.[3]

2.2 Institutionelle Stellung der Ratspräsidentschaft

Die EU zeichnet sich durch ein institutionelles Gleichgewicht aus, das sich durch die Vertragsveränderungen und die Rechtsprechung des Europäischen Gerichtshofes entwickelt. Das Gemeinschaftsrecht steht nicht unter dem Grundsatz der Gewaltenteilung im Sinne der herkömmlichen Einteilung in Legislative-Exekutive-Judikative. Es enthält jedoch de facto ein System gegenseitiger Verschränkungen und Hemmungen, das zur Sicherung der funktionsgerechten Erfüllung der Gemeinschaftskompetenzen dient. Dieses System faktischer checks and balances wird als institutionelles Gleichgewicht bezeichnet.[4] Die Veränderungen im institutionellen Gleichgewicht gehen mit dem Wandel der institutionellen Stellung der Ratspräsidentschaft einher. Wallace stellt zutreffend fest: „The Council Presidency has proved a useful barometer of shifts in the institutional balance within the EC, but it has not been their instigator."[5] Zur Beurteilung der positiven und negativen Aspekte der Funktionsweise der heutigen Ratspräsidentschaft ist eine grundlegende Erläuterung der Stellung der Ratspräsidentschaft im Institutionengefüge der EG/EU und in der gesamten Ratshierarchie unverzichtbar.

---

1 Vgl. VAN DE VOORDE (2002), S. 321.

2 Vgl. 2.3.

3 Vgl. BENGTSSON (2001b), S. 2; MARCHER/WEIERMAIR (1998), S. 7; VERBEKE/VAN DE VOORDE (1994), S. 33; VORNBÄUMEN (1985), S. 93; WALLACE (1984a), S. 6; WERTS (1992), S. 95.

4 Vgl. STREINZ (1984), S. 98. Wallace definiert das institutionelle Gleichgewicht wie folgt: „there is a reassuring symmetry among the respective powers and roles of the three main political institutions: the Council; the Commission; and the European Parliament. Each institution has its functions, although very different according to policy domains, and specified procedural rules for interacting with the other two." WALLACE (2003), S. 90. Das institutionelle Gleichgewicht findet sein Fundament im Prinzip der begrenzten Einzelermächtigung. Die Organe und Institutionen der Gemeinschaft dürfen nur nach Maßgabe der in dem Vertrag zugewiesenen Befugnisse handeln, so sind Kompetenzverschiebungen horizontal - also zwischen den Organen - als auch vertikal - zwischen den Mitgliedstaaten - nur in sehr begrenzten Umfang zulässig. Vgl. Art. 7 EGV (idF. vom 26.02.2001). Näheres dazu BORCHARDT (2002), S. 134 f.; KOENIG/HARATSCH (1998), S. 31 f.; PRECHAL (1998), S. 276.

5 WALLACE (1985), S. 1. Ähnlich in DE SCHOUTHEETE (1988), S. 73.

2.2.1 Ratspräsidentschaft im Institutionengefüge der EG/EU

Zur Darstellung der Ratspräsidentschaft im Institutionengefüge der EG/EU wird zunächst auf den Bedeutungswandel und die zugehörigen Ursachen eingegangen. Danach folgt eine Analyse der aktuellen Stellung der Ratspräsidentschaft im politischen System der EU.

Bedeutungswandel und Ursachen

Der Wandel der institutionellen Stellung der Ratspräsidentschaft von einem administrativen Instrument zu einer zentralen Funktion im Institutionengefüge der EG/EU beruht auf verschiedenen Ursachen. Vornbäumen unterteilt diese Emanzipation[1] der Ratspräsidentschaft von Ende der 60er bis Anfang der 80er Jahre in vier verschiedene Kategorien, die untereinander in Wechselbeziehung stehen: nationale Egoismen, interinstitutionelle Verschiebungen, intrainstitutionelle Verschiebungen im Ministerrat und strukturelle Veränderungen in der EG.[2] Der Bedeutungswandel des Vorsitzes wird anhand dieser Kategorien im folgenden analysiert.

Die weltwirtschaftlichen Probleme der 70er und 80er Jahre verursachten, daß die Verhandlungen innerhalb der EG immer mehr durch die Betonung der nationalstaatlichen Anliegen gekennzeichnet waren.[3] Der Vorsitz wurde verstärkt als ein politisches Instrument zur Umsetzung nationaler Interessen und Prioritäten im Rat angesehen und gewann an Attraktivität für die Mitgliedstaaten.[4] Vornbäumen bezeichnet diesen Wandel der Ratspräsidentschaft als nationale Egoismen und der frühere Generalsekretär der Kommission Noël als „national glorification of the Presidency".[5]

Interinstitutionell war für die Zunahme der Relevanz der Ratspräsidentschaft im Institutionengefüge insbesondere die Statusabwertung der Kommission von zentraler Bedeutung. In den Anfangsjahren der Gemeinschaft schien eine politisch gewichtigere Rolle der Ratspräsidentschaft nicht notwendig, denn das Initiativrecht oblag der Kommission. Das umfangreiche Arbeitsprogramm für die Gemeinschaft mit definierten Zielen sowie zugewiesenen Organkompetenzen war in den Verträgen für absehbare Zeit festgelegt.[6] Der Luxemburger Kompromiß von 1966[7] stellte einen Wendepunkt für die Rolle der Ratspräsidentschaft dar.[8] Die Folge war das wachsende Ungleichgewicht zwischen Rat und Kommission. Die Abkehr vom supranationalen Entschei-

---

[1] Der Zusammenhang der Begriffe Ratspräsidentschaft und Emanzipation wird von Vornbäumen verwendet. Er bezeichnet den Bedeutungswandel der Ratspräsidentschaft als „die Phase der Emanzipierung". Vgl. VORNBÄUMEN (1985), S. 20.

[2] Vgl. VORNBÄUMEN (1985), S. 20 ff.

[3] Vgl. DEDMAN (1996), S. 124 f.

[4] Vgl. VORNBÄUMEN (1985), S. 20; WALLACE (1985a), S. 3.

[5] NOËL (1985), S. 150. Vgl. auch JUNGWIRTH (1998), S. 94.

[6] Vgl. CONSTANTINESCO (1981), S. 216; EDWARDS/WALLACE (1978), S. 34; FALKNER (1994), S. 33; O'NUALLAIN (1984), S. 2.

[7] Die französische Regierung lehnte den Übergang von einstimmigen Entscheidungen zu Mehrheitsentscheidungen in bestimmten Bereichen zum 01.01.1966 ab. Weil es 1965 nicht gelang, Einigung über die Agrarfinanzierung im Rat zu finden, zog die französische Regierung ihre Ratsvertreter zurück, um Entscheidungen zu verhindern. Diese „Politik des leeren Stuhls" wurde im Januar 1966 durch den Luxemburger Kompromiß beigelegt, der den einzelnen Mitgliedstaaten de facto Vetorecht garantierte. Vgl. HILLENBRAND (2002), S. 409. Näheres zum Luxemburger Kompromiß siehe HELLMANN (1966); LAHR (1983); STREINZ (1984).

[8] Vgl. WALLACE (1985), S. 3.

dungsprozeß war mitverantwortlich für den Machtverfall der Kommission und für die Veränderung der Arbeitsweise des Rates.[1] Diese interinstitutionelle Verschiebung eröffnete der Ratspräsidentschaft neue politische Einflußmöglichkeiten.

„Als die Kommission (...) an Statur einzubüßen begann und die in den Verträgen angelegten Impulse allmählich verloren gingen, wurden die Chancen der Präsidentschaft, (...) Einigung zu fördern oder zu verhindern, entsprechend größer."[2]

Mit der Praxis der Entscheidungsfindung durch Einstimmigkeit wurde die Ratspräsidentschaft immer stärker in die Kompromißfindung im Rat einbezogen.[3] Das Amt der Ratspräsidentschaft wurde dadurch für die Mitgliedstaaten interessanter, denn es wurde als eine Möglichkeit angesehen, die nationale Position gegenüber der Kommission zu verteidigen.[4] Der Charakter der Kommission in den Verhandlungen wandelte sich von einem ehrlichen Makler zu einer Delegation mit eigenen politischen Prioritäten.[5]

Die auf die Hallstein-Kommission folgenden Kommissionen (1967-1985) waren wegen ihres geringeren Aktionismus ein weiterer Grund für den Bedeutungswandel der Ratspräsidentschaft im Institutionengefüge der EG.[6] Diese schwachen Kommissionen trugen dazu bei, daß die Funktion der Ratspräsidentschaft im Rahmen der Package-deals-Verhandlungen immer wichtiger wurde.[7] Der interinstitutionelle Koordinationsbedarf durch den Vorsitz erhöhte sich ebenfalls durch die Einrichtung des Europäischen Rates 1974. Dieser übernahm teils die Rolle der integrationspolitischen Leitinstitution von der Kommission.[8] Die Präsidentschaft wurde beauftragt, die inhaltlichen und organisatorischen Vorbereitungen des Europäischen Rates zu treffen.

Der AStV wurde 1962 in zwei getrennt tagende Teile aufgegliedert, um seine Arbeitsweise effektiver zu gestalten.[9] Das institutionelle Gleichgewicht hat sich dadurch in Richtung des Ministerrates verschoben. Neben dieser interinstitutionellen Veränderung innerhalb des institutionellen Systems der Gemeinschaft hat sich die Zweiteilung

---

1 Über die praktische Bedeutung des Luxemburger Kompromisses für den Entscheidungsprozeß anhand des Beispiels des Rates der Agrarminister siehe VASEY (1988).

2 Vgl. EDWARDS/WALLACE (1978), S. 35; HOSCHEIT (1984), S. 15 f.; LAURSEN (1996), S. 127.

3 Sasse schreibt zur sinkenden Bedeutung der Kommission als Kompromißfinder nach dem Luxemburger Kompromiß: „Wenn jeder den Beschluß gefahrlos blockieren kann, verliert die Rolle des ehrlichen Maklers [Kommission; d. Verf.] an Gewicht." SASSE (1972), S. 88.

4 Insbesondere durch den französischen Präsidenten de Gaulle. Vgl. KIRCHNER/TSAGKARI (1993a), S. 1; STEIN (2000), S. 10 f. Die Verantwortung für die Schwächung der Kommission allein de Gaulle zuzuweisen wäre ungerecht, denn es gab in allen Mitgliedstaaten nationalistisch eingestellte Kräfte. Vgl. LAHR (1983), S. 228.

5 Vgl. HOSCHEIT (1984), S. 16.

6 Vgl. LAURSEN (1996), S. 127.

7 Vgl. BIEBER/PALMER (1975), S. 315; FALKNER (1994), S. 33 f.; HENIG (1983), S. 18; WALLACE/EDWARDS (1976), S. 544. Das Schnüren von Verhandlungspaketen beruht auf dem gegenseitigen Verrechnen mehrerer Politikbereiche zwischen den Mitgliedstaaten, die zu einer qualitativ oder rechtlich fraglichen Konsensbildung führen kann. Ehlermann sieht, daß dieser Fakt zur Aufwertung der Ratspräsidentschaft beigetragen hat. Die Kommission vermag sich nicht mit den geringen Qualitäten aufweisenden oder die Grenzen des vertraglich Zulässigen überschreitenden Entscheidungen des Rates zu identifizieren. Vgl. EHLERMANN (1981), S. 351.

8 Der Verlust der Macht der Kommission wurde zum größten Teil durch die Anwesenheit des Kommissionspräsidenten auf den Gipfeltreffen des Europäischen Rates kompensiert. Vgl. BULMER/WESSELS (1987), S. 129. Die Meinungen differenzieren jedoch, ob die Einsetzung des Europäischen Rates insgesamt eher schwächend oder stärkend auf die Stellung der Kommission und damit auf die der Präsidentschaft gewirkt hat. Vgl. DE SCHOUTHEETE (1989), S. 98 f.; EHLERMANN (1981), S. 354; JACQUÉ/SIMON (1988), S. 123; MARTENCZUK (1998), S. 157.

9 Vgl. MENTLER (1996), S. 51.

des AStV auch intrainstitutionell im Ministerrat ausgewirkt. Der Vorsitz bekam eine weitere, verbesserte Chance, durch den neu geteilten AStV auf den Willensbildungsprozeß in der Ratshierarchie Einfluß auszuüben. Darüber hinaus wurden technische Arbeitsgruppen zur Vorbereitung der Entscheidungen des Rates zunehmend wegen des qualitativen und quantitativen Anstiegs der Integrationsmaterie errichtet.[1] Auch dies hatte intrainstitutionelle Verschiebungen im Ministerrat zur Folge, denn die steigende Anzahl von Arbeitsgruppen veränderte die Machtverteilung innerhalb des Rates. Die Vorsitzführung in den Arbeitsgruppen wurde von der Ratspräsidentschaft übernommen und die Funktion des Vorsitzes weiterhin gestärkt. Die Rolle des Rates wurde durch diese Entwicklungen insgesamt im Institutionengefüge der EG wichtiger.

Die strukturellen Veränderungen der EG waren eine weitere Ursache für den Bedeutungswandel der Ratspräsidentschaft. Sie können in drei Gruppen kategorisiert werden: Erweiterung um neue Mitgliedstaaten, Erweiterung der Integrationsmaterie innerhalb der Europäischen Gemeinschaft und Erweiterung der Integrationsmaterie außerhalb der Europäischen Gemeinschaft.[2] Je größer und heterogener die Europäische Gemeinschaft wird, desto wichtiger wird auch die Rolle des Vorsitzes im Institutionengefüge, denn

> „the increased number of member states means that there are more negotiating styles in the Council, which generates further work for both the Presidency and the Commission in trying to lead member states towards agreement."[3]

Die Anforderungen an die Präsidentschaft steigen durch jeden Integrationsfortschritt, der komplexere Verfahren und neue Politikbereiche in den Kompetenzbereich der supranationalen Institutionen verlagert.[4] Insbesondere die Einführung der intergouvernementalen Zusammenarbeit mit der Schaffung der EPZ vergrößerte und vertiefte den Aktionsraum der Ratspräsidentschaft. Die Rolle der Kommission wurde durch die der Ratspräsidentschaft ersetzt und „the growth in the scope and effectiveness of political cooperation was made possible only by the constantly increased authority vested in the Presidency."[5]

Die vier untereinander in Wechselbeziehung stehenden Ursachen für den Bedeutungswandel des Vorsitzes verdeutlichen, daß die Präsidentschaft ihre wichtige Funktion im gemeinschaftlichen Entscheidungsprozeß ungeplant erlangt hat. Politisch haben vor allem folgende Aspekte diesen Transformationsprozeß gefördert: Die Ausweitung der Funktionen der Ratspräsidentschaft übte keinen negativen Einfluß auf das institutionelle Gleichgewicht aus,[6] und der aktive Vorsitz trug zur Effizienzsteigerung des Rates bei.[7] Die Ratspräsidentschaft konnte sich deshalb von einem rein administrativen Instrument zu einem Instrument mit politischen Steuerungsmöglichkeiten emanzipieren.

1 Vgl. Abbildung 2-3.

2 Vgl. VORNBÄUMEN (1985), S. 25.

3 SHERRINGTON (2000), S. 44. Vgl. auch BENGTSSON (2001a), S. 2; WEINSTOCK (1981), S. 49.

4 Vgl. HAYES-RENSHAW/WALLACE (1997), S. 135; HENIG (1983), S. 13; HUBER (1998), S. 4; MARCHER/WEIERMAIR (1998), S. 14; SVENSSON (2000b), [ohne Seitenangabe].

5 DE SCHOUTHEETE (1988), S. 82.

6 Vgl. EDWARDS/WALLACE (1978), S. 121.

7 Vgl. WALLACE (1984a), S. 7.

Aktuelle Stellung

Die gegenwärtige Position der Ratspräsidentschaft im Institutionengefüge der EU kann mit Hilfe der Säulenstruktur[1] der EU verdeutlicht werden. Der duale Charakter des Unionsvertrages - die Mischung von Supranationalität und Intergouvernementalität - hat zur Folge, daß die Rolle des Rates zwischen den drei Säulen der EU variiert. Die aktuelle Stellung der Ratspräsidentschaft im Institutionengefüge der EU wird anhand der Kategorisierung des Bedeutungswandels der Präsidentschaft von Vornbäumen in Analogie zum Bedeutungswandel des Vorsitzes analysiert.

In der supranationalen ersten Säule der EU bilden die Kommission und die Räte, der Rat der EU und der Europäische Rat, die Führung.[2] Das Initiativrecht obliegt im gemeinschaftlichen Rahmen aber nur der Kommission.[3] Der Rat und somit auch die Ratspräsidentschaft haben stets die Initiative der Kommission im ersten Pfeiler der EU zu berücksichtigen. Dies erschwert die Einflußnahme durch die Ratspräsidentschaft, denn die Vorlaufzeit für einen Kommissionsvorschlag beträgt mindestens ein Jahr.[4] Eine Aufnahme eines neuen Dossiers ist dem Ratspräsidenten nur möglich, falls er lange vor seiner Amtszeit Lobbyaktivität betrieben hat.[5] Im Rahmen der GASP und der PJZS unterliegt die Führung dem Rat,[6] obwohl die Kommission in der zweiten und dritten Säule an den Arbeiten in vollem Umfang beteiligt ist.[7] Neben den Mitgliedstaaten kann die Kommission den Rat veranlassen, sich mit einer Frage in diesen beiden Politikbereichen zu befassen und ihm Vorschläge unterbreiten.[8] Die Kommission ist stets zu berücksichtigen, besitzt aber nur ein unverbindliches Vorschlagsrecht.[9] Die Ratspräsidentschaft, die das Initiativrecht der Mitgliedstaaten in diesen beiden intergouvernementalen Säulen verkörpert,[10] besitzt somit im Rahmen der zweiten und dritten Pfeiler einen größeren Gestaltungsraum als im ersten.[11] Da die Vorsitzführung in den Bereichen der GASP und PJZS deutlich nationaler ausgerichtet ist, ist sie von den jeweiligen nationalen Rahmenbedingungen und den daraus folgenden unterschiedlichen Prioritäten beeinflußt. Dadurch sind die Arbeiten im Rat in diesen beiden Politikfeldern wesentlich stärker durch Diskontinuitäten gekennzeichnet,[12]

---

1 Vgl. DIEDRICHS/WESSELS (2002), S. 168 f.; WESSELS (2002a), S. 330.

2 Vgl. TIILIKAINEN (2000b), S. 26.

3 Vgl. Art. 211 EGV (idF. vom 26.02.2001).

4 Vgl. ELGSTRÖM (2000), S. 86; HAYES-RENSHAW/WALLACE (1995), S. 568; HUMMER/OBWEXER (1999), S. 435; JUNGWIRTH (1998), S. 28; LANG (2002), S. 97; MÄKI-LOHILUOMA (1999), S. 17; WANKA (1998), S. 9.

5 Vgl. HUMMER/OBWEXER (1999), S. 435.

6 Vgl. TIILIKAINEN (2000a), S. 46.

7 Vgl. Art. 27 und Art. 36 Abs. 2 EUV (idF. vom 26.02.2001).

8 Vgl. Art. 22 und Art. 34 Abs. 2 Satz 2 EUV (idF. vom 26.02.2001).

9 Vgl. KOENIG/HARATSCH (1998), S. 301.

10 Vgl. HIX (1999), S. 30.

11 Vgl. CLOSA (2001), S. 47; DUKE (1998), S. 1, 3; EDWARDS/PIJPERS (1996), S. 1.

12 Vgl. LANG (2002), S. 232.

wobei die Möglichkeiten und Restriktionen der Säulenstruktur der Union von den vorsitzenden Mitgliedstaaten sehr unterschiedlich wahrgenommen werden.[1]

Aus interinstitutioneller Sicht läßt sich feststellen, daß die Kommission unter Bedeutungs- und Autoritätsverlust seit Beginn der 90er Jahren leidet.[2] Dies basiert zum einen auf der Verstärkung der intergouvernementalen Integrationselemente - u.a. die wachsende Rolle des Europäischen Rates im europäischen Integrationsprozeß,[3] die Errichtung des Amtes eines Hohen Vertreters für die GASP,[4] die Einführung der offenen Methode der Koordinierung[5] - und zum anderen auf den internen Schwächen der Kommission. Die zurückhaltende Rolle des Kommissionspräsidenten Prodi in den Verhandlungen von Nizza und die in der Regierungskonferenz 2000 beschlossene Regelung über die Sitzverteilung in der künftigen Kommission[6] bestätigen diese Entwicklung. Weidenfeld stellt fest:

> „Nachdem sich die großen Mitgliedstaaten sogar bereit zeigten, im Rahmen einer Rotation gänzlich auf einen Sitz in der Kommission zu verzichten, entsteht wohl nicht ohne Grund der Eindruck eines politischen Todeskusses für den einstigen Motor der supranationalen Idee. Verstärkt wurde die Tendenz, der Kommission nur noch eine Randrolle zuzusprechen, durch die Kommission selbst: Denn selten blieb ein Kommissionspräsident bei wichtigen Verhandlungen so im Hintergrund wie in Nizza."[7]

Einerseits wird argumentiert, daß die Schwäche der Kommission zur Stärkung der Position der Ratspräsidentschaft im Institutionengefüge der EU beiträgt.[8] Die Präsidentschaft wird somit intensiver in den Willensbildungsprozeß eingebunden. Andererseits wird die Meinung vertreten, daß eine starke Kommission erst eine starke Präsidentschaft ermögliche.[9] Der frühere Ständige Vertreter Luxemburgs de Schoutheete argumentiert: „The strong Delors Commission also strengthened the Presidency - by forcing it to take over the compromise-broker role that earlier Commissions had had."[10]

---

1 Wallace stellt fest: „Some Presidencies will have an interest in showing that these pillars can be more solid. It is clear that the current British government does have a clear commitment to demonstrate that the pillar structure means something. Not all Presidencies could necessarily take that view. Some take a very different one. Some might actually want to show that the pillar structure can be collapsed into a `tree' or whatever the right metaphor is. That then provides some scope for choice about how to manage the Presidency." WALLACE (1993a), S. 51.

2 Vgl. ANDRÉANI (2002), S. 27 f.; GRANT (2002a), S. 9; MONAR (2001), S. 114, 122; WALLACE (2001), S. 130; WEIDENFELD (2001a), S. 26.

3 Vgl. NUGENT (1995), S. 615 f.; SHERRINGTON (2000), S. 34.

4 Vgl. ANTOLA/LEHTIMÄKI (2001), S. 57; FRANßEN DE LA GERDA (2000), S. 562; GOZI (2001), S. 42; STEIN (2000), S. 7.

5 Vgl. GIERING (2001e), S. 1. Näheres zur offenen Methode der Koordinierung siehe GIERING (2001b); LINSENMANN/MEYER (2002).

6 Die fünf großen Mitgliedstaaten (Deutschland, Frankreich, Großbritannien, Italien und Spanien) schlugen zwei Mitglieder der Kommission bislang vor, die übrigen Länder konnten jeweils einen Kommissar nominieren. Ab 2005 wird es nur ein Kommissionsmitglied pro Staat geben. Sobald die Union aus 27 Mitgliedern besteht, wird eine Rotation eingeführt. Vgl. Art. 4 Protokoll über die Erweiterung der Europäischen Union, in: Protokolle zum Vertrag über die Europäische Union und zu den Verträgen zur Gründung der Europäischen Gemeinschaften (idF. vom 26.02.2001).

7 WEIDENFELD (2001a), S. 26.

8 Vgl. DE BASSOMPIERRE (1988), S. 125; LABOHM (1996), S. 12; LEQUESNE (1989), S. 152; MELLBOURN (2000), S. 5; TALLBERG (2001b), S. 14.

9 Vgl. EHLERMANN (1981), S. 351.

10 STEIN (2000), S. 11.

Neben der abnehmenden Relevanz der Kommission ist der heutige Integrationsprozeß aus der interinstitutionellen Sicht dadurch gekennzeichnet, daß das Europäische Parlament an Bedeutung gewonnen hat. Die Vertragsänderungen in den 90er Jahren haben diesem erhebliche Beteiligungsrechte bei der Gesetzgebung zugesprochen.[1] Interinstitutionell bestimmt das Europäische Parlament in zunehmendem Maße den Rahmen, auf dem die Ratspräsidentschaft agiert. Die Rolle der Präsidentschaft ist vor allem im Mitentscheidungsverfahren zentral.[2] Die Einführung dieses Verfahrens hat den Stellenwert des Vorsitzes im Institutionengefüge der Union gestärkt.[3]

Interinstitutionell ist festzuhalten, daß alle EU-Organe ihre Handlungs- und Aktivitätsfelder in Nizza ausgedehnt und ihre Beteiligungsrechte ausgeweitet haben.[4] Allerdings blieb wegen der Erlahmung des supranationalen Impetus aufgrund der divergierenden nationalen Interessen der Mitgliedstaaten das institutionelle Ungleichgewicht zugunsten des Rates bestehen.[5] Die hervorgehobene Position der Ratspräsidentschaft für den Integrationsprozeß behielt ihren aktuellen Status.

Neben den interinstitutionellen Determinanten bestimmen die intrainstitutionellen Entwicklungen im Ministerrat die Stellung der Ratspräsidentschaft im Institutionengefüge der EU. Die folgenden Faktoren sind für die Stellung der aktuellen Ratspräsidentschaft in der Ratshierarchie von besonderer Bedeutung. Erstens steigt die Aufgabenbreite des Vorsitzes durch die ständig zunehmende Anzahl von Treffen in der gesamten Ratshierarchie.[6] Zweitens wird die Ratspräsidentschaft weiterhin als ein Hilfsmittel für die Behebung der Defizite der Ratshierarchie angesehen.[7] Drittens trägt vor allem die Ausdehnung der qualifizierten Mehrheitsentscheidungen auf eine Vielzahl von Politikbereichen dazu bei, daß die Ratspräsidentschaft immer stärker an der Mehrheitsbildung im Rat beteiligt ist.[8]

> „The use of qualified majority voting has had the effect of speeding-up EC decision-making (...) and has given rise to a system of coalition-building and package-deals which now characterise the process. (...) The search for coalition partners has heightened the importance of the work of the preparatory groups and also that of the Presidency, which frequently initiates or is closely involved in any compromises required to reach agreement."[9]

Die in Nizza beschlossene dreifache Mehrheit[10] als Bedingung für eine qualifizierte Mehrheit erschwert das Zustandekommen von tragfähigen Koalitionen und stärkt da-

---

1 Vgl. MURRAY (2002), S. 89.

2 Näheres zu den Aufgaben des Vorsitzes in den verschiedenen Phasen des Mitentscheidungsverfahrens GENERALSEKRETARIAT DES RATES DER EUROPÄISCHEN UNION (2002d), S. 14 ff.

3 Vgl. PETERSON/BOMBERG (1999), S. 35; STEIN (2000), S. 14, 20, 78; WURZEL (1996a), S. 278.

4 Vgl. WESSELS (2001), S. 19.

5 Vgl. WEIDENFELD (2001a), S. 27.

6 Vgl. WURZEL (1996b), S. 74. Vgl. auch Abbildung 2-3.

7 Vgl. 4.1.

8 Seit dem Inkrafttreten des Vertrages von Nizza werden ca. 90% der Entscheidungen mit qualifizierter Mehrheit beschlossen. Vgl. HÄNSCH (2001), S. 95; PINDER (2001), S. 80; SATULI/STUBB (2001), S. 7.

9 HAYES-RENSHAW (1996), S. 157. Vgl. auch MARCHER/WEIERMAIR (1998), S. 14; WURZEL (2001), S. 7.

10 Nach dem Vertrag von Nizza sind für die Verabschiedung eines Rechtsaktes bei einer EU mit 27 Mitgliedern 74% der gewogenen Stimmen und die Mehrzahl der Mitgliedstaaten erforderlich. Darüber hinaus kann ein Ratsmitglied beantragen, daß die qualifizierte Mehrheit in der Weise überprüft wird, ob die Mitgliedstaaten, die diese Mehrheit bilden, mindestens 62% der Gesamtbevölkerung der EU repräsentieren. Vgl. 20. Erklärung zur Erweiterung der Europäischen Union, in: Schlußakte der Konferenz von Nizza mit Erklärungen (idF. vom 26.02.2001).

mit die Funktion des Vorsitzes.[1] Erschwerend kommt hinzu, daß die zunehmende wirtschaftliche, kulturelle und politische Heterogenität der erweiterten Union die Koalitionsbildung kompliziert.[2]

Bei der Betrachtung der Entwicklung der strukturellen Rahmenbedingungen der Union - Erweiterung um neue Mitgliedstaaten und Integrationsmaterie innerhalb sowie außerhalb der EG - läßt sich feststellen, daß die Rolle der heutigen Ratspräsidentschaft weiterhin an Bedeutung zunimmt. Der österreichische Außenminister Schüssel formulierte die Lage des Vorsitzes mit Blick auf die strukturellen Rahmenbedingungen kurz vor Beginn der ersten österreichischen Präsidentschaft 1998 wie folgt:

> „Die Rolle des EU-Vorsitzes ist gerade in den letzten Jahren immer wichtiger geworden. Die Union ist größer und heterogener, ihre Aktivitäten sind komplexer geworden. Die Handlungsfähigkeit der Union hängt daher zu einem großen Teil vom Geschick der jeweiligen Präsidentschaft ab."[3]

Der letzte Bestimmungsfaktor Vornbäumens zur Analyse der Stellung des Vorsitzes im Institutionengefüge, die nationalen Egoismen, hat seit den Verhandlungen von Nizza zunehmend an Relevanz gewonnen. Die Verhandlungen über die machtpolitisch sensiblen Themen in Nizza zeigten deutlich die Interessenkonflikte zwischen den Mitgliedstaaten.[4] Die viel kritisierte Verhandlungsführung der französischen Ratspräsidentschaft in Nizza[5] spiegelt beispielsweise die Betonung der eigenen Anliegen wider. Der Vorsitz wurde von den Franzosen als ein Instrument zur Umsetzung nationaler Interessen und Prioritäten im Rat eingesetzt.[6] Auch die Verhandlungen im Rahmen des Europäischen Konvents waren durch starke Akzentuierung der nationalen Präferenzen gekennzeichnet.[7]

Die Ausführungen zeigen, daß die Ratspräsidentschaft in das Institutionengefüge der EU integriert ist und eine Vielzahl von Interdependenzen existieren. Die Einflußmöglichkeiten des Ratsvorsitzes sind deshalb durch die Befugnisse, die dem Rat im Verhältnis zu den anderen EU-Organen und -Instanzen zustehen, und durch seine Funktion als Primus inter pares begrenzt.[8] Der Ratspräsident besitzt keine Sanktionsmöglichkeiten, den Entscheidungsprozeß als solchen zu beeinflussen,[9] und ist entsprechend der jeweiligen Beschlußfassungsmodalitäten auf Unterstützung durch alle oder mindestens einen Teil der Mitgliedstaaten der EU angewiesen. Von entscheidender Bedeutung ist allerdings, daß er durch Engagement und Überzeugungskraft für seine Ziele werben und dadurch den Entscheidungsprozeß erleichtern und beschleunigen kann. Wegen der fehlenden Sanktionsmöglichkeiten im Entscheidungsprozeß reduziert sich die unmittelbare Einflußnahme der Ratspräsidentschaft auf die Phase der Willensbildung.

---

1 Vgl. GIERING (2001d), S. 408; OBWEXER (2001a), S. 46; WESSELS (2002a), S. 336.

2 Vgl. SCHNEIDER (1999), S. 32.

3 SCHÜSSEL (1998), S. 9.

4 Vgl. WEIDENFELD (2001a), S. 27. Näheres zu den Reaktionen der Mitgliedstaaten und Beitrittskandidaten in der Regierungskonferenz 2000 siehe DAHMANN (2000).

5 Vgl. GIERING (2001c), S. 48; ELGSTRÖM/TALLBERG (2001), S. 48.

6 Vgl. 2.4.1.

7 Vgl. SCHOLL (2003).

8 Vgl. HAYES-RENSHAW/WALLACE (1995), S. 562; SCHALLENBERG/THUN-HOHENSTEIN (1999), S. 10.

9 Vgl. ISAK (1999), S. 49; KIRCHNER (1992), S. 91; LUDLOW (1993), S. 250; PINI (1999), S. 154; SCHALLENBERG/THUN-HOHENSTEIN (1999), S. 10; SCHEEL (1988), S. 143; SCHMUCK (1993), S. 9; SVENSSON (2000a), S. 20; VORNBÄUMEN (1985), S. 51.

Bei der folgenden Betrachtung der Stellung der Ratspräsidentschaft in der Ratshierarchie sind die sich aus der institutionellen Stellung ergebenden Restriktionen für den Handlungsspielraum des Vorsitzes zu berücksichtigen. Die Vorteile und Defizite der heutigen Ratspräsidentschaft auf den unterschiedlichen Ebenen der Ratshierarchie werden auf dieser Grundlage dargestellt.

2.2.2 Ratspräsidentschaft in der Ratshierarchie

Die Stellung der Ratspräsidentschaft als Vorsitz in allen Tätigkeitsbereichen der EU entspricht dem Prinzip der Einheitlichkeit des Vorsitzes.[1] Aus dem Grundsatz der Einheitlichkeit resultiert zudem, daß der die Ratspräsidentschaft innehabende Mitgliedstaat nicht nur im Europäischen Rat und im Ministerrat, sondern auch in allen untergeordneten Instanzen des Rates den Vorsitz führt.[2] Die Position der Ratspräsidentschaft an der Spitze der Hierarchie verdeutlicht ihre Rolle als Katalysator des gesamten Willensbildungs- und Entscheidungsprozesses des Rates. Die Basis bildet das Generalsekretariat des Rates, das seine technischen und administrativen Dienste für die gesamte Ratshierarchie anbietet (vgl. Abbildung 2-2).

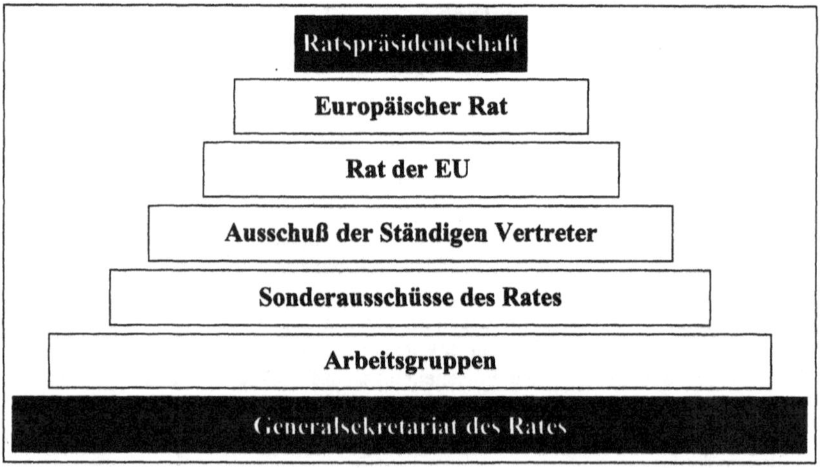

Abbildung 2-2: Ratshierarchie[3]

[1] Dieses Prinzip läßt sich aus dem Grundsatz der Einheitlichkeit des institutionellen Rahmens der EU ableiten. Vgl. Art. 3 Abs. 1 EUV (idF. vom 26.02.2001). Näheres über das Prinzip siehe KOENIG/HARATSCH (1998), S. 291 f. Vgl. auch GENERALSEKRETARIAT DES RATES DER EUROPÄISCHEN UNION (2002a), S. 4; HUBER (1998), S. 7; SCHALLENBERG/THUN-HOHENSTEIN (1999), S. 9 f.

[2] Durchbrochen wird der Grundsatz der Einheitlichkeit des Vorsitzes nur durch einige Ausnahmen, etwa bezüglich ausbaufähiger Programme oder auf Dauer mehrerer Vorsitze ausgelegter Programme, bei der Außenvertretung im Rahmen der Troika, bei der Vertretung auf internationalen Konferenzen zusammen mit der Kommission sowie in bestimmten Ausschüssen des Rates. Vgl. GENERALSEKRETARIAT DES RATES DER EUROPÄISCHEN UNION (2002a), S. 4 f.

[3] In Anlehnung an HAYES-RENSHAW (1996), S. 146.

Im folgenden werden die Vor- und Nachteile der Ratspräsidentschaft auf den einzelnen Ebenen des Rates vom Europäischen Rat bis zu den Arbeitsgruppen erläutert. Abschließend werden die Aufgaben und die Bedeutung des Generalsekretariats des Rates für die Ratspräsidentschaft analysiert.

Europäischer Rat

Der Europäische Rat[1] hat Impulse zur Fortentwicklung der Gemeinschaft gegeben und sich in den letzten Jahren in Richtung eines Supervisors der Gemeinschaftsinstitutionen entwickelt, der nicht nur die Leitlinien der Europapolitik bestimmt,[2] sondern tief in die exekutiven und legislativen Funktionen der EU eingreift.[3] In Praxi ist er zunehmend ein Beschlußfassungsorgan mit universeller Zuständigkeit.[4] Unter jedem Vorsitz finden grundsätzlich zwei Tagungen des Europäischen Rates statt.[5] Unter außergewöhnlichen Umständen können die Staats- und Regierungschefs zusätzlich jährlich zu einer außerordentlichen Tagung zusammenkommen.

Bei der erfolgreichen Erfüllung der integrationspolitischen Leitfunktion des Europäischen Rates spielt die Ratspräsidentschaft eine zentrale Rolle.[6] Zum Aufgabenbereich des Vorsitzes in bezug auf den Europäischen Rat gehören Entscheidungen über die Termine,[7] die zu erörternden Themen, die Wahl des Tagungsortes[8] und die praktischen Einzelheiten.[9] Die Durchführung dieser Vielzahl von Funktionen durch die rotierende Ratspräsidentschaft bringt sowohl Vor- als auch Nachteile für den europäischen Integrationsprozeß mit sich.[10] Aus der Zunahme der Relevanz des Europäischen Rates für die EU resultiert, daß die Ratspräsidentschaft kaum die gesamte Reichweite der Tätigkeiten bewältigen kann. Insbesondere die zeitlichen Kapazitäten des Vorsitzenden des Europäischen Rates, eines Staats- oder Regierungschefs, sind aufgrund der zahlreichen nationalstaatlichen Verpflichtungen beschränkt. Die Ressourcen können nicht ausschließlich für den sechsmonatigen Vorsitz mobilisiert werden.

> "Present practice in the preparation of European Councils puts a very heavy burden on the presidency and especially on the president of the European Council himself. In the absence of clear rules of procedure and of efficient preparatory organ, much depends on a personal input of a head of government in the

---

1 Näheres zu Geschichte, Entwicklung und Funktionsweise des Europäischen Rates: BONVICINI/REGELSBERGER (1987); BULMER (1985); BULMER/WESSELS (1987); ENGEL (1997); GIERING (1999a); GIERING (2000); GIERING (2001c); GLAESNER (1994a); GLAESNER (1994b); HAYES-RENSHAW (1999); HOSCHEIT/WESSELS (1988); LAUWAARS (1977); MARTENCZUK (1998); REDMOND (1996); REICHENBACH/EMMERLING/STAUDENMAYER/SCHMIDT (1999); STARK (2002); TROY JOHNSTON (1994); VON DONAT (1987); WERTS (1992); WESSELS (1980).

2 Art. 4 Satz 1 EUV (idF. vom 26.02.2001) bestimmt: „Der Europäische Rat gibt der Union die für ihre Entwicklung erforderlichen Impulse und legt die allgemeinen politischen Zielvorstellungen fest." Intensität und Umfang der tatsächlichen Aktivitäten sind jedoch erheblich breiter und differenzierter. Vgl. WESSELS (2002b), S. 186 f.

3 Vgl. GIERING (2001c), S. 55; KOECKE (1999), S. 61

4 Vgl. MAYER (2003), S. 70 f.

5 Vgl. Anlage I. Schlußfolgerungen des Vorsitzes. Europäischer Rat von Sevilla (21./22.06.2002).

6 Vgl. HRBEK (1999), S. 7.

7 Jeder Vorsitz legt sein Gipfeldatum etwa ein Jahr im voraus nach Abstimmung mit den anderen Hauptstädten fest. Vgl. VON DONAT (1987), S. 59.

8 22. Erklärung zum Vertrag von Nizza hat diese Regelung verändert. Hierzu ausführlich 2.1.4.

9 Vgl. GENERALSEKRETARIAT DES RATES DER EUROPÄISCHEN UNION (2002a), S. 37.

10 Hierbei ist zu berücksichtigen, daß der mit dem Trumpf-Piris-Rapport begonnene Reformprozeß des Rates hinsichtlich der Erweiterung zur Implementierung von zahlreichen Verbesserungen geführt hat. Vgl. 4.2.

chair. The combination of this task with his domestic obligations is not always easy. Several recent presidents have been criticized internally for spending too much time on „European" affairs. In many other cases it is obvious that a European Council meeting would have benefited from more in depth preparation."[1]

Eine effektive Vorbereitung und Leitung des Europäischen Rates ist durch einen mitgliedstaatlichen Vorsitzenden nicht mehr optimal sichergestellt, zumal die notwendige Zeitintensität der Arbeiten durch die Erweiterung weiterhin anwachsen wird. Da der mitgliedstaatliche Vorsitz nicht immer in der Lage ist, die Qualität und Kontinuität der technischen Vorbereitungen zu gewährleisten, wird für eine Institutionalisierung der Vorarbeiten plädiert.[2]

Insbesondere die Aufstellung der informellen Agenda des Europäischen Rates nimmt viel Zeit in Anspruch.[3] Sie besteht aus folgenden Bausteinen: Vorgaben der vorangegangenen Gipfel, aktuelle politische Entwicklungen, Kommissionsvorschläge, mitgliedstaatliche Initiativen und Prioritäten der Ratspräsidentschaft.[4] Die Agenda des Vorsitzlandes für den Europäischen Rat wird durch eine Hauptstadtrundreise des Ratspräsidenten konkretisiert.[5] Die Aufstellung der Agenda wird als ein zentrales Privileg der Vorsitzführung angesehen. Hierdurch kann die Präsidentschaft den europäischen Integrationsprozeß prägen, denn die Eröffnung oder Neuaufnahme eines Dossiers steht nicht unter dem Initiativmonopol der Kommission.[6] Bei der Aufstellung der Agenda werden oftmals nationalstaatliche Präferenzen berücksichtigt. Der Rat verfügt über kein effizientes Verfahren der Arbeitsbilanzierung, das eine systematische Erfassung aller Beratungsobjekte ermöglichen würde. Es mangelt an einer Erfolgskontrolle.[7] Daraus resultiert, daß jeder Vorsitz die eigenen politischen Anliegen relativ frei auf die Agenda des Europäischen Rates setzen kann. Die Intensität des Einsatzes des Vorsitzes kann zu programmatischen Diskontinuitäten, Dramatisierung des Gipfels als Medienereignis oder Verlangsamung des Politikprozesses führen.

Das Setzen von eigenen Schwerpunkten wird jedoch immer schwieriger, da die vorausgegangenen Tagungen und die weltpolitischen Entwicklungen den Rahmen des Europäischen Rates weitreichend determinieren.[8] Darüber hinaus hat der Europäische Rat von Sevilla beschlossen, daß ein mehrjähriges Strategieprogramm ab Dezember 2003 für die EU eingeführt wird.[9] Auch der Rat „Allgemeine Angelegenheiten und

---

1 DE SCHOUTHEETE/WALLACE (2002), S. 16.

2 Vgl. GAZZO (1980), S. 242; LIDDLE (2002), S. 869, 873. Schon in der Konzipierungsphase des Europäischen Rates wurde über die Einsetzung eines vorbereitenden Sekretariats nachgedacht. Vgl. LAUWAARS (1977), S. 27; REDMOND (1996), S. 53; WESSELS (1980), S. 127. Vgl. 4.4.1.

3 Die fehlende, formale Agenda ist ein Relikt aus den Anfangszeiten des Europäischen Rates. Dadurch sollte zum Ausdruck gebracht werden, daß der Europäische Rat ein Diskussionsforum und kein Entscheidungsgremium ist. Vgl. DE BASSOMPIERRE (1988), S. 82; TROY JOHNSTON (1994), S. 61.

4 Vgl. BULMER/WESSELS (1987), S. 52. Eine differenziertere Auflistung der Elemente der Agenda siehe BONVICINI/REGELSBERGER (1988), S. 167 f.

5 Der Ministerpräsident des Vorsitzlandes macht eine tour des capitales vor der Tagung und lernt dabei die mitgliedstaatlichen Positionen hinsichtlich der geplanten Agenda kennen. Nach dieser Hauptstadtrundreise listet der Regierungschef die zu erörternden Themen schriftlich auf und äußert seine Meinung zu den einzelnen Punkten. Vgl. DE BASSOMPIERRE (1988), S. 82. Die Hauptstadtrundreise wurde erstmals während der österreichischen Ratspräsidentschaft 1998 auf die zehn mittel- und osteuropäischen Beitrittsstaaten erweitert. Vgl. LEHNE (1999b), S. 33.

6 Vgl. GLAESNER (1994b), S. 113; WURZEL (2001), S. 9.

7 Vgl. DE SCHOUTHEETE/WALLACE (2002), S. 16.

8 Vgl. GIERING (2001c), S. 47.

9 Vgl. Anlage II. Schlußfolgerungen des Vorsitzes. Europäischer Rat von Sevilla (21./22.06.2002).

Außenbeziehungen" wurde in den Prozeß der Agendaaufstellung stärker eingebunden.[1] Insgesamt läßt sich festhalten, daß eine längerfristige strategische Agenda notwendig wird, um den Europäischen Rat in die Lage zu versetzen, klare Prioritäten für die EU-25+ definieren zu können.[2]

Bei der Beurteilung der Rolle der Ratspräsidentschaft im Europäischen Rat stehen diesen negativen Aspekten auch einige positive Punkte gegenüber. Die sukzessive Alternanz der Mitgliedstaaten in der Vorsitzführung sorgt für einen konstanten Klimawechsel im Europäischen Rat, der eine herausragende Rolle für die Innovationsfähigkeit der Union spielt. Damit bringt der Vorsitz alle sechs Monate neue politische Kreativität und Energie von außen in das System. Weil die Tagungen des Europäischen Rates das bedeutendste europapolitische Ereignis eines Halbjahres sind,[3] besitzen diese, insbesondere im Vorsitzland, einen hohen Legitimationswert für den europäischen Integrationsprozeß.[4] Des weiteren werden die Tagungen des Europäischen Rates mit großer Anstrengung und Ambition von den Ratspräsidentschaften vorbereitet. Dies fördert den Integrationsprozeß, denn „every member state wants to make a good job of the presidency and wants to finish with a good summit that achieves something (all of which adds to the pressure to make progress)."[5]

Rat der EU

Der Rat der EU[6] setzt sich aus je einem Vertreter jedes Mitgliedstaates auf Ministerebene zusammen.[7] De jure ist der Rat der EU ein einheitliches Organ, de facto aber tagt er in zahlreichen verschiedenen Formationen. In den technischen Räten vertreten die jeweiligen Fachminister ihr Ressort und die Sitzungen werden vom zuständigen Minister des vorsitzführenden Staates geleitet. Die Zahl der Ratsformationen wurde durch den Europäischen Rat von Sevilla im Juni 2002 von fast zwanzig[8] auf neun be-

1 Vgl. Anlage I. Schlußfolgerungen des Vorsitzes. Europäischer Rat von Sevilla (21./22.06.2002).

2 Vgl. LIDDLE (2002), S. 873. Der Bedarf nach einer strategischen Agenda wächst, da die tour de table in einer erweiterten Union nicht mehr seine ursprüngliche Funktion erfüllen kann. Vgl. THE INDEPENDENT COMMISSION FOR THE REFORM OF THE INSTITUTIONS AND PROCEDURES OF THE UNION (1999), S. 41.

3 Vgl. HUBER (1998), S. 8; KOPEINIG (1998), S. 65; LUDLOW (1993), S. 247; VON DONAT (1987), S. 40.

4 „They [The meetings of the European Council; d. Verf.] provide a possibility bringing together the top politicians, and occasions where European success can be presented to their voters and citizens." SCHMUCK (1993), S. 10. Die 22. Erklärung des Vertrags von Nizza hat diesen Vorteil zunichte gemacht. Vgl. 2.1.4.

5 REDMOND (1996), S. 59.

6 Allgemein über den Rat der EU siehe HAYES-RENSHAW (1999); HAYES-RENSHAW/WALLACE (1997); KOECKE (1999); PINI (1999); SHERRINGTON (2000); STEPPACHER (2000a); STEPPACHER (2001); WESTLAKE (1999).

7 Vgl. Art. 203 Satz 1 EGV (idF. vom 26.02.2001).

8 Schon 1999 hat der Europäische Rat von Helsinki festgelegt, daß es maximal fünfzehn Ratsformationen geben dürfte. Vgl. Anlage III. Schlußfolgerungen des Vorsitzes. Europäischer Rat von Helsinki (10./11.12.1999). Phasenweise tagte der Rat in über zwanzig sektoralen Zusammensetzungen. Die sektorale Differenzierung des Rates spiegelt die ständig wachsende thematische Breite der Regierungsaktivitäten in den Mitgliedstaaten wider. Vgl. WESSELS (1996), S. 175. Des weiteren haben die Präsidentschaften neue Zusammensetzungen des Rates gebildet, um eigene Präferenzen im europäischen Integrationsprozeß zu fördern. Ein Musterbeispiel dafür ist die Bildung eines Rates für Tourismus während der griechischen Ratspräsidentschaft 1988. Vgl. SHERRINGTON (2000), S. 39.

grenzt.[1] Eine herausragende Stellung hat der Allgemeine Rat der Außenminister, der für die Koordinierung aller Ratstätigkeiten zuständig ist. Seine Funktion ist, die Kohärenz und Kontinuität der Arbeiten zu gewährleisten.[2] Die Dominanz der Außen- und Sicherheitspolitik hatte zur Folge, daß der Allgemeine Rat zu wenig Möglichkeiten hatte, Querschnittsfragen europäischer Politik zu thematisieren. Um seinen Aufgaben optimaler gerecht zu werden, wurde der Allgemeine Rat in Rat „Allgemeine Angelegenheiten und Außenbeziehungen" im Juni 2002 in Sevilla umbenannt. Er tritt heute in seinen beiden Haupttätigkeitsbereichen zu gesonderten Tagungen mit getrennten Tagesordnungen zusammen.[3]

Insgesamt trifft der Rat der EU heute bis zu über hundert Mal pro Jahr zusammen (vgl. Abbildung 2-3).

Jahr	Rat	Ausschuß der Ständigen Vertreter	Arbeitsgruppen
1958	21	39	302
1968	61	132	1253
1978	76,5	104,5	2090
1988	117,5	104	2000,5
1998	116	103	2735
2002	109	137	3322

Abbildung 2-3: Entwicklung der Zahl der Sitzungstage in der Ratshierarchie[4]

[1] Folgende Ratsformationen existieren neben dem Rat „Allgemeine Angelegenheiten und Außenbeziehungen": 1) Wirtschaft und Finanzen, 2) Justiz und Inneres, Beschäftigung, Sozialpolitik, 3) Gesundheit und Verbraucherschutz, 4) Wettbewerbsfähigkeit, 5) Verkehr, Telekommunikation und Energie, 6) Landwirtschaft und Fischerei, 7) Umwelt und 8) Bildung, Jugend und Kultur. Vgl. Anhang I. Geschäftsordnung des Rates (idF. vom 22.07.2002).

[2] Vgl. HARTMANN (2001), S. 72 f.

[3] Vgl. Art. 2 Abs. 2 Geschäftsordnung des Rates (idF. vom 22.07.2002). Die durchgeführte Zweiteilung des Allgemeinen Rates wird als kosmetischer Formelkompromiß bezeichnet, denn der Allgemeine Rat wird auch künftig nicht aus Europaministern gebildet. Vgl. SCHEICH (2002), S. 29. Schon Ende der 50er und Anfang der 60er Jahre wurde in den Regierungen der Mitgliedstaaten erwogen, einen Minister für europäische Fragen zu ernennen. Insbesondere der französische Staatspräsident Pompidou befürwortete dieses Amt. Vgl. SASSE (1972), S. 91 f. Zu den Vor- und Nachteilen eines Europaministers siehe BUERSTEDDE (1964), S. 114; FROWEIN (1972), S. 631; REMUS (1969), S. 111 f.; SASSE (1975), S. 191. Bundeskanzler Schröder hat diesen Vorschlag in seiner Regierungserklärung zum EU-Gipfel in Barcelona wieder aufgegriffen. Dies hat einen Streit über die Verteilung der Europakompetenzen innerhalb der Bundesregierung aufgelöst. Hierzu ausführlich *Financial Times Deutschland 16.05.2002a*; *Süddeutsche Zeitung 22.03.2002*; *Süddeutsche Zeitung 11./12.05.2002a*; *Süddeutsche Zeitung 11./12.05.2002b*.

[4] Die Zahlen aus den Jahren 1958-1988 aus GENERALSEKRETARIAT DES RATES DER EUROPÄISCHEN UNION (1999), S. 219. Die Zahlen der Sitzungstage für die Jahre 1998 und 2002 wurden auf die Email-Anfrage d. Verf. von Visscher aus der DG F des Generalsekretariats des Rates der EU am 20.11.2003 übermittelt. Vgl. VISSCHER (Email 20.11.2003).

Die formellen Treffen finden in Brüssel und in den Monaten April, Juni und Oktober in Luxemburg statt.[1] Neben diesen formellen Räten werden im präsidierenden Mitgliedstaat informelle Ministertagungen abgehalten und organisiert, die sich außerhalb der Gemeinschaftsstrukturen abspielen.[2] Das Generalsekretariat des Rates leistet dabei keinen unterstützenden Beitrag. Die Organisation der informellen Tagungen erfordert von der Ratspräsidentschaft enorme administrative, logistische und ökonomische Ressourcen.[3] Gleichzeitig bieten diese Treffen sowie die im Vorsitzland stattfindenden Tagungen und Konferenzen eine Möglichkeit für eigene Initiativen und öffentlichkeitswirksame Inszenierungen des Veranstalterlandes nach außen und gegenüber den eigenen Bürgern.[4]

Die Ratspräsidentschaft ist zuständig für die Organisation der Arbeiten des Rates der EU. Dies beinhaltet insbesondere die Erstellung von Zeitplänen sowie Tagesordnungen, konkreten Vorbereitungen der Sitzungen und Vorsitzführung in allen Ministerratstagungen. Die Erstellung des Zeitplans für den Rat der EU erfolgt durch den Vorsitz mit Hilfe der Kommission und des Generalsekretariats des Rates sieben Monate vor Beginn seiner Amtszeit.[5] Darüber hinaus ist die Zusammenstellung der detaillierten Tagesordnungen für die einzelnen Räte eine Aufgabe des Ratspräsidenten. Die vorläufige Tagesordnung wird den Mitgliedstaaten und der Kommission mindestens vierzehn Tage vor Beginn jeder Tagung zugeschickt.[6] Die formelle Tagesordnung des Rates wird schließlich von allen Mitgliedern zu Beginn der jeweiligen Sitzung festgelegt und ist in A- und B-Punkte unterteilt.[7] Der Europäische Rat von Sevilla beschloß ein operatives Jahresprogramm für die Tätigkeit des Rates auf der Grundlage des mehrjährigen Strategieprogramms des Europäischen Rates für den Rat „Allgemeine Angelegenheiten“.[8] Des weiteren wurde festgelegt, daß die Einführung von indikativen Tagesordnungen für diverse Ratsformationen notwendig sei.[9] Durch diese Maßnahmen soll die Kontinuität der Ratsarbeiten erhöht werden, da sie weniger Raum für eigene politische Prioritäten und Präferenzen des Vorsitzlandes zulassen und die Ratspräsidentschaft stärker in das Institutionengefüge der Union eingebettet wird. Darüber hinaus wird die Kooperation zwischen den Vorsitzen gestärkt. Eine der

---

1 Vgl. Art. 1 Abs. 3 Geschäftsordnung des Rates (idF. vom 22.07.2000). Vgl. auch NICOLL/SALMON (1994), S. 67.

2 Um die Inflation der informellen Ministertagungen zu vermeiden, dürfen offiziell höchstens fünf Treffen sowie eine weitere Tagung im Bereich der PJZS während einer Ratspräsidentschaft stattfinden. Zur Wahrung des informellen Charakters darf es keine offizielle Tagesordnung geben. Die Anwesenheit von Mitarbeitern soll auf ein absolutes Minimum beschränkt, offizielle Dokumente dürfen nicht erstellt werden. Vgl. GENERALSEKRETARIAT DES RATES DER EUROPÄISCHEN UNION (2002a), S. 36 f.

3 Vgl. TALLBERG (2001b), S. 15; WURZEL (1996b), S. 78.

4 Vgl. LANG (2002), S. 93.

5 Vgl. Art. 1 Abs. 2 Geschäftsordnung des Rates (idF. vom 22.07.2002).

6 Vgl. Art. 3 Abs. 1 Geschäftsordnung des Rates (idF. vom 22.07.2002).

7 Die A-Punkte sind diejenigen, welche vom AStV dem Rat zustimmungsbereit vorgelegt werden. Im Gegensatz dazu werden die B-Punkte automatisch vom Rat erörtert. Die Befugnisse des Vorsitzes umfassen die Festlegung der Gesamtzahl der B-Punkte und die für deren Beratung zur Verfügung stehende Zeit. Er bestimmt weiterhin die Reihenfolge der Fragen und Wortmeldungen der Delegationen sowie die Durchführung einer Tischumfrage zur Feststellung des Meinungsstandes (tour de table). Ausführlich zu den A- und B-Punkten siehe GENERALSEKRETARIAT DES RATES DER EUROPÄISCHEN UNION (2002a), S. 27 f.

8 Das erste operative Jahresprogramm wurde im Dezember 2002 festgelegt. Vgl. Anlage II. Schlußfolgerungen des Vorsitzes. Europäischer Rat von Sevilla (21./22.06.2002).

9 Vgl. Art. 2 Abs. 6 Geschäftsordnung des Rates (idF. vom 22.07.2002).

wichtigsten Prärogativen des Vorsitzes, die teilweise Kontrolle über die Agenda,[1] verliert so an Bedeutung.

Der Rat der EU ist in seinem derzeitigen Zustand das reformbedürftigste Organ der Union.[2] Trotz der bereits durchgeführten Reformen weist der Ministerrat institutionelle Defizite, wie schwerfällige Entscheidungen, langwierige Debatten und mangelnde Koordinierung zwischen den Räten, sowie eine Vielzahl von rechtlichen und praktischen Problemen auf.[3] Ein Teil dieser Probleme ist auf die rotierende Ratspräsidentschaft zurückzuführen. Die Sicherstellung der Kontinuität des Rates wird durch die kurze Dauer der Präsidentschaft erschwert, da aufeinanderfolgende Vorsitze unterschiedliche Schwerpunkte setzen und mit verschiedenen Methoden an die politischen Themen herangehen. Die alle sechs Monate rotierende Präsidentschaft im Allgemeinen Rat ist ein zentrales Defizit des heutigen Vorsitzsystems.[4] In den letzten Jahren konnte der Allgemeine Rat die Koordination zwischen den unterschiedlichen Ratsformationen und die Effizienz der Vorbereitungsarbeiten des Europäischen Rates nicht mehr sicherstellen.[5] Weil eine erweiterte Union politisch, kulturell und wirtschaftlich heterogener wird, wird die Problematik der Diskontinuität im Rat der EU künftig zunehmen. Des weiteren wird der Vorsitz noch stärker in den Willensbildungsprozeß der erweiterten Union einbezogen, da die Förderung der Einigung in einer EU-25+ komplexer wird.[6] Mit jeder zusätzlichen Delegation wird es schwieriger, effektiv zu verhandeln und einen Kompromiß zu erarbeiten.[7] Als weiterer Nachteil ist zu sehen, daß die Vielfalt der Aufgaben im Ministerrat kaum noch von einem Mitgliedstaat erfolgreich bewältigt werden kann. Angesichts der zunehmenden Heterogenität der erweiterten EU wird zudem die Flexibilisierung der Integration an Bedeutung für eine effiziente Durchführung der Ratspräsidentschaft gewinnen. Das befristete oder unbefristete Fernbleiben aus einigen Integrationsfeldern kann eine kohärente Vorsitzführung erschweren. Diese Problematik ist bereits heute aktuell. Zum Beispiel wird die Vorsitzführung in der Euro-Gruppe[8] durch die nachfolgende Präsidentschaft ausgeübt, falls der aktuelle Vorsitzstaat nicht an der dritten Stufe der WWU teilnimmt.[9]

---

1 Vgl. 3.2.7.

2 Vgl. STEPPACHER (2000a), S. 69.

3 Vgl. DAHAENE/SIMON/VON WEIZSÄCKER (1997), S. 115.

4 Vgl. GREVI (2003b), S. 3.

5 Vgl. GREVI (2003a), S. 19.

6 Der einfachste Schritt zur Steigerung der Funktionsfähigkeit des Rates wäre die Generalisierung der qualifizierten Mehrheit als Abstimmungsmodus und des Mitentscheidungsverfahrens als Beschlußfassungsregel. Vgl. DURAND (2001), S. 10.

7 Vgl. SCHÄFER (1997), S. 31. Der Europäische Rat von Sevilla hat dem Vorsitz die volle Verantwortung für einen ordnungsgemäßen Ablauf der Beratungen des Rates gegeben. Es wurden auch einige Vorkehrungen über die Ratspräsidentschaft bezüglich der Verhandlungsführung im Rat getroffen, „um sicherzustellen, dass die verfügbare Zeit während der Tagungen optimal genutzt wird". Der Vorsitz sorgt u.a. für die zeitliche Begrenzung der Beiträge und deren Reihenfolge. Näheres zu den Regelungen siehe Anlage II. Schlußfolgerungen des Vorsitzes. Europäischer Rat von Sevilla (21./22.06.2002).

8 Die Euro-Gruppe setzt sich aus den Mitgliedern des ECOFIN-Rates abzüglich der nicht an der WWU teilnehmenden Staaten zusammen.

9 Näheres zu den durch diese Regelung verursachten Spannungen beispielsweise während der britischen Ratspräsidentschaft 1998 siehe GOWLAND/TURNER (2000), S. 360; LUTHER (1999), S. 65; WESTLAKE (2000), S. 10.

Die rotierende Ratspräsidentschaft bringt aber auch Vorteile für den Ministerrat mit sich. In Analogie zum Europäischen Rat ist die sechsmonatige Ratspräsidentschaft die treibende Kraft, um Beschlüsse rasch herbeiführen zu können. Der vorsitzende Staat hat zudem mehr Möglichkeiten, Einfluß auf den Integrationsprozeß auszuüben. Daraus resultiert, daß die europäische Integration eine stärkere öffentliche Aufmerksamkeit im Vorsitzland genießt. Neben dem legitimierenden Effekt ist die Lernwirkung der Vorsitzführung ein zentraler Vorteil der sukzessiven Alternanz der Mitgliedstaaten. Die nationalstaatlichen Verwaltungen profitieren regelmäßig von den nahen Einblicken in die Funktionsweise der EU.

Ausschuß der Ständigen Vertreter

Ein großer Arbeitsaufwand der Ratspräsidentschaft liegt auf den unteren Ebenen der Ratshierarchie, denn aufgrund der Quantität und Qualität der Integrationsmaterie ist der Rat der EU in praxi gezwungen, einen Teil seiner Pflichten an untergeordnete Gremien, wie den AStV[1] und dessen Arbeitsgruppen, zu delegieren. Schätzungsweise werden über 90% der Entscheidungen unterhalb der Ratsebene getroffen.[2] Der AStV hat eine horizontale Funktion, da er für die Vorbereitung aller Ratsformationen und Sachbereiche zuständig ist.[3] Die Hauptaufgabe des Vorsitzenden des AStV ist, eine möglichst große Anzahl von Dossiers so weit auszuverhandeln, daß sie im Ministerrat als A-Punkte ohne weitere Diskussion angenommen werden können.

Der AStV ist in zwei Gruppen unterteilt: AStV I, der auf die Vorbereitung der technischen Angelegenheiten spezialisiert ist, und AStV II, in dem die politisch wichtigen Entscheidungen getroffen werden.[4] Beide Teile arbeiten unabhängig voneinander unmittelbar mit den von ihnen betreuten Räten zusammen. Der AStV II ist mit den Leitern der nationalen Ständigen Vertretungen (Botschaftern bei der EU)[5] besetzt, im AStV I sitzen ihre Stellvertreter.[6] Die Vorsitzführung im AStV II erfolgt entsprechend durch den Ständigen Vertreter, im AStV I durch seinen Stellvertreter. Die Präsident-

1 Ausführlich zur Geschichte, Entwicklung und Funktionsweise des AStV DE ZWAAN (1995); LEWIS (2002); MENTLER (1991); MENTLER (1996); NOËL (1967); NOËL/ÉTIENNE (1971); NOËL/ÉTIENNE (1972); RÖHL (1994).

2 Über den prozentualen Anteil der Entscheidungen unterhalb der Ratsebene gibt es unterschiedliche Angaben. Die Schätzungen variieren: Edwards: 90%, Gretschmann: 70%, Hartmann: 80%, Hayes-Renshaw/Wallace: 85-90%, Kuosmanen 95%, Lewis: 90%, Marcher/Weiermair: 90%, McCormick: 90%, Pini: 70-80%, Wallace: 85-90%, Wessels: 80%, Westlake: 80-90%, Vgl. EDWARDS (1996), S. 135; GRETSCHMANN (2001), S. 28; HARTMANN (2001), S. 76; HAYES-RENSHAW/WALLACE (1997), S. 40; KUOSMANEN (1998), S. 74; LEWIS (1998), S. 483; MARCHER/WEIERMAIR (1998), S. 10; MCCORMICK (1999), S. 123; PINI (1999), S. 157; WALLACE (2000), S. 18; WESSELS (1991), S. 140; WESTLAKE (1999), S. 311. Lewis begründet diese Variationsbreite wie folgt: „the 90 per cent figure can easily be misleading, since quantifying A- and B-points requires interpretation (...) and substantive agenda items often have components agreed on at more than one level." LEWIS (1998), S. 483.

3 Vgl. Art. 207 Abs. 1 EGV (idF. vom 26.02.2001). Mit Ausnahme der Bereiche, für die die Sonderausschüsse verantwortlich sind.

4 Zum Aufgabenbereich des AStV II gehören institutionelle Fragen, Vorbereitung der Tagungen des Allgemeinen Rates, Wirtschaft und Finanzen, Entwicklung, Justiz und Inneres sowie Katastrophenschutz und Haushalt. Der AStV I ist zuständig für die Vorbereitung der Tagungen des Rates Binnenmarkt, Verbraucherfragen und Tourismus, Forschung, Industrie und Energie, Fischerei, Verkehr und Telekommunikation, Umwelt, Beschäftigung und Sozialpolitik, Gesundheit, Bildung und Jugend, Kultur und Landwirtschaft. Vgl. GENERALSEKRETARIAT DES RATES DER EUROPÄISCHEN UNION (2002a), S. 21.

5 Vgl. HAYES-RENSHAW/LEQUESNE/LOPEZ (1989).

6 Vgl. GENERALSEKRETARIAT DES RATES DER EUROPÄISCHEN UNION (2002a), S. 21.

schaft ist im AStV, analog zur ganzen Ratshierarchie, verantwortlich für die Vorbereitung und den Ablauf der ca. 70 AStV-Tagungen pro Halbjahr (vgl. Abbildung 2-3). Die vorläufigen Tagesordnungen werden durch den Vorsitz eine Woche vor den Tagungen festgelegt und sind in zwei Teile untergliedert.[1] Bei der Gestaltung der Beratungen des AStV II spielt der Vorsitzende der Antici-Gruppe eine bedeutende Rolle.[2] Für den AStV I ist der Vorsitzende der Mertens-Gruppe zuständig.[3] Rometsch und Wessels formulieren: „The efficient functioning of the Antici Group is a key element in the efficient organisation of each Presidency.“[4] In diesen beiden Koordinationsgruppen können bereits im Vorfeld Probleme erkannt und Lösungen entworfen werden.[5]

Der AStV ist in besonderem Maße zur Koordination und Herstellung von Kohärenz in der gesamten Ratshierarchie geeignet, da er das ganze Spektrum der Unionsaktivitäten abdeckt.[6] Die wöchentlichen Sitzungen bilden das wichtigste Element der Kontinuität im Rat.[7] Der AStV ist in zunehmendem Maße überlastet. Die Erweiterung wird den administrativen Arbeitsaufwand des Vorsitzes in bezug auf den AStV weiter erhöhen. Zudem wird die Flexibilisierung der Integration den Koordinationsbedarf in der Ratshierarchie durch den AStV steigern.[8] Dies gilt auch für die führende Funktion der Ratspräsidentschaft in diesem Prozeß.

Bisher hat der AStV seine Stellung im Institutionengefüge der EU gut behaupten können.[9] Eine Statusabwertung zeichnet sich jedoch ab, denn die Sonderausschüsse des Rates haben stark an Relevanz für die Vorbereitung der Ratstätigkeit, u.a. wegen der zunehmenden Belastung des AStV in den letzten Jahren, gewonnen.[10]

Sonderausschüsse des Rates

Die Kompetenzen der Sonderausschüsse des Rates überschneiden sich teilweise mit den Zuständigkeiten des AStV. Die Sonderausschüsse koordinieren die Ratstätigkeiten in Einzelbereichen und berichten teilweise ohne Einschaltung des AStV dem zuständigen Ministerrat.[11] Zu den Sonderausschüssen des Rates gehören der Wirtschafts- und Finanzausschuß (WFA), der Transportausschuß, der Sonderausschuß Landwirtschaft (SAL), der Art. 133-Ausschuß,[12] der Beschäftigungsausschuß und der Aus-

---

1 Der Teil I (entspricht den A-Punkten im Rat), sowie der Teil II (entspricht den B-Punkten im Rat) werden in Arbeitsgruppen für den AStV vorbereitet. Vgl. GENERALSEKRETARIAT DES RATES DER EUROPÄISCHEN UNION (2002a), S. 21 f.

2 Er ist damit beauftragt, die Tagesordnungen durchzugehen und die Gestaltung der Sitzungen festzulegen. Vgl. GENERALSEKRETARIAT DES RATES DER EUROPÄISCHEN UNION (2002a), S. 23.

3 Vgl. GENERALSEKRETARIAT DES RATES DER EUROPÄISCHEN UNION (2002a), S. 23.

4 ROMETSCH/WESSELS (1994), S. 214.

5 Vgl. WESTLAKE (1999), S. 284.

6 Vgl. EDWARDS (1998), S. 51; PINI (1999), S. 152.

7 Vgl. TRUMPF (1998), S. 402.

8 Vgl. HAYES-RENSHAW/WALLACE (1997), S. 133.

9 Vgl. LUDLOW (2001), S. 17.

10 Vgl. LUDLOW (2001), S. 17. Zu diesen Ausschüssen zählen insbesondere der Wirtschafts- und Finanzausschuß sowie das Politische und Sicherheitspolitische Komitee. Vgl. DURAND, (2001), Punkt 3. [ohne Seitenangabe].

11 Näheres zur Abgrenzung und zum Verhältnis der einzelnen Sonderausschüsse gegenüber dem AStV siehe MENTLER (1996), S. 54 ff.

12 Der frühere Art. 113-Ausschuß.

schuß für Sozialschutz.[1] Das PSK richtet Stellungnahmen an den Rat im Tätigkeitsfeld der GASP und der Artikel 36-Koordinierungsausschuß[2] kann im Bereich der PJZS tätig werden. Auch im Bereich der ESVP wird die Monopolstellung des AStV in Frage gestellt. Der EUMC und der EUMS haben einen unmittelbaren Zugang zum Ministerrat.[3]

Für den Vorsitz in den Sonderausschüssen gilt der normale Halbjahresturnus mit Ausnahme des WFA, des EUMC und des EUMS. Sowohl der EUMC als auch der EUMS besitzen einen ernannten Vorsitz. Im EUMC führt ein Viersternegeneral/-admiral den Vorsitz für drei Jahre,[4] im EUMS wird diese Position ebenfalls durch einen militärischen Spezialisten wahrgenommen.[5] Der WFA wählt dagegen seinen Vorsitzenden mit der Mehrheit der Ausschußmitglieder aus seiner Mitte.[6] Die Dauer des Vorsitzes beträgt zwei Jahre und es besteht die Möglichkeit zur Wiederwahl.[7] Der Wahlvorsitz des WFA gilt seit seiner Etablierung in das Institutionengefüge der Gemeinschaft im Jahre 1958[8] und wurde aus folgenden Gründen eingeführt: Erstens sollte der gewählte Vorsitz demonstrieren, daß die wirtschafts- und finanzpolitischen Angelegenheiten kein Teil des Gemeinschaftsgeschäfts sind.[9] Zweitens wurden die wirtschafts- und finanzpolitischen Dossiers als so wichtig angesehen, daß sie nicht dem halbjährlich wechselnden Vorsitz überlassen werden sollten.[10] Westlake hält die längere Vorsitzdauer im WFA für vorteilhaft und argumentiert, daß „two-year term gives the Chairman the time to impose his character on the Committee"[11]. Die Vorsitzführung im PSK weist ein weiteres Spezifikum in der Vorsitzführung der Sonderausschüsse auf. Der Hohe Vertreter für die GASP kann die Sitzungen des PSK nach Konsultation des halbjährlich rotierenden Vorsitzes leiten.[12]

Es kann festgehalten werden, daß die Relevanz der Sonderausschüsse in den letzten Jahren für die Beschlußfassung der EU zugenommen hat. Die Sonderausschüsse entlasten den AStV, die mitgliedstaatlichen Regierungen können durch die Errichtung von AStV-Parallelorganen einige politische Sonderbereiche in größerem Maße kontrollieren. In organisatorischer Hinsicht kann diese Entwicklung zur abnehmenden Kohärenz der Unionsaktivitäten führen. Darüber hinaus ist kritisch anzumerken, daß die spezifischen Themenstellungen in den Sonderausschüssen detailliertes Fachwissen und kontinuierliches Management erfordern, was oftmals durch den halbjährlich

1 Ausführlicher zu den Sonderausschüssen siehe GENERALSEKRETARIAT DES RATES DER EUROPÄISCHEN UNION (2002b), S. 42 ff.; WESTLAKE (1999), S. 299 ff.

2 Der frühere K.4-Ausschuß. Siehe ausführlich zum Artikel 36-Ausschuß GENERALSEKRETARIAT DES RATES DER EUROPÄISCHEN UNION (2002a), S. 63.

3 Vgl. WESSELS (2003), S. 367.

4 Vgl. GENERALSEKRETARIAT DES RATES DER EUROPÄISCHEN UNION (2002a), S. 59.

5 Der Vorsitzende ist ein Generaldirektor, der ein Dreisternegeneral/-admiral sein muß. Siehe ausführlicher GENERALSEKRETARIAT DES RATES DER EUROPÄISCHEN UNION (2002a), S. 59 f.

6 Vgl. HANNY/WESSELS (1998), S. 114.

7 Vgl. BAKKER (1996), S. 66.

8 Vgl. WESTLAKE (1999), S. 261.

9 Vgl. ARNAUD (2001), S. 16; KEES (1994), S. 143.

10 Vgl. TRUMPF (1988), S. 267.

11 WESTLAKE (1999), S. 261.

12 Vgl. GENERALSEKRETARIAT DES RATES DER EUROPÄISCHEN UNION (2002a), S. 58. Vgl. auch ALGIERI (2001), S. 169; ALGIERI (2002), S. 588.

wechselnden Vorsitz nicht gewährleistet werden kann. Aus diesem Grund wurden im EUMC und im EUMS keine sukzessiv alternierenden Vorsitze mehr eingeführt.

Arbeitsgruppen

Unterhalb der Ebene der Sonderausschüsse sind die Arbeitsgruppen angesiedelt, die das Fundament der Beschlußvorbereitung des Rates bilden. Die Kommissionsvorschläge werden in den Arbeitsgruppen auf Expertenebene vorbereitend beraten, Probleme identifiziert und Lösungsmöglichkeiten ausgearbeitet.[1] Analog zu den anderen Ebenen der Ratshierarchie erstellt der Vorsitz mit Unterstützung des Generalsekretariats des Rates die Tagesordnungen für die Gruppen und ist zuständig für die Infrastruktur der Tagungen und die notwendigen Sitzungsdokumente.[2] Die Hauptfunktion des Vorsitzes ist, möglichst viele Beratungsgegenstände bis zur Entscheidungsreife voranzutreiben, so daß der AStV und der Rat der EU lediglich formal das Verfahren beenden müssen.

Die Arbeitsgruppen können vom AStV oder mit dessen Zustimmung von Dritten, wie beispielsweise der Präsidentschaft, eingesetzt werden.[3] Die Anzahl der Arbeitsgruppen variiert zwischen den diversen Ratspräsidentschaftsperioden und bewegt sich zwischen 150-250.[4] Der Vorsitz leitet bis zu 1700 Arbeitsgruppensitzungen während seines Halbjahres. Die Anzahl der Tagungen ist durch die erhöhte Integrationsreichweite über die Jahre kontinuierlich gewachsen (vgl. Abbildung 2-3).

Die Gruppen setzen sich aus Experten der Mitgliedstaaten sowie Vertretern der Kommission und des Ratssekretariats zusammen.[5] Für die Benennung der mitgliedstaatlichen Vorsitzenden bestehen keine festen Regeln. Die Arbeitsgruppensitzungen werden teils von Beamten der Hauptstadt oder der Ständigen Vertretung des vorsitzführenden Staates geleitet.[6] Die GO des Rates sieht zwei Sonderregelungen zur Präsidentschaftsausübung in den Arbeitsgruppen vor. Erstens kann die künftige Ratspräsidentschaft ihren Vorsitz in den Arbeitsgruppen schon im Halbjahr zuvor wahrnehmen, falls die entsprechende Tagung des nur einmal pro Halbjahr zusammentretenden Fachministerrates während des ersten Quartals des vorhergehenden Vorsitzes stattfindet.[7] Zweitens kann sich der Vorsitz im Bedarfsfall, insbesondere bei einer Verhinderung der Übernahme der Vorsitzführung, von der nächsten Präsidentschaft vertreten lassen.[8] Der Europäische Rat von Sevilla hat den Grundsatz der Einheitlichkeit des Vorsitzes bezüglich der Vorsitzführung in den Arbeitsgruppen gelockert. In Sevilla einigte man sich auf eine ständige Vorsitzführung in fünf Arbeitsgruppen durch das

---

1 In den Bereichen, in denen die Kommission kein Initiativrecht hat, können die Arbeitsgruppen autonom Texte ausarbeiten.

2 Vgl. GENERALSEKRETARIAT DES RATES DER EUROPÄISCHEN UNION (2002a), S. 18.

3 Vgl. Art. 19 Abs. 3 Geschäftsordnung des Rates (idF. vom 22.07.2002).

4 Vgl. ANTOLA/LEHTIMÄKI (2001), S. 22; BEYERS/DIERICKX (1998), S. 290; MÄKI-LOHILUOMA (1999), S. 10; METCALFE (1998), S. 415. Die präzise Anzahl der Arbeitsgruppen pro Halbjahr wird auf einer offiziellen Liste seit Ende der 90er Jahre veröffentlicht, welche regelmäßig durch das Generalsekretariat des Rates aktualisiert wird. Vgl. Preparing the Council for Enlargement (1). Report the Secretary-General/High Representative to the European Council (07.06.2001). Die Arbeitsgruppen können entweder permanent, vorläufig oder ad hoc sein. Vgl. HAYES-RENSHAW/WALLACE (1997), S. 97.

5 Vgl. BEYERS/DIERICKX (1997), S. 440.

6 Vgl. MÄKI-LOHILUOMA (1999), S. 16.

7 Vgl. Art. 19 Abs. 5 Geschäftsordnung des Rates (idF. vom 22.07.2002).

8 Vgl. Art. 20 Abs. 2 Geschäftsordnung des Rates (idF. vom 22.07.2002).

Generalsekretariat des Rates: Elektronische Kommunikation, Rechtsinformatik, Kodifizierung, Information und Neue Gebäude.[1]

Der Vorsitz hat einen erheblichen Einfluß auf den Diskussionsverlauf in den Gruppen und damit auch auf das endgültige Entscheidungsergebnis im Ministerrat. Das Verhandlungsgeschick des Vorsitzenden bestimmt in großem Maße die Tragweite der Entscheidungsmodalitäten des Rates. Für den Erfolg von Beratungen in den Arbeitsgruppen ist ausschlaggebend, daß der Vorsitzende neben Mut und Phantasie auch Know-how über die Steuerung der gruppendynamischen Prozesse verfügt. Die große Anzahl der AStV- und Arbeitsgruppensitzungen verdeutlicht, wie wichtig es ist, einen kompetenten Vorsitzenden auch auf unteren Ebenen der Ratshierarchie zu haben. Bereits 1977 stellte Sasse fest:

> „The chairman of a working party is normally its center of gravity and its pivot, providing continuity in discussions in a situation where subjects and participants are constantly changing, and holding the initiative both formally and in fact. While delegations find it difficult to influence the formal side of arrangements (...), his specialist knowledge, his involvement, and his skills in conducting negotiations are absolutely decisive for the progress of the proceedings."[2]

Insbesondere der Bedarf an technischem Know-how steigt bei zunehmender Integrationsdichte. Für einen Mitgliedstaat wird es schwieriger, genug Spezialisten für die Vorsitzführung der Arbeitsgruppen mit spezieller Zuständigkeit zu finden. Da im Zuge der Erweiterung unerfahrene und vorwiegend kleine Staaten der Union beitreten werden, wird diese Problematik an Brisanz gewinnen. Die kurze Dauer der Ratspräsidentschaft wirkt sich darüber hinaus nachteilig auf die Vorsitzführung der Arbeitsgruppen aus. Für die Entfaltung von technischen Expertisen benötigt der Vorsitzende mehr als sechs Monate. Neben dieser muß der Vorsitzende die Kontinuität der Verhandlungen bei wechselnden Dossiers und unterschiedlichen Teilnehmern sicherstellen. Dies erscheint bei einer nur halbjährlichen Vorsitzperiode nicht optimal.

Insgesamt kann für die Stellung des Vorsitzes in der Ratshierarchie festgehalten werden, daß sie hauptsächlich einen organisatorischen Charakter besitzt. Dennoch kann die Präsidentschaft großen Einfluß auf den Ablauf der Verhandlungen und seine Aufgabenbereiche ausüben:[3] Erstens stellt er den Entwurf der Tagesordnungen für Sitzungen auf, zweitens leitet er die Sitzungen, und drittens faßt er das Ergebnis der Tagungen zusammen. Die Vorsitzführung in der gesamten Ratshierarchie bringt eine enorme Belastung mit sich, denn die Zahl der Tagungen ist im Laufe der Jahre exponentiell gestiegen.[4] Andererseits bieten die vielen Ebenen des Rates und die wachsende Zahl der Tagungen der Ratspräsidentschaft Wege, Einfluß auf die EU auszuüben. Der hohe Wirkungsgrad der Ratspräsidentschaft gründet sich u.a. darauf, daß die Entscheidungsfindung in der EU stärker als in nationalen Systemen auf den unteren Ebenen der Entscheidungshierarchie stattfindet.[5]

---

1 Vgl. Anlage II. Schlußfolgerungen des Vorsitzes. Europäischer Rat von Sevilla (21./22.06.2002).

2 SASSE (1977), S. 97. Vgl. auch MÄKI-LOHILUOMA (1999), S. 18.

3 Vgl. PINI (1999), S. 154.

4 Vgl. Abbildung 2-3.

5 Näheres zu den Entscheidungsstrukturen der EU siehe PETERSON (1995), S. 86.

Generalsekretariat des Rates

Die gesamte Ratshierarchie stützt sich auf das Generalsekretariat des Rates (vgl. Abbildung 2-2),[1] das explizit nur dem Rat der EU zur Unterstützung zur Verfügung steht.[2] De facto ist seine Hauptaufgabe jedoch, der Ratspräsidentschaft Hilfestellung auf allen Ebenen der Ratshierarchie zu leisten. Im Laufe der Jahre ist die Partnerschaft so eng geworden,[3] daß das Generalsekretariat des Rates als Sekretariat der Ratspräsidentschaft angesehen wird.[4] Der Vorsitz kann seine Aufgaben nicht mehr ohne die Assistenz des Sekretariats wahrnehmen. Die Funktion des Generalsekretariats auf allen Stufen der Ratshierarchie[5] gegenüber der Ratspräsidentschaft ist vor allem die Unterstützung bei der Gestaltung ihrer Arbeit (Logistik, Ausarbeitung des Zeitplans, Festlegung der Sitzungstermine, Einberufung der Sitzungen etc.), die Erstellung der Sitzungsprotokolle, die allgemeine Beratung sowie die inhaltliche Erarbeitung der Kompromißvorschläge der Ratspräsidentschaft.[6] Darüber hinaus nimmt der Juristische Dienst des Generalsekretariats des Rates zu Rechtsfragen Stellung, die während der Beratungen aufgeworfen werden. Die zentrale Stellung des Generalsekretariats des Rates und des Juristischen Dienstes für eine Ratspräsidentschaft wird auch durch die Sitzordnung des Rates verdeutlicht (vgl. Abbildung 2-4).

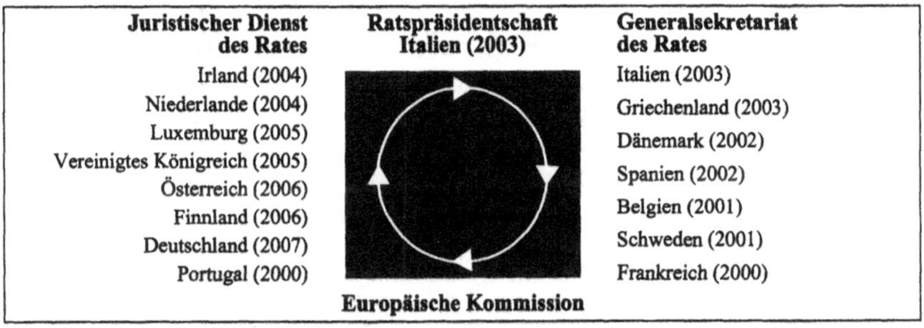

Abbildung 2-4: Sitzordnung des Rates der EU während der italienischen Ratspräsidentschaft 2003[7]

[1] Ausführlich zur Funktionsweise des Generalsekretariats des Rates siehe EGGER (1994); HAYES-RENSHAW/WALLACE (1997), S. 101 ff.; SHERRINGTON (2000), S. 49 ff.; WESTLAKE (1999), S. 312 ff.; WILLIS (1982).

[2] Vgl. Art. 207 Abs. 2 EGV (idF. vom 26.02.2001).

[3] Diese zunehmende Bedeutung und das sichtbarere politische Profil des Generalsekretariats des Rates hat insbesondere mit der Ernennung von Niels Ersbøll zum Generalsekretär im Jahre 1980 (bis 1994 im Amt) zu tun. Näheres dazu DINAN (1999), S. 244; GENERALSEKRETARIAT DES RATES DER EUROPÄISCHEN UNION (2002b), S. 47; HOSCHEIT (1988), S. 84; WERTS (1992), S. 91.

[4] Vgl. EGGER (1994), S. 246; HOSCHEIT (1988), S. 83 f.; MARCHER/WEIERMAIR (1998), S. 28; WALLACE (1985a), S. 12.

[5] Die im jeweiligen Vorsitzland stattfindenden informellen Ministerräte fallen jedoch nicht in die Kompetenz des Sekretariats. Die Organisation wird vom Vorsitz selbst übernommen. Vgl. GENERALSEKRETARIAT DES RATES DER EUROPÄISCHEN UNION (2002a), S. 37.

[6] Näheres zu den Funktionen siehe GENERALSEKRETARIAT DES RATES DER EUROPÄISCHEN UNION (2002a), S. 8 ff.

[7] In Anlehnung an HAYES-RENSHAW/WALLACE (1997), S. 38.

Für die rotierende Ratspräsidentschaft spielen die kumulativen Erfahrungen des Generalsekretariats eine besondere Rolle, da die Vorsitzführung Wissen über die Entscheidungsfindungsmechanismen der EU und über die einzelnen nationalen Standpunkte verlangt.[1] Das Generalsekretariat des Rates als eine permanente Instanz in der Ratshierarchie bietet dem Vorsitz sein Know-how und seine Erfahrungen an.[2] Insbesondere die Note au Président[3] des Generalsekretariats für jeden einzelnen Punkt auf der Tagesordnung des AStV und des Rates ist für den Output der Sitzungen von entscheidender Bedeutung.[4] Angesichts des alle sechs Monate rotierenden Ratsvorsitzes trägt das Generalsekretariat des Rates insbesondere zur Bildung einer institutionellen Identität, Kontinuität und Stabilität des Rates bei.[5] Der dritte Teil des Handbuchs für den Rat formuliert:

> „Jeder Vorsitz setzt bei der Behandlung der Dossiers bestimmte Akzente. Er fügt sich natürlich in einem kontinuierlichen Prozess ein, wenn er das Amt von dem vorhergehenden Vorsitzland übernimmt und es an das nächste Vorsitzland weitergibt. Ansonsten werden alle Delegationen mit unvorhersehbaren Tagesereignissen konfrontiert. Da es sich beim Generalsekretariat um eine ständige Einrichtung handelt und es mit allen laufenden Dossiers vertraut ist, ist es eine feste Stütze der Delegationen und vor allem des Vorsitzes, für den es gewissermaßen als Gedächtnis fungiert. So sind die A-Beamten - als „Verfasser" bzw. „Sitzungssekretäre" - in der Lage, bei der Suche nach Lösungen und bei der Ausarbeitung von Kompromissen, die ja das tägliche Brot des Rates sind, behilflich zu sein."[6]

Die Handhabung des Generalsekretariats des Rates sowie die zugrundeliegende Motivation des Vorsitzlandes[7] ist zwischen den EU-Mitgliedern unterschiedlich.[8] Speziell bei der Einarbeitung der neuen Ratspräsidenten spielt das Sekretariat eine bedeutende Rolle.[9] Eine reibungslose Zusammenarbeit zwischen dem Vorsitz und dem Generalsekretariat wird als ein Indikator für den Erfolg einer Ratspräsidentschaft angesehen.[10] Eine entscheidende Voraussetzung seitens des Generalsekretariats des

---

1 Vgl. KIRCHNER (1992), S. 77.

2 Vgl. EGGER (1994), S. 259.

3 Sie beinhaltet allgemeine Informationen für den Ratspräsidenten: Hintergründe, Rechtsgrundlagen, die Frage nach dem Ziel der Verhandlungen, welche Abstimmungsprozedur verwendet werden sollte etc. Manchmal werden sogar konkrete Vorschläge unterbreitet, wie ein erwünschtes Resultat am besten zu erreichen ist. Vgl. HAYES-RENSHAW/WALLACE (1997), S. 122.

4 Manchmal tendieren die Vorsitze dazu - wie die Präsidentschaft Österreichs 1998 -, diese zu modifizieren. Dies kann die Verhandlungsergebnisse negativ beeinflussen. Vgl. STEIN (2000), S. 60. Näheres über dieses Problem Österreichs mit dem Generalsekretariat siehe LANG (2002), S. 214.

5 „Das Generalsekretariat des Rates ist im Karussell der ständig wechselnden Vorsitze ein ruhender Pol, in dem Erfahrungen und Know-how zusammenfließen, die sich die Präsidentschaft zunutze machen kann." MARCHER/WEIERMAIR (1998), S. 11.

6 GENERALSEKRETARIAT DES RATES DER EUROPÄISCHEN UNION (2002c), S. 7.

7 Vgl. 2.4.1.

8 In den Anfängen der Gemeinschaft beanspruchten hauptsächlich nur kleine Mitgliedstaaten das Generalsekretariat. Vgl. HOSCHEIT (1984), S. 29. Vor allem Großbritannien war dafür bis in die 90er Jahren bekannt, daß es weitaus weniger als andere Mitgliedstaaten die Hilfe des Ratssekretariats in Anspruch nahm. Vgl. EDWARDS/LUND (1993), S. 65; LUDLOW (1993), S. 253. Auch die deutsche Vorsitzführung war bis zur Regierung Schröder dadurch gekennzeichnet. Vgl. WURZEL (2000), S. 25. Nach dem Regierungswechsel sowohl in Großbritannien (1998) als auch in Deutschland (1999) hat sich die Beziehung gegenüber dem Generalsekretariat weitgehend normalisiert. Vgl. WURZEL (2001), S. 8.

9 Vgl. LUIF (1999c), S. 15.

10 Vgl. EGGER (1994), S. 255; VORNBÄUMEN (1985), S. 43 f.; WALLACE (1985b), S. 273; WESTLAKE (1999), S. 50.

Rates für eine produktive Kooperation ist, daß der vorsitzende Mitgliedstaat offen gegenüber der von ihm angebotenen Assistenz ist.[1]

Das Generalsekretariat gliedert sich in zehn Generaldirektionen sowie den Juristischen Dienst und wird vom Generalsekretär geleitet.[2] Seit Inkrafttreten des Amsterdamer Vertrages hat der Generalsekretär des Rates als Hoher Vertreter für die GASP auch eine politische Funktion inne. Die organisatorische Leitung der Ratsarbeit wird seitdem vom stellvertretenden Generalsekretär übernommen.[3] Diese Lösung wird kritisiert:

> „The High Representative has got off to a flying start. He has however done so as High Representative, with little time, and possibly little inclination, to devote himself to his duties as Secretary General. It is nevertheless increasingly obvious that the Union needs a Secretary General. There are in other words two top-level functions that are different and need to be differentiated."[4]

Die Fusion hat die Koordination der einzelnen Räte erschwert.[5] Darüber hinaus hat das integrierte Amt die interne Kohärenz im Sekretariat reduziert[6] und die Kooperation mit dem Vorsitz negativ beeinflußt.

Durch die Zunahme der Ratstätigkeiten ist der Anteil von technischen Dossiers gestiegen. In diesen spezifizierten Arbeitsbereichen des Rates ist die Präsidentschaft immer stärker abhängig von den kumulativen Know-hows und speziellen Fachwissen des Generalsekretariats.[7] Deshalb wurde auf der Tagung des Europäischen Rates von Sevilla im Juni 2002 beschlossen, in fünf Arbeitsgruppen die Vorsitzführung von einem Mitglied des Generalsekretariats des Rates wahrnehmen zu lassen.[8] Ein weiterer Grund für die immer wichtigere Stellung des Generalsekretariats des Rates ist die in Maastricht geschaffene Säulenstruktur.[9] Die Ratspräsidentschaft hat in einigen Bereichen von der Kommission die Aufgabe der Kompromißbildung in enger Kooperation mit dem Generalsekretariat des Rates übernommen und trägt dafür die politische Verantwortung.[10] Dabei ist das Generalsekretariat für die Vorbereitung der Kompromisse zuständig.[11]

Die Bedeutung des Generalsekretariats für den Vorsitz wird mit steigender Zahl von Mitgliedstaaten zunehmen. Dies begründet sich in der Möglichkeit des Sekretariats, durch seine ständige Präsenz zur Kontinuität der Ratstätigkeiten beizutragen sowie die Know-how- und Kapazitätsproblematik der kleinen Staaten als Ratspräsidenten abzuschwächen.[12]

Aus der Darstellung der institutionellen Stellung der Ratspräsidentschaft ist deutlich geworden, daß der Vorsitz ein weites Aufgabenspektrum in der gesamten Rats-

---

1 Vgl. EGGER (1994), S. 258; HAYES-RENSHAW/WALLACE (1997), S. 130.

2 Vgl. GENERALSEKRETARIAT DES RATES DER EUROPÄISCHEN UNION (2002c), S. 8 ff.

3 Vgl. Art. 207 Abs. 2 EGV (idF. vom 26.02.2001).

4 LUDLOW (2001), S. 18.

5 Vgl. MAGNETTE/NICOLAIDIS (2003), S. 32.

6 Vgl. CHRISTIANSEN (2001), S. 758.

7 Vgl. HAYES-RENSHAW/WALLACE (1997), S. 133.

8 Vgl. Anlage II. Schlußfolgerungen des Vorsitzes. Europäischer Rat von Sevilla (21./22.06.2002).

9 Vgl. CHRISTIANSEN (2001), S. 755.

10 Vgl. SVENSSON (2000c), S. 19.

11 Einige Quellen stellen fest, daß sogar 90% von den Kompromissen des Vorsitzes durch das Generalsekretariat des Rates ausgearbeitet werden. Vgl. SHERRINGTON (2000), S. 51.

12 Vgl. EGGER (1994), S. 30; KIRCHNER/TSAGKARI (1993b), S. 54.

hierarchie auszufüllen hat. Im folgenden werden die einzelnen gegenwärtigen Funktionen der Ratspräsidentschaft erläutert.

2.3 Gegenwärtige Funktionen der Ratspräsidentschaft

Die gegenwärtigen Funktionen der Ratspräsidentschaft ergeben sich aus den gesamten Rechtsgrundlagen und der aktuellen institutionellen Stellung des Vorsitzes. Der erste Teil des Handbuchs für den Rat verdeutlicht dies: „Die allgemeine Funktion des Vorsitzes, die sich aus seinen Aufgaben ergibt, wird im Vertrag nicht beschrieben.“[1] Dies ermöglicht eine flexible Auslegung des Amtes und läßt den Mitgliedstaaten diverse Gestaltungsspielräume.[2] Eine Unterteilung der gegenwärtigen Funktionen der Ratspräsidentschaft ist wegen des nationalen Charakters eines Vorsitzhalbjahres problematisch. Ebenso erschwert die Komplexität der Funktionen in allen Tätigkeitsbereichen und auf allen Ebenen der Ratshierarchie eine Kategorisierung. Sie sind vielfältig und stehen in wechselseitigem Zusammenhang. Dementsprechend existiert in der Literatur keine einheitliche Klassifizierung der Funktionen.[3]

Die Darstellung der Funktionen in der vorliegenden Arbeit lehnt sich an die ursprüngliche Kategorisierung der Funktionen der Ratspräsidentschaft von Wallace und Edwards (1976)[4] sowie Edwards und Wallace (1978)[5] an, die durch Hayes-Renshaw und Wallace im Jahre 1997 aktualisiert worden ist.[6] Diese Kategorisierung wurde im

---

1 GENERALSEKRETARIAT DES RATES DER EUROPÄISCHEN UNION (1997), S. 3.

2 Vgl. DE ZWAAN (1995), S. 107.

3 Hummer und Obwexer beispielsweise fassen die Aufgaben in sechs Kategorien zusammen: 1) Management des Europäischen Rates und des Rates der EU, 2) Lancieren politischer Initiativen, 3) Aushandeln von Verhandlungspaketen, 4) Kontaktnahme mit anderen Gemeinschaftsorganen und -institutionen, 5) Außenvertretungsfunktion und 6) die Funktion der Präsidentschaft bei der Novellierung der Gründungsverträge. Vgl. HUMMER/OBWEXER (1999a), S. 431 f. Bengtsson, Kirchner, Mellbourn, Schallenberg und Thun-Hohenstein, Tallberg sowie Vornbäumen unterteilen die Funktionen der Ratspräsidentschaft in vier verschiedene Kategorien. Bengtsson: 1) administration, 2) leadership, 3) mediation und 4) representation. Vgl. BENGTSSON (2001a), S. 2. Kirchner: 1) administrative, 2) initiative, 3) co-ordination und 4) representational. Vgl. KIRCHNER (1992), S. 82. Mellbourn: 1) Administration und Koordination, 2) politisches Initiieren, 3) Vermittlung und 4) Repräsentation. Vgl. MELLBOURN (2000), S. 4. Schallenberg und Thun-Hohenstein: 1) Management des Rates, des Europäischen Rates und sämtlicher Instanzen auf Beamtenebene, 2) politische Führung, 3) Verantwortung für den Kontakt des Rates zu anderen Organen und Einrichtungen der EU und 4) Vertretung der Union nach außen. Vgl. SCHALLENBERG/THUN-HOHENSTEIN (1999), S. 11 ff. Tallberg: 1) Administration und Koordination, 2) Setzen von politischen Prioritäten, 3) Vermittlung und 4) Repräsentation. Vgl. TALLBERG (2001b), S. 13 f. Vornbäumen: 1) Administrativfunktion, 2) Initiativfunktion, 3) Koordinationsfunktion und 4) Vermittlerfunktion. Vgl. VORNBÄUMEN (1985), S. 33. De Zwaan und Henig kristallisieren lediglich drei Aktionsgebiete der Ratspräsidentschaft heraus. De Zwaan: 1) organizing work, 2) maintaining relations und 3) furthering solutions. Vgl. DE ZWAAN (1995), S. 107. Henig: 1) administrative, 2) representative und 3) political. Vgl. HENIG (1980), S. 29. Die Minimallösung sieht nur zwei Funktionskategorien des Vorsitzes vor. Siehe z.B. Marcher und Weiermair, Victor und Wessels. Marcher und Weiermair: 1) organisatorische Aufgaben und Vorbereitungen und 2) politischer Impetus. Vgl. MARCHER/WEIERMAIR (1998), S. 9. Victor: 1) technical functions und 2) political functions. Vgl. VICTOR (1999), S. 25. Wessels: 1) formal tasks und 2) political functions. Vgl. WESSELS (1998), S. 144 f.

4 Vgl. WALLACE/EDWARDS (1976), S. 537 ff.

5 Vgl. EDWARDS/WALLACE (1978), S. 33 ff.

6 Vgl. HAYES-RENSHAW/WALLACE (1997), S. 139 ff. Kujala bewertet diese Kategorisierung der Vorsitzfunktionen negativ, da sie die Wechselseitigkeit oder Widersprüchlichkeit der einzelnen Aufgaben nicht ausreichend berücksichtigt. Vgl. KUJALA (2000), S. 10 f.

Rahmen der vorliegenden Arbeit gewählt, da sie den größten Detaillierungsgrad besitzt und somit eine präzise Aufstellung eines funktionalen Anforderungskatalogs in Kapitel 3 ermöglicht. Die Unterteilung der Funktionen der Ratspräsidentschaft erfolgt in:

- Management im Rat,
- Management der Gemeinsamen Außen- und Sicherheitspolitik,
- Förderung politischer Initiativen,
- Mittlerfunktion,
- Kontaktaufnahme mit anderen Gemeinschaftsorganen und
- Außenvertretung.

Im folgenden werden diese sechs Funktionen der gegenwärtigen Ratspräsidentschaft beschrieben.

Management im Rat

Die Hauptfunktion der Ratspräsidentschaft besteht in der Vorsitzführung für die gesamte Ratshierarchie. Die Beschreibung der Stellung der Ratspräsidentschaft in der Ratshierarchie hat verdeutlicht, daß zu ihrem Aufgabenbereich nicht nur die Terminierung der Tagungen, sondern auch die Erstellung der Tagesordnungen und die konkrete Sitzungsleitung sowie die Bereitstellung der Infrastruktur - vor allem der Räumlichkeiten und Dolmetscher[1] - gehört. Die Ratspräsidentschaft wird durch das Generalsekretariat des Rates unterstützt, wobei die Intensität der Kooperation vom jeweiligen Mitgliedstaat abhängt.[2] Durch die erfolgreiche Ausübung der sitzungsvorbereitenden und -leitenden Aufgaben kann der Vorsitz zu einer Lösungsfindung im Rat beitragen.[3]

Zu den Möglichkeiten, durch den Vorsitz Einfluß auszuüben, gehören die Managementaufgaben der Ratspräsidentschaft. Die Sitzungsleitung als solche beinhaltet die wichtigsten Steuerungsmöglichkeiten innerhalb des administrativen Bereichs. Die Ratspräsidentschaft besitzt die Möglichkeit, Prioritäten zu setzen, Diskussionen in die gewünschte Richtung zu lenken und die Tagesordnung zu bestimmen.[4] Sie entscheidet, wie lange ein gewisses Thema behandelt wird, welche Methode oder Taktik für die Abhandlung verwendet wird und zu welcher Zeit über ein Thema abgestimmt werden soll.[5] Der Vorsitz kann durch die Terminierung der Tagungen den Output ebenfalls beeinflussen. Er hat außerdem die Möglichkeit, Tagungen über ein spezielles Thema im Einvernehmen mit den anderen Mitgliedstaaten einzuberufen.[6]

---

1 Der Gemeinsame Dolmetscher-Konferenzdienst (SCIC) steht der Ratspräsidentschaft zur Verfügung. Eine Ausnahme bilden die im vorsitzführenden Mitgliedstaat stattfindenden Treffen, da jede Ratspräsidentschaft das Personal beim SCIC mieten muß. Eine Hälfte der Kosten trägt die EU, die andere Hälfte muß die Ratspräsidentschaft selbst aufbringen. Vgl. KINNUNEN (2000), S. 45.

2 Genaueres über die Funktion des Generalsekretariats des Rates in 3.2.2.4.

3 Vgl. HAYES-RENSHAW/WALLACE (1997), S. 140.

4 Vgl. VORNBÄUMEN (1985), S. 34.

5 Vgl. ERSBØLL (1985), S. ix.

6 Vgl. 3.2.7.

Management der Gemeinsamen Außen- und Sicherheitspolitik

Das GASP-interne Management ist in hohem Maße abhängig von der Ratspräsidentschaft.[1] In Analogie zu den Managementaufgaben im Rat ist der Vorsitz im Bereich der GASP zuständig für die Terminierung aller Tagungen, die Erstellung der Tagesordnungen, die konkrete Sitzungsleitung sowie die Bereitstellung der Infrastruktur. Neben den formellen und informellen Treffen der Außenminister trägt der Vorsitz auch die Verantwortung für die Veranstaltung der Tagungen mit Drittstaaten.[2] Allein im Rahmen der Kooperations- und Assoziationsabkommen werden jährlich 40 bis 50 Treffen mit Drittstaaten organisiert.[3] Des weiteren gehört zu den Managementaufgaben die Verantwortung für die Durchführung aller GASP-Beschlüsse[4] und die Implementierung aller außenpolitischen Aktivitäten.[5] Diesen Aufgabenbereich beansprucht die Ratspräsidentschaft in zunehmendem Maße, denn der außenpolitische acquis der Union nimmt stetig zu.[6] Beispielsweise wurden im Jahre 2000 eine gemeinsame Strategie, 17 gemeinsame Standpunkte, elf gemeinsame Aktionen und 184 Erklärungen verabschiedet.[7] Zu acquis zählen zudem die Reden bei internationalen Organisationen und die diplomatischen Demarchen gegenüber den Regierungsvertretern von Nicht-EU-Staaten. Zur Kompetenz des Vorsitzes gehört weiterhin die Koordinierung der mitgliedstaatlichen Positionen bei internationalen Organisationen.[8] Die Informationen im außenpolitischen Bereich werden zwischen den Mitgliedstaaten durch das COREU-Telex-System zirkuliert, wobei die Präsidentschaft die Verantwortung für eine reibungslose Distribution trägt.[9]

Bei Managementaufgaben im Bereich der GASP wird die Präsidentschaft analog zur ersten und dritten Säule durch das Generalsekretariat des Rates unterstützt. In der Vergangenheit verfügte das Generalsekretariat jedoch nicht immer über die notwendige Expertise im Bereich der GASP.[10] Die in Amsterdam neu gegründete Einrichtung der Strategieplanungs- und Frühwarneinheit im Generalsekretariat des Rates trägt unter der Verantwortung des Hohen Vertreters für die GASP dazu bei, die GASP-Entwicklungen effektiver zu überwachen und zu analysieren. Zudem beschäftigt sich der EUMS innerhalb der Strukturen des Ratssekretariats mit der Frühwarnung, der

---

1 Vgl. REGELSBERGER (2002), S. 229. Das Aufgabenspektrum der GASP wurde durch die ESVP 1998 erweitert. Ausführlich zur Entwicklung der ESVP siehe ALGIERI (2001), S. 162 ff.

2 Beispielsweise die Europa-Mittelmeer-Konferenz von Barcelona. Vgl. GENERALSEKRETARIAT DES RATES DER EUROPÄISCHEN UNION (2002a), S. 48.

3 „Such meetings, often somewhat formal in tone, impose increasingly heavy burdens, particularly for the Presidency, which will have to shoulder increasing responsibilities in an enlarged Union. A similar problem arises in handling political dialogue under the CFSP." Trumpf-Piris-Report (10.03.1999).

4 Vgl. Art. 18 Abs. 2 EUV (idF. vom 26.02.2001).

5 Vgl. EVERTS (2002a), S. 42.

6 Vgl. HUMMER/OBWEXER (1999a), S. 433.

7 Vgl. REGELSBERGER (2002), S. 227.

8 Vgl. LANG (2002), S. 82.

9 Beispielsweise wurden 14.004 COREU-Mitteilungen zwischen den Mitgliedsländern während der österreichischen Ratspräsidentschaft 1998 zirkuliert. Vgl. LUIF (1999b), S. 54.

10 Vgl. HUMMER/OBWEXER (1999a), S. 433.

Lagebeurteilung und der strategischen Planung.[1] Darüber hinaus wird die Präsidentschaft durch die Troika unterstützt.[2]

Förderung politischer Initiativen

Eine weitere Funktion der Ratspräsidentschaft ist die Förderung politischer Initiativen. Die Ratspräsidentschaft bereitet ein eigenes Arbeitsprogramm für den sechsmonatigen Vorsitz vor.[3] Der Themenkatalog kann nur begrenzt beeinflußt werden, da die meisten Themen bereits vorgegeben sind. Die Reichweite dieser Funktion unterscheidet zwischen den intergouvernementalen und supranationalen Politikbereichen der Union. Innerhalb der ersten Säule wird die Ausübung der Initiativfunktion durch die herausragende Stellung der Kommission in hohem Maße beschränkt.[4] In der zweiten und dritten Säule sowie bei der Organisation des Europäischen Rates unterliegt der Spielraum des Vorsitzes weniger Einschränkungen. Darüber hinaus steht es der Ratspräsidentschaft bei Treffen und Konferenzen, die im Vorsitzland stattfinden, relativ frei, neue Themen aufzugreifen. Die in Sevilla eingeführten Reformen zur Erhöhung der Kontinuität der Ratstätigkeiten begrenzen den mitgliedstaatlichen Spielraum und betten die Ratspräsidentschaft stärker in das Institutionengefüge ein.

Unter einer politischen Initiative wird normalerweise eine Neueröffnung eines Dossiers verstanden. Im Rahmen der Ratspräsidentschaft kommen diesem Begriff aber weitere Bedeutungen zu. Edwards und Wallace unterscheiden vier Arten von Initiativen: Die Ankündigung, daß ein neues Thema zur Diskussion gestellt wird, die erneute Inangriffnahme eines bereits verhandelten Problems, die verfahrensmäßige Erneuerung und die Durchsetzung eines bestimmten nationalen Interesses in einem spezifischen Vorhaben.[5] Auch Tallberg plädiert für eine mehrdimensionale Interpretation der Einflußmöglichkeiten eines Vorsitzes. Tallberg kommt zu dem Ergebnis, daß „existing literature operates with a narrow understanding of agenda shaping, which causes it to underestimate the Presidency's means to influence EU policy."[6] Tallberg kategorisiert die Einflußmöglichkeiten eines Vorsitzes auf die Agenda neben der traditionellen Einführung von neuen Dossiers (agenda setting) in unterschiedliche Akzentuierungen der diversen Dossiers auf der EU-Agenda (agenda structuring) sowie in aktive Ausschließung von unerwünschten Punkten von dem Arbeitsprogramm (agenda exclusion).[7]

Mittlerfunktion

Die Mittlerfunktion wird in der EU durch die Kommission, durch die Ratspräsidentschaft mit Hilfe des Generalsekretariats des Rates oder durch die Kommission und Ratspräsidentschaft gemeinsam ausgeübt.[8] In den letzten Jahren zeichnete sich jedoch die Tendenz ab, daß die Rolle des Mittlers immer stärker durch die Ratspräsident-

---

1 Vgl. ALGIERI (2001), S. 171.

2 Vgl. Art. 18 Abs. 3 EUV (idF. vom 26.02.2001).

3 Vgl. 2.4.1.

4 Vgl. Art. 211 EGV (idF. vom 26.02.2001). Vgl. auch 2.2.1.

5 Vgl. EDWARDS/WALLACE (1978), S. 53.

6 TALLBERG (2001a), S. 2.

7 Vgl. TALLBERG (2001a), S. 7. Vgl. auch 3.2.7.

8 Vgl. UNGERER (1998), S. 306.

schaft wahrgenommen wurde.[1] Die Aufgabe der Ratspräsidentschaft als Mittler ist, eine Einigung auf allen Ebenen der Ratshierarchie zu fördern. Sie soll eine Synthese aus den diversen mitgliedstaatlichen Standpunkten herbeiführen.[2] Definitionsgemäß ist der Vorsitz zu Neutralität und Unparteilichkeit verpflichtet.[3] Er darf sich somit weder für seine eigenen Präferenzen noch die eines bestimmten Mitgliedstaates einsetzen. Eine erfolgreiche Kompromißfindung kann durch das Prinzip présidence oblige erreicht werden, welches eine Aufopferung der Interessen der Ratspräsidentschaft vorsieht, um die anderen Mitgliedstaaten zu einer ähnlich gemeinschaftlichen Tat zu bewegen.[4]

Die Voraussetzung für die Vermittlungstätigkeit ist, daß der Ratspräsident mit den einzelnen nationalen Ausgangspunkten vertraut ist.[5] Dies erfordert gut vorbereitete Vorsitzende auf allen Ebenen der Ratshierarchie, die über das Verhandlungs-Know-how verfügen und die gruppendynamischen Prozesse steuern können. In der Praxis haben sich verschiedene Methoden herauskristallisiert, um die Kompromißbereitschaft der Mitgliedstaaten zu erhöhen:[6] Tour de table,[7] Sitzungsunterbrechungen,[8] Beichtstuhlverfahren,[9] Lunch,[10] Marathon-Sitzungen,[11] Jumbo-Räte,[12] Papers und Non-papers[13] sowie Package-deals.[14]

Kontaktaufnahme mit anderen Gemeinschaftsorganen

Die Ratspräsidentschaft nimmt während ihrer Amtszeit bestimmte Kontaktaufgaben mit dem Ziel wahr, die Beziehungen des Rates zu den anderen Organen der EU zu erleichtern.[15] Die wichtigsten Kommunikationspartner des Vorsitzes sind die Kommission und das Europäische Parlament.[16] Allerdings hat der Vorsitz gegenüber der

[1] Vgl. GEURTS (1998), S. 61; HAYES-RENSHAW/WALLACE (1997), S. 147.

[2] Vgl. SABSOUB (1992), S. 9.

[3] Vgl. GENERALSEKRETARIAT DES RATES DER EUROPÄISCHEN UNION (2002a), S. 5.

[4] Vgl. METCALFE (1998), S. 417; WESSELS (1992), S. 21.

[5] Vgl. LAFFAN (2000), S. 4; TIILIKAINEN (2000c), S. 9.

[6] Genaueres zu den verschiedenen Verfahren siehe WESTLAKE (1999), S. 114 ff.

[7] Bei einer tour de table ist jede Delegation aufgerufen, ihre Position zum vorliegenden Dossier bekanntzugeben.

[8] Eine Sitzung kann zu jeder Zeit von der Präsidentschaft unterbrochen werden.

[9] Mit diesem Verfahren wird versucht, die divergierenden nationalen Standpunkte durch bilaterale, streng vertrauliche Gespräche zwischen den zögernden Delegationen oder Ministern und dem Ratspräsidenten während einer Tagung zu klären.

[10] Der Vorsitz erstellt eine Themenliste für die Verhandlungen während eines Arbeitsessens.

[11] Diese Methode soll eine Lösung durch sehr lang andauernde Sitzungen erzwingen.

[12] Mehrere Fachministerräte tagen zur besseren Koordinierung gemeinsam.

[13] Ein Paper ist eine informelle Diskussionsgrundlage ohne einen offiziellen Status. Das Non-paper existiert offiziell nicht. Es enthält neue Ideen oder Kompromißvorschläge.

[14] Die Package-deals werden vom Ratspräsidenten ausgenutzt, um Fortschritte in der EU-Politik zu erzielen. In einer Paketlösung werden die Forderungen und Konzessionen der Mitgliedstaaten aus mehreren Politikbereichen gegenseitig verrechnet. Durch eine solche Paketlösung wird ermöglicht, eine Einigung in Angelegenheiten zu finden, bei denen ursprünglich kein politisches Übereinkommen vorhanden war. Vgl. FALKNER (1994), S. 242, 248.

[15] Vgl. GENERALSEKRETARIAT DES RATES DER EUROPÄISCHEN UNION (2002a), S. 39.

[16] Mit den übrigen EU-Organen und auch mit einigen -Institutionen findet hin und wieder ein unverbindlicher Gedankenaustausch statt. Vgl. GENERALSEKRETARIAT DES RATES DER EUROPÄISCHEN UNION (2002a), S. 42 f.

Kommission keine formellen Verpflichtungen, in praxi haben sich aber Pflichten herausgebildet.[1] Im Gegensatz dazu schreiben die Verträge der Ratspräsidentschaft Informationspflichten in den Bereichen GASP und PJZS gegenüber dem Europäischen Parlament vor.[2]

Der Ratspräsident nimmt in der Phase der Vorbereitung des Vorsitzes Kontakt mit der Kommission auf, da er in der Zusammensetzung seines Arbeitsprogramms das Programm der Kommission berücksichtigen soll. Als sichtbarer Ausdruck für diese enge Kooperation treffen sich die Mitglieder der Regierung des vorsitzführenden Mitgliedstaates mit den Mitgliedern der Kommission zu einer gemeinsamen Arbeitssitzung zu Beginn jeder Ratspräsidentschaft.[3] In dieser Sitzung wird über die Ziele der Ratspräsidentschaft und die erdachten Methoden gesprochen. Während der Ratspräsidentschaft finden zudem regelmäßige Diskussionen mit der Kommission statt.[4] Außerdem ist der Kommissionspräsident bei den Sitzungen des Europäischen Rates anwesend, und die jeweiligen zuständigen Kommissionsmitglieder sind zur Teilnahme an den formellen und informellen Tagungen des Rates eingeladen.[5]

Es obliegt dem Vorsitz, den Kontakt des Ministerrates mit dem Europäischen Parlament aufrechtzuerhalten. Die Kontaktaufnahme beginnt schon vor dem Amtsantritt der Ratspräsidentschaft, da die Ziele des Vorsitzes im voraus mit dem Europäischen Parlament erörtert werden. Zu Beginn wird das Arbeitsprogramm präsentiert und am Ende eine Bilanz vor dem Parlament gezogen.[6] Während der Ratspräsidentschaft wird das Europäische Parlament regelmäßig über den Verlauf des Vorsitzes informiert.[7] Darüber hinaus ist der Vorsitz verpflichtet, nach jeder Tagung des Europäischen Rates dem Europäischen Parlament Bericht zu erstatten und einen jährlichen Bericht über die Fortschritte der Union vorzulegen.[8] In den sowohl informellen als auch formellen Tagungen des Europäischen Rates hat der Präsident des Europäischen Parlaments die Möglichkeit, Stellung zu den Hauptthemen zu nehmen.[9] Der Vorsitz trifft sich zudem mit den Präsidenten der Kommission und des Europäischen Parlaments auf wöchentlicher Basis im Trilog.[10] Eine Sonderrolle kommt der Ratspräsidentschaft in ihrer Beziehung zum Europäischen Parlament in der möglichen Berufung des Vermittlungsausschusses hinsichtlich des Mitentscheidungsverfahrens zu.[11]

---

1 Vgl. GENERALSEKRETARIAT DES RATES DER EUROPÄISCHEN UNION (2002a), S. 42.

2 Vgl. Art. 21 Satz 1 und Art. 39 Abs. 2 EUV (idF. vom 26.02.2001).

3 Diese Praxis geht auf die irische Ratspräsidentschaft von 1975 zurück. Sie berief eine Sitzung mit allen Kommissionsmitgliedern zu Beginn ihrer Präsidentschaft ein, um ihre Vorhaben für die kommenden sechs Monate zu diskutieren. Vgl. EDWARDS/WALLACE (1978), S. 63.

4 Vgl. HUMMER/OBWEXER (1999), S. 437.

5 Vgl. HUBER (1998), S. 10.

6 Vgl. WESTLAKE (1999), S. 42.

7 Genauer zu den vielfältigen Möglichkeiten der Ratspräsidentschaft, den Kontakt mit dem Europäischen Parlament aufrechtzuerhalten, siehe GENERALSEKRETARIAT DES RATES DER EUROPÄISCHEN UNION (2002a), S. 39 f.

8 Vgl. Art. 4 Satz 3 EUV (idF. vom 26.02.2001).

9 Vgl. HUMMER/OBWEXER (1999), S. 439.

10 Näheres über den Trilog siehe GENERALSEKRETARIAT DES RATES DER EUROPÄISCHEN UNION (2002a), S. 41; HUMMER/OBWEXER (1999), S. 418; WESTLAKE (1999), S. 44 f.

11 Vgl. Art. 251 Abs. 3 EGV (idF. vom 26.02.2001). Hierzu ausführlich GENERALSEKRETARIAT DES RATES DER EUROPÄISCHEN UNION (2002d).

Außenvertretung

Dem Vorsitz obliegt eine Vielzahl von Aufgaben zur Außenvertretung der EU. Er agiert als Sprecher der Mitgliedstaaten und vertritt den Rat in dessen Verhältnis zu Drittstaaten und internationalen Organisationen. Er hat auch die Außenkontakte im Rahmen der institutionalisierten Außenbeziehungen, wie die Assoziierungs- und Kooperationsabkommen und die Europa-Konferenz, wahrzunehmen.[1]

Die Außenvertretung der Europäischen Union ist komplex, denn sie wird zum einen durch die Kommission, zum anderen durch die Ratspräsidentschaft oder von beiden gemeinsam ausgeübt.[2] In der ersten Säule tritt die Kommission hauptsächlich alleine für die EG und ihre Mitgliedstaaten als Sprecherin auf.[3] Eine Ausnahme bilden die sogenannten gemischten Abkommen, in denen nach der Formel von Rom vorgegangen wird. Diese Regelung sieht vor, daß der Vorsitz ermächtigt ist, die Position der Kommission im Namen der Mitgliedstaaten zu ergänzen.[4] In der zweiten und dritten Säule der EU ist der Vorsitz verantwortlich für die Vertretung der Union nach außen, dabei agiert die Ratspräsidentschaft als Summe der gemeinsam handelnden Mitgliedstaaten.[5] Die Ratspräsidentschaft wird bei der Außenvertretung vom Hohen Vertreter für die GASP, von der Kommission und gegebenenfalls von dem Mitgliedstaat, der den nachfolgenden Vorsitz führt, unterstützt.[6]

Wegen der Komplexität der Außenvertretung, der alle sechs Monate rotierenden Präsidentschaft und trotz der Einführung des in Amsterdam neu geschaffenen Amtes des Hohen Vertreters für die GASP fehlt ein gemeinsames Gesicht gegenüber den Drittstaaten. Eine kontinuierliche, auf Personen bezogene Präsenz auf der internationalen Bühne ist ein fundamentaler Bestandteil einer glaubwürdigen Außenpolitik.[7] Der frühere Außenminister Italiens und heutige Parlamentsvertreter im Europäischen Konvent Dini äußert sich kritisch über die EU-Außenvertretung:

> „A foreign policy having the necessary clarity and authority can be achieved only by reducing the number of voices with which the Union speaks. Personal relationships built up over time, ties of affinity and trust, are an important component of foreign policy. At present the spokesmen for Europe on the international stage include the President of the Council of the day, the President of the Commission, the High Representative and the Commissioner for External Relations. Foreign chancelleries, which already find it hard to credit the representatives of the Union with a role, accustomed as they are to dealing with the often long-standing and distinguished diplomatic corps of the member states, are bewildered by the kaleidoscope of European faces with which they come into contact."[8]

Insgesamt kann festgehalten werden, daß die aktuelle Ratspräsidentschaft sechs Funktionen umfaßt, deren Wahrnehmung jedoch von den Rahmenbedingungen der jeweiligen Vorsitzperiode beeinflußt wird. Im folgenden werden diese Determinanten zur Durchführung der Ratspräsidentschaft näher erläutert.

---

1 Vgl. HUMMER/OBWEXER (1999), S. 441 f.

2 Vgl. HUMMER/OBWEXER (1999), S. 439 f.

3 Vgl. LANG (2002), S. 81.

4 Näheres zur Formel von Rom EDWARDS/WALLACE (1978), S. 68.

5 Vgl. LANG (2002), S. 81.

6 Vgl. Art. 18 EUV (idF. vom 26.02.2001).

7 Vgl. 3.3.6.

8 DINI (CONV 387/02).

2.4 Determinanten zur Durchführung der Ratspräsidentschaft

Die Rahmenbedingungen haben einen wesentlichen Einfluß auf die Durchführung einer Ratspräsidentschaft. In diesem Abschnitt werden die dem Ablauf einer Ratspräsidentschaft förderlichen und abträglichen Faktoren identifiziert und beschrieben. Die Determinanten zur Durchführung der Ratspräsidentschaft lassen sich unterteilen in:

- Ratspräsidentschaftsstaatsspezifische Faktoren,
- EU-interne Faktoren und
- EU-externe Faktoren.[1]

2.4.1 Ratspräsidentschaftsstaatsspezifische Faktoren

Die politischen Führungstheorien belegen, daß ein Amt stark durch seinen Träger, in diesem Fall den vorsitzenden Mitgliedstaat, geprägt wird.[2] Die Wahrnehmung der Ratspräsidentschaft ist ein Spiegelbild des politischen Alltags eines EU-Mitglieds.

> „Durch die Beleuchtung der Art und Weise, wie die verschiedenen Mitgliedsregierungen dieses Amt ausüben, kann man die Grundzüge ihrer Gesamtpolitik in Hinblick auf ihre Bereitschaft zur Mitarbeit in der Gemeinschaft erkennen sowie die Zwänge und Einflüsse identifizieren, die sich aus der innenpolitischen Situation ergeben."[3]

Zu den ratspräsidentschaftsstaatsspezifischen Faktoren zählen die politischen Rahmenbedingungen im Vorsitzland, der Vorbereitungsprozeß, die Durchführungsphase und die Größe des vorsitzenden Mitgliedstaats.

Politische Rahmenbedingungen

Die politischen Rahmenbedingungen im Vorsitzland bestimmen die Voraussetzungen für die Durchführung der Ratspräsidentschaft grundlegend, denn „it is unrealistic to expect governments to act out of character for the six months duration of the Presidency."[4] Sie basieren auf den Einstellungen zur europäischen Integration, konstitutionell-administrativen Voraussetzungen und der Stabilität des europapolitischen Handelns.

Die Einstellungen zur europäischen Integration sind ausschlaggebend, welchen Stellenwert die Ratspräsidentschaft innerhalb der Europapolitik eines Staates einnimmt.[5] Die Bedeutung der Ratspräsidentschaft für einen Mitgliedstaat wird dadurch ersichtlich, inwiefern auf eine erfolgreiche Durchführung des Vorsitzes fokussiert wird.[6] Die hohe Priorisierung des Vorsitzes auf der innenpolitischen Agenda eines Mitgliedstaates wird als ein Vorteil des rotierenden Ratspräsidentschaftssystems angesehen, denn „each national leader is usually eager to make "his" or "her" Presidency

---

1 Ähnlich argumentieren ISAK (1999), S. 43; SCHMUCK (1993), S. 10.

2 Vgl. BLONDEL (1987), S. 5.

3 EDWARDS/WALLACE (1978), S. 13. Vgl. auch KOPEINIG (1998), S. 16; VICTOR (1999), S. 62; WALLACE (1984a), S. 7.

4 WALLACE (1985b), S. 272.

5 Vgl. LANG (2002), S. 86; MARCHER/WEIERMAIR (1998), S. 18; TALLBERG (2001b), S. 24 f.; VORNBÄUMEN (1985), S. 40.

6 Vgl. BROWN (2000), S. 44 f.; HUMPREYS (1997), S. 15.

memorable for its achievements."[1] Die Einstellungen zur europäischen Integration definieren zudem, in welchem Ausmaß eine Regierung bereit ist, die gemeinsamen europäischen Ziele durch den Vorsitz zu unterstützen.[2] Die von Schweden, welches der europäischen Integration eher skeptisch gegenübersteht, ausgesuchten Prioritäten für seine erste Ratspräsidentschaft 2001 verdeutlichen diese Erkenntnis:

„The program for Sweden's presidency is also interesting as to what issues are left out or given lower priority. Of particular note is the absence of any committed plea for institutional reform (...). (...) Silence is frequently an implicit argument for the status quo and there is no doubt that the Swedish government is sceptical of any idea of creating a constitutional federal framework for the European Union."[3]

Eine europapolitische Mainstream-Doktrin[4] ist für die Vorbereitung und Durchführung einer Ratspräsidentschaft von besonderer Bedeutung, denn sie erlaubt ein gemeinschaftliches Handeln, von dem eine effektive Vorsitzführung lebt. Auch die Teilnahme an allen Integrationsprojekten fördert die Vorsitzführung.[5] Dies gewinnt bei zunehmender Flexibilisierung der Integration für die Regelung der Vorsitzführung an Relevanz. Die Bürger üben einen wesentlichen Einfluß auf die Einstellung zur europäischen Integration ihrer Regierung aus. Die Zustimmung der Bürger zur EU ist eine immer wichtigere Voraussetzung für die weiteren Integrationsfortschritte und determiniert somit auch die mitgliedstaatliche Bereitschaft, während des Vorsitzes gemeinschaftlich zu handeln.

„The state of the public debate on European integration has significant effects on the government's conduct of the Presidency. The government's perception of which course of action can except broad support from the voters affects its style and content of management: Widespread commitment to the goals of integration may raise the degree to which a Presidency is prepared to pursue Community objectives."[6]

Die konstitutionell-administrativen Voraussetzungen legen neben der Einstellung zur europäischen Integration fest, inwieweit es für eine Regierung möglich ist, Ressourcen und politischen Ehrgeiz der Ratspräsidentschaft zu widmen. Brown argumentiert, daß die internen politischen Arrangements des Vorsitzstaates möglicherweise einen größeren Einfluß auf den Erfolg der Präsidentschaft als seine vorhandenen Kapazitäten an Ressourcen haben.[7] Ein zentralistischer Mitgliedstaat mit einer Einparteienregierung - wie etwa Großbritannien[8] - hat einen wesentlich niedrigeren Koordinationsaufwand als z.B. Deutschland[9] und Österreich,[10] die beide föderal strukturierte Staaten mit ausgeprägtem ministeriellem Ressortprinzip sind.[11]

---

1 LISTER (1996), S. 93.

2 Vgl. KIRCHNER (1992), S. 84.

3 PETERSON (2000), S. 1. Vgl. auch BJURULF (2001), S. 18; GIERING (2001e), S. 1; RUIN (2002), S. 145 ff; TALLBERG (2001c), S. 226 f.

4 Die Mainstream-Politik kann erstens die ständige Verbundenheit zu den Kernländern der EU bedeuten (Landbestimmtheit). Zweitens kann damit die Ausübung einer gemeinschaftlichen Politik gemeint sein (Sachbestimmtheit). Vgl. REHN (1998), S. 76 f.

5 Vgl. TIILIKAINEN (2000a), S. 47 f.

6 VICTOR (1999), S. 68.

7 Vgl. BROWN (2000), S. 44.

8 Zu den konstitutionell-administrativen Vorteilen Großbritanniens siehe ELGSTRÖM (2000), S. 81.

9 Vgl. LANG (2002), S. 86; STEIN (2000), S. 64.

10 Näheres zu den Koordinationsproblemen der ersten österreichischen Ratspräsidentschaft im Jahre 1998 siehe SCHALLENBERG/THUN-HOHENSTEIN (1999), S. 113; STEIN (2000), S. 63 f.; THUN-HOHENSTEIN (1999), S. 16.

11 Vgl. BROWN (2000), S. 42.

Der dritte Aspekt der politischen Rahmenbedingungen, die Stabilität des europapolitischen Handelns, ist unmittelbar abhängig von der innenpolitischen Lage des vorsitzenden Mitgliedstaates. Das gemeinschaftliche Handeln während eines Vorsitzes kann durch nationale Wahlen oder Referenden, innenpolitische Instabilitäten sowie regierungsinterne Schwierigkeiten behindert werden.[1] Der Vorsitzführung ist ein parteiübergreifender innenpolitischer Konsens hinsichtlich der EU förderlich. Aus diesem Grund wird in zahlreichen Mitgliedstaaten ein nationaler Waffenstillstand zwischen Regierung und Opposition für den Zeitraum des Vorsitzes im Rat beschlossen.[2] Falls das nationale Parlament eine zentrale Rolle in der EU-Politik, wie etwa in Dänemark oder Finnland, spielt, ist dieser allgemeine Konsens noch wichtiger für eine erfolgreiche Vorbereitung, Durchführung und Nachbereitung der Ratspräsidentschaft.[3]

Die politischen Rahmenbedingungen determinieren sowohl die Art und Weise als auch welche Priorität die Ratspräsidentschaft in der Gesamtpolitik eines Mitgliedstaats bekommt. Darauf basierend bestimmen sie, wie der Vorsitz vorbereitet und durchgeführt wird.

Vorbereitungsprozeß

Die Ratspräsidentschaft ist ohne gründliche Vorbereitung nicht zu bewältigen. Eine intensive Vorlaufzeit von mehr als einem Jahr ist auch für die routinierten und größeren Mitgliedstaaten nicht ungewöhnlich.[4] Die Hauptursache für die Verlängerung der Vorbereitungszeit ist die qualitative und quantitative Zunahme der Integrationsmaterie.[5] Die alten Mitgliedstaaten haben den Vorteil, daß sie bereits Erfahrung mit der EG/EU und insbesondere hinsichtlich des Vorsitzes gesammelt haben.[6] Vornbäumen stellt fest: „Vertrautheit, Erfahrung und Kenntnisstand über die Möglichkeiten einer Präsidentschaftsperiode sind Grundvoraussetzungen für eine effektive, zielorientierte Anwendung des Instruments."[7] Die neuen Mitgliedstaaten versuchen, die fehlende Erfahrung durch intensive und gewissenhafte Vorbereitung zu kompensieren.[8] Es können drei Arten von Vorbereitungsmaßnahmen unterschieden werden: technisch-organisatorische Vorbereitung, inhaltliche Vorbereitung und Verbesserung der individuellen Qualifikationen der Mitwirkenden.

Die Durchführung einer Ratspräsidentschaft erfordert innerstaatliche Strukturen und Mechanismen, die eine klare Aufgabenteilung zwischen den verschiedenen Akteuren auf nationaler und EU-Ebene gewährleisten können. Folgende Vorgehensweisen können für die technisch-organisatorische Vorbereitung der Ratspräsidentschafts-

---

1 Vgl. 3.2.3.

2 Vgl. 3.2.3.

3 Vgl. MÄKI-LOHILUOMA (1999), S. 47; RAUNIO/WIBERG (1997), S. 54 ff.; STENBERG (1999), S. 11.

4 Vgl. LANG (2002), S. 87; MARCHER/WEIERMAIR (1998), S. 11. Bei neuen und kleinen Staaten kann der Vorbereitungsprozeß jedoch erheblich länger andauern. Beispielsweise haben Finnland und Österreich die Vorbereitungen für ihre ersten im zweiten Halbjahr 1998 (A) und 1999 (FIN) stattfindenden Präsidentschaften direkt nach ihrem EU-Beitritt 1995 begonnen. Vgl. bezüglich Österreichs SCHALLENBERG/THUN-HOHENSTEIN (1999), S. 27 und hinsichtlich Finnlands STUBB (2000), S. 49 f.

5 Vgl. STEIN (2000), S. 56.

6 Vgl. EDWARDS/WIESSALA (1999), S. 4; TALLBERG (2001b), S. 25.

7 VORNBÄUMEN (1985), S. 41.

8 Vgl. THUN-HOHENSTEIN (1999), S. 14.

periode in Frage kommen.[1] Erstens können neue Verwaltungseinheiten gegründet werden, die eine einwandfreie Koordination der Aufgaben des Vorsitzes ermöglichen. Dies ist normalerweise in den neuen Mitgliedstaaten der Fall.[2] Zweitens können die bestehenden Strukturen im Rahmen der EU-Aktivitäten ergänzt und personell verstärkt werden. Die technisch-organisatorischen Vorbereitungen haben im allgemeinen sowohl in den alten als auch in den neuen Mitgliedstaaten positive Effekte auf die Administration.[3]

Ein weiterer Teil der technisch-organisatorischen Vorbereitungen sind enge, bilaterale Kontakte mit anderen EU-Staaten. Zu diesem Teil der Vorbereitungen gehören Austauschprogramme zwischen den Beamten,[4] deren Ziel es entweder ist, die fehlende Erfahrung der neuen Mitgliedstaaten mit der Ratspräsidentschaft auszugleichen oder das während der früheren Präsidentschaften angeeignete Know-how aufzufrischen. Bilaterale Kontakte gelten für den Erfolg einer Präsidentschaft als entscheidend.[5] Die Erweiterung der EU erhöht den Bedarf an bilateralen Kontakten, da die zwischenstaatlichen Beziehungen mit beitretenden Staaten noch nicht ausreichend etabliert sind. Die bilateralen Kontakte spielen künftig auch für den Entscheidungsprozeß der EU eine fundamentalere Rolle. Um ein Paralysieren des Entscheidungsprozesses in der EU-25+ zu verhindern, müssen Vereinbarungen in bilateralen oder kleinen Teams bereits im Vorfeld getroffen werden. In der vorbereitenden Phase werden neben bilateralen Kontakten Netzwerke mit den EU-Organen und -Institutionen gebildet.[6]

Die Zusammenarbeit mit den früheren Präsidentschaften dient auch der inhaltlichen Vorbereitung eines Vorsitzes, denn „The surest way of promoting specific national priorities is to work closely with two preceding Presidency countries".[7] Da ein Kommissionsvorschlag mindestens ein Jahr benötigt, ist ein Ratspräsident auf die Zusammenarbeit mit den vorherigen Präsidentschaften angewiesen, falls er ein bestimmtes Thema in sein Arbeitsprogramm aufgenommen haben möchte.[8] Seit 1988 hat die Ratspräsidentschaft vor Beginn ihres Halbjahres ein detailliertes Arbeitsprogramm aufzustellen, das als Grundlage für die Gestaltung der Arbeiten des Rates dient.[9] Die Ratspräsidentschaft stellt damit im Prinzip ein Arbeitsprogramm für die ganze EU

---

1 Vgl. BECKMAN (2001), S. 53.

2 Welche Strukturen und Mechanismen in einzelnen Mitgliedstaaten für die erste Präsidentschaft errichtet worden sind, siehe bezüglich Finnlands SIMULA (2000), 21 ff., bezüglich Österreichs SCHALLENBERG/THUN-HOHENSTEIN (1999), S. 27 ff., bezüglich Schwedens BECKMAN (2001), S. 51 ff. und bezüglich Spaniens SABÁ (1996), S. 185 ff.

3 Vgl. 3.2.4.

4 In einem Austauschprogramm werden Beamte eines künftigen Vorsitzlandes zu den Ministerien der aktuellen Präsidentschaft für mehrere Monate oder sogar für die Dauer des ganzen Halbjahres entsendet, um sich Expertise und Erfahrung über den Ablauf der Ratspräsidentschaft anzueignen. Vgl. BECKMAN (2001), S. 52; LANG (2002), S. 211; LUTHER (1999), S. 65.

5 Vgl. SCHALLENBERG/THUN-HOHENSTEIN (1999), S. 41.

6 Vgl. 2.4.2.

7 UUTELA (1999), [ohne Seitenangabe].

8 Die Kooperation von französischer und spanischer Präsidentschaft half, z.B. den Barcelona-Prozeß zu verwirklichen. Vgl. REHN (1998a), S. 11; RIIHIKALLIO (1997), S. 17. Die finnische Regierung nahm mit der luxemburgischen Ratspräsidentschaft im zweiten Halbjahr 1997 Kontakt auf, um die finnische Initiative der Politik der nördlichen Dimension der EU zu einer gemeinsamen Politik der EU machen zu können. Vgl. HEIKKINEN (1999), [ohne Seitenangabe].

9 Vgl. GENERALSEKRETARIAT DES RATES DER EUROPÄISCHEN UNION (1997), S. 10.

auf.[1] Der Vorsitz agiert jedoch unter einer Fülle von Zwängen bei der Zusammensetzung des Arbeitsprogramms. Vor allem die Regelungen von Sevilla vom Juni 2002 verkleinern den Spielraum des Vorsitzes erheblich.[2]

Die Agenda ist eine sogenannte rolling agenda. Das bedeutet für den Vorsitz, daß er dort anschließt, wo der vorangegangene Ratspräsident aufgehört hat.[3] Gewöhnlich werden zwei Teile, Pflicht und Kür, unterschieden.[4] Der Inhalt des fortlaufenden Teils, der Pflicht des Programms, wird vor allem durch Verträge, Schlußfolgerungen des Europäischen Rates, Regierungskonferenzen und das Arbeitsprogramm der Kommission bestimmt.[5] Das mehrjährige Strategieprogramm des Europäischen Rates und das operative Jahresprogramm für die Tätigkeit des Rates stellen gemäß den Bestimmungen von Sevilla gegenwärtig den übergeordneten Rahmen für das gesamte Vorsitzprogramm. Die Pflicht des Arbeitsprogramms, die dem Grundsatz der Kontinuität entspricht, macht bis zu 90% eines Arbeitsprogramms der Ratspräsidentschaft aus. Dennoch besitzt die Ratspräsidentschaft zahlreiche Möglichkeiten, inhaltlichen Einfluß auf die Integrationsmaterie auszuüben. Ein hoher Kommissionsbeamter stellt fest: „It may be true that about 80-90 percent of what Presidencies do is predetermined, but note that 10-20 percent is quite a lot"[6]. Die Konzentration eines Vorsitzes auf Themen, die aus seiner Sicht für die EU besondere Bedeutung haben und in denen eigene Akzente und Initiativen möglich erscheinen, hängt von der Reichweite des Pflichtprogramms ab. Für Präsidentschaften, die von einem Thema oder von einigen wichtigen Dossiers dominiert werden, hat sich der Ausdruck Übergangspräsidentschaft[7] etabliert. Der Kürteil des Programms beinhaltet Themen, denen die Ratspräsidentschaft besondere Aufmerksamkeit widmen bzw. die sie möglichst weit während ihres Halbjahres voranbringen möchte.[8] Bei der Ermittlung von Zielvorgaben für die Ratspräsidentschaft steht jede Regierung vor dem Problem, zwischen der Unterstützung der nationalen Anliegen und der Förderung der Interessen der EU ein Gleichgewicht herstellen zu müssen. Bulmer argumentiert, daß eine erfolgreiche Sicherstellung einer Übereinstimmung der nationalen mit den europäischen Zielvorstellungen positiv für eine Ratspräsidentschaft ist.[9] Insgesamt läßt sich festhalten, daß die Ratspräsidentschaft als solche, und nicht nur das Arbeitsprogramm, durch den Pflichtteil bestimmt

---

[1] Vgl. DEHAENE (CONV); MCCORMICK (1999), S. 126.

[2] Näheres zu den Bestimmungen von Sevilla siehe 4.2.2.

[3] Vgl. KIRCHNER (1992), S. 101.

[4] Vgl. SCHALLENBERG/THUN-HOHENSTEIN (1999), S. 35 f.

[5] Vgl. RIIHIKALLIO (1997), S. 17. Zu ihm zählen unter anderem Themen, die von Jahr zu Jahr als Konstante zum Pflichtteil des Arbeitsprogrammes gehören, wie z.B. die Festlegung der Agrarpreise in der ersten und die Verabschiedung des Haushaltsplans in der zweiten Jahreshälfte. Vgl. RIIHIKALLIO (1997), S. 1.

[6] TALLBERG (2001a), S. 9. Es gibt auch Beispiele von Ratspräsidentschaften, die hauptsächlich aus Pflicht bestanden, wie der Vorsitz der Niederländer in der zweiten Jahreshälfte von 1991. „Hence the reactions we received were: no ambition, no great ideas, no initiatives; just the work at hand. This tone was necessary for the very same reasons that Luxembourg had, namely that this was a Presidency in which clearly we could not set the agenda. The agenda was imposed on us by the two Intergovernemental Conferences, by international developments, by the necessity to finalize, as much as possible, the White Paper for the Internal Market and other issues (...) There was a task imposed on us. The motto was - let's try and finish it and avoid too many new inventions." VAN BEUGE (1993), S. 23.

[7] Vgl. KOECKE (1999), S. 64; KOPEINIG (1999), S. 64; LABOHM (1998), S. 37; SCHALLENBERG/THUN-HOHENSTEIN (1999), S. 111.

[8] Vgl. SCHALLENBERG/THUN-HOHENSTEIN (1999), S. 36.

[9] Vgl. BULMER (1994), S. 200. Vgl. auch LANG (2002), S. 224; PINDER (1998), S. 152.

wird. Ludlow stellt fest: „Agendas make Presidencies. Presidencies can only fine-tune agendas.“[1]

Die inhaltliche Vorbereitung beinhaltet neben der Zusammensetzung des Arbeitsprogramms die Erstellung des Tagungskalenders für alle im Vorsitzland, am Sitz der EU-Organe und -Institutionen sowie in Drittstaaten stattfindenden Veranstaltungen. Sieben Monate vor Beginn des Halbjahres muß der Vorsitz den Tagungsplan vorlegen.[2] Die kalendarische Planung der Veranstaltungen lebt jedoch mit der inhaltlichen Vorbereitung des Vorsitzes in Symbiose, so daß der Tagungsplan laufend und auch noch während der Präsidentschaft an die inhaltliche Entwicklung des Arbeitsprogramms angepaßt wird.[3] Wegen des Mangels an Dolmetscherdiensten für seltene Sprachen ist es allerdings nötig, den Tagungskalender möglichst genau zu planen.[4]

Eine erfolgreiche Durchführung einer Präsidentschaft ist immer stärker von den qualifizierten Beamten und Politikern abhängig. Jansen argumentierte bereits im Jahre 1985:

> „Preparing for the Presidency means, first and foremost, putting the right people in the right spot. Both in the ministries and in the Permanent Representation the selection of chairmen for the numerous groups was singled out as a vital importance for the success of the Presidency.“[5]

Um den Wissensstand über die EU im allgemeinen und über die Ratspräsidentschaft im speziellen zu erhöhen, werden in der Regel Ratspräsidentschaftsschulungen vor Beginn des Vorsitzes organisiert.[6] Das Ausmaß der Schulungen hängt davon ab, ob ein Vorsitzdebütant oder ob ein langjähriges Mitglied den Vorsitz übernehmen wird.[7] Ausschlaggebend ist auch, wie schnell die Präsidentschaft nach dem EU-Beitritt wahrgenommen werden soll. Zudem spielt eine Rolle, wie hoch die Präsidentschaft innenpolitisch bewertet wird und wie qualifiziert das Personal durch frühere Erfahrungswerte und Trainings ist. Die Qualität des Vorsitzpersonals kann auch dadurch gewährleistet werden, daß der Personalwechsel in der Verwaltung möglichst gering gehalten wird.[8]

---

1 SCHALLENBERG/THUN-HOHENSTEIN (1999), S. 24.

2 Vgl. Art. 1 Abs. 2 Geschäftsordnung des Rates (idF. vom 22.07.2002).

3 Vgl. SCHALLENBERG/THUN-HOHENSTEIN (1999), S. 34.

4 Vgl. SIMULA (2000), S. 30. Pro Tag kann der Gemeinsame Dolmetscher-Konferenzdienst (SCIC) dem Rat maximal 13 Übersetzungsteams zur Verfügung stellen. Vgl. GENERALSEKRETARIAT DES RATES DER EUROPÄISCHEN UNION (2002c), S. 4; WESSELS (2000a), S. 218.

5 JANSEN (1985), S. 221. Vgl. auch VORNBÄUMEN (1985), S. 42.

6 Diese Schulungen werden häufig durch das in Maastricht lokalisierte European Institute of Public Administration (EIPA) organisiert.

7 Beispielsweise hat Österreich zwei Jahre vor seinem ersten Vorsitz im Jahre 1998 mit den Präsidentschaftsschulungen angefangen. Vgl. LANG (2002), S. 143. Finnland hat Schulungen über mehrere Jahre hinweg für seinen ersten Vorsitz im Rat organisiert. Vgl. MÄKI-LOHILUOMA (1999), S. 5. Auch in Schweden wurden weitreichende Trainings vor der ersten schwedischen Präsidentschaft 2001 arrangiert. Vgl. BECKMAN (2001), S. 61 f.

8 Um die Kontinuität des Personals zu gewährleisten, wurden zum Beispiel in Irland 1996 pensionierte irische Botschafter und Staatsbeamte gebeten, vorübergehend ihre Aufgaben wieder aufzunehmen. Vgl. RIIHIKALLIO (1997), S. 28. In Großbritannien wurden wegen des Vorsitzes von 1986 die europapolitischen Schlüsselpositionen von Whitehall weit im voraus auf Eis gelegt. Vgl. WALLACE (1986), S. 588. Auch in Österreich wurden während oder kurz nach der Präsidentschaft anfallende routinemäßige Neubesetzungen verschoben. Vgl. LANG (2002), S. 144.

„Als Grundsatz gilt die Regel, daß der künftige Vorsitzende bereits einige Zeit dem jeweiligen Gremium angehören sollte, um nicht nur den Verfahren und den Materien vertraut zu sein, sondern auch, um die Vertreter der anderen Staaten und ihre persönlichen Eigenheiten möglichst gut zu kennen."[1]

Die Zielgruppen der Ratspräsidentschaftsschulungen sind die Vorsitzenden der Arbeitsgruppen und ihre Stellvertreter, die nationalen Vertreter, das Personal der Ständigen Vertretung und die Beamten, die in die Vorbereitung und Koordination des Vorsitzes einbezogen sind.[2] Die Schulungen konzentrieren sich hauptsächlich auf die Bereiche Sprach- und Verhandlungskenntnisse sowie allgemeines Wissen über die EU und über die Mitgliedstaaten der EU.[3] In den Mitgliedstaaten werden die Schulungen trotz der hohen Kosten als eine Zukunftsinvestition gesehen. Beispielsweise stellte der finnische Staatssekretär Tuomi-Nikula nach der ersten finnischen Präsidentschaft 1999 fest, daß das Schulungsprojekt der Mitwirkenden eine ausgezeichnete Investition gewesen sei, da der Wissensstand über die EU in Finnland auf ein wesentlich höheres Niveau gestiegen sei.[4]

Insgesamt konnten drei unterschiedliche Maßnahmen identifiziert werden, die für den Vorbereitungsprozeß einer Ratspräsidentschaft entscheidend sind: technisch-organisatorische Vorbereitung, inhaltliche Vorbereitung und Verbesserung der individuellen Qualifikationen der Mitwirkenden. Die Vorbereitungsintensität wird als eine entscheidende Determinante für den Erfolg der Präsidentschaftsperiode angesehen.[5] Es ist jedoch anzumerken, daß sich der Mangel an Vorbereitung eher als erfolgsverhindernd auswirkt, als daß die perfekte Vorbereitung ein Erfolgsgarant für die Durchführung der Ratspräsidentschaft ist.

„Thorough preparation is obviously important, but it is not the litmus test for successful Presidency. The final verdict is always based on how the Presidency was run, what it achieved and how it was perceived."[6]

Durchführungsphase

In der sechsmonatigen Durchführungsphase des Vorsitzes können die beiden Erfolgsfaktoren organisatorische Arrangements der Veranstaltungen und praktische Durchführung unterschieden werden. Unter praktischer Durchführung ist zu verstehen, wie effektiv die Ratspräsidentschaft ihre Funktionen[7] in den zahlreichen Sitzungen wahrnehmen kann. Die Durchführungsphase der Ratspräsidentschaft findet zum größten

---

1 LANG (2002), S. 87.

2 Vgl. LINDQVIST/ESKOLA (2000).

3 Vgl. HUMPREYS (1997), S. 30; MÄKI-LOHILUOMA (1999), S. 74; O'LEARY (1985), S. 151.

4 Vgl. *Helsingin Sanomat 01.07.1999b.*

5 Der erste Teil des Handbuchs für den Rat formuliert: „Der Erfolg eines jeden Vorsitzes hängt weitgehend von seiner Vorbereitung und von der sorgfältigen Koordinierung in der einzelstaatlichen Verwaltung ab." GENERALSEKRETARIAT DES RATES DER EUROPÄISCHEN UNION (2002a), S. 6. Vgl. auch VORNBÄUMEN (1985), S. 41.

6 STUBB (2000), S. 50. Vgl. auch VORNBÄUMEN (1985), S. 41.

7 Vgl. 2.3.

Teil in Brüssel statt.[1] Die in Brüssel lokalisierten Ständigen Vertretungen bei der EU,[2] welche die Wahrnehmung der formalen Koordination der mitgliedstaatlichen Politiken in Brüssel normalerweise ausüben,[3] übernehmen eine herausragende Rolle in der Durchführungsphase. Während einer Ratspräsidentschaft ist die Hauptfunktion der Ständigen Vertretung die Organisation aller in Brüssel stattfindenden Tagungen.[4] Der wichtigste Partner bei der Veranstaltung der Tagungen ist das Generalsekretariat des Rates, deshalb wird die Kontaktaufnahme mit ihm schon vor der Ratspräsidentschaftsperiode intensiviert.[5] In bilateralen Treffen und vertraulichen Beratungen sowie Sitzungen wird das Arbeitsprogramm diskutiert. Die Zusammenarbeit mit der Kommission, dem Europäischen Parlament und den anderen Mitgliedstaaten wird ebenso verstärkt.

Die Ständigen Vertretungen sind die wichtigsten Verbindungen zwischen den Organen der EU und der Hauptstadt, denn sie bereiten die Positionen der Regierung für die Arbeitsgruppen und für den AStV vor und nehmen an der Entscheidungsfindung innerhalb der EU-Organe teil. Während einer EU-Präsidentschaft steigt der Informationsbedarf der Regierungen, und die Stellung der Ständigen Vertretungen als Informationsdrehscheibe wird gestärkt. Die zentrale Rolle der Ständigen Vertretung für die Ratspräsidentschaft wird von Wallace wie folgt ausgedrückt: „The national Permanent Representations play a crucial part in supporting and to a large extent embodying the Presidency."[6] Um die Arbeitsbürde des Vorsitzes bewältigen zu können, wird die personelle Besetzung der Ständigen Vertretungen um bis zu 40% aufgestockt.[7]

Die im Vorsitzland stattfindenden Tagungen werden gewöhnlich durch ein dezentrales Modell organisiert. Die Verantwortung für Organisation und Finanzverwaltung dieser Treffen liegt beim zuständigen Ministerium.[8] Finnland hat ein zentralisiertes Modell, das von Schweden zwei Jahre später übernommen wurde,[9] für die Durchfüh-

[1] Während der finnischen Ratspräsidentschaft wurden beispielsweise insgesamt 1500 Tagungen organisiert. Die meisten Sitzungen wurden in Brüssel (1420) und die restlichen 80 in Finnland gehalten. Von den 80 Tagungen fanden 14 auf Ministerebene und 64 Treffen auf Beamtenebene statt. Zu den 14 Tagungen auf Ministerebene sind die informelle und die formelle Tagung des Europäischen Rates mitzuzählen. Die übrigen 12 Tagungen auf Ministerebene machten die informellen Ministertreffen (sieben normale und eine Tagung aus dem Bereich der dritten Säule) und vier weitere Tagungen (inklusive z.B. der Außenministerkonferenz über die nördliche Dimension) aus. Vgl. SIMULA (2000), S. 30.

[2] Ausführlich zu den Ständigen Vertretungen der Mitgliedstaaten siehe HAYES-RENSHAW/LEQUESNE/LOPEZ (1989). Zur Ständigen Vertretung Deutschlands siehe MAURER/WESSELS (2000).

[3] Vgl. WRIGHT (1996), S. 159.

[4] Vgl. LEHTIRANTA (Email 26.06.2000).

[5] Vgl. HUMPREYS (1997), S. 26.

[6] WALLACE (1985a), S. 11. Vgl. auch MCDONAGH (1998), S. 23; TRUMPF (1988), S. 271.

[7] Personelle Verstärkung findet bei den Ständigen Vertretungen der EU-Debütanten in größerem Maße statt. Beispielsweise waren 76 Personen statt 55 in der Ständigen Vertretung Österreichs während der ersten Ratspräsidentschaft beschäftigt. Die personelle Besetzung der Ständigen Vertretung Finnlands wurde 1999 von den gewöhnlichen 60 auf 80 Personen aufgestockt. Dagegen wurde in Deutschland das Personal nur um 10 Personen (von 60 auf 70) während der letzten Präsidentschaft 1999 verstärkt. Vgl. STEIN (2000), S. 58 f.

[8] Dies hat seinen Ursprung in der Verwaltungstradition der Mitgliedstaaten. Für sie ist in der Regel typisch, daß die einzelnen Ministerien die eigene Machtposition erhalten möchten. Ebenso spielt die Größe des Verwaltungsapparats eine Rolle. Vgl. SIMULA (2000), S. 30.

[9] Vgl. BECKMAN (2001), S. 53 f. Vor der finnischen Ratspräsidentschaft wurde der Vorsitz in Österreich teils durch ein zentralisiertes Modell durchgeführt, in dem das Exekutivsekretariat die Ministerien bei der Organisation der Tagungen unterstützte, aber die Ministerien für die Organisation hauptverantwortlich geblieben sind. Vgl. SHALLENBERG/THUN-HOHENSTEIN (1999), S. 30.

rung der in Finnland stattfindenden Tagungen entwickelt.[1] In Finnland und Schweden bekam das Sekretariat der EU-Ratspräsidentschaft, das dem Außenministerium administrativ unterstellt war, die Gesamtverantwortung für die Organisation der im Vorsitzland stattfindenden Veranstaltungen. Durch dieses Modell konnten zahlreiche Synergievorteile erzielt werden.[2]

Der Erfolg der praktischen Durchführung der Ratspräsidentschaft ist durch die Wahrnehmung der Chancen und Erfüllung der Pflichten des Vorsitzenden in den zahlreichen Veranstaltungen determiniert. Die Fähigkeiten des Ratspräsidenten, die Ziele des Arbeitsprogramms zu erreichen, sind abhängig von der Fertigkeit des Vorsitzes, für das eigene Halbjahr realistische Ziele zu setzen, und von seinen Arbeitsmethoden, die für die Verwirklichung der eigenen Prioritäten zielbewußt auf allen Ebenen der Ratshierarchie eingesetzt werden.[3] Laut Schout ist für den Erfolg der Durchführungsphase entscheidend, daß ein Gleichgewicht zwischen der Unparteilichkeit des Vorsitzes,[4] der Führungsrolle der Ratspräsidentschaft[5] und den nationalen Interessen[6] gefunden wird.[7]

Eine Beurteilung der praktischen Durchführung wird wegen fehlender allgemeingültiger Kriterien zur Messung des Erfolges erschwert. Pauschalurteile werden dem komplizierten Geflecht von Rolle, Aufgaben und Einflußmöglichkeiten einer Ratspräsidentschaft in bezug auf tagespolitische Entwicklungen nicht gerecht.[8] Die Evaluation der Präsidentschaft hängt von den jeweiligen Bewertenden und dem Bewertungsgegenstand ab und kann zu großen Unterschieden führen.[9]

1 Vgl. SIMULA (2000), S. 27 f.

2 Finnland entschied sich für das zentralisierte Modell, weil die finanziellen und personellen Ressourcen als kleines Land begrenzt sind. Das zentralisierte Modell trug dazu bei, daß die Kosten der finnischen Ratspräsidentschaft verhältnismäßig niedrig blieben, denn durch das Sekretariat der EU-Ratspräsidentschaft konnten die vorhandenen Finanzen gezielter verwendet werden, als wenn jedes Ministerium seine eigenen Tagungen organisiert hätte. Eine weitere Begründung für ein zentralisiertes Modell war, daß es ermöglichte, ein gleiches Niveau für alle in Finnland organisierten Tagungen zu erreichen. Das zentralisierte Modell erleichterte auch die Kontaktaufnahme mit Brüssel, denn das Generalsekretariat des Rates und der SCIC hatten nur einen Ansprechpartner in Finnland. Die begrenzten Dolmetscherkapazitäten waren eine weitere Begründung für das zentralisierte Modell. Vgl. SIMULA (2000), S. 30.

3 Vgl. ÅKERBLOM (2000), S. 77.

4 Finnland hatte z.B. das Prinzip der Neutralität und Unparteilichkeit des Vorsitzes im zweiten Halbjahr 1999 fast zu stark verinnerlicht. Bjurulf schreibt dazu: „Finnish representatives worked so much in the interest of the Union that they forgot about Finnish media and the general Finnish public. A positive Finnish opinion turned chilly." BJURULF (2001), S. 25. Elgström vergleicht die Gemeinschaftlichkeit des finnischen Vorsitzes mit der des schwedischen wie folgt: „In brief, the Swedish approach is neatly summarized as being `an honest broker, but without being masochistic´. It can be contrasted to the Finnish strategy of conceding Finnish interests when these were perceived to run against the EU majority in the hope that such self-sacrifice would prove beneficial in the long run." ELGSTRÖM (2002b), S. 47.

5 Der präzise supranationale Plan einer politischen Union der niederländischen Präsidentschaft erwies sich als politische Fehleinschätzung in der Regierungskonferenz von 1991. Die niederländische Präsidentschaft übte die politische Führungsrolle ohne die Unparteilichkeit des Vorsitzes in dieser Angelegenheit aus und betonte dabei zu sehr die eigenen nationalen Präferenzen. Vgl. WOYKE (1992), S. 302.

6 Während der deutschen Ratspräsidentschaft im ersten Halbjahr 1999 wurde die Betonung der nationalen Interessen in einigen Dossiers stark kritisiert. Beispielsweise verzögerte der deutsche Bundeskanzler Schröder die Einigungsfindung über die Auto-Recycling-Direktive zugunsten der Automobilindustrie in Deutschland. Vgl. LANKOWSKI (2001), S. 103; WURZEL (2001), S. 11.

7 Vgl. SCHOUT (1998), S. 4 f.

8 Vgl. MÄKI-LOHILUOMA (1999), S. 17; SCHALLENBERG/THUN-HOHENSTEIN (1999), S. 109.

9 Es sind z.B. sehr unterschiedliche Beurteilungen der britischen Ratspräsidentschaft von 1992 gemacht worden. Vgl. GAREL-JONES (1993) mit LUDLOW (1993).

Neben den drei beschriebenen ratspräsidentschaftsstaatsspezifischen Faktoren stellt die Größe des EU-Mitgliedstaats eine übergeordnete Kategorie dar. Die großen und kleinen Mitgliedstaaten besitzen unterschiedliche Voraussetzungen zur Wahrnehmung der Vorsitzfunktionen.

Größe des Mitgliedstaats

Der Gegensatz zwischen großen und kleinen Mitgliedstaaten stellte[1] bisher keine Einschränkung für den europäischen Integrationsprozeß dar.[2] Die Kleinstaatenproblematik gewinnt im Rahmen der EU-Erweiterung jedoch an Relevanz.[3] Ab Mai 2004 besteht die erweiterte Union aus sechs großen und 19 kleinen Mitgliedern.[4] Dies katalysiert die Reformdiskussion des Ratsvorsitzes.[5] „At regular intervals, and especially when smaller and therefore vulnerable Member States assume the Presidency, it is suggested that the presidency system should be reviewed."[6] Andererseits wurden die Vorsitze der kleinen Mitgliedstaaten in den letzten Jahren im Vergleich zu den Präsidentschaften der großen Länder kompetent gemanagt und sind erfolgreich verlaufen.[7] Die Ursachen für diese Unterschiede werden im folgenden mit Hilfe der charakteristischen Stärken und Schwächen der großen und kleinen Staaten als Ratsvorsitzende nach den einzelnen Funktionen der Ratspräsidentschaft ermittelt.[8]

Management im Rat: Bei der Wahrnehmung der Managementfunktion bestehen deutliche Unterschiede zwischen den großen und kleinen Staaten. Die Durchführung einer Präsidentschaft stellt eine physische Herausforderung für alle Mitgliedstaaten dar, denn die Vorsitzführung ist mit einer enormen Arbeitsbürde verbunden. Die Qualität der Managementaufgaben ist von den infrastrukturellen, finanziellen und personellen Ressourcen abhängig.[9] Es besteht bei den kleinen Staaten tendenziell die Gefahr, daß sie mangelndes Fachwissen oder fehlendes Interesse für gewisse Politikfelder aufweisen.[10] Die großen Mitgliedstaaten sind eher dadurch gekennzeichnet, daß sie über umfangreicheres, spezielles Know-how verfügen. Dies wirkt sich nicht nur

---

1 Im politikwissenschaftlichen Diskurs besteht kein Konsens über die Definition „Kleinstaat". Vgl. ANTOLA/LEHTIMÄKI (2001), S. 13; HANF/SOETENDORP (1998), S. 4; JOENNIEMI (1998), S. 61; KOßDORFF (2000), S. 29. In der europapolitischen Diskussion sind jedoch die maßgeblichen Kriterien zur Unterscheidung zwischen großen und kleinen Staaten die geographischen und demographischen Variablen. Vgl. NEISSER (1995), S. 245.

2 Vgl. NEISSER (1995), S. 245.

3 Vgl. KIRT/WASCHKUHN (2001), S. 29.

4 Die heutige EU der 15 Mitgliedstaaten umfaßt zehn kleine (A, B, DK, FIN, GR, IRL, L, NL, P und S) und fünf große Staaten (D, E, F, GB und I). Vgl. ANTOLA/LEHTIMÄKI (2001), S. 14. Von den beitretenden Staaten ist lediglich Polen zum Typus der großen Staaten zu zählen. Somit besteht die erweiterte EU (15 + 10) aus sechs großen und 19 kleinen Staaten. Vgl. ZBINDEN (1998), S. 216.

5 Vgl. OJANEN (1999a), S. 9.

6 VERBEKE/VAN DE VOORDE (1994), S. 39.

7 Vgl. BJURULF (2001), S. 8; CAMERON (1998), S. 61; JUNGWIRTH (1998), S. 95; STEPPACHER (1998), S. 69; TALLBERG (2001c), S. 230; TONRA (1996a), S. 134; WALLACE (1993a), S. 47.

8 Ausführlich zum sechsteiligen Funktionskatalog von Hayes-Renshaw und Wallace siehe 2.3.

9 Einige Autoren argumentieren jedoch, daß die begrenzten Ressourcen der kleinen Mitgliedstaaten nicht das Hauptproblem darstellen. Da die Anzahl der an einem Tag stattfindenden Veranstaltungen begrenzt ist, spielt der Mangel an Ressourcen keine bedeutende Rolle bei der Wahrnehmung der Managementfunktionen. Vgl. KIRCHNER/TSAGKARI (1993b), S. 56; STEIN (2000), S. 86.

10 Vgl. REHN (1998), S. 16.

positiv auf die Präsidentschaft, sondern auch auf die gesamte EU aus.[1] Neben dem Know-how-Vorsprung besitzen sie größere personelle Ressourcen. Die Arbeitsteilung und die Auswahl von Vorsitzenden wird dadurch erleichtert. Die Größe kann aber auch Nachteile für die interne Organisation und für die Verwaltung mit sich bringen. Es wird häufig die aristotelische Auffassung[2] vertreten, daß eine kleine Organisation idealer für die Ratspräsidentschaft sei.[3]

Die kleinen Staaten entwickeln einen politischen Ehrgeiz, der sich auf die gesamte EU vorteilhaft auswirkt. Die lange und gewissenhafte Vorbereitung der kleinen EU-Mitglieder macht dies deutlich.[4] Kleine Staaten wollen beweisen, daß auch sie einen Beitrag zur Weiterentwicklung der Union leisten können.[5] Der Vorsitzende des Europäischen Rates und Premierminister von Luxemburg Santer stellte im ersten Halbjahr von 1991 fest:

> „Allerdings hat eine (...) EG-Präsidentschaft zumindest den Vorteil, daß sie uns Luxemburger eine ausgezeichnete, wenn auch mehr als außergewöhnliche Gelegenheit bietet,
> - uns der sehr hohen politischen und verwaltungstechnischen Anforderungen gewachsen zu zeigen und
> - unser Gewicht innerhalb der Europäischen Gemeinschaft durch den Nachweis von administrativer Kompetenz sowie durch kluges und überlegtes politisches Handeln zu stärken.“[6]

Die kleinen Mitgliedstaaten konzentrieren sich wegen der Expansion der Ratstätigkeiten fast ausschließlich auf die europäischen Aufgaben während der Ratspräsidentschaft.[7] Großen Mitgliedstaaten ist dies nicht möglich, da sie außerhalb der EU vielschichtigere Verpflichtungen wahrnehmen müssen.[8] Sie unterliegen auch nicht dem Zwang, ihre Ratspräsidentschaft als eine Ratspräsidentschaft der Superlative durchzuführen, wie es die kleinen Staaten oft anstreben.[9]

> „For the large Member States the Presidency is just one of the many channels through which they can exert influence, and they do not approach the job with the same degree of seriousness as the small and medium-sized countries.“[10]

Die zunehmende Reichweite der Ratspräsidentschaftsfunktionen in einer erweiterten EU bringt für die Verwaltung des vorsitzenden Mitgliedstaates mit sich, daß die Durchführung alltäglicher Verpflichtungen immer begrenzter möglich ist.[11] In einer

---

1 Vgl. BJURULF (2001), S. 9; HAYES-RENSHAW/WALLACE (1997), S. 153.

2 Die Grundforderungen für die ideale Staatsorganisation von Aristoteles, Polis, sind die Überschaubarkeit der Bevölkerung und die Überschaubarkeit des Territoriums. Vgl. SCHWARZ (1989), S. 329 f.

3 Vgl. ÅKERBLOM (2000), S. 89; BJURULF (2001), S. 8 f.; BROWN (2000), S. 50; ELGSTRÖM (2000), S. 83; HUMPREYS (1997), S. 37; RUIN (2002), S. 57; THORHALLSSON (2000), S. 106; WEYLAND (1993), S. 20.

4 Vgl. REHN (1998), S. 16.

5 Vgl. HUMPREYS (1997), S. 37; LAFFAN (1997a), S. 145; LAFFAN (1998), S. 155; LANG (2002), S. 205; WANKA (1998), S. 11.

6 SANTER (1991b), S. 6.

7 Vgl. TRUMPF (1998), S. 405.

8 Vgl. EDWARDS/WALLACE (1978), S. 76.

9 Jungwirth stellt fest: „Das Beispiel Österreich zeigt, daß die kleineren Mitglieder den Vorsitz als Chance betrachten, um außerhalb des regulären EU-Alltags einmal besonders groß aufzutrumpfen.“ JUNGWIRTH (1998), S. 94 f.

10 MÄKI-LOHILUOMA (1999), S. 18. Vgl. auch HOSCHEIT (1984), S. 17.

11 Beispielsweise würden die tour des capitales zur Vorbereitung der zwei Europäischen Räte pro Halbjahr ca. sechs Wochen intensives Hauptstadtreisen in einer Union mit 27 Mitgliedern in Anspruch nehmen. Vgl. ARNAUD (2001), S. 20; DE SCHOUTHEETE/WALLACE (2002), S. 16.

EU-25+ gewinnt diese Problematik somit auch für die Vorsitze der großen Mitgliedstaaten an Brisanz.

Management der Gemeinsamen Außen- und Sicherheitspolitik sowie Außenvertretung:[1] Bei der Wahrnehmung der Funktionen Management der GASP und Außenvertretung kristallisieren sich deutliche Unterschiede zwischen den großen und kleinen Mitgliedern heraus. Das Aufgabengebiet der GASP ist für einen kleinen Staat ohne traditionelle außenpolitische Erfahrungen und Interessen eine große Herausforderung. Kleine Mitgliedsländer müssen beispielsweise Vorbereitungen hinsichtlich solcher außenpolitischen Bereiche treffen, die nicht zu ihrer traditionellen Außenpolitik gehören. Diesem Mangel kommt eine besondere Bedeutung zu, da vier der heutigen kleinen Mitgliedstaaten neutral sind (Finnland, Irland, Österreich und Schweden).[2] Ebenso werden in der nächsten Erweiterungsrunde Mitgliedstaaten der Union beitreten, die wenig außenpolitische Erfahrung besitzen.

Das Management der GASP und vor allem die Außenvertretungsfunktion bieten für die kleinen Staaten die Möglichkeit, für kurze Zeit zu einem prestigereichen Akteur der Weltpolitik zu werden.[3] Dies führt zu Mißverständnissen und Unglaubwürdigkeitsproblemen der Union als außenpolitischem Akteur, denn „external actors may not see a small Presidency as the natural foremost EU partner."[4] Gewöhnlich besitzen große Staaten globale außenpolitische Handlungsspielräume. Sie verfügen über besser ausgestattete Außenministerien und Botschaften, haben diplomatische Vertretungen in den meisten Drittstaaten und sind stärker in den internationalen Organisationen vertreten. All diese Faktoren spielen für die Effizienz der GASP und Außenvertretung eine zentrale Rolle.[5]

Förderung politischer Initiativen: Die Initiativfunktion wird von kleinen Staaten relativ selten wahrgenommen. Das Prestige der kleinen Staaten ist nicht ausreichend, die zentrifugale politische Willensbildung mit Autorität zu bündeln.[6]

> „Die Möglichkeiten eines kleinen Landes (...), bei der Übernahme der EU Präsidentschaft eigene Akzente zu setzen, sind bescheiden. Bedeutsame Anstöße gehen meist von den einflußreicheren Mitgliedstaaten aus."[7]

Des weiteren fehlt es den kleinen Staaten oft an Phantasie und Mut, um neue visionäre Initiativen während des Vorsitzes aufzugreifen.[8] Im Gegensatz zu den kleinen Ländern setzen die Ressourcen der großen Staaten keine Schranken für das Initiieren von

1 Hier wird die Funktion der Ratspräsidentschaft des Managements der Gemeinsamen Außen- und Sicherheitspolitik sowie der Außenvertretung gemeinsam analysiert, da für die beiden Funktionen die gleichen Voraussetzungen ausschlaggebend sind.

2 Eine erfolgreiche Durchführung dieser Funktionen wird oft in Frage gestellt, wenn es um eine Präsidentschaft eines kleinen und neutralen Staates geht. Vgl. TIILIKAINEN (2000d), S.169. Tallberg argumentiert jedoch, daß sich die Neutralität Schwedens nicht negativ auf die erste Präsidentschaft ausgewirkt hat. Vgl. TALLBERG (2001c), S. 230.

3 Vgl. LAFFAN (1983), S.91; MCCORMICK (1996), S. 132; PIJPERS (1992), S. 273; STENBERG (1999), S. 4; WESTLAKE (1999), S. 46.

4 BENGTSSON (2001c), S. 7. Vgl. auch CAMERON (1998), S. 61; DINAN (1999), S. 243.

5 Vgl. ALLEN (1998a), S. 116; CAMERON (1998), S. 61; MELLBOURN (2000), S. 4; STEIN (2000), S. 83.

6 Vgl. HORT (1989), S. 43.

7 AXT (1994), S. 12.

8 Peltonen hat dieses Defizit der kleinen Staaten deutlich anhand des finnischen Vorsitzes 1999 aufzeigt. Vgl. PELTONEN (2000), S. 156. Ähnlich argumentieren Schallenberg und Thun-Hohenstein hinsichtlich der ersten Präsidentschaft Österreichs im Jahre 1998. Vgl. SCHALLENBERG/THUN-HOHENSTEIN (1999), S. 112.

umfangreichen Projekten und Visionen.[1] Marcher und Weiermair stellen hinsichtlich der Initiativfunktion jedoch fest,

> „daß der europäische Einigungsprozeß sowohl die Konzentration der kleinen Länder als auch die ehrgeizigen Ziele der großen Staaten braucht. In diesem Sinne hat sich bisher der Wechsel von großen und kleinen Staaten an der Spitze der Union bewährt."[2]

Festzuhalten ist, daß die kleinen Staaten das Prinzip der Neutralität und Unparteilichkeit des Vorsitzes bei der Ausübung der Initiativfunktion stärker berücksichtigen und dadurch gute Voraussetzungen für die Mittlerfunktion schaffen.[3]

Mittlerfunktion: Definitionsgemäß ist der Vorsitz zu Neutralität und Unparteilichkeit verpflichtet.[4] Die vorsitzführende Regierung muß strikt zwischen der Präsidentschaftsrolle eines Mittlers und der regulären Rolle einer nationalen Delegation differenzieren. Da die kleinen Mitgliedstaaten traditionell ein geringeres Interessenspektrum besitzen, ist es für sie leichter, neutral zu handeln.[5] Des weiteren wird argumentiert, daß kleine Staaten einen präsidentschaftsfördernden Verhandlungsstil besitzen.[6] Die kleinen Länder werden seltener als politische Rivalen wahrgenommen und bevorzugen die Bildung von Koalitionen ohne Profilierungsstreben. Keller faßt zusammen: „Sie [die kleinen Mitgliedsländer; d. Verf.] haben es (...) leichter, weil sie nicht in den Verdacht geraten, Entscheidungen majorisieren oder dominieren zu wollen."[7]

Die Stärken eines kleinen Landes als Vermittler kommen häufig in den großen politischen Streitfragen der EU zum Einsatz.[8] Die großen Staaten sind dagegen gezwungen, auf nationale Interessen stärker Rücksicht zu nehmen. Sie laufen Gefahr, daß ihre Ratspräsidentschaft wegen einseitiger Interessenwahrung kritisiert wird.[9] Andererseits können sie aufgrund ihres politischen Gewichts einen Kompromiß in bedeutenden Verhandlungen einfacher erzielen.[10] Auch die größere diplomatische Erfahrung der großen Mitgliedstaaten erleichtert die Vermittlung.[11] Der Hauptunterschied zwischen den kleinen und großen Mitgliedstaaten bei der Mittlerfunktion kann wie folgt anhand von Staatenbeispielen beschrieben werden:

---

1 Vgl. MARCHER/WEIERMAIR (1998), S. 26.

2 MARCHER/WEIERMAIR (1998), S. 26.

3 Vgl. HAYES-RENSHAW (2002), S. 52.

4 Vgl. GENERALSEKRETARIAT DES RATES DER EUROPÄISCHEN UNION (2002a), S. 5.

5 Vgl. HAYES-RENSHAW/WALLACE (1997), S. 147; HOSCHEIT (1984), S. 40; MÄKI-LOHILUOMA (1999), S. 18; WEYLAND (1993), S. 20.

6 Vgl. BROWN (2000), S. 32. Siehe näheres BAILLIE (1998), S. 202.

7 KELLER (2002), S. 1.

8 Vgl. KIRCHNER (1992), S. 84.

9 Vgl. BJURULF (2001), S. 9; EDWARDS/WALLACE (1978), S. 83.

10 Vgl. BJURULF (2001), S. 9.

11 Vgl. EDWARDS/WALLACE (1978), S. 59. Auch kleine Staaten können geeignete diplomatische Erfahrung zur Vermittlung besitzen, wie das Beispiel des Vorsitzes Finnlands im Jahre 1999 aufzeigt. Finnland hatte schon während des Kalten Krieges eine Rolle des Brückenbauers zwischen Ost und West als neutraler Staat ausgeübt, und die Mittlerfunktion ist laut Rehn mit dieser Tätigkeit vergleichbar. Vgl. REHN (1998), S. 75 f. Die Vermittlerrolle wurde nach dem Ende des Kalten Krieges durch diverse in Finnland abgehaltene Gipfel zwischen den USA und Rußland in den 90er Jahren fortgesetzt. Darüber hinaus schreibt Tiilikainen, daß die Vertrauensaufgabe des finnischen Staatspräsidenten Ahtisaari als Vermittler der Kosovo-Krise an der Schwelle der finnischen Ratspräsidentschaft 1999 die Einschätzungen über die diplomatischen Fähigkeiten Finnlands noch gestärkt hat. Vgl. RAUNIO/TIILIKAINEN (2003), S. 115; TIILIKAINEN (2000c), S. 14.

„Ein Land wie Deutschland ist in geringerem Ausmaß dazu gezwungen, die Feinheiten der Diplomatie anzuwenden, als das kleine Luxemburg. Deutschland kann aufgrund seiner Größe und Position direkter agieren und damit Druck erzeugen."[1]

Kontaktaufnahme mit anderen Gemeinschaftsorganen: Auch bei der Ausübung der Kontaktfunktion können Unterschiede zwischen den kleinen und großen Mitgliedstaaten aufgezeigt werden. Die Kontaktaufnahme von kleinen Staaten mit Gemeinschaftsorganen ist durch partnerschaftliches Verhalten geprägt.

„Big member states think they can do everything themselves and they do not need to draw upon the support of the people in Brussels. By contrast, small member states (...) soon learn how to work as part of a team with the Commission, with the Council Secretariat and with the other member states."[2]

Kleine Mitgliedstaaten schätzen die Kooperation mit den anderen Organen und plädieren oftmals für die Stärkung der Gemeinschaftsinstitutionen.[3] Daraus resultiert, daß sie positiv von EU-Organen wahrgenommen werden.

Die begrenzten Ressourcen der kleinen Staaten haben dazu geführt, daß sie die politische und technische Unterstützung des Generalsekretariats des Rates mehr in Anspruch nehmen als die großen Staaten.[4] Das wird von Rehn positiv bewertet, denn dadurch können die kleinen Staaten die europäische Dimension der Entscheidungen oft besser erkennen als ihre größeren Partner.[5] Besonders für den Anfang der Präsidentschaft der großen Staaten ist kennzeichnend, daß sie alles in Eigenregie erreichen wollen. Sie haben nicht nur Angst vor einem Prestige- oder Statusverlust, sondern auch vor der Beeinflussung der eigenen politischen Ziele des Vorsitzes.[6]

Sowohl die kleinen als auch die großen Staaten haben eigene charakteristische Stärken und Schwächen bei der Wahrnehmung der Vorsitzfunktionen[7] und sind beide von EU-internen und -externen Einflüssen in gleichem Maße betroffen.[8] Die Größe eines Staates ist im Zeitalter der Globalisierung eine wenig bedeutsame Einflußgröße im internationalen System.[9] Die Größe ist somit kein definitiver Erfolgsfaktor zur Durchführung einer Ratspräsidentschaft.[10] Andere Faktoren, wie innerstaatliche Strukturen, EU-Befürwortung, Priorisierung der Präsidentschaft, Erfahrungen hinsichtlich des Vorsitzes etc., können hier aufschlußreicher sein. Der schwedische Ministerpräsident Persson argumentiert:

„Some have argued that small countries do not have the capacity necessary for a Presidency. My experience is the opposite. What matters is the determination of each country and the efficiency of its system for national co-ordination."[11]

---

1 MARCHER/WEIERMAIR (1998), S. 28.

2 WOSCHNAGG (1998a), S. 104 f. Vgl. auch HAYES-RENSHAW (2002), S. 52.

3 Vgl. ANTOLA/LEHTIMÄKI (2001), S. 38.

4 Vgl. JUNGWIRTH (1998), S. 95; KIRCHNER/TSAGKARI (1993b), S. 56.

5 Vgl. REHN (1998), S. 16.

6 Vgl. KIRCHNER/TSAGKARI (1993b), S. 54.

7 Vgl. NEISSER (1998), S. 15. Kirchner und Tsagkari treffen hinsichtlich des Erfolgs des Vorgehens eines Mitgliedstaates bei der Außenvertretung der EU folgende Aussage, die auf die ganze Ratspräsidentschaft übertragbar ist: „it can be argued that state size is not a causal factor." KIRCHNER/TSAGKARI (1993b), S. 57.

8 Vgl. JANSEN (1985), S. 230. Zu EU-internen und -externen Faktoren siehe 2.4.2 und 2.4.3.

9 Vgl. ANTOLA/LEHTIMÄKI (2001), S. 14; BJURULF (2001), S. 24.

10 Ähnlich in STEIN (2000), S. 87.

11 PERSSON (Rede 18.10.2001).

Neben den ratspräsidentschaftsstaatsspezifischen Faktoren determinieren auch EU-interne und -externe Faktoren die Durchführung des Vorsitzes. Im folgenden werden die EU-internen Faktoren erläutert.

2.4.2 EU-interne Faktoren

Jede Präsidentschaft muß sich mit der aktuellen Situation innerhalb der EU auseinandersetzen. Die Substanz der Präsidentschaft wird durch die im unmittelbaren Umfeld der Union angesiedelten Einflußfaktoren geprägt.[1] Die EU-internen Faktoren lassen sich in europapolitische Rahmenbedingungen sowie Kooperation mit den EU-Organen unterteilen.

Europapolitische Rahmenbedingungen

Die Ratspräsidentschaft agiert im Kern des europäischen Integrationsprozesses, im Rat. Der Handlungsspielraum eines Vorsitzes ist mit jenen Angelegenheiten verbunden, die das Integrationsgeschehen in der EU als solches beeinflussen. Zu den europapolitischen Rahmenbedingungen wird die innenpolitische Situation in den Mitgliedstaaten, die Akzeptanz der EU sowie das Funktionieren der Unionsführung gerechnet.

Die Durchführung einer Ratspräsidentschaft wird davon beeinflußt, wie die innenpolitische Lage in den anderen Mitgliedstaaten ist, denn „politische Veränderungen in anderen Mitgliedstaaten bleiben nicht ohne Auswirkungen auf die Ratspräsidentschaft."[2] Insbesondere die Bereitschaft der großen Mitgliedstaaten, in das politische System der EU zu investieren, beeinflußt die Dynamik der europäischen Integration.[3] So können die innenpolitischen Schwankungen vor allem in den größeren Mitgliedstaaten die Ausübung des Amtes erschweren, falls sich die Kooperationsbereitschaft der Regierungen im Rat verändert.[4] Die Faktoren, die zu innenpolitischen Änderungen führen, sind Wahlen, Rücktritt oder Tod eines Spitzenpolitikers, Rücktritt einer Regierung, Regierungsbildung und Referenden.[5] In der Vergangenheit war z.B. die belgische Ratspräsidentschaft im ersten Halbjahr 1987 von Wahlen der drei großen Mitgliedstaaten (Deutschland, Großbritannien und Italien) betroffen. Der damalige belgische Außenminister Tindemans stellte fest, daß „the convergence of a number of national elections during the Belgian Presidency was paralysing in its effect."[6] Weitere Beispiele aus der nahen Vergangenheit bekräftigen diese Aussage. Der Wahlkampf in Deutschland 1998 hatte einen Einfluß auf die österreichische Ratspräsidentschaft und verhinderte bzw. blockierte teilweise die Agenda 2000-Verhandlungen.[7] Eine analoge Auswirkung hatte der britische Wahlkampf auf den niederländischen Vorsitz im ersten Halbjahr 1997.[8] Die portugiesische Präsidentschaft im ersten Halbjahr 2000 war durch die Regierungsbeteiligung der Freiheitlichen Partei Österreichs (FPÖ) in Österreich

---

1 Vgl. VORNBÄUMEN (1985), S. 50.

2 EDWARDS/WALLACE (1978), S. 90 f.

3 Vgl. LAFFAN (1997b), S. 29 f.

4 Vgl. ISAK (1999), S. 44.

5 Vgl. KIRCHNER (1992), S. 93 ff.

6 KIRCHNER (1992), S. 96.

7 Vgl. GIERING (1999b), S. 21; LANG (2002), S. 157; STEIN (2000), S. 19; WANKA (1998), S. 9.

8 Vgl. LAFFAN (1998), S. 154 f.; TONRA (1996b), S. 13.

gekennzeichnet.[1] Der spanische Außenminister Piqué äußerte sich wenig optimistisch über den Ausgang des Europäischen Rates von Barcelona im März 2002, da es in mehreren Mitgliedstaaten in absehbarer Zeit Parlamentswahlen geben sollte.[2]

Im allgemeinen gilt, daß je unvorhersehbarer die innenpolitischen Änderungen in den anderen Mitgliedstaaten während einer Ratspräsidentschaft sind, desto schwerer ist der Vorsitz zu bewältigen.[3] Ein Beispiel einer unerwarteten Belastung für die Präsidentschaft und die ganze Gemeinschaft war der Tod des französischen Präsidenten Pompidou während des deutschen Halbjahres im April 1974[4] oder das Resultat des ersten dänischen Maastricht-Referendums, welches einen entscheidenden Einfluß auf den britischen Vorsitz in der zweiten Jahreshälfte 1992 hatte.[5] Zudem können bilaterale Mißverständnisse und Interessenkonflikte den Handlungsspielraum der Ratspräsidentschaft beschränken. Der Sprachenstreit[6] zwischen Deutschland und Finnland zu Beginn des finnischen Vorsitzes von 1999 ist hierfür ein Beispiel.

Die innenpolitischen Geschehnisse haben unmittelbare Auswirkungen auf die Integrationsbereitschaft der Regierungen.[7] „Die politischen Positionen der einzelnen Mitgliedstaaten stehen (...) an der Spitze aller Störfaktoren, die auf eine Amtsperiode wirken."[8] Obwohl diese Feststellung von Vornbäumen schon Mitte der 80er Jahre gemacht wurde, hat sie ihre Gültigkeit bis heute behalten, auch wenn in der Zwischenzeit vermehrt Entscheidungen durch qualifizierte Mehrheiten im Rat getroffen werden und die Mitwirkung des Europäischen Parlaments in der EU zugenommen hat. Je weiter die europäische Integration vorangeschritten ist, desto wichtiger ist für den integrationspolitischen Erfolg eines Ratspräsidenten, inwiefern die Mitgliedstaaten bereit sind, eine weitere Integration zu unterstützen. Die Integrationsbereitschaft der Regierungen wird zunehmend durch die Zustimmung der Bürger zur EU beeinflußt. Deubner stellt fest, daß die Akzeptanz der EU immer bedeutender, wenn nicht sogar der bedeutendste Begrenzungsfaktor, für eine weitere Vertiefung und Kompetenzausweitung der europäischen Integration, vor allem seit der öffentlichen Diskussion über den Vertrag von Maastricht, geworden ist.[9]

Die Dynamik der europäischen Integration ist des weiteren abhängig von einer aktiven politischen Führung.[10] Die Union ist das einzige große politische System, das

---

1 Vgl. STEPPACHER (2001), S. 67 f. Näheres zum Konflikt siehe BUSSE (2000); ROY/KANNER (2001), S. 258; WEIDENFELD (2001c), S. 19.

2 Vgl. *Süddeutsche Zeitung 05.03.2002.*

3 Vgl. LANG (2002), S. 84.

4 Vgl. EDWARDS/WALLACE (1978), S. 91.

5 Vgl. MILLER (1992), S. 162; WALLACE (1993b), S. 359.

6 Der Ratspräsident besitzt sprachpolitische Steuerungsmöglichkeiten hinsichtlich der in dem vorsitzführenden Mitgliedstaat stattfindenden Treffen. Die Entscheidung bleibt letztlich bei der Ratspräsidentschaft, welches Sprachenregime angewendet wird. Die Ansichten der finnischen Ratspräsidentschaft und der Regierung Deutschlands unterschieden sich in bezug auf das Sprachenregime der informellen Ministertagungen. Das führte dazu, daß Deutschland zu einem Boykott gegen die informellen Treffen in Finnland aufrief, welchem sich Österreich wenig später anschloß. Dieser Interessenkonflikt wurde als Sprachenstreit bezeichnet. Näheres zu diesem Streit siehe KINNUNEN (2000); MILES (2000), S. 156

7 Vgl. HOSLI (1996), S. 269.

8 VORNBÄUMEN (1985), S. 50.

9 Vgl. DEUBNER (1994), S. 34.

10 Folgende vier Elemente sind kennzeichnend für eine politische Führung: strategisches Denken, Führungskapazität, Kontinuität und Verantwortung. Vgl. BERTELSMANN FOUNDATION AND CENTER FOR APPLIED POLICY RESEARCH (2002), S. 2 f.

keine institutionalisierte Führung kennt.[1] Ihre Führungsfunktion wird vor allem durch die Akteure Kommission,[2] Ratspräsidentschaft und deutsch-französische Achse gemeinsam wahrgenommen.[3] Die politische Dimension der Ratspräsidentschaft kommt insbesondere innerhalb der Festlegung der Prioritäten bei der Auswahl und Behandlung der Dossiers zum Ausdruck.[4] Die Möglichkeit der Ratspräsidentschaft, politische Führung in der Union zu demonstrieren, ist einerseits von der relativen Stärke der anderen Führungselemente abhängig.[5] Andererseits wird die Ausübung der exekutiven Funktionen erst durch das einwandfreie Agieren der anderen Akteure ermöglicht. Daraus folgt, daß die Qualität der deutsch-französischen Zusammenarbeit[6] einen wesentlichen Einfluß auf die Durchführung des Vorsitzes ausübt.[7] Da das Funktionieren der deutsch-französischen Achse die Vorbedingung jeder bedeutenderen Integrationsinitiative in der EU ist,[8] bedeutet dies für die Ratspräsidentschaft, daß wichtige Fortschritte im europäischen Integrationsprozeß während des Halbjahres nur zu erzielen sind, falls diese Achse funktionsfähig ist. In einer EU-25+ reicht ihre Antriebsdynamik jedoch nicht mehr aus, den politischen und wirtschaftlichen Erfolg Europas zu gewährleisten. Es zeichnet sich ein neues Führungstrio bestehend aus Deutschland, Frankreich und Großbritannien ab.[9] Aus EU-interner Sicht determiniert die Qualität der Kooperation mit den EU-Organen neben der europapolitischen Lage die Durchführung der Ratspräsidentschaft.

Kooperation mit den EU-Organen

Die Darstellung der gegenwärtigen institutionellen Stellung der Ratspräsidentschaft hat verdeutlicht, daß sich der Vorsitz nicht über das institutionelle Gleichgewicht der EU hinwegsetzen kann.[10] Der Ratspräsident ist auf die Zusammenarbeit der EU-Organe angewiesen. Für die Analyse der Kooperation mit den EU-Organen sind insbesondere die Atmosphäre im Rat, die politische Lage innerhalb der Europäischen Kommission sowie des Europäischen Parlaments zu berücksichtigen.

Die Atmosphäre im Rat wird als positiv bewertet, wenn ein Kooperationswille der Mitgliedstaaten der EU vorhanden ist. „Er entscheidet darüber, ob ein politischer Verhandlungserfolg für eine Präsidentschaft zu buchen ist oder nicht."[11] Der Kooperationswille wird durch die nationale Interessenlage determiniert. Die Funktion der Rats-

---

1 Vgl. WEIDENFELD (1998a), S. 10.

2 Die Rolle der Kommission wird in 2.2.1 erörtert.

3 Vgl. METCALFE (1998), S. 414.

4 Vgl. GENERALSEKRETARIAT DES RATES DER EUROPÄISCHEN UNION (2002a), S. 6.

5 Vgl. MAY (1986), S. 413 f.; SVENSSON (2000a), S. 211; TALLBERG (2001b), S. 16 f.

6 Näheres dazu GUÉROT (2001a); HENDRIKS/MORGAN (2001); WEBBER (1999); WOYKE (2000).

7 Traditionell kommt die deutsch-französische Zusammenarbeit während einer Präsidentschaft insbesondere auf zwei verschiedene Weisen zum Ausdruck. Erstens können gemeinsame Briefe an den amtierenden Vorsitzenden des Europäischen Rates adressiert werden, die wichtige integrationspolitische Vorschläge für den kommenden Gipfel beinhalten. Vgl. SCHILD (1999), S. 191; WOYKE (2000), S. 64, 175. Zweitens gibt es ein gemeinsames deutsch-französisches Frühstück vor den Konferenzen des Europäischen Rates. Vgl. BONVICINI/REGELSBERGER (1987), S. 159; TROY JOHNSTON (1994), S. 68; WOYKE (2000), S. 173.

8 Vgl. BAUN (2000), S. 239; GUÉROT (2002), S. 38; PATERSON/JEFFERY (1999), S. 19.

9 Vgl. *Financial Times Deutschland 18.02.2004.*

10 Vgl. 2.2.1.

11 VORNBÄUMEN (1985), S. 50.

präsidentschaft liegt daher darin, die richtige Arbeitsmethode auszusuchen, welche die Kooperationsbereitschaft der Mitgliedstaaten erhöht.[1]

> „It is true that the 'atmospherics' in the Council have a large impact on how creative and constructive the Council work is. But that does not mean that a Presidency is simply the victim of arbitrary and shifting psychological conditions. In fact, it is largely the task of the Presidency to create a favourable creative and cohesive atmosphere."[2]

Falls die Kooperationsbereitschaft der Staaten völlig fehlt, kann ein Ratspräsident kaum Erfolge durch seine Kompromißversuche erreichen, da er keine Sanktionsmöglichkeiten im Entscheidungsprozeß besitzt.

Die Atmosphäre im Rat wird nicht nur durch gute Vorbereitung der Tagungen und Fähigkeiten des Ratspräsidenten bestimmt, sondern auch durch die persönlichen Verhältnisse und Sympathien im Kreise der Minister und Staats- und Regierungschefs sowie Beamten der Mitgliedstaaten.[3] Dies spielt insbesondere in den Verhandlungen des Europäischen Rates eine herausragende Rolle.[4] Die Dynamik der Verhältnisse baut auf den bilateralen Beziehungen, den Amtsjahren und der Persönlichkeit der politischen Leitfiguren sowie auf der Stellung eines Politikers in seinem Heimatland auf.[5]

Für die erfolgreiche Durchführung der Ratspräsidentschaft aus EU-interner Sichtweise ist ebenso die Kooperationsbereitschaft der Kommission entscheidend. Eine hohe Kooperationsbereitschaft ist dann gegeben, wenn die Kommission als Partner durch die Ratspräsidentschaft angesehen wird.[6] Normalerweise ist die Zusammenarbeit zwischen Kommission und Ratspräsidentschaft dynamisch, denn ihre Aufgaben überschneiden sich erheblich.[7] Die Intensität der Kooperation ist entsprechend der Reichweite des Initiativrechts der Kommission innerhalb der drei Säulen der EU unterschiedlich.[8] Seit einigen Jahren hat die Kommission eigene Interessen im Integrationsprozeß zu vertreten, daher übernimmt sie in den Verhandlungen immer seltener die Rolle eines Vermittlers.[9] Die aktuelle Bedeutung der Zusammenarbeit sowie die Qualität des Verhältnisses zwischen Vorsitz und Kommission kommt durch die Beschreibung zum Ausdruck, daß die Kommission auch als der sechzehnte Mitgliedstaat innerhalb der ersten Säule bezeichnet wird.[10] Die Sitzordnung im Rat verdeutlicht dies. Abbildung 2-4 zeigt, daß Ratspräsidentschaft und Kommission gegenüberliegende Plätze einnehmen. Der Vorsitz muß vor und während seiner Ratspräsidentschaftsperi-

---

1 Vgl. MARCHER/WEIERMAIR (1998), S. 9; VORNBÄUMEN (1985), S. 51.

2 STEIN (2000), S. 12.

3 Vgl. DE BASSOMPIERRE (1988), S. 48. Siehe bezüglich des Europäischen Rates BONVICINI/REGELSBERGER (1987), S. 160; REDMOND (1996), S. 58; WERTS (1992), S. 81. Beispielsweise haben die persönlichen Spannungen zwischen dem deutschen Umweltminister Trittin und der finnischen Umweltministerin Hassi eine konstruktive Zusammenarbeit während der deutschen Ratspräsidentschaft 1999 erschwert. Vgl. WURZEL (2000), S. 28.

4 Vgl. BULMER (1996), S. 19; MCDONAGH (1998), S. 48.

5 Vgl. MCCORMICK (1999), S. 180 f.

6 Der britische Vorsitz von 1992 ignorierte beispielsweise die Kommission als einen gleichberechtigten Partner, denn er „set out either to deliberately seek confrontation or seek to emphasize the differences rather than the similarities of aims". KIRCHNER/TSAGKARI (1993b), S. 55.

7 Vgl. KIRCHNER (1992), S. 5.

8 Vgl. 2.2.1.

9 Vgl. WEYLAND (1993), S. 19.

10 Vgl. HAYES-RENSHAW/WALLACE (1997), S. 180.

ode intensiven Lobbyismus gegenüber der Kommission betreiben, um Fortschritte im Verhandlungsprozeß erzielen zu können.[1] Hinsichtlich der Lobbyaktivitäten wird die Ratspräsidentschaft als Primus inter pares im Kreise der Mitgliedstaaten von der Kommission wahrgenommen.[2] Die Bedeutung der Kooperation zwischen Ratspräsidentschaft und Kommission für die Integrationsdynamik wird vom früheren Generalsekretär der Kommission Noël wie folgt zusammengefaßt:

> „Die Zusammenarbeit zwischen Vorsitz und Kommission ist nach wie vor die allgemeine Regel: Richtig angewendet führt sie über eine Aufgabenteilung zu größerer Effizienz, sofern die Kommission weder ihre Prärogativen noch ihre Wachsamkeit aufgibt und auch der Ratsvorsitz seiner Rolle als treibende politische Kraft und unparteiischer Schiedsrichter in den Tagungen des Rates und seiner Vorbereitungsgremien gerecht wird."[3]

Eine gute Zusammenarbeit mit der Kommission wird als eine entscheidende Voraussetzung für eine erfolgreiche Ausübung der Ratspräsidentschaft angesehen.[4]

Neben den vorsitzabhängigen Faktoren kann die Kooperation durch die inneren Probleme und Instabilitäten sowie durch die Ernennung der Kommission erschwert werden.[5] Die Auswirkungen des Rücktritts der Kommission unter Präsident Santer im März 1999 auf die deutsche und finnische Ratspräsidentschaft verdeutlichen dies. Der Handlungsspielraum der deutschen Präsidentschaft im ersten Halbjahr 1999 war eingeschränkt, da die zurückgetretene Kommission nicht mehr voll im Amt, sondern lediglich auf die Führung der laufenden Geschäfte beschränkt war.[6] Auch zu Beginn der finnischen Ratspräsidentschaft gab es keine bevollmächtigte Kommission.[7] Es wurde auf Seiten der Regierung Finnlands festgestellt, daß „Delay and a lack of Commission proposals somewhat hindered progress in Councils."[8] Zudem können die zwischenmenschlichen Komponenten einen bedeutenden Einfluß auf die Kooperation ausüben. Wegen parteipolitischer sowie persönlicher Differenzen wurde z.B. eine fruchtbare Zusammenarbeit zwischen dem italienischen Regierungschef Berlusconi und dem aus Italien stammenden Kommissionspräsidenten Prodi bereits vor Beginn der italienischen Ratspräsidentschaft im zweiten Halbjahr 2003 in Frage gestellt.[9] Die Abhängigkeit des Vorsitzes von der Kooperationsbereitschaft des Europäischen Parlaments steigt kontinuierlich.[10] Dies erfordert insbesondere, daß das Europäische Parlament als eigenständige politische Institution wahrgenommen wird.[11]

---

1 Vgl. WURZEL (1996a), S. 277.

2 Vgl. TALLBERG (2001a), S. 11.

3 NOËL (1988), S. 31.

4 Vgl. DE BASSOMPIERRE (1988), S. 25, 81; DINAN (1999), S. 241; METCALFE (1998), S. 430; VERBEKE/VAN DE VOORDE (1994), S. 38; WALLACE (1985a), S. 17; ZWAAN (1995), S. 117.

5 Welche Auswirkungen beispielsweise die Bestimmung eines Nachfolgers für den Kommissionspräsidenten Delors auf die deutsche Ratspräsidentschaft von 1994 hatte, siehe ENGEL (1995), S. 39.

6 Vgl. HUMMER/OBWEXER (1999b), S. 45; TIILIKAINEN (2000a), S. 47.

7 Erst im September 1999 bekam die neue Kommission die erforderliche Zustimmung des Europäischen Parlaments und konnte ihre Arbeit aufnehmen.

8 The Finnish Presidency of the European Union (1 July-31 December 1999). A Preliminary Summary of Achievements.

9 Vgl. DI QUIRICO (2003), S. 43; *Helsingin Sanomat 01.07.2003; Süddeutsche Zeitung 18./19.06.2003.* Ausführlich zu den Gründen der Differenzen siehe FREUDENBERG (2003).

10 Zu den Funktionen der Ratspräsidentschaft gegenüber dem Europäischen Parlament siehe 2.3.

11 Vgl. DINAN (1999), S. 241 f.

> „Looking back I think we should have been a little bit more political, a little bit more populist and sucked up a little bit more to get them [the EP] on our side. Portugal is the world-champion in dealing with the parliament telling them that they are the best, that they are important.“[1]

Zu einer effektiven Zusammenarbeit trägt bei, wenn die Kontakte mit dem Parlament auf höchster politischer Ebene gepflegt werden.[2] Die Präsidentschaft sollte als ein Repräsentant des Rates und nicht als ein Repräsentant des eigenen Mitgliedstaates auftreten.[3] Die Qualität der Kooperationsbeziehung kann vor allem durch Wahlen zum Europäischen Parlament beeinträchtigt werden. Edwards und Lords argumentieren bezüglich der Auswirkungen der Wahlen auf den spanischen und französischen Vorsitz von 1989: „Die Beziehungen zum Europäischen Parlament wurden zwangsläufig wegen der Wahlen im Juni 1989 unterbrochen. Dies betraf beide Präsidentschaften.“[4] Die Auswirkungen sind jedoch begrenzt, weil die Wahlen im voraus bekannt sind und sich die Ratspräsidentschaft auf diese Situation einstellen kann.

Insgesamt zeigt sich, daß die Durchführung der Ratspräsidentschaft aus EU-interner Sicht nicht nur von den europapolitischen Rahmenbedingungen, sondern auch von der Qualität der Kooperation mit den EU-Organen in großem Maße abhängt. Nach der Darstellung der ratspräsidentschaftsstaatsspezifischen und EU-internen Faktoren wird im folgenden die EU-externe Seite der Determinanten zur Durchführung des Vorsitzes beleuchtet.

2.4.3 EU-externe Faktoren

Aufgrund der zunehmenden Globalisierung muß sich jede EU-Ratspräsidentschaft immer stärker mit der aktuellen Situation in Drittstaaten auseinandersetzen. Vorgänge außerhalb der EU können Situationen entstehen lassen, die einer Präsidentschaft förderlich oder abträglich sind.[5] Der Einfluß der EU-externen Faktoren ist abhängig von ihrer politischen, ökonomischen und geographischen Relevanz für den Präsidentschaftsstaat sowie für die EU als Ganzes.[6] Zu den EU-externen Faktoren zählen Geschehnisse außerhalb der EU und die weltwirtschaftliche Lage.

Geschehnisse außerhalb der EU

Der Ablauf einer Präsidentschaft ist nur begrenzt steuerbar, weil außerhalb der EU unvorhersehbare Ereignisse, wie politische Entwicklungen, Konflikte, Kriege oder Naturkatastrophen, eintreten können, welche vom Vorsitz Krisenmanagement erfordern und den Fortschritt des geplanten Arbeitsprogramms beeinträchtigen können.[7] In

---

[1] STEIN (2000), S. 78. Ein Beamter einer Ständigen Vertretung.

[2] Vgl. HUMPREYS (1997), S. 31; MARCHER/WEIERMAIR (1998), S. 28.

[3] Vgl. STEIN (2000), S. 78. Dieses Prinzip wird nicht immer eingehalten. Der frühere Außenminister Scheel gibt offen zu, von dieser Regel abgewichen zu sein. „Trotzdem habe ich mir immer wieder die Freiheit genommen, bei den entsprechenden Gelegenheiten meine eigene Meinung vorzutragen, wobei ich dies dann jedoch ausdrücklich deutlich gemacht habe.“ SCHEEL (1988), S. 143.

[4] EDWARDS/LORD (1990), S. 54. Vgl. auch WANKA (1998), S. 9 f.

[5] Vgl. EDWARDS/WALLACE (1978), S. 91.

[6] Vgl. VORNBÄUMEN (1985), S. 49.

[7] Ausgesuchte Beispiele für solche Ereignisse in den letzten Jahren sind der Kosovo-Krieg während der deutschen Ratspräsidentschaft 1999, der Krieg in Tschetschenien während der finnischen Präsidentschaft 1999 sowie der Terroranschlag in New York vom 11. September 2001 während des belgischen Vorsitzes. Vgl. BENGTSSON (2001c), S. 6.

der Planungsphase der Ratspräsidentschaft können absehbare globale Entwicklungen berücksichtigt werden, um den Einfluß auf den Ablauf des Vorsitzes minimieren zu können.[1] Neben den normalen Vorbereitungsarbeiten der GASP werden Übungen in diversen fiktiven Krisensituationen durchgeführt.[2] Dennoch können überraschende Ereignisse das ganze Arbeitsprogramm zunichte machen, wie sich anhand der belgischen Ratspräsidentschaft im zweiten Halbjahr 2001 verdeutlichen läßt.

> „The nightmare of diplomats and everyone who had meticulously prepared the Presidency came true on 11 September. (...) This was probably the first time in the history of the European integration that the agendas of several Councils (...) were affected so dramatically and unexpectedly."[3]

Analog zu den EU-internen Faktoren sind die Auswirkungen von Ereignissen außerhalb der Union auf den Vorsitz um so gravierender, je unerwarteter sie eintreten.

Die Geschehnisse außerhalb der EU können auch den Willensbildungs- und Entscheidungsprozeß katalysieren. Die Anerkennung des Status als Beitrittskandidat für die Türkei auf dem Gipfel von Helsinki im Dezember 1999 ist ein Beispiel dafür. Die Annäherung zwischen der Türkei und Griechenland als Konsequenz des Erdbebens in der Türkei im August 1999 wurde von der finnischen Ratspräsidentschaft aktiv ausgenutzt.[4] Der frühere finnische Ständige Vertreter Satuli formuliert:

> „Surprising events and sometimes also tragic ones can be turned to advantage. This happened with Turkey. The earthquake that struck that country created a wave of sympathy among member states, generating the impetus for great advances at the Gymnich meeting of foreign ministers in Saariselkä at the start of September."[5]

Da es die strukturellen Voraussetzungen der GASP erschweren, ein optimales Krisenmanagement und eine glaubwürdige Außenvertretung zu absolvieren,[6] ist die Ratspräsidentschaft bei EU-externen Ereignissen stark in Anspruch genommen. Für die öffentliche Beurteilung eines Halbjahres ist das effiziente Reagieren der Ratspräsidentschaft auf Ereignisse außerhalb der EU von besonderer Bedeutung, da die nationalen und internationalen Medien das Agieren auf der globalen Bühne verstärkt beobachten.[7] Der Vorsitz muß vor allem politische Flexibilität besitzen und die neuen Situationen in bereits vorhandene Strategien einbeziehen.[8]

> „Even if you were planning to work on other issues, if there is a crisis in Yugoslavia, then you have to deal with that crisis. If there is a coup or a non-coup in Moscow you have to respond to it. The Presidency has to be capable of thinking on its feet."[9]

Weltwirtschaftliche Lage

Neben den Geschehnissen außerhalb der EU übt die weltwirtschaftliche Konjunktur einen bedeutenden Einfluß auf den Handlungsspielraum des Vorsitzes aus. Regelsberger und Wessels zeigen das Abhängigkeitsverhältnis zwischen dem Aktionsspektrum

1 Vgl. MARCHER/WEIERMAIR (1998), S. 26.

2 So z.B. in Finnland. Vgl. *Helsingin Sanomat 01.07.1999a.*

3 VOSS/BAILLEUL (2002), S. 7 f. Vgl. auch KERREMANS/DRIESKENS (2002), S. 50 f.

4 Vgl. PELTONEN (2000), S. 116.

5 SATULI (1999), S. 9.

6 Vgl. EVERTS (2002a).

7 Vgl. LANG (2002), S. 84. Daraus resultiert, daß jede Regierung in der Regel im voraus betont, daß ihr Halbjahr in einem besonders herausfordernden Zeitraum stattfinden würde. Vgl. SATULI (1999), S. 4.

8 Vgl. VORNBÄUMEN (1985), S. 50.

9 WALLACE (1993a), S. 46. Vgl. auch DUKE (1998), S. 15.

der Ratspräsidentschaft und der wirtschaftlichen Lage anhand des Beispiels der deutschen Ratspräsidentschaft im Jahre 1983 auf:

> „The Presidency in 1983 took place in a clearly deteriorated environment (...). The economic situation (...) had increased the problems of unemployment, lack of economic growth and competitiveness. (...) In 1978, the German Presidency was in a better position to choose from among different areas of activities, whereas the 1983 Presidency had to be much more reactive to pressing needs."[1]

Das Verhältnis der weltwirtschaftlichen Situation, speziell der wirtschaftlichen Entwicklung der Gemeinschaft, und des europäischen Integrationsprozesses wird immer wieder betont.[2] Der Handlungsspielraum der Ratspräsidentschaft wird insbesondere dann durch die weltwirtschaftliche Stimmung eingeengt, wenn die wirtschaftlichen Entwicklungen unmittelbare Konsequenzen auf das Verhalten der Mitgliedstaaten im Rat haben.[3] Dieses Abhängigkeitsverhältnis wurde besonders durch die Eurosklerose der 70er Jahre deutlich, welche den gesamten Integrationsprozeß lahmlegte und die Tendenz zur intergouvernementalen Entscheidungsfindung stärkte. Daraus folgte, daß es auch keine Erwartungen an die Ratspräsidentschaften gab.

> „It was unrealistic to expect the Council of Ministers to succeed while individual governments were struggling, or to expect the Presidency to discover a golden key with which to unlock the door to a new consensus."[4]

Während schlechter wirtschaftlicher Zeiten werden die eigenen Interessen in den Vordergrund gestellt. Der frühere Kommissionspräsident Delors formulierte diesbezüglich in einem Interview im Oktober 2003: „Wenn es Europa nicht gut geht und das Wirtschaftswachstum schwächelt, kommt es eher zum Familienstreit. Im Moment sehen wir die reinste Kakophonie."[5]

Abbildung 2-5 verdeutlicht das Dreiecksverhältnis[6] zwischen europäischer Integration, Wirtschaftsentwicklung der Gemeinschaft und Rolle der Gipfeltreffen seit 1985. Die integrationspolitische Bedeutung einer Ratspräsidentschaft wird vor allem anhand der Resultate der Tagung des Europäischen Rates gemessen, da dieser die Leitinstitution der europäischen Integration ist. Die Abbildung zeigt, daß ein Wirtschaftswachstum von mehr als 2% erforderlich gewesen ist, um Integrationsfortschritte in der EG/EU erzielen zu können.[7] Für den Vorsitz bedeutet dies, daß die Erreichung von Integrationsfortschritten u.a. eine günstige wirtschaftliche Situation der EU und der Welt insgesamt voraussetzt.

---

1 REGELSBERGER/WESSELS (1985), S. 83. Vgl. auch EDWARDS/WALLACE (1978), S. 52; KIRCHNER (1992), S. 85; WESSELS (1992), S. 16.

2 „Undoubtedly, favourable economic and political conditions are of importance; periods of economic prosperity, for example, are more conducive to co-operation than periods of economic recession". KIRCHNER (1992), S. 7 f. Vgl. auch ELGSTRÖM (2002b), S. 46.

3 Vgl. VORNBÄUMEN (1985), S. 49.

4 WALLACE (1985a), S. 7.

5 *Wirtschaftswoche 02.10.2003.*

6 Der Begriff Dreiecksverhältnis in bezug auf den Zusammenhang zwischen europäischer Integration, Wirtschaftsentwicklung der Gemeinschaft und Rolle der Gipfeltreffen wird von Reichenbach, Emmerling, Staudenmayer und Schmidt verwendet. Vgl. REICHENBACH/EMMERLING/STAUDENMAYER/SCHMIDT (1999), S. 34 ff.

7 Gemeint ist der reale, um die Inflation bereinigte Anstieg des Bruttoinlandsprodukts (BIP) gegenüber dem Vorjahr (reales BIP).

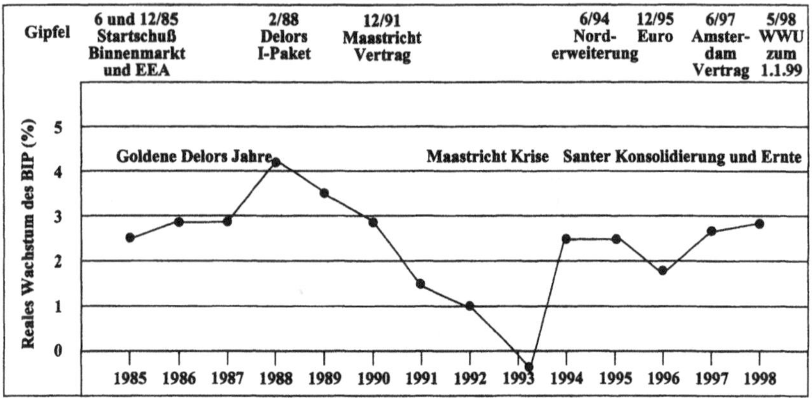

Abbildung 2-5: Wirtschaftsentwicklung, Integration und Gipfel 1985-1998[1]

Aufbauend auf der Darstellung der Entwicklung der Rechtsgrundlagen, der institutionellen Stellung, der gegenwärtigen Funktionen und Determinanten zur Durchführung der Ratspräsidentschaft werden im folgenden die Vor- und Nachteile des aktuellen Ratspräsidentschaftssystems herausgearbeitet.

2.5 Vorteile und Defizite der aktuellen Ratspräsidentschaft

Zur Identifizierung der Anforderungen an die Reform der EU-Ratspräsidentschaft in Kapitel 3 werden die Vor- und Nachteile des bestehenden Vorsitzsystems erarbeitet. Die aktuelle Ratspräsidentschaft wird von den Mitgliedstaaten nacheinander für je sechs Monate nach einer vom Rat einstimmig beschlossenen Reihenfolge wahrgenommen. Gemäß dem Grundsatz der Einheitlichkeit führt der die Präsidentschaft innehabende Mitgliedstaat den Vorsitz in der gesamten Ratshierarchie und in allen Tätigkeitsbereichen der Union. Die Reform sollte das Fortbestehen der Vorteile des aktuellen Vorsitzsystems in einer erweiterten EU sicherstellen und die bestehenden Defizite ausgleichen.

Das rotierende Vorsitzmodell hat insbesondere den Vorteil, daß es die souveräne Gleichheit der Mitgliedstaaten in der EU symbolisiert. Jeder Staat kann unabhängig von seiner Größe die Ratspräsidentschaft in regelmäßigen Abständen für die gleiche Dauer ausüben. Positiv ist zudem, daß die Durchführung einer Ratspräsidentschaft nicht nur die Verfahren, sondern auch die Effizienz der Organisation der nationalen Verwaltung regelmäßig erhöht. Des weiteren ist ein intensives network building mit den EU-Organen und -Institutionen notwendig. Der vorsitzende Mitgliedstaat wird automatisch intensiver in die europäische Integration einbezogen. Aus der Rotation resultiert außerdem, daß alle Mitgliedstaaten sukzessiv gezwungen sind, sich detailliert mit allen europäischen Themen auseinanderzusetzen. Von diesen Know-hows profitieren sowohl die einzelnen Mitgliedstaaten als auch das gesamte politische Sy-

[1] REICHENBACH/EMMERLING/STAUDENMAYER/SCHMIDT (1999), S. 36.

stem der EU. Vorteilhaft ist ebenso, daß der halbjährliche Wechsel neue Impulse für den europäischen Integrationsprozeß bringt. Ein Vorsitz hat größere politische Einfluß- und Gestaltungsmöglichkeiten auf die EU-Agenda als ein regulärer Mitgliedstaat. Das halbjährliche Einbringen von neuen Perspektiven spielt eine zentrale Rolle für die Innovationsfähigkeit der EU. Neben den politischen Impulsen bringt die sechsmonatige Rotation neue Dynamik für die Integration. Sie gibt für einen Mitgliedstaat den Stimulus, in der eigenen Präsidentschaft bestimmte Ziele zu erreichen. Aufgrund der hohen Präsenz der europäischen Integration im vorsitzenden Mitgliedstaat fördert die regelmäßig alternierende Ratspräsidentschaft die Entfaltung eines europäischen Bewußtseins sowohl bei Stakeholdern als auch in der Bevölkerung.

Das aktuelle Modell der Ratspräsidentschaft hat jedoch auch Defizite. Die Kontinuität der Politik und die Vertretung der EU nach innen sowie nach außen leidet unter der halbjährlichen Rotation. Der Kontinuität nach innen ist abträglich, daß die Präsidentschaften alle sechs Monate unterschiedliche Schwerpunkte und Initiativen setzen. Hierdurch kann keine kohärente Führung entstehen. Insbesondere ist aber die Gestaltung einer glaubwürdigen Außenpolitik und -vertretung in einem sechsmonatigen Takt problematisch. Die Drittstaaten werden mit permanent wechselnden Ratspräsidentschaften konfrontiert. Daraus resultiert, daß es an personenbezogener, außenpolitischer Präsenz der EU fehlt. Das in Amsterdam gegründete Amt eines Hohen Vertreters für die GASP konnte diesen Mangel der europäischen Außenpolitik nicht vollständig beheben. Zudem bringen nicht alle Mitgliedstaaten die physischen Voraussetzungen für eine wirkungsvolle Außenvertretung mit, vor allem die kleinen Mitgliedstaaten werden nicht als gleichberechtigte Verhandlungspartner auf der weltpolitischen Bühne wahrgenommen. Aus der Vielfalt der Aufgaben der Ratspräsidentschaft in allen Tätigkeitsbereichen und auf allen Ebenen der Ratshierarchie resultiert, daß die Mitgliedstaaten ihre Belastungsgrenze erreicht haben. Insbesondere die EU-Mitglieder mit geringeren Ressourcen können die Funktionspalette des einheitlichen Vorsitzes kaum noch bewältigen. Die geringe Flexibilität des gegenwärtigen Ratspräsidentschaftssystems ist ebenso negativ zu bewerten. Gemäß der zuvor festgelegten Rotationsreihenfolge muß jeder Mitgliedstaat ungeachtet seiner innen- und integrationspolitischen Situation den Vorsitz ausüben, ein Umstand, der negative Konsequenzen auf den Ablauf einer EU-Ratspräsidentschaft haben kann.

Im Lichte der Erweiterung der EU werden auch die Bedingungen für die Funktionsweise der rotierenden Ratspräsidentschaft fundamental modifiziert.[1] Daher müssen grundlegende Überlegungen zur künftigen Ausgestaltung des Vorsitzes angestellt werden. Aufbauend auf der Herausarbeitung der Vorteile und Defizite der aktuellen Ratspräsidentschaft werden im nächsten Kapitel die Anforderungen an die Reform der Ratspräsidentschaft konkretisiert.

[1] Die veränderten Bedingungen werden bei der Erstellung der Anforderungen in Kapitel 3 näher berücksichtigt.

3 ANFORDERUNGEN

Im Zuge der Erweiterung ist die institutionelle Anpassung der sukzessiv alternierenden Ratspräsidentschaft notwendig. Die Reform muß politische Folgen institutioneller Änderungen ebenso berücksichtigen wie die unmittelbaren Implikationen auf das Institutionengefüge. Die Anforderungen an die Neugestaltung der Ratspräsidentschaft können sich dabei nicht nur auf die interne und externe Handlungsfähigkeit der EU-25+ beschränken, sondern müssen auch den Interessen der Mitgliedstaaten und weiteren Akteuren gerecht werden.

Innerhalb dieses Kapitels werden die Anforderungen an die Reform der Ratspräsidentschaft identifiziert und ihre Ausprägungen in den Modellen einer erweiterten EU aufgezeigt.[1] Mit Hilfe der Analyse der aktuellen Ratspräsidentschaft aus dem vorhergehenden Kapitel sowie der Literatur werden die Anforderungen an die Ratspräsidentschaftsreform abgeleitet. Die Ausprägungen der Anforderungen ergeben sich aus den Merkmalen und Eigenschaften der Modelle einer erweiterten EU und werden in Anforderungskatalogen je Modell zusammengefaßt. Diese Kataloge bestimmen die Relevanz einzelner Anforderungen für den Entwurf der Reformoptionen in Kapitel 5. Die Anforderungen lassen sich unterteilen in:

- systemische Anforderungen,
- mitgliedstaatliche Anforderungen und
- funktionale Anforderungen.

Im folgenden werden diese Anforderungen, die sich jeweils aus verschiedenen Dimensionen zusammensetzen, beschrieben. Anschließend wird die Bedeutung der einzelnen Anforderungen für jedes Erweiterungsmodell der EU dargestellt.

3.1 Systemische Anforderungen

Die systemischen Anforderungen bestimmen den generellen Bedarf an Reformen für die EU und dienen für deren Ausführung als Zielgrößen.[2] Da die systemischen Anforderungen die Benchmarks für alle Reformthemen des europäischen politischen Prozesses enthalten,[3] stellen sie die Zielgrößen auch für die Vorsitzreform dar.[4] Aus ihrer universalen Gültigkeit resultiert, daß ihre Gewichtung nach den Modellen einer er-

---

[1] Die Erweiterungsmodelle der EU sind, wie in Kapitel 1.4 beschrieben, die föderale, die intergouvernementale und die flexible EU.

[2] Vgl. FISCHER/SCHLEY (1999), S. 9; KOHLER-KOCH (2000), S. 188; WEIDENFELD (2001a), S. 19. Die systemischen Anforderungen stellen kein Novum für die Bewertung der Entwicklungen der EU dar. Kohler-Koch argumentiert, daß der Stellenwert der systemischen Anforderungen für den Reformprozeß der EU aus zwei Gründen jedoch akuter geworden ist. „Der eine liegt im Bedeutungsgewinn der Europäischen Union, der andere in der Ungewissheit der weiteren Entwicklung." KOHLER-KOCH (2000), S. 188.

[3] Vgl. JANNING (2002), S. 286.

[4] Die Reform der Ratspräsidentschaft kann die systemischen Defizite der EU nicht alleine beheben. Dennoch kann sie zur Optimierung des gesamten Institutionengefüges der erweiterten Union beitragen.

weiterten EU nicht notwendig ist. Die Dimensionen dieser Anforderungen sind Effizienz, Akzeptanz und Legitimation.[1]

3.1.1 Effizienz

Die Reform der Ratspräsidentschaft soll zur verbesserten Problembewältigung in einer erweiterten Union beitragen. Dies bedeutet, daß die optimierte Präsidentschaft ihre Funktionen innerhalb des politischen Systems der EU künftig erfolgreicher wahrnehmen soll. Die Operationalisierung der Effizienz erfordert eine Betrachtung des Mitteleinsatzes (Input) und der Zielerreichung (Output). In der vorliegenden Arbeit wird deshalb sowohl die Handlungsfähigkeit als auch die Effektivität unter dem Effizienz-Begriff subsumiert. Das Kriterium der Handlungsfähigkeit beinhaltet, daß die Beschlüsse bezüglich der künftigen Herausforderungen gefaßt werden können.[2] Die Effektivität wird als wirksame Umsetzung der einmal getroffenen Entscheidungen in diesem Kontext verstanden.[3] Sie beschreibt somit die Kongruenz zwischen gezielter und de facto erzielter Wirkung politischer Steuerung. Die Effektivität kann auch als Durchsetzungsvermögen definiert werden. Im Zusammenhang mit den systemischen Anforderungen wird der Effizienz-Begriff nicht nur wie im wirtschaftlichen Terminus als reines Kosten-Nutzen-Verhältnis verstanden, sondern auch im engeren Sinne als Entscheidungseffizienz. In Konsequenz können die Entscheidungen in angemessener Zeit gefällt werden.[4]

Im allgemeinen kann festgehalten werden, daß die Anzahl der Mitgliedstaaten in einer Korrelation zur Effizienz der Union steht.[5] Trotz der zunehmenden Komplexität des politischen Systems in einer erweiterten EU sollen effiziente Entscheidungen getroffen werden können. Bezogen auf die Reform der Ratspräsidentschaft bedeutet dies, daß die Umgestaltung des Vorsitzes zur Rationalisierung der Entscheidungsverfahren der Union beitragen soll.

3.1.2 Akzeptanz

Die zukünftige Gestaltung der EU hängt entscheidend davon ab, inwieweit es gelingen wird, die Akzeptanz der Unionsbürger für den Integrationsprozeß zu gewinnen, denn die Zeiten des permissiven Konsenses für die europäische Integration sind vorüber.[6] Die Verfasser der Zukunftsentwürfe der EU sind sich darüber einig, daß der Diskurs über die künftige erweiterte Union nicht mehr ohne Beteiligung der Bürger geführt werden darf.[7] Die europäischen Bürger stehen der europäischen Integration zunehmend skeptisch gegenüber. Die Akzeptanz der EU erreichte am Ende des Kalten

1 Vgl. BERTELSMANN EUROPA-KOMMISSION (2000), S. 10; JANNING/GIERING (1999), S. 42.
2 Vgl. JANNING/GIERING (1999), S. 42.
3 Vgl. JANNING/GIERING (1999), S. 42.
4 Vgl. TINDEMANS-GRUPPE (1996), S. 47.
5 Vgl. PIEPENSCHNEIDER (1997), S. 222.
6 Vgl. SCHILD (2001), S. 331 f.
7 Vgl. WEIDENFELD/GIERING (2002), S. 800.

Krieges Unterstützungswerte von über 80%.[1] Seit der Maastrichtdebatte[2] läßt die Akzeptanz der Bürger für die europäische Integration nach,[3] dabei ist die durchschnittliche Zustimmung zur Mitgliedschaft in der EU zu Beginn des Jahres 2003 auf 55% gesunken.[4] Die Akzeptanz als systemische Anforderung beinhaltet, daß die betroffenen Bürger die getroffenen Entscheidungen der Union als sinnvoll und nützlich erachten.[5] Dabei geht es um die Anerkennungswürdigkeit des politischen Systems der EU. Weidenfeld stellt dazu fest: „Das heutige Europa sollte nicht mehr als ideelle Konstruktion der politischen Eliten verstanden werden, vielmehr begründet es eine Existenzgemeinschaft unter den Europäern."[6] Die Akzeptanz für die EU muß immer wieder neu gewonnen werden, dabei wirkt insbesondere das Prinzip der souveränen Gleichheit der Mitgliedstaaten im europäischen Integrationsprozeß akzeptanzschaffend.[7]

Die Befürwortung der EU kann durch Beteiligungsrechte der Bürger und verständliche institutionelle Reformen erhöht werden.[8] Zur höheren Akzeptanz trägt zudem eine steigende Transparenz bei. Dies bezieht sich nicht nur auf die Prozesse der Entscheidungsfindung, sondern auch auf die Vielfalt der Verfahrensvorschriften. Die Transparenz wird als Synonym für Klarheit und Wahrheit gegenüber den Unionsbürgern verstanden, deren wesentlicher Inhalt aus der Durchschaubarkeit der Entscheidungsstrukturen und -prozesse besteht.[9] Die Zuordnung von personellen und materiellen Verantwortlichkeiten für Entscheidungen soll gesichert werden, wodurch eine möglichst klare Zurechenbarkeit politischer Verantwortung gewährleistet werden kann. Dies bedeutet für die Reform der Ratspräsidentschaft, daß sie nicht zur Komplizierung der Strukturen und Verfahren beitragen darf. Die Zukunftsgestaltung der Union braucht die Akzeptanz der Bürger, da die europäische Integration ohne ihre Zustimmung ihre Legitimationsbasis verliert.[10]

3.1.3 Legitimation

Unter Legitimität wird der Zustand der Rechtmäßigkeit verstanden. Die Legitimation bezeichnet den Prozeß, durch den Legitimität erzeugt wird.[11] Hierbei ist die Frage der demokratischen Legitimation eng mit der Akzeptanz als auch mit der Effizienz ver-

---

1 Vgl. HENSCHEL (1998), S. 37.

2 Die Maastrichtdebatte wird eher als Katalysator denn als Auslöser der Europamüdigkeit betrachtet, da bereits Ende der achtziger Jahre eine Stagnation der affektiven Europaorientierung festgestellt wurde. Vgl. GLAAB (1999), S. 606.

3 Die Befürwortung ist nach Maastricht leicht angestiegen, danach ist sie vor Amsterdam wieder gesunken und nimmt seitdem wieder langsam zu. Vgl. KARLSSON (2001), S. 121.

4 Vgl. Eurobarometer 58 (2002).

5 Vgl. JANNING/GIERING (1999), S. 43.

6 WEIDENFELD (2001a), S. 31. Vgl. auch KARLSSON (2001), S. 129.

7 Vgl. PIEPENSCHNEIDER (1997), S. 223.

8 Vgl. KOHLER-KOCH (2000), S. 188.

9 Vgl. HOYER (1995), S. 192. Zu den diversen Definitionen des Transparenz-Begriffes siehe MOSER (2001), S. 2 f.

10 Vgl. EUROPÄISCHE STRUKTURKOMMISSION (1995), S. 38; GIERING (2001d), S. 426.

11 Vgl. JUCHLER (2001), Fn. 2, S. 467.

bunden[1] und umfaßt zwei Dimensionen.[2] Die Input-Dimension (Herrschaft durch das Volk) beinhaltet die durch Verfahren institutionalisierten Mechanismen zur Partizipation der Bürger an der Politik, die dem Demokratiegebot gerecht werden. Die Output-Dimension der Legitimation (Herrschaft für das Volk) hängt von der Fähigkeit eines Systems ab, effiziente und effektive Problemlösungen zu produzieren, die den Bedürfnissen, Wünschen sowie Zielen der Regierten entsprechen. Diese Dimension bezieht sich auf die Leistungsfähigkeit eines Systems.[3] Die Legitimation ist somit nicht nur eng auf die Teilnahme an politischer Willensbildung und Beschlußfassung bezogen, sondern auch auf die Aufgabenerfüllung der Union.[4]

Der öffentliche Fokus auf die Input-Dimension der Legitimation ist auf die Tatsache zurückzuführen, daß sie als Ursache für das Demokratiedefizit[5] der EU gilt. De facto gibt es jedoch keinen reellen Trade-off zwischen der Output- und der Input-Legitimation.[6] Daraus resultiert, daß sie komplementär sind. Die Europäische Politik kann durch die Input-Dimension für absehbare Zeit nicht ausreichend legitimiert werden. Scharpf stellt deshalb fest, daß es keinen Grund gibt, „warum sich die Ausübung öffentlicher Gewalt auf europäischer Ebene nicht ebenfalls auf output-orientierte Legitimation stützen könnte."[7] Da alle politischen Systeme einen wesentlichen Teil ihrer Legitimation über ihre Fähigkeit zur Lösung der ihr gestellten Aufgaben erbringen müssen,[8] wird ausschließlich die Output-Dimension der Legitimation in der vorliegenden Arbeit berücksichtigt. Dies ist auch darin begründet, daß die Input-Dimension nicht durch die Reform der Ratspräsidentschaft in absehbarer Zeit beeinflußt werden kann.[9] Die Effizienz der reformierten Ratspräsidentschaft ist also die Voraussetzung für eine hinreichende Legitimation.

3.2 Mitgliedstaatliche Anforderungen

Die systemischen Anforderungen an die Reform der Ratspräsidentschaft werden im folgenden durch den mitgliedstaatlichen Aspekt ergänzt. Die durch die mitgliedstaatliche Vorsitzführung verursachten positiven und negativen Konsequenzen der aktuellen Ratspräsidentschaft werden sowohl für die einzelnen Mitgliedstaaten als auch für die gesamte EU analysiert. Die Gewichtung der mitgliedstaatlichen Anforderungsdimensionen nach Modellen einer erweiterten EU rundet die Betrachtung ab. Die mitgliedstaatlichen Anforderungen gliedern sich in folgende Dimensionen: Souveräne Gleichheit der Mitgliedstaaten, Europapolitischer Identifikationswert der Ratspräsident-

1 Vgl. HAYES-RENSHAW (1996), S. 144.

2 Vgl. SCHARPF (1999), S. 16.

3 Vgl. HÖRETH (1999), S. 85; WESSELS (2001), S. 18.

4 Vgl. HRBEK (1996), S. 203

5 Vgl. DECKER (2002a).

6 Vgl. ABROMEIT (2001), S. 266 f.

7 SCHARPF (1999), S. 168.

8 Vgl. EUROPÄISCHE STRUKTURKOMMISSION (1995), S. 37.

9 Die Stärkung der Input-Legitimation wäre z.B. durch eine unmittelbare Wahl des Präsidenten des Europäischen Rates oder der einzelnen Vorsitzenden des Rates möglich. Da diese Überlegungen aktuell kaum Resonanz haben, wird die Input-Dimension nicht berücksichtigt.

schaft, Vermeidung der Handlungsunfähigkeit der Ratspräsidentschaft aufgrund innen- und integrationspolitischer Faktoren, Wahrnehmung der ratspräsidentschaftsverbundenen administrativen Know-hows, Reduzierung der operativen Belastung der mitgliedstaatlichen Administration, Politische Führung und Kontinuität innerhalb der EU sowie Integrationspolitische Einfluß- und Gestaltungsmöglichkeiten auf die EU-Agenda.

3.2.1 Souveräne Gleichheit der Mitgliedstaaten

Die Mitgliedstaaten ließen sich bisher in die beiden Lager der Integrationisten und der Intergouvernementalisten hinsichtlich der künftigen Gestaltung der EG/EU aufteilen. Aktuell kommt ein weiteres Kriterium, der Unterschied zwischen den kleinen und großen Staaten, hinzu.[1] Insbesondere seit dem Gipfel von Nizza ist das Verhältnis zwischen ihnen polarisiert.[2] Die Balance des politischen Einflusses zwischen kleinen und großen Staaten, in Analogie zum amerikanischen Verfassungskonvent von Philadelphia im Jahre 1787,[3] ist eine der kontroversesten Fragen der aktuellen institutionellen Reformen der EU.[4] Bei der Reform der Ratspräsidentschaft ist die zentrale Frage, wie das Grundprinzip der souveränen Gleichheit der Mitgliedstaaten trotz der Herstellung notwendiger Arbeitseffizienz bei wachsender Mitgliedszahl in der Union aufrechterhalten werden kann.[5]
Bei zunehmendem Beitritt von Kleinstaaten in eine internationale Organisation treten das völkerrechtliche Prinzip der Staatengleichheit (one state, one vote) und das Repräsentationsprinzip im Sinne des relativen Gewichts der Staaten (one man, one vote) in Widerspruch.[6] Das Konzept der statutarischen Gleichheit bedeutet, daß alle Mitgliedstaaten hinsichtlich der Beteiligung und Einbeziehung in den Entscheidungsprozeß gleichberechtigt sind.[7] De jure existiert das Prinzip der klassischen Staatengleichheit in der EU nicht,[8] schon von Anfang an ist die Gemeinschaft von diesem Grundsatz abgewichen.[9] Das institutionelle System der EU weist eine duale Natur als Union der Völker und Staaten auf.[10] Aufgrund der Tatsache, daß die EU kein Bundesstaat ist,

---

1 Der Berater des Zentrums für Europäische Politik in Brüssel Davidson unterscheidet zwischen diesen zwei Trennlinien. Vgl. *Süddeutsche Zeitung 05.05.2003.*

2 Bereits in Amsterdam war diese Konfliktlinie deutlicher als früher zu spüren. Vgl. ANTOLA/LEHTIMÄKI (2001), S. 7; LEHNE (1999a), S. 225; STEPPACHER (1997), S. 53. Stubb nennt drei Gründe für die zunehmende Polarisierung. Erstens wird das relative Gewicht der großen Staaten im Rahmen der Erweiterung durch hauptsächlich kleine Staaten abnehmen. Des weiteren wurden in Nizza reine machtpolitische Fragen gelöst, welche langanhaltende Wirkungen auf die Union haben. Drittens werden diese Spannungen deutlicher, weil in der Union zunehmend über außenpolitische Dossiers verhandelt wird, die früher große Mitgliedstaaten untereinander beschlossen haben. Vgl. *Helsingin Sanomat 24.11.2002.*

3 Vgl. *Financial Times Deutschland 15.05.2003;* WASSER (1993), S. 26 f.

4 Vgl. GISCARD D'ESTAING (CONV 7072.doc).

5 Vgl. PIEPENSCHNEIDER (1995), S. 214.

6 Vgl. GSTÖHL (2001b), S. 24 f. Der Präsident des Europäischen Konvents Giscard d'Estaing problematisiert diese Frage bezüglich der erweiterten Union in seiner Rede vom 11.02.2003. Vgl. GISCARD D'ESTAING (CONV 7072.doc).

7 Vgl. NEISSER (1995), S. 248.

8 Der Vertrag betont vielmehr den Gedanken der Solidarität und Kohärenz. Vgl. Art. 1 Abs. 3. EUV (idF. vom 26.02.2001). Vgl. auch PIEPENSCHNEIDER (1997), S. 223.

9 Vgl. NEUNREITHER (2001), S. 186; ZBINDEN (1998), S. 210 ff.

10 Vgl. GISCARD D'ESTAING (CONV).

stützt sich ihre Willensbildung stärker auf die Gleichheit der Mitgliedstaaten als auf die der Unionsbürger.[1] Der Entwurf eines Vertrags über eine Verfassung für Europa vom Europäischen Konvent im Juni 2003 legt jedoch Wert auf den Grundsatz der demokratischen Gleichheit im Sinne der Gleichheit aller Bürger der Union.[2]

Das heutige rotierende Ratspräsidentschaftssystem der EU beruht auf dem Prinzip der Staatengleichheit. Es sichert die gleichberechtigte Einbeziehung und damit die Mitwirkung aller Mitgliedstaaten am Integrationsprozeß. Die rotierende Präsidentschaft gilt somit als ein wichtiges Symbol für die souveräne Gleichheit in der EG/EU.[3] Der österreichische Außenminister Schüssel stellt fest:

> „Die Präsidentschaft ist schließlich die deutlichste **Manifestation des Prinzips der souveränen Gleichheit der Mitgliedstaaten.** [Hervorhebung im Original; d. Verf.] Jeder weiß, daß das wirtschaftliche und politische Gewicht eines Landes in der faktischen Gestaltung der Unionspolitik ein maßgeblicher Faktor ist. Gerade deshalb ist es für die Akzeptanz der Union in den kleineren Ländern so wichtig, daß jedes Land, unabhängig von seiner Größe, die gleiche Möglichkeit hat, die Rolle des „Managers der EU-Agenda" zu übernehmen. Dies umso mehr, als die Erfahrung zeigt, daß kleinere Länder diese Rolle ebenso gut ausüben als die großen Staaten der Union."[4]

Trotz des intergouvernementalen Charakters des Vorsitzes betrachten insbesondere die kleinen Staaten die rotierende Ratspräsidentschaft für ihre Interessen als wichtig.[5] Sie ist ein Mittel zur Demonstration und Erhaltung ihrer Macht in der Union.[6] Für die großen Staaten spielt die Ratspräsidentschaft eine weniger substantielle Rolle.[7] Die offiziellen Berichte und Dokumente der Organe und Institutionen der Union zur institutionellen Reform plädieren analog zu den kleinen Staaten dafür, daß die Gleichheit der Mitgliedstaaten auch im künftigen Ratspräsidentschaftssystem garantiert werden sollte.[8]

In zunehmendem Maße wird argumentiert, daß eine Effektivierung des Ratspräsidentschaftssystems nur unter der Relativierung des Prinzips der souveränen Gleichheit möglich ist.[9] Dieser Grundsatz liegt im Spannungsfeld von Effizienz und Legitimation

---

1 Vgl. GSTÖHL (2001a), S. 121.

2 Vgl. Art. IV I-44 DAS SEKRETARIAT (CONV 820/03).

3 Vgl. ANTOLA/LEHTIMÄKI (2001), S. 37; BOURLANGES (1996), S. 28; DINAN (1999), S. 246; FRANßEN DE LA GERDA (2000), S. 567; HOSCHEIT (1984), S. 15; JOPP (1999), S. 37; OJANEN (1999a), S. 5; REMUS (1969), S. 115; SCHIEDER (1998), S. 106.

4 SCHÜSSEL (Rede 14.01.1999).

5 Die Haltung Belgiens verdeutlicht dies: „A supranational federal Europe is viewed by Belgian elites as a way to preserve, to some extent, the interest of small countries against the hegemony of large states. In spite of pleas for supranationalism, Belgium has held on to intergovernmentally inspired principles of the smaller countries keeping a Commissioner and *the bi-annual rotation of the Presidency.*" [Hervorhebung; d. Verf.] DE WINTER/TÜRSAN (2001), S. 13. Ausführlich zur Haltung der kleinen Mitglied- und Beitrittsstaaten siehe ATTALIDES U.A. (CONV 646/03).

6 „Nevertheless, it does seem that the Council Presidency does permit smaller and new states to acquire a status within the EU, and increase their capacity against dominance by larger members." SHERRINGTON (2000), S. 173.

7 Die von großen Mitgliedstaaten eingebrachten Reformvorschläge reflektieren diesen Fakt. Vgl. 4.

8 Vgl. Bericht Hänsch (1992); Measures to Prepare the Council for Enlargement. Report by the Presidency to the European Council. Drawn up jointly with the General Secretariat of the Council (13.06.2002); Preparing the Council for Enlargement. Report by Javier Solana Secretary-General of the Council of the European Union (11.03.2002).

9 Vgl. BERTELSMANN EUROPA-KOMMISSION (2000), S. 28; BOURLANGES (1996), S. 29; GIERING (1998), S. 65; JANNING/GIERING (1999), S. 58; WEIDENFELD/JUNG (1997), S. 16.

des europäischen Integrationsprozesses.[1] Die weitere Entwicklung des Integrationsprozesses und ihre Legitimation machen es notwendig, daß künftig der Grundsatz der Gleichheit der Bürger zu Lasten der Gleichheit der Mitgliedstaaten stärker beim Ausbau des Institutionengefüges der Union berücksichtigt werden sollte.[2] Ein Arbeitspapier des Präsidiums des Europäischen Konvents vom Januar 2003 formuliert: „Eine Reform der Vorsitzregelung müsste (...) der *angemessenen* [Hervorhebung; d. Verf.] Vertretung aller Mitgliedstaaten gerecht werden."[3] De facto könnte eine Relativierung des Prinzips der souveränen Gleichheit mit sich bringen, daß einige Staaten im Sinne George Orwells gleicher als die anderen werden. Die politischen Realitäten könnten eine größere Rolle für das Ratspräsidentschaftssystem spielen. Insbesondere die kleinen Mitgliedstaaten befürchten, daß eine Art Direktorium der Großen entstehen könnte.[4]

Bei der Reform des Vorsitzes muß berücksichtigt werden, daß die großen und kleinen Staaten als Ratspräsidenten eigene charakteristische Stärken und Schwächen besitzen.[5] Da es nicht möglich ist, ein endgültiges Urteil über die Erfolge der großen und kleinen Staaten als Vorsitzende abzugeben, ist eine kategorische Ablehnung der Präsidentschaften kleinerer Staaten nicht gerechtfertigt. Insgesamt ist jedoch festzuhalten, daß die kleinen Staaten häufig weniger effektiv in den Bereichen des Managements der GASP und der Außenvertretung, die ein wichtiger Bestandteil der Zukunftsprojekte der Union sind,[6] agieren können.

Die internen und externen Herausforderungen des Vorsitzes setzen eine Relativierung des Grundsatzes der souveränen Gleichheit voraus. Dennoch sollte die neue institutionelle Lösung zumindest teilweise auf dem Prinzip der souveränen Gleichheit der Mitgliedstaaten beruhen. Dies gilt als entscheidend für die Entfaltung der politischen Vorteile der Ratspräsidentschaft.

3.2.2 Europapolitischer Identifikationswert der Ratspräsidentschaft

Die Ratspräsidentschaft ist eine große Chance für die Selbstdarstellung und Profilierung eines Mitgliedstaats nicht nur auf europäischer Ebene, sondern auch auf nationaler Bühne. Sie trägt zu einem höheren öffentlichen Stellenwert der europäischen Politik im vorsitzenden Mitgliedstaat bei.[7]

---

1 Piepenschneider drückt dieses Dilemma wie folgt aus: „Eine Entscheidung, die Gleichrangigkeit als durchgehendes Prinzip beizubehalten, geht auf Kosten der Effizienz. Ein Abrücken vom Gleichheitsgrundsatz und damit Herstellung von mehr Effizienz, kann auf Kosten der Legitimation gehen." PIEPENSCHNEIDER (1997), S. 231.

2 Vgl. BOURLANGES (1996), S. 29; SEIDEL (1996), S. 78.

3 DAS PRÄSIDIUM (CONV 477/03).

4 Als Beispiel für ein Regime der Großen wird die Balkan-Kontaktgruppe gehalten. Vgl. BERGEDORFER GESPRÄCHSKREIS DER KÖRBER-STIFTUNG (2001), S. 55; BEST (2000), S. 119; EDWARDS (1998), S. 58.

5 Vgl. 2.4.1.

6 Ausführlich zu den Zukunftsprojekten der europäischen Integration siehe BERTELSMANN FORSHUNGSGRUPPE POLITIK (2002), S. 6 ff.

7 Vgl. FRANßEN DE LA GERDA (2000), S. 567.

„This is (...) the moment to best prove to its people at home that they are not - at least not always - followers of uncontrollable developments in Brussels, but that they are well-placed in the central nervous system of this often seemingly daunting organisation, so that in concert, their country and the EU can inextricably work on their behalf and for their benefit.“[1]

Die Ratspräsidentschaft ist eine Möglichkeit, die Akzeptanz der Union im Vorsitzland zu erhöhen[2] und kann damit zur Legitimation der EU-Mitgliedschaft beitragen.[3] Sie besitzt somit einen europapolitischen Identifikationswert.

Die Regierungen versuchen, durch die Instrumentalisierung des Vorsitzes der Bevölkerung das eigene Land als integralen Teil des europäischen Projektes begreifbar zu machen und die öffentliche Meinung auf einen europafreundlicheren Kurs zu bringen.[4] Erstens kann eine aufwendige Berichterstattung und Werbung für die EU und die Präsidentschaft in den Medien stattfinden, um die öffentliche Meinung von den Vorteilen der EU-Zusammenarbeit zu überzeugen.[5] Zweitens können insbesondere solche Dossiers in das Arbeitsprogramm aufgenommen werden, die von der Bevölkerung positiv bewertet werden. Beispielsweise gaben die Regierungen von Großbritannien (1998) und Schweden (2001) offiziell zu, daß sie bewußt bürgernahe Themen während des Vorsitzes aufgegriffen haben.[6] Der damalige britische Europaminister Henderson schrieb über die Popularisierung der britischen Agenda:

„But we (...) want use the Presidency to re-engage the British people in the European project. That is why our priorities are issues of public concern: jobs; crime; the environment. We want Europe to mean something to our citizens - something positive and good.“[7]

Drittens können die vom vorsitzenden Mitgliedstaat organisierten Treffen in verschiedenen Teilen des Landes abgehalten werden, um einen positiven Einfluß auf die Zustimmung zur EU landesweit auszuüben.[8] Die Gipfeltreffen des Europäischen Rates im Vorsitzland sind im besonderen Maße geeignet, inhaltliche und medienwirksame Schwerpunkte zu setzen.[9] Die öffentlichkeitswirksame Instrumentalisierung des Vorsitzes wird künftig jedoch aufgrund der Erklärung 22 zum Vertrag von Nizza schwieriger, da die Sitzungen des Europäischen Rates nicht mehr im vorsitzenden Mitgliedstaat abgehalten werden.[10]

Das Ausmaß des europapolitischen Identifikationswertes der Ratspräsidentschaft kann anhand der von Eurobarometer gemessenen allgemeinen Zustimmungswerte zur EU sowie der speziellen Umfragen zur Ratspräsidentschaft analysiert werden.

---

1 KOUTRAKOU (2000), S. 44.

2 Vgl. ANTOLA/LEHTIMÄKI (2001), S. 37; EDWARDS (1985), S. 258; OJANEN (1999a), S. 6; PAGOULATOS (2002), S. 38; SVENSSON (2000b), [ohne Seitenangabe]; ZBINDEN (1998), S. 221.

3 Vgl. OJANEN (1999b), S. 23; REHN (2001), S. 61; WALLACE (1999), S. 71.

4 Vgl. ELGSTRÖM (2000), S. 84.

5 Vgl. STUBB (2000), S. 53; SVENSSON (2000b), [ohne Seitenangabe].

6 Bezüglich Schwedens siehe RUIN (2002), S. 91 ff.

7 HENDERSON (1998), S. 5. Vgl. auch JUNGWIRTH (1998), S. 94; LUDLOW (1998), S. 580. Bezüglich Schwedens siehe GIERING (2001e), S. 1; SVENSSON (2000b), [ohne Seitenangabe]; TALLBERG (2001b), S. 10.

8 Zur Strategie der schwedischen Ratspräsidentschaft im Jahre 2001 gehörte die Festlegung der Tagungsorte über das ganze Land. Vgl. HEGELAND/JOHANSSON (2001), S. 173; LINDAHL (2001), S. 389. Auch in Finnland wurden Treffen in über 20 Orten organisiert. Vgl. BROWN (2000), S. 45; SIMULA (2000), S. 35.

9 Vgl. JANNING/GIERING (1999), S. 50 f.; HAYES-RENSHAW/WALLACE (1997), S. 158; WALLACE/ EDWARDS (1976), S. 537.

10 Vgl. 2.1.4.

Abbildung 3-1 zeigt, wie sich die Befürwortung der Mitgliedschaft (%) in der EU im Vorsitzland in einer Zeitspanne von zwei Jahren entwickelt hat. Sie wird zwölf und sechs Monate vor, während sowie sechs und zwölf Monate nach der Ratspräsidentschaft in den Jahren 1994 bis 2002 betrachtet. Anhand der Abbildung ist festzustellen, daß die Spitze der Zustimmung zur EU während des Vorsitzes in vier von sechzehn Mitgliedstaaten erreicht wurde. Die deutsche Präsidentschaft von 1994, die spanische von 1995, die italienische von 1996 und die britische von 1998 wurden sehr öffentlichkeitswirksam instrumentalisiert. Der Ratspräsidentschaftseffekt kann aber auch erst nach Ablauf des Vorsitzes eintreten. In diesem Sinne sind positive Einflüsse der Präsidentschaft auf die EU-Befürwortung fast in der Hälfte der Mitgliedstaaten zu beobachten. Allerdings ist zu berücksichtigen, daß die Zustimmungswerte zur EU auch durch weitere Faktoren determiniert werden. In diesem Zusammenhang spielt insbesondere die politische Stimmungslage im Vorsitzland und in der Union sowie die wirtschaftliche Situation und ökonomische Wachstumsprognosen eine wesentliche Rolle.

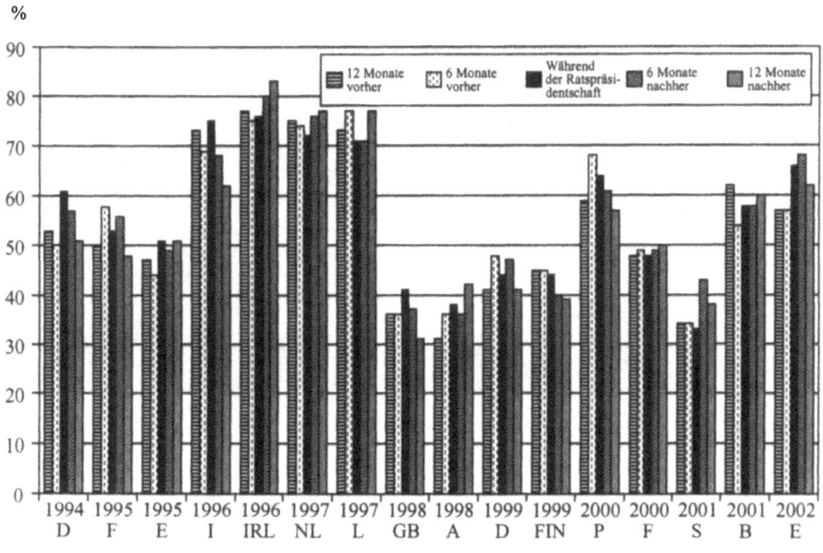

Abbildung 3-1: Zustimmung zur EU und Ratspräsidentschaft[1]

Ein weiterer Indikator für einen europapolitischen Identifikationswert der Ratspräsidentschaft sind die von Eurobarometer geführten speziellen Umfragen zur Ratspräsidentschaft. Seit 1986 untersucht das Eurobarometer die Bekanntheit und die geschätzte Bedeutung der Präsidentschaft in dem zur Zeit der Umfrage vorsitzenden Mitgliedstaat.[2] Diese Erhebungen belegen eindeutig, daß die europäischen Bürger die Ratspräsidentschaft für eine zentrale Institution halten. Abbildung 3-2 über die Be-

[1] Erstellt aus Daten der Eurobarometer 40 (1993) bis 59 (2003).

[2] Vgl. Eurobarometer 26 (1986).

deutung der Ratspräsidentschaft (1986-2003) verdeutlicht, daß der Vorsitz als ein wichtiges Ereignis durch die Bürger der meisten Mitgliedstaaten betrachtet wird. Vor allem die Bürger in den kleinen Mitgliedstaaten schätzen die Präsidentschaft. Eine Ausnahme bilden die Niederlande und Belgien, in denen der Vorsitz keine vergleichbar hohen Unterstützungswerte wie in den anderen kleinen Mitgliedstaaten erzielen konnte. Eine Erklärung könnte die alltäglich hohe Präsenz der EU in diesen beiden Staaten sein. Darüber hinaus wird aus der Abbildung ersichtlich, daß der Vorsitz insbesondere in solchen Staaten sehr positiv bewertet wurde, die zum ersten Mal die Ratspräsidentschaft innehatten. 65% der österreichischen Bevölkerung empfanden die erste EU-Ratspräsidentschaft 1998 als wichtig. Über 70% der Bevölkerung in Spanien (1989), Finnland (1999) und Schweden (2001) hielten den ersten Vorsitz für bedeutend. In Portugal (1992) wurde die erste Ratspräsidentschaft sogar von 85% des Volkes als wichtig angesehen.

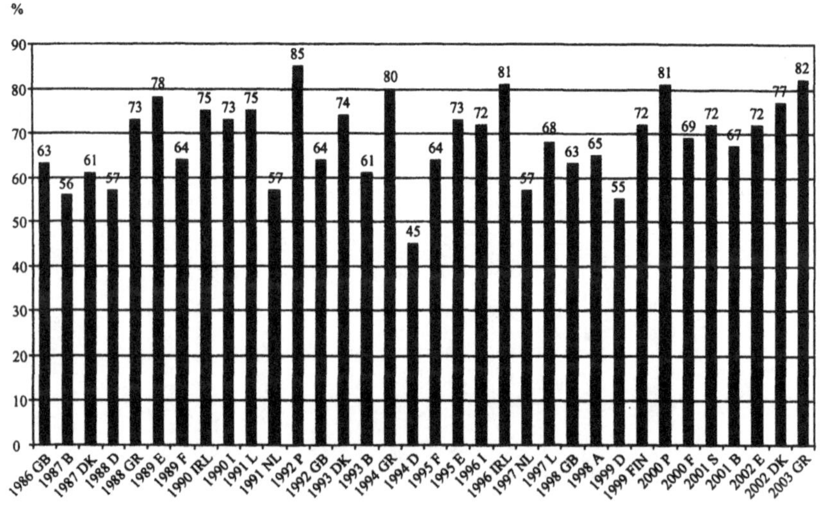

Abbildung 3-2: Bedeutung der Ratspräsidentschaft im vorsitzenden Mitgliedstaat[1]

Der europapolitische Identifikationswert der Ratspräsidentschaft kommt auch dadurch zum Ausdruck, wieviel Prozent der Bevölkerung wußten, daß ihr Land den Vorsitz zur Zeit der Eurobarometer-Umfrage innehatte. In Abbildung 3-3 wird der Bekanntheitsgrad der Ratspräsidentschaft mit dem Bekanntheitsgrad der EU-Institutionen im Vorsitzland gegenübergestellt, um die Höhe des Bekanntheitsgrades des Vorsitzes in Relation zu betrachten. Die Abbildung zeigt deutlich, daß der Bekanntheitsgrad der Ratspräsidentschaft im Vorsitzland normalerweise größer als der durchschnittliche Bekanntheitsgrad von neun bzw. zehn EU-Institutionen (das Europäische Parlament, die Europäische Kommission, der Ministerrat, der Europäische Gerichtshof, die Europäische Zentralbank, der Rechnungshof, der Wirtschafts- und

[1] Erstellt aus Daten des Eurobarometers 59 (2003).

Sozialausschuß, der Europäische Ombudsmann und der Ausschuß der Regionen; ab 2002 Erweiterung um den Europäischen Konvent) im vorsitzenden Mitgliedstaat ist. Die Bevölkerung nimmt die Präsidentschaft stärker wahr als die regulären EU-Institutionen und -Organe. Nur in Deutschland (1999) und Frankreich (2000) ist zu beobachten, daß die neun hauptsächlich in Brüssel lokalisierten Institutionen bekannter als die eigene Ratspräsidentschaft waren. Der Vorsitz genießt keine so hervorgehobene Stellung innerhalb der Innen- und Außenpolitik dieser beiden Staaten.

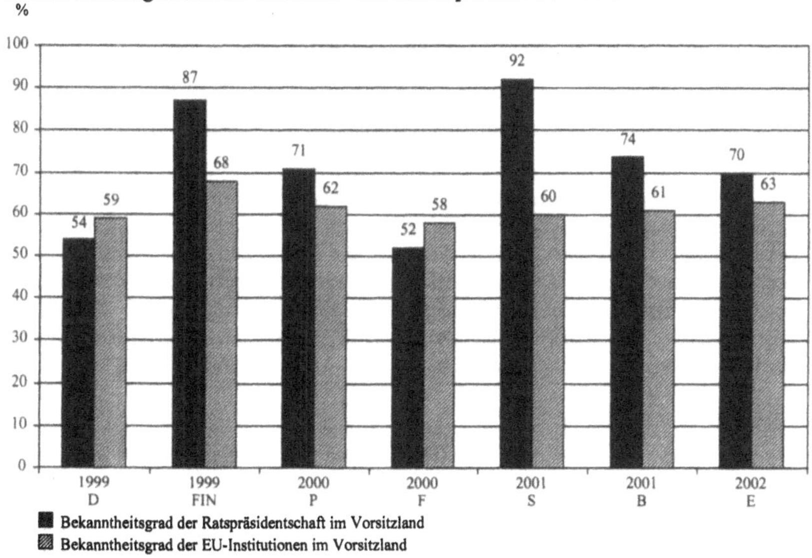

Abbildung 3-3: Bekanntheitsgrad der Ratspräsidentschaft im vorsitzenden Mitgliedstaat [1]

Aufgrund der ermittelten demoskopischen Belege kann festgestellt werden, daß die Ratspräsidentschaft einen klaren europapolitischen Identifikationswert besitzt.[2] Obwohl die Befürwortung der Unionsmitgliedschaft in den zehn Beitrittsstaaten mit 64% über dem EU-Durchschnitt liegt,[3] ist diese Erkenntnis angesichts der Erweiterung von besonderer Bedeutung. Das deutsche Mitglied des Europäischen Parlaments Brok stellt im Kontext der Reform der Ratspräsidentschaft fest: „Für die Beitrittsstaaten ist die Sichtbarkeit des nationalen Beitrags in der EU ein wichtiger Punkt."[4] Dies ist vor

[1] Erstellt aus Daten der Eurobarometer 51 (1999) bis 57 (2002).

[2] Im Vorfeld der Regierungskonferenz 1996/1997 stellte das Schreiben der portugiesischen Regierung hinsichtlich des turnusmäßigen Wechsels der Präsidentschaft fest: „es handelt sich hierbei um einen der wichtigsten Aspekte bei der öffentlichen Meinungsbildung in den Mitgliedstaaten über die Union. Die Präsidentschaft stellt für jedes Land einen Mobilisierungsfaktor zugunsten des europäischen Vorhabens dar". Schreiben (Übersetzung) der portugiesischen Delegation (05.05.1996).

[3] Vgl. Candidate countries Eurobarometer (CCEB 2003.2 - Spring 2003).

[4] BROK (2003), S. 2.

allem darauf zurückzuführen, daß kein Bewerberland über eine föderalistische Orientierung und eine positive integrationspolitische Erfahrung verfügt.[1]

Eine regelmäßige Ausübung des Vorsitzes kann einen Beitrag zur Erhöhung der Akzeptanz sowohl in den alten Mitgliedstaaten als auch in den neuen Ländern leisten. Für die Reformfähigkeit der EU spielt dies eine fundamentale Rolle, denn das „größte Hindernis in der Ausschöpfung von Europas Potenzial ist nicht der Erweiterungsprozess, sondern die öffentliche Meinung."[2] Die reformierte Ratspräsidentschaft sollte die Beibehaltung des europapolitischen Identifikationswertes ermöglichen.[3]

3.2.3 Vermeidung der Handlungsunfähigkeit der Ratspräsidentschaft aufgrund innen- und integrationspolitischer Faktoren

Der starre Rotationszyklus der Ratspräsidentschaft kann dazu führen, daß eine innen- und integrationspolitisch schwache Regierung den Vorsitz übernimmt. Dies kann negative Konsequenzen auf die Ausübung des Ratspräsidentschaftsamtes haben.[4] Zu den innenpolitischen Faktoren gehören Wahlkämpfe, Referenden, die bisherige Regierungsdauer, die Persönlichkeiten in wichtigen Regierungsfunktionen und die Existenz krisenhafter Entwicklungen oder Gegensätze in der politischen Landschaft.[5] Die integrationspolitischen Faktoren beinhalten die Anforderung an eine Integrationsbereitschaft und -reife des Vorsitzlandes.

Innenpolitische Faktoren

Die nationalen und subnationalen Wahlen können den Vorsitz beeinträchtigen. Aus der europäischen Perspektive ist es besonders problematisch, wenn Wahlen während oder kurz nach der Präsidentschaft im Vorsitzland stattfinden. Die neutrale Vermittlerrolle einer Präsidentschaft läßt sich schlecht mit den Anforderungen eines Wahlkampfes vereinbaren, da das gemeinschaftliche Handeln Zugeständnisse an die nationalen Verhandlungspositionen erfordert.[6] Die innenpolitischen Handlungsspielräume einer Regierung sind während eines Wahlkampfes marginal. Ein weiteres Handicap besteht darin, daß die Union nur eine untergeordnete Rolle in Zeiten des Wahlkampfes für die Regierung des Vorsitzlandes spielt. Außerdem ist die Wahlkampfführung zeitintensiv. Janning schreibt beispielsweise über die deutsche Präsidentschaft im Jahre 1994, daß sie wegen der Bundestagswahlen im Schatten der Innenpolitik stattfand.[7] Ähnlich wurde die italienische Ratspräsidentschaft von 1996 aufgrund der Parlamentswahlen kritisiert:

> „Preoccupied with domestic politics, the Italian Presidency was never likely to launch major political initiatives. (...) The Presidency came under some criticism during the first three months for stalling on

---

1 Vgl. LIPPERT (2000b), S. 162; WEIDENFELD/GIERING (2002), S. 796.

2 LIDDLE (2002), S. 866.

3 „A country's EU-Presidency may deepen public understanding of overall ideas and benefits of European integration. Thus, it is essential that all, large Member States and small ones (...), alternate in taking the chair of the Union." WITTMANN (1998), S. 29.

4 Vgl. CAMERON (1993), S. 42.

5 Vgl. LANG (2002), S. 86.

6 Vgl. TALLBERG (2001b), S. 26.

7 Vgl. *Frankfurter Allgemeine Zeitung 27.12.1994;* JANNING (1995b), S. 288; LAFFAN (1995), S. 129 f.

some dossiers and weak organization of ministerial meetings. The election in April reduced the attention paid to European issues by the Government, which meant that Italian officials were left maintaining the Presidency."[1]

Die Ratspräsidentschaft kann ebenso zu einer Arena der parteipolitischen Rivalitäten während eines Wahlkampfs werden, beispielsweise hat sich die Kohabitation auf die französische Ratspräsidentschaft 2000 vor den Präsidentschafts- und Parlamentswahlen ausgewirkt.[2] Insbesondere auf dem Gipfel von Nizza wurde der Verhandlungsführung der französischen Präsidentschaft vorgeworfen, zu sehr nationale Interessen vertreten zu haben.[3]

Neben Wahlen können Referenden einen Einfluß auf den Vorsitz ausüben, wie das zweite dänische Referendum über den modifizierten Maastrichter Vertrag zeitgleich mit der dänischen Präsidentschaft im Jahre 1993 zeigte. Laffan formuliert diesbezüglich: „The Danish Presidency adopted a rather passive and cautious approach to the Chair in an attempt to ensure a `yes´ vote in the second referendum."[4]

Der Premierencharakter der Präsidentschaft erschwert außerdem innenpolitisch die Amtsausübung. Zum Beispiel hat die deutsche Ratspräsidentschaft von 1999 unter der Bedingung begonnen, daß die außen- und europapolitisch unerfahrene Regierung Schröder erst zwei Monate das Amt innehatte.[5] Auch Rücktritte der wichtigen Minister können Unsicherheiten für die Ratspräsidentschaft verursachen, wie das Ausscheiden des Finanzministers Lafontaine während der letzten deutschen Präsidentschaft im Jahre 1999 verdeutlichte.[6] Der Charakter, die politische Autorität und die europapolitischen Erfahrungen der wichtigsten Politiker spielen zudem eine wichtige Rolle. Die Situation in Frankreich im Jahre 1995 verdeutlicht dies: „Inevitably an election campaign had a major impact on the conduct of the French Council Presidency, as did President Mitterand's terminal illness and his loss of political authority."[7] Zudem kann die Existenz krisenhafter nationaler Entwicklungen weitere Herausforderungen für eine Präsidentschaft bedeuten. Während des belgischen Vorsitzes im Jahre 1993 forderte ein Generalstreik viel Aufmerksamkeit von der Regierung.[8] Auch die spanische Ratspräsidentschaft im Jahre 1995 war durch eine nationale Krise gekennzeichnet. In Spanien herrschte die ständige Gefahr von Neuwahlen aufgrund der Skandale und Korruptionsaffären in der Regierung González und seiner Regierungspartei.[9] Daraus resultierte ein ungünstiges Klima für die Vorsitzführung. Wie ernsthaft die Auswirkungen der nationalen Auseinandersetzungen hauptsächlich zwischen Regierung und Opposition auf die Ratspräsidentschaft sind, hängt vor allem davon ab, inwiefern es einen parteiübergreifenden innenpolitischen Konsensus hinsichtlich der

---

1 LAFFAN (1997a), S. 144.

2 Vgl. FROEHLY (2001), S. 27; LUOTO (2001), S. 16; WALLACE (2001), S. 128.

3 Vgl. MALMSTRÖM (2001), S. 189; MÜLLER-BRANDECK-BOCQUET (2001), S. 258.

4 LAFFAN (1994), S. 112. Vgl. auch THUNE (1994), S. 313.

5 Vgl. HENDRIKS/MORGAN (2001), S. 166; KOECKE (1999), S. 68; KORTE (2001), S. 12. Des weiteren wurde das gesamte politische Personal ausgetauscht. Vgl. STEPPACHER (2000a), S. 73.

6 Vgl. BULMER/MAURER/PATERSON (2001), S. 188; HUMMER/OBWEXER (1999b), S. 45.

7 LAFFAN (1996), S. 135.

8 Vgl. EDWARDS/MAYER (1994), S. 64.

9 Vgl. DEMMKE/JANSSEN (1996), S. 8; ENGEL (1996), S. 39.

EU im präsidierenden Mitgliedstaat gibt oder inwiefern der innere Frieden durch eine Art künstlichen innenpolitischen Stillhaltepakt hergestellt werden kann.[1]

Integrationspolitische Faktoren

Neben den innenpolitischen Faktoren determinieren die integrationspolitischen Faktoren die Handlungsfähigkeit der Ratspräsidentschaft. Die Sicherstellung der Handlungsfähigkeit der Ratspräsidentschaft setzt voraus, daß der vorsitzende Mitgliedstaat eine sowohl materielle als auch nicht-materielle Integrationsreife besitzt. Unter materieller Reife ist zu verstehen, daß ein Mitgliedstaat in der Lage ist, die vielseitigen Verpflichtungen und Aufgaben der Präsidentschaft aus infrastruktureller Sicht wahrzunehmen. Die nicht-materielle Integrationsreife bezieht sich auf das Erkennen der fundamentalen Grundsätze der Union[2] sowie der allgemeinen sich aus der Mitgliedschaft ergebenden Rechte, Pflichte und Werte.[3] Die Integrationsbereitschaft des Vorsitzlandes beeinträchtigt in zunehmendem Maße außerdem die Ausübung der Ratspräsidentschaft in einer erweiterten Union. Der Ablauf eines Vorsitzes wird insbesondere durch die unterschiedliche Teilnahme an den EU-Integrationsprojekten determiniert.

Die Probleme der neuen Mitgliedstaaten in der Vergangenheit, den Vorsitz sofort nach ihrem Beitritt auszuüben, verdeutlichen die Relevanz der materiellen Integrationsreife. Dänemark übernahm ohne ausreichende Vorbereitungen im Jahre 1973 aufgrund der starren alphabetischen Rotationsreihenfolge den Vorsitz bereits nach einigen Monaten der Mitgliedschaft.

> „In 1973, when Denmark planned its first Presidency, the task seemed formidable. Membership was still not routine for Danish civil servants and their ministers. In this situation they were obliged to take over a function governed by rules and procedures which they had not internalised. In addition to this came the simple problem of capacity; all at a time when the Presidency was forcing Denmark to double its representation at EC meetings“[4].

Die gleiche Situation hätte Portugal nach seinem Beitritt 1986 erwartet, aber die Portugiesen sahen sich nicht vorbereitet, das Amt wahrzunehmen und lehnten dieses daher ab.[5] Heute ist ein EU-Vorsitz komplexer und arbeitsintensiver als in den 70er und 80er Jahren. Mit dem neuen Rotationsprinzip, balanced rotation, wurde den drei neuen Mitgliedstaaten Finnland, Österreich und Schweden im Jahre 1995 eine zeitliche Schonfrist eingeräumt, um die Anpassung an die Mitgliedschaft in der EU und einen längeren Zeitraum für eine gründliche Vorbereitung des Vorsitzes zu ermöglichen.[6]

---

[1] Beispielsweise wird in Luxemburg und in den Niederlanden ein nationaler Waffenstillstand zwischen Regierung und Opposition für den Zeitraum des Vorsitzes im Rat beschlossen. Vgl. KOPEINIG (1998), S. 14. Die spanische Präsidentschaft von 1995 genoß die Vorteile eines innenpolitischen Stillhaltepaktes. Vgl. ENGEL (1996), S. 39. Während der letzten britischen Ratspräsidentschaft im Jahre 1998 wurde überraschenderweise auch ein Stillhalteabkommen zwischen den Parteien beschlossen. Vgl. HEGELAND/JOHANSSON (2000), S. 69. Auch in Österreich wollten die Regierungsparteien einen Burgfrieden mit der Opposition während der ersten Präsidentschaft 1998 schließen. Dies wurde jedoch von der Opposition abgelehnt. Vgl. *Kurier 31.05.1998*. Siehe auch KOPEINIG (1999), S. 65 f.; LANG (2002), S. 161. Weinstock schlägt vor, daß ein „stand still“ für die gesamte Halbjahresphase eingeführt werden sollte, um die negativen Effekte der Innenpolitik auf die Ratspräsidentschaft zu reduzieren. Vgl. WEINSTOCK (1980), S. 67.

[2] Vgl. Art. 6 EUV (idF. vom 26.02.2001).

[3] Im Vertrag von Nizza findet sich erstmalig ein Instrument zur Einhaltung der fundamentalen Grundsätze der EU. Vgl. Art. 7 EUV (idF. vom 26.02.2001).

[4] CHRISTENSEN (1985), S. 62.

[5] Vgl. SANCHEZ DA COSTA PEREIRE (1996), S. 214; WOSCHNAGG (1998b), S. 32.

[6] Vgl. Abbildung 2-1.

Laut des damaligen Chefs der Integrationspolitischen Abteilung des österreichischen Außenministeriums Woschnagg wurde kurzzeitig in Österreich trotz dieser Schonfrist diskutiert, dem portugiesischen Präzedenzfall zu folgen.[1]

Die Erweiterung bringt Staaten in die Union, die nicht automatisch die materielle Integrationsreife besitzen. Inotai hat die Osterweiterung mit der Süderweiterung im Jahre 1986 verglichen. Er kommt zu folgendem Schluß:

> „Den einzigen positiven Unterschied zugunsten der beiden Mittelmeerländer kann man in der öffentlichen Verwaltung und der Funktion der Institutionen entdecken, denn sie wurden nach dem politischen Wandel nicht zerschlagen, sondern im großen und ganzen im Zeichen der Kontinuität beibehalten."[2]

Aus diesem Grund sollte eine Schonfrist für die neuen EU-Mitgliedstaaten garantiert werden.[3] Beispielsweise befürwortet der Bourlanges-Bericht vom Europäischen Parlament im Jahre 1999 über den Entscheidungsprozeß im Rat in einem erweiterten Europa „die Präsidentschaft der Union nicht einem Staat zu übertragen, der ihr weniger als drei Jahre als Mitglied angehört"[4].

Neben den erforderlichen Strukturen und Mechanismen zur Ausübung des Vorsitzes sollte zudem die nicht-materielle Intergrationsreife gewährt sein. Die Ausübung einer moderaten Mainstream-Politik spielt eine wesentliche Rolle für die Handlungsfähigkeit eines Vorsitzes. Die innenpolitischen Schwierigkeiten des italienischen Ministerpräsidenten Berlusconi, u.a. der Strafprozeß wegen angeblicher Richterbestechung, sind ein aktuelles Beispiel für die nicht-materielle Integrationsreife eines Mitgliedstaates. Angesichts dieses Prozesses und der politischen Ausfälle in Italien hat The Economist im Mai 2003 den Ministerpräsidenten für ungeeignet erklärt, die Ratspräsidentschaft in der EU ab Juli 2003 zu übernehmen.[5] Gemäß des Magazins forderte die schwierige politische und wirtschaftliche Situation in Europa einen Ratspräsidenten, der Weitblick hätte, sich auf diplomatische Finessen verstünde und eine moralische Autorität in Europa darstellte. The Economist kam zu dem Schluß, daß Berlusconi diese Führungsqualitäten nicht bieten könnte.[6]

Die Integrationsbereitschaft einer Regierung spielt außerdem für die Handlungsfähigkeit einer Ratspräsidentschaft eine zentrale Rolle. Künftig werden die Möglichkeiten eines Mitgliedstaates, die Präsidentschaft durchzuführen u.a. stärker davon abhängig sein, an welchen Integrationsprojekten das vorsitzende Land teilnimmt. Dieser integrationspolitische Faktor gewinnt desto mehr an Bedeutung, je größer der Grad der Flexibilisierung der Integrationsentwicklung ist. Bereits heute ist diese Problematik beispielsweise im Rahmen der WWU ersichtlich. Falls der aktuelle Vorsitzstaat nicht an der dritten Stufe der WWU teilnimmt, übernimmt die nachfolgende Präsidentschaft die Vorsitzführung der Euro-Gruppe. Das französische, stellvertretende Mitglied des Europäischen Parlaments im Europäischen Konvent Berès stellte in bezug auf die dänische Präsidentschaft im Jahre 2002 fest:

---

1 Vgl. WOSCHNAGG (2000), S. 131.

2 INOTAI (2002), S. 11.

3 Vgl. BROWN (2000), S. 33.

4 Bericht Bourlanges (1999).

5 Vgl. *The Economist 08.05.2003*. Vgl. auch *Süddeutsche Zeitung 12.05.2003; Süddeutsche Zeitung 17.06.2003.*

6 Die Zeit stellt dies ähnlich kritisch fest. Vgl. *Die Zeit 26.06.2003a; Die Zeit 26.06.2003b.*

„What is the visibility of a Union presidency currently exercised by Denmark, which is not a member of the euro and which has reservations about participating in the second and third pillars? Greece's presidency of the Eurogroup is exacerbating this Byzantine system“.[1]

Weitere Sonderprobleme für die aktuelle Präsidentschaft stellen z.B. das defence-opt out Dänemarks oder die bisherige Haltung Griechenlands zur EU-NATO-Rahmenvereinbarung im Bereich der ESVP dar.[2]

Insgesamt kann festgehalten werden, daß der festgelegte Rotationszyklus der Ratspräsidentschaft dazu führen kann, daß eine innen- und integrationspolitisch schwache Regierung den Vorsitz übernimmt. Aus diesem Grund sollte die Reihenfolge der Vorsitzführung flexibler gestaltet werden, um die Überprüfung der innen- und integrationspolitischen Lage eines Mitgliedstaates sowie im Bedarfsfall ein Reagieren zu ermöglichen. Edwards formuliert zutreffend: „The presidency is clearly important - perhaps too important in the future to be left to the vagancies of domestic politics.“[3]

3.2.4 Wahrnehmung der ratspräsidentschaftsverbundenen administrativen Know-hows

Durch die sukzessive Alternanz müssen alle EU-Mitgliedstaaten in regelmäßigen Intervallen die Verantwortung für die Ratspräsidentschaft übernehmen. Die Durchführung der Präsidentschaft ist für die mitgliedstaatliche Verwaltung eine Art Intensivkurs in EU-Angelegenheiten. Von den ratspräsidentschaftsverbundenen administrativen Know-hows profitieren neben den einzelnen Mitgliedstaaten auch das gesamte politische System der EU. Der Perspektivenwechsel von einer gewöhnlichen nationalen Delegation zu einem Vertreter der Union kann das gegenseitige Verständnis, die konstruktive Zusammenarbeit und die Bildung eines europäischen Bewußtseins in der Ratshierarchie stimulieren, da die eigenen nationalen Anliegen nach einem Vorsitz in größerem Rahmen wahrgenommen werden.[4] Das vom Sekretariat des Europäischen Konvents erstellte und vom Präsidium gebilligte Arbeitspapier zur Funktionsweise der Organe faßt dies wie folgt zusammen: „Das Rotationssystem hatte stets den Vorteil, das Bewusstsein für die Union weit zu verbreiten und ein Verantwortungsgefühl in den Mitgliedstaaten zu erzeugen.“[5] Die rotierende Präsidentschaft wirkt langfristig integrationsfördernd;[6] so argumentiert Van Beuge, daß ein Land ein besseres Unionsmitglied nach dem Vorsitz sei.[7]

Die ratspräsidentschaftsverbundenen administrativen Know-hows beruhen auf zahlreichen Faktoren, die im wechselseitigen Zusammenhang stehen. Die Präsidentschaft zwingt vor allem die Mitgliedstaaten in regelmäßigen Abständen, sich mit allen Dossiers der EU intensiv zu beschäftigen.[8] Dies erhöht den Informationsstand der einzelnen Regierungen.[9] Ein weiterer Vorteil der Ratspräsidentschaft aus administrativer

1 BERÈS (CONV 397/02).

2 Vgl. JOPP/RECKMANN/REGELSBERGER (2002), S. 232 f.

3 EDWARDS (1998), S. 58.

4 Vgl. OJANEN (1999a), S. 6; WESTLAKE (1999), S. 47.

5 DAS PRÄSIDIUM (CONV 477/03).

6 Vgl. VORNBÄUMEN (1985), S. 97.

7 Vgl. VAN BEUGE (1993), S. 29.

8 Vgl. JANSEN (1985), S. 230.

9 Das Zusammenstellen des Arbeitsprogramms dient insbesondere diesem Zweck. Vgl. STEIN (2000), S. 23.

Hinsicht ist, daß die involvierten Beamten und Politiker des vorsitzenden Mitgliedstaates die Verhandlungsmechanismen und Funktionsweise der Union besser zu verstehen lernen.[1] Die diversen Schulungen zur Erhöhung der personellen EU-Qualifikationen intensivieren den erzieherischen Einfluß des Vorsitzes. Zudem trägt die Vorsitzperiode dazu bei, daß Qualität und Quantität der Beziehungen zu den EU-Institutionen steigen.[2] Da Vorlauf, Durchführung und Nachbereitung der Präsidentschaft eine enorme operative Belastung für den jeweiligen Vorsitzstaat darstellen, ist ein Überdenken der Kooperations- und Koordinationsstrukturen der nationalen Verwaltung notwendig.[3] Für die neuen EU-Staaten spielt diese Europäisierung der Verwaltungen eine wichtige Rolle. Sie kann zur Modernisierung der Verwaltung oder sogar zu ihrer Reorganisation führen. Dies läßt sich anhand des ersten spanischen Vorsitzes im Jahre 1989 verdeutlichen.

> „The Presidency has also had an important effect domestically, for the Spanish Administration, enabling it to achieve greater internal coordination. The Presidency has been the culmination of a process in which the different departments of the Administration have worked hand in hand. It has forced coordination, perhaps the greatest effort of this kind ever undertaken in Spain."[4]

Da die Durchführung eines Vorsitzes eine Internalisierung der Spielregeln der EU fordert, kann er eine zentrale Rolle für die Integration der neuen Mitgliedstaaten in die EU spielen.[5]

Die vorsitzverbundenen administrativen Know-hows sind für einen Nationalstaat vorteilhaft, weil es künftig leichter sein wird, eigene Interessen auf europäischer Ebene zu vertreten und durchzusetzen.[6] Nach dem Vorsitz verfügt ein Mitgliedstaat über bessere Beziehungen zu den Institutionen der Union und zu den anderen Mitgliedstaaten, über breiteres Wissen der Verhandlungsstrukturen und -mechanismen sowie über größere Bekanntheit der eigenen Beamten und Politiker in der Ratshierarchie. Für EU-Neulinge gilt der Vorsitz als eine Art Reifeprüfung zur Erlangung eines neuen Status in der europäischen Politik,[7] da sie symbolisch eine Vollmitgliedschaft zur EU erst nach der ersten Präsidentschaft erlangen. Sabá schreibt hinsichtlich der ersten spanischen Präsidentschaft: „the outcome of the EC-Presidency increased Spain's political prestige inside the European Communities; in other words, Spain achieved EC maturity."[8]

Die rotierende Ratspräsidentschaft hat bis dato ermöglicht, daß alle Mitgliedstaaten die vorsitzverbundenen administrativen Know-hows in regelmäßigen Intervallen

---

1 Vgl. HEGELAND/JOHANSSON (2001), S. 186; WESTLAKE (1999), S. 46.

2 Vgl. BECKMAN (2001), S. 67; BROWN (2000), S. 45.

3 Vgl. DE BASSOMPIERRE (1988), S. 122.

4 ORDOÑEZ (1989), S. 18. Vgl. auch BARBÉ/DE VASCONCELOS (1996), S. 308; TSAKALOYANNIS (1985), S. 110.

5 „for further new members some version of the Presidency would be a valuable educational and socialization experience. Given its relevance in the past it would seem foolish to deny this opening up experience to subsequent new members." WALLACE (1999), S. 73. Vgl. auch PETERSON/BOMBERG (1999), S. 38.

6 Vgl. LANG (2002), S. 223.

7 Insbesondere aufgrund der vorsitzverbundenen administrativen Know-hows sprach sich der Parlamentsvertreter Litauens im Europäischen Konvent Andriukaitis für die Beibehaltung der sukzessiven Rotation zumindest für die Zeit aus, bis jeder neue Mitgliedstaat den Vorsitz mindestens einmal in der alten Form ausüben konnte. Andriukaitis stellte fest: „The experience gained while holding the Presidency is invaluable to new Member States." ANDRIUKAITIS (CONV 719/03).

8 SABÁ (1996), S. 188. Vgl. auch LANG (2002), S. 229; LUIF (1999a), S. 381; NEUHOLD (1999), S. 13.

wahrnehmen konnten. Das Konservieren der administrativen Know-hows ist in der heutigen Union mit 15 Mitgliedstaaten nur bedingt möglich, denn der Zeitraum zwischen zwei Vorsitzen ist bereits sehr lang.[1] Bleibt der gegenwärtige Rotationsmodus in der erweiterten EU bestehen, wird es jeweils mehr als 12 Jahre dauern, bis ein Land die Präsidentschaft im Rat wieder übernehmen kann. Die jeweilige nationale Administration hat zwangsläufig die dafür notwendigen Kenntnisse und Fähigkeiten in dieser Zeit zum Teil verloren.

> „In 1970, a Member State's turn at the Presidency came round every three years. Scarcely had one ended than the preparations for the next had begun. (...) With twenty members, the turn would came round only every ten years. This is a complete generation in diplomatic terms, and the memory of the last Presidency would be lost before the next one arrived."[2]

Abschließend kann für die mitgliedstaatliche Durchführung der Ratspräsidentschaft festgehalten werden, daß sie dem Integrationsprozeß wegen des damit verbundenen verwaltungstechnischen Wissens förderlich ist. Die praktischen Erfahrungen kommen der EU im allgemeinen und den einzelnen Mitgliedern im speziellen zugute. Für die Reform der Ratspräsidentschaft bedeutet dies, daß die ratspräsidentschaftsverbundenen administrativen Know-hows in regelmäßigen Zyklen von allen Mitgliedstaaten wahrgenommen werden sollten.

3.2.5 Reduzierung der operativen Belastung der mitgliedstaatlichen Administration

Mit der Expansion der Rats- und Unionsaktivitäten ist die Last, die ein Vorsitz für die Administration mit sich bringt, stetig größer geworden.[3] Qualität und Quantität des Arbeitsaufwands sind permanent gestiegen und gelten bereits seit den 70er Jahren als enorm.[4] Der operative Aufwand einer einheitlichen Ratspräsidentschaft kann von einem Mitgliedstaat kaum noch bewältigt werden. Die Anforderungen an die mitgliedstaatliche Verwaltung während eines Vorsitzes werden weiterhin expandieren.[5] Die wichtigsten Zukunftsprojekte der Union, die WWU, die GASP, die ESVP und die PJZS, involvieren die Kommission wenig. Die Hauptverantwortung für deren Entwicklung und Implementierung liegt bei der Ratspräsidentschaft.[6] Im folgenden werden drei Arten der operativen Belastung der mitgliedstaatlichen Administration unterschieden: organisatorische, personelle und finanzielle Belastung.

---

1 Vgl. FALKNER/NENTWICH (1996), S. 219; GIERING (1998), S. 65; JANNING/GIERING (1999), S. 58.

2 NUTTALL (1992), S. 321. Nuttal trifft diese Aussage hinsichtlich der EPZ, die jedoch auf die ganze Ratspräsidentschaft übertragbar ist. Vgl. auch GEORGE (1997), S. 112; HÄNSCH (1993), S. 394; SVENSSON (2000a), S. 210; WALLACE (1985b), S. 274; WIELGOß (1997), S. 44. Der Bericht des institutionellen Ausschusses des Europäischen Parlaments vom Jahre 1992 stellt hinsichtlich der Norderweiterung ähnliches fest: „Wird das gegenwärtige Rotationssystem (...) eingehalten, wird es 7 ½ Jahre dauern, bis eine nationale Administration die Präsidentschaft im Rat wieder übernimmt. In dieser Zeit verliert sie zwangsläufig die dafür notwendigen Kenntnisse und Erfahrungen. Das gilt insbesondere für kleinere nationale Administrationen." Bericht Hänsch (1992). Vgl. auch Bericht De Giovanni (1992).

3 Vgl. 2.2.2.

4 Vgl. EDWARDS/WALLACE (1978), S. 74.

5 Der Trumpf-Piris-Report beinhaltet folgende Aussage: „the undeniable advantages of a single Presidency handling the Council in all its compositions and all of its subordinate machinery impose a heavy burden on the Member State holding that Presidency, a burden set to increase further after enlargement". Trumpf-Piris-Report (10.03.1999).

6 Vgl. WALLACE (1999), S. 73.

Die Ratspräsidentschaft übt den Vorsitz in allen Tätigkeitsbereichen der Union und auf allen Ebenen der Ratshierarchie aus. Während eines Vorsitzes werden ca. 1.800 Präsidentschaftsveranstaltungen organisiert, dies entspricht einer Frequenz von ca. 15 Veranstaltungen pro Arbeitstag.[1] Planung, Durchführung und Nachbereitung der Meetings belasten den Verwaltungsapparat eines Mitgliedstaates in erheblichem Maße. Hinzu kommt die Ausübung der vielfältigen weiteren Aufgaben der Präsidentschaft. Je weniger die mitgliedstaatlichen Regierungen verwaltungsmäßig ausgestattet sind, um so größer ist die organisatorische Belastung. Dies betrifft vor allem die neuen Mitgliedstaaten, die noch keine intensiven Erfahrungen mit der EU sammeln konnten und deren Verwaltungen ineffizienter sind.[2] Beispielhaft für den enormen Arbeitsaufwand ist, daß die erste schwedische Ratspräsidentschaft im Jahre 2001 als größte administrative Herausforderung Schwedens in der modernen Zeit angesehen wurde.[3] Bereits Mitte der 80er Jahre stellte Wallace im Rahmen einer fundierten Analyse mehrerer Präsidentschaften aufgrund der Arbeitsbelastung fest: „Significantly the country studies did not reveal much enthusiasm for building up the role of the Presidency further."[4]

Der Vorsitz bedeutet für die einzelnen Länder außerdem eine hohe personelle Belastung.[5] Die Europaexperten sind für den erfolgreichen Ablauf des Vorsitzes von zentraler Bedeutung.[6] Neben den personellen Ressourcen, welche für die Organisation in allen Politikbereichen auf nationalem, europäischem und möglicherweise EU-externen Terrain notwendig sind, muß die verhandlungsführende Regierung für jede Tagung in der Ratshierarchie zusätzlich zwei Repräsentanten aufbieten können.[7] Dies bedeutet für die Beamten und Politiker des Vorsitzlandes eine große Arbeitsbelastung und Schwierigkeiten im Zeitmanagement. Weyland zeigt die Grenzen der physischen Belastung der Mitwirkenden einer Präsidentschaft auf: „Six months is maximum and it is a physically very demanding time, twelve hours a day, weekends included"[8]. Bereits in den 70er Jahren haben wichtige Minister während der halbjährlichen Vorsitzperiode bis zu zwei Drittel ihrer Zeit für das Gemeinschaftsbusiness gewidmet.[9] Anfang der 90er Jahren schrieb Miller, daß sich die Außenminister der jüngsten Vorsitze glücklich schätzen konnten, „überhaupt noch Zeit in ihren Hauptstädten zu verbringen."[10] Der schwedische Premierminister Persson schätzte, daß er ca. 70% seiner gesamten Arbeitszeit der Ratspräsidentschaft (2001) widmete.[11] Wie das Arbeitspapier des Präsidiums des Europäischen Konvents vom Januar 2003 feststellt, „können die Minister

1 Vgl. Abbildung 2-3.

2 Vgl. SIERRA (2002), S. 17.

3 Vgl. BECKMAN (2001), S. 51.

4 WALLACE (1985b), S. 278.

5 Vgl. SVENSSON (2000a), S. 209.

6 Vgl. 2.4.1.

7 Trumpf-Piris-Report stellt diesbezüglich fest: „One of the worrying problems for the future is that of sufficient availability of the 250 or so chairmen of committees and working parties at a time when more intense activity by chairmen between plenary meetings will become essential." Trumpf-Piris-Report (10.03.1999).

8 WEYLAND (1993), S. 19. Vgl. auch BUTLER (1986), S. 27; MÄKI-LOHILUOMA (1999), S. 17; VAN BEUGE (1993), S. 24.

9 Vgl. WALLACE/EDWARDS (1976), S. 549.

10 MILLER (1992), S. 154.

11 Vgl. RUIN (2002), S. 98.

der Mitgliedstaaten stets umfangreicher werdenden komplexen Aufgaben des Vorsitzes kaum mehr gerecht werden"[1]. Vor allem in den kleinen Staaten führt diese zeitliche Belastung zu einer fast ausschließlichen Konzentration auf die europäische Aufgabe.

Aus der Expansion der Ratstätigkeiten folgt, daß auch die durch den Vorsitz verursachte finanzielle Belastung eines Mitgliedstaates gestiegen ist. Brown stellt fest: „Financially, the running of a presidency may also be a strain on state resources."[2] Die größten Kosten entstehen durch das Organisieren der im Vorsitzland stattfindenden Tagungen und durch diverse Personalausgaben.[3] Die Höhe der Gesamtkosten (in Mio. EUR) von fünf Vorsitzen in der zweiten Hälfte der 90er Jahre sind in Abbildung 3-4 dargestellt.

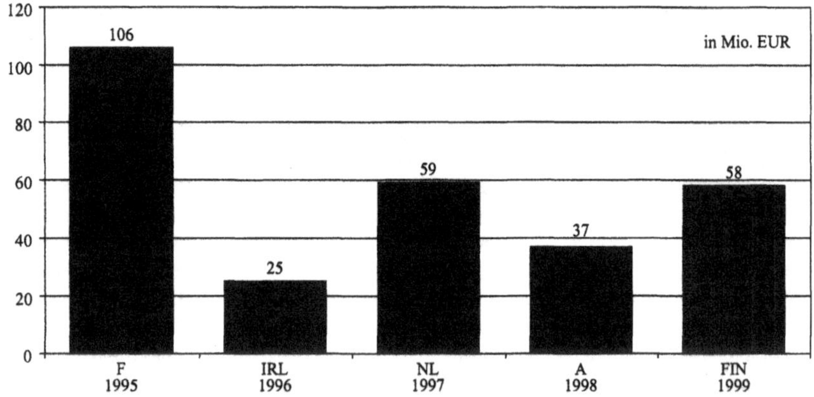

Abbildung 3-4: Gesamtkosten der Ratspräsidentschaft[4]

Die Abbildung verdeutlicht die unterschiedlichen finanziellen Ausgaben der kleinen und großen Mitgliedstaaten. Die französische Regierung gab über viermal mehr als die Iren für ihr Halbjahr aus. Die Niederlande und Finnland investierten sichtlich mehr als die anderen kleinen Mitgliedstaaten, trotzdem kosteten ihre Präsidentschaften fast 50% weniger als Frankreichs Vorsitz. Trotz der hohen Kosten scheint die Ratspräsidentschaft für die Mitgliedstaaten gesamtwirtschaftlich betrachtet rentabel zu sein. Smeral und Wüger haben die gesamtwirtschaftliche Bedeutung des Vorsitzes anhand der österreichischen Präsidentschaft im Jahre 1998 untersucht.[5] Diese Studien kommen zu dem Schluß, daß die volkswirtschaftliche Gesamtbilanz des Vorsitzes hauptsächlich durch die gestiegene touristische Zusatznachfrage positiv ausgefallen

1 DAS PRÄSIDIUM (CONV 477/03).

2 BROWN (2000), S. 45. Vgl. auch BOMBERG/CRAM/MARTIN (2003), S. 55; KOPEINIG (1998), S. 11 f.; LUDLOW (2001), S. 17; SVENSSON (2000a), S. 175, 209 f.

3 Beispielsweise nahm das Organisieren der Tagungen die Hälfte des finnischen Ratspräsidentschaftsbudgets ein (24 Mio. EUR). Andere Hauptkosten lagen in den Personalkosten (25,2 Mio. EUR), den Schulungsmaßnahmen (6,4 Mio. EUR) und sonstigen Ausgaben (1,9 Mio. EUR). Zahlen aus SIMULA (2000), S. 41.

4 Erstellt aus den Zahlen aus SIMULA (2000), S. 41.

5 Vgl. SMERAL/WÜGER (1999); SMERAL/WÜGER (2000).

sei. Die Tourismuseinnahmen werden künftig jedoch zurückgehen, da die Europäischen Räte, die für die medienwirksame Inszenierung besonders geeignet sind, nicht mehr im Vorsitzland stattfinden.

Zusammenfassend läßt sich festhalten, daß die operative Belastung der mitgliedstaatlichen Administration in allen Bereichen gestiegen ist. Der organisatorische, personelle und finanzielle Aufwand des Vorsitzes ist durch den Mitgliedstaat kaum mehr zu bewältigen. Wegen der zahlreichen und vielfältigen neuen Aufgabenbereiche stoßen vor allem die kleineren Mitgliedstaaten an die Grenzen ihrer Leistungsfähigkeit. Außerdem sind die beitretenden Staaten nicht in gleichem Maße administrativ belastbar.[1] Die Reduzierung der operativen Belastung der mitgliedstaatlichen Administration ist nicht nur wegen der Erweiterung notwendig, sondern auch wegen der ersichtlichen Leistungsgrenzen der heutigen EU-Mitglieder.[2]

3.2.6 Politische Führung und Kontinuität innerhalb der EU

Die Ratspräsidentschaft besitzt mittel- und kurzfristige Führungsaufgaben.[3] Mittelfristige politische Führung bezieht sich auf die Möglichkeit, Einfluß auf Richtung und Strategien der europäischen Integration für eine Periode von mehreren Jahren auszuüben. Unter der kurzfristigen Führung wird die Chance verstanden, den Inhalt der legislativen Prozesse und der politischen Deklarationen für eine Zeitdauer von einigen Monaten zu beeinflussen. Die Reichweite hängt wesentlich von der Dauer des Vorsitzes ab. Der heutige halbjährliche Wechsel der Präsidentschaft schadet der politischen Kontinuität der Union,[4] die sich in der Stetigkeit und der längerfristigen, strategischen Konzeptionierung der europäischen Agenda zeigt.[5]

Das politische Leben in der Union ist durch den alle sechs Monate rotierenden Vorsitz beeinflußt. Obwohl 80-90% aller Dossiers des Arbeitsprogramms des Vorsitzes geerbt werden,[6] bleiben der Präsidentschaft Möglichkeiten, eigene Präferenzen und Prioritäten durchzusetzen. Der politische Fokus der EU fluktuiert somit von Präsidentschaft zu Präsidentschaft. Die Agenda der Union wird mit den politischen Steckenpferden der Mitgliedstaaten angereichert, oder das Voranbringen der für die Union weniger wichtigen Dossiers wird zum Zweck der politischen Profilierung im Heimatland priorisiert. Diesbezüglich stellte der britische Premierminister Blair in seiner Rede im November 2002 fest:

> „Noch schlimmer aber ist, dass sich jede Präsidentschaft berufen fühlt, ihre eigene, klar von anderen abgegrenzte Agenda für die Union aufzustellen. Beim Lissabonner Gipfel wurde ein Zehnjahresprogramm wirtschaftlicher und sozialer Reformen für die Union verabschiedet. Aber es war nicht leicht, danach in dem breiten Spektrum separater Fachräte, die alle ihr eigenes Steckenpferd und ihre althergebrachten

---

1 Vgl. BRUTON (CONV 27/02), S. 40.

2 Vgl. DURAND (2001), [ohne Seitenangabe]; WALLACE (1999), S. 73.

3 Vgl. METCALFE (1998), S. 414. Genauer zur Ausübung der politischen Führung in der EU siehe 2.4.2.

4 Vgl. DASHWOOD (1996), S. 157; KOLLMAN (2003), S. 52 f.; LANG (2002), S. 99; LIDDLE (2002), S. 870; NONNEMACHER (1994), S. 28; TONRA (1996a), S. 133; VERBEKE/VAN DE VOORDE (1994), S. 39 f.; WUERMELING (1996), S. 172.

5 Die Kontinuitätsprobleme der Außenvertretung werden in 3.3.6 behandelt.

6 Vgl. BESARA/DAMERON (2001), S. 24; TALLBERG (2000), S. 8.

Rechte pflegen, angemessene Aufmerksamkeit für eine koordinierte weitere Verfolgung dieser Agenda sicherzustellen. Dies ist ein Beispiel dafür, wie der rotierende Ratsvorsitz die Arbeit der Kommission erschwert".[1]

Die Diskontinuität wird dadurch gestärkt, daß die Arbeitsprogramme der Präsidentschaften weit im voraus veröffentlicht werden. Eine sanfte Übergabe ist nicht möglich.[2]

Das Hauptarbeitsfeld der Ratspräsidentschaft ist, die offenen Dossiers und Rechtsetzungsverfahren zu einem Abschluß zu bringen. Wegen der Vielfalt der Verwaltungstraditionen gehen die Mitgliedstaaten mit unterschiedlichen Ansätzen und Methoden an diese Dossiers heran, was der Kontinuität zudem abträglich sein kann. In einer EU-25+ können außerdem die längeren Intervalle zwischen zwei Ratspräsidentschaften eines Mitgliedstaates, wie der Rapport des Generalsekretärs des Rates vom Juni 2001 belegt, zur Zunahme der Diskontinuitäten der europäischen Agenda führen.

„The lack of continuity witnessed between Presidencies can be seen in the temptation experienced by each Presidency to stamp their particular priorities in the Union during their stewardship. This temptation is becoming more marked as the time between any Member State holding successive presidencies increases - and will lengthen even further after enlargement -, and as a result of the systematic shortcomings which exist in the Council. This can lead to sharp swings in the Union's priorities from one six month period to the next, with the attendant risk of undermining the coherence, continuity and impact of Union policies."[3]

Nicht nur die unterschiedlichen nationalstaatlichen Präferenzen des vorsitzenden Staates sind für die politische Diskontinuität in der Union ursächlich, sondern auch die begrenzte Zeit von sechs Monaten. „Es wird argumentiert, daß die sechsmonatige Periode für die Mitgliedstaaten nicht ausreichend ist, um den Initiativen nachzugehen oder existierende schwierige Dossiers anzupacken."[4] Insbesondere im Bereich der großen horizontalen Themen wird mehr als ein halbes Jahr Zeit gebraucht, um Beschlüsse herbeizuführen.[5] Schließlich ist noch zu berücksichtigen, daß das zweite Halbjahr wegen des Urlaubsmonats August und wegen Weihnachten nur weniger als fünf Monate beträgt.[6] Außerdem benötigt jeder Vorsitzende eine Anlaufphase, welche die aktive Zeit nochmals verkürzt.[7]

Die Kontinuität innerhalb der EU kann durch eine enge Zusammenarbeit der aufeinanderfolgenden Vorsitze erhöht werden. Kooperation und Koordination der Vorsitze garantieren einen Fortschritt in der Union und einen reibungslosen Übergang zwischen den Präsidentschaften.[8] Der Grad der Zusammenarbeit mit der vorhergehenden und nachfolgenden Präsidentschaft ist u.a. abhängig von der politischen Übereinstim-

1 BLAIR (Rede 28.11.2002).

2 „One should notice that the guidelines of a Presidency are put forward unilaterally long before the Presidency starts, normally without fully seeking other actors' opinions (...) in order to elaborate the agenda. For instance, the Belgium Presidency „priority program" came out on May, the 2nd. By then, one-third of the Swedish Presidency was still forthcoming and consequently, the theoretical „troika-link" among presidencies could not be defined. Simply because those last links of the chain were not in place." SIERRA (2002), S. 3 f.

3 Preparing the Council for Enlargement (1). Report the Secretary-General/High Representative to the European Council (07.06.2001).

4 EDWARDS/PEARSON (1992), S. 71.

5 Vgl. SCHÜSSEL (1998), S. 16.

6 Vgl. RIIHIKALLIO (1997), S. 6; VAN BEUGE (1993), S. 23.

7 Vgl. DASHWOOD (1996), S. 157; JUNGWIRTH (1998), S. 90.

8 Vgl. SCHÜSSEL (1998), S. 10.

mung zwischen den aufeinanderfolgenden Mitgliedstaaten.[1] Zur Verbesserung der programmatischen Kontinuität der EU wurden im Juni 2002 im Europäischen Rat von Sevilla zahlreiche Beschlüsse gefaßt.[2] Die Sicherstellung der Kontinuität spielt für den Ablauf des Integrationsprozesses in einer erweiterten Union eine zentrale Rolle, da die Heterogenität der Union weiter steigen wird.[3]

Abschließend kann festgehalten werden, daß der Halbjahresrhythmus der aktuellen Ratspräsidentschaft ausreichend ist, den Inhalt der legislativen Prozesse und der politischen Deklarationen zu beeinflussen. Die Rotation ermöglicht, daß alle Mitgliedstaaten kurzfristige Führung ausüben können. Dagegen sind ein längerfristiges strategisches Denken und eine konzeptionelle Weiterentwicklung der Union normalerweise nicht möglich.

> „Six months would not be enough for a Presidency with executive or governemental responsibilities, but would be sufficient to do the legislative work and complete three or four projects already in the pipeline."[4]

Da die Präsidentschaft nicht nur legislative, sondern auch exekutive Funktionen ausübt, ist eine größere Kontinuität notwendig.[5] Die Ratspräsidentschaft sollte künftig neben der kurzfristigen Führung auch stärker die mittelfristige Führung umfassen.[6]

3.2.7 Integrationspolitische Einfluß- und Gestaltungsmöglichkeiten auf die EU-Agenda

Das Rotationsverfahren sorgt für einen kontinuierlichen Klimawechsel innerhalb der Union. Jeder Mitgliedstaat hat regelmäßig die Möglichkeit, durch das Setzen von eigenen Akzenten und Prioritäten auf den Integrationsprozeß einzuwirken. Das Einbringen einer persönlichen Handschrift ist dem politischen Prozeß der EU förderlich.[7] Es trägt dazu bei, daß permanent neue Ideen und Methoden von außen in das politische System der Union einfließen. Die Einflußarten eines Vorsitzes auf die EU-Agenda lassen sich in inhaltliche Einfluß- und prozedurale Gestaltungsmöglichkeiten unterteilen.

Tallberg unterscheidet drei Arten von inhaltlichen Einflußmöglichkeiten auf die EU-Agenda: Agenda setting, Agenda structuring und Agenda exclusion.[8] Das Agenda setting bedeutet, daß durch den Vorsitz neue Vorschläge unterbreitet werden. Zwei erfolgreiche Beispiele für das Agenda setting sind der 1995 von der spanischen Rats-

---

1 Die deutsche Präsidentschaft im zweiten Halbjahr 1994 und die französische im ersten Halbjahr 1995 arbeiteten beispielsweise ein gemeinsames Programm aus und stimmten sich über ein einheitliches Vorgehen ab. Durch die zwölfmonatige durchgängige deutsch-französische Präsidentschaft ergaben sich weitreichende Synergieeffekte. Vgl. *Frankfurter Allgemeine Zeitung 28.05.1994; Frankfurter Allgemeine Zeitung 01.06.1994;* PINDER (1994), S. 138.

2 Vgl. 4.2.2.

3 Vgl. BAUN (2000), S. 1.

4 ARNAUD (2001), S. 14.

5 Vgl. UNGERER (1983b), S. 332 f.

6 Dies ist erforderlich, weil es immer stärker an politischer Führung in der EU mangelt. Vgl. BERTELSMANN FOUNDATION AND CENTER FOR APPLIED POLICY RESEARCH (2002), S. 1.

7 Weidenfeld bezeichnet die Möglichkeit eines Vorsitzes, auf den Integrationsprozeß in persönlicher Weise einzuwirken, mit dem Ausdruck „persönliche Handschrift". Vgl. WEIDENFELD (1984), S. 14.

8 Vgl. TALLBERG (2001a), S. 7.

präsidentschaft in Gang gesetzte Barcelona-Prozeß im Mittelmeerraum[1] und die Initiative der finnischen Ratspräsidentschaft über die Politik der Nördlichen Dimension der EU 1999.[2] Das Agenda structuring ist durch die unterschiedliche Akzentuierung der diversen, in der EU-Pipeline stehenden Dossiers entlang der regionalen, sozioökonomischen sowie konstitutionellen Präferenzen des vorsitzenden Mitgliedstaates gekennzeichnet.[3] Da beispielsweise in Schweden traditionell die ökologischen Themen priorisiert werden, wurden diese zu einem der drei Hauptschwerpunkte des schwedischen Vorsitzes 2001 ausgewählt.[4] Für das Agenda exclusion ist spezifisch, daß ein bereits auf dem Verhandlungstisch liegendes Problem nicht von der Ratspräsidentschaft berücksichtigt wird. Im sozialen Bereich hat beispielsweise die deutsche Ratspräsidentschaft im Jahre 1999 den bis ins Detail vorbereiteten Kommissionsvorschlag zur Verstärkung der Konsultationsrechte der Arbeiter ignoriert und nicht in ihr Arbeitsprogramm aufgenommen.[5] Die mehrdimensionale Interpretation der Einflußmöglichkeiten eines Vorsitzes auf die Unionspolitik von Tallberg macht deutlich, daß die Präsidentschaft Raum für politisches Handeln läßt.[6] Die politische Dimension kommt vor allem in der Festlegung der mitgliedstaatlichen Prioritäten bei der Auswahl und Behandlung der Dossiers zum Ausdruck.[7]

Das Einbringen von neuen Perspektiven in den europäischen Integrationsprozeß beschränkt sich nicht nur auf den inhaltlichen Einfluß auf die EU-Agenda. Der Vorsitz hat auch prozedurale Gestaltungsmöglichkeiten.[8] Die Mitgliedstaaten haben unterschiedliche Verwaltungstraditionen und versuchen, die existierenden Arbeitsmethoden und -verfahren der Union weiterzuentwickeln. Beispielsweise ließ die luxemburgische Ratspräsidentschaft im Jahre 1991 ein innovatives Non-paper in der Form eines Fragebogens austeilen, um Fortschritte in den Verhandlungen zur Politischen Union zu erzielen.[9] Die beiden nördlichen EU-Staaten Finnland und Schweden waren während ihrer Vorsitze bemüht, die Administrationskultur der EU offener zu gestalten. Erstmalig in der Geschichte der Union veröffentlichte die finnische Ratspräsidentschaft 1999 die meisten Dokumente und Kalender des Vorsitzes im Internet.[10] Die prozeduralen Neuerungen sind nicht automatisch bindend für die folgenden Präsidentschaften. Es besteht jedoch die Möglichkeit, daß sie zum Gewohnheitsrecht werden. Das informelle Außenministertreffen-Gymnich wurde von einem prozeduralen Impuls des deutschen Vorsitzes im Jahre 1977 im Laufe der Jahre zu einem festen Bestandteil des Ratspräsidentschaftssystems. Die prozeduralen Gestaltungsmöglichkeiten eines Vorsitzes tragen insbesondere dazu bei, daß der Diskurs über die Verbesserung der Arbeitsmethoden im Rat der EU de facto permanent geführt wird.[11]

---

1 Vgl. BARBÉ (1996), S. 361.

2 Vgl. ANDERSON/BORT (2001), S. 124; ARTER (2001); HAUKKALA (2000).

3 Vgl. TALLBERG (2001a), S. 14.

4 Vgl. WURZEL (2002), S. 206.

5 Vgl. TALLBERG (2001a), S. 20.

6 Über das politische Handeln während einer Präsidentschaft siehe UNGERER (1983a), S. 13.

7 Vgl. GENERALSEKRETARIAT DES RATES DER EUROPÄISCHEN UNION (2002a), S. 6.

8 Vgl. EDWARDS/WALLACE (1978), S. 55.

9 Vgl. EDWARDS/PEARSON (1992), S. 70.

10 Vgl. BJURULF (2000), S. 36.

11 Vgl. EDWARDS/WALLACE (1978), S. 56.

Die Ratspräsidentschaft ist prinzipiell kein Amt zur Förderung der nationalen Interessen im Integrationsprozeß, sondern der „Vorsitz ist eine Dienstleistung, die am Gesamtinteresse der Union orientiert sein muß.“[1] Für jeden Ratspräsidenten bleiben jedoch Möglichkeiten, durch das Setzen von eigenen Prioritäten Einfluß auf den Integrationsprozeß auszuüben. Für die Union bedeutet der Zufluß origineller und neuer Perspektiven oder Sichtweisen alle sechs Monate einen politischen Reichtum.[2] Die Dynamik des Integrationsprozesses bleibt durch das Rotationsprinzip erhalten.[3] Vorteilhaft für die Union ist darüber hinaus, daß jeder Mitgliedstaat seine Präsidentschaft - nicht zuletzt wegen der gegenseitigen Konkurrenz - erfolgreich zu gestalten versucht.[4] Gemeinsame Ziele können schneller erreicht werden, da die Mitgliedstaaten das Amt mit Ambitionen übernehmen. Das zeitlich begrenzte Mandat verstärkt diesen Effekt, da es eindeutige Deadlines für das gesamte Agieren des Vorsitzes setzt.[5]

Zusammenfassend kann festgehalten werden, daß die Beteiligung der Mitgliedstaaten am Vorsitz sowohl für die inhaltliche als auch prozedurale Innovationsfähigkeit der EU von besonderer Bedeutung ist. Aus diesem Grund sollte die Reform der Ratspräsidentschaft garantierten, daß jeder Mitgliedstaat die Agenda und Prozeduren weiterhin aktiv beeinflussen und gestalten kann.

Nach der Beschreibung der einzelnen mitgliedstaatlichen Anforderungsdimensionen werden diese im folgenden nach den Erweiterungsmodellen gewichtet.

3.2.8 Gewichtung der mitgliedstaatlichen Anforderungen nach Modellen einer erweiterten Europäischen Union

Die Relevanz der einzelnen mitgliedstaatlichen Anforderungen für die Vorsitzreform ist abhängig von den spezifischen Eigenschaften und Strukturmerkmalen der Modelle einer erweiterten EU.[6] Daher ist für den Entwurf der Reformoptionen in Kapitel 5 notwendig, die auf Basis des heutigen Institutionengefüges aufgestellten Anforderungen an die Reform der Ratspräsidentschaft differenziert nach den drei Modellen einer erweiterten EU zu gewichten. Diese Gewichtung wird in Abbildung 3-6 dargestellt.[7] Im folgenden werden die Ausprägungsgrade der mitgliedstaatlichen Anforderungen erarbeitet.

Souveräne Gleichheit der Mitgliedstaaten

Betrachtet man die Anforderung der souveränen Gleichheit der Mitgliedstaaten anhand der Modelle einer erweiterten EU, so werden deutliche Ausprägungsunterschiede

1 KOPEINIG (1998), S. 15. Botschafter Lehne, stellvertretender Leiter der wirtschaftspolitischen Sektion im Außenministerium Österreichs.

2 Vgl. VAN DE VOORDE (2002), S. 319.

3 Vgl. SIERRA (2002), S. 16; WALLACE (1999), S. 73.

4 Vgl. DASHWOOD (1994), S. 126; SCHÄFER (1997), S. 41.

5 Vgl. Trumpf-Piris-Report (10.03.1999). Die Regierungsvertreterin Polens im Europäischen Konvent argumentierte ähnlich anhand eines Beispiels: „When taking enlargement negotiations as an example, the successive presidencies each brought a new dynamic to the process and contributed decisively to the timely completion of the talks.“ HÜBNER (CONV 550/03).

6 Es werden das föderale, intergouvernementale und flexible Modell einer erweiterten EU berücksichtigt. Vgl. 1.4.

7 Vgl. 3.4.

ersichtlich. In einer föderalen Union wird das völkerrechtliche Prinzip der souveränen Gleichheit abgeschwächt, so daß das Repräsentationsprinzip im Sinne des relativen Gewichts der Staaten in den Vordergrund tritt. Dies führt dazu, daß die demokratische Komponente der föderalen Verfassungsordnung, die gleiche Repräsentanz der europäischen Bürger, mit dem föderativen Gesichtspunkt prinzipiell gleichberechtigter Staaten kombiniert wird. Für die Reform der Ratspräsidentschaft bedeutet dies, daß die Organisation des Vorsitzes stärker auf die Gleichheit der Unionsbürger statt auf die der Mitgliedstaaten beruht.

Für das intergouvernementale Modell ist spezifisch, daß die staatliche Souveränität das Primat in der Union innehat. Die Erhaltung der Souveränität ist am ehesten gewährleistet, wenn das völkerrechtliche Prinzip der Staatengleichheit als Gestaltungsprinzip in Analogie zu einer traditionellen internationalen Organisation gilt. Die demographische Variable wird deshalb bei der Reform der Ratspräsidentschaft nicht berücksichtigt. Die souveräne Gleichheit als Organisationsprinzip ist somit in einem intergouvernementalen Modell stark ausgeprägt.

Die mitgliedstaatlichen Regierungen spielen zudem eine starke Rolle in einem flexiblen Modell einer erweiterten Union, obwohl die Staaten weitreichende Kompetenzen im Laufe des Integrationsprozesses an die Union übertragen. Institutionell tendiert das Modell somit zur Beibehaltung der souveränen Gleichheit der Mitgliedstaaten. Die strukturelle Komplexität des Modells fordert jedoch eine Relativierung dieses Prinzips im Sinne einer prinzipiellen Gleichberechtigung der Mitgliedstaaten, um die Kohärenz und Effizienz des institutionellen Rahmens der flexiblen Union sicherstellen zu können.

Europapolitischer Identifikationswert der Ratspräsidentschaft

In einem föderalen Modell ist die Ratspräsidentschaft weniger bedeutsam für die Erzielung der europäischen Öffentlichkeit. Die öffentliche Aufmerksamkeit gegenüber europäischen Fragen ist wegen des staatsähnlichen Charakters dieses Modells allgegenwärtig. Zum einen erfordert das parlamentarische Regierungssystem, daß die europäischen Parteienbünde aller Couleur ihren Spitzenkandidaten für das Amt des Kommissionspräsidenten in einem europaweiten Wahlkampf aufstellen. Hierdurch entsteht eine direkte Verbindung zwischen dem europäischen politischen System und den Bürgern. Zum anderen ist eine Europäisierung von unten für ein föderales Modell aufgrund der zunehmenden Vernetzung der Gesellschaften spezifisch. Die europäische Öffentlichkeit ist in einer föderalen Union stark etabliert. Der europapolitische Identifikationswert der Ratspräsidentschaft spielt somit in einem föderalen Modell eine schwache Rolle.

Die Politik der Mitgliedstaaten wird lediglich durch das supranationale Handeln in einer intergouvernementalen EU ergänzt. Das Gefühl der Zugehörigkeit zur Union ist nicht stark ausgeprägt. Dies ist auch nicht notwendig, da die EU über die nationalen Regierungen legitimiert wird. Der europapolitische Identifikationswert in einer zwischenstaatlichen EU ist für die Reform der Ratspräsidentschaft nur von mittlerer Bedeutung.

In der supragouvernemental organisierten flexiblen Union ist die Ratspräsidentschaft eine wichtige Gelegenheit, den eigenen Staat der Bevölkerung der Union als einen integralen Teil des europäischen Projektes begreifbar zu machen. Die Mitgliedstaaten übertragen im Zuge der Integrationsentwicklung weitreichende Kompetenzen an die Union, und die Legitimationsgrundlage der Union wird häufig in Frage gestellt. Außerdem können fehlende Transparenz und erhöhte Komplexität einer flexiblen Union zu erheblichen Mißstimmungen in der Bevölkerung führen. Die Ratspräsidentschaft kann zur Etablierung einer europäischen Öffentlichkeit beitragen, die für die Legitimation der EU-Mitgliedschaft von Bedeutung ist. Die Bedeutung des europapolitischen Identifikationswertes der Ratspräsidentschaft für den Integrationsprozeß ist im flexiblen Modell am stärksten ausgeprägt.

Vermeidung der Handlungsunfähigkeit der Ratspräsidentschaft aufgrund innen- und integrationspolitischer Faktoren

Eine Ratspräsidentschaft einer innen- und integrationspolitisch schwachen Regierung hat auf den Integrationsprozeß in einem föderalen Modell weniger negativen Einfluß als in einem intergouvernementalen oder flexiblen Modell. Dies ist vor allem darauf zurückzuführen, daß die Nationalstaaten als Folge der zunehmenden Föderalisierung der EU in gewissem Maße entpolitisiert werden. Die die Handlungsfähigkeit der Ratspräsidentschaft beeinflussenden innen- und integrationspolitischen Faktoren üben somit keinen starken Einfluß in einem föderalen System aus. Die Anforderung zur Vermeidung der Handlungsunfähigkeit der Ratspräsidentschaft aufgrund innen- und integrationspolitischer Faktoren ist in einem föderalen Modell schwach ausgeprägt.

In einem intergouvernementalen Modell hat sie dagegen eine mittlere Relevanz. Die zentrale Stellung der Nationalstaaten in der EU führt dazu, daß vor allem die innenpolitischen Entwicklungen einen bedeutenden Effekt auf die Vorsitzführung ausüben. Die integrationspolitischen Faktoren verursachen dagegen weniger Hindernisse für die Handlungsfähigkeit der Präsidentschaft, da der Grad der Integration wegen des Konsenserfordernisses bei der Entscheidungsfindung beschränkt bleibt.

Für das flexible Modell ist eine starke Ausprägung der beiden Komponenten dieser Anforderung - innen- und integrationspolitische Faktoren - spezifisch. Erstens spielen die mitgliedstaatlichen Regierungen im flexiblen System eine wesentliche Rolle, damit bleiben die nationalstaatlichen politischen Entwicklungen nicht ohne Einfluß auf die Ausübung der Präsidentschaft. Zweitens determiniert die Integrationsbereitschaft des Vorsitzlandes die Ausübung der Ratspräsidentschaft in einer erweiterten Union. Vor allem die nicht synchrone Teilnahme der Mitgliedstaaten an Integrationsprojekten verursacht Schwierigkeiten für die Vorsitzführung in einer flexiblen Union.

Wahrnehmung der ratspräsidentschaftsverbundenen administrativen Know-hows

Der Vorsitz bedeutet eine umfassende Mobilisierung nationaler Administrationen, die vorteilhaft für die Union und die einzelnen Mitgliedstaaten sind. Der Perspektivenwechsel von einer gewöhnlichen nationalen Delegation zu einem EU-Vertreter bringt jedoch einen geringen Nutzen für eine föderale Union. Ein föderales Modell setzt bereits voraus, daß das gegenseitige Verständnis, die konstruktive Zusammenarbeit und das europäische Bewußtsein vorhanden sind. Die Ratspräsidentschaft kann somit kaum zur Stimulierung des Wir-Gefühls beitragen. Die vorsitzverbundenen administrativen Know-hows wirken sich dagegen für die Staaten positiv aus, da künftig die Vertretung und Durchsetzung eigener Interessen leichter wird. Betrachtet man diese

Anforderung gesamtheitlich, so wird deutlich, daß sie in einem föderalen Modell schwach ausgeprägt ist.

In einem intergouvernementalen Modell hat die Anforderung der Wahrnehmung der vorsitzverbundenen administrativen Know-hows eine mittlere Bedeutung. Einerseits kann der Vorsitz ein Verantwortungsgefühl in den Mitgliedstaaten erzeugen, welches eine Fortentwicklung der EU trotz der Einstimmigkeitsanforderung im Entscheidungsprozeß unterstützen kann. Andererseits spielt die optimale Durchsetzung der nationalen Interessen in einer zwischenstaatlich organisierten Union eine maximale Rolle.

Die administrativen Know-hows können vor allem in einem flexiblen Modell für Union und Mitgliedstaaten vorteilhaft sein. Nach dem Vorsitz werden die eigenen nationalen Anliegen in größerem, europäischem Rahmen wahrgenommen, was dem Integrationsprozeß förderlich sein kann. Die flexible Union ist strukturell durch Komplexität gekennzeichnet. Die Internalisierung der EU-Spielregeln erweist sich deshalb in einer flexiblen EU als besonders schwierig. Die Ratspräsidentschaft kann somit einen wichtigen Beitrag zur Bewältigung dieser Problematik in den Mitgliedstaaten leisten. Die Anforderung der Wahrnehmung der vorsitzverbundenen administrativen Know-hows ist in einem flexiblen Modell stark ausgeprägt.

Reduzierung der operativen Belastung der mitgliedstaatlichen Administration

Die Anforderung der Reduzierung der operativen Belastung der mitgliedstaatlichen Administration hat eine mittlere Tragweite in einem föderalen Zukunftsmodell der Union. Ein föderaler Bund setzt voraus, daß die Mitgliedstaaten ihre Souveränität substanziell auf das Staatswesen transferieren. Die supranationalen Institutionen tragen die Hauptverantwortung im politischen Prozeß, so daß die qualitative und quantitative Arbeitsbürde des Vorsitzes für den Gliedstaat massiv abnimmt. Aus Effizienzgründen ist eine operative Entlastung des Vorsitzes trotzdem in einem föderalen Modell empfehlenswert, da einige Aufgaben den Vorsitz angesichts der Erweiterung stark beanspruchen.

In einem nach dem intergouvernementalen Modell gestalteten System stehen den supranationalen Organen kaum oder nur begrenzte Kompetenzen zu. Die an sie delegierten Funktionen unterliegen der expliziten Zustimmung des Rates. Der Rat und die Ratspräsidentschaft spielen somit im Institutionengefüge der intergouvernementalen Union eine unersetzliche Rolle. Dies hat zur Konsequenz, daß die Verantwortung für die meisten Politikbereiche beim vorsitzenden Mitgliedstaat liegt. Die doppelte Herausforderung der Mitgliedstaaten als Vorsitzende, die Politikgestaltung sowohl im Heimatland als auch in der Union, ist nicht ohne eine starke Reduzierung der operativen Belastung der Ratspräsidentschaft möglich.

Analog zu einem intergouvernementalen Modell ist eine wesentliche Abnahme des Arbeitsaufwands eines Vorsitzes in einem flexiblen Modell notwendig. Erstens hat der Rat eine starke Rolle im Flexibilisierungsprozeß inne. Darüber hinaus macht die institutionelle Komplexität des flexiblen Modells eine starke Ratspräsidentschaft erforderlich. Dies ist jedoch nicht ohne eine Reduzierung der operativen Belastung der mitgliedstaatlichen Administration möglich.

Politische Führung und Kontinuität innerhalb der EU

Ein föderales Modell tendiert dazu, daß die Anforderung der politischen Führung und Kontinuität innerhalb der EU eine schwache Bedeutung hat. Die Kommission als Exekutive nimmt die längerfristige Führungsfunktion in der Union wahr. Somit ist es nicht notwendig, daß die Ratspräsidentschaft starke Führungskapazitäten in einer föderalen Union aufweist. Die politische Kontinuität ist durch die strukturelle Stetigkeit des föderalen Systems vorgegeben.

Im Gegensatz zum föderalen Modell kann die intergouvernementale Union nicht ohne die Führungskapazitäten der Ratspräsidentschaft auskommen. Der Vorsitz ist zuständig für die Kontinuität sowie strategische Konzeptionierung der europäischen Agenda. Die intergouvernementale Union ist explizit abhängig von der Fähigkeit des Vorsitzes, die Union längerfristig zu steuern. Die Anforderung der politischen Führung und Kontinuität innerhalb der EU ist in einem intergouvernementalen Modell stark ausgeprägt.

Obwohl die Gemeinschaftsinstitutionen eine wichtige Rolle in einer flexiblen Union spielen, ist eine starke politische Führung des Vorsitzes in einem komplexen Institutionengefüge notwendig. Die Ratspräsidentschaft hat neben der Kommission die Aufgabe, die Eigendynamik eines flexiblen Modells durch ihre Führungsrolle zu kontrollieren. Die Verantwortung für das Voranbringen des europäischen Integrationsprozesses durch richtungsweisende Strategien liegt somit zu einem großen Teil auch bei der Ratspräsidentschaft.

Integrationspolitische Einfluß- und Gestaltungsmöglichkeiten auf die EU-Agenda

Der Einfluß der Ratspräsidentschaft auf das politische System der Union durch die inhaltlichen Einfluß- sowie prozeduralen Gestaltungsmöglichkeiten hat ein mittleres Gewicht in einem föderalen Modell. Die Dynamik des Integrationsprozesses ist nicht abhängig vom Anstoß origineller und neuer Perspektiven oder Sichtweisen, da die meisten wichtigen Politikfelder bereits vergemeinschaftet sind. Die integrationspolitischen Einfluß- und Gestaltungsmöglichkeiten der Ratspräsidentschaft auf die EU-Agenda können lediglich als ein weiterer Kanal im Institutionengefüge dazu beitragen, daß die regionalen Unterschiede und Eigenheiten der Gliedstaaten im Integrationsprozeß angemessen berücksichtigt werden.

In einem intergouvernementalen Modell sind dagegen die Mitgliedstaaten, und nicht die Kommission analog zum föderalen Modell, die Hauptinitiatoren der EU-Agenda. Die Anforderung der integrationspolitischen Einfluß- und Gestaltungsmöglichkeiten an die EU-Agenda ist somit in einem intergouvernementalen Modell stark ausgeprägt. Die integrationspolitischen Einfluß- und Gestaltungsmöglichkeiten spielen für die Integrationsdynamik in einem intergouvernementalen Modell eine unersetzliche Rolle, denn das Einbringen von neuen Ideen und Energien in die Agenda der EU ist in erster Linie nur durch die Ratspräsidentschaft möglich. Der Vorsitz verkörpert die Initiativfunktion in einer zwischenstaatlichen Union.

In einem flexiblen Modell hängt die Progression der Integration von der Integrationswilligkeit und -fähigkeit der teilnehmenden Staaten an einzelnen Integrationsprojekten ab. Die integrationspolitischen Einfluß- und Gestaltungsmöglichkeiten des Vorsitzes können dazu beitragen, den gemeinsamen Nenner zwischen den Ländern leichter zu finden, um den Integrationsprozeß voranzubringen. Die Ratspräsidentschaft kann die Bereitschaft der einzelnen Regierungen ausgehend von der eigenen Integrationswilligkeit und -fähigkeit zum Souveränitätstransfer auf neuen Politikbereichen am besten erkennen. Darüber hinaus kann das gleichwertige Setzen von eigenen Akzenten und Prioritäten auf den Integrationsprozeß für die Akzeptanz der Integration in den Mitgliedstaaten förderlich sein. Neben der Präsidentschaft hat jedoch die Kommission eine starke Rolle bei der Erstellung des Arbeitsprogramms der Union in einer flexiblen Union. Aufgrund der aufgeteilten Initiativfunktion hat die Anforderung der integrationspolitischen Einfluß- und Gestaltungsmöglichkeiten an die EU-Agenda einen mittleren Ausprägungsgrad in einem flexiblen Modell.

Neben den systemischen und mitgliedstaatlichen Anforderungen bestimmen die funktionalen Anforderungen die Reform der Ratspräsidentschaft. Diese werden im folgenden beschrieben und nach obigem Schema gewichtet.

3.3 Funktionale Anforderungen

Aufbauend auf den gegenwärtigen Funktionen des Vorsitzes werden in diesem Abschnitt funktionale Anforderungen an die Reform der Ratspräsidentschaft abgeleitet. Hierbei wird davon ausgegangen, daß die Funktionen der Ratspräsidentschaft innerhalb des politischen Systems der EU - nicht nur innerhalb des Vorsitzes - im Rahmen der Reform konstant bleiben. Eine Aufgabenverlagerung zwischen dem Vorsitz und anderen Institutionen der Union im Rahmen des Reformprozesses ist somit möglich. Neben der Effektivität (to do the right things) ist die Effizienz (to do the things right) der Funktionen zu berücksichtigen.[1] Die Effizienz beschreibt den Aufwand zum Niveau der Zielerreichung. Die funktionalen Anforderungen werden anhand der Kategorisierung der Funktionen der Ratspräsidentschaft von Hayes-Renshaw und Wallace systematisiert.[2] Zu den funktionalen Anforderungsdimensionen zählen: Management im Rat, Management der Gemeinsamen Außen- und Sicherheitspolitik, Förderung politischer Initiativen, Mittlerfunktion, Kontaktaufnahme mit anderen Gemeinschaftsorganen sowie Außenvertretung.

3.3.1 Management im Rat

Das Management im Rat umfaßt die Verantwortung für ca. 1.800 Veranstaltungen während der sechsmonatigen Präsidentschaftsperiode und die Zuständigkeit für die Terminierung der Tagungen, die Erstellung der Tagesordnungen und die konkrete Sitzungsleitung sowie die Bereitstellung der Infrastruktur.[3]

Die Belastung der Regierungen bei der Durchführung dieser Veranstaltungen hat ein erhebliches Ausmaß angenommen. Schon heute ist der Vorsitz bei der Bewältigung dieser sitzungsvorbereitenden und -leitenden Aufgaben auf die Unterstützung des Generalsekretariats des Rates angewiesen. Die zunehmende Qualität und Quantität der Integrationsmaterie hat zur Folge, daß die Anzahl der diversen Tagungen weiter-

---

1 Näheres zur Effektivität und Effizienz als gleichwertige Größen AHN/DYCKHOFF (1997), S. 2 f.

2 Vgl. 2.3.

3 Vgl. 2.2.2.

hin wachsen wird. Des weiteren wird die Erweiterung um zehn neue Mitgliedstaaten im Jahre 2004 den Arbeitsaufwand des Managements im Rat stark erhöhen. Die Zunahme der Mitgliederzahl der EU bedeutet, daß der Willensbildungs- und Entscheidungsprozeß komplexer wird. Zudem werden die beitretenden Staaten Dossiers generieren, die den Managementaufwand eines Vorsitzes zusätzlich belasten werden. Die Vorsitzführung wird durch die steigende Anzahl von Mitgliedstaaten immer anspruchsvoller.

Eine gründliche Vorbereitung der Sitzungen ist von den Beamten und Ministern des vorsitzenden Mitgliedstaates kaum mehr möglich. Das Kennenlernen der 25+-Verhandlungspositionen wird zu einer zeitlichen Belastung.[1] Zudem wird die interne Organisation der Tagungen schwieriger. Beispielsweise wird die systematische Zusammenfassung der 25 Positionen während einer Veranstaltung im Rahmen der tour de table in einer erweiterten Union zu einer Herausforderung. Sasse argumentierte bereits im Jahre 1977:

> „not every chairman has the ability to pose systematic questions or to produce an exact summary of ten different views (Commission and nine delegations) and turn then into provisional conclusions. Because this is the case, discussions often drag on laboriously and airlessly. Difficulties of this kind have greatly increased since the enlargement of the Community to nine member states.“[2]

Erfolge in der Managementaufgabe der Ratspräsidentschaft in der gesamten Ratshierarchie beruhen in beträchtlichem Maße auf individuellem Können.[3] Eine produktive Ratspräsidentschaft ist vor allem abhängig von der prozessualen und technischen Expertise des Vorsitzenden.[4] Die prozessuale Expertise beschreibt dabei die Fähigkeit, politische Führung und gute Verhandlungskenntnisse vorzuweisen. Die technische Expertise bezieht sich auf die Existenz von spezifischem Fachwissen. Vor allem auf der Arbeitsgruppenebene spielt sie eine zunehmende Rolle. Die Anzahl der technischen Dossiers wird mit zunehmender Integrationsdichte weiterhin steigen, und die Präsidentschaft wird stärker von den kumulativen Know-hows und Fachwissen des Generalsekretariats abhängig sein. Der Europäische Rat von Sevilla im Juni 2002 hat bereits beschlossen, eine ständige Vorsitzführung durch das Generalsekretariat des Rates in fünf technischen Arbeitsgruppen einzuführen.[5] Das gesamte Ratspräsidentschaftssystem könnte durch eine weitere Einführung von permanenten Vorsitzenden oder gewählten Spezialisten entlastet werden. Beispielsweise könnten die Experten des Generalsekretariats und der Kommission Vorsitze übernehmen sowie das Einbeziehen von externen Fachleuten veranlassen. Zur Effizienzsteigerung des Vorsitzes könnte außerdem die Verlängerung der Präsidentschaftsperiode führen. Dies würde die Entfaltung der technischen Expertise erleichtern. „The examination of specific topics frequently stretches over a longer period than six months and demands a technical expertise, which can only be acquired with sufficient time.“[6]

---

1 Vgl. RASMUSSEN (Rede 15.01.2003).

2 SASSE (1977), S. 98.

3 Vgl. EDWARDS/WALLACE (1978), S. 39. Näheres zu den Qualitäten eines guten Vorsitzenden siehe LANG (1989), S. 36 f.

4 Vgl. STEIN (2000), S. 16.

5 Vgl. 4.5.3.

6 SIERRA (2002), S. 16. Ähnlich im Trumpf-Piris-Report: „six-monthly rotation represents a major handicap for the continuity of the Council's work, and particularly for the committees and working parties. The examination of specific topics frequently stretches over a longer period than six months and calls for a technical expertise which can only be acquired with time.“ Trumpf-Piris-Report (10.03.1999).

Auf der höchsten Ebenen der Ratshierarchie ist die prozessuale Expertise von größerer Bedeutung. Insbesondere die Fähigkeit eines Politikers, Führung auf dem Gipfel des Europäischen Rates oder auf der Tagung des Ministerrats zu übernehmen, kann die Union integrationspolitisch weiterbringen. In einer heterogenen Union mit 25+-Mitgliedstaaten wird die Führungsfrage an Bedeutung gewinnen. Um eine kontinuierliche Führung für die erweiterte Union gewährleisten zu können, sollten die Alternativen für die Rotation der Präsidentschaft auf den obersten Hierarchieebenen des Rates geprüft werden.

Abschließend kann festgehalten werden, daß der qualitative und quantitative Managementaufwand eines Vorsitzes künftig weiter steigen wird. Aufgrund der wachsenden Anzahl der Veranstaltungen pro Vorsitz könnte ein Splitting der Managementaufgaben für die Union vorteilhaft sein. Dies würde eine Fokussierung der Ratspräsidentschaft auf eine übersichtliche Anzahl von Tagungen ermöglichen. Insbesondere auf den unteren Hierarchieebenen des Rates könnte eine Aufgabenverlagerung zu einer verbesserten Effektivität des Ratsmanagements führen. Für die Steigerung der Effizienz der Funktion des Managements im Rat ist vor allem die Qualität der Vorsitzenden von Bedeutung. Die Ausdehnung der Zeitdauer der Ratspräsidentschaft spielt für die Effizienz der Vorsitzenden eine wesentliche Rolle. Insgesamt muß eine reformierte Präsidentschaft das Management des Rates sicherstellen.

3.3.2 Management der Gemeinsamen Außen- und Sicherheitspolitik

Der Bedarf nach Expertise ist insbesondere im Bereich der GASP enorm. Die neuen GASP-Einrichtungen haben dazu beigetragen, daß die außen- und sicherheitspolitischen Interessen der Union besser überwacht und ermittelt werden können.[1] Dennoch weist das Management der GASP weiterhin zahlreiche Schwächen auf. Everts faßt die außenpolitischen Defizite der Union zusammen: „In essence there are three problems: a lack of continuity, poor external communication and inadequate credibility."[2] Die Defizite beruhen vor allem darauf, daß sich Prioritäten und Personal im GASP-Bereich durch die alle sechs Monate rotierende Präsidentschaft verändern. Das Problem der Kontinuität wurde nur teilweise durch die Errichtung des Amtes des Hohen Vertreters durch den Vertrag von Amsterdam behoben. Das Defizit der alle sechs Monate wechselnden Priorisierung der außenpolitischen Agenda der Union blieb auch nach Amsterdam bestehen. Daraus resultiert nach außen der Eindruck, daß die GASP-Aktivitäten einen episodischen Charakter besitzen. Allerdings werden die Regelungen von Sevilla die Kontinuität der außenpolitischen Maßnahmen der Union verbessern.

Wegen der schnellen Entwicklungen auf dem Feld der GASP nimmt der außenpolitische acquis der Union ständig zu. Der Vorsitz muß eine immer höhere Bereitschaft besitzen, die Vorbereitungen der EU-Politik hinsichtlich solcher außenpolitischer Bereiche zu treffen, die nicht zu seiner traditionellen Außenpolitik gehören. Dies gilt insbesondere für kleine und neue Mitgliedstaaten der Union. Bereits heutzutage wird eine erfolgreiche Durchführung des Managements der GASP oft in Frage gestellt, wenn es um eine Präsidentschaft eines kleinen oder neutralen Staates geht.[3] Außerdem

[1] Vgl. 2.1.3 und 2.1.4.

[2] EVERTS (2002a), S. 43.

[3] Vgl. TIILIKAINEN (2000d), S.169.

sind die im Mai 2004 in die EU beitretenden Staaten nicht ausreichend gerüstet, die Herausforderungen des Managements der GASP zu bewältigen. Die Außen- und Sicherheitspolitik dieser Staaten ist durch einen niedrigen Grad der Institutionalisierung und durch schwache Tradition gekennzeichnet.[1]

> „Mit der Zahl der Mitgliedstaaten wird auch die Zahl der Administrationen steigen, die über so gut wie keine erprobten kontinuierlichen Verbindungen und Erfahrungen in bestimmten Regionen der Welt, z.B. im Nahen Osten, in Afrika oder auf dem Balkan usw. verfügen."[2]

Nicht zuletzt wegen der strukturellen Schwäche der GASP ist der Vorsitz in außenpolitischen Belangen stark gefordert. Die Säulenstruktur der Union erschwert ein kohärentes Vorgehen im Management der Außenpolitik, da u.a. eine bedingte Parallelität von Außenwirtschaftsbeziehungen und GASP vorhanden ist.[3]

> „You cannot separate external economic and trade relations from external political relations. They are closely linked and since the Union is largely a civil power, its main element of pressure frequently is financial aid, economic concessions and trade concessions. These are political instruments which need to be managed in a coordinated way".[4]

Für eine effiziente Außenpolitik der EU ist eine klare Struktur notwendig, um eine Realisierung der außenpolitischen Synergiepotentiale zu ermöglichen und Doppelarbeiten der Außenakteure zu verhindern.

In Analogie zum Management im Rat könnte eine stärkere Spezialisierung zur größeren Effizienz im Bereich des Managements der GASP beitragen. Die Übertragung des Vorsitzes im Rat „Außenbeziehungen" auf einen ständigen Vorsitzenden könnte der Effizienz förderlich sein.[5] Die Permanenz des Vorsitzes würde die Entfaltung von technischen Know-hows ermöglichen sowie die Weiterführung von zentralen Projekten der GASP langfristig fördern. Aus Effektivitätsgründen ist zu überprüfen, ob die Ratspräsidentschaft enger mit den anderen Institutionen in außenpolitischen Bereichen kooperieren soll oder ob eine Aufgabenverlagerung vom Vorsitz zu einer anderen Institution erforderlich ist. Es geht bei der Reform des Managements der GASP vor allem darum, wie Synergiepotentiale zwischen den Institutionen geschaffen werden können. Die Ratspräsidentschaft kann nicht allein eine glaubwürdige Außenpolitik managen. Es sollen unionsweite Rahmenbedingungen für ein kohärentes außenpolitisches Vorgehen entwickelt werden, dabei muß die Reform des Vorsitzes dieses Management der GASP gewährleisten.

3.3.3 Förderung politischer Initiativen

Der Entscheidungsprozeß im Rat wird durch den halbjährlichen Wechsel der Ratspräsidentschaft vorangetrieben, da er für neue politische Impulse und Initiativen sorgt.[6] In der ersten Säule der EU hat die Förderung politischer Initiativen wegen des Initiativmonopols der Kommission keine große Bedeutung für den Vorsitz.[7] In den intergou-

---

1 Vgl. BILČÍK (2002), S. 90; DUKE (2003), S. 12.

2 Bericht Hänsch (1992).

3 Vgl. HUMMER/OBWEXER (1999a), S. 433. Näheres zu dieser Problematik siehe FRÖHLICH (2002a), S. 13 f.

4 SPENCE (1999), S. 257. Der frühere Ständige Vertreter Luxemburgs de Schoutheete.

5 Vgl. GRANT (2002b), S. 57.

6 Vgl. 3.2.7.

7 Vgl. 2.3.

vernementalen Bereichen, in denen die Kommission nicht über das Initiativmonopol verfügt, unterliegt der Vorsitz geringerer Einschränkungen. Die mitgliedstaatliche Festlegung der Prioritäten bei der Auswahl und Behandlung der Dossiers führt zu einer Diskontinuität des politischen Prozesses der EU.[1] Da die Erweiterung die Heterogenität der Union erhöhen wird, wird dies das Spektrum der unterschiedlichen Politikpräferenzen innerhalb der Union weiter steigern. Die Diskontinuität der europäischen Agenda wird durch das Setzen von nationalen Sonderinteressen zur innenpolitischen Profilierung verstärkt.

Die Funktion Förderung politischer Initiativen wird unterschiedlich von kleinen und großen Mitgliedstaaten ausgeübt.[2] Die erweiterte Union wird im wesentlichen aus kleinen Mitgliedstaaten bestehen, die den Charakter der Initiativfunktion möglicherweise grundlegend ändern werden. Die kleinen Vorsitzländer halten sich bei der Förderung politischer Initiativen zurück, da es ihnen oft an Ressourcen und an Mut zum Risiko fehlt, um bedeutsame Anstöße während der Präsidentschaft zu initiieren. Elgström zeigt den Unterschied zwischen den kleinen und großen Staaten anhand des Beispiels der schwedischen Ratspräsidentschaft 2001: „*Pro-Europeanists* [Hervorhebung im Original; d. Verf.] would (...) decry the absence of `vision' and lament the very practical, task-oriented Swedish approach to EU policy-making."[3] Die großen Mitgliedstaaten initiieren dagegen eher ambitionierte Projekte und Visionen, die längerfristige Bedeutung für die strategische Entwicklung der Union besitzen. Die europäische Integration braucht sowohl die Aufgabenorientierung der kleinen Staaten als auch die stärker visionären Zielsetzungen der großen Länder.[4] Aufgrund dieses Fakts ist es notwendig, in einer erweiterten EU dafür zu sorgen, daß die beiden Arten der Förderung politischer Initiativen weiterhin gewährleistet werden.

In Analogie zu den anderen funktionalen Anforderungen ist die Erhöhung der Effektivität der Initiativfunktion durch eine Aufgabenverlagerung möglich. Die Einbeziehung der anderen Institutionen, wie schon teils im Rahmen der Zusammenstellung der Strategieprogramme gemäß der Vereinbarungen von Sevilla vorhanden, könnte vor allem dazu beitragen, daß die Kontinuität politischer Initiativen steigen würde. Aus Effektivitätsgründen sollte somit in Erwägung gezogen werden, daß die strategische Planung der Ratspräsidentschaftsperiode stärker mit anderen Institutionen abgesprochen wird. Die engere Zusammenarbeit zwischen den Präsidentschaften könnte einen positiven Einfluß auf die Effizienz der Initiativfunktion ausüben. Die Ausdehnung der Zeitdauer des Vorsitzes könnte zudem ein Ansatz zur Erhöhung der Effizienz der Initiativfunktion des Vorsitzes sein und den Stop-and-go-Charakter der Unionsaktivitäten erheblich reduzieren. Die Neugestaltung des Vorsitzes sollte die Förderung politischer Initiativen sicherstellen.

3.3.4 Mittlerfunktion

Eine Funktion der Ratspräsidentschaft in der gesamten Ratshierarchie besteht darin, Konsens zu bilden und tragfähige Kompromisse zu finden. Die Erweiterung hat einen

---

1 Vgl. 3.2.6.

2 Vgl. 2.4.1.

3 ELGSTRÖM (2002a), S. 188.

4 Vgl. MARCHER/WEIERMAIR (1998), S. 26.

doppelten Effekt auf die Beschlußfähigkeit der Union.[1] In einem quantitativen Sinne erschwert die zunehmende Anzahl der Mitglieder die Beschlußfähigkeit. Zum anderen beeinträchtigt die größere Heterogenität der EU die Entscheidungsfindung qualitativ. Die Aufgabe des Vorsitzes als Vermittler wird somit immer wichtiger, aber auch komplexer und schwieriger.

Die Grundlage für die Ausübung der Mittlerfunktion ist das Wissen über die einzelnen nationalen Ausgangsstandpunkte in allen Dossiers.

> „One of the noblest tasks for a President has to be the search for consensus among partners. A precondition for reaching consensus is knowledge of the problems and positions of all partners; in short, sound preparation."[2]

Schon in den 70er Jahren haben die Vorsitzenden erhebliche Zeit darauf verwendet, die nationalen Positionen und deren Hintergründe zu erkennen.[3] In einer Union mit 25+-Mitgliedstaaten ist das Kennenlernen aller Standpunkte zeitlich nicht mehr zu leisten. Insbesondere die Minister sowie Staats- und Regierungschefs wären mit den Vorsitzaufgaben überfordert. Beispielsweise würde die tour des capitales zur Vorbereitung von zwei Europäischen Räten pro Halbjahr ca. sechs Wochen intensives Hauptstadtreisen in einer Union mit 27 Mitgliedern in Anspruch nehmen.[4] Die Überschreitung der zeitlichen Machbarkeit betrifft auch Methoden der Verhandlungssteuerung in den Sitzungen, wie beispielsweise das Package-dealing.[5] Normalerweise verwenden die Staats- und Regierungschefs viel Zeit für das Aushandeln der Paketlösungen.[6] Jede Erweiterung hat bisher die Bedeutung des Package-dealing erhöht.[7] Falls keine Ausweitung der Mehrheitsentscheidungen auf weitere Politikfelder der Union stattfindet, wird es weiter an Relevanz gewinnen.[8] Die Staats- und Regierungschefs als Vorsitzende des Europäischen Rates können nicht mehr erfolgreich die europäische Funktion mit den nationalstaatlichen Aufgaben parallel ausüben. Für das Schnüren von Verhandlungspaketen ist jedoch eine gewisse Autorität des Vorsitzenden notwendig. Der frühere Generalsekretär des Rates Ersbøll betont beispielsweise explizit die Bedeutung des persönlichen Einsatzes für den Erfolg der Kompromißfindung im Europäischen Rat.[9]

Um das Aushandeln von mehrheitsfähigen Kompromissen in einer erweiterten Union garantieren zu können, müssen neue Regelungen getroffen werden. Ein Ziel dabei ist, die Ratsvorsitzenden von einem Teil ihrer Aufgaben zu entlasten. Sonst besteht die Gefahr, daß das Aushandeln von Kompromissen auf anderen Kanälen stattfindet. Dies könnte dazu führen, daß die großen Mitgliedstaaten untereinander immer häufiger Absprachen treffen.[10] Da die wichtigsten Kompromisse auf dem Gipfel durch

---

1 Vgl. EHLERMANN (1981), S. 348.

2 KLAIBER (1984), S. 47. Klaiber trifft diese Aussage hinsichtlich der EPZ, welche jedoch auf die ganze Ratspräsidentschaft übertragbar ist.

3 Vgl. EDWARDS/WALLACE (1978), S. 58.

4 Vgl. ARNAUD (2001), S. 20; DE SCHOUTHEETE/WALLACE (2002), S. 16.

5 Näheres zu den einzelnen Methoden siehe 2.3.

6 Vgl. WILMING (1995), S. 48.

7 Vgl. PETERSON/BOMBERG (1999), S. 56.

8 Vgl. STEPPACHER (2000b), S. 71.

9 Ersbøll stellt fest: „Nothing (…) can replace this highly personal process." ARNAUD (2001), S. 15. Vgl. auch RASMUSSEN (Rede 15.01.2003).

10 Vgl. SCHÄFER (1997), S. 37.

den Europäischen Rat verhandelt werden, wäre aus Effektivitätsgründen überlegenswert, ob hier eine Aufgabenverlagerung von der Präsidentschaft zu einer mit Autorität gebündelten Institution sinnvoll wäre. Da die Mittlerfunktion in der gesamten Ratshierarchie in einer erweiterten Union nicht mehr von einem Mitgliedstaat zu leisten ist, sollten auch andere Möglichkeiten der Aufgabenteilung überprüft werden. Bei den Reformüberlegungen ist zu beachten, daß das Generalsekretariat des Rates eine wichtige Rolle für den Vorsitz beim Aushandeln von Kompromissen in den letzten 15 Jahren gespielt hat.[1] Insbesondere wäre die Verlängerung der Vorsitzperiode der Effizienz der Vermittlungstätigkeit förderlich. Der Aufbau von persönlichen Verbindungen und die Entfaltung von Know-how, die beiden Grundvoraussetzungen einer erfolgreichen Ausübung der Mittlerfunktion, fordern längerfristiges Engagement. Die Weiterentwicklung der EU-Ratspräsidentschaft muß die Möglichkeit der erfolgreichen Vermittlung zwischen den unterschiedlichen Interessen gewährleisten.

3.3.5 Kontaktaufnahme mit anderen Gemeinschaftsorganen

Das Aufrechterhalten des Kontakts des Rates der EU mit den Organen und Institutionen der Union obliegt formell der Ratspräsidentschaft.[2] Von Bedeutung ist vor allem die Kontaktaufnahme mit den anderen Organen des institutionellen Dreiecks der EU. Die Relevanz der Kontaktfunktion des Vorsitzes nimmt automatisch durch jede de facto- und de jure-Ausweitung der Kompetenzen der Kommission und des Europäischen Parlaments zu. Darüber hinaus verstärkt die Erweiterung den Informationsbedarf der Gemeinschaftsinstitutionen. Die Kontaktaufnahmefunktion fordert somit zunehmend die Ratspräsidentschaft.[3]

Das Management von Kontakten zum Europäischen Parlament ist zeitintensiver geworden. Das Europäische Parlament ist neben dem Ministerrat ein wichtiger Teil des legislativen Prozesses der Union in vielen Politikbereichen durch das im Maastrichter Vertrag eingerichtete und in den Verträgen von Amsterdam sowie Nizza ausgeweitete Mitentscheidungsverfahren geworden. Hayes-Renshaw stellt fest: „The codecision procedure, if it is to operate smoothly and efficiently, requires constant contact between the main protagonists."[4] Der Amsterdamer Vertrag beispielsweise sah das Mitentscheidungsverfahren in 38 Bereichen der Gemeinschaftskompetenz vor.[5] Gemäß dem Vertrag von Nizza wird das Verfahren in fünf weiteren Bereichen angewendet.[6] Im Rahmen des Mitentscheidungsverfahrens ist die Aufgabe des Vorsitzes, den Vermittlungsausschuß zu organisieren. Die Einsetzung desselben zwingt den Vorsitz zusätzlich, die Einstimmigkeit möglichst auch in solchen Dossiers zu forcieren,

---

1 Vgl. THE INDEPENDENT COMMISSION FOR THE REFORM OF THE INSTITUTIONS AND PROCEDURES OF THE UNION (1999), S. 42.

2 Vgl. 2.3.

3 Der Trumpf-Piris-Report stellt im Zusammenhang mit der Kontaktaufnahmefunktion der Ratspräsidentschaft bezüglich des Europäischen Parlaments fest: „This task is becoming increasingly onerous". Trumpf-Piris-Report (10.03.1999).

4 HAYES-RENSHAW (2002), S. 61. Der Vorsitz agiert als Hauptakteur im Mitentscheidungsverfahren im Namen des Rates der EU.

5 Vgl. SHACKLETON (2002), S. 104.

6 Näheres zu den Bereichen siehe GIERING (2001a), S. 119.

welche formal durch qualifizierte Mehrheit entschieden werden.[1] Aus dem Mitentscheidungsverfahren folgt, daß die Bedeutung der Ratspräsidentschaft als Mittler im Politikprozeß der EU wesentlich gestiegen ist.[2]

Es ist generell festzustellen, daß sowohl die Beziehungen zur Kommission als auch zum Europäischen Parlament den Vorsitz zunehmend belasten. Die Aufteilung der Präsidentschaft würde diese Beanspruchung reduzieren. Negativ ist jedoch zu bewerten, daß die Ratspräsidentschaft durch ein Splitting kein einheitliches Profil mehr gegenüber dem Parlament und der Kommission hätte. Da die Zusammenarbeit zwischen Europäischem Parlament und Vorsitz immer wichtiger geworden ist, haben die Wahlen zum Europäischen Parlament weitreichendere Konsequenzen auf die Präsidentschaft als je zuvor. An der Schwelle der Ratspräsidentschaft Finnlands stellte der finnische Ministerpräsident Lipponen fest, daß das im Mai 1999 neu gewählte Europäische Parlament erst Ende September oder Anfang Oktober 1999 völlig funktionsfähig sein würde. Laut seiner Aussage würde die wichtige Kooperation erst möglich, wenn das finnische Halbjahr schon weit vorangeschritten wäre.[3] Auch der Wechsel der Kommission kann die Progression der Dossiers in der Ratshierarchie erschweren. Aufgrund dieses Fakts sollte überprüft werden, ob eine bessere Anpassung der Amtsperioden der Ratspräsidentschaft mit denen des Parlaments und der Kommission die Effizienz der Kontaktaufnahmefunktion verbessern würde. Die Reform der Präsidentschaft muß die Kontaktaufnahmefunktion des Vorsitzes sicherstellen.

3.3.6 Außenvertretung

Im Laufe der Jahre ist die Außenvertretung zu einer der Hauptaufgaben des Vorsitzes geworden. Der quantitative und qualitative Zuwachs der Repräsentationspflichten gegenüber den Drittstaaten und internationalen Organisationen hat die Defizite der rotierenden Präsidentschaft bei der Wahrnehmung der Außenvertretung deutlich aufgezeigt. Die Ursachen für das Scheitern der EU-Außenvertretung bestehen aus der Komplexität der externen Repräsentation und der Glaubwürdigkeitsprobleme. Die EU muß als ein einheitlicher außenpolitischer Akteur handeln können, falls sie ihrem politischen Potential gerecht werden möchte. Kommissionspräsident Prodi formulierte diesbezüglich in seiner Rede zur institutionellen Architektur der EU vor dem Europäischen Parlament im Dezember 2002:

> „Die Union muss als Akteur auf der internationalen Bühne geschlossen auftreten, um ihre Werte und ihr Gesellschaftsmodell zu verteidigen. Wenn die Union im Bereich des Handels bereits gleichberechtigt mit den anderen Vertretern auf der internationalen Bühne auftritt, warum soll es uns nicht gelingen, im poli-

---

1 Vgl. STEIN (2000), S. 78.

2 „The emergence of the co-decision procedure (...) as the more or less template decision rule for EU legislation has had the effect of upgrading the institutional position of the EP at the expense of the Commission. When the EP and Council cannot agree, and conciliation must take place, the Commission risks losing its effectiveness as an honest broker unless it remains sensitive to the positions of both the Council and EP, and acknowledges their dominance of the procedure." PETERSON (2002), S. 88. Vgl. auch WURZEL (1996a), S. 275.

3 Vgl. *Helsingin Sanomat 18.06.1999.* Von finnischer Regierungsseite wurde das neue Parlament als ein Faktor angesehen, der vermutlich eine Durchführung der Ratspräsidentschaft erschwert hätte. Die Meinung Ministerpräsident Lipponens wurde durch den ehemaligen Ständigen Vertreter Deutschlands bei der EU von Kyaw bestätigt. Vgl. VON KYAW (1999), S. 7.

tischen Bereich ebenso glaubwürdig zu werden? Hier müssen wir Vorstellungskraft und Mut an den Tag legen, weil es unumgänglich ist, dass die Union in der internationalen Politik mit einer Stimme spricht."[1]

Durch das im Vertrag von Amsterdam eingerichtete Amt des Hohen Vertreters entsteht ein außenpolitisches Gesicht für die Union. Eine weltweit anerkannte Persönlichkeit mit längerer Amtsdauer ist für die Performance und Handlungsfähigkeit positiv zu bewerten. Negativ anzumerken ist, daß die Errichtung des Amtes die Außenrepräsentation der Union weiterhin verkomplizierte, da der Hohe Vertreter für die GASP nicht der einzige Außenrepräsentant der EU ist. Weiterhin ist die Ratspräsidentschaft und die Kommission an der Vertretung nach außen beteiligt.[2] Die derzeitige Komplexität der Außenvertretung der EU ist nachteilig für die Union. Es bleibt weiterhin unklar, wer für die Union auf internationaler Bühne spricht.

„External representation is also still a problem. The appointment of Solana for the CFSP was supposed to solve the question of who speaks for Europe. But in reality this is not quite the case. The EU is still sending three-person delegations (consisting most of the time of representatives from the presidency, the Commission and Solana)."[3]

Der Hohe Vertreter für die GASP kann außerdem nicht autonom agieren. Er arbeitet der jeweiligen Präsidentschaft zu und ist in seinen Handlungen vom Vorsitz abhängig.[4] Es fehlt ein außenpolitischer Repräsentant, der eigenständig Verhandlungen führen und Entscheidungen fällen kann. Ohne diese Voraussetzungen ist es auf internationaler Bühne schwer, Einfluß auszuüben.

Des weiteren senkt die Rotation der Ratspräsidentschaft die Glaubwürdigkeit der Außenvertretung der Union, da die Akteure und der politische Fokus wechseln.[5] Die Studie von Justus Lipsius zur Regierungskonferenz 1996 stellte fest: „But our partners in the outside world need to know who is in front of them, and they have difficulty taking seriously a partner whose face is changing every six months."[6] Das Defizit wird noch größer, falls ein kleiner Mitgliedstaat den Vorsitz ausübt, der über geringe Erfahrung und keinen diplomatischen Status verfügt. Die externen Akteure sehen den Ratspräsidenten eines kleinen Staates nicht automatisch als gleichberechtigten Verhandlungspartner.[7]

„Non-EU leaders - and not only Americans - simply do not take the EU very seriously when this is the case. This may be insufferable prejudice on their part, but it is a political reality that the EU must address."[8]

Diese Problematik wird in einer erweiterten Union an Brisanz gewinnen. Die meisten Beitrittsstaaten sind klein und haben in der Vergangenheit kaum internationale Erfahrungen sammeln können.

Die Anzahl der außenpolitischen Herausforderungen wird künftig wachsen. Aufgrund dieser Tatsache ist es wichtig, daß die Beziehungen zwischen allen Außenak-

1 PRODI (Rede 05.12.2002).

2 Vgl. Art. 18 EUV (idF. vom 26.02.2001).

3 EVERTS (2002a), S.44. Vgl. auch BENGTSSON (2002), S. 214; DUFF (1997), S. 84; WURZEL (2000), S. 27.

4 Vgl. Art. 18 Abs. 3 EUV (idF. vom 26.02.2001). Siehe auch Art. 26 EUV (idF. vom 26.02.2001).

5 Vgl. EVERTS (2002b), S. 37.

6 LIPSIUS (1995), S. 247. Hinter dem Pseudonym „Justus Lipsius" verbarg sich wahrscheinlich ein höher Beamter des Generalsekretariats des Rates. Vgl. HUMMER/OBWEXER (1999a), Fn. 250, S. 444.

7 Vgl. CAMERON (1998), S. 61; DINAN (1999), S. 243; JOPP/RECKMANN/REGELSBERGER (2002), S. 232.

8 EVERTS (2002a), S. 44. Vgl. auch ARNAUD (2001), S. 14.

teuren in einer erweiterten EU eindeutig geregelt werden. Die Zweiteilung in Ministerrat und Kommission, in eine diplomatische Sphäre einerseits und in Handelsbeziehungen und Entwicklungshilfe andererseits, sollte neu geordnet werden. Nur dadurch ist es möglich, Synergieeffekte im außenpolitischen Bereich zu erzeugen. Trotz der Einrichtung des Amtes des Hohen Vertreters für die GASP, das die auf eine Person bezogene Präsenz der Union auf internationaler Bühne erheblich gesteigert hat, ist die Identifikation der EU als einheitlicher Akteur der Außenpolitik problematisch. Die EU braucht einen festen Ansprechpartner für das Ausland, der mit einem weitgefaßten Verhandlungsmandat ausgestattet ist. Es ist zu überprüfen, inwiefern eine Zerschmelzung der außenpolitischen Ämter Effektivitätsvorteile für die Union bringen würde. Die Übertragung der Außenvertretungsfunktion für eine kontinuierliche und sichtbare Institution sollte zudem erwogen werden. Zur erhöhten Effizienz würde insbesondere die Verlängerung der Ratspräsidentschaftsperiode beitragen. Die Neugestaltung des Vorsitzes muß somit die funktionale Anforderungsdimension der Außenvertretung berücksichtigen.

Nach Darstellung der funktionalen Anforderungen werden im folgenden diese nach den drei Erweiterungsmodellen gewichtet.

3.3.7 Gewichtung der funktionalen Anforderungen nach Modellen einer erweiterten Europäischen Union

Die Relevanz der funktionalen Anforderungen für die Reform der Ratspräsidentschaft ist in Analogie zu den mitgliedstaatlichen Anforderungen abhängig von den spezifischen Merkmalen und Eigenschaften der Modelle einer erweiterten EU. Die in diesem Abschnitt vorzunehmende Erarbeitung der Ausprägungsgrade der Anforderungen wird in Abbildung 3-7 modellübergreifend dargestellt.[1]

Management im Rat

Das Management im Rat bleibt auch künftig die Hauptfunktion der Ratspräsidentschaft. Wegen der strukturellen Veränderungen werden die Besitzstände auf diesem Aufgabenfeld in einer föderalen Union fast konstant bleiben. Dies ist vor allem auf die Größe der Union und die Heterogenität der Mitgliedstaaten zurückzuführen. Die Sicherstellung der Koordinierung und Kohärenz der Ratsaktivitäten ist innerhalb der erweiterten Union schwierig. Aufgrund der veränderten institutionellen Rahmenbedingungen erfährt die funktionale Anforderung des Managements im Rat jedoch eine leichte Statusabwertung im Vergleich zur heutigen Situation. Dies ist insbesondere darauf zurückzuführen, daß der Rat nicht mehr das zentrale Entscheidungsgremium der Union darstellt. Der Ministerrat ist ein Teil der Legislative und hat somit ein teilweise anderes Tätigkeitsprofil als heute. Darüber hinaus existieren einige fundamentale Bestandteile des Funktionsbereiches des Vorsitzes in einer föderalen Union nicht mehr oder nicht mehr in derselben Formation wie heute. Angesichts der Heterogenität der erweiterten EU kann jedoch festgehalten werden, daß die funktionale Anforderung des Managements im Rat in einem föderalen Modell weiterhin stark ausgeprägt ist.

---

[1] Vgl. 3.4.

In einem nach dem intergouvernementalen Modell gestalteten institutionellen System dagegen bleibt der gesamte Funktionsbereich des Vorsitzes konstant. Darüber hinaus dominiert der Rat das gesamte Institutionengefüge, was die Gewährleistung eines reibungslosen Funktionierens der Ratstätigkeit unersetzlich für das Funktionieren der zwischenstaatlichen Union macht. Daraus resultiert, daß das Management der gesamten Ratshierarchie ein starkes Gewicht innerhalb einer intergouvernementalen EU hat.

Eine starke Ausprägung der Funktion des Managements im Rat ist auf die Dominanz des Rates sowie die Komplexität des Gesamtsystems in einem flexiblen Modell zurückzuführen. Aufgrund der variablen Teilnahme der Mitgliedstaaten an Integrationsprojekten ist die Sicherstellung der Kohärenz und Koordination in der Ratshierarchie sowohl in zeitlicher als auch in inhaltlicher Hinsicht in zunehmendem Maße eine Funktion der Ratspräsidentschaft.

Management der Gemeinsamen Außen- und Sicherheitspolitik

Die Föderalisierung der Union führt zur Vergemeinschaftung aller zentralen Politikbereiche. Die Mitgliedstaaten übertragen auch im Bereich der Außenpolitik weitreichende Kompetenzen an die Union. Statt des Vorsitzes sind die Gemeinschaftsorgane für das strategische Management der gesamten Außenpolitik gemäß der in der Verfassung verankerten Prinzipien in einer föderalen Union verantwortlich. Die Ratspräsidentschaft ist lediglich beauftragt, die organisatorischen Maßnahmen unter der Kontrolle der Kommission auszuführen. Festzuhalten ist somit, daß die Anforderung Management der GASP eine geringe Wichtigkeit in einem föderal organisierten System hat.

Das intergouvernementale Modell ist dadurch charakterisiert, daß Integrationsschritte, die die Kernsubstanz der staatlichen Souveränität berühren, in der Regel nicht im Rahmen der gemeinschaftlichen Organe angegangen werden. Die Kooperation im außenpolitischen Bereich beschränkt sich in Analogie zu den Petersberg-Aufgaben auf ideelle Maßnahmen,[1] deren Durchführung hauptsächlich auf zwischenstaatlichen Strukturen beruht. Die Präsidentschaft ist somit unmittelbar verantwortlich für die Steuerung dieser Maßnahmen. Die humanitären und zivilen Außenaktivitäten überschneiden sich erheblich mit den Außenwirtschaftsbeziehungen der Union, die teils unter der Zuständigkeit der Kommission fallen können. So muß die Präsidentschaft zusätzlich die Verantwortung für die Koordinierung beider Bereiche der Außenaktivitäten der zwischenstaatlichen EU tragen. Daraus folgt, daß die Gesamtverantwortung für das Management der GASP stark dem Vorsitz in einem intergouvernementalen Modell obliegt.

Der Managementaufwand des Vorsitzes im außenpolitischen Bereich ist in einem flexiblen Modell durch folgende Merkmale gekennzeichnet: Der erreichte Stand der außenpolitischen Zusammenarbeit wird in einer flexiblen Union erhalten. Auf diesem Feld ist die Steuerungsfähigkeit der Ratspräsidentschaft für das Funktionieren der GASP nach wie vor sehr wichtig. Eine Progression der außenpolitischen Kooperation im Verbund aller EU-Mitgliedstaaten erscheint in einer erweiterten EU jedoch schwierig. Es wird nur eine Auswahl europäischer Staaten zunächst im außenpolitischen Bereich voranschreiten. Daraus resultiert vor allem ein hoher Koordinationsaufwand zwischen den Kern- und Nichtkernstaaten für den Vorsitz. Diese Zweigleisigkeit der

[1] Näheres zu den Petersberg-Aufgaben siehe Art. 17 Abs. 2 EUV (idF. vom 26.02.2001).

Integrationsentwicklung der EU bringt mit sich, daß die Managementaufgaben im GASP-Bereich die Ratspräsidentschaft in einem flexiblen Modell in starkem Maße beanspruchen.

Förderung politischer Initiativen

Die Anforderung der Förderung politischer Initiativen ist in einer föderalen Union von geringerer Bedeutung, da die meisten fundamentalen Politikbereiche bereits vergemeinschaftet sind. Hinsichtlich der Initiativfunktion besitzt die Kommission als europäische Exekutive eine herausragende Stellung. Diese verhindert das Forcieren von eigenen Vorstellungen sowie das Ausklammern von unliebsamen Themen. Die Initiativfunktion der Präsidentschaft entfällt im wesentlichen wegen des veränderten institutionellen Kontextes.

In einem intergouvernementalen Modell einer erweiterten EU bleibt das Initiativrecht de facto wegen des Einstimmigkeitserfordernisses im Entscheidungsfindungsprozeß bei den Mitgliedstaaten auf allen Politikbereichen erhalten. Die Ratspräsidentschaft verkörpert das Initiativrecht der Mitgliedstaaten in einer zwischenstaatlichen Union. Im intergouvernementalen Modell steht der Ratspräsidentschaft ein Initiativmonopol zu. Die Förderung politischer Initiativen hat einen starken Ausprägungsgrad in einer intergouvernementalen Union.

Die Förderung politischer Initiativen in einem flexiblen Modell ist durch einen Dualismus zwischen Kommission und Ratspräsidentschaft gekennzeichnet. In gemeinschaftlichen Bereichen, in denen die Kommission über das Initiativrecht verfügt, ist der Spielraum des Vorsitzes gering und beschränkt sich im Grunde auf die Auswahl einiger Prioritäten aus den im Entscheidungsprozeß befindlichen Dossiers. In zwischenstaatlichen Politikfeldern kann die Präsidentschaft neue Themen aufgreifen, unterliegt aber auch dort zahlreichen Einschränkungen. Gesamtheitlich bleibt demnach festzuhalten, daß die Anforderung der Förderung politischer Initiativen in einem flexiblen Modell weniger stark als in einer intergouvernemental organisierten Union ausgeprägt ist.

Mittlerfunktion

In einem föderalen Modell steht die Mittlerfunktion hauptsächlich der Kommission zu. Die Vermittlung der Kommission zwischen den unterschiedlichen Interessen wird dadurch erleichtert, daß die Beschlußfassung der föderalen Union normalerweise keine Einstimmigkeit erfordert. Die Abstimmung zwischen den Mitgliedstaaten ist dennoch wegen der Heterogenität der EU-25+ anspruchsvoll. Die Ratspräsidentschaft kann die Vermittlungen der Kommission insbesondere in der zweiten Kammer des Parlaments intensiv unterstützen. Da die strategischen Grundlinien der Konsensbildung von der Kommission bestimmt werden, ist der Ausprägungsgrad der Anforderung der Mittlerfunktion in einem föderalen Modell ausgeglichen.

Die Fähigkeit des Vorsitzes, erfolgreich zu vermitteln, ist von zentraler Bedeutung für den Integrationsprozeß in einem intergouvernementalen Modell. Das Pooling der nationalen Souveränitäten wird durch die Mittlerfunktion der Ratspräsidentschaft ermöglicht, denn die Bemühungen der Kommission reichen oft nicht für einen Vermittlungserfolg in einer zwischenstaatlichen Union aus. Da die Entscheidungsfindung de facto auf Einstimmigkeit beruht, kann vor allem eine aktive Rolle der Präsidentschaft die Regierungen der Mitgliedstaaten zu einem konzilianteren Verhalten veranlassen.

In einem intergouvernementalen Modell einer erweiterten EU hat die Anforderung der Mittlerfunktion einen hohen Stellenwert.

Der Anforderung der Konsensbildung kommt auch in einem flexiblen Modell eine starke Bedeutung zu. Sie ergibt sich aus der Komplexität des Institutionengefüges. Die Integrationsfortschritte werden zunehmend durch das Schnüren von Verhandlungspaketen erreicht. Zum anderen ist die Position der Kommission als Vermittler im politischen System der Union abgeschwächt. Sie hat verstärkt eigene Interessen im interinstitutionellen Verhandlungsprozeß zu vertreten. Zudem sind die Mittel der Kommission oft nicht ausreichend, um in den flexiblen Bereichen eine Einigung zu fördern. In dieser Situation besitzt in einem flexiblen Modell lediglich die Ratspräsidentschaft genug Autorität, zwischen den Interessen der Mitgliedstaaten zu vermitteln. Trotzdem ist eine enge Zusammenarbeit mit der Kommission notwendig, da diese die Gesetzesvorlagen jederzeit in gemeinschaftlich geregelten Bereichen abändern kann.[1]

Kontaktaufnahme mit anderen Gemeinschaftsorganen

Auf die Relevanz der Anforderung der Kontaktaufnahme mit anderen Gemeinschaftsorganen wirkt in einem föderalen Modell vor allem das Grundprinzip institutionalisierter Gewaltenteilung ein. So werden die Institutionen noch stärker als heute aufeinander angewiesen sein, wenn sie bestimmte politische Ziele erreichen wollen. Dies hat zur Folge, daß ein verstärkter Informationsfluß zwischen den verschiedenen Institutionen notwendig ist. Im Kommunikationsnetz der EU kommt der Präsidentschaft eine besondere Bedeutung zu. Die Wichtigkeit der Anforderung der Kontaktaufnahme mit anderen Gemeinschaftsorganen in einem föderalen Modell weist somit hohe Priorität auf.

Der Rat bildet den Nukleus des Institutionengefüges in einem intergouvernementalen Modell. Den EU-Organen stehen nur begrenzte prozedurale Kompetenzen im Integrationsprozeß zu. Die Ratspräsidentschaft kann somit im Namen des Europäischen Rates und Ministerrates die Kommission und das Parlament auffordern, zu jeder Angelegenheit ihre Expertise einzubringen. Der Rat ist jedoch nicht verpflichtet, dem empfohlenen Vorgehen zu folgen. Es ist somit ersichtlich, daß die Anforderung der Kontaktaufnahme mit anderen Gemeinschaftsorganen in einem intergouvernementalen Modell nur schwach ausgeprägt ist.

In einer flexiblen Union bleibt der heutige acquis communautaire erhalten. Der erreichte Integrationsstand wird zumindest in Teilbereichen durch eine begrenzte Zahl der Mitgliedstaaten vertieft. Die Ratspräsidentschaft besitzt somit weiterhin eine zentrale Bedeutung im interinstitutionellen Informationsfluß. Für die Sicherstellung der Kohärenz des differenzierten Gesamtsystems ist zudem ein zusätzlicher Abstimmungs- und Koordinierungsbedarf zwischen den Institutionen erforderlich. Folglich hat die Anforderung der Kontaktaufnahme mit anderen Gemeinschaftsorganen in einem flexiblen Modell einen starken Ausprägungsgrad.

[1] Dies ist der Kommission heute schon möglich. Vgl. Art. 250 Abs. 2 EGV (idF. vom 26.02.2001).

Außenvertretung

Die Kommission als Exekutive ist für die Außenvertretung der Union in einem föderalen Modell explizit zuständig und repräsentiert alleine gemäß der in der europäischen Verfassung verankerten Kompetenzen die EU im Verhältnis zu Drittstaaten und internationalen Organisationen. Die Vertretung nach außen kulminiert nicht in der Ratspräsidentschaft. Die Anforderung der Außenvertretung spielt somit in einem föderalen Modell eine schwache Rolle.

Angesichts widersprüchlicher Vorstellungen der Mitgliedstaaten bewegt sich die außenpolitische Kooperation in einem intergouvernementalen Modell hauptsächlich außerhalb des Gemeinschaftsrahmens. Die Kommission ist zum größten Teil ausgeschaltet. Die Steuerung der Zusammenarbeit der nationalen Außenministerien ist folglich eine zentrale Funktion der Ratspräsidentschaft, somit fällt auch die Vertretung gegenüber Drittstaaten sowie internationalen Organisationen in ihre Zuständigkeit im unmittelbaren Auftrag der mitgliedstaatlichen Regierungen. Die Anforderung der Außenvertretung hat eine starke Ausprägung in einem intergouvernementalen Modell einer erweiterten EU, dabei wird die Außenvertretung durch die Ratspräsidentschaft verkörpert.

In einem flexiblen Modell wird die Gesamtheit der Union in ihren Außenbeziehungen von Rat und Kommission weiterhin gemeinsam vertreten, wobei die konkrete Verteilung der Aufgaben je nach Zuständigkeit variiert. Charakteristisch für ein flexibles Modell ist zudem, daß eine kleine Gruppe von Mitgliedstaaten ihre außenpolitische Zusammenarbeit vertieft. Daraus resultiert, daß ein einheitliches außenpolitisches Profil in einer flexiblen Union schwer sicherzustellen ist. Nach dem flexiblen Modell steht der Anforderung der Außenvertretung deshalb ein hoher Stellenwert zu.

Nachdem die verschiedenen Anforderungen an die Neugestaltung der Ratspräsidentschaft beschrieben und nach den Erweiterungsmodellen gewichtet wurden, erfolgt im nächsten Schritt die Zusammenstellung der Anforderungskataloge für die Reform.

3.4 Anforderungskataloge für die Reform

Die Anforderungen an die Reform der Ratspräsidentschaft lassen sich in systemische, mitgliedstaatliche und funktionale Anforderungen aufteilen. Sie stellen die Kriterien für die Bewertung der Parameter der diskutierten Reformvorschläge dar.[1] Die Ausprägungen der Anforderungen variieren zwischen den einzelnen Modellen einer erweiterten EU. Eine Ausnahme bilden die systemischen Anforderungen, die die Benchmarks der Reform für alle Modelle einer erweiterten EU in gleichem Maße darstellen (vgl. Abbildung 3-5).[2]

---

[1] Vgl. 5.1.

[2] Vgl. 3.1.

Systemische Anforderungen	**Modelle einer erweiterten Europäischen Union**		
	Föderale Europäische Union	**Intergouvernementale Europäische Union**	**Flexible Europäische Union**
Effizienz	●	●	●
Akzeptanz	●	●	●
Legitimation	●	●	●

Ausprägung ○ schwach ◐ mittel ● stark

Abbildung 3-5: Gewichtung der systemischen Anforderungen nach Modellen einer erweiterten EU

Es kann zwischen dem mitgliedstaatlichen und dem funktionalen Anforderungskatalog für die Reform der Ratspräsidentschaft unterschieden werden. Diese bilden die Basis für den Entwurf der Reformoptionen in Abhängigkeit der Modelle einer erweiterten EU in Kapitel 5.[1]

Der mitgliedstaatliche Anforderungskatalog ist dadurch gekennzeichnet, daß bei der Betrachtung der Ausprägungsgrade der Anforderungen fundamentale Differenzen zwischen den einzelnen Modellen einer erweiterten EU existieren. Die meisten mitgliedstaatlichen Anforderungen sind in einem föderalen Modell schwach ausgeprägt. Lediglich zwei Anforderungen weisen eine mittlere Kompatibilität mit dem Modell auf: Reduzierung der operativen Belastung der mitgliedstaatlichen Administration sowie Integrationspolitische Einfluß- und Gestaltungsmöglichkeiten auf die EU-Agenda. Dies ist vor allem darauf zurückzuführen, daß die föderale Union einen staatsähnlichen Charakter hat. Dagegen haben alle Anforderungen im intergouvernementalen und flexiblen Modell zumindest einen mittleren Ausprägungsgrad. Die weiterhin zentrale Rolle der Nationalstaaten im Integrationsprozeß kommt dadurch zum Ausdruck. Abbildung 3-6 gibt einen Überblick über die Ausprägungen der mitgliedstaatlichen Anforderungen nach den Modellen einer erweiterten EU.

[1] Vgl. 5.2.

Mitgliedstaatliche Anforderungen	**Modelle einer erweiterten Europäischen Union**		
	Föderale Europäische Union	**Inter-gouvernementale Europäische Union**	**Flexible Europäische Union**
Souveräne Gleichheit der Mitgliedstaaten	○	●	◐
Europapolitischer Identifikationswert der Ratspräsidentschaft	○	◐	●
Vermeidung der Handlungsunfähigkeit aufgrund innen- und integrationspolitischer Faktoren	○	◐	●
Wahrnehmung der ratspräsidentschaftsverbundenen administrativen Know-hows	○	◐	●
Reduzierung der operativen Belastung der mitgliedstaatlichen Administration	◐	●	●
Politische Führung und Kontinuität innerhalb der EU	○	●	●
Integrationspolitische Einfluß- und Gestaltungsmöglichkeiten auf die EU-Agenda	◐	●	◐

Ausprägung ○ schwach ◐ mittel ● stark

Abbildung 3-6: Gewichtung der mitgliedstaatlichen Anforderungen nach Modellen einer erweiterten EU

Die meisten funktionalen Anforderungen haben eine starke Ausprägung sowohl im intergouvernementalen als auch im flexiblen Modell. Auch das föderale Modell weist in bezug auf zwei funktionale Anforderungen einen starken Ausprägungsgrad auf. Dies bedeutet, daß bestimmte Funktionen der Ratspräsidentschaft für das Institutionengefüge der erweiterten EU unabhängig von der Richtung der Integrationsentwicklung weiterhin von fundamentaler Bedeutung sein werden. Insgesamt kann für den funktionalen Anforderungskatalog festgehalten werden, daß die Unterschiede der Ausprägungen der Anforderungen zwischen den einzelnen Modellen einer erweiterten EU geringer als beim mitgliedstaatlichen Anforderungskatalog sind. Abbildung 3-7 zeigt die erarbeiteten Ausprägungen der funktionalen Anforderungen nach den Modellen einer erweiterten EU.

Funktionale Anforderungen	Modelle einer erweiterten Europäischen Union		
	Föderale Europäische Union	Inter-gouvernementale Europäische Union	Flexible Europäische Union
Management im Rat	●	●	●
Management der Gemeinsamen Außen- und Sicherheitspolitik	○	●	●
Förderung politischer Initiativen	○	●	◐
Mittlerfunktion	◐	●	●
Kontaktaufnahme mit anderen Gemeinschaftsorganen	●	○	●
Außenvertretung	○	●	●

Ausprägung ○ schwach ◐ mittel ● stark

Abbildung 3-7: Gewichtung der funktionalen Anforderungen nach Modellen einer erweiterten EU

Zusammenfassend gilt für die Reform der Ratspräsidentschaft, daß sich eine unterschiedliche Ausprägung der mitgliedstaatlichen und funktionalen Anforderungen, differenziert nach den drei Modellen einer erweiterten EU, ergibt. Die systemischen Anforderungen sind dagegen in allen Erweiterungsmodellen gleich ausgeprägt und gelten als Leitmotiv für die institutionelle Anpassung.[1] Für die optimierte Neugestaltung des Vorsitzes bedeutet dies insgesamt eine differenzierte Einsetzung der einzelnen Anforderungen beim Entwurf der Reformoptionen in Abhängigkeit der Modelle einer erweiterten EU.

Nach der Erstellung der Anforderungskataloge werden im folgenden die Parameter der aktuellen Reformvorschläge der Mitglied- und Beitrittsstaaten, der Organe der EU bzw. des Europäischen Konvents sowie der akademischen Institutionen systematisiert.

1 Vgl. WEIDENFELD (2001a), S. 29 ff.

4 PARAMETER DER REFORMVORSCHLÄGE

Die Erwartungen an die Reform der Ratspräsidentschaft sind in den Mitglied- und Beitrittsstaaten je nach europapolitischen Leitbildern und den mit der EU-Mitgliedschaft verbundenen Interessen unterschiedlich. Auch die weiteren am Reformprozeß beteiligten Akteure, wie die EU-Organe bzw. der Europäische Konvent sowie die akademischen Institutionen, haben eigene Vorstellungen über die institutionelle Umgestaltung des Vorsitzes. Trotz der Pluralität der Interessen teilen alle Akteure die Auffassung, daß die Ratspräsidentschaft in der heutigen Form in einer EU-25+ nicht mehr praktikabel ist.

Nach der Erstellung der Anforderungen an die Reform der Ratspräsidentschaft werden in diesem Kapitel die aktuellen Reformvorschläge systematisch erfaßt. Das Ziel ist die Identifizierung und Beschreibung der Parameter der Reformvorschläge zur Neugestaltung der Ratspräsidentschaft, die in den letzten Jahren debattiert wurden. Hierzu wird zunächst die Evolution der Reformdiskussion der Ratspräsidentschaft dargestellt, um darauf aufbauend die Parameter der Vorschläge zu ermitteln. Die Analyse der Parameter der Reformvorschläge erfolgt anhand der traditionellen Trennlinie zwischen Supranationalisten und Intergouvernementalisten sowie der neueren Bruchlinie zwischen kleinen und großen Staaten. Abschließend werden zentrale Reformvorschläge zusammengefaßt und der Verfassungsentwurf des Europäischen Konvents mit Hilfe der identifizierten Parameter näher untersucht.

4.1 Evolution der Reformdiskussion

Seit Anfang der 70er Jahre wird über die Reform der Ratspräsidentschaft in der EG/EU diskutiert.[1] Die zunehmende Popularität der Präsidentschaft als Reformobjekt hing unmittelbar mit dem Bedeutungszuwachs der Ratspräsidentschaft im Institutionengefüge der EG zusammen.[2] Die Überlegungen zur Umgestaltung des Vorsitzes hatten in den ersten zwei Jahrzehnten nur eine sporadische Natur. Jede Erweiterungsrunde katalysierte die Reformdiskussion.[3] Erst im Vorfeld der Regierungskonferenz zum Vertrag von Amsterdam Mitte der 90er Jahre wurde die Reformdebatte zur Ratspräsidentschaft intensiviert.[4]

Vor allem aus politischen Gründen wurde die Neugestaltung des Vorsitzes nicht bereits 1990/1991 auf die Agenda der Regierungskonferenz gesetzt.[5] Der Verlauf der

---

[1] Vgl. EDWARDS/WALLACE (1978), S. 121 ff.; VORNBÄUMEN (1985), S. 26. Schon vor den 70er Jahren wurde z.B. die Zeitdauer der Ratspräsidentschaft modifiziert. Vgl. 2.1.1.

[2] Vgl. 2.2.1.

[3] Vgl. SHERRINGTON (2000), S. 172.

[4] Die Regierungskonferenz 1996/97 gilt als Wendepunkt, was den Aufmerksamkeitswert der Reform der EG/EU betrifft. Verschiedene Akteure haben ihre Standpunkte und Positionen erstmalig offiziell in vielzähligen Papieren im Vorfeld dieser Regierungskonferenz formuliert und in die öffentliche Debatte eingebracht. Die Öffentlichkeit wurde in ganz anderem Maße als in den früheren Regierungskonferenzen über die Geschehnisse und den Verlauf unterrichtet. Vgl. PIEPENSCHNEIDER (1996), S. 76 f.

[5] Vgl. REGELSBERGER (1996), S. 176.

Diskussion im Rahmen der Regierungskonferenz 1996/1997 spiegelte die politischen Sensibilitäten der Reform der Ratspräsidentschaft wider. Die Debatte war dadurch charakterisiert, daß die meisten kleinen Mitgliedstaaten nicht bereit waren, den prestigeträchtigen Vorsitz substantiell zu reformieren. Sie befürworteten die Beibehaltung des Status quo, wobei er in einigen Punkten zu verbessern gewesen wäre. Zu diesen Vorschlägen gehörten vor allem die wesentliche Stärkung des Troika-Systems sowie die Entwicklung des Generalsekretariats des Rates als Einrichtung für die Unterstützung der Präsidentschaft. Einige Staaten waren bereit, die Troika zu institutionalisieren; insbesondere die dänische und britische Regierung sahen einen gewissen Reiz in einer Teamratspräsidentschaftslösung. Die meisten EU-Mitglieder teilten im Vorfeld der Regierungskonferenz 1996/1997 die Meinung, daß die Verstärkung der Kohärenz der außenpolitischen Aktivitäten dringend notwendig wäre. Diese Diskussion führte zur Einsetzung eines Hohen Vertreters für die GASP. Die damalige kontroverse Meinungsbildung über den Hohen Vertreter ähnelte stark der aktuellen Debatte über die Personalunion.[1]

In den letzten Jahren hat die bevorstehende Erweiterung um hauptsächlich kleine Mitgliedstaaten und die zunehmende öffentliche Debatte über die Zukunft Europas außerhalb und im Rahmen des Europäischen Konvents entscheidend zur Diskussion über den Reformbedarf der halbjährlich rotierenden Präsidentschaft beigetragen. Über die Behebung der institutionellen Schwächen des Ministerrates, darunter auch die Reformüberlegungen zur Ratspräsidentschaft, wird seit dem im März 1999 vorgelegten Trumpf-Piris-Rapport intensiv beraten. Dem Trumpf-Piris-Rapport folgten zahlreiche EU-interne Beiträge zur Reform des Rates, die als einen Schwerpunkt die Entwicklung des Vorsitzes beinhalteten.[2] Die aufs neue entbrannte Debatte über die Finalität der europäischen Einigung seit der Grundsatzrede des deutschen Außenministers Fischer im Mai 2000 in der Berliner Humboldt-Universität hat zudem zu zahlreichen Vorschlägen für die institutionelle Anpassung der Präsidentschaft geführt.

Die Erklärung von Laeken zur Zukunft der Europäischen Union vom Dezember 2001 stellte die entscheidende Frage hinsichtlich der künftigen Entwicklung der Ratspräsidentschaft: „Was soll mit dem halbjährlichen Turnus des Vorsitzes der Union geschehen?“[3] Darauf basierend wurden erste Reformschritte von den Staats- und Regierungschefs auf dem Gipfel des Europäischen Rates von Sevilla im Juni 2002 unternommen. Die Staats- und Regierungschefs einigten sich auf eine Neuordnung der Struktur und Arbeitsweise des Rates.[4] Dabei wurden auch zahlreiche Vereinbarungen hinsichtlich der Ratspräsidentschaft getroffen. Die fundamentale Frage nach dem halbjährlichen Rotationsprinzip wurde jedoch nicht geklärt. Es herrschte Einstimmigkeit darüber, die Ratspräsidentschaftsthematik im Rahmen des Europäischen Konvents eingehend zu erörtern.

---

1 Vgl. 4.4.2.

2 Zu diesen Beiträgen gehören u.a.: Ein effizienter Rat für eine erweiterte Union. Anlage III. Schlußfolgerungen des Vorsitzes. Europäischer Rat von Helsinki (10./11.12.1999); Preparing the Council for Enlargement (1). Report the Secretary-General/High Representative to the European Council (07.06.2001); Preparing the Council for Enlargement. Report by Javier Solana Secretary-General of the Council of the European Union (11.03.2002); Measures to Prepare the Council for Enlargement. Report by the Presidency to the European Council. Drawn up jointly with the General Secretariat of the Council (13.06.2002).

3 Erklärung von Laeken zur Zukunft der Europäischen Union (14./15.12.2001).

4 Vgl. 4.2.

Der britische Außenminister Straw eröffnete die parallel zum Europäischen Konvent geführte Ratspräsidentschaftsdebatte im Februar 2002. Straw schlug in seiner Rede vor, das aktuelle Ratspräsidentschaftsmodell abzuschaffen und durch einen Teamvorsitz zu ersetzen.[1] In seiner Rede in Straßburg im März 2002 äußerte der französische Staatspräsident Chirac die Idee, einen Präsidenten für den Europäischen Rat zu wählen.[2] Der polarisierende Vorschlag Chiracs dominiert seitdem die Reformdebatte. Diesem französischen Vorschlag schlossen sich im Vorfeld des Gipfeltreffens von Sevilla im Juni 2002 auch der britische Premierminister Blair[3] und sein spanischer Kollege Aznar[4] an. Später stimmte auch die italienische Regierung dem sogenannten ABC-Vorschlag[5] zu.[6] Bei den Benelux-Staaten sowie den meisten kleinen Mitglied- und Beitrittsstaaten rief dieser ABC-Vorschlag strikte Ablehnung hervor, da sie darin eine übermäßige Betonung der intergouvernementalen Strukturen der EU sahen.[7] Von den kleineren Mitgliedstaaten plädierten der dänische Ministerpräsident Rasmussen[8] und sein schwedischer Kollege Persson[9] für einen Vollzeitpräsidenten des Europäischen Rates.

Vom März 2002 bis Juni 2003 tagte der Europäische Konvent mit dem Ziel, eine Einigung über eine neue politische Grundordnung der Union zu finden.[10] Im Rahmen des Konvents bildeten die Beiträge der Kommission, der Benelux-Staaten und der 16 kleinen Mitglied- und Beitrittsstaaten sowie der deutsch-französische und der britisch-spanische Vorschlag die zentrale Diskussionsgrundlage für die Reform der Ratspräsidentschaft. Die Reformdebatte der Ratspräsidentschaft war vor allem mit den Verhandlungen über die Funktionsweise der Organe der EU im Rahmen des Konvents verknüpft.

Die intensive Phase der Diskussion im Rahmen des Konvents über die Reform der Ratspräsidentschaft begann im Januar 2003. Davor hatten bereits im Dezember 2002 die Kommission eine Mitteilung zur institutionellen Architektur[11] sowie die Benelux-Staaten ein Memorandum für einen ausgewogenen institutionellen Rahmen der erweiterten EU[12] im Konvent veröffentlicht. Diese supranational ausgeprägten Vorschläge lehnten die Idee eines Präsidenten des Europäischen Rates ab und befürworteten die Beibehaltung der Rotation als das grundlegende Prinzip im künftigen Vorsitzsystem. Im Januar 2003 legten die deutsche und französische Regierung ihren Beitrag über die institutionelle Architektur der erweiterten Union im Europäischen

1 Vgl. STRAW (Rede 21.02.2002).

2 Vgl. CHIRAC (Rede 06.03.2002).

3 Vgl. *Financial Times 15.05.2002.* Blair detaillierte den Vorschlag eines gewählten EU-Präsidenten in seiner Rede in Cardiff im November 2002. Vgl. BLAIR (Rede 28.11.2002).

4 Vgl. AZNAR (Rede 20.05.2002).

5 ABC steht für Aznar, Blair und Chirac.

6 Vgl. *Financial Times 14.01.2003.*

7 Auch Belgien hatte sich zunächst für die Einführung eines Präsidenten ausgesprochen. Vgl. VANHOONACKER (2003), S. 13.

8 Vgl. RASMUSSEN (Rede 15.01.2003).

9 Vgl. *Dagens Nyheter 19.01.2003.*

10 Näheres zu Zusammensetzung, Organisation und Arbeitsweise des Europäischen Verfassungskonvents siehe BLUMENWITZ (2003).

11 Vgl. BARNIER/VITORINO (CONV 448/02).

12 Vgl. MICHEL/DE VRIES/SANTER (CONV 457/02).

Konvent vor, der einen Kompromiß zwischen supranationalem und intergouvernementalem Lager im Europäischen Konvent darstellte.[1] Gemäß des gemeinsamen Entwurfs sollte die EU eine Doppelspitze erhalten, die aus einem hauptamtlichen Präsidenten des Europäischen Rates und einem direkt vom Europäischen Parlament gewählten Kommissionspräsidenten bestehen sollte. Im Februar 2003 erschien das britisch-spanische Konventspapier, das stark intergouvernemental ausgeprägt war. Der hauptamtliche Präsident des Europäischen Rates sollte eine institutionalisierte Rolle im Ratspräsidentschaftssystem des Ministerrates durch seinen ständigen Vorsitz im Allgemeinen Rat erhalten. Die im März 2003 im Europäischen Konvent veröffentlichte gemeinsame Mitteilung der 16 kleinen Mitglied- und Beitrittsstaaten[2] war am wenigsten innovativ.[3] Der Beitrag sprach sich für die Beibehaltung des Status quo zumindest im Europäischen Rat, im Allgemeinen Rat und im AStV aus.

Nach heftiger Kritik vor allem von kleinen Mitglied- und Beitrittsstaaten am Konventspräsidenten Giscard d'Estaing legte das Präsidium des Europäischen Konvents den ersten Entwurf über die Organe der Union Ende April 2003 vor.[4] Es wurde dem Präsidium vorgeworfen, daß der Entwurf nicht die Meinungsbildung innerhalb des Konvents widergespiegelt hätte. Der Vorschlag beinhaltete viele Komponenten sowohl des deutsch-französischen Beitrags als auch des britisch-spanischen Papiers.[5] Die die Ratspräsidentschaft betreffenden Artikel wurden für den Endentwurf eines Vertrages über eine Verfassung für Europa modifiziert, der auf der Tagung des Europäischen Rates in Thessaloniki am 20. Juni 2003 veröffentlicht wurde.[6] Insbesondere die Regelungen für die Bestimmung des Präsidenten des Europäischen Rates und sein Mandat wurden verändert.

Im folgenden werden die Reformvorschläge für die Ratspräsidentschaft in die Analyse einbezogen, welche die Debatte vor allem seit der Regierungskonferenz 1996/1997 prägen. Diese zeitliche Eingrenzung wird insbesondere aus zwei Gründen vorgenommen: Erstens war die Reformdebatte in der Vorbereitung der Regierungskonferenz 1996/1997 intensiv. Zweitens berücksichtigt der überwiegende Teil der Reformvorschläge seit diesem Zeitpunkt die Konsequenzen der EU-Erweiterung auf die Ratspräsidentschaft. Die in die Analyse einbezogenen Reformvorschläge stammen zum einen von den Regierungen einzelner Mitgliedstaaten, zum anderen von den Organen der EU bzw. vom Europäischen Konvent sowie von akademischen Institutionen. Bei den Vorschlägen von Regierungen handelt es sich um im Kabinett festgelegte Positionen oder Standpunkte der einzelnen Ministerien sowie Redebeiträge oder Artikel von Staats- und Regierungschefs und Ministern. Aus der Regierungskonferenz 1996/1997 werden jedoch nur die vom Kabinett festgelegten Positionen in die Analyse miteinbezogen.[7] Die innerstaatliche, vor allem parteipolitische Debatte wird in der

---

1 Vgl. DE VILLEPIN/FISCHER (CONV 489/03).

2 Folgende Staaten standen hinter dem Beitrag: Bulgarien, Dänemark, Estland, Finnland, Irland, Lettland, Litauen, Malta, Österreich, Portugal, Schweden, Slowakei, Slowenien, die Tschechische Republik, Ungarn und Zypern.

3 Vgl. ATTALIDES U.A. (CONV 646/03).

4 Vgl. DAS PRÄSIDIUM (CONV 691/03).

5 Vgl. MAGNETTE/NICOLAIDIS (2003), S. 23.

6 Vgl. DAS SEKRETARIAT (CONV 820/03).

7 Da die aktuelle Diskussion umfangreich ist, erfolgt aus Gründen der Praktikabilität eine Eingrenzung auf die Regierungspositionen.

Analyse nicht berücksichtigt.[1] Vorschläge der Gemeinschaftsorgane beinhalten insbesondere die Berichte, welche die Weiterentwicklung der Institutionen der Union als inhaltliche Priorität enthalten. Die Auswahl der konzeptionellen Beiträge aus Wissenschaft und Forschung im gesamten Zeitraum erfolgt nach dem Kriterium, daß solche Vorschläge den Vortritt erhalten, die sich im speziellen mit der Reform der Ratspräsidentschaft beschäftigen.

Die Auseinandersetzung mit der Reform des Vorsitzes und der EU-Institutionen im Rahmen des Europäischen Konvents bilden den Schwerpunkt der Analyse.[2] Aufgrund der heterogenen Zusammensetzung des Konvents bieten die Beiträge ein breites Spektrum von unterschiedlichen Positionen.[3] Die Reformvorschläge der Beitrittsstaaten werden in die Analyse gleichberechtigt miteinbezogen, da diese Staaten über die Zukunft der Ratspräsidentschaft mitentscheiden. Aufgrund der Vielfalt der Konventsbeiträge ist es nicht notwendig, die Meinungsbildung im Rahmen der Regierungskonferenz zu berücksichtigen.[4]

Die Vielzahl der Beiträge seit der Regierungskonferenz 1996/1997 verhindert eine detaillierte Analyse aller Überlegungen. Die in dieser Arbeit vorgenommene Auswahl ermöglicht aber dennoch einen hinreichenden Überblick über die Varianz und Intensität der Reformdiskussion.[5] Besonders problematisch macht die Analyse der Reformvorschläge die Tatsache, daß die inhaltliche Prioritätensetzung der Entwürfe variiert und die analytische Schärfe der Problemerfassung je nach dem Typus des Textes unterschiedlich präzise ist. Vor allem wird dies dadurch verstärkt, daß den Vorschlägen verschiedene Integrationsvorstellungen und Leitbilder zugrunde liegen. Darüber hinaus ist auffällig, daß sich die meisten Vorschläge hauptsächlich nur auf die Regelung des Vorsitzes im Europäischen Rat und im Ministerrat beziehen. Die Reform der unteren Hierarchieebenen des Rates wird kaum berücksichtigt.[6] Dies ist paradox, da die Ausübung der Ratspräsidentschaft auf den unteren Hierarchieebenen immer wichtiger wird.

Die systematische Erfassung der Reformvorschläge erfolgt anhand eines Parameterkatalogs. Der Katalog wurde aus Art. 203 Satz 2 EGV abgeleitet, der die heutige

---

1 Eine Berücksichtigung aller innerstaatlichen Reformvorschläge oder einer repräsentativen Auswahl der Mitglied- und Beitrittsstaaten ist im Rahmen dieser Arbeit nicht möglich. Es wäre wahrscheinlich, daß es keinen großen Erkenntnisgewinn mit sich bringen würde. Die Reichweite der in die Analyse einbezogenen Vorschläge ist bereits sehr breit. Es wäre nicht zu erwarten, daß ein neuer Reformparameter auftauchen würde, der für die Erstellung der Reformoptionen in Kapitel 5 von fundamentaler Bedeutung wäre.

2 Da der Verfassungsentwurf als Ausgangspunkt für die Arbeiten der Regierungskonferenz dient, ist es legitim, den Schwerpunkt der Analyse der Reformvorschläge auf den Konvent zu legen.

3 Die Reformvorschläge des Europäischen Konvents lassen sich anhand seiner Zusammensetzung folgendermaßen klassifizieren: Überlegungen des Präsidiums, der Vertreter der Staats- und Regierungschefs der Mitgliedstaaten, der Vertreter der nationalen Parlamente, der Vertreter des Europäischen Parlaments, der Vertreter der Kommission, der Vertreter der Regierungen der Beitrittsstaaten sowie der Vertreter der nationalen Parlamente der Beitrittsstaaten. Beobachter des Konvents haben keine institutionellen Vorschläge gemacht, welche für die Reform des Vorsitzes von Bedeutung gewesen wären.

4 Die Begründung kann in Analogie zum Ausschluß der innerstaatlichen Vorschläge von der Analyse folgen. Es ist wahrscheinlich, daß die Regierungskonferenz keine neuen Reformparameter für die Ratspräsidentschaft entwickelt, die für den Entwurf der Reformoptionen von zentraler Bedeutung wären.

5 In der vorliegenden Arbeit kann nur eine auf die jeweils grundlegenden Vorschläge beschränkte Analyse vorgenommen werden. Die Auswahl richtet sich daran aus, welche Vorschläge in der Reformdiskussion eine besonders wichtige Rolle einnehmen oder eine neue Perspektive in die Debatte gebracht haben.

6 Es ist in den meisten Fällen davon auszugehen, daß der Vorsitz auf den unteren Hierarchieebenen in Analogie zu den oberen Ebenen organisiert wird.

Struktur der Ratspräsidentschaft verankert: „Der Vorsitz im Rat (Funktionsbereich; d. Verf.) wird von den Mitgliedstaaten (Zusammensetzung; d. Verf.) nacheinander (Besetzung; d. Verf.) für je sechs Monate (Zeitdauer; d. Verf.) wahrgenommen". Zusätzlich wurde eine Parameterkategorie ergänzt, die sich mit Reformen aufbauend auf der aktuellen Ratspräsidentschaft beschäftigt. Die Parameter lassen sich unterteilen in:

- Reformen aufbauend auf der aktuellen Ratspräsidentschaft,
- Funktionsbereich der Ratspräsidentschaft,
- Zusammensetzung der Ratspräsidentschaft,
- Besetzung der Ratspräsidentschaft und
- Zeitdauer der Ratspräsidentschaft.

Die einzelnen Parameter der ausgewählten Reformvorschläge werden anhand dieses Katalogs im folgenden untersucht. Dabei werden insbesondere die aktuellen integrationspolitischen Trennlinien berücksichtigt: die traditionelle Bruchlinie zwischen Supranationalisten und Intergouvernementalisten sowie die neuere zwischen den kleinen und großen Staaten.[1] Dieses Vorgehen ermöglicht eine interessengeleitete Analyse der Parameter der Reformvorschläge.

4.2 Reformen aufbauend auf der aktuellen Ratspräsidentschaft

Die erste Parameterkategorie umfaßt die Vorschläge, welche keine gravierende Modifikation des bisherigen Vorsitzsystems und somit nicht unbedingt eine Vertragsveränderung voraussetzen.[2] Diese Reformen sind kompatibel mit allen weitergehenden Überlegungen zur Umgestaltung des Vorsitzes. Zu den Reformen aufbauend auf der aktuellen Ratspräsidentschaft zählen: Entwicklung des Troika-Systems, Festlegung eines längerfristigen Arbeitsprogramms und Stärkung des Generalsekretariats des Rates.

4.2.1 Entwicklung des Troika-Systems

Der Übergang von einer Ratspräsidentschaft zur anderen bringt Schwierigkeiten sowohl für die Tätigkeit des Rates[3] als auch für die Außenvertretung[4] mit sich. Die Reibungslosigkeit des Wechsels ist abhängig von der Bereitschaft des Vorsitzes, vor allem mit vorhergehenden und nachfolgenden Präsidentschaften sowie mit der Kommission und dem Generalsekretariat des Rates zu kooperieren. Um die Übergangsphasen besser zu strukturieren, könnte die Kooperation zwischen den Vorsitzen fortent-

---

[1] Vgl. 3.2.1.

[2] Die Reformen des Vorsitzes können ihre Rechtmäßigkeit durch diverse Prozeduren erlangen. Erstens können die Reformen zur Präsidentschaft ihren Ursprung in einer Handlung des Vorsitzes haben, die in der Praxis ohne einen eigenen, rechtlich bindenden Akt von einem neuen Amtsinhaber eingeführt wird. Zweitens kann eine Modifikation der Vorsitzregelungen durch einen Ratsbeschluß abgesichert werden. Drittens können weitreichende Maßnahmen über eine Änderung der GO des Rates realisiert werden. Die Reformen mit größter Tragweite bedürfen jedoch einer Änderung des Art. 203 Satz 2 EGV. Vgl. TRUMPF (1998), S. 406.

[3] Vgl. 3.2.6.

[4] Vgl. 3.3.6.

wickelt werden. Im Laufe der Jahre gab es zahlreiche Vorschläge, die Zusammenarbeit zwischen den Präsidentschaften zu verbessern. Diese beschäftigen sich hauptsächlich mit der Verstärkung oder deutlicheren Beschreibung der Rolle der anderen Mitglieder bei der Vorsitzführung sowie mit der Reihenfolge der Amtsausübung. Die vorliegende Arbeit subsumiert unter der Entwicklung des Troika-Systems alle Vorschläge, welche die Verbesserung der Zusammenarbeit zwischen den Vorsitzen zum Ziel haben.[1] Diese Vorschläge behalten explizit die Einzelpräsidentschaft bei, wenngleich die Hilfsfunktionen der anderen Mitgliedstaaten bei der Vorsitzführung maßgeblich aufgewertet werden.[2]

Die Diskussion um die Fortentwicklung der Kooperation zwischen den Präsidentschaften wird seit den 70er Jahren geführt.[3] Beispielsweise stellte die Feierliche Deklaration von Stuttgart 1983 fest, daß eine stärkere operationelle Unterstützung der aufeinanderfolgenden Präsidentschaften entsprechend den wachsenden Aufgaben erforderlich wäre.[4] Im Rahmen der Regierungskonferenz 1996/1997 sahen Deutschland, Griechenland, Portugal und die Benelux-Staaten die Troika als ein entwicklungsfähiges System an. Die Benelux-Staaten plädierten für eine stärkere Rolle der Troika vor allem im politischen Dialog.[5] Die Bedeutung der besseren Vorbereitung und Koordinierung wurde betont, da sie zur größeren Kontinuität des Rotationssystems beitragen würde. Die Erklärung der Bundesregierung schlug vor, daß mindestens ein großer Mitgliedstaat künftig immer in der Troika vertreten sein sollte.[6] Diese Formel war auch für eine Übergangszeit bis zur Einführung einer Wahlpräsidentschaft in dem Reformprogramm der Europäischen Strukturkommission[7] vorgesehen.[8] Gemäß diesem Vorschlag sollte die Amtszeit der Troika mindestens ein Jahr betragen und eine Kombination von zwei kleinen und einem großen Mitgliedstaat sollte in jeder Zusammensetzung sichergestellt werden. Die Ansicht der griechischen Regierung im Vorfeld der Regierungskonferenz von Amsterdam äußerte sich dahingehend, daß eine wesentliche Stärkung der Rolle der Troika zur effizienteren Behandlung der Probleme beitragen könnte, die im Rahmen der Erweiterung entstehen würden.[9] Das portugiesische Papier betonte vor allem die Vorteile des turnusmäßigen Wechsels der Präsidentschaft.[10] Portugal war sich der Defizite des Vorsitzes jedoch bewußt und schlug vor, daß darüber nachgedacht werden sollte, wie kontinuitätssichernde Strukturen die Arbeiten des vorsitzenden Landes unterstützen könnten. Im Bereich der Außenvertretung stellte

---

1 Es werden Überlegungen zur Verbesserung sowohl der außenpolitischen als auch regulären Kooperation berücksichtigt.

2 Die Vorschläge, in denen mehrere Mitgliedstaaten die Präsidentschaft gleichzeitig wahrnehmen, gehören zur Kategorie der Teamratspräsidentschaft. Vgl. 4.4.3.

3 Vgl. 2.1.2.

4 Vgl. Feierliche Deklaration von Stuttgart (1983).

5 Vgl. Memorandum der Benelux-Staaten für die Regierungskonferenz (08.03.1996).

6 Vgl. Erklärung der Bundesregierung (26./27.06.1995).

7 Vor dem Hintergrund der Regierungskonferenz 1996/1997 hat die Europäische Strukturkommission ein Reformprogramm für die EU erarbeitet. Die Europäische Strukturkommission war eine interdisziplinäre Arbeitsgruppe namhafter Persönlichkeiten und führender Europaexperten, die von der Forschungsgruppe Europa der Universität Mainz und der Bertelsmann Stiftung geleitet wurde. Zur personellen Zusammensetzung siehe WEIDENFELD (1994), S. 50 ff.

8 Vgl. EUROPÄISCHE STRUKTURKOMMISSION (1995), S. 37.

9 Vgl. Beitrag Griechenlands zur Regierungskonferenz 1996 (26.03.1996).

10 Vgl. Schreiben (Übersetzung) der portugiesischen Delegation (05.05.1996).

Portugal fest, daß eine Ad-hoc-Einbeziehung anderer Mitgliedstaaten in Form von Troikas, die über spezifische, für bestimmte Aufgaben als wichtig erachtete Kenntnisse oder Erfahrungen verfügen, in Erwägung gezogen werden sollte. Dies sollte jedoch nur im Einvernehmen aller Mitgliedstaaten möglich sein, um die Entstehung eines Direktoriums zu verhindern.

Die Berichte und Beiträge der Gemeinschaftsorgane haben kontinuierlich für eine engere Kooperation zwischen den Präsidentschaften plädiert. Der Trumpf-Piris-Rapport vom März 1999 schlug vor, daß der nächste Mitgliedstaat den Vorsitz in solchen Arbeitsgruppen übernehmen sollte, die die Tagungen der Ministerräte, welche unmittelbar am Anfang des nächsten Vorsitzes stattfinden, vorbereiten.[1] Der Rapport sah dies als eine Möglichkeit zur Verbesserung der Kontinuität des Rates. Darüber hinaus empfahl der Rapport, daß eine formale Vizepräsidentschaft für die Ausschüsse und Arbeitsgruppen errichtet werden sollte, um die Arbeitsbürde des amtierenden Präsidenten zu reduzieren. Der Rapport legte bezüglich der Vizepräsidentschaft fest, daß sie durch die Mitglieder der jeweiligen Ausschüsse und Arbeitsgruppen gewählt werden sollte und daß sie nicht aus demselben Land wie der amtierende Vorsitzende kommen dürfte.

Die finnische Ratspräsidentschaft im zweiten Halbjahr von 1999 entwickelte eine Formel für die engere Zusammenarbeit der Präsidentschaften. Dieser Vorschlag plädierte für eine bessere Koordinierung der Zusammenarbeit in der Troika, entwickelte aber keine neue formale Bestimmung für die Verteilung der politischen Gesamtverantwortung.[2] Um die Kontinuität und Kohärenz des Handelns der Union im Außenbereich zu gewährleisten, befürwortete die Anlage III zur Schlußfolgerungen von Helsinki auch eine besser abgestimmte Kooperation zwischen den Mitgliedern der außenpolitischen Troika. Der Inhalt der Zusammenarbeit wurde jedoch nicht näher konkretisiert.[3] Die Implementierung der neuen Regelungen der Vorsitzzusammenarbeit, wie in Anlage III von Helsinki verankert, wurde durch den Generalsekretär des Rates in seinem Folgebericht im Jahre 2001 positiv bewertet. Aufgrund dieser Tatsache plädierte er für eine bessere Systematisierung dieses Vorgehens.[4] Der Europäische Rat von Sevilla im Juni 2002 stimmte dann einer Reihe konkreter, ohne Änderung der Verträge durchführbarer Maßnahmen im Zusammenhang mit der Kooperation der Ratspräsidentschaften zu, die zum größten Teil aus den Vorschlägen des Generalsekretärs des Rates im Rahmen der Anfragen des Europäischen Rates von Göteborg und Barcelona stammten.[5] Zu diesen Maßnahmen gehörte die Tätigkeit der beiden nächsten Vorsitze bei der Planung des einjährigen operativen Jahresprogramms für die Tä-

---

1 Vgl. Trumpf-Piris-Report (10.03.1999).

2 Vgl. Ein effizienter Rat für eine erweiterte Union. Anlage III. Schlußfolgerungen des Vorsitzes. Europäischer Rat von Helsinki (10./11.12.1999).

3 Vgl. Ein effizienter Rat für eine erweiterte Union. Anlage III. Schlußfolgerungen des Vorsitzes. Europäischer Rat von Helsinki (10./11.12.1999).

4 Vgl. Preparing the Council for Enlargement (1). Report the Secretary-General/High Representative to the European Council (07.06.2001).

5 Vgl. Preparing the Council for Enlargement. Report by Javier Solana Secretary-General of the Council of the European Union (11.03.2002); Measures to Prepare the Council for Enlargement. Report by the Presidency to the European Council. Drawn up jointly with the General Secretariat of the Council (13.06.2002).

tigkeit des Rates.[1] Darüber hinaus wurde das Monopol der Ratspräsidentschaft bei der konkreten Vorsitzführung in einigen Fällen aufgehoben. Die Anlage II der Schlußfolgerungen von Sevilla legte zudem analog zum Vorschlag des Trumpf-Piris-Rapports fest, daß falls ein Dossier im wesentlichen während der kommenden Präsidentschaft behandelt wird, der Vertreter des nachfolgenden Mitgliedstaats den Vorsitz in den Sitzungen der Ausschüsse mit Ausnahme des AStV und der Arbeitsgruppen schon im laufenden Halbjahr führen kann, wenn das betreffende Thema behandelt wird.[2] Diese Bestimmung wurde in die GO des Rates im Juli 2002 aufgenommen.[3]

In der Vergangenheit haben sich hauptsächlich kleine Mitgliedstaaten für die Verbesserung der Troika ausgesprochen. Dies ist vor allem darin begründet, daß dadurch die Chancen für die Beibehaltung der sukzessiv alternierenden Präsidentschaft erhöht werden. Dieser Wunsch steht jedoch teils im Widerspruch zur ausgeübten Praxis der kleinen Mitgliedstaaten. Da insbesondere die kleineren Mitgliedstaaten die Ratspräsidentschaft als einzigartige Chance zur Politikgestaltung der Union betrachten, fehlt ihnen möglicherweise der politische Wille, enger mit den anderen Mitgliedstaaten im Rahmen der Troika zu kooperieren. Wüger beleuchtet dieses Defizit anhand des Umweltrats und kommt zu dem Schluß, daß

> „The Troika system (...) does not seem to work within the context of Environmental Councils where the smaller member states go to some lenghts to avoid being seem as allowing their Presidency to be dominated by the big member state succeeding them."[4]

Die Überlegungen der mitgliedstaatlichen Regierungen zur Verbesserung der Kooperation zwischen den Vorsitzen wurden nach der Regierungskonferenz 1996/1997 rarer. Nur wenige Staaten äußern sich seitdem zu diesem Thema.[5] Dies kann einerseits ein Zeichen dafür sein, daß die Weiterentwicklung der Troika nicht mehr als eine ausreichende Option für die Gestaltung der künftigen Präsidentschaft angesehen wird. So plädierte beispielsweise der Endbericht der Arbeitsgruppe VII-External Action des Europäischen Konvents für das Ersetzen der GASP-Troika durch das Double-hatting der Ämter des Hohen Vertreters/Kommissionsmitglieds für Außenbeziehungen.[6] Andererseits ist nicht auszuschließen, daß die konträre Diskussion um einen EU-Präsidenten die weniger ambitiöse Reformdebatte überschattet hat.[7]

---

1 Die Präsidentschaften schlagen das Programm unter der Berücksichtigung der politischen Prioritäten der Kommission vor, das durch den Rat „Allgemeine Angelegenheiten" nach einer Diskussion festgelegt wird. Vgl. Schlußfolgerungen des Vorsitzes. Europäischer Rat von Sevilla (21./22.06.2002).

2 Vgl. Anlage II. Schlußfolgerungen des Vorsitzes. Europäischer Rat von Sevilla (21./22.06.2002). Auch bezüglich der Prüfung des Haushaltsplans wurde eine ähnliche Regelung für die Zusammenarbeit zwischen den Vorsitzen beschlossen. Vgl. Schlußfolgerungen des Vorsitzes. Europäischer Rat von Sevilla (21./22.06.2002).

3 Vgl. Art. 19 Abs. 5 Geschäftsordnung des Rates (idF. vom 22.07.2002).

4 WURZEL (1996a), S. 281.

5 Die irische Regierung betonte beispielsweise die diversen Kooperationsmöglichkeiten zwischen den Ratspräsidentschaften als eine Lösung für die vorhandenen Probleme des heutigen Vorsitzes in ihrer Antwort zum Solana-Rapport vom März 2002. Das Papier Irlands schlug vor, daß die nachfolgende Präsidentschaft Aufgaben vom aktuellen Vorsitz übernehmen sollte. Irland empfahl diese Aufgabenteilung beispielsweise im Bereich des Mitentscheidungsverfahrens. Vgl. MCGARRY (Email 02.09.2002).

6 Vgl. WORKING GROUP VII - EXTERNAL ACTION (CONV 459/02). Gros und Hager vom CEPS aus Brüssel betonten auch als essentiellen Vorteil von den in ihrem Vorschlag gewählten Vorsitzenden der technischen Ministerräte für drei Jahre, daß diese Option die Abschaffung der Troika ermöglichen würde. Vgl. GROS/HAGER (2002), S. 2.

7 Näheres zum Diskussionsverlauf siehe HEINRICH (2003).

Zusammenfassend ist festzuhalten, daß die Entwicklung des Troika-Systems als eine Alternative zur radikalen Reform der Ratspräsidentschaft angesehen werden kann, welche das institutionelle Gleichgewicht der Union nicht stören würde. Ein weiterer positiver Aspekt der Troika ist, daß das Gleichgewicht zwischen großen und kleinen Mitgliedstaaten in einer gewöhnlichen Troika beibehalten werden könnte.[1] Die Anhänger einer supranational organisierten Union sowie die Intergouvernementalisten sehen die Troika-Lösung nicht als eine Gefahr für ihre Interessen.

4.2.2 Festlegung eines längerfristigen Arbeitsprogramms

Jeder Vorsitz erstellt ein Arbeitsprogramm, das die Basis für die Gestaltung der Arbeiten des Rates darstellt.[2] Obwohl die Erstellung des Arbeitsprogramms in Abstimmung mit dem Generalsekretariat des Rates, im Kontakt mit der Kommission und mit dem Europäischen Parlament sowie mit der vorangegangenen und der nachfolgenden Präsidentschaft erfolgt, bleiben der Präsidentschaft Möglichkeiten, eigene Präferenzen und Prioritäten während eines Halbjahres zu setzen. Der sechsmonatige Wechsel der Präsidentschaft schadet somit der politischen Kontinuität der Union.[3] Aufgrund dieser Tatsache wird die Festlegung eines längerfristigen Arbeitsprogramms als Lösungsansatz für die programmatischen Diskontinuitäten der Unionspolitik debattiert.

Bereits 1979 schlug der Bericht der Drei Weisen vor, daß der Europäische Rat in Zusammenarbeit mit der Kommission einen Prioritätenplan aufstellen sollte, der die Hauptaufgaben und die notwendigen Fortschritte für die gesamte Gemeinschaft festlegen würde.[4] Dabei sollte es sich um eine genaue, handliche Absichtserklärung handeln, welche die volle Nutzung des Potentials des Europäischen Rates ermöglichen sollte. Im Vorfeld der Regierungskonferenz 1996/1997 wurde über die Festlegung eines längerfristigen Arbeitsprogramms nicht intensiv diskutiert.

Im Jahre 2000 wurde die Debatte mit der Rede des britischen Premierministers Blair in Warschau wiederbelebt.[5] Blair plädierte für eine europäische Jahresagenda, die vom Europäischen Rat aufgestellt werden sollte. Um diese intergouvernementale Lösung zu mildern, empfahl er, daß der Präsident der Kommission an der Aufstellung der Agenda beteiligt sein sollte. Darunter verstand Blair, daß der Kommissionspräsident dem Europäischen Rat einen Vorschlag zur Diskussion, Modifizierung und Verabschiedung vorlegen sollte. Der britische Premierminister sah als Vorteil dieses Vorgehens, daß die Union „eine klare politische Richtung, ein Programm und einen Zeitplan als Richtschnur für alle Institutionen"[6] bekommen würde. Der britische Außenminister Straw entwickelte die Überlegungen Blairs in seinem Namensartikel „A Constitution for Europe" in The Economist am 11.10.2002 weiter. Straw sah die Umsetzung der strategischen Agenda durch die alle sechs Monate wechselnden Präsident-

---

1 Vgl. BRITTAN (1994), S. 343. Es ist ebenfalls möglich, eine Troika zu entwickeln, die Staatengleichheit nicht als Gestaltungsprinzip hätte. Beispielsweise könnten große Mitgliedstaaten in einer Troika kontinuierlich anwesend sein, die kleinen Staaten aber nur nach gewissen Intervallen. Man könnte sich auch vorstellen, daß die großen Länder politisch wichtigere Funktionen immer in einer Troika innehätten.

2 Vgl. 2.4.1.

3 Vgl. 3.2.6.

4 Vgl. Bericht der Drei Weisen (1979).

5 Vgl. BLAIR (Rede 06.10.2000).

6 BLAIR (Rede 06.10.2000).

schaften als problematisch an. Er schlug deshalb vor, daß ein EU-Präsident diese Funktion übernehmen sollte.

„The European Council should set the strategic agenda for the Union. But one of the problems with delivery has been that (...) there are musical chairs every six months in the European Council and the Councils of Ministers. (...) I therefore support Jacques Chirac's proposal for a full time president of the European Council, chosen by and accountable to the heads of government. He or she would serve for several years, overseeing delivery of the Union's strategic agenda and communicating a sense of purpose to Europe's citizens."[1]

Die irische Regierung sprach in ihrer Antwort auf den Solana-Rapport vom März 2002 für low-profile Verbesserungen des Vorsitzes.[2] Das Papier Irlands befürwortete die strategische Planung der politischen Ziele der Union, so daß die einzelnen Vorsitze weniger Raum für eine Prioritätensetzung hätten. Der schwedische Ministerpräsident Persson sah die Einsetzung von sogenannten rolling programmes vor, um eine effiziente Planung und konsistente Implementierung der Unionspolitik in einer erweiterten EU zu ermöglichen.[3] Persson entwickelte die schon während der Durchführung des Programms des Gemeinsamen Marktes eingeführte Form der verbesserten Koordination und Zusammenarbeit zwischen den Vorsitzen weiter.[4] Gemäß dem schwedischen Ministerpräsidenten sollte ein Team, bestehend aus mehreren aufeinanderfolgenden Präsidentschaften, für ein rolling programme zuständig sein. Dies sollte Vorteile für die Union bringen, weil „Such a programme would help in handling horizontal issues across the so-called 'pillars'"[5]. Persson detaillierte seine Überlegungen in einem Schreiben an den spanischen Ministerpräsidenten Aznar über die Arbeitsweise des Rates im März 2002 sowie in seiner kurz darauffolgenden Rede im April 2002.[6] In dieser legte Persson fest, daß die rolling programmes alle Politikfelder beinhalten sollten und daß sie jährlich an die politische Realität der Union angepaßt werden sollten. Das rolling programme sollte von einer antretenden Teamratspräsidentschaft zusammen mit der Kommission vorbereitet werden. Persson plädierte in Analogie zum britischen Premierminister Blair für die Verabschiedung des Programmes durch den Europäischen Rat.

Seit dem Trumpf-Piris-Rapport im März 1999 befürworten die Reformberichte des Rates die Festlegung eines längerfristigen Arbeitsprogramms für die Union. Der Trumpf-Piris-Rapport sah lediglich vor, daß ein Arbeitsprogramm für mindestens zwei nachfolgende Präsidentschaften in einigen Sektoren abgestimmt werden sollte.[7] Die beiden Solana-Berichte für den Europäischen Rat im Juni 2001 und März 2002 zeigten vor allem die Probleme auf, welche die alle sechs Monate wechselnden Prioritäten der Präsidentschaften für die Union mit sich bringen.[8] Der zweite Solana-Bericht stellte präsidentschaftskritisch fest:

---

1 Straw in *The Economist 11.10.2002.*

2 Vgl. MCGARRY (Email 02.09.2002).

3 Vgl. PERSSON (Rede 18.10.2001).

4 Näheres zu den rolling programmes und deren Auswirkungen auf den Gemeinsamen Markt KIRCHNER (1992), S. 101.

5 PERSSON (Rede 18.10.2001).

6 Vgl. PERSSON (Schreiben 06.03.2002); PERSSON (Rede 25.04.2002).

7 Vgl. Trumpf-Piris-Report (10.03.1999).

8 Vgl. Preparing the Council for Enlargement (1). Report the Secretary-General/High Representative to the European Council (07.06.2001); Preparing the Council for Enlargement. Report by Javier Solana Secretary-General of the Council of the European Union (11.03.2002).

„To hold the current Presidency has become a matter of national prestige. Each Presidency establishes its own priorities. Media coverage of the office leads to over-dramatisation and creates a pressure to produce results which adversely affects the quality of proceedings. The Presidency, which was conceived as an element of balance and continuity, has become a source of permanent imbalance and infighting within the Union, and will be even more so after enlargement.“[1]

Der vom Generalsekretär des Rates in Zusammenarbeit mit der antretenden dänischen Präsidentschaft vor dem Europäischen Rat von Sevilla im Juni 2002 vorgelegte Rapport beinhaltete bereits den in Sevilla beschlossenen Stand der weitsichtigen Planung der Präsidentschaftsaktivitäten.[2] Die Anlage II der Schlußfolgerungen von Sevilla führte ein mehrjähriges Strategieprogramm und ein operatives Jahresprogramm für die Tätigkeiten des Rates ein.[3] Die Anlage bestimmte, daß der Europäische Rat ein Strategieprogramm für die nächsten drei Jahre auf der Grundlage eines Vorschlags der betroffenen Vorsitze erläßt, der in Absprache mit der Kommission erstellt wird und auf Empfehlung des Rates „Allgemeine Angelegenheiten“ beruht. Das operative Jahresprogramm für die Tätigkeit des Rates wird jedes Jahr auf der Grundlage des mehrjährigen Strategieprogramms vom Rat „Allgemeine Angelegenheiten“ festgelegt. Davor wird das Programm von den beiden betroffenen Präsidentschaften vorgeschlagen und muß die für das jeweilige Jahr geltenden politischen Prioritäten der Kommission berücksichtigen. Des weiteren ist jeder Vorsitz verpflichtet, eine Liste der indikativen Tagesordnungen der diversen Ratsformationen im voraus festzulegen.

Diese in Sevilla festgelegten Maßnahmen führen dazu, daß sechs aufeinanderfolgende Ratspräsidentschaften zunächst gezwungen sind, gemeinsame Präferenzen und Prioritäten für die nächsten drei Jahre zu finden. Zudem ist eine enge Kooperation zwischen den zwei im gleichen Jahr stattfindenden Vorsitzen notwendig. Daraus folgt, daß eine kontinuierliche Implementierung der politischen Agenda der EU garantiert wird. Auch die Zustimmung des Europäischen Rates für das mehrjährige Strategieprogramm und die Festlegung des operativen Jahresprogramms für die Tätigkeit des Rates durch den Rat „Allgemeine Angelegenheiten“ tragen dazu bei, daß es über die europäische Agenda einen breiten politischen Konsens geben muß. Dies verhindert in großem Maße, daß die einzelnen Mitgliedstaaten den Vorsitz zu nationalen Zwecken mißbrauchen. Darüber hinaus ist die Teilnahme mehrerer Mitgliedstaaten an der Erstellung der Agenda ein demokratischer Vorteil für die Union. Negativ ist jedoch zu bewerten, daß die Rolle der Kommission in diesem Prozeß begrenzt ist. Ein weiteres Defizit ist, daß der Beitrag des Europäischen Parlaments nicht formalisiert ist. Aufgrund dieser Tatsachen werden die intergouvernementalen Elemente der Union gestärkt. Vor allem wird der Europäische Rat einen stärkeren Einfluß auf den legislativen Prozeß der EU ausüben.

Die Kommission befürwortete eine interinstitutionelle Planung der Arbeit der Union in ihrer Mitteilung zur institutionellen Architektur „Für die Europäische Union Frieden, Freiheit, Solidarität“[4] im Rahmen des Europäischen Konvents im Dezember 2002. Dieser Vorschlag sah - im Gegensatz zu den Bestimmungen von Sevilla - vor, daß eine Einigung über eine mehrjährige flexible Planung auf der Grundlage eines

---

1 Preparing the Council for Enlargement. Report by Javier Solana Secretary-General of the Council of the European Union (11.03.2002).

2 Vgl. (1) Measures to Prepare the Council for Enlargement. Report by the Presidency to the European Council. Drawn up jointly with the General Secretariat of the Council (13.06.2002).

3 Vgl. Anlage II. Schlußfolgerungen des Vorsitzes. Europäischer Rat von Sevilla (21./22.06.2002).

4 Vgl. BARNIER/VITORINO (CONV 448/02).

Kommissionsvorschlags in einem interinstitutionellen Dialog zwischen Europäischem Parlament, Rat und Kommission gefunden werden sollte. Die zentralen Bestandteile dieses Plans wären erst danach vom Europäischen Rat zu billigen. Es wird deutlich, daß in diesem Prozeß die Kommission eine hervorgehobene Rolle spielen sollte.

> „So würde die Kommission die Ausübung ihres Initiativrechts in ein globales, kohärentes Programm der Union einbringen. Die Transparenz der Legislativarbeit der Union wäre damit noch größer."[1]

Auch der Beitrag des Europäischen Parlaments zur strategischen Planung der Union wäre formell zugesichert.

Die kleinen Mitgliedstaaten und Beitrittsländer sahen die Festlegung eines längerfristigen Arbeitsprogramms als eine Möglichkeit, die rotierende Ratspräsidentschaft erweiterungsfähiger zu gestalten. Beispielsweise schlugen die Vertreter des finnischen Parlaments im Europäischen Konvent in ihrem Beitrag vom Januar 2003 vor, die aktuelle politische Präsidentschaft zurück zu ihrer ursprünglichen Funktion eines technischen Vorsitzes umzuwandeln.[2] Dies würde die Abschaffung der nationalen Präsidentschaftsprogramme voraussetzen, aber die Beibehaltung des sukzessiv alternierenden Vorsitzes sicherstellen. Statt der halbjährlichen Präsidentschaftsprogramme sollte es mehrjährige Agenden für die einzelnen Räte geben. Das stellvertretende Mitglied der estnischen Regierung im Europäischen Konvent Hololei vertrat in seinem Beitrag im Januar 2003 zudem den Kleinstaatenstandpunkt, daß die heutige rotierende Präsidentschaft beibehalten werden sollte.[3] Die Inkonsequenzen infolge der Rotation sollten durch technische Modifikationen beseitigt werden. Beispielsweise sah die estnische Regierung vor, daß eine bessere Kohärenz von unterschiedlichen Politikfeldern durch eine längerfristige sektorale Planung und Arbeitspläne gewährleistet werden sollte. Ähnlicher Meinung war die slowenische Regierung. Der Regierungsvertreter Sloweniens im Europäischen Konvent äußerte in seinen Überlegungen bezüglich der GASP im Juli 2002, daß die weitsichtige strategische Planung der Unionsaktivitäten helfen würde, die Probleme der alle sechs Monate wechselnden Ratspräsidentschaft zu überbrücken.[4]

Insgesamt kann für die Festlegung eines längerfristigen Arbeitsprogramms festgehalten werden, daß sie europaweit befürwortet wird. Dieser Reformparameter wird für die Funktionsfähigkeit der Ratspräsidentschaft in einer EU-25+ sowohl von den kleinen als auch großen Staaten für notwendig gehalten. Die vom Europäischen Rat in Sevilla beschlossenen Bestimmungen hinsichtlich der strategischen Konzeptionierung der europäischen Agenda spiegeln diese Übereinstimmung der Mitgliedstaaten wider. Auch die Beitrittsstaaten sehen eine weitsichtige Planung der Unionsaktivitäten als sehr positiv. In der gemeinsamen Erklärung der 16 kleinen Mitglied- und Beitrittsstaaten im Europäischen Konvent im März 2003 hieß es explizit:

> „practical enhancement of the continuity of the Presidency function, along the lines of the reforms agreed at the Seville European Council in June 2002, including annual and multi-annual programming and closer co-operation between Presidencies, will help to increase further its coherence and effectiveness."[5]

---

1 BARNIER/VITORINO (CONV 448/02).

2 Vgl. KILJUNEN/VANHANEN/KORHONEN/HELLE (CONV 509/03).

3 Vgl. HOLOLEI (CONV).

4 Vgl. NAHTIGAL (CONV).

5 ATTALIDES U.A. (CONV 646/03).

Die Darstellungen zeigen, daß in Europa kontrovers darüber debattiert wird, wie die strategische Agenda der Union in einer erweiterten Union zustande kommen sollte. Die Auswirkungen des Parameters Festlegung eines längerfristigen Arbeitsprogramms auf das institutionelle Gleichgewicht ist unmittelbar abhängig davon, auf welche Weise sie realisiert wird. Die Supranationalisten sehen die Kommission und das Europäische Parlament in einer zentralen Rolle bei der Festlegung dieses Programms. Dagegen sprechen sich die Intergouvernementalisten dafür aus, daß der Europäische Rat seine in Art. 4 EUV verankerte Pflicht, die Festlegung der allgemeinen politischen Zielvorstellungen für die Union, künftig vollständig nachkommen sollte.

4.2.3 Stärkung des Generalsekretariats des Rates

Das Generalsekretariat des Rates arbeitet eng mit der jeweiligen Ratspräsidentschaft zusammen.[1] Nicht nur die Erfahrungen in organisatorischen Belangen, sondern auch seine inhaltliche Kompetenz ist für die Vorsitzführung von zentraler Bedeutung. Das Know-how des Generalsekretariats wird dabei nicht ausreichend ausgeschöpft.[2]

Die Stärkung des Generalsekretariats des Rates wird vor allem von kleinen Mitgliedstaaten befürwortet. Die mitgliedstaatlichen Regierungspositionen zur Regierungskonferenz 1996/1997 spiegelten diese Tatsache wider. Die Regierungen von Österreich, Griechenland und Irland plädierten für eine stärkere Einbeziehung des Sekretariats zur Unterstützung der Präsidentschaft. Gleichzeitig befürworteten sie die Beibehaltung des Status quo der rotierenden Ratspräsidentschaft. Die österreichische Grundsatzposition zur Regierungskonferenz stellte lediglich fest, daß die rotierende Präsidentschaft durch die Stärkung des Ratssekretariats entlastet werden sollte.[3] Im Bereich der GASP wurde die Unterstützung durch das Generalsekretariat von der österreichischen Regierung als ausreichend empfunden, da die prinzipielle Verantwortung für die außenpolitischen Dossiers auch künftig beim Vorsitz bleiben sollte. Der Beitrag Griechenlands zur Regierungskonferenz präferierte die „Stärkung der Rolle des Sekretariats als Einrichtung für die Unterstützung der Präsidentschaft“[4] in Analogie zur österreichischen Regierung. Die gezielte Stellung des verstärkten Sekretariats in einem rotierenden Präsidentschaftssystem wurde nicht näher differenziert. Der griechische Beitrag legte zudem dar, daß die Schaffung eines Analyse- und Planungsgremiums im Rahmen des Generalsekretariats des Rates für eine effizientere Gestaltung der GASP erforderlich wäre. Auch das Weißbuch der irischen Regierung sah die Entwicklung des Generalsekretariats im außenpolitischen Bereich der Union vor. Laut irischer Regierung sollte dies die Fähigkeit des Generalsekretariats verbessern, „die Präsidentschaft bei der Umsetzung der GASP zu unterstützen und zu einer größeren Kontinuität in Politikformulierung und -vollzug zwischen den Präsidentschaften beizutragen.“[5] In der Regierungskonferenz 1996/1997 herrschte Konsens über die stärkere Einbeziehung des Generalsekretariats im Bereich der GASP. Daraus

---

1 Vgl. 2.2.2.

2 Die weitergehenden Reformüberlegungen zum Ausbau des Generalsekretariats des Rates werden in Abschnitt 4.4.5 berücksichtigt.

3 Vgl. Basic positions of Austria for the Intergovernmental Conference (22.05.1996).

4 Beitrag Griechenlands zur Regierungskonferenz 1996 (26.03.1996).

5 Weißbuch der irischen Regierung. Auszüge (03.1996).

resultierte, daß eine Strategie- und Frühwarneinheit unter der Verantwortung des in Amsterdam neu geschaffenen Amtes des Hohen Vertreters für die GASP eingerichtet wurde.[1]

Diverse Möglichkeiten zur Erweiterung der Zuständigkeiten des Ratssekretariats wurden in den Berichten über die Reform des Rates aufgezeigt. Die Berichte beinhalteten im Gegensatz zu den Regierungspositionen zur Regierungskonferenz 1996/1997 genaue Vorstellungen und Bestimmungen, wie das Ratssekretariat eine aktivere Rolle bei der Unterstützung des Vorsitzes einnehmen könnte. Der Trumpf-Piris-Rapport vom März 1999 stellte zunächst allgemein fest, daß die unterstützende Rolle des Generalsekretariats gestärkt werden sollte, um Kontinuität, Koordination und Kohärenz der Ratsaktivitäten gewährleisten zu können.[2] Später im Rapport wurden Beispiele für Stärkungsmaßnahmen dargestellt. Da das Generalsekretariat vor allem inhaltliche Kompetenz besitzt, befürwortete er, daß die Beamten des Sekretariats in einigen Arbeitsgruppen in den technischen oder administrativen Bereichen den Vorsitz übernehmen sollten. Außerdem plädierte der Rapport für eine aktivere Rolle des Sekretariats an der good offices-Funktion und für eine größere Verantwortung bei der Suche nach Kompromißlösungen. Der Trumpf-Piris-Rapport berücksichtigte zudem die Tatsache, daß die Verpflichtungen gegenüber dem Europäischen Parlament den Vorsitz immer stärker in Anspruch nähmen. Somit sollte der Generalsekretär, der Stellvertretende Generalsekretär oder hohe Beamte des Generalsekretariats im Auftrag des Vorsitzes den Rat öfter vor dem Europäischen Parlament gemäß Art. 26 der GO des Rates repräsentieren.

Die Staats- und Regierungschefs griffen einige Vorschläge des Trumpf-Piris-Rapports im Dezember 1999 auf dem Gipfel des Europäischen Rates in Helsinki auf. Die Anlage III der Schlußfolgerungen von Helsinki legte fest, daß die unterstützende Rolle des Generalsekretariats bei der programmatischen Gestaltung und Koordinierung der Arbeit des Rates zu stärken wäre.[3] Zudem wurde die wichtige Rolle des Generalsekretariats bei der Kompromißfindung und -bildung anerkannt. Die von dem Generalsekretär des Rates Solana auf dem Gipfel des Europäischen Rates von Barcelona im März 2002 unterbreiteten Vorschläge legten lediglich ohne näheres zu präzisieren dar, daß eine ohne Vertragsänderungen zu verwirklichende Reform der Präsidentschaft die Übernahme der Vorsitzführung durch das Generalsekretariat in einigen speziellen Ausschüssen und Arbeitsgruppen sei.[4] Der von dem Generalsekretär des Rates in Zusammenarbeit mit der antretenden dänischen Präsidentschaft vor dem Europäischen Rat von Sevilla im Juni 2002 vorgelegte Rapport wiederholte diesen Vorschlag. Der Europäische Rat von Sevilla konnte dann eine Übereinstimmung darüber finden, daß das Generalsekretariat künftig in fünf technischen Arbeitsgruppen die Leitung übernehmen sollte.[5]

---

1 Vgl. 2.1.3.

2 Vgl. Trumpf-Piris-Report (10.03.1999).

3 Vgl. Ein effizienter Rat für eine erweiterte Union. Anlage III. Schlußfolgerungen des Vorsitzes. Europäischer Rat von Helsinki (10./11.12.1999).

4 Vgl. Preparing the Council for Enlargement. Report by Javier Solana Secretary-General of the Council of the European Union (11.03.2002).

5 Vgl. 2.2.2.

Die irische Regierung äußerte sich im März 2002 positiv zur Vorsitzführung des Generalsekretariats in technischen und administrativen Arbeitsgruppen.[1] Auch die verstärkte Rolle des Sekretariats bei der Unterstützung des Vorsitzes wurde hervorgehoben. Für wichtig wurde gehalten, daß die Infrastruktur des Sekretariats fortentwikkelt werden sollte, so daß es die neuen Aufgaben bewältigen könnte.[2] Das stellvertretende Mitglied der estnischen Regierung im Europäischen Konvent Hololei unterstützte in seinem Beitrag im Januar 2003 diese Position. Er erachtete dies als essentiell für die Sicherstellung der Kontinuität der Ratspräsidentschaft.[3] Das gemeinsame Schreiben zur Reform des Rates von Premierminister Blair und Bundeskanzler Schröder vom Februar 2002 stellte fest, daß die Rolle des Ratssekretariats für die Vorbereitung der Tagungen des Europäischen Rates gestärkt werden sollte.[4] Wie diese Verstärkung explizit aussehen sollte, wurde in dieser Überlegung nicht näher ausgeführt. Zudem plädierten zahlreiche Beiträge für die Wiederherstellung des Amtes eines Generalsekretärs. Beispielsweise schlug die Mitteilung der 16 kleinen Mitglied- und Beitrittsstaaten im Europäischen Konvent dies vor, denn „The re-establishment of a full-time position of Secretary-General to the Council (...) would strengthen continuity within the Council."[5]

Insgesamt kann festgehalten werden, daß das Generalsekretariat die Ratspräsidentschaft erstens durch die Übernahme der Vorsitzführung in spezialisierten Ausschüssen und Arbeitsgruppen unterstützen kann.[6] Zweitens ist es möglich, einige Vorsitzfunktionen dem Generalsekretariat des Rates zu übertragen. Diese beiden Optionen werden bereits in der Union appliziert. Es ist jedoch möglich, sie in praxi viel intensiver umzusetzen. Neben diesen Vorschlägen kann die institutionelle Weiterentwicklung des Generalsekretariats, wie die Wiederherstellung des Amtes eines Generalsekretärs, ein vorsitzentlastender Ansatz sein.

Problematisch ist jedoch, daß die Stärkung des Generalsekretariats gelegentlich als eine Gefährdung der nationalen Verwaltungen bei der Vorsitzführung betrachtet wird.[7] So argumentierten z.B. die Vertreter des finnischen Parlaments im Europäischen Konvent in ihrem Beitrag vom Januar 2003, daß „Supporting the presidency should remain the task of member states not the Council secretariat."[8] Manche sehen auch die Gefahr, daß die Erweiterung der Befugnisse des Generalsekretariats eine Einschränkung der Rechte der Kommission verursachen könnte.[9] Dies könnte eintreten, falls das Sekretariat den Vorsitz bei der Suche nach Kompromißlösungen stärker unterstützen würde. Im allgemeinen wird jedoch die Meinung vertreten, daß die Stärkung des Generalsekretariats nicht das institutionelle Gleichgewicht der Union aufs Spiel setze. Daraus folgt, daß sowohl die Befürworter des Intergouvernementalismus

---

1 Vgl. MCGARRY (Email 02.09.2002).

2 Beispielsweise sprach das Papier Irlands dafür, daß die Besetzung der Seniorposten durch offene und transparente Prozesse erfolgen sollte. Vgl. MCGARRY (Email 02.09.2002).

3 Vgl. HOLOLEI (CONV).

4 Vgl. SCHRÖDER/BLAIR (25.02.2002).

5 ATTALIDES U.A. (CONV 646/03). Vgl. auch ANDRIUKAITIS (CONV 719/03).

6 Der deutsch-französische Konventsbeitrag vom Januar 2003 sah beispielsweise vor, dem Generalsekretär des Rates den Vorsitz im Allgemeinen Rat zu übertragen. Vgl. DE VILLEPIN/FISCHER (CONV 489/03).

7 Vgl. EDWARDS/WALLACE (1978), S. 128.

8 KILJUNEN/VANHANEN/KORHONEN/HELLE (CONV 509/03).

9 Vgl. EGGER (1994), S. 334; RÖHL (1994), S. 429.

als auch des Supranationalismus die Ausweitung der Kompetenzen des Generalsekretariats des Rates positiv bewerten. Die Unterstützung durch große und kleine Staaten ist jedoch unterschiedlich. Die kleinen Staaten sehen die Stärkung weitaus positiver, da sie die Meinung vertreten, daß durch den Ausbau des Sekretariats die rotierende Ratspräsidentschaft zumindest teilweise beibehalten werden kann.

4.3 Funktionsbereich der Ratspräsidentschaft

Das zentrale Strukturelement des bisherigen Ratspräsidentschaftssystems ist der Grundsatz der Einheitlichkeit des Vorsitzes.[1] Gemäß diesem Grundsatz wird der Vorsitz von ein und demselben Mitgliedstaat in allen Tätigkeitsbereichen der Union und auf allen Ebenen der Ratshierarchie wahrgenommen. Der Funktionsbereich der Ratspräsidentschaft könnte künftig zwischen verschiedenen europäischen Akteuren gesplittet werden. Grundsätzlich kann zwischen der vertikalen und der horizontalen Aufteilung des Funktionsbereichs der Ratspräsidentschaft differenziert werden.[2]

4.3.1 Vertikale Ratspräsidentschaft

Eine vertikale Aufteilung würde bedeuten, daß die Ratspräsidentschaft nicht von einem Mitgliedstaat auf allen Ratshierarchieebenen von den Arbeitsgruppen bis zum Europäischen Rat wahrgenommen werden würde. Das vertikale Vorgehen läßt eine Aufteilung des Funktionsbereichs auch auf einer Hierarchieebene des Rates zu, so daß beispielsweise diverse Länder den Vorsitz in den unterschiedlichen Ratsformationen des Ministerrates gleichzeitig ausüben könnten.

Im Rahmen der Regierungskonferenz 1996/1997 gab es wenige Überlegungen zur vertikalen Aufteilung des Vorsitzes, in den neueren Beiträgen zur institutionellen Reform zeichnet sich dagegen eine starke Tendenz zum vertikalen Splitting des Funktionsbereichs ab. Vor allem stehen die größeren mitgliedstaatlichen Regierungen der organisatorischen Trennung der obersten Ratshierarchieebene - des Europäischen Rates - von dem bisherigen Tätigkeitsfeld positiv gegenüber. In seiner Rede in Straßburg im März 2002 äußerte der französische Präsident Chirac den Vorschlag, einen gewählten Vorsitzenden des Europäischen Rates durch den Europäischen Rat selbst wählen zu lassen.[3] Der spanische Ministerpräsident Aznar schloß sich der Ansicht Chiracs in seiner Rede in Oxford im Mai 2002 an.[4] Auch der britische Premierminister Blair ist von den Vorteilen eines getrennten EU-Präsidenten für den Europäischen Rat überzeugt.[5] Italien unterstützt zudem die Abschaffung der rotierenden Präsidentschaft zugunsten der Einrichtung eines Präsidenten für den Europäischen Rat.[6] Auch die

---

1 Vgl. 2.2.2.

2 Die Aufteilung basiert auf der Definition des Trumpf-Piris-Rapports. Dieser legt fest: „the Presidency is a single entity, both horizontally (all EC and EU areas of jurisdiction) and vertically (the Council, Coreper and all the Council's subordinate bodies)." Trumpf-Piris-Report (10.03.1999).

3 Vgl. CHIRAC (Rede 06.03.2002).

4 Vgl. AZNAR (Rede 20.05.2002).

5 Vgl. BLAIR (Rede 28.11.2002).

6 Vgl. *Frankfurter Allgemeine Zeitung 08.03.2003.*

zwei intergouvernemental geprägten nordischen Mitgliedstaaten, Dänemark und Schweden, haben ihre Zustimmung zum vertikalen ABC-Vorschlag gegeben.[1]

Im Rahmen des Europäischen Konvents haben die Mitgliedstaaten und andere Akteure des europäischen Integrationsprozesses ihre Vorstellungen zur Aufteilung des Aufgabenbereiches der Ratspräsidentschaft konkretisiert. Der Beitrag der Benelux-Staaten vom Dezember 2002 legte dar, daß die Beibehaltung des Rotationsprinzips für die zwei höchsten Ebenen der Ratshierarchie wünschenswert wäre.[2] Zwei Ausnahmen wurden erwähnt: Im Rat „Allgemeine Angelegenheiten" sollte der Präsident der Kommission den Vorsitz übernehmen und der Hohe Vertreter, der gleichzeitig Außenkommissar wäre, sollte den Vorsitz im Rat „Außenbeziehungen" ausüben. Der deutsch-französische Vorschlag vom Januar 2003 sah in Analogie zum Benelux-Beitrag vor, daß der europäische Außenminister den Vorsitz des Rates „Außenbeziehungen" innehaben sollte.[3] Der Rat „Allgemeine Angelegenheiten" sollte vom Generalsekretär des Rates geleitet werden und der Rat „Wirtschaft und Finanzen", die Euro-Gruppe und der Rat „Justiz und Inneres" sollten ihren Vorsitzenden wählen. Der Vorsitz der übrigen Ratsformationen auf der zweithöchsten vertikalen Ebene der Ratshierarchie sollte so geregelt werden, daß er den Mitgliedstaaten eine größtmögliche Beteiligung auf der Grundlage einer gleichberechtigten Rotation gewährleiste. Für die höchste Ebene sah der deutsch-französische Vorschlag einen dauerhaften Vorsitz vor. Der britisch-spanische Beitrag befürwortete eine Teamratspräsidentschaft für die Ministerratsebene mit Ausnahme vom Rat „Allgemeine Angelegenheiten" und „Außenbeziehungen".[4] Die schwedische Außenministerin Lindh bewertete zudem die Teamratspräsidentschaftslösung positiv.[5] Wie die vertikale Aufteilung auf den unteren Hierarchieebenen des Rates zu arrangieren wäre oder ob eine Aufteilung des Funktionsbereichs der Ratspräsidentschaft überhaupt erfolgen sollte, wurde in allen diesen Beiträgen nicht näher ausgeführt.

Die meisten Regierungen der kleinen Mitglied- und Beitrittsstaaten sowie die Gemeinschaftsorgane befürworten eine weniger starke vertikale Aufteilung des Funktionsbereichs der Ratspräsidentschaft. Vor allem lehnen sie die Exklusion der höchsten Ebene des Rates durch die Einrichtung eines Amtes des EU-Präsidenten ab. Die gemeinsame Mitteilung der 16 kleinen Mitglied- und Beitrittsstaaten sah die Beibehaltung der Rotation insbesondere im Europäischen Rat, im Rat „Allgemeine Angelegenheiten" und im AStV vor.[6] Die polnische Regierung bildete in der Gruppe der Beitrittsstaaten eine Ausnahme. Polen präferierte einen Präsidenten des Europäischen Rates, der in der Lage wäre, politische Führungsfunktion in der Union zu übernehmen.[7] Auf den unteren Hierarchieebenen sollte ein Team bestehend aus vier Staaten

[1] Der dänische Ministerpräsident Rasmussen äußerte sich als erster Vertreter der kleinen Mitgliedstaaten der Union positiv über die Trennung des Europäischen Rates durch einen Präsidenten in seiner Rede in Kopenhagen im Januar 2003. Vgl. RASMUSSEN (Rede 15.01.2003). Der schwedische Ministerpräsident Persson legte seinen EU-präsidentenfreundlichen Standpunkt in einem Artikel in der schwedischen Tageszeitung „Dagens Nyheter" einige Tage später im Januar 2003 fest. Vgl. *Dagens Nyheter 19.01.2003.*

[2] Vgl. MICHEL/DE VRIES/SANTER (CONV 457/02).

[3] Vgl. DE VILLEPIN/FISCHER (CONV 489/03).

[4] Vgl. PALACIO/HAIN (CONV 591/03).

[5] Vgl. LINDH (27.01.2003). Vgl. auch BESARA (Brief 15.10.2002).

[6] Vgl. ATTALIDES (CONV 646/03).

[7] Vgl. HÜBNER (CONV 550/03).

den Vorsitz innehaben. Viele der beitretenden Staaten, wie beispielsweise die Tschechische Republik,[1] Estland[2] und Ungarn,[3] sprachen sich für eine Teamratspräsidentschaft auf mehreren Ebenen der Ratshierarchie aus. Die Mitteilung der Kommission zur institutionellen Architektur vom Dezember 2002 plädierte dafür, daß die rotierende Präsidentschaft für die Präsidentschaft des Europäischen Rates und des Rates „Allgemeine Angelegenheiten" (auch möglicherweise für den Vorsitz des AStV) angesichts der allgemeinen Koordinierungsfunktion dieser Gremien analog zur gemeinsamen Mitteilung der 16 kleinen Mitglied- und Beitrittsstaaten beibehalten werden sollte. Die Präsidentschaften der anderen Ratsformationen sollten durch ein von seinen Amtskollegen für die Dauer eines Jahres gewähltes Ratsmitglied wahrgenommen werden. Auch diese Beiträge differenzierten nicht, wie die Kompetenzen der Präsidentschaft auf den unteren Hierarchieebenen des Rates gesplittet werden sollten.

Die wissenschaftlichen Einrichtungen und Autoren geben komplexe Antworten, wie der Funktionsbereich der Ratspräsidentschaft künftig vertikal aufgeteilt werden sollte. The Thinking Enlarged Group[4] sah auf der höchsten Ebene der Ratshierarchie einen Präsidenten.[5] Die legislativen Funktionen des Ministerrates sollten von den anderen Aufgaben getrennt sowie von einer Staatenkammer ausgeübt und dabei die rotierende Präsidentschaft nur für die legislative Seite des Ministerrates beibehalten werden. Die restlichen Politikfelder der Union sollten in sogenannten Lenkungsräten andere Vorsitzregelungen erhalten. Der GASP-Lenkungsrat sollte durch den Hohen Repräsentanten und den für die externen Angelegenheiten zuständigen Vizepräsidenten der Kommission gemeinsam geleitet werden. Die Kommission sollte auch ansonsten enger in die Vorsitzführung auf der Ebene des Ministerrates eingebunden werden. Der im Kreise der Ministerkollegen gewählte oder von den Staats- und Regierungschefs ernannte Vorsitzende sollte mit Hilfe der zuständigen Kommissionsmitglieder die Lenkungsräte für die PJZS und für den Lissabon-Prozeß leiten. Ein koordinierender Lenkungsrat sollte verantwortlich für die Vorbereitung der Tagungen des Europäischen Rates sein. Der Präsident des Europäischen Rates und der Kommission sollten diesen strategischen Vorsitz gemeinsam übernehmen.

Der Verfassungsentwurf des in Brüssel lokalisierten European Policy Centre (EPC) teilte den Funktionsbereich der Ratspräsidentschaft ähnlich dem Vorschlag von The Thinking Enlarged Group auf.[6] Gemäß Art. 31 sollte der Europäische Rat jedoch die rotierende Präsidentschaft beibehalten und jeder Staats- und Regierungschef dem Europäischen Rat weiterhin sukzessiv für sechs Monate vorsitzen. Der Ministerrat sollte künftig aus zwei getrennten Teilen bestehen. Im legislativen Rat sollte die halbjährliche Rotation der Ratspräsidentschaft weiterhin praktiziert werden, der exekutive Rat dagegen künftig zum Zuständigkeitsbereich der Kommission gehören und die zustän-

---

1 Vgl. KOHOUT (CONV 485/03).

2 Vgl. ANTSU (Email 07.09.2002).

3 Vgl. BALÁZS (CONV 522/03).

4 The Thinking Enlarged Group bestand aus 18 Europaexperten aus Mitglied- und Beitrittsstaaten der EU, die von der CAP an der Universität München und Bertelsmann Stiftung geleitet wurde. Näheres zur Zusammensetzung der Gruppe siehe BERTELSMANN FOUNDATION AND CENTER FOR APPLIED POLICY RESEARCH (2002), S. 15 f.

5 Vgl. BERTELSMANN FOUNDATION AND CENTER FOR APPLIED POLICY RESEARCH (2002), S. 7.

6 Vgl. THE EUROPEAN POLICY CENTRE (2002).

digen Kommissare die Vorsitzführung in den Exekutivräten übernehmen. Gros und Hager vom CEPS tendierten auch dazu, daß die rotierende Präsidentschaft auf der höchsten Ebene der Ratshierarchie beibehalten werden sollte.[1] Für die Vorsitzführung der technischen Räte sahen sie vor, daß ein Minister für eine Periode von drei Jahren gewählt oder ernannt würde.

Zusammenfassend kann festgehalten werden, daß die vertikale Aufteilung des Funktionsbereichs der Ratspräsidentschaft vielfältige Möglichkeiten zur Ausgestaltung des künftigen Präsidentschaftssystems bietet. Die unzähligen Variationen des Splittings des Vorsitzes haben dazu geführt, daß es keine Einigung über die Art der Differenzierung im Vorfeld der im Oktober 2003 begonnenen Regierungskonferenz gegeben hat. Vor allem war der Vorschlag zur vertikalen Trennung des Europäischen Rates vom Vorsitz durch einen Präsidenten ein zentraler Konfliktpunkt.[2] Die Trennung des Europäischen Rates vom regulären Funktionsbereich der Ratspräsidentschaft ist ein wesentlicher Baustein der Europakonzeption der hauptsächlich großen und eher intergouvernemental ausgeprägten Mitgliedstaaten. Auch die Aufteilung des Ministerrates spaltet die Meinungen. Sogar innerhalb eines integrationspolitischen Lagers herrscht keine Einigkeit über Quantität und Qualität der Differenzierung. Anzumerken ist jedoch, daß die meisten Beiträge für das vertikale Splitting der Aufgaben gesprochen haben.

4.3.2 Horizontale Ratspräsidentschaft

Die zweite Option des Splittings des Funktionsbereichs der Ratspräsidentschaft ist die horizontale Aufteilung. Der Unterschied zur vertikalen Aufteilung besteht darin, daß die Säulen der Union die Aufgabentrennung ratshierarchieübergreifend determinieren.[3] Die horizontale Aufteilung des Funktionsbereichs der Ratspräsidentschaft beruht auf den Tätigkeitsbereichen der Union.

Im Vorfeld der Regierungskonferenz 1996/1997 argumentierte die britische Regierung für eine horizontale Teilung des Funktionsbereichs der Präsidentschaft.[4] Das Weißbuch Großbritanniens stellte fest, daß eine Teamratspräsidentschaft von drei oder vier Mitgliedstaaten für ein Jahr oder länger für die GASP-Säule angemessen wäre. Die Anwesenheit eines großen Mitgliedstaates mit globalen außenpolitischen Interessen in jeder Gruppe würde der externen Vertretung der EU Glaubwürdigkeit verleihen. Ein Vorschlag der Justus Lipsius-Studie plädierte zudem für eine Trennung der GASP von den anderen Präsidentschaftsfunktionen.[5] Auch der Bericht von The Independent Commission for the Reform of the Institutions and Procedures of the Union (ICRI) im Jahre 1999 betonte die Bedeutung der GASP für die Union.[6] Aufgrund dieser Tatsache schlug der Bericht von ICRI vor, daß es eine separate, horizontale Teamratspräsidentschaft für den Allgemeinen Rat, wenn dieser die außenpolitische Agenda

---

1 Vgl. GROS/HAGER (2002), S. 2.

2 Vgl. 4.4.1.

3 Die Aufteilung erfolgt anhand der Säulenstruktur der Union in den gemeinschaftlichen, den GASP- sowie den PJZS-Bereich.

4 Vgl. Weißbuch der britischen Regierung: Eine Partnerschaft von Nationen. Auszüge (21.03.1996).

5 Vgl. LIPSIUS (1995), S. 248.

6 Die interdisziplinäre und multinationale ICRI-Gruppe aus Europaexperten wurde unter der Leitung von Prof. Andriessen in London 1998 gegründet und erstellte 1999 einen Reformbericht für die erweiterte Union.

behandelt, geben sollte.[1] Der Bericht empfahl zudem, daß das politische Gewicht der größeren Mitgliedstaaten berücksichtigt werden sollte. Der Vorschlag des britischen Weißbuches zur Regierungskonferenz 1996/1997 war nahezu analog zu diesem Vorschlag.

Das Spezifikum der Forderungen der Bertelsmann Europa-Kommission an die Regierungskonferenz 2000 hinsichtlich der Ratspräsidentschaft betraf die Idee einer ganzheitlichen horizontalen Aufteilung des Vorsitzes.[2] Die Europa-Kommission sprach sich für die Wahl einer Dreiergruppe aus. Unter dem Generalvorsitz eines Mitgliedstaates sollten zwei andere Länder eine besondere Verantwortung für die zweite und dritte Säule übernehmen.

Die aktuellen Beiträge der Mitgliedstaaten und anderer Akteure der Integration sehen die horizontale Aufteilung des Funktionsbereichs der Ratspräsidentschaft nicht als eine Alternative zur vertikalen Differenzierung. Bereits Mitte der 80er Jahre wurde die horizontale Teilung kritisiert. Sowohl Hoscheit als auch Wallace stellten hinsichtlich der Überlegungen zur Differenzierung der EG- und EPZ-Präsidentschaft fest, daß das Splitting die politische Distanz der beiden Politikbereiche erhöhen würde. Die horizontale Teilung der Aufgaben fordert einen hohen Koordinationsaufwand.[3] Negativ ist ebenfalls, daß dies die Berücksichtigung der unterschiedlichen integrationspolitischen Voraussetzungen der Mitgliedstaaten nicht in gleichem Maße wie die vertikale Aufteilung ermöglicht. In keiner der gegenwärtigen Überlegungen wird explizit eine ratshierarchieübergreifende Teilung der Präsidentschaft vorgesehen, denn die meisten Entwürfe streben die Auflösung der Säulenstruktur der Union an.[4] Es ist jedoch nicht auszuschließen, daß das horizontale Splitting des Funktionsbereichs künftig eine Rolle spielen könnte.[5]

4.4 Zusammensetzung der Ratspräsidentschaft

Neben dem Funktionsbereich der Ratspräsidentschaft wird auch ihre Zusammensetzung durch den Grundsatz der Einheitlichkeit des Vorsitzes bestimmt. Hinsichtlich der Zusammensetzung des Vorsitzes legt der Grundsatz fest, daß die Präsidentschaft von ein und demselben Mitgliedstaat auszuüben sei. Die Modifizierung dieses Grundsatzes bietet zahlreiche Möglichkeiten zur künftigen Ausgestaltung des Vorsitzes. Die Vorschläge zur Zusammensetzung der Ratspräsidentschaft lassen sich unterteilen in: Personifizierung, Personalunion, Teamratspräsidentschaft, Direktorium und Permanente Institution.

1 Vgl. THE INDEPENDENT COMMISSION FOR THE REFORM OF THE INSTITUTIONS AND PROCEDURES OF THE UNION (1999), S. 43.

2 Vgl. BERTELSMANN EUROPA-KOMMISSION (2000), S. 29.

3 Vgl. HOSCHEIT (1984), S. 31; WALLACE (1984b), S. 58.

4 Vgl. DEHAENE (CONV); GIERING (2003), S. 32; QUERMONNE (2002), S. 2.

5 Dies könnte beim Rückgang der Integrationsentwicklung der Fall sein.

4.4.1 Personifizierung

Seit einiger Zeit gewinnt die Personalisierung der Politik immer größere Bedeutung in den westlichen Demokratien.[1] Dieser Personalisierungsschub betrifft auch das politische System der EU. Beispiele hierfür sind die Errichtung des Amtes eines Hohen Vertreters für die GASP[2] sowie die langandauernde Debatte über einen EU-Präsidenten. In der vorliegenden Arbeit wird unter Personifizierung die Ernennung eines Vorsitzenden/Präsidenten für den Europäischen Rat verstanden, der zumindest die Funktionen der heutigen rotierenden Ratspräsidentschaft hinsichtlich des Europäischen Rates wahrnehmen würde. In den Reformvorschlägen zur Personifizierung der Ratspräsidentschaft können zwei Hauptgruppen unterschieden werden: Die Mehrzahl der Überlegungen befürwortet die Einrichtung eines eigenständigen, hauptamtlichen EU-Präsidenten für den Europäischen Rat. Die integrationspolitisch ambitiöseren Beiträge sehen dagegen einen gemeinsamen Präsidenten für den Europäischen Rat und die Europäische Kommission vor. Darüber hinaus gibt es Vorschläge, welche eine personifizierte Unionspräsidentschaft ablehnen.

Bereits 1984 plädierte der heutige Präsident des Europäischen Konvents Giscard d'Estaing für einen direkt von den europäischen Bürgern gewählten Präsidenten des Europäischen Rates, der kein amtierender Staats- oder Regierungschefs sein sollte.[3] Der griechische Außenminister Papandreou griff die Idee eines direktgewählten Ratspräsidenten überraschend im Europäischen Konvent während der griechischen Ratspräsidentschaft im Mai 2003 auf. Davor hatte die griechische Regierung die Beibehaltung der rotierenden Präsidentschaft befürwortet. Papandreou schlug vor, den künftigen EU-Präsidenten unmittelbar von den 450 Millionen EU-Bürgern wählen zu lassen.[4]

> „If the rotation system is not retained, an elected President should have sufficient democratic legitimacy. A directly elected President would strengthen the role of the European citizen, contribute to the substantial equality of the Member States and facilitate a new, stable balance between the institutions."[5]

Die Mehrheit der Akteure des Europäischen Konvents sah diesen Vorschlag als nicht geeignet, eine Brücke zwischen den Vorstellungen der kleinen und großen Staaten über die künftige Ratspräsidentschaft zu bauen. Daraus resultierte, daß der Vorschlag nur wenig positive Resonanz bekam.[6] Der Präsident des Europäischen Konvents Giscard d'Estaing gehört weiterhin zu den Befürwortern der Personifizierung der Ratspräsidentschaft, er ist aber der Ansicht, daß der Präsident vom Europäischen Rat

---

1 Vgl. HELMS (2000), S. 411.

2 Die Diskussion über die Ernennung eines Hohen Vertreters für die GASP im Rahmen der Regierungskonferenz 1996/1997 wird in der vorliegenden Arbeit nicht berücksichtigt, da diese keine praktische Bedeutung für den Entwurf der Reformoptionen in Kapitel 5 hat.

3 Vgl. BULMER/WESSELS (1987), S. 145; JACQUÈ/SIMON (1988), S. 134; KIRCHNER/TSAGKARI (1993b), S. 59; TUGENDHAT (1986), S. 19. Bereits ein Jahr zuvor hatten Kaiser, Merlini, de Montbrial, Wallace und Wellenstein in ihrem Bericht für einen gewählten Präsidenten des Europäischen Rates plädiert. Vgl. KAISER/MERLINI/DE MONTBRIAL/WALLACE/WELLENSTEIN (1983), S. 45.

4 Vgl. PAPANDREOU/KATIFORIS (CONV).

5 PAPANDREOU/KATIFORIS (CONV).

6 Lediglich der irische Regierungsvertreter im Europäischen Konvent Brutton und einige weitere Konventsmitglieder gaben ihre Zustimmung für einen direktgewählten Präsidenten. Vgl. MAGNETTE/NICOLAIDIS (2003), S. 29. Näheres zu den Reaktionen auf den Vorschlag Papandreous siehe *Frankfurter Allgemeine Zeitung 16.05.2003; Helsingin Sanomat 16.05.2003.*

gewählt werden sollte.[1] Gemäß des Verfassungsentwurfs des Präsidiums des Europäischen Konvents über die Organe sollte der Vollzeitpräsident die Außenvertretung der Union in GASP-Angelegenheiten auf seiner Ebene wahrnehmen. Außerdem sollte die Funktion des für zweieinhalb Jahre gewählten Präsidenten sein, dem Europäischen Rat vorzusitzen und seine Arbeiten vorzubereiten.[2]

Die Idee zur Schaffung eines hauptamtlichen Präsidenten wurde mehrmals in den 90er Jahren vor allem von Frankreich aufgegriffen. Beispielsweise schlug der französische Staatspräsident Chirac im Jahre 1995 vor, daß die Union einen Präsidenten für eine Periode von drei Jahren wählen sollte, der die EU nach außen repräsentieren würde.[3] In seiner Rede in Straßburg im März 2002 griff Chirac erneut diese Idee auf und forderte, einen gewählten EU-Präsidenten für eine ausreichend lange Dauer mit dieser Aufgabe zu betreuen. Chirac argumentierte: „Dieser Präsident würde Europa in den Augen der restlichen Welt verkörpern und dem institutionellen System die Stabilität geben, die Europa braucht, um stark zu sein."[4] Diesem Vorschlag schlossen sich im Vorfeld des Gipfeltreffens von Sevilla im Juni 2002 auch der britische Premierminister Blair[5] und der spanische Ministerpräsident Aznar an.[6] Dabei wurde die Idee dahingehend präzisiert, daß der Europäische Rat aus dem Kreis der ehemaligen europäischen Staats- und Regierungschefs jeweils für zweieinhalb bzw. fünf Jahre einen EU-Präsidenten wählen sollte, der vor allem die Außenvertretung der EU übernehmen und mithin die Funktionen des Hohen Vertreters zum Teil absorbieren würde. Blair konkretisierte den Bedarf an einem Präsidenten in seiner Rede zur Zukunft Europas im November 2002.

> „Die alle sechs Monate rotierende Präsidentschaft wurde ursprünglich für einen Gemeinsamen Markt der sechs entwickelt. Für eine Union der 25 oder mehr ist sie weder effizient noch repräsentativ. Wie kann ein Rat mit ständig wechselnder Führung ein guter Partner für Kommission und Parlament sein? Wie kann Europa bei internationalen Gipfeltreffen hoffen, ernst genommen zu werden, wenn der Ratsvorsitz heute hier, morgen dort ist? Das alte System hat seine Grenzen erreicht. Es verursacht in Europa eine Schwäche in Form von mangelnder Kontinuität der Führung: ein fatales Handicap für die Entwicklung einer wirksamen Gemeinsamen Außen- und Sicherheitspolitik."[7]

Von den weiteren EU-Mitgliedstaaten haben Dänemark, Italien und Schweden ihre Zustimmung für einen eigenständigen EU-Präsidenten gegeben.[8] Der dänische Ministerpräsident Rasmussen betonte jedoch in seiner Rede im Januar 2003, daß die Personifizierung der Ratspräsidentschaft nicht ohne Risiken zu implementieren wäre: „It may disturb the balance between large and small countries. And it may lead to an unfortunate conflict between Council and Commission."[9] Aufgrund dieser Tatsache verlangte Rasmussen, daß die Rolle der Kommission im Institutionengefüge der Union ebenfalls gestärkt werden sollte. Der Präsident der Kommission sollte künftig durch ein Kollegium, bestehend aus Vertretern der mitgliedstaatlichen Parlamente und

---

1 Vgl. Art. 16a Abs. 1 DAS PRÄSIDIUM (CONV 691/03). Siehe auch *Financial Times 15.05.2002.*

2 Vgl. Art. 16a Abs. 2 DAS PRÄSIDIUM (CONV 691/03).

3 Vgl. HUMMER/OBWEXER (1999a), S. 447.

4 CHIRAC (Rede 06.03.2002).

5 Vgl. *Financial Times 15.05.2002; Financial Times Deutschland 16.05.2002b; Süddeutsche Zeitung 17.05.2002.*

6 Vgl. AZNAR (Rede 20.05.2002).

7 BLAIR (Rede 28.11.2002).

8 Vgl. *Financial Times 14.01.2003.*

9 RASMUSSEN (Rede 15.01.2003).

des Europäischen Parlaments, gewählt werden. Der schwedische Ministerpräsident Persson vertrat hinsichtlich der Kommission einen anderen Standpunkt. Persson sah als Voraussetzung für die Personifizierung der Ratspräsidentschaft auch nicht die Notwendigkeit eines vom Europäischen Parlament gewählten Kommissionspräsidenten. Er bewertete die deutsch-französische Idee, die für eine Doppelspitze plädierte, negativ.[1]

Der Bedarf an einem gewählten Vorsitzenden des Europäischen Rates für eine Dauer von fünf bzw. zweieinhalb Jahren mit der Möglichkeit der Wiederwahl wurde im deutsch-französischen Beitrag wie folgt begründet:

> „Wie die Kommission und das Europäische Parlament muss auch der Europäische Rat einen dauerhaften Vorsitz erhalten. In einem erweiterten Europa muss die Leitung des Europäischen Rates durch Kontinuität, Stabilität und Sichtbarkeit geprägt sein."[2]

Die Überlegungen Deutschlands und Frankreichs legten die durch den Präsidenten zu übernehmenden Funktionen präzise fest. Erstens sollte er die heutigen Aufgaben des rotierenden Vorsitzes hinsichtlich des Europäischen Rates wahrnehmen. Daraus folgt, daß der Präsident die Sitzungen vorbereiten, den Vorsitz führen und den gesamten Europäischen Rat leiten sowie die Umsetzung der Beschlüsse überwachen sollte. Zudem sollte der Präsident für die Vertretung der Union auf internationaler Ebene anläßlich der Treffen der Staats- und Regierungschefs zuständig sein.

Die Regierungen der Beitrittsstaaten bewerteten die Personifizierung generell negativ. Polen war der einzige Staat dieser Gruppe, der einen EU-Präsidenten befürwortete. Die polnische Regierungsvertreterin im Europäischen Konvent Hübner betonte in ihrem Beitrag vom Februar 2003, daß die politische Führungsrolle des Europäischen Rates nicht ohne einen gewählten Präsidenten für einen längeren Zeitraum sicherzustellen wäre.[3] Gemäß des polnischen Beitrags könnten die Risiken der Personifizierung dadurch vermieden werden, indem das Mandat des Präsidenten genau definiert werden würde. Die klare Aufgabenbeschreibung sollte der Sicherstellung des institutionellen Gleichgewichts dienen. Darüber hinaus sollte gewährleistet sein, daß der Präsident nicht seine Funktionen unabhängig von der Kommission und dem Europäischen Parlament wahrnähme. Das stellvertretende Mitglied des Europäischen Parlaments im Konvent Würmeling betonte ebenfalls diesen Punkt.

> „Zur Schaffung eines hauptamtlichen Präsidenten des Europäischen Rates (...) sollte klargestellt werden, dass die Durchführung der Beschlüsse des Europäischen Rates den Gemeinschaftsinstitutionen entsprechend der in der Verfassung zugewiesenen Befugnisse obliegt."[4]

The Thinking Enlarged Group begründete ähnlich zum polnischen Entwurf den Bedarf an einem hauptamtlichen Präsidenten des Europäischen Rates für einen Zeitraum von fünf Jahren.[5] Die Gruppe befürwortete, daß die Union sowohl einen vom Europäischen Parlament gewählten Kommissionspräsidenten als auch einen Präsidenten für den Europäischen Rat in der aktuellen Integrationsphase der Union bräuchte.

---

1 Vgl. *Dagens Nyheter 19.01.2003.*

2 DE VILLEPIN/FISCHER (CONV 489/03).

3 Vgl. HÜBNER (CONV 550/03).

4 WÜRMELING (CONV 549/03).

5 Vgl. BERTELSMANN FOUNDATION AND CENTER FOR APPLIED POLICY RESEARCH (2002), S. 3.

Den Entwürfen zu einem eigenständigen EU-Präsidenten, welche die Außenvertretung sowie die Leitung der gesamten EU stärker in die Hände des Europäischen Rates legen wollen, stehen Vorschläge gegenüber, die die Personifizierung als eine negative Entwicklung beurteilen. Nicht nur die Vertreter der Kommission und des Europäischen Parlaments, sondern auch überwiegend die kleinen Mitglied- und Beitrittsstaaten negierten einen eigenständigen EU-Präsidenten. Ende März 2003 verabschiedeten 16 Regierungsvertreter kleiner Länder aus Ost- und Westeuropa eine gemeinsame Erklärung für den EU-Konvent, die für die Beibehaltung der rotierenden Präsidentschaft im Europäischen Rat, Allgemeinen Rat sowie AStV plädierte.[1] Die Benelux-Staaten unterzeichneten diesen Vorstoß nicht, da sich diese drei Länder zu einem früheren Zeitpunkt in ihrem Memorandum eindeutig für die Beibehaltung der Rotation und des institutionellen Gleichgewichts ausgesprochen hatten.[2]

Die Argumentationsweise der kleinen Mitglied- und Beitrittsstaaten gegen einen EU-Präsidenten war nahezu identisch. Das Benelux-Memorandum über die institutionellen Fragen der künftigen Union im Rahmen des Europäischen Konvents vom Dezember 2002 betonte, daß ein Präsident des Europäischen Rates nicht dem Prinzip der Gleichheit der Mitgliedstaaten dienen würde.[3] In der gemeinsamen Erklärung der 16 Staaten hieß es ähnlich, daß der rotierende Vorsitz ein Symbol für die Gleichheit aller Mitgliedstaaten sei.[4] Der Beitrag des niederländischen Regierungsvertreters de Vries im Konvent im Januar 2003 differenzierte zahlreiche Gründe, warum ein Präsident des Europäischen Rates nicht wünschenswert wäre.[5] De Vries argumentierte, daß sich die Kompetenzen des Präsidenten mit den Zuständigkeiten des Kommissionspräsidenten überschneiden würden.[6] Auch der Posten des Kommissionspräsidenten wäre für Seniorpolitiker nicht mehr im gleichem Maße attraktiv wie heute. Daraus würde resultieren, daß die Kommission als Institution geschwächt werden würde. Darüber hinaus kritisierte de Vries, daß der Präsident die Außenvertretung übernehmen und damit die Bedeutung des Amtes des Hohen Vertreters marginalisiert werden würde. Abschließend stellte de Vries fest, daß der Präsident nicht vom europäischen Volk gewählt werden würde, was der demokratischen Legitimation der Union abträglich wäre. Die Vehemenz der Kritik der kleinen Mitgliedstaaten an einem eigenständigen Präsidenten des Europäischen Rates wurde durch die Aussage der Regierungsvertreterin Finnlands im Europäischen Konvent Tiilikainen deutlich:

> „There is no room for a Presidential institution in a purely democratic and legitimate EU. The Union's problems related to democracy and efficiency must be resolved by means of a bottom-up strategy, by rationalizing and streamlining the present institutions and decision-making systems, not by establishing new elitist organs on the top of them. A long-term EU Presidency would constitute a serious competitor

---

1 Vgl. ATTALIDES U.A. (CONV 646/03). Dänemark und Schweden haben de facto ihre Zustimmung zu einem dauerhaften Präsidenten gegeben.

2 Vgl. MICHEL/DE VRIES/SANTER (CONV 457/02). Der belgische Premierminister Verhofstadt hat jedoch die Personifizierung nicht für exkludiert gehalten. Vgl. VANHOONACKER (2003), S. 13.

3 Vgl. MICHEL/DE VRIES/SANTER (CONV 457/02).

4 Vgl. ATTALIDES U.A. (CONV 646/03). Der Regierungsvertreter der Slowakischen Republik im Europäischen Konvent Korčok formulierte in diesem Zusammenhang: „the strategic direction of the Union should be determined and shared equally by all its members." KORČOK (CONV).

5 Vgl. DE VRIES (CONV).

6 De Vries stellte fest, daß ein Präsident mit exekutiven Befugnissen die Kommission als Hüterin der gemeinsamen Interessen schädigen würde. Er faßte zusammen: „Es kann auf einem Schiff nicht zwei Kapitäne geben". *Frankfurter Allgemeine Zeitung 05.04.2003.*

to the Commission and blur the division of labour between these organs. It would become an organ requiring its own bureaucracy without any political accountability. Bluntly, it would become an organ that does not belong to 21st-century Europe."[1]

Die Kommission legte dem Europäischen Konvent ihre Vorschläge unter dem Titel „Ein Projekt für die Europäische Union" im Mai 2002 vor. Dieser Beitrag war auch als Reaktion auf den ABC-Vorschlag zur Schaffung eines EU-Präsidenten, der die EU vor allem nach außen vertreten sollte, zu verstehen. Die Kommission schlug eine Fusion des Hohen Vertreters und des Kommissionsmitglieds für Außenbeziehungen und eine Ansiedlung dieser Personalunion in der Kommission vor.[2] In der Mitteilung der Kommission zur institutionellen Architektur vom Dezember 2002 wurden diese Ideen fortentwickelt und differenziert.[3] Dieses Prodi-Plus-Modell plädierte für eine Vergemeinschaftung der Außenpolitik. Ebenso schlug das Europäische Parlament vor, die Außenpolitik in die ausschließliche Kompetenz der Union zu überführen.[4] Aufgrund dieser Tatsache war es nicht überraschend, daß das Europäische Parlament die Pläne für das Amt eines EU-Präsidenten scharf kritisierte. Beispielsweise warnte der Präsident des Europäischen Parlaments Cox vor einer einseitigen Stärkung des Rates zu Lasten von Kommission und Parlament.[5] Des weiteren ging Cox auf die Sorge der kleinen Mitgliedstaaten ein, die befürchteten, daß ein Präsident den Einfluß der großen EU-Staaten stärken könnte: „Ich frage mich, ob das Modell von Herrn Blair und Herrn Aznar nicht einfach zugeschnitten ist auf ein Direktorium der Großen."[6]

Die Double-hat-Lösung, in der der Präsident des Europäischen Rates und der Präsident der Europäischen Kommission durch eine Person verkörpert wird, wird aktuell kaum als eine realistische Option zum eigenständigen Präsidenten des Europäischen Rates gesehen. So lehnte beispielsweise The Thinking Enlarged Group explizit die Double-hat-Lösung im heutigen Stadium der Integration ab.[7] Laut der Gruppe würde diese Lösung die Autonomie der Kommission erheblich reduzieren, was für das gesamte institutionelle Gleichgewicht innerhalb der Union nachteilig wäre. Die Gruppe konnte sich die Double-hat-Lösung allerdings in einem weiter fortgeschrittenen Stadium des europäischen Integrationsprozesses als eine institutionelle Option vorstellen.

„Combining both Presidencies in one person might eventually become the best-case-option if EU integration truly reaches the level of Political Union. Until then, however, the institutional setting should reflect the actual division of power within the European Union."[8]

Nur einige Vertreter der nationalen Parlamente im Europäischen Konvent sahen diese Fusion als eine Alternative zur Personifizierung der Führung in einer erweiterten Union. Der französische Parlamentsvetreter im Konvent Lequiller befürwortete eine inte-

1 TIILIKAINEN (CONV 521/03).

2 Vgl. Ein Projekt für die Europäische Union. Mitteilung der Kommission (22.05.2002).

3 Vgl. 4.4.2.

4 Vgl. 4.4.2.

5 Vgl. *Süddeutsche Zeitung 10.06.2002.*

6 *Süddeutsche Zeitung 10.06.2002.*

7 Vgl. BERTELSMANN FOUNDATION AND CENTER FOR APPLIED POLICY RESEARCH (2002), S. 5. Ähnlich argumentierte der Leiter des EPC Crossick: „A single, integrated President of both the European Council and Commission is regarded by some as worthy of serious consideration in the future but it is currently premature." CROSSICK (2003), S. 5.

8 BERTELSMANN FOUNDATION AND CENTER FOR APPLIED POLICY RESEARCH (2002), S. 5.

grierte Präsidentschaft für den Europäischen Rat und die Kommission.[1] Die in einer Personalunion ausgeübte Präsidentschaft würde der Union sowohl im außenpolitischen Bereich als auch nach innen gegenüber den europäischen Bürgern ein Gesicht verleihen. Lequiller war der Meinung, daß die Bildung einer echten Exekutive in dieser Form eine wesentliche Voraussetzung für die Fortentwicklung des europäischen Integrationsprojektes wäre. Die italienischen Parlamentsvertreter im Konvent Dini und Follini sprachen sich in ihrem Beitrag vom Februar 2003 für einen integrierten Präsidenten aus, der vom Europäischen Rat gewählt und danach vom Europäischen Parlament bestätigt werden sollte. Als Grund für diese Lösung wurden lediglich die Nachteile der heutigen rotierenden Präsidentschaft ausgeführt.[2]

Zusammenfassend kann festgehalten werden, daß sich hinter der Diskussion über den EU-Präsidenten ein grundsätzlicher Konflikt um den künftigen Charakter der Union verbirgt. Die Intergouvernementalisten sowie die größeren Mitglied- und Beitrittsstaaten favorisieren einen eigenständigen EU-Präsidenten neben dem Kommissionspräsidenten, da sie die Position des Europäischen Rates als Richtliniengeber weiter stärken möchten. Ein mit exekutiven Befugnissen in der GASP und dem Recht zur Kontrolle der Implementierung der Entscheidungen der Union ausgestatteter Präsident würde das Fundament des Europäischen Rates im Institutionengefüge der EU festigen. Die Einsetzung eines Präsidenten für den Europäischen Rat würde die dualistische Struktur der Exekutive im Institutionengefüge der Union stärken. Deshalb bezeichnet Decker in diesem Fall die EU als semi-präsidentielles System.[3] Das Modell der Union würde sich an das französische politische System anlehnen. Dieses System ist insbesondere in Zeiten der Kohabitation allerdings nicht frei von Spannungen zwischen Premierminister und Präsident.[4] Die Machtbalance der Union könnte zu Lasten der Supranationalität verschoben werden. Der luxemburgische Premierminister Juncker stellte fest:

> „Wenn ich den Vorschlag so werten muss, dass dieser EU-Präsident vorgeschoben wird, um der Kommission ihre zentrale Rolle streitig zu machen, dann mache ich das nicht mit. Das hieße ja, dass die zentrale Figur der Europäischen Union sozusagen per Griff in die intergouvernementale Kiste geschaffen würde. Wir brauchen nicht noch mehr klassische Zusammenarbeit der Regierungen, sondern mehr Gemeinschaftliches. Ich will keinen Rückmarsch in Zeiten vor der Gründung von EG und EU."[5]

Im allgemeinen wird davon ausgegangen, daß der eigenständige EU-Präsident sowohl zur effektiveren Vorbereitung und Steuerung des Europäischen Rates beitragen als auch die Sichtbarkeit der Union nach innen und nach außen verbessern würde. Die Vorteile eines gewählten Präsidenten für den Europäischen Rat faßte der dänische Premierminister Rasmussen wie folgt zusammen:

> „I can see a number of arguments in favour of an elected President. It will create continuity. And it may – if the model is correctly attuned – ensure clarity and balance in relation to the EU Commission. Furthermore, this model also takes into account a concrete problem that my colleagues and I in the European Council will face to an increasing extent: the workload of the President. I can give you a specific example: I spent one and a half weeks on each of my roundtrips prior to the Summits in Brussels and

---

1 Vgl. LEQUILLER (CONV 320/02). Das stellvertretende Parlamentsmitglied Rumäniens Severin im Europäischen Konvent plädierte auch für eine Double-hat-Lösung. Vgl. SEVERIN (CONV 488/03).

2 Vgl. DINI/FOLLINI (CONV 538/03).

3 Decker ist sich jedoch bewußt, daß die Legitimationsbasis der beiden Teile der Exekutive nicht vergleichbar mit einem normalen Semi-Präsidentialismus sei. Vgl. DECKER (2002b), S. 18.

4 Vgl. BROK (2003), S. 1; FRÖHLICH (2002a), S. 18; ROLOFF (2002), S. 8.

5 *Süddeutsche Zeitung 01./02.06.2002.*

Copenhagen. It is my experience that these direct contacts with colleagues in the European Council are necessary as part of the preparation of Summits. However, in an EU of 25 or more countries, it will be enormously time-consuming to carry through such roundtrips and other tasks in connection with the Presidency. An elected President might be the solution to this problem."[1]

Die Supranationalisten plädieren dafür, daß die Kommission die europäische Exekutive in einer erweiterten Union bilden sollte. So dementieren sie die Personifizierung der Ratspräsidentschaft und sprechen sich für die Beibehaltung der rotierenden Präsidentschaft im Europäischen Rat aus. Die von ihnen präferierte sukzessive Alternanz der Ratspräsidentschaft im Europäischen Rat stellt kein Gegengewicht zur Kommission dar. Die ambitiösen Integrationisten befürworten, daß der Kommissionspräsident im Rahmen der Double-hat-Lösung der Union ein Gesicht sowohl nach innen gegenüber den europäischen Bürgern als auch nach außen verleihen sollte. Die integrierte Präsidentschaft der Kommission und des Europäischen Rates würde den Nukleus der europäischen Exekutive bilden. Insbesondere die kleinen Staaten und die Gemeinschaftsorgane negieren die Personifizierung.

Festzuhalten ist, daß die Auswirkungen der Personifizierung, mit oder ohne Double-hat, auf das institutionelle Gleichgewicht der Union davon abhängen, welche Rolle die anderen Gemeinschaftsorgane in einer erweiterten Union einnehmen werden und wie präzise das Mandat und die Funktionen des Präsidenten in der künftigen Verfassung der Union verankert werden.[2]

4.4.2 Personalunion

Eine weitere Option zur Modifizierung der Zusammensetzung der Ratspräsidentschaft ist die Errichtung einer Personalunion.[3] In dieser wird eine personelle Klammer zwischen EG-Außenbeziehungen und GASP hergestellt, wodurch die Ämter des Hohen Vertreters für die GASP und des Außenkommissars zusammengelegt werden würden. Durch eine Personalunion würde ein Teil der Aufgaben der rotierenden Präsidentschaft im GASP-Bereich entfallen. Es kann zwischen zwei Gruppen von Vorschlägen zur Personalunion unterschieden werden: Ein häufig diskutierter Reformvorschlag ist die Double-hat-Lösung, welche eine parallele Existenz des Hohen Vertreters für die GASP und des Kommissionsmitglieds für Außenbeziehungen unter der Prämisse befürwortet, daß diese beiden Ämter von ein und derselben Person ausgeübt würden. Der integrierte Amtsinhaber sollte einen Posten sowohl in der Kommission als auch im Rat innehaben. Die zweite Gruppe von Vorschlägen spricht sich dafür aus, daß die in einer Person fusionierten Ämter des Hohen Vertreters für die GASP und des Kommissionsmitglieds für Außenbeziehungen in der Kommission lokalisiert werden sollten. Diese Vorschläge intendieren eine weitgehende Vergemeinschaftung der Außen-

---

1 RASMUSSEN (Rede 15.01.2003).

2 Der Parlamentsvertreter der Tschechischen Republik Zieleniec argumentierte: „The EU President is not necessarily a good or bad solution - it depends on how and for what purposes such an office is created." ZIELENIEC (CONV 492/03). Der Vizepräsident des Europäischen Konvents Dehaene stellte in seiner Rede im Februar 2003 folgendes fest: „I personally have difficulty in taking a view on the proposal for a permanent President of the European Council for as long as there is no job definition." DEHAENE (CONV). Der luxemburgische Premierminister Juncker war ähnlicher Ansicht. Vgl. *Die Presse 12.10.2002.*

3 Die Debatte über die Personalunion stellt eine Wiederholung der Diskussion über die Einrichtung des Hohen Repräsentanten für die GASP im Vorfeld der Regierungskonferenz 1996/97 dar. Vgl. JOPP (1996), S. 51 ff.

politik der Union. Abweichend von diesen Vorschlägen haben einige Staaten Vorbehalte gegen eine Personalunion angemeldet.

Die Benelux-Staaten befürworteten eine Double-hat-Lösung.[1] Diese Person hätte den Status des Vizepräsidenten der Kommission, würde aber ihre Funktion im Bereich der GASP/ESVP unter Aufsicht des Rates wahrnehmen. Das Ernennungsverfahren sollte den fusionierten Charakter des Amtes zwischen zwei Organen der EU widerspiegeln. Der Hohe Vertreter/das Kommissionsmitglied für Außenbeziehungen sollte vom Rat in der Zusammensetzung der Staats- und Regierungschefs mit qualifizierter Mehrheit im Einvernehmen mit dem Präsidenten der Kommission ernannt werden. Die Person sollte den Vorsitz im Rat „Außenbeziehungen" statt der heutigen rotierenden Ratspräsidentschaft führen. Der Vizepräsident des Europäischen Konvents Dehaene bewertete die Vorsitzführung im Rat „Außenbeziehungen" durch den Hohen Vertreter für die GASP und das Kommissionsmitglied für Außenbeziehungen positiv, denn „The agenda of the Union has to be genuinely European."[2] Zu den weiteren Zuständigkeiten des Hohen Vertreters/des Kommissionsmitglieds für Außenbeziehungen sollte laut der Benelux-Staaten die Außenvertretung in allen Fragen der GASP und der ESVP gehören.

Der deutsch-französische Vorschlag im Rahmen des Europäischen Konvents vom Januar 2003 sah eine fast identische Lösung im Bereich der GASP vor.[3] Die Ämter des Hohen Vertreters und des Kommissars für die Außenbeziehungen sollten vom Europäischen Außenminister wahrgenommen werden, der den Vorsitz im Rat für Außenbeziehungen und Verteidigung übernehmen sollte. Zu den neuen Machtbefugnissen des Außenministers sollte neben der Vorsitzführung auch das formelle Initiativrecht in Fragen der GASP im Gegensatz zum heutigen nicht-exklusiven Initiativrecht der Kommission in der zweiten Säule der EU gehören. Der Hauptunterschied zum Benelux-Vorschlag war jedoch, daß der Präsident des Europäischen Rates die Union auf internationaler Ebene anläßlich der Treffen der Staats- und Regierungschefs vertreten sollte. Die Benelux-Alternative sah vor, daß die Außenvertretung in allen Fragen der GASP und der ESVP vom Hohen Vertreter/Kommissionsmitglied für Außenbeziehungen ausgeübt werden sollte. Der Europäische Außenminister im Rahmen des deutsch-französischen Vorschlags ist somit für die operative Außen- und Sicherheitspolitik verantwortlich. Ähnlich zum deutsch-französischen Vorstoß plädierte die polnische Regierung neben einem EU-Präsidenten auch für einen Double-hat-Ansatz.[4]

Die gemeinsame Erklärung der 16 kleinen Mitglied- und Beitrittsstaaten im Europäischen Konvent vom März 2003 befürwortete den Double-hat-Ansatz für die Außen- und Sicherheitspolitik der Union. Diese Staaten stellten in ihrem gemeinsamen Beitrag fest:

> „The appointment of a single person to the posts of High Representative and External Relations Commissioner („double-hatting"), with a single service, is seen as highly significant and as strengthening the coherence and visibility of the Union's external projection and representation."[5]

---

[1] Vgl. MICHEL/DE VRIES/SANTER (CONV 457/02).

[2] DEHAENE (CONV).

[3] Vgl. DE VILLEPIN/FISCHER (CONV 489/03).

[4] Vgl. HÜBNER (CONV 550/03).

[5] ATTALIDES U.A. (CONV 646/03).

Wie die Funktionen und das Mandat des externen Repräsentanten explizit aussehen sollten, wurde in dieser Überlegung nicht näher ausgeführt. Über die Details herrschte keine Einigung. Beispielsweise plädierte die finnische Regierung für die Beibehaltung der rotierenden Ratspräsidentschaft im Rat „Außenbeziehungen“,[1] dagegen schlugen die meisten Staaten - wie z.B. die Tschechische Republik - vor,[2] daß die Vorsitzführung künftig durch den Hohen Vertreter/das Kommissionsmitglied für Außenbeziehungen wahrgenommen werden sollte.

Der Endbericht der Arbeitsgruppe VII-External Action stellte bereits im Dezember 2002 fest, daß sich eine Tendenz zur Befürwortung von Double-hatting der Ämter des Hohen Vertreters/Kommissionsmitglieds für Außenbeziehungen im Konvent abzeichnete.[3] Der in der Arbeitsgruppe erreichte Konsens sprach sich für ein ähnliches Personalunionsmodell wie das Benelux-Memorandum im Konvent vom Dezember 2002 aus.[4] Analog zum Benelux-Memorandum verankerte der Endbericht der Arbeitsgruppe VII die Sicherstellung der externen Repräsentation der Union als Aufgabe des Europäischen Außenvertreters.

Das Double-hatting stellt ein Ausgleich zwischen intergouvernementalen und gemeinschaftlichen Lösungsmustern dar. Sowohl die Kommission als auch der Rat werden gleichzeitig verstärkt. Der Einfluß einer Double-hat-Lösung auf die Union ist integrationspolitisch nicht unproblematisch. Einerseits bindet eine Personalunion den fusionierten Repräsentanten eng an den Rat, womit der hervorgehobenen Stellung der Mitgliedstaaten im Bereich der GASP und ESVP Rechnung getragen wird. Zudem steht er hinsichtlich seines Ernennungsverfahrens dem Europäischen Rat näher als der Kommission.[5] Andererseits ist die Aufwertung dieses Repräsentanten zum Vizepräsidenten der Kommission ein Symbol für die stärkere Einbettung dieser noch stark intergouvernementalen Politikbereiche in das Gesamtsystem der EU. Der Double-hat-Ansatz kann aber auch als Zwischenschritt zur weiteren Vergemeinschaftung der europäischen Außenpolitik aufgefaßt werden.

Es wird argumentiert, daß die Double-hat-Lösung aus gemeinschaftsorientierter Perspektive nur dann sinnvoll sei, wenn die fusionierten Ämter später in der Kommission angesiedelt würden, wo die eigentliche Macht bzw. das Geld vorhanden ist.[6] Der Vertreter des italienischen Parlaments im Europäischen Konvent Dini befürwortete beispielsweise die Double-hat-Lösung nur, da sie eine realisierbare Alternative im aktuellen Integrationsstadium der Union darstellt:

> „It would not be a question of communitizing foreign policy, which would be too audacious a step for the moment, but of giving one person two separate mandates: one from the Commission and the other from the Council, for the matters for which it is competent.“[7]

Auch die finnischen Regierungsvertreter im Konvent bezeichneten das Double-hatting als ein Intermezzo auf dem Weg zur stärkeren Vergemeinschaftung der Außenpolitik der Union.[8] Die Londoner think-tank, Centre for European Reform (CER), sah das

1 Vgl. TIILIKAINEN/PELTOMÄKI (CONV 514/03).

2 Vgl. KOHOUT (CONV 485/03).

3 Vgl. WORKING GROUP VII - EXTERNAL ACTION (CONV 459/02).

4 Vgl. MICHEL/DE VRIES/SANTER (CONV 457/02).

5 Vgl. Art. 27 Abs. 1 DAS SEKRETARIAT (CONV 850/03).

6 Vgl. JOPP/RECKMANN/REGELSBERGER (2002), S. 234.

7 DINI (CONV 180/02).

8 Vgl. TIILIKAINEN/PELTOMÄKI (CONV 514/03).

Verschmelzen des Amtes des Hohen Repräsentanten für die GASP mit dem Amt des Außenkommissars zu einem einzigen, in der Kommission lokalisierten „Foreign Policy Supremo" als Nukleus einer glaubwürdigen EU-Außenpolitik.[1] Gemäß der CER-Studie „Shaping a Credible EU Foreign Policy" sollte die Vorsitzführung im Rat „Außenbeziehungen" von diesem neuen außenpolitischen Vertreter wahrgenommen werden.

Vor allem die Kommission und das Europäische Parlament legten bisher Vorschläge vor, die eine möglichst weite Vergemeinschaftung der europäischen Außenpolitik fördern sollten. Diese Überlegungen forderten eine stärkere Überführung der Außenpolitik in den Geltungsbereich der ersten Säule mit allen Konsequenzen für die Mitspracherechte von Kommission und Parlament. Im Mai 2002 schlug die Kommission dem Europäischen Konvent eine schrittweise Zusammenführung der Aufgaben des Hohen Vertreters und des Kommissionsmitglieds für Außenbeziehungen vor. Die Kommission befürwortete in der Mitteilung „Ein Projekt für die Europäische Union", den Hohen Vertreter/das Kommissionsmitglied für Außenbeziehungen als Vizepräsidenten in die Kommission einzubinden.[2] Die Zuständigkeiten für die EU-Außenpolitik würden dem Kommissar für auswärtige Angelegenheiten übertragen, dieser würde damit auch die Funktionen des heutigen Hohen Vertreters für die GASP übernehmen. Der Hohe Vertreter/Kommissar für Außenbeziehungen würde von dem designierten Präsidenten der Kommission und dem Rat auf der Ebene der Staats- und Regierungschefs einvernehmlich berufen. In der Kommissionsmitteilung zur institutionellen Architektur vom Dezember 2002 wurde vorgeschlagen, diesen Vizepräsidenten der Kommission zum Sekretär der Union zu ernennen.[3] Der Funktionsbereich des Sekretärs der Union sollte vor allem die Vertretung der Union bei der Durchführung außenpolitischer Aktionen gegenüber Dritten beinhalten. Des weiteren sollte er für die Umsetzung der gemeinsamen Beschlüsse verantwortlich sein. Der Sekretär der Union sollte somit sicherstellen, daß „das Vorgehen der Union auf der internationalen Bühne kohärent ist"[4]. Die Kommission strebt somit eine Übernahme der außenpolitischen Aktivitäten des Rates, die Funktionen des Hohen Vertreters für die GASP, an. Die Außenpolitik soll soweit wie möglich vergemeinschaftet werden.

Das Europäische Parlament teilt diesen Standpunkt der Kommission.[5] Das Parlament plädierte im Lamassoure-Bericht im April 2002 für eine Vergemeinschaftung des Zweiten Pfeilers.[6] Der Bericht des Parlaments empfahl eine Fusion zwischen den Aufgaben des Hohen Repräsentanten für die GASP und denjenigen des Kommissars für die Außenbeziehungen. Diese Funktionen sollten künftig von einem Vizepräsidenten der Kommission mit Zuständigkeit für auswärtige Angelegenheiten wahrgenommen werden. Analog zu den Kommissionsmitteilungen sprach sich der Bericht für eine Aufwertung der Stellung der Kommission im außenpolitischen Bereich der Union

1 „The most elegant solution would be simply to merge the two jobs creating a new 'Foreign Policy Supremo'. Words and actions would no longer be separated and dealt with by two organisations. The new High Representative could be placed inside the Commission - with a special statute - but be answerable to EU foreign ministers." EVERTS (2002a), S. 52.

2 Vgl. Ein Projekt für die Europäische Union. Mitteilung der Kommission (22.05.2002).

3 Vgl. BARNIER/VITORINO (CONV 448/02).

4 BARNIER/VITORINO (CONV 448/02).

5 Vgl. *Süddeutsche Zeitung 23.05.2002.*

6 Vgl. Bericht Lamassoure (2002).

aus. De facto würde dies die Abschaffung des Amtes eines Hohen Repräsentanten für die GASP bedeuten. Die Personalunion zwischen Hohem Vertreter und Kommissar für Außenbeziehungen in vergemeinschafteter Form stellt in gewisser Hinsicht ein supranationales Pendant zu einem Präsidenten des Europäischen Rates dar.

Die Personalunion weicht stark vom aktuellen GASP-/ESVP-Entscheidungssystem ab, da sie die monopolisierte Stellung des Europäischen Rates und Ministerrates in der Außenpolitik beschneiden würde. Die Verfechter des Intergouvernementalismus haben deshalb Vorbehalte gegen eine Personalunion. Beispielsweise plädierte der britisch-spanische Konventsbeitrag neben einem EU-Präsidenten explizit für den Ausbau der Kompetenzen des heutigen Hohen Vertreters für die GASP im Rat.[1] Der britische Premierminister Blair vertrat die Meinung, daß die Entscheidungsgewalt in außenpolitischen Dossiers auch künftig im Rat und bei den Mitgliedstaaten liegen sollte. Blair war somit nicht bereit, das Double-hatting zu akzeptieren.

> „Es gibt Überschneidungen zwischen der Arbeit des Hohen Vertreters und der des Kommissars für Außenbeziehungen. Manche haben vorgeschlagen, diese Funktionen in Zukunft von einer Person ausüben lassen, die zwei Hüte trüge. Wie Javier Solana gesagt hat, würde dies praktische Probleme aufwerfen, über die wir sprechen müssen. Meine Meinung ist ganz einfach die: Die zwei Hüte dürfen kein Weg sein, die GASP durch die Hintertür zu vergemeinschaften. Die Rechenschaftspflicht des Hohen Vertreters gegenüber den Mitgliedstaaten und ihre Verantwortung für die Außenpolitik müssen klar umrissen bleiben."[2]

Auch Schweden meldete Zweifel am Sinn des neuen Postens eines europäischen Außenministers an, so wie ihn das Präsidium des Europäischen Konvents vorgeschlagen hat.[3]

In Analogie zur Personifizierung der Ratspräsidentschaft zielt die Personalunion u.a. auf eine glaubwürdige Außenpolitik. Der Zweck der Fusion ist vor allem, ein kontinuierliches und kohärentes Vorgehen der Union auf der internationalen Bühne zu gewährleisten. Es besteht noch zu wenig Transparenz und Koordination zwischen den Ämtern des Hohen Vertreters und des Kommissars für die Außenbeziehungen, was zum Nachteil einer konsistenten GASP ist.

Die Ausführungen verdeutlichen, daß die Ambiguität der Personalunion Interpretationsmöglichkeiten nach beiden integrationspolitischen Richtungen offen läßt. Die Personalunion wird deshalb sowohl von den kleinen als auch von den großen Staaten angestrebt. Die von den meisten Akteuren unterstützte Double-hat-Lösung ist weniger integrationistisch, denn sie verbindet den Amtsträger sowohl im Rat als auch in der Kommission. Trotz der hohen Popularität dieses Vorschlags in der europapolitischen Reformdiskussion sind die Auffassungen über die genaue Ausgestaltung des Amtes kontrovers. Die zahlenmäßig geringeren supranationalen Überlegungen zur Personalunion sehen die Ansiedlung der fusionierten Ämter des Hohen Vertreters für die GASP und des Kommissionsmitglieds für Außenbeziehungen unmittelbar in der Kommission vor.

---

[1] Vgl. PALACIO/HAIN (CONV 591/03).

[2] BLAIR (Rede 28.11.2002).

[3] Vgl. *Financial Times Deutschland 19.05.2003.*

4.4.3 Teamratspräsidentschaft

Eine weitere Option zur Umgestaltung der Zusammensetzung der Ratspräsidentschaft ist die Teamratspräsidentschaft. Diese wurde durch das Troika-System inspiriert. Nach unterschiedlichen Kriterien, wie demographischen, geographischen, wirtschaftlichen sowie politischen Faktoren,[1] wird ein mitgliedstaatliches Team, das für die Ausübung der Ratspräsidentschaft auf einer oder mehrerer Ebenen der Ratshierarchie für einen Zeitraum verantwortlich ist, formiert und ein Rotationssystem festgelegt, das auf der souveränen Gleichheit der Mitgliedstaaten beruht.

Bereits im Vorfeld der Regierungskonferenz zum Vertrag von Amsterdam propagierten einige Mitgliedstaaten und think-tanks eine Teamratspräsidentschaft. Die dänische Regierung erklärte in ihrem Positionspapier, daß geteilte Präsidentschaften eine Möglichkeit bieten würden, den Vorsitz effektiver zu gestalten und die Entstehung zu langen Zeitspannen zwischen der Teilnahme der einzelnen Mitgliedstaaten an der Präsidentschaft zu verhindern.[2] Das Weißbuch der britischen Regierung führte näher aus, wie eine Gruppenpräsidentschaft gestaltet sein sollte.[3] Drei oder vier Mitgliedstaaten sollten den Vorsitz für ein Jahr oder länger übernehmen. Der Teamratspräsidentschaftsansatz wurde von der britischen Regierung vor allem für die GASP als angemessen betrachtet, da „die Anwesenheit eines großen Mitgliedstaates mit globalen außenpolitischen Interessen in jeder Gruppe der externen Vertretung der EU zusätzliche Glaubwürdigkeit verleihen würde."[4] Die Reflexionsgruppe zur Regierungskonferenz im Jahre 1996 sah eine Teamratspräsidentschaft bestehend aus vier Mitgliedstaaten für mindestens ein Jahr als eine Lösung für Probleme, die im Zusammenhang mit dem Beitritt kleiner Staaten in die Union auftreten könnten.[5] Darüber hinaus argumentierte die Gruppe analog zur dänischen Regierungsposition, daß ein Teamvorsitz eine regelmäßige Teilnahme an der Präsidentschaft sicherstellen würde. Die CEPS-Studie im Jahre 1995 von Ludlow und Ersbøll plädierte für eine demographische Einteilung der Mitgliedstaaten in einer Teamratspräsidentschaft.[6] In einer erweiterten Union sollten die Länder in vier oder fünf Teams eingeteilt werden, die jeweils ca. 100 Mio. Einwohnern umfassen sollten. Diese sollten den Vorsitz für je ein oder eineinhalb Jahre ausüben.[7] Vor der Regierungskonferenz von Nizza forderte die Bertelsmann Europa-Kommission ein Dreierteam für den Vorsitz, in welchem zwei Länder unter dem Generalvorsitz eines Mitgliedstaates für die GASP sowie Justiz und Inneres zuständig wären.[8] Das Charakteristikum der Überlegungen zur Teamratspräsidentschaft hat sich während der letzten Jahre verändert. Wie die Ausführungen verdeutlichen, berücksichtigten die Vorschläge im Vorfeld der Regierungskonferenz

---

1 Unter diesen Faktoren sind z.B. folgende idealtypische Interessenlagen innerhalb der EU zu verstehen: nördliche vs. südliche, alte vs. neue, große vs. kleine, integrationsfreundliche vs. integrationsunfreundliche Mitgliedstaaten, Nettozahler vs. Nettoempfänger etc.

2 Vgl. Verhandlungsgrundlage der dänischen Regierung: „Ein offenes Europa". Auszüge (11.12.1995).

3 Vgl. Weißbuch der britischen Regierung: Eine Partnerschaft von Nationen. Auszüge (21.03.1996).

4 Weißbuch der britischen Regierung: Eine Partnerschaft von Nationen. Auszüge (21.03.1996).

5 Vgl. Bericht der Reflexionsgruppe (05.12.1995).

6 Vgl. LUDLOW/ERSBØLL (1995), S. 40.

7 Ludlow präferiert weiterhin diesen Ansatz. Vgl. LUDLOW (2001), S. 17 f.

8 Vgl. BERTELSMANN EUROPA-KOMMISSION (2000), S. 29.

1996/1997 und 2000 die Teamratspräsidentschaft als holistischen Lösungsansatz für das gesamte Vorsitzsystem. Die aktuelleren Beiträge dagegen betrachten die Teamratspräsidentschaft meistens als Teillösung.

Die Überlegungen der hinter dem ABC-Vorschlag stehenden Mitgliedstaaten reflektieren diesen Wandel. Diese Staaten befürworten eine Teamratspräsidentschaft ausschließlich für den Ministerrat. Der spanische Premierminister Aznar sah ein rotierendes Team bestehend aus fünf oder sechs Staats- und Regierungschefs vor, die dem Präsidenten des Europäischen Rates assistieren würden.[1] Diese fünf oder sechs Mitgliedstaaten würden zudem die Verantwortung für die Vorsitzführung in den sektoralen Räten übernehmen, um die Kontinuität und Kohärenz der Arbeiten zu gewährleisten. Der französische Staatspräsident Chirac verstand unter der Teamratspräsidentschaft ein Kollegialorgan von Mitgliedstaaten, das die Vielfalt der EU repräsentieren und bei jeder Wahl eines neuen Präsidenten der Union wechseln würde.[2] Wie das Organ explizit zusammengesetzt sowie organisiert werden sollte, führte er nicht näher aus.

Der britische Premierminister Blair präferierte Präsidentschaftsteams in seiner Warschauer Rede im Oktober 2000 analog zur britischen Position in der Regierungskonferenz 1996/1997:

> „Ist es zum Beispiel, wenn Europa aus mehr als 25 Mitgliedern besteht, wirklich denkbar, dass ein Land die Präsidentschaft nur alle 12 oder 13 Jahre bekommt? Zwei oder drei Länder zusammen, mit einer Mischung aus großen und kleinen Staaten, könnte das sinnvoller sein."[3]

In der Rede zur Zukunft Europas vom November 2002 entwickelte Blair den Teamvorsitzansatz fort.[4] Identisch zu Aznar plädierte Blair für die koordinierende Rolle des Präsidenten des Europäischen Rates in der Teamratspräsidentschaft, die für die wichtigsten Räte für angemessen lange Zeit gelten sollte. Die Aufteilung der Mitgliedstaaten in den Teams sollte auf einer fairen Rotation beruhen, die jedoch zulassen würde, Kandidaten für die einzelnen Räte aufgrund der Leistung auszuwählen. Wie schon in der Warschauer Rede betonte Blair erneut, daß es ein Gleichgewicht zwischen großen und kleinen Mitgliedstaaten in einem Team geben sollte. „Innerhalb jedes Teams wird es natürlich zu jeder Zeit eine Mehrheit der kleinen Länder geben, denn im Europa der 25 gibt es 19 kleine und sechs große Länder."[5] In dem britisch-spanischen Konventsbeitrag vom Februar 2003 wurde ein vierköpfiges Team für zwei Jahre bevorzugt.[6]

Die die Einsetzung eines Präsidenten für den Europäischen Rat unterstützende schwedische Regierung plädierte ebenfalls für eine Teamratspräsidentschaft.[7] In seiner Rede über die Zukunft Europas und die Rolle des Rates im April 2002 argumentierte der schwedische Ministerpräsident Persson für homogene, regionalorientierte Teams:

> „For me, personally, a future team presidency, where for example the three Nordic countries and the Baltic states would share the responsibilities for a year or so, would be interesting to discuss further."[8]

1 Vgl. AZNAR (Rede 20.05.2002).

2 Vgl. CHIRAC (Rede 06.03.2002).

3 BLAIR (Rede 06.10.2000).

4 Vgl. BLAIR (Rede 28.11.2002).

5 BLAIR (Rede 28.11.2002).

6 Vgl. PALACIO/HAIN (CONV 591/03).

7 Vgl. BESARA (Brief 15.10.2002); LINDH (27.01.2003).

8 PERSSON (Rede 25.04.2002).

Die polnische Regierungsvertreterin im Europäischen Konvent Hübner propagierte dagegen eine heterogene Zusammensetzung der Teamratspräsidentschaft, die einen Mikrokosmos der erweiterten Union darstellen würde.[1] Laut Hübner würden die heterogenen Teams eine Kompromißfindung im Entscheidungssystem der EU fördern. Identisch zum polnischen Standpunkt präferierten die meisten Vorschläge eine heterogene Zusammensetzung der Teams.[2] In praxi wird die Kooperation sowohl in einem homogenen als auch in einem heterogenen Team problematisch sein.[3] Die Berücksichtigung der unterschiedlichen Elemente bei der Zusammenstellung eines Teams wird als Garantie für eine gleichberechtigte Beteiligung aller Staaten angesehen.

Die meisten kleinen Mitglied- und Beitrittsstaaten stehen der Teamratspräsidentschaft als Lösungsansatz für die künftige Zusammensetzung des Vorsitzes positiv gegenüber. Neben der Befürwortung der Beibehaltung der Rotation im Europäischen Rat, im Rat „Allgemeine Angelegenheiten" und AStV wurde in der gemeinsamen Erklärung der 16 kleinen Mitglied- und Beitrittsstaaten im Europäischen Konvent vom März 2003 jedoch keine Aussage über die genauere Zusammensetzung der Präsidentschaft getroffen.[4] Die Analyse der einzelnen Beiträge der Regierungsvertreter dieser Staatengruppe im Europäischen Konvent verdeutlicht, daß die meisten Länder die Idee einer Teamratspräsidentschaft unterstützen.[5]

Einige Akteure sehen die Teamratspräsidentschaft allerdings kritisch. Die dänische Regierung gehörte in der Regierungskonferenz von Amsterdam zu den Befürwortern der Teamratspräsidentschaft. Premierminister Rasmussen revidierte diese Haltung nach der letzten Präsidentschaft im zweiten Halbjahr 2002 und argumentierte im Januar 2003, daß eine Teamratspräsidentschaft zur starken Fragmentierung des Rates führen könnte.[6] Er bewertete jedoch die Reduzierung der Belastung durch den Teamratspräsidentschaftsansatz positiv. Die irische Regierung sah die Vor- und Nachteile der Teamratspräsidentschaft analog zur dänischen Position.[7] Vor allem wurden die Sicherstellung der Kohärenz und Koordination der Ratsarbeiten sowie die Teilung der Kompetenzbereiche zwischen den Teammitgliedern als Risikofaktoren der Teamratspräsidentschaft anerkannt. Der Rapport von ICRI im Vorfeld der Regierungskonferenz 2000 betonte zudem ähnlich, daß „The actual division of team responsibilities might be contentious."[8]

Insgesamt läßt sich festhalten, daß die Mehrheit der kleinen als auch großen Mitglied- und Beitrittsstaaten der Teamratspräsidentschaft als Lösungsmodell für die künftige Zusammensetzung des Vorsitzes positiv gegenüberstehen. Die Motive der Befürwortung sind jedoch unterschiedlich. Die kleinen Staaten sehen die Teamratspräsidentschaft vor allem als eine Option, die ihre gleichberechtigte Beteiligung an

---

1 Vgl. HÜBNER (CONV 550/03).

2 Vgl. KOHOUT (CONV 485/03); LEQUILLER (CONV 320/02); LUDLOW (2001), S. 17 f.

3 Vgl. 5.1.1.

4 Vgl. ATTALIDES U.A. (CONV 646/03).

5 Siehe z.B. die Beiträge Finnlands, der Tschechischen Republik sowie Ungarns. Vgl. BALÁZS (CONV 522/03); KOHOUT (CONV 485/03); TIILIKAINEN/PELTOMÄKI (CONV 514/03).

6 Vgl. RASMUSSEN (Rede 15.01.2003).

7 Vgl. MCGARRY (Email 02.09.2002).

8 THE INDEPENDENT COMMISSION FOR THE REFORM OF THE INSTITUTIONS AND PROCEDURES OF THE UNION (1999), S. 42.

dem künftigen Ratspräsidentschaftssystem sicherstellen würde. Da einige große Mitgliedstaaten - dies trifft vor allem auf Frankreich unter Chirac, auf Großbritannien unter Blair sowie auf Spanien unter Aznar zu - schon seit etlichen Jahren das Ziel verfolgen, ihre eigene Rolle in der EU auszubauen,[1] kann der Vorschlag zur Teamratspräsidentschaft einerseits als Garantie für den ständigen Input der großen Staaten in das politische System der künftigen Union interpretiert werden. Andererseits kann hinter der Überlegung die Logik der Reziprozität liegen. Um den Widerstand der kleinen Mitglied- und Beitrittsstaaten gegen die Einsetzung eines ständigen Präsidenten abzuschwächen, wird die Teamratspräsidentschaft als Gegenleistung angeboten. In der Diskussion über die Teamratspräsidentschaft existiert keine Trennungslinie zwischen den Supranationalisten und Intergouvernementalisten. Die Teamratspräsidentschaft gilt als ein Lösungsansatz, der das institutionelle Gleichgewicht der Union unberührt läßt. Die Gewährleistung der Kohärenz und Koordination, möglicherweise durch formelle Verfahren oder neue Institutionen, zwischen den Mitgliedern eines Teams kann jedoch einen starken Einfluß auf das Institutionengefüge ausüben.[2]

Trotz der breiten Befürwortung der Teamratspräsidentschaft ist ihre Konkretisierung problematisch. Die Schwierigkeiten betreffen insbesondere die Fragen, wie die Teams zustande kommen, wie die Teams zusammengesetzt werden, wie die Aufteilung der Kompetenzen innerhalb eines Teams erfolgen, wie die Arbeit innerhalb der Teams koordiniert werden, wie lange ein Team amtieren oder wie der Wechsel der Teams organisiert werden sollte.[3]

4.4.4 Direktorium

Ein Direktorium läßt formell einigen mitgliedstaatlichen Regierungen größeres Gewicht bei der Ausübung der Ratspräsidentschaft zukommen. Die großen Staaten übernehmen die Ratspräsidentschaft bevorzugt oder exklusiv. Die Vormachtstellung der Großen kann erstens dadurch zum Ausdruck kommen, daß die Mitglieder des Direktoriums die wichtigsten Funktionen des Vorsitzes permanent ausüben würden. Beispielsweise würden sie die Funktionen der Präsidentschaft im Bereich der GASP wahrnehmen, und die kleinen Staaten würden kleine operative Aufgaben in diesem Tätigkeitsfeld ausüben. Zweitens wäre es vorstellbar, daß die gesamte Ratspräsidentschaft nur für die Mitglieder des Direktoriums reserviert werden würde.

Die frühen Direktoriumsüberlegungen spiegeln die ursprüngliche Bedeutung des französischen Wortes „Directoire" wider, da dies den Zugang zur Präsidentschaft nur

---

1 Vgl. MÜLLER-BRANDECK-BOCQUET (2002b).

2 Vgl. 4.4.5.

3 Die Diskussion über die Reform des Rates der Europäischen Zentralbank (EZB) im Frühjahr 2003 zeigte, wie eine Aufteilung der Kompetenzen eine Machtfrage zwischen den Mitgliedstaaten ist. Die EZB hatte ein Rotationsmodell vorgeschlagen, das die Staaten in drei Gruppen je nach Stärke des Finanzsektors und der Wirtschaftsleistung aufteilen würde. Näheres dazu *Financial Times Deutschland 13.02.2003.* Insbesondere Finnland und die Niederlande äußerten Einwände gegen das Modell, da es ihre Macht im EZB-Rat beschnitten hätte. Vgl. *Financial Times Deutschland 19.02.2003; Financial Times Deutschland 03.03.2003.* Die Niederlande war zudem besorgt, daß das Rotationsmodell einen Präzedenzfall für die Reform anderer Institutionen der Union, wie des Vorsitzes im Rat, darstellen könnte. Vgl. *Financial Times Deutschland 06.03.2003.* Daraus folgte, daß der Rat der Finanzminister einen Beschluß fassen sollte, welcher die Übertragung des EZB-Modell auf andere Institutionen verböte. Vgl. *Financial Times Deutschland 21.03.2003.* Des weiteren hat das Europäische Parlament das Reformmodell des EZB-Rates kritisiert. Vgl. *Financial Times Deutschland 21.02.2003.*

auf die großen Mitgliedstaaten der Gemeinschaft beschränkt. Unter dem französischen Staatspräsidenten de Gaulle entstand in den 60er Jahren die Idee eines Directoire der großen Mitglieder der Gemeinschaft.[1] Dieser Vorschlag plädierte für eine kontinuierliche Führungsrolle der großen Staaten. Der nach den integrationspolitischen Vorstellungen de Gaulles im Jahre 1961 erarbeitete Fouchet-Plan[2] verankerte allerdings explizit kein Direktoriumsmodell für den Vorsitz im Rat. Dieser Plan beinhaltete einen Präsidenten, der vom Rat für vier Monate gewählt und nicht zwischen den Mitgliedstaaten rotieren sollte.[3] Aufgrund dieser Tatsache argumentierte Buerstedde, daß der Fouchet-Entwurf implizit die Einsetzung eines Direktoriums für die Ratspräsidentschaft anstrebte.[4]

Analog zu diesen Überlegungen in den 60er Jahren befürwortete die gaullistische Partei von Staatspräsident Chirac im Vorfeld der Regierungskonferenz 1996/1997 eine Hegemoniestellung der großen Staaten im Vorsitzsystem der Union.[5] Der Vorschlag sprach sich für eine zweieinhalbjährige Präsidentschaft der fünf großen EU-Staaten - Deutschland, Frankreich, Großbritannien, Italien und Spanien - aus. Die zehn kleinen Länder sollten lediglich eine Vizepräsidentschaft ausüben, die allerdings halbjährlich von zwei unterschiedlichen Mitgliedstaaten übernommen werden sollte. Mitte der 90er Jahre plädierte zudem der damalige Verteidigungsminister Großbritanniens Robertson für eine ungleiche Rotation der großen und kleinen Staaten im Vorsitz.[6] Robertson sah ein Sicherheitsratsmodell der UN für die Ratspräsidentschaft vor, das aus einer Gruppe von ständigen Mitgliedern und aus turnusmäßig rotierenden Sitzen für die kleinen Staaten bestehen würde.

In der aktuellen Reformdiskussion spielen die Pläne zur Modifizierung der Zusammensetzung der Ratspräsidentschaft durch die Errichtung eines Direktoriums keine unmittelbare Rolle. Die heutige Debatte über die Personifizierung der Ratspräsidentschaft spiegelt jedoch indirekt die Ängste der kleinen Staaten vor einem Direktorium der großen Mitgliedsländer wider. Die Vertreter des finnischen Parlaments im Europäischen Konvent drückten ihre Bedenken gegen die Personifizierung wie folgt aus: „The proposal for a Union President contains a fresh derogation from the community model in favour of the hegemony of the large member states."[7] Die Errichtung eines Amtes eines ständigen Präsidenten für den Europäischen Rat wird teilweise als ein Versuch interpretiert, die Macht der kleinen Mitgliedstaaten im Institutionengefüge zugunsten der großen Länder der Union einzuschränken. Die kleinen Staaten gehen davon aus, daß ihre Chancen bei der Wahl eines Präsidenten nicht gleichberechtigt wären. Der Vertreter des französischen Parlaments im Europäischen Konvent Lequiller argumentierte gegen diesen Einwand, da die Erfahrung in der EG/EU gezeigt hat, daß die Präsidentschaften sämtlicher europäischer Institutionen von Staaten mit unterschiedlichem demographischen Gewicht ausgeübt werden.[8]

---

1 Vgl. GSTÖHL (2001b), S. 55; WALLACE/EDWARDS (1976), S. 550.

2 Näheres zum Fouchet-Plan siehe WEIDENFELD (2002b), S. 18.

3 Vgl. Fouchet-Plan (1961).

4 Vgl. BUERSTEDDE (1964), S. 117.

5 Vgl. SEIDEL (1996), S. 75.

6 Vgl. ROBERTSON (1996), S. 66.

7 KILJUNEN/VANHANEN/KORHONEN/HELLE (CONV 509/03). Vgl. auch DE ROSSA (CONV 697/03).

8 Vgl. LEQUILLER (CONV 320/02).

Die Vorschläge zur Einsetzung eines Direktoriums werden hauptsächlich von Akteuren der großen Mitgliedstaaten bevorzugt, die eine intergouvernementale Union anstreben. Beispielsweise war der Direktoriumsplan de Gaulles ein Teil seiner intergouvernementalen Vision „Europa der Vaterländer".[1] Diese Vorstellung ist für die kleinen Staaten inakzeptabel,[2] da sie nicht auf dem Prinzip der souveränen Gleichheit der Mitgliedstaaten beruht. Des weiteren akzeptieren die kleinen Staaten nur die Kommission als einzige Antriebskraft der Union. Aus diesem Grund stehen auch die Supranationalisten dem Parameter Direktorium ablehnend gegenüber.

4.4.5 Permanente Institution

Die Ratspräsidentschaft könnte als eine permanente Institution ausgestaltet werden, die einen Teil des Funktionsbereichs des Vorsitzes übernehmen würde. Bei einer permanenten Institution könnte es sich erstens um eine unabhängige Einrichtung handeln, die sich analog zu anderen Institutionen der Union aus mitgliedstaatlichen Vertretern zusammensetzen würde. Diese Option würde zur Errichtung einer neuen Institution führen, die sich ausschließlich auf Vorbereitung, Durchführung sowie Nachbereitung des Vorsitzes im Rat spezialisieren würde. Zweitens wäre es möglich, daß das Generalsekretariat des Rates den Nukleus für eine permanente Vorsitzinstitution bilden würde.[3] In praxi würde diese Alternative bedeuten, daß das Generalsekretariat des Rates sowohl personell als auch infrastrukturell so ausgebaut werden sollte, daß es einige Funktionen der heutigen Präsidentschaft übernehmen könnte.[4]

Die Ergänzung oder Ersetzung der Ratspräsidentschaft durch eine aus EU-Beamten bestehende Institution ist in dieser Form bisher nicht diskutiert worden. Der Vorschlag einer permanenten Institution entwickelt die französische Idee eines permanenten Sekretariats für den Europäischen Rat weiter, die seit den 70er Jahren immer wieder in der europapolitischen Diskussion aufgegriffen wird.[5] Das Sekretariat für den Europäischen Rat sollte technische Aufgaben übernehmen, die vor allem vom Vorsitz, Generalsekretariat des Rates und Rat heute gemeinsam ausgeübt werden. Auch einige aktuelle Überlegungen plädieren neben der Personifizierung des Vorsitzes für die Einsetzung einer quasi-permanenten Institution für die Unterstützung und Koordinierung der Arbeiten des Europäischen Rates. Der Hauptunterschied zu einer permanenten Institution besteht jedoch darin, daß die Teilnehmer dieser Einrichtungen andere Verpflichtungen parallel auszuüben hätten. Die Analogie zwischen den Vorschlägen zur Errichtung eines ständigen Büros für den Europäischen Rat und der Modifizierung der Zusammensetzung der Ratspräsidentschaft durch die Einsetzung einer permanenten Institution läßt jedoch die Übertragung der Pros und Contras der Diskussion in diesem neuen Kontext zu.

---

1 Vgl. GIERING (1997a), S. 63 f.

2 Vgl. BOURLANGES (1996), S. 36; SHERRINGTON (2000), S. 172.

3 Im Rahmen der anderen Einrichtungen der Union wäre die Entwicklung einer permanenten Vorsitzinstitution ebenfalls denkbar. Da das Generalsekretariat des Rates organisatorisches und inhaltliches Know-how über die Präsidentschaft besitzt, erscheint die Gründung einer permanenten Vorsitzinstitution unter seiner Obhut am natürlichsten.

4 Die Stärkung der unterstützenden Rolle des Generalsekretariats des Rates bei der Vorsitzführung wird in Abschnitt 4.2.3 behandelt.

5 Vgl. BULMER/WESSELS (1987), S. 51; WESTLAKE (1999), S. 23.

Beispielsweise befürwortete der britische Außenminister Straw die Gründung einer Lenkungsgruppe für die Teamratspräsidentschaft bestehend aus den Vorsitzenden der einzelnen Räte für die Sicherstellung der strategischen Richtung des Europäischen Rates in der gesamten Union in seiner Rede im Februar 2002.[1] Analog dazu plädierte die Thinking Enlarged Group für einen koordinierenden Lenkungsrat, der unter dem geteilten Vorsitz des Präsidenten des Europäischen Rates und der Kommission vor allem für die Kohärenz der Ratsarbeiten zuständig wäre.[2] Der polnische Regierungsbeitrag im Europäischen Konvent zur Präsidentschaft in der erweiterten Union sah eine ähnliche Lenkungsgruppe für die Gewährleistung der Führung in einer Teamratspräsidentschaft vor.[3] Die einzige Funktion dieser aus den Präsidenten des Europäischen Rates und dem Vorsitzenden der einzelnen Ministerräte bestehenden Einrichtung sollte die Festlegung der Agenda des Europäischen Rates sein. Der Präsident des Europäischen Konvents Giscard d'Estaing sah außerdem ein aus den EU-Präsidenten, EU-Außenministern, zwei weiteren Staats- und Regierungschefs der Union sowie aus den jeweiligen Vorsitzenden der Finanzminister und der Justiz- und Innenminister zusammengesetztes Büro für den Europäischen Rat in der Erstfassung der Vorschläge zu europäischen Institutionen vor, die dem Konventspräsidium Ende April 2003 vorgelegt wurde.[4] Der Entwurf schlug ein permanentes Präsidium für den Europäischen Rat vor, das die Arbeiten des Europäischen Rates koordinieren und unterstützen würde.[5] Nach heftiger Kritik wurde der Entwurf vom Präsidium des EU-Konvents modifiziert. Die Bestimmungen über ein ständiges Büro wurden in originärer Form in der Endfassung nicht mehr berücksichtigt.[6] Die revidierte Fassung des Entwurfs des Präsidiums vom 23. April 2003 verankerte lediglich, daß der Europäische Rat im Konsens entscheiden kann, sich ein koordinierendes Büro einzurichten.[7] Der endgültige Verfassungsentwurf des Europäischen Konvents vom Juni 2003 beinhaltet diese Bestimmung nicht mehr.[8]

Die Überlegungen des Präsidenten des Europäischen Konvents Giscard d'Estaing zur Einsetzung eines permanenten Präsidiums für den Europäischen Rat wurden insbesondere von den Befürwortern der Gemeinschaftsmethode kritisiert. Beispielsweise argumentierten die Vertreter der Kommission unmittelbar nach Veröffentlichung der Erstfassung gegen diesen Vorschlag, da er ein neues Machtzentrum, eine zweite Bürokratie neben der Kommission, gründen würde.[9] Dies würde zu einer Machtkonzentration in einem zwischenstaatlichen Gremium führen und somit das existierende Gleichgewicht der EU-Institutionen stören. Die kleinen Mitglied- und Beitrittsstaaten plädierten für die Beibehaltung der Gemeinschaftsmethode und des institutionellen

---

1 Vgl. STRAW (Rede 21.02.2002).

2 Vgl. BERTELSMANN FOUNDATION AND CENTER FOR APPLIED POLICY RESEARCH (2002), S. 7.

3 Vgl. HÜBNER (CONV 550/03).

4 Vgl. *Die Welt 24.04.2003; Frankfurter Allgemeine Zeitung 25.04.2003.*

5 Vgl. *Frankfurter Allgemeine Zeitung 24.04.2003.*

6 Vgl. *Frankfurter Allgemeine Zeitung 26.04.2003.*

7 Vgl. Art. 16a Abs. 3 DAS PRÄSIDIUM (CONV 691/03).

8 Vgl. Art. 21 DAS SEKRETARIAT (CONV 850/03).

9 Vgl. *Die Welt 24.04.2003; Frankfurter Allgemeine Zeitung 24.04.2003; Süddeutsche Zeitung 24.04.2003.* Ähnlich argumentiert auch GREVI (2003b), S. 4.

Gleichgewichts in der Union in ihrem gemeinsamen Konventsbeitrag im März 2003.[1] Darüber hinaus betonte die Mitteilung, daß die Union keine neuen Institutionen bräuchte. Die früheren Pläne der französischen Regierung zur Gründung eines Exekutivsekretariats für den Europäischen Rat wurden bereits mit ähnlichen Argumenten von den kleinen Mitgliedstaaten abgelehnt.[2] Zudem waren die kleinen Staaten damals besorgt, daß ein permanentes Sekretariat des Europäischen Rates zu stark unter den Einfluß der großen Staaten geraten könnte.[3]

Aus den Ausführungen wird deutlich, daß die Einsetzung einer permanenten Vorsitzinstitution als unabhängige Einrichtung politisch nicht realisierbar ist. Für viele Staaten ist die Einrichtung neuer Institutionen nicht akzeptabel. Wie die zahlreichen Überlegungen zur Stärkung des Generalsekretariats des Rates bei der Vorsitzführung zeigen, könnte die Bildung einer ständigen Institution für die Ratspräsidentschaft im Rahmen der Strukturen des Generalsekretariats des Rates Zustimmung finden. Die meisten Interessengruppen stehen der Fortentwicklung des Generalsekretariats positiv gegenüber.[4]

4.5 Besetzung der Ratspräsidentschaft

Die sukzessive Alternanz des Vorsitzes hat die Besetzung der Ratspräsidentschaft seit Gründung der EGKS determiniert. Das Prinzip der automatischen Rotation wurde regelmäßig den politischen Veränderungen der EG/EU angepaßt. Der Wechsel von der alphabetischen Rotationsreihenfolge über die abwechselnde Rotation zum heutigen balancierten Rotationsmodus spiegelt die Transformation wider.[5] Im Hinblick auf die Erweiterung der Union ist eine grundlegende Modifizierung der automatischen Rotation als Besetzungsmodus des Vorsitzes notwendig, denn die Rationalität der sukzessiven Alternanz wird bereits heute mit 15 Mitgliedstaaten in Frage gestellt.[6] Das Prinzip der Rotation bringt aber auch politische Vorteile.[7] Aus diesem Grund befürworten zahlreiche Reformvorschläge die Beibehaltung der Rotation zumindest in einigen Funktionsbereichen der Ratspräsidentschaft. Die automatische Rotation wird somit als ein Reformparameter in der vorliegenden Arbeit berücksichtigt, obwohl sie de facto den Status quo der Besetzung darstellt. Die Verfahren zur Besetzung der Ratspräsidentschaft lassen sich unterteilen in: Automatische Rotation, Wahlratspräsidentschaft und Ständige Ratspräsidentschaft.

---

1 Vgl. ATTALIDES U.A. (CONV 646/03).

2 Vgl. BULMER/WESSELS (1987), S. 145.

3 Vgl. VON DONAT (1987), S. 67 f.

4 Vgl. 4.2.3.

5 Vgl. 2.1.

6 Vgl. 2.5. Bereits im Jahre 1992 stellte der De Giovanni-Bericht des institutionellen Ausschusses des Europäischen Parlaments fest: „die Präsidentschaft wird künftig nicht mehr nach dem derzeitigen Rotationsrhythmus geregelt werden können. Zum einen, weil die Gefahr besteht, daß für eine zu lange Zeitspanne die Verantwortung Staaten anvertraut wird, die nur begrenzte politische und verwaltungstechnische Strukturen verfügen, zum anderen, weil die Zeitspanne von sechs Monaten je Staat, die für die heutige Situation noch durchaus angemessen ist, in einer erweiterten Gemeinschaft einen übermäßig langen und wenig funktionsfähigen Rotationsrhythmus bedingen würde.“ Bericht De Giovanni (1992).

7 Vgl. 2.5.

4.5.1 Automatische Rotation

Die automatische Rotation basiert auf dem Prinzip der souveränen Gleichheit der Mitgliedstaaten. Jeder Mitgliedstaat übt den Vorsitz gleichberechtigt in vorher festgelegter Reihenfolge im gleichen Funktionsbereich aus. Die automatische Rotation garantiert die gleichmäßige Partizipation aller Mitgliedstaaten.[1] Im Unterschied zum Status quo der Rotation ist es nicht notwendig, daß der Vorsitz im gesamten Funktionsbereich zwischen den Mitgliedstaaten alterniert. Zudem wird im folgenden unter der automatischen Rotation der gleichberechtigte Wechsel zwischen mitgliedstaatlichen Teams subsumiert.

Die meisten Akteure sehen die automatische Rotation als Bestandteil der künftigen Ratspräsidentschaft an. Ihre Beibehaltung im Europäischen Rat stellt einen Gegenvorschlag zur Personifizierung der Ratspräsidentschaft dar. Insbesondere die kleinen Mitglied- und Beitrittsstaaten befürworten die sukzessive Alternanz als Besetzungsgrundsatz des Vorsitzes. Ende März 2003 verabschiedeten 16 Regierungsvertreter kleiner Mitglied- und Beitrittsstaaten eine gemeinsame Erklärung im EU-Konvent, die explizit „the retention of rotation as the predominant aspect of a new system"[2] verankerte. Die Beibehaltung der rotierenden halbjährlichen Präsidentschaft wurde insbesondere für den Europäischen Rat, den Allgemeinen Rat sowie den AStV als zentral angesehen. Des weiteren standen die meisten Staaten dieser Gruppe einer Teamratspräsidentschaft in den Ratsformationen, die auf der automatischen Rotation beruhen, positiv gegenüber.[3] Der föderalistische Verfassungsentwurf des Mitglieds des Europäischen Parlaments Leinen sah ebenso die Beibehaltung der Präsidentschaftsrotation als Grundprinzip der Besetzung vor. Der Europäische Senat, der die Mitgliedstaaten der EU analog zum heutigen Ministerrat repräsentieren sollte, sollte einen rotierenden Vorsitz besitzen.[4] Leinen ließ die besonderen Modalitäten hinsichtlich der Rotation in seinem Entwurf offen.

Die Mehrzahl der eher föderalistisch geprägten Vorschläge halten jedoch das bisherige Rotationsprinzip in der gesamten Ratshierarchie nicht mehr für praktikabel. In den meisten Vorschlägen wird ein gemischtes Verfahren für die Besetzung angedacht. Beispielsweise befürworteten die Benelux-Staaten die Beibehaltung des sechsmonatigen Rotationsprinzips für den Europäischen Rat und die Ratsformationen, gleichzeitig wurde aber festgestellt, daß der Status quo insgesamt keine tragfähige Lösung mehr darstellt.[5] Analog zum Benelux-Memorandum plädierte die Mitteilung der Kommission zur institutionellen Architektur vom Dezember 2002 für einen Mix aus automatischer Rotation und anderen Besetzungsverfahren.[6] Die Kommission empfahl für die Besetzung der Präsidentschaft lediglich im Europäischen Rat und Rat „Allgemeine

---

1 Der stellvertretende Regierungsvertreter Estlands im Europäischen Konvent Hololei konstatierte diesbezüglich: „I believe that a system of rotation is the only one *guaranteeing* [Hervorhebung im Original; d. Verf.] a true equality of Member States, big and small, northern and southern. This system ensures that every Member State has the right to chair the European Union". HOLOLEI (CONV).

2 ATTALIDES U.A. (CONV 646/03).

3 Vgl. ANTSU (Email 07.09.2002); BALÁZS (CONV 522/03); DE ROSSA (CONV 697/03); KOHOUT (CONV 485/03); SERRACINO-INGLOTT/INGUANEZ (CONV 680/03); TIILIKAINEN/PELTOMÄKI (CONV 514/03).

4 Vgl. Art. 83 Abs. 5 LEINEN (23.10.2002).

5 Vgl. MICHEL/DE VRIES/SANTER (CONV 457/02).

6 Vgl. BARNIER/VITORINO (CONV 448/02).

Angelegenheiten“ sowie gegebenenfalls im AStV, angesichts der allgemeinen Koordinierungsfunktion dieser Gremien die halbjährliche, automatische Rotation beizubehalten. Der Vertreter des Europäischen Parlaments im Europäischen Konvent Duff war auch von den Vorteilen der Rotation auf der höchsten Ratshierarchieebene in seinem föderalen Verfassungsmodell überzeugt.[1] Der Vorschlag von Duff befürwortete den Status quo für den Vorsitz des Europäischen Rates identisch zum Verfassungsentwurf des EPC.[2]

Die Befürworter eines EU-Präsidenten halten im allgemeinen an der gleichberechtigten Rotation als einem Element fest, sehen diese aber nicht als das dominante Gestaltungsprinzip des künftigen Ratspräsidentschaftssystems. Beispielsweise sah der gemeinsame deutsch-französische Vorschlag im Europäischen Konvent vom Januar 2003 eine große Varianz der Modalitäten der Präsidentschaft vor.[3] Der Beitrag plädierte für eine größtmögliche Beteiligung der Mitgliedstaaten auf der Grundlage einer gleichberechtigten Rotation im Ministerrat. Nur in den Räten „Allgemeine Angelegenheiten“, „Außenbeziehungen“, „Wirtschaft und Finanzen“, „Justiz und Inneres“ sowie der Euro-Gruppe sollte keine Rotation stattfinden. Ob der Vorsitz auf den unteren Hierarchieebenen des Rates auf automatischer Rotation analog zu den Vorsitzen im Rat der EU basieren sollte, wurde in diesem Vorschlag nicht näher ausgeführt. Des weiteren ließ der Beitrag offen, was unter einer größtmöglichen Beteiligung der Mitgliedstaaten zu verstehen sei. The Thinking Enlarged Group sah analog dazu eine abnehmende Rolle für die automatische Rotation im künftigen Ratspräsidentschaftssystem vor. Die Gruppe forderte die Schaffung einer legislativen Staatenkammer, die als einziger Bestandteil der reformierten Ratshierarchie die rotierende Präsidentschaft beibehalten sollte. Da jeder Mitgliedstaat weiterhin Einfluß auf die EU-Agenda ausüben sollte, sollte der auf einzelstaatlicher Vorsitzführung beruhende Rotationsmodus in der legislativen Staatenkammer sichergestellt bleiben.[4]

Ein Teil der intergouvernemental geprägten Überlegungen zur Reform des Vorsitzes befürworten neben der Personifizierung vor allem die Einführung der Teamratspräsidentschaft im Ministerrat. Die Alternation der Gruppen sollte auf einer gleichberechtigten Rotation der mitgliedstaatlichen Regierungen beruhen. Der britische Außenminister Straw betonte im Februar 2002, daß ein Rotationssystem für die Sicherung von Gleichberechtigung zwischen großen und kleinen Mitgliedstaaten von wesentlicher Bedeutung wäre.[5] Der Premierminister Blair relativierte diese Aussage jedoch in seiner Cardiffer Rede am Ende des Jahres 2002:

> „Wir sollten den Team-Vorsitz anhand einer Formel wählen, die hoffentlich eine faire Rotation mit der Möglichkeit für die Räte verbinden würde, Kandidaten auf Grund hervorragender Leistungen auszuwählen.“[6]

Die Sichtung der aktuellen Vorschläge in der Diskussion um die Beibehaltung der automatischen Rotation als Gestaltungsprinzip des künftigen Ratspräsidentschaftssystems zeigt, daß das Thema die Union spaltet. Es besteht ein Grundkonsens zwischen

---

1 Vgl. Art. 11 Abs. 1 DUFF (CONV 234/02).

2 Vgl. Art. 31 THE EUROPEAN POLICY CENTRE (2002).

3 Vgl. DE VILLEPIN/FISCHER (CONV 489/03).

4 Vgl. BERTELSMANN FOUNDATION AND CENTER FOR APPLIED POLICY RESEARCH (2002), S. 6.

5 Vgl. STRAW (Rede 21.02.2002).

6 BLAIR (Rede 28.11.2002).

den großen und kleinen Staaten darüber, daß die automatische Rotation weiterhin ein Bestandteil des Präsidentschaftssystems bleiben sollte. Die Ansichten divergieren jedoch in der Hinsicht, welche Ausprägung dieser Parameter haben sollte. Für die kleinen Mitglied- und Beitrittsstaaten hat die automatische Rotation eine fundamentale Bedeutung. Erkennbar ist auch, daß sich die eher integrationistischen Akteure paradox verhalten. Sie plädieren für die Beibehaltung der automatischen Rotation, die als Garantie der Gleichheit aller Mitgliedstaaten gilt, in den zentralen Funktionsbereichen des Vorsitzes und somit eher für ein Element des Intergouvernementalismus. Dagegen halten die großen Länder die automatische Rotation für weniger signifikant.

4.5.2 Wahlratspräsidentschaft

Die automatische Rotation der Ratspräsidentschaft könnte durch eine Wahlratspräsidentschaft ergänzt oder ersetzt werden. Bei der Wahlratspräsidentschaft als Besetzungsmodus würden die EU-Mitgliedstaaten einen Vertreter aus ihrer Mitte zum Vorsitzenden eines bestimmten Funktionsbereichs für einen längeren Zeitraum nach dem Modell des WFA[1] wählen. Die Vorschläge zur Wahlratspräsidentschaft differenzieren stark. Unter dem Begriff Wahlratspräsidentschaft werden im folgenden sowohl die Pläne zur Wahl eines Präsidenten für den Europäischen Rat als auch die Überlegungen zur Einführung gewählter Vorsitzender auf den unteren Ebenen der Ratshierarchie subsumiert. Da die meisten Beiträge für die Einsetzung der Wahlratspräsidentschaft in einem vertikalen Funktionsbereich des Vorsitzes plädieren,[2] werden die Reformvorschläge im folgenden anhand der Ebenen der Ratshierarchie analysiert.

Die Varianz der Wahlmodalitäten zur Einsetzung eines Präsidenten für den Europäischen Rat ist groß. Beispielsweise plädierte der deutsch-französische Beitrag im Rahmen des Europäischen Konvents für eine Wahl eines hauptamtlichen Präsidenten mit qualifizierter Mehrheit durch den Europäischen Rat für einen Zeitraum von zweieinhalb oder fünf Jahren.[3] Die Wahl des Präsidenten für zweieinhalb Jahre durch eine qualifizierte Mehrheit wurde von der Regierung Polens präferiert.[4] Das britisch-spanische Konventspapier vom Februar 2003 präferierte dagegen einen Präsidenten für vier Jahre.[5] Das Papier führte aber nicht aus, wie der Präsident gewählt werden sollte. Das Wahlverfahren des Vollzeitpräsidenten wurde weder in der Rede des spanischen Premierministers Aznar in Oxford im Mai 2002, noch in der Rede des britischen Premierministers Blair in Cardiff im November 2002 präzisiert.[6] Für die Sicherstellung der Gleichheit aller Mitgliedstaaten bei der Wahl des Präsidenten des Europäischen Rates wurde die qualifizierte Mehrheit nicht immer als ausreichend empfunden. Daraus folgt, daß einige Beiträge für die Einführung einer doppelten Mehrheit der Mitgliedstaaten und der Bevölkerung plädierten. The Thinking Enlarged Group

---

1 Der Vorsitz des WFA wird von den Mitgliedern des Ausschusses für die Dauer von zwei Jahren gewählt. Vgl. 2.2.2.

2 Eine Ausnahme bildet der Vorschlag der Europäischen Strukturkommission im Vorfeld der Regierungskonferenz von Nizza, der eine Wahl einer Dreiergruppe durch die Mitgliedstaaten für die gesamte Ratshierarchie befürwortet. Vgl. BERTELSMANN EUROPA-KOMMISSION (2000), S. 29.

3 Vgl. DE VILLEPIN/FISCHER (CONV 489/03).

4 Vgl. HÜBNER (CONV 550/03).

5 Vgl. PALACIO/HAIN (CONV 591/03).

6 Vgl. AZNAR (Rede 20.05.2002); BLAIR (Rede 28.11.2002).

begründete die Wahl des für einen Zeitraum von fünf Jahren gewählten Präsidenten durch die doppelte Mehrheit wie folgt:

„The rule of the double majority, which comprises a majority of both citizens and member states, would in effect constitute a safeguard for both the large and the small/medium-sized member states. In an EU-27 neither the six larger nor the 21 smaller member states could elect a President of the European Council on their own."[1]

Der dänische Premierminister Rasmussen entwickelte eine Formel für die Wahl des Präsidenten, die die gleichberechtigte Chance zur Ausübung des Präsidentenamtes für alle Mitgliedstaaten garantieren sollte.[2] Die Formel von Rasmussen sah eine Verteilung aller EU-Mitglieder in drei Wahlgruppen - Teams der kleinen, mittelgroßen und großen Staaten - vor. Sukzessiv sollte jede Gruppierung das Privileg zur Nominierung eines Kandidaten haben, der danach von allen Mitgliedstaaten gewählt werden sollte. Analog zu Rasmussen verfolgte der griechische Außenminister Papandreou die Intention, daß die Wahlmodalitäten eines Präsidenten die Gleichberechtigung aller Mitgliedstaaten in einer erweiterten EU garantieren sollte. Papandreou schlug deshalb eine Direktwahl des Präsidenten vor: „Die Unruhe und die Sorge über ein Direktorium der großen EU-Staaten kann damit zerstreut werden"[3]. In der Realität ist die Einführung einer faktischen Gleichstellung aller Mitgliedstaaten bei der Wahl auf allen Ebenen der Ratshierarchie schwierig.[4]

Auch die integrationistisch geprägten Akteure halten die Einführung der Wahlratspräsidentschaft teilweise für vorteilhaft für die Union. Diese Akteure sehen eine Wahl vor allem auf der Ebene des Ministerrates vor. Die Mitteilung der Kommission zur institutionellen Architektur der Union im Rahmen des Europäischen Konvents vom Dezember 2002 befürwortete die Wahl der Vorsitzenden in allen Ratsformationen mit Ausnahme vom Rat „Allgemeine Angelegenheiten" für die Dauer eines Jahres durch die Amtskollegen.[5] Die Kombination von automatischer Rotation und Wahl wurde im Kommissionsvorschlag wie folgt begründet:

„Diese Formel verbindet den Vorteil einer größeren Kontinuität bei der Arbeit des Rates mit dem Umstand, dass die Präsidentschaft einem/einer erfahrenen, das Vertrauen seiner/ihrer Amtskollegen genießenden Minister(in) übertragen wird, wobei gleichzeitig gewährleistet ist, dass jede nationale Regierung regelmäßig die Erfahrung der Ausübung der Ratspräsidentschaft macht."[6]

Viele Vorschläge befürworten die Besetzung der Ratspräsidentschaft durch eine Wahl in wirtschafts- und finanzpolitischen Angelegenheiten analog zum Wahlvorsitz des WFA. Das Ziel dieser Pläne ist eine bessere Gewährleistung wirtschaftspolitischer Koordinierung. Die aktuellen Reformbeiträge können aber auch als ein Gegenvorschlag zu den Überlegungen der Mitteilung der Kommission „Ein Projekt für die Europäische Union" im Mai 2002 angesehen werden, welche sich für eine wirtschaftspolitische Führungsrolle der Kommission in der künftigen Union einsetzte.[7] Bereits im Vorfeld der Regierungskonferenz 2000 tendierte der Rapport von ICRI zur Wahl

---

1 BERTELSMANN FOUNDATION AND CENTER FOR APPLIED POLICY RESEARCH (2002), S. 3 f. Vgl. auch LEQUILLER (CONV 320/02).

2 Vgl. RASMUSSEN (Rede 15.01.2003).

3 *Frankfurter Allgemeine Zeitung 16.05.2003.*

4 Vgl. 5.1.2.

5 Vgl. BARNIER/VITORINO (CONV 448/02).

6 BARNIER/VITORINO (CONV 448/02).

7 Vgl. Ein Projekt für die Europäische Union. Mitteilung der Kommission (22.05.2002).

des Vorsitzenden des ECOFIN-Rates für einen Zeitraum von zwei oder drei Jahren.[1] Der deutsch-französische Beitrag im Rahmen des Europäischen Konvents vertrat die Position, daß sowohl der Rat „Wirtschaft und Finanzen" als auch die Euro-Gruppe ihren Vorsitzenden aus ihrer Mitte für zwei Jahre wählen sollten.[2] Darüber hinaus empfahlen die Regierungen der Bundesrepublik Deutschland und Frankreichs, eine identische, zweijährige Wahlpräsidentschaft für den Rat „Justiz und Inneres" einzuführen. Der luxemburgische Ministerpräsident Juncker äußerte sich in dem Sinne, daß eine kontinuierliche Abstimmung nationaler Finanzpolitiken durch einen gewählten Vorsitzenden für eine Amtszeit von zwei oder drei Jahren für die Euro-Gruppe erforderlich sei.[3]

Die meisten Reformvorschläge führen nicht explizit aus, wie die Ratspräsidentschaft auf den unteren Ratshierarchieebenen, im AStV und in den Arbeitsgruppen, organisiert werden sollte. Eine Ausnahme bildet der Beitrag der finnischen Regierung im Europäischen Konvent über die Zukunft der EU, der eine Wahlratspräsidentschaft für die Besetzung des Vorsitzes in den Sonderausschüssen des Rates und der Arbeitsgruppen vorsieht.[4] Die Vorsitzende der Sonderausschüsse und Arbeitsgruppen sollten im Kreise der Mitgliedstaaten für einen Zeitraum von 18 bis 36 Monaten gewählt werden, welche die rotierende Präsidentschaft im Europäischen Rat, im Rat „Allgemeine Angelegenheiten" und „Außenbeziehungen" sowie im AStV gleichzeitig innehätten. Bereits in den 70er Jahren wurde für eine Auflockerung des Grundsatzes der Einheitlichkeit des Vorsitzes auf der Ebene der Arbeitsgruppen plädiert.[5] Als Alternative zur Rotation wurde die Wahl der Vorsitzenden durch die Gruppenmitglieder angesehen. Analog zu diesem Vorschlag hat der Trumpf-Piris-Rapport von 1999 empfohlen, den Vorsitz in Komitees und Arbeitsgruppen für gewählte Amtskollegen unter der Berücksichtigung des geographischen Gleichgewichts für eine Periode von zwei bis drei Jahren zu übergeben.[6] Der von dem Generalsekretär des Rates Solana in enger Kooperation mit der antretenden dänischen Präsidentschaft vor dem Europäischen Rat von Sevilla im Juni 2002 vorgelegte Rapport griff dieses Thema nochmals auf und schlug die Ernennung der Vorsitzenden einiger Komitees und Arbeitsgruppen für einen längeren Zeitraum als sechs Monate auf der Basis einer Wahl als eine Option vor.[7]

Insgesamt läßt sich bei den Reformvorschlägen die Tendenz erkennen, daß die Wahlratspräsidentschaft sowohl von den Supranationalisten und Intergouvernementalisten als auch von den großen und kleinen Staaten unterstützt wird. Die Meinungen divergieren jedoch in großem Maße, welches Gewicht die Wahl bei der Besetzung der künftigen Ratspräsidentschaft haben sollte. Die Mehrzahl der eher zwischenstaatlich geprägten Vorschläge hält die Wahlratspräsidentschaft für besonders wichtig, wobei vor allem der Vorsitzende des Europäischen Rates gewählt werden sollte.

---

1 Vgl. THE INDEPENDENT COMMISSION FOR THE REFORM OF THE INSTITUTIONS AND PROCEDURES OF THE UNION (1999), S. 43.

2 Vgl. DE VILLEPIN/FISCHER (CONV 489/03).

3 Vgl. *Handelsblatt 17.06.2002.*

4 Vgl. TIILIKAINEN/PELTOMÄKI (CONV 514/03).

5 Vgl. EDWARDS/WALLACE (1978), S. 122 f.; SASSE (1975), S. 177 f.

6 Vgl. Trumpf-Piris-Report (10.03.1999).

7 Vgl. Measures to Prepare the Council for Enlargement. Report by the Presidency to the European Council. Drawn up jointly with the General Secretariat of the Council (13.06.2002).

4.5.3 Ständige Ratspräsidentschaft

Neben der automatischen Rotation und Wahlratspräsidentschaft ist die Besetzung des Vorsitzes durch die Gründung ständiger Ratspräsidentschaften denkbar. Bei der ständigen Ratspräsidentschaft übt ein festgelegter Mandatsträger, ein EU-Mitarbeiter statt eines nationalstaatlichen Beamten oder Politikers, den Vorsitz in bestimmten Funktionsbereichen permanent aus. Bereits im Juni 2002 in Sevilla einigten sich die Staats- und Regierungschefs, daß der Vorsitz in fünf technischen Arbeitsgruppen durch Mitglieder des Generalsekretariats des Rates permanent wahrgenommen werden soll.[1]

Insgesamt läßt sich bei den aktuellen Reformvorschlägen die Tendenz erkennen, daß dem personalunionierten Außenkommissar und Hohen Vertreter für die GASP der ständige Vorsitz im Rat „Außenbeziehungen" übertragen werden soll. Eine Mehrzahl der aktuellen Vorschläge unterstützt diesen Plan, der zur Kohärenz des außenpolitischen Handelns der Union beitragen könnte.[2] Ein permanenter Vorsitz könnte vor allem die negativen Auswirkungen der Rotation im Rat „Außenbeziehungen" überwinden. Die Benelux-Staaten befürworteten eine Unterscheidung zwischen legislativen und exekutiven Funktionen der EU-Institutionen.[3] Zu diesem Zweck hielten es die Benelux-Länder für unerläßlich, daß zwei ständige Ratspräsidentschaften errichtet werden. Erstens sollte der fusionierte Hohe Vertreter/Außenkommissar den Vorsitz im Rat „Außenbeziehungen" innehaben, was zur Stärkung der gemeinsamen Außen- und Verteidigungspolitik führen sollte. Zweitens sollte der Präsident der Kommission dem Rat „Allgemeine Angelegenheiten" vorsitzen, welcher dadurch eine zentrale Rolle bei der Vorbereitung und Koordinierung der Arbeiten des Europäischen Rates bekommen sollte. Dieser Ansatz würde zu einer Stärkung der Kommission im Institutionengefüge der Union führen und könnte die Befürchtungen kleiner Mitglied- und Beitrittsstaaten bei der Errichtung eines Vollzeitpräsidenten des Europäischen Rates entgegenkommen. Der stellvertretende Vorsitzende des Europäischen Konvents Dehaene sprach sich für die Benelux-Lösung in seiner Rede im Februar 2003 aus:

> „I think that the Benelux proposal to let the new General Affairs Council and the Foreign Affairs Council be chaired by the Commission President and the new Minister for Foreign Affairs respectively is a good approach."[4]

Der deutsch-französische Konventsbeitrag über die institutionelle Architektur vom Januar 2003 sah analog zum Benelux-Memorandum eine Vorsitzführung des Europäischen Außenministers im Rat „Außenbeziehungen" vor.[5] Im Gegensatz zu den Benelux-Staaten plädierten die deutsche und französische Regierung dafür, daß der Rat „Allgemeine Angelegenheiten" künftig vom Generalsekretär des Rates statt des Kommissionspräsidenten geleitet werden sollte.[6] Der französische Staatspräsident

---

[1] Vgl. 2.2.2.

[2] Vgl. DINI/FOLLINI (CONV 538/03); KOHOUT (CONV 485/03); LEQUILLER (CONV 320/02); TEUFEL (CONV 495/03).

[3] Vgl. MICHEL/DE VRIES/SANTER (CONV 457/02).

[4] DEHAENE (CONV).

[5] Vgl. DE VILLEPIN/FISCHER (CONV 489/03).

[6] Deutschland und Frankreich hatten sich für einen permanenten Vorsitz bereits in der Vergangenheit stark gemacht. Auf dem Gipfel von Tampere im Oktober 1999 versuchten sie durchzusetzen, daß der Generalsekretär des Rates als Hoher Vertreter die GASP-Beratungen der Gipfeltreffen einleiten und den Vorsitz des PSK übernehmen dürfe. Vgl. GIERING (2000), S. 51.

schlug sogar die Vorsitzführung durch den Generalsekretär im Ministerrat unter Aufsicht des Präsidenten der Union in seiner Rede im Straßburg im März 2002 vor.[1]

Entsprechend dem deutsch-französischen Vorschlag regten die kleinen Mitglied- und Beitrittsstaaten in ihrem gemeinsamen Beitrag zum Konvent das Amt eines europäischen Außenministers an.[2] Der Beitrag ließ jedoch offen, ob der Hohe Vertreter für die GASP/Außenkommissar einen ständigen Vorsitz im Rat „Außenbeziehungen" führen sollte. Beispielsweise hielt die Regierung Maltas die Errichtung ständiger Präsidentschaften für nicht erwünscht, da diese keinen europapolitischen Lerneffekt in den Mitgliedstaaten - wie im Falle der automatischen Rotation des Vorsitzes - als Folge hätte.[3] Der Parlamentsvertreter Irlands im Konvent de Rossa negierte zudem explizit die Einsetzung von ständigen Präsidentschaften; er führte die Gründe dafür jedoch nicht näher aus.[4] Dagegen sprach sich z.B. die Regierung der Tschechischen Republik für den ständigen Vorsitz im Außenministerrat durch den neuen europäischen Außenminister aus.[5]

Einige Akteure sind nicht der Meinung, daß die Gründung eines ständigen Vorsitzes im außenpolitischen Bereich für den personalunionierten Hohen Vertreter für die GASP/Außenkommissar positiv zu bewerten sei. Zwei Standpunkte, welche integrationspolitisch konträr gegen diesen permanenten Vorsitz im Rat „Außenbeziehungen" stehen, können unterschieden werden. Die Kommission hält sich eng an ihre supranationale Europakonzeption und ist der Meinung, daß die Permanenz des Vorsitzes im GASP-Bereich für die institutionelle Balance der Union schädlich wäre. Das gemischte Besetzungsverfahren der Ratspräsidentschaft, bestehend aus Rotation und Wahl, wird deshalb befürwortet:

> „Diese Präsidentschaftsformel sollte auch beim Rat für die Außenbeziehungen zur Anwendung kommen, da es aus Gründen des institutionellen Gleichgewichtes nicht wünschenswert ist, die Funktionen der Ratspräsidentschaft, die den Interessenausgleich suchen sollte, mit dem Vorschlagsrecht im Bereich der Außenpolitik, der Umsetzung dieser Vorschläge und der Außenvertretung zu verknüpfen."[6]

Die Kommission sah in keinem Funktionsbereich die Einführung von ständigen Präsidentschaften vor.

Neben der Kommission haben die eher intergouvernemental geprägten Akteure starke Einwände gegen einen ständigen außenpolitischen Vorsitz, da sie dadurch eine schrittweise Vergemeinschaftung der europäischen Verteidigungs- und Außenpolitik befürchten. Die Verfechter des Intergouvernementalismus sind davon überzeugt, daß die Federführung des Ausbaus der europäischen Außenpolitik beim Außenministerrat bleiben sollte. Die britische und spanische Regierung plädierten für den Ausbau der Kompetenzen des Hohen Vertreters im Rat. Der Hohe Vertreter für die GASP sollte künftig permanent den Vorsitz im Außenministerrat führen.[7]

---

1 Vgl. CHIRAC (Rede 06.03.2002).

2 Vgl. ATTALIDES (CONV 646/03).

3 Vgl. SERRACINO-INGLOTT/INGUANEZ (CONV 680/03).

4 De Rossa schrieb: „the guiding principle must be that all Member States will have a right to participate in the Presidency and that *all Council meetings are chaired by elected politicians and not by officials such as the High Representative.*" [Hervorhebung; d. Verf.] DE ROSSA (CONV 697/03).

5 Vgl. KOHOUT (CONV 485/03).

6 BARNIER/VITORINO (CONV 448/02).

7 Vgl. PALACIO/HAIN (CONV 591/03).

Supranationale und intergouvernementale Extrempositionen, wie die Übertragung einer ständigen Ratspräsidentschaft an den Kommissionspräsidenten oder den neuen Präsidenten des Europäischen Rates, stellen in den Reformvorschlägen eine Minderheit dar. Der Vertreter des Europäischen Parlaments im Europäischen Konvent Duff schlug beispielsweise die Vorsitzführung im Ministerrat durch den Kommissionspräsidenten oder seines Stellvertreters in seinem föderalen Verfassungsmodell vor.[1] Der Kommissionspräsident würde im Gegensatz zum Benelux-Memorandum nicht nur im Rat „Allgemeine Angelegenheiten" einen permanenten Vorsitz erhalten, sondern die Präsidentschaft in allen Formationen des Ministerrates ständig ausüben. Für eine weniger radikale Europäisierung der Agenda des Rates sprach sich der Vorsitzansatz der The Thinking Enlarged Group aus.[2] In den nicht-legislative Funktionen ausführenden Lenkungsräten ist demnach ein Co-Vorsitz zwischen den Vertretern der Mitgliedstaaten und der Kommission vorgesehen, um die Kooperation und Kohärenz zwischen nationalstaatlicher und europäischer Ebene sicherzustellen. Darüber hinaus befürwortet die Gruppe eine ständige Mischpräsidentschaft für den koordinierenden Lenkungsrat, der für die Vorbereitung der Tagungen des Europäischen Rates zuständig wäre. Der Präsident des Europäischen Rates sollte sich die Verantwortung für die Vorsitzführung dieses Rates mit dem Präsidenten der Europäischen Kommission teilen.

Das stellvertretende Mitglied des Europäischen Parlaments im Europäischen Konvent Würmeling vertrat eine intergouvernementale Extremposition bei der Einsetzung einer ständigen Ratspräsidentschaft.[3] Der hauptamtliche Präsident des Europäischen Rates sollte einen ständigen Vorsitz im allgemeinen Rat erhalten. In Analogie dazu sprachen sich die britische und spanische Regierung für eine Verstärkung der intergouvernementalen Elemente der Union durch die koordinierende Rolle des hauptamtlichen Präsidenten des Europäischen Rates im Vorsitzsystem des Ministerrates aus.[4] Der Präsident des Europäischen Rates sollte parallel der Vorsitzende des Allgemeinen Rates und somit verantwortlich dafür sein, daß die rotierende Teamratspräsidentschaft im Ministerrat mit dem institutionellen Vorsitz des Europäischen Rates verknüpft werden würde.

Die Analyse der diversen Vorschläge hat gezeigt, daß die ständige Ratspräsidentschaft als Reformoption sowohl von den intergouvernemental ausgeprägten als auch integrationistischen Akteuren unterstützt wird. Der Grund hierfür kann darin gesehen werden, daß sich die ständige Ratspräsidentschaft leicht in die eine oder andere Richtung gestalten ließe. Eine klare Trennlinie zwischen den kleinen und großen Staaten ist ebenso nicht festzustellen. Trotz dieses Konsenses auf der Metaebene ist es sehr problematisch, die Gemeinsamkeiten zu einem kompromißfähigen Konzept zu bündeln. Einzige Ausnahme bildet der ständige Vorsitz im Rat „Außenbeziehungen".

---

1 Vgl. Art. 12 Abs. 1 DUFF (CONV 234/02).

2 Vgl. BERTELSMANN FOUNDATION AND CENTER FOR APPLIED POLICY RESEARCH (2002), S. 7.

3 Vgl. WÜRMELING (CONV 549/03).

4 Vgl. PALACIO/HAIN (CONV 591/03).

4.6 Zeitdauer der Ratspräsidentschaft

Zu den Spezifika der Ratspräsidentschaft gehört, daß sie alle sechs Monate von einem anderen Mitgliedstaat ausgeübt wird.[1] Dieser Wechsel beeinflußt stark den Arbeitsrhythmus des Rates.[2] Die Zeitdauer der Ratspräsidentschaft wird deshalb nicht mehr als adäquat für die komplexe Problemstruktur der Union angesehen. Es gibt zahlreiche Überlegungen, die eine Verlängerung der Amtsperiode des Vorsitzes von sechs auf zwölf oder mehr Monate zumindest in einigen Funktionsbereichen fordern. Auf der anderen Seite wird die zunehmende Politisierung der Ratspräsidentschaft negativ bewertet. Es wird teilweise eine partielle Wiederherstellung des ursprünglichen Konzeptes des technischen Vorsitzes verlangt, um den heutigen Rotationsmodus beibehalten oder sogar verkürzen zu können.[3] Zu den Reformparametern der Zeitdauer zählen: Verlängerung der Ratspräsidentschaft sowie Verkürzung der Ratspräsidentschaft.

4.6.1 Verlängerung der Ratspräsidentschaft

Bereits seit den 70er Jahren existiert der Vorschlag, die sechsmonatige Dauer der Präsidentschaft zu verlängern. 1971 propagierte die belgische Regierung eine Verlängerung des Vorsitzes auf ein volles Jahr.[4] Diese Überlegung wurde im Tindemans-Bericht von 1975 wieder aufgegriffen. Der belgische Ministerpräsident Tindemans begründete seinen Vorschlag damit, daß eine einjährige Amtsdauer die Autorität des Vorsitzes im Europäischen Rat und Ministerrat stärken, einen kontinuierlichen Dialog zwischen Parlament und Rat ermöglichen sowie die Kontinuität der Aktionen im allgemeinen steigern würde.[5] Obwohl die Gemeinschaft nur neun Mitglieder zählte, stieß dieser Plan auf Ablehnung.[6] Die Kritiker vertraten die Meinung, daß die einzelnen Mitgliedstaaten zu lange vom Vorsitz ausgeschlossen bleiben würden. Zudem führten sie aus, daß die Arbeitsbürde einer Regierung - trotz der Überlegung Tindemans, begrenzte Aufgaben der Kommission, anderen Regierungen oder einzelnen Personen zu übertragen[7] - zu groß werden würde. Eine ähnlich kritische Auffassung wurde von den Drei Weisen hinsichtlich der Verlängerung der Präsidentschaftsdauer im Europäischen Rat vier Jahre später (1979) vertreten. Der Bericht der Drei Weisen stellte ohne näheres zu begründen fest:

---

1 Die Verlängerung der Ratspräsidentschaftsperiode wurde schon in der EGKS thematisiert. Daraus folgte, daß die Amtszeit der Ratspräsidentschaft der EAG und EWG auf sechs Monate in den Verträgen von Rom im Jahre 1957 festgelegt wurde. Der Vorsitz der EGKS wurde von drei auf sechs Monate im Jahre 1969 verlängert. Vgl. 2.1.1.

2 Vgl. 3.2.6.

3 Trotz der Tatsache, daß viele Vorschläge die Beibehaltung des sechsmonatigen Rotationsmodus befürworten, wird im folgenden der Status quo nicht als dritter Parameter neben Verlängerung und Verkürzung berücksichtigt. Diese Vorschläge wurden bereits in Abschnitt 4.5.1 der vorliegenden Arbeit dargestellt.

4 Vgl. WALLACE (1975), S. 308.

5 Vgl. Tindemans-Bericht (1975).

6 Vgl. EDWARDS/WALLACE (1978), S. 126.

7 Vgl. Tindemans-Bericht (1975).

„Wir haben den Gedanken einer längeren Amtszeit für den Vorsitz im Europäischen Rat geprüft und den Eindruck gewonnen, daß das beim derzeitigen Stand der Gemeinschaft echte Schwierigkeiten bereiten würde.“[1]

In den 90er Jahren wurde der Vorschlag Tindemans erneut in der Reformdebatte des Rates aufgegriffen. Es wurde insbesondere das Argumentationsmuster Tindemans für eine Verlängerung der Zeitdauer des Vorsitzes übernommen; der Rat bräuchte mehr politische Führung und Kontinuität. Der Verfassungsentwurf des Europäischen Parlaments von 1994 plädierte für einen gewählten Präsidenten des Rates, der für eine Amtszeit von einem Jahr gewählt werden sollte.[2] Die Mandatsdauer des Präsidenten sollte auf bis zu drei Jahre verlängert werden können. Die CEPS-Studie im Jahre 1995 von Ludlow und Ersbøll befürwortete eine Teamratspräsidentschaftsdauer von ein oder eineinhalb Jahren.[3] Ludlow und Ersbøll hielten es für wichtig, daß das neue Vorsitzsystem keine zu langen Intervalle zwischen den zwei Präsidentschaften einer Regierung produzieren würde. Es sollte garantiert werden, daß jede Gruppierung im Sechsjahresrhythmus erneut in die Vorsitzführung gelangen könnte. Aus Kontinuitätsgründen forderte auch die Europäische Strukturkommission im Vorfeld der Regierungskonferenz 1996/1997 eine Ausdehnung der Amtsperiode der Wahlpräsidentschaft in der gesamten Ratshierarchie auf ein Jahr.[4]

Die aktuelle Debatte über die Reform der Ratspräsidentschaft schlägt einen Präsidenten für den Europäischen Rat vor, der sein Amt zwischen zweieinhalb und fünf Jahren ausüben sollte. Die Meinungen differenzieren jedoch, ob eine Kompatibilität zwischen den Amtsperioden des Präsidenten des Europäischen Rates und der Kommission sowie des Europäischen Parlaments vorhanden sein sollte.[5] Im März 2002 empfahl der französische Präsident Chirac, einen Präsidenten für eine ausdauernd lange Dauer wählen zu lassen.[6] Chirac definierte zu diesem Zeitpunkt keine genaue Dauer des Vorsitzes. In dem gemeinsamen deutsch-französischen Beitrag zum Europäischen Konvent vom Januar 2003[7] sowie in der Rede des spanischen Ministerpräsidenten Aznar in Oxford im Mai 2002[8] wurde für den Präsidenten eine Amtsperiode von fünf bzw. zweieinhalb Jahren mit der Möglichkeit der Wiederwahl befürwortet. Der britische Premierminister Blair sprach von einem längerfristig angelegten Vorsitz im Europäischen Rat.[9] In dem britisch-spanischen Konventsbeitrag wurde die Amts-

---

1 Bericht der Drei Weisen (1979).

2 Vgl. Bericht Hermann (1994).

3 Vgl. LUDLOW/ERSBØLL (1995), S. 40.

4 Vgl. EUROPÄISCHE STRUKTURKOMMISSION (1995), S. 43.

5 Beispielsweise plädierten für eine Anpassung The Thinking Enlarged Group und der Vertreter des Europäischen Parlaments im Europäischen Konvent Würmeling. Vgl. BERTELSMANN FOUNDATION AND CENTER FOR APPLIED POLICY RESEARCH (2002), S. 3; WÜRMELING (CONV 549/03). Der deutsch-französische Beitrag plädierte für eine Wahl in Anlehnung an die Amtsperiode des Kommissionspräsidenten oder des Parlamentspräsidenten. Vgl. DE VILLEPIN/FISCHER (CONV 489/03). Gegen eine Kompatibilität sprach sich z.B. der Parlamentsvertreter der Tschechischen Republik Zieleniec in seinem Vorschlag aus. Vgl. ZIELENIEC (CONV 492/03). Im britisch-spanischen Vorschlag wurde kein Bezug zu den Amtszeiten der Präsidenten der Gemeinschaftsinstitutionen hergestellt. Vgl. PALACIO/HAIN (CONV 591/03).

6 Vgl. CHIRAC (Rede 06.03.2002).

7 Vgl. DE VILLEPIN/FISCHER (CONV 489/03).

8 Vgl. AZNAR (Rede 20.05.2002).

9 Vgl. BLAIR (Rede 28.11.2002).

dauer des Präsidenten des Rates auf vier Jahre festgelegt.[1] Der Europaminister von Großbritannien Hain hielt eine lange Amtsdauer für die Sicherstellung einer strategischen, politischen Führung in einer erweiterten EU für notwendig.[2] Ähnlich begründete die Regierungsvertreterin Polens im Europäischen Konvent Hübner ihre Zustimmung für einen längerfristigen Präsidenten. Sie argumentierte analog zum Tindemans-Bericht: „There is good logic in believing that extending the term of the Chairman of the European Council will help to ensure the kind of continuity the European Union needs."[3] Laut The Thinking Enlarged Group würde eine fünfjährige Vorsitzperiode des Präsidenten auch weitere Vorteile für die Union bringen. Vor allem wurde unterstrichen, daß „the President could acquire an extensive knowledge of a wide range of issues and develop the necessary skills to chair the meetings"[4].

Analog zu den Überlegungen zur Mandatsdauer des Präsidenten des Europäischen Rates haben die Reformvorschläge hinsichtlich der Vorsitzdauer im Ministerrat eine hohe Volatilität. Auch die Meinungen der Befürworter einer Wahlpräsidentschaft im Rat unterscheiden sich erheblich hinsichtlich der gewünschten Amtsdauer der Vorsitzenden. Die Kommission empfahl eine Ratspräsidentschaftsperiode für die gewählten Vorsitzenden - aller Ratsformationen mit Ausnahme des Rates „Allgemeine Angelegenheiten" - von nur einem Jahr.[5] Dagegen forderte der deutsch-französische Beitrag im Rahmen des Europäischen Konvents die Einführung eines zweijährigen Wahlvorsitzes im Rat „Wirtschaft und Finanzen", „Justiz und Inneres" sowie in der Euro-Gruppe.[6] Die Zeitdauer der Vorsitze in den anderen Räten wurde in der gemeinsamen Mitteilung nicht präzisiert. Im Vorfeld der Regierungskonferenz von Nizza forderte der Rapport von ICRI einen Vorsitzenden für den ECOFIN, der für zwei oder drei Jahre gewählt werden sollte.[7] Die CEPS-Studie von Gros und Hager sah einen dreijährigen Wahlvorsitz in allen technischen Räten vor. Gros und Hager argumentierten für die Verlängerung der Zeitdauer wie folgt: „Three years would be sufficient to get to know the dossier very well and to achieve some real breakthroughs."[8]

Die Varianz der Zeitdauer in der Teamratspräsidentschaftslösung für den Ministerrat liegt zwischen einem und drei Jahren. Der schwedische Ministerpräsident Persson vertrat die Meinung, daß eine einjährige Amtszeit für ein Team im Rat ausreichend wäre.[9] Derselben Meinung war auch der Regierungsvertreter Ungarns im Europäischen Konvent Balázs aus dem Grund, daß „The one year length can (...) harmonise with the Commission's annual working programme."[10] Das Neue am Vorschlag von Balázs war, daß zwei von vier Teammitgliedern analog zum US-Senat in der Mitte einer laufenden Amtsperiode gewechselt werden sollten, um eine verbesserte Kontinuität der Arbeiten im Ministerrat zu gewährleisten. Finnland, Großbritannien und

---

1 Vgl. PALACIO/HAIN (CONV 591/03).

2 Vgl. *Financial Times 15.05.2002.*

3 HÜBNER (CONV 550/03).

4 BERTELSMANN FOUNDATION AND CENTER FOR APPLIED POLICY RESEARCH (2002), S. 4.

5 Vgl. BARNIER/VITORINO (CONV 448/02).

6 Vgl. DE VILLEPIN/FISCHER (CONV 489/03).

7 Vgl. THE INDEPENDENT COMMISSION FOR THE REFORM OF THE INSTITUTIONS AND PROCEDURES OF THE UNION (1999), S. 43.

8 GROS/HAGER (2002).

9 Vgl. PERSSON (Rede 25.04.2002).

10 BALÁZS (CONV 522/03).

Polen hielten dagegen eine Zeitdauer von einem Jahr für die Teamratspräsidentschaft für nicht ausreichend. Die polnische Regierung sprach sich für eine Periode von zwei bis zweieinhalb Jahren aus,[1] die Regierung Finnlands konnte sich einen Zeitraum von zwei bis sogar drei Jahren pro Gruppe vorstellen.[2] Der britische Premierminister Blair forderte im November 2002, daß die Teams für eine angemessen lange Zeit eingesetzt werden sollten. Der Außenminister Großbritanniens Straw hatte im Februar 2002 vorgeschlagen, für jeden Fachrat einen anderen nationalen Vorsitzenden für zweieinhalb Jahre auf Basis der gleichrangigen Rotation einzusetzen:

> „Wenn eine um vieles größere EU effektiv und geschlossen sein soll, dann brauchen wir eine viel längere Planungszeit als die sechs Monate einer Präsidentschaft, um die künstlichen Arbeitsspitzen, die eine Präsidentschaft herbeiführt, zu vermeiden und um bessere Möglichkeiten zu haben, strategische Ziele aufzustellen und zu erfüllen."[3]

Straw argumentierte zudem, daß die Verlängerung der Dauer des Vorsitzes „eine größere Kontinuität an Fachwissen und eine reifere Tradition an Konsultationen zwischen Rat, Kommission und Europäischem Parlament als jetzt"[4] zur Folge hätte. Aus denselben Gründen befürworten viele Beiträge die Einführung von ständigen Ratspräsidentschaften im Ministerrat.[5]

Die meisten Reformvorschläge konkretisieren die Organisationsform der Ratspräsidentschaft auf den unteren Hierarchieebenen des Rates nicht. Es gibt nur wenige Beiträge, welche Pläne über die Zeitdauer des Vorsitzes mit Ausnahme vom Europäischen Rat und Ministerrat darlegen. Auf den unteren Ebenen der Ratshierarchie spielt das themenspezifische Know-how der Vorsitzenden, das erst durch eine langjährige Erfahrung gewonnen wird, eine große Rolle für den Verhandlungserfolg. Aus diesem Grund hat der Trumpf-Piris-Rapport 1999 vorgeschlagen, gewählte Vorsitzende in Komitees und Arbeitsgruppen für eine Zeitdauer von zwei bis drei Jahren einzusetzen.[6] Auch der von dem Generalsekretär des Rates Solana in Zusammenarbeit mit der antretenden dänischen Präsidentschaft vor dem Europäischen Rat von Sevilla im Juni 2002 vorgelegte Rapport beinhaltete diese Empfehlung.[7] Der Beitrag der finnischen Regierungsvertreter im Europäischen Konvent über die Zukunft der EU vom Januar 2003 sah eine zwei- bis dreijährige Vorsitzregelung auf den unteren Hierarchieebenen des Rates vor, die analog zur Teamratspräsidentschaft im Ministerrat organisiert werden sollte.[8]

Die Verlängerung der Zeitdauer führt zur stärkeren Politisierung der Ratspräsidentschaft. Der längere Zeitraum läßt einem Vorsitzenden mehr Spielraum, den laufenden Verfahren einen eigenen Charakter zu verleihen. In der Diskussion ist erkennbar, daß sowohl die föderal ausgeprägten Reformvorschläge als auch die zwischenstaatlichen Überlegungen die Verlängerung der Ratspräsidentschaftsperiode befürworten. Die kleinen und großen Staaten erheben ebenso diese Forderung. Der Unterschied liegt

---

1 Vgl. HÜBNER (CONV 550/03).

2 Vgl. TIILIKAINEN/PELTOMÄKI (CONV 514/03).

3 STRAW (Rede 21.02.2002).

4 STRAW (Rede 21.02.2002).

5 Vgl. 4.5.3.

6 Vgl. Trumpf-Piris-Report (10.03.1999).

7 Vgl. Measures to Prepare the Council for Enlargement. Report by the Presidency to the European Council. Drawn up jointly with the General Secretariat of the Council (13.06.2002).

8 Vgl. TIILIKAINEN/PELTOMÄKI (CONV 514/03).

darin, in welchen Funktionsbereichen die Verlängerung erwünscht ist. Für Intergouvernementalisten stellt die stärkere Politisierung des Europäischen Rates durch eine längere Amtsdauer die Hauptpriorität in den Reformüberlegungen dar. Dagegen sprechen sich die eher gemeinschaftlich orientierten Akteure hauptsächlich für die Verlängerung der Zeitdauer der Ratspräsidentschaft im Ministerrat aus.

4.6.2 Verkürzung der Ratspräsidentschaft

Aus der Verkürzung der Zeitdauer der Präsidentschaft würde eine teilweise Entpolitisierung des Amtes folgen. Eine Verkürzung kann man daher nur unter der Voraussetzung in Betracht ziehen, wenn die Ratspräsidentschaft nicht mehr die Verantwortung für das Management der gesamten Funktionspalette des aktuellen Vorsitzes trägt. Eine Entpolitisierung der Ratspräsidentschaft wird sogar für die Beibehaltung des Status quo in einer erweiterten Union als notwendig gehalten. Die finnische Regierungsvertreterin Tiilikainen im Europäischen Konvent argumentierte:

> „The rotating presidency of the Council has become cumbersome only because it is loaded with inappropriate tasks. Originally, the Presidency was a purely administrative function but in the course of history it has become burdened with an increasing number of political tasks. When these tasks, starting from policy planning and implementation of external action, are returned to the Commission, the Presidency will be well able to continue to rotate at least as regards the Presidencies of the European Council, the General Affairs and External Relations Council and COREPER."[1]

Im Jahre 1999 hatte ein Bericht des institutionellen Ausschusses des Europäischen Parlaments zum Entscheidungsprozeß im Rat in einem erweiterten Europa identisch zu Tiilikainen formuliert, daß der Vorsitz die impulsgebenden Funktionen und die Lenkung der Außenpolitik an den Kommissionspräsidenten und den Hohen Vertreter für die GASP abtreten sollte, um die übrigen Aufgaben effektiver wahrnehmen zu können.[2]

In praxi würde die Verkürzung der Amtsperiode dazu führen, daß die Ratspräsidentschaft die ursprüngliche Konzeption eines technischen Vorsitzes widerspiegeln würde. Eine Voraussetzung dafür wäre, die Verpflichtungen der Ratspräsidentschaft beträchtlich zu reduzieren, um auf die simple Funktion eines Chairmanship zurückzukommen. Die Präsidentschaft könnte lediglich Tagungen einberufen sowie leiten und würde als Institution den Vorsitzen in anderen internationalen Organisationen ähneln.[3] Die dreimonatige Vorsitzdauer im Vertrag von Paris spiegelte beispielsweise die fehlende politische Substanz der damaligen Ratspräsidentschaft wider.[4] Ojanen vertrat 1999 die Meinung, daß eine verkürzte Amtsperiode viele Defizite des aktuellen Vorsitzes lösen könnte.[5] Zudem argumentierte sie, daß dadurch die Vorteile des Vorsitzsystems in einer erweiterten Union beibehalten werden könnten.

Eine kürzere Dauer des Vorsitzes findet in der aktuellen Reformdiskussion keine Resonanz, da sie eine gravierende Modifikation des Charakters der Ratspräsidentschaft zur Folge hätte. Die Reduktion des Gewichts des Vorsitzes im Institutionenge-

---

1 TIILIKAINEN (CONV 521/03).

2 Vgl. Bericht Bourlanges (1999).

3 Beispielsweise wechselt die Präsidentschaft im Sicherheitsrat der UNO monatlich entsprechend der alphabetischen Reihenfolge der im Rat vertretenen Staaten.

4 Vgl. 2.1.1.

5 Vgl. OJANEN (1999a), S. 10.

füge der Union setzt voraus, daß den Gemeinschaftsorganen viele von den heutigen Aufgaben des Vorsitzes zufallen würden. Wie der Beitrag von Tiilikainen und die Entschließung des Europäischen Parlaments verdeutlichen, gehen die supranational geprägten Überlegungen davon aus, daß künftig die Kommission einen großen Teil der Vorsitzfunktionen übernehmen sollte. Vor allem die Stellung der Kommission würde somit im Institutionengefüge der Union gestärkt werden.

> „Um ein „Minimum" an wechselnder Präsidentschaft beizubehalten und um von ihren nicht zu leugnenden politischen Vorteilen zu profitieren, die in einer erweiterten Union eher an Wichtigkeit gewinnen werden, scheint in der Tat der einzige logische Weg zu sein, das Gewicht der Präsidentschaft zu reduzieren und zum Beispiel die Aufgaben der Repräsentation und der Steuerung der Verhandlungen einer gemeinschaftlichen Instanz anzuvertrauen."[1]

Das bisherige Kapitel 4 verdeutlicht, daß fünf Parameterkategorien die Reformdiskussion der Ratspräsidentschaft determinieren: Reformen aufbauend auf der aktuellen Ratspräsidentschaft, Funktionsbereich der Ratspräsidentschaft, Zusammensetzung der Ratspräsidentschaft, Besetzung der Ratspräsidentschaft sowie Zeitdauer der Ratspräsidentschaft. Im folgenden werden zentrale oben bereits dargestellte Reformvorschläge zusammengefaßt und der Verfassungsentwurf des Europäischen Konvents anhand der Parameter näher untersucht.

4.7 Parameter des Verfassungsentwurfs des Europäischen Konvents und weiterer ausgewählter Reformvorschläge

In diesem Abschnitt werden ausgewählte Reformvorschläge im Rahmen des Europäischen Konvents sowie die Vorsitzbestimmungen des Entwurfs eines Vertrags über eine Verfassung für Europa[2] anhand des entwickelten Parameterkatalogs analysiert (vgl. Abbildung 4-1). Ziel ist, die unterschiedliche Auswahl der Parameter und deren Ausgestaltungen zwischen den verschiedenen Reformvorschlägen aufzuzeigen. Zu diesen Reformvorschlägen gehören neben dem Verfassungsentwurf des Europäischen Konvents folgende Beiträge: die Mitteilung der Kommission, das Benelux-Memorandum, der deutsch-französische Beitrag, der britisch-spanische Beitrag und die Mitteilung der 16 kleinen Mitglied- und Beitrittsstaaten.[3]

Der Entwurf eines Vertrags über eine Verfassung für Europa sowie die ausgewählten Reformvorschläge sind dadurch gekennzeichnet, daß sie die bisherige rotierende halbjährliche EU-Ratspräsidentschaft nicht mehr als praktikabel für eine erweiterte EU betrachten. Im Hinblick auf die Frage zur Einsetzung eines hauptamtlichen Präsidenten des Europäischen Rates haben die Kommission und die Benelux-Staaten einen einheitlichen Ansatz gefunden. Die Gründung des Amtes eines hauptamtlichen Präsidenten des Europäischen Rates wurde negiert. Diesen integrationistischen Beiträgen der Kommission und der Benelux-Staaten ist zudem gemeinsam, daß sie sich für die Beibehaltung der Rotation u.a. im Europäischen Rat aussprachen und für die Übertragung einiger ständiger Vorsitze der Kommission plädierten.

---

1 VAN DE VOORDE (2002), S. 324.

2 Vgl. DAS SEKRETARIAT (CONV 850/03).

3 Vgl. BARNIER/VITORINO (CONV 448/02); MICHEL/DE VRIES/SANTER (CONV 457/02); DE VILLEPIN/FISCHER (CONV 489/03); PALACIO/HAIN (CONV 591/03); ATTALIDES U.A. (CONV 646/03). Zur Begründung dieser Auswahl siehe 4.1.

Der deutsch-französische Beitrag über die institutionelle Architektur der Union stellte einen Kompromiß zwischen gemeinschaftlichem und zwischenstaatlichem Lager dar. Der Beitrag plädierte für eine Doppelspitze, die aus einem gewählten Präsidenten des Europäischen Rates und einem vom Europäischen Parlament gewählten Kommissionspräsidenten bestehen sollte. Darüber hinaus wurde die Fusion der Ämter des Hohen Vertreters für die GASP und des Außenkommissars in Analogie zum Kommissions- und Benelux-Beitrag als notwendig angesehen, die einen großen Teil der außenpolitischen Funktionen der aktuellen Präsidentschaft absorbieren sollte.

Im Vergleich zum deutsch-französischen Vorschlag sowie den Beiträgen von Kommission und Benelux-Staaten erschien das britisch-spanische Konventspapier weniger gemeinschaftsoffen. Der britisch-spanische Vorschlag sah zwar eine Stärkung des Amtes des Hohen Repräsentanten vor, ohne jedoch eine formelle Bindung an die Kommission zu formulieren. Des weiteren plädierte das Papier für eine Verstärkung der intergouvernementalen Elemente der Union durch die koordinierende Rolle des hauptamtlichen Präsidenten des Europäischen Rates im Vorsitzsystem des Ministerrates. Der Präsident des Europäischen Rates sollte gleichzeitig der Vorsitzende des Allgemeinen Rates sein und die alternierende Teamratspräsidentschaft des Rates der EU mit dem institutionellen Vorsitz des Europäischen Rates verbinden.

Der gemeinsame Konventsbeitrag von 16 kleinen Mitglied- und Beitrittsstaaten macht die Bruchlinie zwischen kleinen und großen Staaten bei der Reform der Ratspräsidentschaft deutlich. Die Mitteilung der 16 Staaten erkannte die Notwendigkeit zur Fortentwicklung des bisherigen Präsidentschaftssystems an, befürwortete aber die Beibehaltung des Rotationssystems insbesondere im Europäischen Rat, Allgemeinen Rat und AStV.

Die Parameterauswahl des Verfassungsentwurfs des Europäischen Konvents stellt einen Kompromiß zwischen diesen Beiträgen dar. Der Verfassungsentwurf[1] sieht einen Präsidenten für den Europäischen Rat vor, der mit qualifizierter Mehrheit auf zweieinhalb Jahre mit der Möglichkeit einer einmaligen Wiederwahl vom Europäischen Rat gewählt werden soll (Art. I-21 Abs. 1). Der Präsident darf kein nationales Amt innehaben (Art. I-21 Abs. 3). Ein europäisches Amt wird aber nicht explizit verboten und so läßt der Entwurf die Option einer Double-hat-Lösung zwischen Kommissionspräsidenten und Präsidenten des Europäischen Rates offen. Der Präsident soll insbesondere die Funktionen der bisherigen rotierenden EU-Präsidentschaft im Europäischen Rat übernehmen (Art. I-21 Abs. 2). Er soll die Tagungen des Europäischen Rates vorbereiten, leiten und koordinieren und für die Förderung des Konsenses im Europäischen Rat zuständig sein. Dem Präsidenten soll die Verantwortung für die Berichterstattung des Europäischen Parlaments im Anschluß an jede Tagung obliegen sowie die Union nach außen auf der Ebene des Staats- und Regierungschefs vertreten. Das Verhältnis zum neu zu schaffendem Amt eines Außenministers der Union wird kaum konkretisiert, was Interpretationsmöglichkeiten im Hinblick auf zwischenstaatliche und gemeinschaftliche Richtungen offen läßt. Im Verfassungsentwurf wird lediglich festgestellt, daß der Präsident die Außenvertretung in Angelegenheiten der GASP unbeschadet der Zuständigkeiten des Außenministers wahrnehmen soll.

Im Amt des Außenministers der Union sollen die Zuständigkeiten fusioniert werden, die bis dato vom Hohen Vertreter der GASP und dem Außenkommissar ausgeübt

---

1 Vgl. DAS SEKRETARIAT (CONV 850/03).

wurden (Art. I-27). Das Ernennungsverfahren und die Kompetenzen spiegeln diese doppelte Funktion wider. Der Außenminister soll mit qualifizierter Mehrheit analog zur Wahl des Präsidenten des Europäischen Rates gewählt werden (Art. I-27 Abs. 1). Zusätzlich bedarf die Ernennung jedoch der Zustimmung des Präsidenten der Kommission. Der Außenminister soll ein Initiativrecht in Angelegenheiten der GASP und ESVP erhalten (Art. I-27 Abs. 2). Der Außenminister soll auch den Vorsitz im Rat „Auswärtige Angelegenheiten" führen, um die Kohärenz der Außenpolitik sicherzustellen (Art. I-23 Abs. 2). In bezug auf die Außenaktivitäten der Kommission soll der Außenminister eine koordinierende Rolle übernehmen (Art. I-27 Abs. 3) und somit als Vizepräsident der Kommission das außenpolitische Portfolio innehaben.

Mit Ausnahme der ständigen Ratspräsidentschaft des Außenministers im Rat „Auswärtige Angelegenheiten" soll der Vorsitz in allen weiteren Formationen des Ministerrates auf gleichberechtigter Rotation zwischen den Mitgliedstaaten beruhen (Art. I-23 Abs. 4). Die verschiedenen Ratsformationen sollen sukzessiv von den einzelnen Mitgliedstaaten ausgeübt werden. Der Entwurfsartikel zum Vorsitz im Rat beinhaltet explizit den Begriff gleichberechtigte Rotation. Hinsichtlich der Rotation verankert der Verfassungsentwurf, daß sie das politische und geographische Gleichgewicht in Europa sowie der Verschiedenheit der Mitgliedstaaten berücksichtigen soll. Was unter der politischen Balance und der Verschiedenheit der Mitgliedstaaten zu verstehen ist, wird nicht näher ausgeführt.

Hervorzuheben ist zudem die neue Regelung des Vorsitzes der Euro-Gruppe. In Analogie zum Vorsitz des WFA wird eine Wahlratspräsidentschaft eingeführt. Das Protokoll zur Euro-Gruppe legt fest, daß die Minister der Euro-Staaten mit der Mehrheit der teilnehmenden Mitgliedstaaten einen Präsidenten für zweieinhalb Jahre wählen (Art. 2 Protokoll betreffend die Euro-Gruppe). Die Vorsitzführungsmodalitäten auf den unteren Hierarchieebenen des Rates werden im Entwurf nicht festgeschrieben. Der EU-Vertrag hat auch bisher nur den Vorsitz im Rat der EU geregelt.[1] Das bisherige Prinzip der Einheitlichkeit des Vorsitzes, die nachgeordneten Gremien des Rates auch als Rat aufzufassen, hat sich gewohnheitsrechtlich entwickelt.[2] So ist analog davon auszugehen, daß die Ratspräsidentschaft im AStV, in den Sonderausschüssen und Arbeitsgruppen nicht mehr in der Hand eines Mitgliedstaates liegen wird. Die Präsidentschaft soll vermutlich von einem im Ministerrat vorsitzenden Mitgliedstaat wahrgenommen werden, dem ein Gremium fachlich zugeordnet werden kann. So würde beispielsweise die Leitung des AStV in Abhängigkeit der zu behandelnden Dossiers wechseln.

Auch einige weitere, die Ratspräsidentschaft mittelbar betreffende Bestimmungen sollen modifiziert werden. Der Verfassungsentwurf sieht die Stärkung des Generalsekretariats des Rates vor, wobei das Vollzeitamt des Generalsekretärs des Rates wiedereingeführt werden soll (Art. III-247 Abs. 2). Zudem soll das Sekretariat nicht nur den Ministerrat, sondern auch den Europäischen Rat explizit unterstützen (Art. III-244 Abs. 3 Satz 2). Der Entwurf läßt den Eigeninitiativen der Ratspräsidentschaft weniger Spielraum und stellt die Kontinuität der Agenda der EU in größerem Ausmaß sicher. Die Kommission soll die jährliche und mehrjährige Programmplanung der Union initiieren, um interinstitutionelle Vereinbarungen zu erzielen (Art. I-25 Abs. 1).

---

1 Vgl. Art. 203 Satz 2 EGV (idF. vom 26.02.2001).

2 Vgl. SASSE (1975), S. 175.

Wie veranschaulicht wurde, kombiniert jeder Vorschlag die einzelnen Parameter auf unterschiedliche Weise. Die Abbildung 4-1 zeigt zusammenfassend die Parameter und ihre Ausgestaltung im Verfassungsentwurf und in den weiteren fünf zentralen Reformvorschlägen im Rahmen des Europäischen Konvents.

Parameter	Reformvorschläge	Mitteilung der Kommission [05.12.2002] (CONV 448/02)	Benelux-Memorandum [11.12.2002] (CONV 457/02)
Reformen auf-bauend auf der aktuellen Rats-präsi-dent-schaft	**Entwicklung des Troika-Systems**		
	Festlegung eines längerfristigen Arbeitsprogramms	-Interinstitutionelle Planung der Arbeit der Union	-Mehrjähriges Programm der Union
	Stärkung des General-sekretariats des Rates		-Der hohe Vertreter für die GASP wird vom Amt des Generalsekretärs des Rates entbunden
Funk-tions-bereich der Rats-präsi-dent-schaft	**Vertikale Ratspräsidentschaft**	-Automatische Rotation: ER, Rat „Allgemeine Angelegenheiten" und AStV -Wahlratspräsidentschaft: Rat der EU mit Ausnahme vom Rat „Allgemeine Angelegenheiten"	-Ständige Ratspräsidentschaft: Präsident der KOM im Rat „Allgemeine Angelegenheiten" und Hoher Vertreter für die GASP/Kommissar für auswärtige Beziehungen im Rat „Außenbeziehungen" -Automatische Rotation: ER und übrige Ratsformationen
	Horizontale Ratspräsidentschaft		
Zusam-men-setzung der Rats-präsi-dent-schaft	**Personifizierung**		-Negiert explizit einen haupt-amtlichen Vorsitzenden des ER für einen längeren Zeitraum
	Personalunion	-Ämter des Hohen Vertreters für die GASP und des Kommissars für auswärtige Beziehungen werden von derselben Person ausgeübt: Sekretär der Union (gleichzeitig Vizepräsident der KOM)	-Ämter des Hohen Vertreters für die GASP und des Kommissars für auswärtige Beziehungen werden von derselben Person ausgeübt: (gleichzeitig Vizepräsident der KOM)
	Teamrats-präsidentschaft		
	Direktorium		
	Permanente Institution		
Be-setzung der Rats-präsi-dent-schaft	**Automatische Rotation**	-ER -Rat „Allgemeine Angelegenheiten" -AStV (jeweils halbjährliche Rotation)	-ER -Rat der EU außer Rat -„Allgemeine Angelegenheiten" und „Außenbeziehungen" (jeweils halbjährliche Rotation)
	Wahlratspräsident-schaft	-Alle Ratsformationen mit Ausnahme vom Rat „Allgemeine Angelegenheiten" wählen ihren Vorsitzenden aus ihrer Mitte	
	Ständige Rats-präsidentschaft	-Keine Übernahme des Vorsitzes des Rates „Außenbeziehungen" durch den Sekretär der Union	-Präsident der KOM im Rat „Allgemeine Angelegenheiten" -Hoher Vertreter für die GASP/ Kommissar für auswärtige Bezie-hungen im Rat „Außenbeziehungen"
Zeit-dauer der Rats-präsi-dent-schaft	**Verlängerung der Ratspräsident-schaft**	-Alle Ratsformationen mit Ausnahme vom Rat „Allgemeine Angelegenheiten" für 1 Jahr	
	Verkürzung der Ratspräsidentschaft		

Parameter	Reformvorschläge	Deutsch-französischer Beitrag [15.01.2003] (CONV 489/03)	Britisch-spanischer Beitrag [28.02.2003] (CONV 591/03)
Reformen auf-bauend auf der aktuellen Rats-präsi-dent-schaft	Entwicklung des Troika-Systems		
	Festlegung eines längerfristigen Arbeitsprogramms		- Mehrjährige strategische Agenda
	Stärkung des General-sekretariats des Rates		
Funk-tions-bereich der Rats-präsi-dent-schaft	Vertikale Ratspräsidentschaft	- Personifizierung: ER - Ständige Ratspräsidentschaft: Generalsekretär des Rates im Rat „Allgemeine Angelegenheiten" und europäischer Außenminister im Rat „Außenbeziehungen" - Wahlratspräsidentschaft: Rat „Wirtschaft und Finanzen", „Justiz und Inneres" und Euro-Gruppe - Automatische Rotation: Übrige Ratsformationen	- Personifizierung: ER - Ständige Ratspräsidentschaft: Vorsitzender des ER im Rat „Allgemeine Angelegenheiten" und Hoher Vertreter für die GASP im Rat „Außenbeziehungen" - Automatische Rotation: Rotierende Teamratspräsidentschaft in übrigen Ratsformationen
	Horizontale Ratspräsidentschaft		
Zusam-men-setzung der Rats-präsi-dent-schaft	Personifizierung	- Hauptamtlicher Vorsitzender für den ER	- Hauptamtlicher Vorsitzender für den ER
	Personalunion	- Ämter des Hohen Vertreters für die GASP und des Kommissars für auswärtige Beziehungen werden von derselben Person ausgeübt: Europäischer Außenminister (Mitglied der KOM mit besonderem Status)	- Keine Personalunion vorgesehen (der Hohe Vertreter für die GASP soll gestärkt werden)
	Teamrats-präsidentschaft		- 4 Mitgliedstaaten in einem Team, das den Vorsitz in allen Ratsformationen außer Rat „Allgemeine Angelegenheiten" und „Außenbeziehungen" führt
	Direktorium		
	Permanente Institution		
Be-setzung der Rats-präsi-dent-schaft	Automatische Rotation	- Rat der EU außer Rat „Allgemeine Angelegenheiten", „Außenbeziehungen", „Wirtschaft und Finanzen", „Justiz und Inneres" und Euro-Gruppe	- Rotierende Teamratspräsident-schaft im Rat der EU außer Rat „Allgemeine Angelegenheiten" und „Außenbeziehungen"
	Wahlratspräsident-schaft	- ER wählt mit qualifizierter Mehrheit seinen Vorsitzenden - Rat „Wirtschaft und Finanzen", „Justiz und Inneres" und Euro-Gruppe wählen ihren Vorsitzenden aus ihrer Mitte	- ER wählt seinen Vorsitzenden (die Wahlmodalität soll die Gleichheit zwischen den Mitgliedstaaten sicherstellen)
	Ständige Rats-präsidentschaft	- Generalsekretär des Rates im Rat „Allgemeine Angelegenheiten" - Europäischer Außenminister im Rat „Außenbeziehungen"	- Vorsitzender des ER im Rat „Allgemeine Angelegenheiten" - Hoher Vertreter für die GASP im Rat „Außenbeziehungen"
Zeit-dauer der Rats-präsi-dent-schaft	Verlängerung der Ratspräsident-schaft	- Vorsitzender des ER für 5 bzw. $2^1/_2$ Jahre - Rat „Wirtschaft und Finanzen", „Justiz und Inneres" und Euro-Gruppe wählen ihren Vorsitzenden für 2 Jahre	- Vorsitzender des ER für 4 Jahre - Teamratspräsidentschaft im Rat der EU außer Rat „Allgemeine Angelegenheiten" und „Außen-beziehungen" für 2 Jahre
	Verkürzung der Ratspräsidentschaft		

Parameter	Reformvorschläge	Mitteilung der 16 kleinen Mitglied- und Beitrittsstaaten [28.03.2003] (CONV 646/03)	Verfassungsentwurf des Europäischen Konvents [18.07.2003] (CONV 850/03)
Reformen auf- bauend auf der aktuellen Rats- präsi- dent- schaft	**Entwicklung des Troika-Systems**	-Verbesserung der Kooperation zwischen den Ratspräsident- schaften, wie auf der Tagung des ER in Sevilla im Juni 2002 vereinbart	
	Festlegung eines längerfristigen Arbeitsprogramms	-Praktische Umsetzung des in Sevilla beschlossenen operativen Jahres- programms für den Rat und des mehrjährigen Strategieprogramms für die Union	-Jährliche und mehrjährige Programmplanung der Union auf interinstitutioneller Basis
	Stärkung des General- sekretariats des Rates	-Wiederherstellung eines Vollzeitamtes für den Generalsekretär des Rates	-Wiederherstellung eines Vollzeitamtes für den Generalsekretär des Rates
Funk- tions- bereich der Rats- präsi- dent- schaft	**Vertikale Ratspräsidentschaft**	-Automatische Rotation: Beibehaltung der Rotation insbesondere im ER, Rat „Allgemeine Angelegenheiten" und AStV	-Personifizierung: ER -Ständige Ratspräsidentschaft: Außenminister der Union im Rat „Außenbeziehungen" -Automatische Rotation: Rat der EU mit Ausnahme vom Rat „Außenbeziehungen" -Wahlratspräsidentschaft: Euro- Gruppe
	Horizontale Ratspräsidentschaft		
Zusam- men- setzung der Rats- präsi- dent- schaft	**Personifizierung**		-Hauptamtlicher Präsident des ER
	Personalunion	-Ämter des Hohen Vertreters für die GASP und des Kommissars für auswärtige Beziehungen werden von derselben Person ausgeübt	-Ämter des Hohen Vertreters für die GASP und des Kommissars für auswärtige Beziehungen werden von derselben Person ausgeübt: Außenminister der Union (gleichzeitig Vizepräsident der KOM)
	Teamrats- präsidentschaft		
	Direktorium		
	Permanente Institution		
Be- setzung der Rats- präsi- dent- schaft	**Automatische Rotation**	-ER -Rat „Allgemeine Angelegenheiten" -AStV (jeweils halbjährliche Rotation)	-Rat der EU mit Ausnahme vom Rat „Außenbeziehungen"
	Wahlratspräsident- schaft		-ER wählt mit qualifizierter Mehrheit seinen Präsidenten -Euro-Gruppe wählt seinen Präsidenten mit der Mehrheit der Mitgliedstaaten
	Ständige Rats- präsidentschaft		-Außenminister der Union im Rat „Außenbeziehungen"
Zeit- dauer der Rats- präsi- dent- schaft	**Verlängerung der Ratspräsident- schaft**		-Präsident des ER für 2½ Jahre (einmalige Wiederwahl möglich) -Wahl des Präsidenten der Euro- Gruppe für 2½ Jahre -Vorsitze im Rat der EU für mindestens 1 Jahr
	Verkürzung der Ratspräsidentschaft		

Abbildung 4-1: Parameter der ausgewählten Reformvorschläge

Die systematische Erfassung der Reformvorschläge zeigt die Vielfalt der Parameter und deren Ausgestaltungen in der Diskussion um die künftige Ratspräsidentschaft. Allen Vorschlägen ist gemeinsam, daß sie angesichts der Erweiterung von der Notwendigkeit der Modifizierung der rotierenden Ratspräsidentschaft ausgehen. Ebenfalls wurde in Kapitel 4 deutlich, daß die Reformvorschläge in Abhängigkeit der Positionen der Intergouvernementalisten und Supranationalisten sowie der kleinen und großen Mitgliedstaaten verschiedene Schwerpunkte besitzen. Dies beruht auf den unterschiedlichen Finalitätsvorstellungen. Es finden sich zum einen Beiträge, die eine Vertiefung der europäischen Integration negieren, ihr vorrangiges Interesse bei der Reform der Ratspräsidentschaft gilt der Wahrung der nationalen Souveränität. Demgegenüber stehen Vorschläge, welche für eine Vertiefung des europäischen Integrationsprozesses eintreten. Allerdings haben viele Reformvorschläge einen dualen Charakter. Diese kombinieren supranationale Parameter mit zwischenstaatlichen Elementen.

Im folgenden werden unter Berücksichtigung des Institutionengefüges einer erweiterten EU - föderales, intergouvernementales und flexibles Modell - Reformoptionen entwickelt.

5 REFORMOPTIONEN UND RELEVANZ DER RATSPRÄSIDENTSCHAFT

Die Pluralität der Parameter der Reformvorschläge und deren Ausgestaltungen spiegelt die unterschiedlichen Auffassungen und Einstellungen gegenüber der Neugestaltung der Ratspräsidentschaft und der Weiterentwicklung der EU wider. Auch die analysierten Reformvorschläge sind Ergebnis von Kompromissen und beinhalten Aspekte, die miteinander nicht kompatibel sind. Aus diesem Grund werden die Perspektiven der Ratspräsidentschaft als Reformoptionen in Abhängigkeit der Modelle einer erweiterten EU im folgenden systematisch hergeleitet.

Die Parameter der Reformvorschläge werden zunächst anhand der systemischen, mitgliedstaatlichen und funktionalen Anforderungen evaluiert, um diese Bewertung dann für den Entwurf der Reformoptionen heranzuziehen. Die Ausarbeitung der Reformoptionen wird anschließend differenziert nach den Modellen einer erweiterten EU mit Hilfe der konzipierten Anforderungskataloge vorgenommen (vgl. Abbildung 5-1).

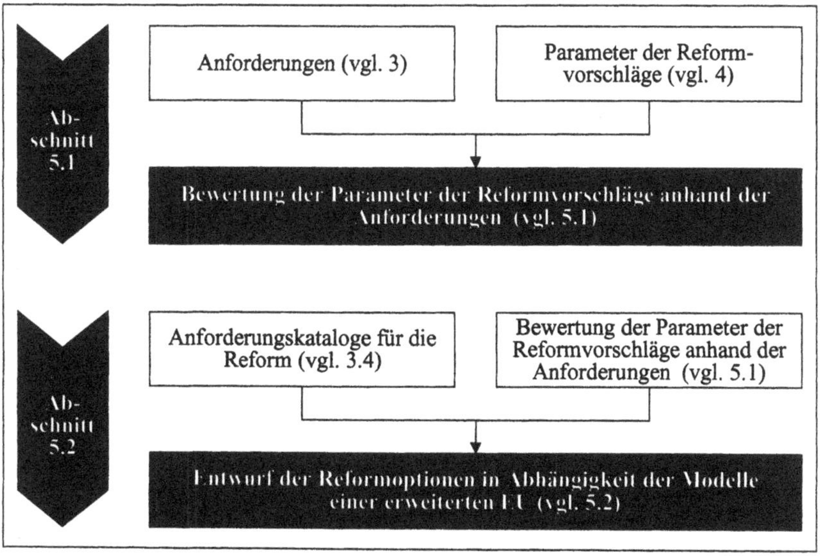

Abbildung 5-1: Entwurf der Reformoptionen

Danach wird die Kompatibilität der Ratspräsidentschaftsbestimmungen des Verfassungsentwurfs des Europäischen Konvents mit den Anforderungen ermittelt. Im Anschluß findet deren Evaluation im Hinblick auf die eingeschlagene Integrationsrichtung auf Basis der entworfenen Reformoptionen statt. Das Kapitel 5 schließt mit der Beurteilung der Relevanz der Ratspräsidentschaft in einer erweiterten EU.

5.1 Bewertung der Parameter der Reformvorschläge anhand der Anforderungen

Nachdem die Parameter der Reformvorschläge mit Hilfe der beiden Trennlinien über die künftige Gestaltung der EU - sowohl zwischen den Supranationalisten und den Intergouvernementalisten als auch zwischen den kleinen und großen Staaten - analysiert wurden, werden sie im folgenden anhand der in Kapitel 3 aufgestellten systemischen, mitgliedstaatlichen und funktionalen Anforderungen bewertet. Zielsetzung ist die Ermittlung der Kompatibilität der Parameter der Reformvorschläge mit den verschiedenen Anforderungen.

5.1.1 Bewertung anhand der systemischen Anforderungen

Im ersten Schritt werden die Parameter der Reformvorschläge im Hinblick auf die systemischen Anforderungen untersucht (vgl. Abbildung 5-2).

Effizienz

Reformen aufbauend auf der aktuellen Ratspräsidentschaft: Für eine effizientere Aufgabenerfüllung in einer erweiterten EU kann die Entwicklung des Troika-Systems nur geringfügig beitragen. Positiv zu bewerten ist, daß das Troika-System eine Einarbeitungszeit ermöglicht und den nachfolgenden Vorsitz am erworbenen Know-how teilhaben läßt.[1] Allerdings hat sie ihre Leistungsgrenzen in der Vergangenheit deutlich gezeigt. Die Fortentwicklung der Troika kann somit nicht die durch die wachsende Anzahl und Heterogenität der Mitgliedstaaten sowie die zunehmende Komplexität des Institutionengefüges ergebenden Herausforderungen zufriedenstellend bewältigen. Von zentraler Wichtigkeit ist dagegen, der Union einen strategischen Rahmen in Analogie zu den Beschlüssen des Europäischen Rates von Sevilla im Juni 2002 zu verleihen, der es ihr ermöglicht, ihre Aktivitäten und Zielsetzungen effizient sowie zielorientiert zu organisieren. Die Festlegung eines längerfristigen Arbeitsprogramms kann in einer erweiterten EU zur deutlichen Effizienzsteigerung führen und die Kontinuität und Kohärenz der Tätigkeiten der Union erheblich verbessern. Die Möglichkeiten dieses Reformparameters sind in praxi noch nicht genügend stark ausgeschöpft worden. Die Stärkung des Generalsekretariats des Rates kann ebenfalls zur wesentlichen Effizienzsteigerung in einer erweiterten EU führen, falls die langjährige Erfahrung des Generalsekretariats in organisatorischen Belangen und seine inhaltliche Kompetenz bei der Planung und Durchführung eines Vorsitzes intensiver miteinbezogen werden. Von fundamentaler Bedeutung für die Erhöhung der Effizienz ist die Tatsache, daß das Generalsekretariat den Vorsitz vor allem auf den unteren Hierarchieebenen des Rates problemlos im größeren Maße unterstützen kann.

Funktionsbereich der Ratspräsidentschaft: Das monolithische Strukturelement des Funktionsbereiches der Ratspräsidentschaft, der Grundsatz der Einheitlichkeit des Vorsitzes, kann nicht zur zufriedenstellenden Aufgabenerfüllung in einer erweiterten EU führen. Insbesondere die enorme Arbeitslast des Vorsitzes und die Flexibilisierung der Integration sprechen für eine Aufteilung von Vorsitzfunktionen. Das vertikale

[1] Vgl. FASTENRATH (1994), S. 105.

oder horizontale Splitting der Präsidentschaft kann zur verbesserten Aufgabenwahrnehmung beitragen. Problematisch ist jedoch, daß die Teilung des Vorsitzes den Koordinationsaufwand innerhalb des Vorsitzes und der gesamten Union erheblich steigern wird.[1] Die Sicherstellung der Kohärenz der Ratsaktivitäten ist traditionell eine Aufgabe der Präsidentschaft gewesen. Durch die Differenzierung steigt der Bedarf an neuen Institutionen, welche die allgemeine Funktion der Koordination übernehmen würden.[2] Das Splitting der Ratspräsidentschaft erhöht zudem die Gefahr eines Machtkonfliktes innerhalb der Union, falls keine eindeutige Hierarchie im Rat gegeben ist.[3] Trotz dieser Argumente kann die Aufteilung des Funktionsbereichs letztendlich die Effizienz der Ratspräsidentschaft steigern.

Zusammensetzung der Ratspräsidentschaft: Die Personifizierung der Ratspräsidentschaft des Europäischen Rates kann die Effizienz der Beschlußfassung bei der künftigen Größe der EU sowie die EU-internen und -externen Herausforderungen sicherstellen. Ein Vollzeitvorsitzender des Europäischen Rates kann zahlreiche Defizite im Willensbildungs- und Entscheidungsfindungsprozeß der EU aufheben. Eine Institutionalisierung sowie Professionalisierung der Vorarbeiten des Europäischen Rates wird vor allem die Qualität und Kontinuität der technischen Vorbereitungen erhöhen, die für die Konkretisierung der politischen Erfolge als entscheidend gelten. Auch eine dauerhafte Kontrolle der Implementierung der Entscheidungen wird einfacher. Eine Personalunion des Hohen Vertreters für die GASP und des Außenkommissars kann zu Transparenz und Koordination zwischen den beiden Ämtern führen, die eine wichtige Voraussetzung für eine konsistente Außenpolitik der EU ist. Eine Personalunion kann zudem ein kontinuierliches und kohärentes Vorgehen der Union auf internationaler Bühne gewährleisten und somit zu einer eindeutigen Leistungssteigerung im außenpolitischen Bereich der Union führen. Da die Teamratspräsidentschaftslösung die Entlastung der einzelnen mitgliedstaatlichen Regierung zur Folge hat, erscheint sie auf den ersten Blick als eine Option, um die Effizienz des Vorsitzes zu steigern. Zudem kann die subregionale Kooperation zur Reduktion der Komplexität der Entscheidungsfindung in einer erweiterten EU schon im Vorfeld des Beschlußfassungsprozesses beitragen.[4] Auf den zweiten Blick ist jedoch erkennbar, daß die Zusammenarbeit in praxi sowohl in einem homogenen als auch in einem heterogenen Team wegen des erhöhten Koordinationsaufwands problematisch sein kann. Erstens ist zu berücksichtigen, daß keine permanenten, natürlichen Interessenkoalitionen in der EU existieren,[5] die eine Grundlage für eine homogene Gruppenbildung darstellen könnten.[6] Zweitens wird das einheitliche Vorgehen in einem heterogenen Team insbesondere durch die unterschiedlichen Regierungskulturen erschwert. Beispielsweise wurden anläßlich der

1 Vgl. DURAND (2001), S. 5; JACQUÈ/SIMON (1988), S. 132; KIRCHNER/TSAGKARI (1993b), S. 58.

2 Mehrere Reformvorschläge plädieren für die Einsetzung solcher Koordinationsausschüsse. Vgl. 4.5.3.

3 Vgl. FRÖHLICH (2002b), S. 1109; JANNING (1995a), S. 276.

4 Vgl. KISS/KÖNIGOVA/LUIF (2003), S. 59.

5 Vgl. KUOSMANEN (1998), S. 77; WALLACE (1985c), S. 466; WERTS (1992), S. 98.

6 Beispielsweise wäre die Bildung eines nordischen Blocks (Dänemark, Finnland und Schweden) vor allem aus geschichtlichen und geographischen Gemeinsamkeiten möglich. Die unterschiedliche Integrationsbereitschaft der drei Staaten würde die Zusammenarbeit innerhalb eines Teams jedoch komplizieren. Näheres zu den Unterschieden innerhalb des nordischen Blocks BROWN (2000), S. 32 f.; PETERSEN (1997), S. 184; PETERSON/BOMBERG (1998), S. 48.

finnischen Ratspräsidentschaft im Jahre 1999[1] und der schwedischen im Jahre 2001[2] Untersuchungen durchgeführt, die diese Problematik veranschaulichen. Wegen der kulturellen Nord-Süd-Division haben die finnischen und schwedischen Beamten am engsten mit den anderen Staaten des nördlichen Blocks der EU im Rahmen des Vorsitzes kooperiert. Mäki-Lohiluoma kommt in seiner Untersuchung zu folgendem Schluß: „The Finnish civil servants might not always even understand the „southern" way of thinking and conceptualisation."[3] Die Erweiterung erhöht weiterhin die Heterogenität der Union und verkompliziert somit die Kooperation zwischen den Staaten. Aus der Einführung einer Teamratspräsidentschaft resultiert somit kaum ein Effizienzsprung. Beim Reformparameter eines Direktoriums erhalten bei der Ausübung der Ratspräsidentschaft große mitgliedstaatliche Regierungen mehr Gewicht als kleine. Die großen Mitgliedstaaten besitzen als Vorsitzende auf den strategisch wichtigen Tätigkeitsfeldern eindeutige Vorteile gegenüber den kleinen Ländern. Dies garantiert jedoch keine verbesserte Aufgabenerfüllung in einer erweiterten Union. Eine ungleiche Behandlung der Mitgliedstaaten würde zu Machtkonflikten und Spannungen innerhalb der Union führen, die der Effizienz abträglich sind.

> „Die Gemeinschaftskonstruktion als ein bisher erfolgreicher Versuch, Spannungen zwischen den 'Großen' und 'Kleinen' zu mildern, würde infrage gestellt. Europa würde in Großmachtspiele mit entsprechenden Allianzen von Satellitenstaaten zurückfallen."[4]

Eine permanente Vorsitzinstitution kann dagegen die Leistung der Ratspräsidentschaft erhöhen, da sie vor allem zur Sicherstellung des vorsitzspezifischen Know-hows führt. Die Einsetzung neuer Gremien kann jedoch zu Überschneidungen der Zuständigkeiten zwischen den Institutionen führen und negative Auswirkungen auf die Effizienz haben.

Besetzung der Ratspräsidentschaft: Die automatische Rotation als Reformalternative legt fest, daß jeder Mitgliedstaat den Vorsitz unabhängig von seinen Fähigkeiten, Kenntnissen und Ressourcen gleichberechtigt in vorher festgelegter Reihenfolge auf demselben Funktionsbereich ausübt. Die Effizienz kann in einem solchen Modus schwer garantiert werden. Im Unterschied zum mechanischen System der Rotation ermöglicht eine Wahlratspräsidentschaft, daß der Wettbewerb in der Union bei der Besetzung des Vorsitzes gefördert wird und der Bestgeeignete eine größere Chance bei der Wahl hat. Die Einführung einer Wahlratspräsidentschaft kann somit durch die qualitative Auslese der Vorsitzenden der Effizienz zugute kommen. Die Besetzung des Vorsitzes durch die Errichtung einer ständigen Ratspräsidentschaft bedeutet automatisch eine erhöhte Kontinuität durch das Wegfallen der Einarbeitungszeiten und die permanente Sicherstellung administrativer Know-hows. Ihre Einsetzung führt zu einem standardisierten Verfahren ohne Qualitätsschwankungen in der Vorsitzfunktion und ermöglicht Effizienzvorteile für die EU.

Zeitdauer der Ratspräsidentschaft: Die Verlängerung der Ratspräsidentschaftsperiode fördert die Effizienz, da sie insbesondere Autorität und Kontinuität der Vorsitzführung stärkt. Die halbjährliche Zeitdauer ist für die komplexe Problemstruktur der Union nicht mehr adäquat. Dementsprechend wirkt sich eine Verkürzung der Zeitdau-

---

1 Ausführlich hierzu MÄKI-LOHILUOMA (1999), S. 46 ff.

2 Vgl. BJURULF (2001), S. 19.

3 MÄKI-LOHILUOMA (1999), S. 5.

4 WESSELS/JANTZ (1997), S. 361.

er für die Effizienz nachteilig aus. Sie könnte daher nur unter der Voraussetzung in Betracht gezogen werden, daß die Präsidentschaft auf ein technisches Chairmanship reduziert wird.

Akzeptanz

Reformen aufbauend auf der aktuellen Ratspräsidentschaft: Die Zuordnung von politischen Verantwortlichkeiten innerhalb einer Troika ist nicht eindeutig festzulegen. Dies wird von den europäischen Bürgern negativ aufgefaßt und schadet der Akzeptanz. Die Festlegung eines längerfristigen Arbeitsprogramms trägt dagegen zur deutlichen Erhöhung der Akzeptanz bei, da sie die Diskontinuitäten der Unionspolitik behebt. Zudem bleibt der mitgliedstaatliche Einsatz einer Präsidentschaft weiterhin erkennbar. Analog dazu bringt die Stärkung des Generalsekretariats des Rates Vorteile für die Akzeptanzbildung in der EU, da die Präsidentschaft ihre Funktionen mit seiner aktiven Unterstützung erfolgreicher wahrnimmt.

Funktionsbereich der Ratspräsidentschaft: Die vertikale und horizontale Aufteilung des Funktionsbereichs bedingt, daß diverse Länder den Vorsitz gleichzeitig ausüben. Die Durchschaubarkeit der Entscheidungsstrukturen und -prozesse der Union nimmt hierdurch stark ab. Auch die Zurechenbarkeit politischer Verantwortlichkeiten in der gesamten Ratshierarchie wird erheblich komplizierter. Die Differenzierung des Funktionsbereiches der Ratspräsidentschaft wirkt somit nicht akzeptanzschaffend.

Zusammensetzung der Ratspräsidentschaft: Die Personifizierung der Ratspräsidentschaft des Europäischen Rates führt zur Einsetzung einer neuen Institution und höherer Komplexität der Strukturen der Union. Dennoch kann die Personifizierung einen positiven Einfluß auf die Akzeptanz ausüben, denn die strategische Steuerung der Union kann besser garantiert werden. Die Eurobarometer-Umfrage 59 im Frühjahr 2003 hat eindeutig gezeigt, daß eine verbesserte Aufgabenerfüllung durch einen personifizierten Vorsitzenden des Europäischen Rates von den europäischen Bürgern als nützlich erachtet wird.[1] Auch stellt die Personifizierung die Visibilität der EU nach außen und innen in höherem Maße sicher. Die Gründung einer Personalunion übt einen sehr positiven Einfluß auf die Akzeptanz aus, da sie zur Durchschaubarkeit der EU durch eine Vereinfachung der außenpolitischen Entscheidungsstrukturen und -prozesse beiträgt. Die europäischen Bürger stehen der Entwicklung einer Personalunion positiv gegenüber. Nach der Befragung des Eurobarometers im Frühjahr 2003 waren 64% der Ansicht, daß die EU ihren eigenen Außenminister haben sollte.[2] Auch die Mehrheit der Bürger in den zehn Beitrittsstaaten halten diese Errichtung für wünschenswert, im Frühjahr 2003 befürworteten 61% von ihnen dieses Amt.[3] Die Teamratspräsidentschaft tendiert zur Verringerung der Transparenz im Institutionengefüge der EU, da sie nach außen eine diffuse Konstruktion hinsichtlich der Befehlskette und der Teilung der politischen Verantwortlichkeiten darstellt. Sie führt damit leicht zur Verwischung der Verantwortung innerhalb des Institutionengefüges der Union und ist

---

1 Vgl. Eurobarometer 59 (2003).

2 Vgl. Eurobarometer 59 (2003).

3 Vgl. Candidate countries Eurobarometer (CCEB 2003.2 - Spring 2003). Im Herbst 2003 waren sogar 70% der Bürger der Beitrittsstaaten für das Amt eines europäischen Außenministers. Vgl. Candidate countries Eurobarometer (CCEB 2003.3 - Autumn 2003).

der Akzeptanz der Union abträglich.[1] Traditionell hat das Prinzip der souveränen Gleichheit in der EU akzeptanzschaffend gewirkt. Das Direktoriumsmodell, das hingegen zur Aufhebung der Gleichheit zwischen den Mitgliedstaaten und dadurch zur Verstärkung der größeren Mitgliedstaaten führt, kann die Unionsbürger nicht für den Integrationsprozeß gewinnen. Die Gründung einer permanenten Vorsitzinstitution kann ebenfalls nicht die Wünsche der Mehrheit der Bevölkerung Europas widerspiegeln, da sie zur Komplizierung der Strukturen und Verfahren in Analogie zur Teamratspräsidentschaft beiträgt.

Besetzung der Ratspräsidentschaft: Das heutige Besetzungsverfahren des Vorsitzes, die automatische Rotation, garantiert die förmliche und tatsächliche Gleichheit der Mitgliedstaaten, unabhängig von den aktuellen, politischen Ereignissen. Weil die Akzeptanz für die EU immer wieder neu gewonnen werden muß, kann die in regelmäßigen Abständen wiederkehrende Ratspräsidentschaft dazu beitragen. Die Wahlratspräsidentschaft beruht auf Wettbewerb, den die Bürger als sinnvoll und nützlich erachten. Die kleinen Mitgliedsländer befürchten jedoch, daß das Wahlverfahren eine Dominanz der großen Staaten im Institutionengefüge der Union zur Folge haben könnte. Dies schmälert die akzeptanzschaffende Eigenschaft der Wahlratspräsidentschaft. Wenn ein vorher festgelegter Mandatsträger, ein EU-Beamter statt eines nationalstaatlichen Beamten oder Politikers, den Vorsitz in bestimmten Funktionsbereichen permanent ausübt, dann ist die Transparenz in hohem Maße sichergestellt. Trotzdem wirkt eine ständige Ratspräsidentschaft weniger stark akzeptanzschaffend, da sie kein starkes Profil in den Mitgliedstaaten besitzt.

Zeitdauer der Ratspräsidentschaft: Die Verlängerung der Ratspräsidentschaft kann dabei helfen, Europa den Bürgern näher zu bringen. Das subjektive Gefühl der konkreten Teilnahme am europäischen Integrationsprozeß würde somit länger anhalten. Zudem stellt eine Ausdehnung der Zeitdauer die Handlungsfähigkeit der EU im großem Maße sicher. Im Hinblick auf den Europäischen Rat bevorzugen die EU-Bürger beispielsweise die Verlängerung der Präsidentschaft auf mehr als sechs Monate. Im Frühjahr 2003 waren 50% aller EU-Bürger der Meinung, daß die derzeitige Dauer der Ratspräsidentschaft des Europäischen Rates unzureichend sei, um wesentliche Ergebnisse erzielen zu können.[2] Nur 30% der Bürger der Union waren der Ansicht, daß die Dauer von sechs Monaten beibehalten werden sollte, weil es den Mitgliedstaaten die Möglichkeit gäbe, die Präsidentschaft der EU regelmäßig zu übernehmen.[3] Die Verkürzung der Zeitdauer fordert dagegen eine Reduktion des politischen Gewichts der Ratspräsidentschaft, die den Aufmerksamkeitswert des Vorsitzes in dem vorsitzenden Staat automatisch verringern würde. Ein Vorteil wäre jedoch, daß die Mitgliedstaaten des öfteren die Möglichkeit hätten, den Vorsitz auszuüben.

---

1 Grevi argumentiert ähnlich: „A team presidency does not bring Europe any closer to the citizens of those countries represented in the team and further confuses and complicates the system." GREVI (2003b), S. 3.

2 Vgl. Eurobarometer 59 (2003).

3 Vgl. Eurobarometer 59 (2003). Dagegen befürwortet nur eine kleine Mehrheit der Bevölkerung in den zehn beitretenden Staaten die Ausdehnung der Zeitdauer des Vorsitzes. Nach der Befragung des Eurobarometers gaben 40% der Bürger ihre Zustimmung zur Verlängerung der Ratspräsidentschaft und 37% lehnten sie ab. Vgl. Candidate countries Eurobarometer (CCEB 2003.2 - Spring 2003).

Legitimation

Die systemische Anforderung der Legitimation besitzt eine Input- und eine Output-Dimension. Die Input-Legitimation spielt bei der Reform der Ratspräsidentschaft keine Rolle.[1] Die Output-Legitimation zielt darauf ab, daß das politische System effiziente Problemlösungen produziert, die den Bedürfnissen, Wünschen sowie Zielen der Regierten entsprechen. Die Legitimation der einzelnen Parameter der Reformvorschläge ist deshalb am besten sichergestellt, wenn ihre Effizienz am höchsten ist. Die Ergebnisse der Bewertung der systemischen Anforderung der Effizienz sind somit identisch zu denen der Legitimation. Auf die Bewertung der systemischen Anforderung der Legitimation kann also verzichtet und die Ergebnisse der Beurteilung der Effizienz übernommen werden.

Abbildung 5-2 zeigt die Resultate der Bewertung der Parameter der Reformvorschläge anhand der systemischen Anforderungen.

Parameter der Reformvorschläge		Systemische Anforderungen		
		Effizienz	Akzeptanz	Legitimation
Reformen aufbauend auf der aktuellen Ratspräsidentschaft	Entwicklung des Troika-Systems	○	○	○
	Festlegung eines längerfristigen Arbeitsprogramms	●	●	●
	Stärkung des Generalsekretariats des Rates	●	◐	●
Funktionsbereich der Ratspräsidentschaft	Vertikale Ratspräsidentschaft	●	○	●
	Horizontale Ratspräsidentschaft	●	○	●
Zusammensetzung der Ratspräsidentschaft	Personifizierung	●	●	●
	Personalunion	●	●	●
	Teamratspräsidentschaft	◐	○	◐
	Direktorium	○	○	○
	Permanente Institution	◐	○	◐
Besetzung der Ratspräsidentschaft	Automatische Rotation	○	●	○
	Wahlratspräsidentschaft	●	◐	●
	Ständige Ratspräsidentschaft	●	◐	●
Zeitdauer der Ratspräsidentschaft	Verlängerung der Ratspräsidentschaft	●	●	●
	Verkürzung der Ratspräsidentschaft	○	○	○

Erfüllungsgrad: ○ schwach ◐ mittel ● stark

Abbildung 5-2: Bewertung der Parameter der Reformvorschläge anhand der systemischen Anforderungen

[1] Vgl. 3.1.3.

5.1.2 Bewertung anhand der mitgliedstaatlichen Anforderungen

Nach der Bewertung anhand der systemischen Anforderungen wird im folgenden die Kompatibilität der Parameter der Reformvorschläge mit den mitgliedstaatlichen Anforderungen ermittelt (vgl. Abbildung 5-3).

Souveräne Gleichheit der Mitgliedstaaten

Reformen aufbauend auf der aktuellen Ratspräsidentschaft: Für alle Reformen dieser Kategorie - Entwicklung des Troika-Systems, Festlegung eines längerfristigen Arbeitsprogramms sowie Stärkung des Generalsekretariats des Rates - ist spezifisch, daß sie die souveräne Gleichheit der Mitgliedstaaten als Gestaltungsprinzip sicherstellen. Die Reformen aufbauend auf der aktuellen Ratspräsidentschaft setzen keine fundamentale Modifizierung der aktuellen Ratspräsidentschaft voraus.

Funktionsbereich der Ratspräsidentschaft: Sowohl das vertikale als auch das horizontale Splitting des Funktionsbereichs tendieren zu einer geringen Relativierung der souveränen Gleichheit der Mitgliedstaaten. Nach der Aufteilung ist es wahrscheinlich, daß jeder Mitgliedstaat nicht dem gleichen Funktionsbereich vorsitzen kann. So ist es möglich, daß einige Mitgliedstaaten die Verantwortung für die zentralen Tätigkeitsfelder in größerem Maße tragen.

Zusammensetzung der Ratspräsidentschaft: De jure bringt die Personifizierung der Ratspräsidentschaft mit sich, daß die souveräne Gleichheit weiterhin gewährleistet ist. De facto kann die Einsetzung eines Präsidenten für den Europäischen Rat jedoch zu einer Stärkung der größeren Mitgliedstaaten im politischen System der Union führen. Abhängig von der Wahlmodalität des Präsidenten können einige EU-Mitglieder bessere Chancen bei der Aufstellung der Kandidaten und der Wahl haben. In Analogie zur Personifizierung kann die Errichtung einer Personalunion die mitgliedstaatliche Anforderung der souveränen Gleichheit gefährden, falls der Amtsträger beispielsweise mit qualifizierter Mehrheit und Zustimmung des Präsidenten der Kommission vom Europäischen Rat statt mit Einstimmigkeit oder doppelter Mehrheit gewählt wird. Neben der Personifizierung beruht die Teamratspräsidentschaft formell auf Staatengleichheit. In praxi kann das Prinzip zu Lasten der kleinen Mitgliedstaaten derogieren, wenn die größeren Staaten die wichtigsten Ratsformationen regelmäßig besetzen würden. Die auf einem Direktorium basierende Zusammensetzung der Ratspräsidentschaft setzt formell eine Dominanz der großen Staaten voraus, was zur vollkommenen Auflösung der souveränen Gleichheit im Ratspräsidentschaftssystem führt. Die Gründung einer permanenten Vorsitzinstitution läßt dagegen den Grundsatz der Staatengleichheit unberührt, weil jeder Staat bei der Rekrutierung der Mitarbeiter beteiligt wäre. Bei der Auswahl der Beamten könnten jedoch Bürger bestimmter Mitgliedstaaten bevorzugt werden.

Besetzung der Ratspräsidentschaft: Die automatische Rotation garantiert eine Gleichbehandlung aller Mitgliedstaaten, da die mitgliedstaatlichen Kapazitäten und Ressourcen keine Rolle für die Besetzung des Vorsitzes spielen. Eine Wahlratspräsidentschaft beruht auf der Annahme, daß der Bestgeeignete den Vorsitz übernimmt. Im Gegensatz zur Rotation könnten die großen Staaten aufgrund der machtpolitischen Realitäten bessere Chancen in der Vorsitzwahl haben. Die Wahlratspräsidentschaft könnte aus diesem Grund zur politischen Streitfrage in der Union vor allem zwischen kleinen und großen Mitgliedstaaten werden sowie weitere politische Gegensätze verursachen.[1] In praxi könnte eine Wahl die reellen machtpolitischen Verhältnisse widerspiegeln, wie das Beispiel des WFA verdeutlicht. Normalerweise übt ein großer, nördlicher Mitgliedstaat den Vorsitz im WFA aus.[2] Andererseits wird argumentiert, daß kein Grund ersichtlich sei, warum es unter einer Wahlpräsidentschaft nicht problemlos zu einer ausgewogenen Mischung zwischen kleinen und großen Staaten kommen sollte.[3] Die Gleichrangigkeit der Mitgliedstaaten spielt unmittelbar keine Rolle für die Errichtung ständiger Ratspräsidentschaften. Indirekt kann davon ausgegangen werden, daß es bei der Wahl der EU-Beamten, welche die Vorsitzführung als ein Teil ihres Amtes übernehmen werden, zu einer Relativierung der mitgliedstaatlichen Gleichheit in Abhängigkeit der verankerten Wahlmodalitäten kommt.

Zeitdauer der Ratspräsidentschaft: Je länger die Ratspräsidentschaftsperiode ist, desto schwieriger ist es, die souveräne Gleichheit der Mitgliedstaaten zu garantieren. Eine gleichberechtigte Rotation ist in einer EU mit 25+ Mitgliedstaaten nicht auf allen Ebenen der Ratshierarchie praktikabel. Die Verlängerung der Zeitdauer hat eine Relativierung des Prinzips der Staatengleichheit zur Folge. Eine Verkürzung der Ratspräsidentschaftsperiode stellt die Gleichheit besser sicher, da sie eine regelmäßige Teilnahme aller Mitgliedstaaten an der Ratspräsidentschaft erleichtert. Eine Beteiligung unerfahrener und infrastrukturell schlecht vorbereiteter Mitgliedstaaten erscheint hierdurch weniger problematisch. Zudem steht der Reformparameter der Verkürzung in unmittelbarem Zusammenhang mit der abnehmenden Bedeutung des Vorsitzes.

Europapolitischer Identifikationswert der Ratspräsidentschaft

Reformen aufbauend auf der aktuellen Ratspräsidentschaft: Die Entfaltung des europapolitischen Identifikationswertes kann durch eine Fortentwicklung des Troika-Systems kaum beeinträchtigt werden. Jeder Staat hat weiterhin die Möglichkeit zur EU-politischen Profilierung während seines Vorsitzes. Die Festlegung eines längerfristigen Arbeitsprogramms erschwert dem Vorsitzland, eigene Prioritäten auf die EU-Agenda zu setzen, die die eigene Bevölkerung positiv aufnimmt. Ansonsten ist jedoch weiterhin die Einbindung der Bürger in den politischen Prozeß der EU während des Vorsitzes möglich. Die positiven europapolitischen Effekte der Ratspräsidentschaft werden deshalb nur leicht abnehmen. Die Stärkung des Generalsekretariats des Rates verringert nicht das Gefühl der Zugehörigkeit zur Union während einer Präsidentschaft, denn das aktuelle System wird nicht substantiell verändert.

Funktionsbereich der Ratspräsidentschaft: Eine starke Differenzierung des Funktionsbereichs aufgrund der vertikalen bzw. horizontalen Ratspräsidentschaft kann dazu führen, daß der innenpolitische Stellenwert des Vorsitzes abnimmt. Aufgrund der stark reduzierten Verpflichtungen stellt die Ratspräsidentschaft keine besondere Zeit mehr für den Mitgliedstaat im Mittelpunkt des europapolitischen Geschehens dar,

---

[1] Die gemeinsame Erklärung der 16 kleinen Mitglied- und Beitrittsstaaten im Europäischen Konvent im März 2003 befürwortete die Beibehaltung der Rotation u.a. aus diesem Grund: „Its automaticity avoids a diversion of energies into campaigning for election or appointment to the chairs of Council formations." ATTALIDES U.A. (CONV 646/03).

[2] Hanny und Wessels stellen fest: „Presidents [the Chairperson and three Vice-Chairman; d. Verf.] are normally 'northerners' from larger states and stronger currencies and have a reputation for financial discipline. They are rarely newcomers, but are known by the members of the committee and usually know the members themselves." HANNY/WESSELS (1998), S. 118. Vgl. auch WESTLAKE (1999), S. 261.

[3] Vgl. WEIDENFELD/JUNG (1997), S. 17.

sondern eher eine sich aus der Mitgliedschaft ergebende Pflicht. Der Grad an öffentlicher Aufmerksamkeit gegenüber europäischen Fragen im Vorsitzland kann abnehmen.

Zusammensetzung der Ratspräsidentschaft: Die Personifizierung der Ratspräsidentschaft des Europäischen Rates ist dem europapolitischen Identifikationswert des Vorsitzes abträglich, da keine konkrete Relation zwischen der Präsidentschaft und einem Mitgliedstaat mehr besteht. Der Vorsitz des Europäischen Rates hat traditionell geholfen, hohe Öffentlichkeitswerte für die EU im Vorsitzland zu erzielen. Aus demselben Grund wie die Personifizierung haben Personalunion und Permanente Institution einen negativen Effekt auf den europapolitischen Identifikationswert, da die Ratspräsidentschaft nicht mehr direkt mit den Mitgliedstaaten in Verbindung gebracht wird. Spezifisch für eine Teamratspräsidentschaft ist, daß sie den europapolitischen Identifikationswert sicherstellt. In Analogie zur Aufteilung des Funktionsbereichs kann sie jedoch zur Folge haben, daß die öffentliche Aufmerksamkeit auf die Präsidentschaft wegen reduzierter Vorsitzfunktionen weniger stark fokussiert ist. Das Direktorium erlaubt eine Wahrnehmung des europapolitischen Identifikationswertes nur in großen Mitgliedstaaten. Die Präsidentschaft wird ein privilegiertes Instrument von bestimmten EU-Mitgliedern zur Herstellung europäischer Öffentlichkeit.

Besetzung der Ratspräsidentschaft: Ein automatisches Rotationsverfahren garantiert, daß alle EU-Bürger regelmäßig in den europäischen Prozeß integriert werden. Dies ist eine fundamentale Voraussetzung für die Entfaltung des europapolitischen Identifikationswertes. Eine Wahlratspräsidentschaft reduziert diese Wirkung des Vorsitzes, da sie zwangsläufig einen Filtereffekt besitzt. Dieser Mechanismus stellt nicht automatisch die Vorsitzführung für jedes Mitglied in regelmäßigen Abständen sicher. Die Übertragung des Vorsitzes auf einen EU-Beamten im Rahmen einer ständigen Ratspräsidentschaft verhindert die Verstärkung des Identifikationswertes, da die direkte Bindung zwischen Vorsitz und Mitgliedstaat nicht mehr existiert.

Zeitdauer der Ratspräsidentschaft: Die Zeitdauer hat einen unmittelbaren Einfluß auf den europapolitischen Identifikationswert. Je häufiger der Wechsel stattfindet, desto öfter können die Mitgliedstaaten den Vorsitz wahrnehmen. Eine Verkürzung der Ratspräsidentschaftsperiode relativiert jedoch die Auswirkungen des Identifikationseffektes stark, da eine kurze Präsidentschaft keine fundamentale politische Rolle im Institutionengefüge der Union spielen wird. Die verkürzte Ratspräsidentschaft besitzt nicht mehr den hohen symbolischpolitischen Wert für die EU-Staaten, sondern der Vorsitz wird zu einer Routinefunktion. Die Verkürzung der Zeitdauer übt keinen positiven Einfluß auf den Identifikationswert aus. Dagegen hat eine Verlängerung der Ratspräsidentschaft einen konträren Effekt. Die öffentliche Aufmerksamkeit nimmt unter der Voraussetzung zu, daß der Vorsitz nicht auf einen zu langen Zeitraum erstreckt wird.

Vermeidung der Handlungsunfähigkeit der Ratspräsidentschaft aufgrund innen- und integrationspolitischer Faktoren

Reformen aufbauend auf der aktuellen Ratspräsidentschaft: Die Reformen aufbauend auf dem aktuellen Ratspräsidentschaftssystem ermöglichen nicht die notwendige Flexibilität, die die maximale Handlungsfähigkeit der Präsidentschaft trotz innen- und integrationspolitischer Entwicklungen in den Mitgliedstaaten erfordert. Die Struktur der aktuellen Präsidentschaft, die zur Handlungsunfähigkeit des Vorsitzes führen kann, wird beibehalten.

Funktionsbereich der Ratspräsidentschaft: Die Aufteilung des Funktionsbereichs trägt zur verbesserten Handlungsfähigkeit des Vorsitzes bei, da sie bei der Gestaltung der Gesamtpräsidentschaft viel Spielraum läßt. Dies ermöglicht, die innen- und integrationspolitisch schwachen Regierungen von der Ausübung der Präsidentschaft leichter auszuschließen und die charakteristischen Stärken der Mitgliedstaaten zugunsten der Union besser einzusetzen. Insbesondere spricht die zunehmende Differenzierung des europäischen Integrationsprozesses dafür, daß der Funktionsbereich der Ratspräsidentschaft künftig nicht mehr auf dem Grundsatz der Einheitlichkeit des Vorsitzes beruhen sollte. Bereits heute besitzen die Mitgliedstaaten unterschiedliche integrationspolitische Voraussetzungen, wie beispielsweise die Teilnahme an der Währungsunion, die Akzeptanz der Schengener Regelungen sowie die Vollmitgliedschaft in NATO und WEU.

Zusammensetzung der Ratspräsidentschaft: Der Reformvorschlag der Personifizierung verleiht dem Vorsitz des Europäischen Rates Stabilität. Der personifizierte Vorsitzende des Europäischen Rates kann losgelöst von mitgliedstaatlichen Regierungen agieren und innen- und integrationspolitische Störfaktoren haben somit keinen Einfluß mehr auf die Amtsausübung.[1] In Analogie gewährleisten auch Personalunion und permanente Vorsitzinstitution die Unabhängigkeit der Vorsitzführung von den mitgliedstaatlichen Entwicklungen. Eine Teamratspräsidentschaft macht das Gesamtsystem des Vorsitzes nicht flexibler, da die Reihenfolge der mitgliedstaatlichen Teams auf starrer Rotation beruht. Der Vorteil einer Teamlösung ist jedoch, daß die geteilte Verantwortung die Auswirkungen der nationalen Ebene auf die EU reduziert. Die Verlagerung der Ratspräsidentschaft auf ein Direktorium befreit den Vorsitz nicht von den innen- und integrationspolitischen Entwicklungen.

Besetzung der Ratspräsidentschaft: Die automatische Rotation stellt den Status quo der Besetzung der Ratspräsidentschaft dar. Das auf ihr beruhende Präsidentschaftssystem erschwert das Reagieren auf anstehende nationale Wahlen sowie politische und wirtschaftliche Krisen in den Mitgliedstaaten. Darüber hinaus stellt die zunehmende Differenzierung der Integrationsentwicklung der EU die Rationalität der automatischen Rotation immer stärker in Frage.[2] Die politische Situation auf nationaler Ebene kann die Vorbereitung, Durchführung und Nachbereitung eines Vorsitzes in erheblichem Maße beeinträchtigen. Das Besetzungsinstrument der Wahl erlaubt eine Flexibilität bei der Auslese des Vorsitzes und reduziert die Übertragung von negativen mitgliedstaatlichen Trends zu Lasten der Union. Die Verankerung einer ständigen Präsidentschaft durch EU-Beamte hat als Folge, daß der mitgliedstaatliche politische Alltag den Verlauf eines Vorsitzes nicht mehr determiniert.

Zeitdauer der Ratspräsidentschaft: Eine kurze Zeitdauer bietet die Gewähr dafür, daß die Auswirkungen der innen- und integrationspolitischen Störfaktoren begrenzt bleiben. Es ist jedoch festzuhalten, daß ihre Modifizierung nicht die Handlungsunfähigkeit der Ratspräsidentschaft aufgrund innen- und integrationspolitischer Faktoren zu vermeiden helfen kann. Der Einfluß bleibt gering.

---

1 Der Verfassungsentwurf des Konvents verankert explizit, daß der Präsident kein einzelstaatliches Amt innehaben darf. Vgl. Art. I-21 Abs. 3 DAS SEKRETARIAT (CONV 820/03).

2 „The issue would, of course, be made even more complex if a system of variable geometry were formalized; then, perhaps, the presidency could rotate either among those states participating in all elements, or rotate differently in each of the various European organizations". EDWARDS (1998), S. 58.

Wahrnehmung der ratspräsidentschaftsverbundenen administrativen Know-hows

Reformen aufbauend auf der aktuellen Ratspräsidentschaft: Die Entwicklung des Troika-Systems, die Festlegung eines längerfristigen Arbeitsprogramms sowie die Stärkung des Generalsekretariats des Rates unterstützen die zukünftige Wahrnehmung der vorsitzverbundenen administrativen Know-hows durch alle Mitglieder. Diese Reformen verändern die Rolle der Mitgliedstaaten im Vorsitzsystem nur geringfügig.

Funktionsbereich der Ratspräsidentschaft: Die Flexibilisierung des Funktionsbereichs führt dazu, daß die Entfaltung des verwaltungstechnischen Know-hows weiterhin in den vorsitzenden Mitgliedstaaten möglich ist. Ein starkes Splitting des Vorsitzes kann jedoch sowohl die Quantität als auch die Qualität des Spektrums des administrativen Know-hows so verändern, daß die positiven Auswirkungen des Vorsitzes auf den Wissensstand der Stakeholder wesentlich abnehmen.

Zusammensetzung der Ratspräsidentschaft: Die Personifizierung schließt die Wahrnehmung des vorsitzverbundenen administrativen Know-hows in bezug auf Vorbereitung, Durchführung und Nachbereitung des Europäischen Rates durch die Mitgliedstaaten aus. Identisch zur Personifizierung verhindern eine Personalunion und eine Permanente Institution die Mobilisierung nationaler Administrationen für die Union auf bestimmten Funktionsbereichen. Die Internalisierung der EU-Spielregeln für die Mitgliedstaaten mit Hilfe des Vorsitzes ist nicht mehr gegeben. Die Auswirkungen einer Teamratspräsidentschaft auf die Wahrnehmung der vorsitzverbundenen administrativen Know-hows ähnelt dem Effekt der Aufteilung des Funktionsbereiches. Die Konservierung des Know-hows ist weiterhin praktizierbar, aber deren quantitative und qualitative Ausmaße nehmen mit zunehmender Teamgröße ab. In einem Direktoriumsmodell können nur einige Mitgliedstaaten Erfahrungen mit den ratspräsidentschaftsverbundenen Know-hows machen.

Besetzung der Ratspräsidentschaft: Der Mechanismus der automatischen Rotation ist die beste Garantie für eine gleichberechtigte Wahrnehmung des administrativen Know-hows. Eine Wahlratspräsidentschaft schließt dagegen eine regelmäßige Teilnahme aller Mitgliedstaaten am administrativen Know-how implizit aus. Eine Chance, administratives Know-how gelegentlich wahrzunehmen, steht für alle EU-Mitglieder jedoch weiterhin offen. Bei einer ständigen Ratspräsidentschaft liegt die politische Verantwortung in den Händen der EU-Beamten und macht einen zentralen Vorteil des heutigen Vorsitzes, die Entfaltung des administrativen Know-hows, zunichte. Der Regierungsvertreter von Malta im Europäischen Konvent Serracino-Inglott und sein Stellvertreter Inguanez formulierten:

> „Evidently, this process [the intensive learning process; d. Verf.] does not accrue when the Presidency of the Council is assumed by a personality acting in his individual capacity rather than in representation of a Member State."[1]

Zeitdauer der Ratspräsidentschaft: Für die Zeitdauer des Vorsitzes gilt, daß je kürzer das Intervall zwischen den Vorsitzen ist, desto häufiger haben alle Staaten die Möglichkeit, administratives Know-how wahrzunehmen. Es ist jedoch zu berücksichtigen, daß Wissensgenerierung und -entfaltung Zeit benötigt. Somit bringt eine Verkürzung der Amtsperiode keinen unmittelbaren Steigerungseffekt. Insgesamt bleibt

---

[1] SERRACINO-INGLOTT/INGUANEZ (CONV 680/03).

festzuhalten, daß eine mäßige Ausdehnung der Ratspräsidentschaftsperiode hinsichtlich der administrativen Know-hows weitaus positiver zu bewerten ist.

Reduzierung der operativen Belastung der mitgliedstaatlichen Administration

Reformen aufbauend auf der aktuellen Ratspräsidentschaft: Die Entwicklung des Troika-Systems und die Stärkung des Generalsekretariats des Rates können nur einen geringen Beitrag zur Reduzierung des operativen Aufwands der Ratsvorsitzenden leisten, da die Ratspräsidentschaft weiterhin die Hauptverantwortung für die Aufgaben trägt. Die Potentiale der Troika-Zusammenarbeit zwischen den Präsidentschaften sind allerdings längst nicht ausgeschöpft.[1] Beispielsweise sind die Optimierungspotentiale durch die Einbeziehung des Know-hows des nachfolgenden Vorsitzes in den Bereichen, auf denen die aktuelle Ratspräsidentschaft schlecht vorbereitet ist, groß.[2] Auch die Stärkung des Generalsekretariats des Rates wird als ein vorsitzentlastender Ansatz angesehen, da sein Know-how stärker in die Ratshierarchie einfließen kann.[3] Die Festlegung eines längerfristigen Arbeitsprogramms kann dagegen kaum einen positiven Einfluß auf die Verringerung der Gesamtbürde der Präsidentschaft ausüben. Die Aufstellung der Agenda fordert nach wie vor die koordinierende Rolle des Vorsitzes.

Funktionsbereich der Ratspräsidentschaft: Die vertikale oder horizontale Aufteilung des Funktionsbereichs der Ratspräsidentschaft führt zur Reduzierung der operativen Belastung der Administration des Vorsitzlandes, da die Verantwortung für die Vorsitzführung in der gesamten Ratshierarchie ausfällt. Wallace argumentiert in diesem Kontext:

> „it is important to be realistic about the capabilitites and resources of smaller countries – a shared Presidency would enable member states to concentrate their efforts on the particular policy command for which they were responsible, without having to follow in equal detail every corner of EU policy. Since further enlargement is likely to bring in a number of quite small new member states, this point seems quite pertinent."[4]

Zusammensetzung der Ratspräsidentschaft: Die Personifizierung trennt den Europäischen Rat vom Funktionsbereich des Vorsitzes, der aktuell einen erheblichen Teil der operativen Gesamtbürde ausmacht. Im Hinblick auf die Reduzierung der Gesamtentlastung eines Vorsitzes ist die Personifizierung somit positiv zu bewerten. Vergleichbar zur Personifizierung verringert eine Personalunion die Quantität des Arbeitsaufwands durch das Ausklammern einiger Tätigkeitsfelder. Die Personalunion stellt deshalb ein wirksames Mittel zur Reduzierung der Gesamtbürde des Vorsitzes dar. Das Teamkonzept hat eine automatische Verringerung der operativen Belastung zur Folge. Für den Erfolg einer Teamratspräsidentschaft ist entscheidend, inwiefern die Teilung der politischen Verantwortlichkeit und operativen Zuständigkeiten ohne einen zusätzlichen Aufwand durchgeführt werden kann. Die Schaffung eines Direktoriumsmodells hat eine starke Konzentration der Belastung auf einige Mitgliedstaaten

---

1 Vgl. ARNAUD (2001), S. 17.

2 Diese Möglichkeit wird von kleineren Mitgliedstaaten im Bereich der GASP wahrgenommen. Die irische Ratspräsidentschaft im Jahre 1990 löste beispielsweise das Ressourcenproblem im außenpolitischen Bereich mit Hilfe des nachfolgenden italienischen Vorsitzes. Vgl. MCCORMICK (1996), S. 132.

3 Vgl. DURAND (2001), [ohne Seitenangabe].

4 WALLACE (1999), S. 73.

zur Folge. Eine Übertragung der Funktionen auf eine permanente Vorsitzinstitution kann zur Entlastung der mitgliedstaatlichen Administrationen beitragen.

Besetzung der Ratspräsidentschaft: Das Besetzungsverfahren der automatischen Rotation setzt eine Gleichberechtigung aller Mitgliedstaaten voraus und trägt nicht zu einer Entlastung der Verwaltungen bei. Eine Wahlratspräsidentschaft begrenzt gewöhnlich den Funktionsbereich, denn eine gewählte Präsidentschaft hat den Vorsitz nur in einem bestimmten Tätigkeitsfeld inne. Die Gründung ständiger Ratspräsidentschaften führt dazu, daß einige Funktionsbereiche des Vorsitzes nicht mehr in der Verantwortung des mitgliedstaatlichen Vorsitzes liegen. In Konsequenz werden die Administrationen der Mitgliedstaaten entlastet.

Zeitdauer der Ratspräsidentschaft: Einer Verlängerung der Ratspräsidentschaft stehen seit Beginn der Reformdiskussion Bedenken entgegen, die insbesondere durch die zunehmende Arbeitsbelastung eines Vorsitzenden begründet werden. Eine Verkürzung bietet die Chance, eine Entlastung der Ratsvorsitzenden zu ermöglichen. Dies setzt jedoch eine starke Reduktion der Bedeutung des Ratsvorsitzes im Institutionengefüge der Union voraus und ist somit nur in einer reformierten EU möglich.

Politische Führung und Kontinuität innerhalb der EU

Reformen aufbauend auf der aktuellen Ratspräsidentschaft: Die Entwicklung des Troika-Systems sowie die Stärkung des Generalsekretariats des Rates können einen mittleren Beitrag zum Ausbau der Führungskapazitäten der EU leisten, da sie zu einem längerfristigen strategischen Denken und zur politischen Kontinuität der Ratspräsidentschaft beitragen können. Die Festlegung eines längerfristigen Arbeitsprogramms hilft ebenso, daß die Erreichung der Ziele der europäischen Integration leichter als bisher zu gewährleisten ist.

Funktionsbereich der Ratspräsidentschaft: Das Splitting des Funktionsbereichs des Vorsitzes hat zur Folge, daß eine kohärente Führung in der EU immer schwieriger wird. Das Paradoxe ist, daß eine politische Führung in einer differenzierten Struktur immer essentieller für das Funktionieren des Systems wird. Eine Ausnahme bildet die vertikale Trennung des Europäischen Rates vom Funktionsbereich des Vorsitzes, denn sie kann den Ausbau von neuen Führungsstrukturen in einer EU-25+ katalysieren. Insgesamt bleibt jedoch festzuhalten, daß die Aufteilung des Funktionsbereichs der Ratspräsidentschaft negative Auswirkungen auf die politische Führung und Kontinuität innerhalb der EU hat.

Zusammensetzung der Ratspräsidentschaft: Die Personifizierung der Ratspräsidentschaft bietet einen Ansatz zur Erhöhung der Führungskapazitäten der erweiterten EU. Ein personenbezogenes Machtzentrum schafft gute Voraussetzungen für eine kohärente, kontinuierliche Steuerung der EU. Die polnische Regierungsvertreterin im Europäischen Konvent Hübner formulierte:

> „The European Council is by definition responsible for providing leadership. If it is to do its job, it needs a good manager setting the agenda and watching over its implementation. Six-month presidencies are not ideal for this task. This ist the main reason for the proposal to elect a longer-term Chairman of the European Council.“[1]

Die Personalunion zwischen dem Hohen Vertreter für die GASP und dem Außenkommissar übt einen unmittelbaren Einfluß auf die Fortentwicklung der Führungs-

[1] HÜBNER (CONV 550/03).

qualitäten nach innen und außen aus. Sie zielt insbesondere auf die Sicherstellung eines kontinuierlichen und kohärenten Vorgehens der Union nach außen ab. Nach innen werden die Führungsqualitäten durch die Fokussierung auf eine Person erhöht. Die Möglichkeit, politische Führung durch eine Teamratspräsidentschaft zu garantieren, ist eher schwach. In Analogie zur Differenzierung des Funktionsbereichs könnte sie eher zur Intransparenz der politischen Verantwortlichkeiten führen. Das Direktorium könnte kurzfristig zur Erhöhung der politischen Führungsqualitäten der EU beitragen, wie das Beispiel der informellen Bosnienkontaktgruppe in praxi verdeutlicht. Längerfristig könnte sich ein formelles Führungskartell der großen Mitgliedstaaten jedoch sehr negativ auf die politische Leitung innerhalb der Union im allgemeinen und auf das Verhältnis zwischen kleinen und großen Staaten im besonderen auswirken. Die Einsetzung einer permanenten Institution trägt stark zur politischen Kontinuität der Union bei. Eine permanente Vorsitzinstitution kann jedoch eine kohärente Führung in der Union wegen ihres fehlenden politischen Profils nicht garantieren.

Besetzung der Ratspräsidentschaft: Die Nachteile der sukzessiven Alternanz zwischen den Mitgliedstaaten sind vor allem die damit verbundene Diskontinuität und starre Reihenfolge der Präsidentschaft. Dies verhindert die Entstehung einer starken politischen Führung in der EU. Die Besetzung des Vorsitzes durch Wahl verstärkt hingegen die Führungskapazitäten der Union, da ein gewählter Vorsitzender eine hohe Legitimation genießt. Für eine ständige Ratspräsidentschaft ist charakteristisch, daß ein EU-Beamter statt eines nationalstaatlichen Beamten oder Politikers den Vorsitz in bestimmten Funktionsbereichen permanent ausübt. Dies führt zur Stärkung der politischen Führung und stellt die Kontinuität von Planung und Durchführung europapolitischer Projekte in großem Maße sicher.

Zeitdauer der Ratspräsidentschaft: Die Führungsstärke der Ratspräsidentschaft ist wesentlich von der politischen Kontinuität des Vorsitzes abhängig. Dies spricht für eine Ausdehnung der Präsidentschaftsperiode über die aktuellen sechs Monate hinaus. Eine Verkürzung der Zeitdauer würde dagegen die Grundlage für das gesamte politische Handeln des Vorsitzes entziehen.

Integrationspolitische Einfluß- und Gestaltungsmöglichkeiten auf die EU-Agenda

Reformen aufbauend auf der aktuellen Ratspräsidentschaft: Sowohl die Entwicklung des Troika-Systems als auch die Stärkung des Generalsekretariats des Rates ermöglichen die vollständige Beibehaltung der inhaltlichen Einfluß- und prozeduralen Gestaltungsmöglichkeiten auf die EU-Agenda. Der Vorsitz determiniert weiterhin die Zusammensetzung des Arbeitsprogramms. Die Festlegung eines längerfristigen Arbeitsprogramms beschränkt dagegen den Spielraum der Ratspräsidentschaft, da die Rahmenbedingungen des Agierens fest umrissen sind. Dennoch bleibt es im Detail weiterhin möglich, eigene Akzente zu setzen.

Funktionsbereich der Ratspräsidentschaft: Die Aufteilung des Funktionsbereichs hat zur Folge, daß mehrere Akteure den Vorsitz in der Union parallel ausüben. Die mitgliedstaatlichen Chancen, Einfluß auf die Agenda auszuüben, nehmen quantitativ zu. Mehrere Staaten besitzen gleichzeitig das Privileg der Initiierung. Die Qualität der integrationspolitischen Einfluß- und Gestaltungsmöglichkeiten sinkt aber, denn die Möglichkeit, ressortübergreifend sowie auf allen Ebenen der Ratshierarchie Akzente zu setzen, ist nicht mehr gegeben. Dies hat negative Auswirkungen auf die Einfluß- und Gestaltungsmöglichkeiten des Vorsitzes.

Zusammensetzung der Ratspräsidentschaft: Die Reichweite der integrationspolitischen Einfluß- und Gestaltungsmöglichkeiten auf die EU-Agenda ist im Rahmen des Europäischen Rates am größten. Die Personifizierung isoliert den Vorsitz des Europäischen Rates vom Wirkungskreis der einzelnen mitgliedstaatlichen Präsidentschaften und grenzt das Spektrum der eigenen Handschrift auf die EU-Agenda stark ein. Spezifisch für eine Personalunion ist, daß sie die Ratspräsidentschaft einem EU-Beamten überträgt. Die Einfluß- und Gestaltungsmöglichkeiten der Mitgliedstaaten auf die EU-Agenda spielen dadurch keine Rolle mehr. In Analogie zum Reformparameter der Aufteilung des Funktionsbereichs der Ratspräsidentschaft hat die Teamratspräsidentschaft zur Folge, daß die integrationspolitischen Einfluß- und Gestaltungsmöglichkeiten qualitativ abgeschwächt erhalten bleiben. Die Formalisierung eines Führungskartells der großen Mitgliedstaaten bei der Vorsitzführung würde bedeuten, daß nur eine kleine Anzahl der EU-Länder Raum für eigene Akzentsetzung auf das Arbeitsprogramm der Union besäße. Die restlichen Mitglieder wären institutionell von diesem Privileg ausgeschlossen. Der Erfüllungsgrad der Anforderung der integrationspolitischen Einfluß- und Gestaltungsmöglichkeiten der Ratspräsidentschaft auf die EU-Agenda ist somit im Parameter Direktorium sehr schwach. Eine permanente Institution würde dagegen alle Mitgliedstaaten von der Möglichkeit ausschließen, europapolitische Akzente und Prioritäten zu setzen, denn die Vorsitzführung wäre keine mitgliedstaatliche Angelegenheit mehr.

Besetzung der Ratspräsidentschaft: Die automatische Rotation garantiert allen EU-Staaten die gleichen Chancen auf Übernahme der Ratspräsidentschaft und dieselben integrationspolitischen Einfluß- und Gestaltungsmöglichkeiten auf die EU-Agenda. Die Besetzung der Ratspräsidentschaft durch Wahl beruht auf einer qualitativen Auslese der Vorsitzenden und die gleichberechtigte Einflußnahme aller Mitgliedstaaten ist somit nicht gegeben. Wenn ein EU-Beamter statt eines nationalstaatlichen Beamten oder Politikers im Rahmen einer ständigen Ratspräsidentschaft den Vorsitz wahrnimmt, können die Mitgliedstaaten keine politische Kreativität und Energie von außen in das politische System der Union bringen. Für die Innovationsfähigkeit der erweiterten EU ist dies negativ zu bewerten.

Zeitdauer der Ratspräsidentschaft: Eine Verlängerung der Ratspräsidentschaftsperiode würde das Setzen von Schwerpunkten und die Initiierung neuer Dossiers erleichtern. Aus einer längeren Zeitdauer ergibt sich eine größere Machtfülle der Präsidentschaft. Umgekehrt bietet ein schneller Wechsel die Gewähr dafür, daß die integrationspolitischen Einfluß- und Gestaltungsmöglichkeiten eines Vorsitzes durch das zeitliche Limit sehr begrenzt bleiben.

Abbildung 5-3 zeigt die Ergebnisse der Bewertung der Parameter der Reformvorschläge anhand der mitgliedstaatlichen Anforderungen auf.

Parameter der Reformvorschläge		Mitgliedstaatliche Anforderungen						
		Souveräne Gleichheit der Mitgliedstaaten	Europapolitischer Identifikationswert der Ratspräsidentschaft	Vermeidung der Handlungsunfähigkeit aufgrund innen- und integrationspolitischer Faktoren	Wahrnehmung der ratspräsidentschaftsverbundenen administrativen Know-hows	Reduzierung der operativen Belastung der mitgliedstaatlichen Administration	Politische Führung und Kontinuität innerhalb der EU	Integrationspolitische Einfluß- und Gestaltungsmöglichkeiten auf die EU-Agenda
Reformen aufbauend auf der aktuellen Ratspräsidentschaft	Entwicklung des Troika-Systems	●	●	○	●	◐	◐	●
	Festlegung eines längerfristigen Arbeitsprogramms	●	◐	○	●	○	◐	◐
	Stärkung des Generalsekretariats des Rates	●	●	○	●	◐	◐	●
Funktionsbereich der Ratspräsidentschaft	Vertikale Ratspräsidentschaft	◐	◐	●	◐	●	○	◐
	Horizontale Ratspräsidentschaft	◐	◐	●	◐	●	○	◐
Zusammensetzung der Ratspräsidentschaft	Personifizierung	◐	○	●	○	●	●	○
	Personalunion	◐	○	●	○	●	●	○
	Teamratspräsidentschaft	◐	◐	◐	◐	●	○	◐
	Direktorium	○	○	○	○	○	○	○
	Permanente Institution	◐	○	●	○	●	◐	○
Besetzung der Ratspräsidentschaft	Automatische Rotation	●	●	○	●	○	○	●
	Wahlratspräsidentschaft	◐	◐	●	◐	●	●	◐
	Ständige Ratspräsidentschaft	◐	○	●	○	●	●	○
Zeitdauer der Ratspräsidentschaft	Verlängerung der Ratspräsidentschaft	○	●	○	●	○	●	●
	Verkürzung der Ratspräsidentschaft	●	○	●	○	●	○	○

Erfüllungsgrad: ○ schwach ◐ mittel ● stark

Abbildung 5-3: Bewertung der Parameter der Reformvorschläge anhand der mitgliedstaatlichen Anforderungen

5.1.3 Bewertung anhand der funktionalen Anforderungen

Die Bewertung der Parameter der Reformvorschläge endet mit der Ermittlung der Kompatibilität mit den funktionalen Anforderungen (vgl. Abbildung 5-4).

Management im Rat

Reformen aufbauend auf der aktuellen Ratspräsidentschaft: Die Entwicklung des Troika-Systems kann die Effizienz der Managementaufgaben im Rat nur marginal erhöhen. Im Rahmen der verbesserten Troika kann eine striktere Arbeitsteilung eingeführt werden, die in kleinem Maße zur Bewältigung des Arbeitsaufwands beiträgt.

Ohne angemessene Infrastruktur kann die Entwicklung der Troika nur eine geringe Verbesserung bewirken.[1] Ein längerfristiges Arbeitsprogramm hat zur Folge, daß die Erstellung der Tagesordnungen im Rat einfacher wird. Der Spielraum eines Vorsitzes wird im voraus relativ fest vorgeschrieben, was das Management im Rat für den vorsitzenden Mitgliedstaat nicht weniger anspruchsvoll macht. Eine sinnvolle Arbeitsteilung zwischen der Präsidentschaft und dem Generalsekretariat des Rates kann auf allen Ebenen der Ratshierarchie helfen, die Managementaufgaben effektiver durchzuführen. Das Generalsekretariat könnte sein organisatorisches und inhaltliches Know-how zugunsten der Ratspräsidentschaft noch intensiver einsetzen.

Funktionsbereich der Ratspräsidentschaft: Aufgrund der enormen Anzahl der Veranstaltungen pro Vorsitz kann ein Splitting der Managementaufgaben sehr vorteilhaft für die Union sein. Dies würde eine Fokussierung der Ratspräsidentschaft auf einige Arbeitsfelder ermöglichen, die zur Erhöhung der Effizienz des Managements beitragen würde.

Zusammensetzung der Ratspräsidentschaft: Vorbereitung, Durchführung und Nachbereitung des Europäischen Rates durch einen personifizierten Vorsitzenden kann zur Output-Steigerung im Rat führen, da diese Lösung eine konzentrierte, kontinuierliche Ausübung der Präsidentschaft auf der höchsten Ebene der Ratshierarchie ermöglicht. Analog kann die Errichtung einer Personalunion die Effizienz des Managements des Rates steigern. Eine Teamratspräsidentschaft kann die mit dem qualitativen und quantitativen Managementaufwand zusammenhängenden Probleme erfolgreich bewältigen. Eine Teamlösung würde jedoch einen hohen Koordinationsaufwand zwischen den beteiligten Staaten bedeuten und zu großen Reibungsverlusten im Management des Rates führen, wenn sich das Team nicht auf ein einheitliches Vorgehen einigen kann. Der dänische Premierminister Rasmussen stellte in einer Rede unmittelbar nach dem Vorsitz Dänemarks im zweiten Halbjahr 2002 teamratspräsidentschaftskritisch fest:

> „However, owing to experience from the Danish Presidency I am today sceptical of the group presidency idea – at least in its pure form. The Presidency demonstrated very clearly that the ability to coordinate effectively across Council formations is essential. The pace and the workload require that there must be one person with a clear mandate to take swift and binding decisions on behalf of the Presidency. The very question of coordination across Council formations is the Achilles' heel of the group presidency. I am afraid that a group presidency may be paralysed by internal quarrels over competence. And then it will not be able to function."[2]

Ein Direktorium könnte wegen der Ressourcen größerer Staaten zur verbesserten Wahrnehmung der Managementaufgaben führen. De facto würde ein Direktorium aber politische Probleme mit sich bringen, die den Ressourcenvorteil zunichte machen würden. Die Einsetzung einer permanenten Institution würde eine konstante Qualität für die Terminierung der Tagungen, die Erstellung der Tagesordnungen und die konkrete Sitzungsleitung sowie die Bereitstellung der Infrastruktur gewährleisten. Hierdurch wäre ein positiver Effekt auf das Management im Rat zu erwarten.

Besetzung der Ratspräsidentschaft: Die Besetzung der Ratspräsidentschaft durch eine automatische Rotation kann sich nachteilig auf das Management im Rat auswirken, denn sie berücksichtigt nicht die unterschiedlichen Voraussetzungen der Mitgliedstaaten. Eine Wahlratspräsidentschaft gibt dagegen dem Bestgeeigneten eine

[1] Vgl. EDWARDS/WALLACE (1978), S. 124.

[2] RASMUSSEN (Rede 15.01.2003).

größere Chance. Daraus kann eine höhere Effizienz der Managementfunktionen des Vorsitzes resultieren. Die Errichtung der ständigen Ratspräsidentschaften führt zu einem standardisierten Verfahren ohne Qualitätsschwankungen und wirkt deshalb positiv.

Zeitdauer der Ratspräsidentschaft: Eine Verlängerung der Zeitdauer der Ratspräsidentschaft bringt für das Ratsmanagement Vorteile. Sie erhöht die Kontinuität, denn das Management wird weniger durch die Anlaufphasen determiniert. Auch die optimale Entfaltung des Management-Know-hows erfordert mehr als sechs Monate. Eine Verkürzung der Ratspräsidentschaft ist somit den komplexen Managementaufgaben nicht angemessen.

Management der Gemeinsamen Außen- und Sicherheitspolitik

Reformen aufbauend auf der aktuellen Ratspräsidentschaft: Die Entwicklung des Troika-Systems kann die Kontinuität und längerfristige personenbezogene Präsenz der außenpolitischen Aktivitäten in einer erweiterten EU nicht im ausreichenden Maße sicherstellen. Die Erfahrungen mit der Troika in der Vergangenheit haben dies deutlich gezeigt. Die Festlegung eines längerfristigen Arbeitsprogramms kann die Kontinuität der Prioritäten im GASP-Bereich gewährleisten, so daß eine Effizienzsteigerung möglich ist. Das außenpolitische Know-how des Generalsekretariats des Rates könnte weiterhin ausgebaut werden, um eine effizientere Zusammenarbeit mit der Ratspräsidentschaft im Bereich der GASP zu ermöglichen.

Funktionsbereich der Ratspräsidentschaft: Das Management der GASP setzt vor allem ein kohärentes Vorgehen voraus, das nur durch eine intensive Vorbereitung zu gewährleisten ist. Eine Aufteilung der Managementfunktion im Bereich der Außenpolitik wirkt sich vorteilhaft auf die Union aus, da eine ausschließliche Konzentration eines Vorsitzenden auf die außenpolitische Aufgabe möglich wäre. Die Verantwortung für die Außenwirtschaftsbeziehungen und GASP-Aktivitäten sollte jedoch von einem Akteur getragen werden, um außenpolitische Synergiepotentiale realisieren zu können.

Zusammensetzung der Ratspräsidentschaft: Die Personifizierung der Ratspräsidentschaft ist dem Management der GASP förderlich, da der Europäische Rat an der Spitze der GASP-Hierarchie steht. Sie kann eine angemessene Vorbereitung und Kontinuität der außenpolitischen Beratungen sicherstellen. In einer Personalunion wird eine personelle Verbindung von EG-Außenbeziehungen und GASP hergestellt. Dadurch kann ein kontinuierliches und kohärentes Vorgehen der Union im GASP-Tätigkeitsfeld gewährleistet werden. Eine Teamratspräsidentschaft besitzt keine Vorzüge hinsichtlich des Managements der GASP. Dies liegt in der schwierigen Koordinierung der verschiedenen außenpolitischen Aktivitäten begründet. Ein Direktorium der großen Länder könnte dazu beitragen, daß nur die Mitgliedstaaten, die ausreichend außenpolitische Ressourcen besitzen, für das Management der GASP zuständig wären. Somit wäre die Effizienz der GASP sichergestellt. Wenn eine permanente Vorsitzinstitution mit qualifiziertem Personal und guter Infrastruktur ausgestattet ist, kann diese zur steigenden Qualität der Arbeiten im Bereich des GASP-Managements beitragen.

Besetzung der Ratspräsidentschaft: Eine automatische Rotation kann nicht verhindern, daß auch die Mitgliedstaaten, die aufgrund ihrer Größe, ihres diplomatischen Einflusses sowie ihrer Stellung auf internationaler Ebene nicht geeignet sind, die

Funktion des Managements der GASP wahrnehmen. Dies wirkt sich negativ auf die Effizienz aus. Eine Wahlratspräsidentschaft fördert den Wettbewerb zwischen den Mitgliedstaaten und erhöht somit die Chance, daß der Bestgeeignete die Funktionen ausübt. Dies ist von zentraler Bedeutung für das Management der GASP, da der Bedarf nach Expertise auf dem außenpolitischen Tätigkeitsfeld enorm ist und das Management der GASP insbesondere qualifizierte Vorsitzende fordert. Eine ständige Ratspräsidentschaft kann die Effizienz verstärken, da sie zu erhöhter Kontinuität und zur Vermeidung der Einarbeitungszeiten führt.

Zeitdauer der Ratspräsidentschaft: Die Permanenz der Prioritäten und des Personals durch eine längere Zeitdauer des Vorsitzes bringen substantielle Vorteile für das Management der Außenpolitik der Union mit sich. Eine Verkürzung würde dagegen den episodischen Charakter der GASP verstärken.

Förderung politischer Initiativen

Reformen aufbauend auf der aktuellen Ratspräsidentschaft: Das Troika-System kann lediglich einen geringen Beitrag zur Wahrung der Kontinuität leisten. Es fehlt im Rahmen der Troika am politischen Willen, bei der Förderung politischer Initiativen enger miteinander zu kooperieren. Die Festlegung eines längerfristigen Arbeitsprogramms hat zur Folge, daß der Initiativspielraum des Vorsitzes Einschränkungen unterliegt. Die programmatische Diskontinuität, die durch den aktuellen Präsidentschaftswechsel verursacht wird, kann zum größten Teil behoben werden. Aus einer aktiveren Integration des Generalsekretariats des Rates kann eine stärkere Europäisierung der Dossiers resultieren. Ein komplettes Initiativvakuum ist jedoch nicht wünschenswert, da dies den regelmäßigen Zufluß origineller und neuer Perspektiven aus den Mitgliedstaaten in die Union stoppen würde.

Funktionsbereich der Ratspräsidentschaft: Die Differenzierung des Funktionsbereichs macht die Sicherstellung des einheitlichen Vorgehens durch die Multiplikation bei der Förderung politischer Initiativen problematisch. Das Problem der Diskontinuität könnte so verstärkt werden.

Zusammensetzung der Ratspräsidentschaft: Die Errichtung des Amtes eines Präsidenten für den Europäischen Rat ermöglicht, daß die für die Union strategisch wichtigen Initiativen kontinuierlich auf der höchsten Ebene der Ratshierarchie verfolgt werden können. Im Rahmen der Personifizierung bleibt das Setzen der landesspezifischen Note auf den unteren Hierarchieebenen des Rates weiterhin möglich. Das Initiativrecht des personalunionierten Hohen Vertreters und Außenkommissars garantiert, daß die Förderung der politischen Initiativen im außen- und sicherheitspolitischen Bereich durch Kontinuität geprägt wird. Die Förderung der priorisierten Themen der jeweiligen mitgliedstaatlichen Regierung wird zunehmend schwieriger. Für eine Teamratspräsidentschaft ist spezifisch, daß die Funktion der Förderung politischer Initiativen durch mehrere Mitgliedstaaten geteilt und damit die Kohärenz der europäischen Agenda gefährdet wird. Die Dominanz der großen Staaten im Vorsitz kann die Effizienz der Initiativfunktion kurzfristig stärken, da das Spektrum der unterschiedlichen Präferenzen aufgrund der geringeren Anzahl von Initiatoren abnehmen würde. Längerfristig ist nachteilig, daß die reine Aufgabenorientierung, die gewöhnlich für die kleinen Staaten typisch ist, in einem Direktorium weniger Beachtung finden würde. Zudem würden sich die kleinen Staaten nicht problemlos den Initiativen des Führungskartells der großen EU-Mitglieder anschließen. Eine permanente Vorsitzinstitution kann die Kontinuität der politischen Initiierung sicherstellen und das Einbringen von Impulsen von außen in das politische System der Union marginalisieren.

Besetzung der Ratspräsidentschaft: Die automatische Rotation gewährleistet in einer erweiterten Union die Devise der Vielfalt, da jeder Mitgliedstaat die Möglichkeit besitzt, eigene Politikpräferenzen während des Vorsitzes zu fördern. Dadurch entsteht aber das Problem der programmatischen Diskontinuität der europäischen Agenda, die dem strategischen Kurs der EU abträglich ist. Eine Wahlratspräsidentschaft erschwert, daß die Vertreter von Extrempositionen das Vorsitzamt übernehmen. In aller Wahrscheinlichkeit würden die Befürworter der Mainstream-Politik bessere Chancen bei der Vorsitzwahl aufweisen. Der politische Prozeß der EU würde weniger durch mitgliedstaatliche Präferenzen determiniert werden. Die ständige Ratspräsidentschaft führt zur Kontinuität und somit zur Europäisierung der Initiierung, die aus der Sicht der EU als Garantie für die Effizienz der Förderung politischer Initiativen gilt.

Zeitdauer der Ratspräsidentschaft: Die Ausdehnung der Dauer der Präsidentschaft wirkt sich auf die Förderung politischer Initiativen positiv aus, denn die Weiterführung ausgewählter Prioritäten wird erleichtert. Eine Verkürzung der Ratspräsidentschaftsperiode dagegen erhöht die Tendenz zur Stop-and-go-Politik in der Union.

Mittlerfunktion

Reformen aufbauend auf der aktuellen Ratspräsidentschaft: Der Erfolg bei der Vermittlung erfordert vor allem Wissen über die einzelnen nationalen Ausgangsstandpunkte. Die Entwicklung des Troika-Systems ist für die Verhandlungsführung von mittlerer Bedeutung, denn die Gesamtverantwortung obliegt eindeutig weiterhin dem vorsitzenden Mitgliedstaat. Das Know-how der anderen Troika-Mitglieder kann jedoch in den Tätigkeitsfeldern verwendet werden, in denen die aktuelle Ratspräsidentschaft geringe Kenntnisse besitzt. Die Festlegung eines längerfristigen Arbeitsprogramms trägt nicht unmittelbar zur besseren Ausübung der Mittlerfunktion bei, stellt aber indirekt bereits einen politischen Kompromiß zwischen den Interessen der Mitgliedstaaten und den der beteiligten EU-Institutionen dar. Aus diesem Grund könnten die Verhandlungen konfliktfreier ablaufen. Insbesondere die Beamten des Generalsekretariats des Rates sind bestrebt, der Ratspräsidentschaft zu helfen, alle möglichen Diskussionspunkte während der Verhandlungen zu lösen. Somit könnte das Ratssekretariat durch noch aktivere Unterstützung des Vorsitzes zu steigender Effizienz der Mittlerfunktion führen. Zu beachten ist außerdem, daß die Neutralität des Vorsitzes in nationaler Hinsicht besser gewährleistet wäre.[1]

Funktionsbereich der Ratspräsidentschaft: Da die Beschlußfähigkeit der EU-25+ in quantitativem und qualitativem Sinne erschwert wird, kann ein Vorsitzender kaum mit den Haltungen der einzelnen Regierungen im Detail auf allen Politikfeldern vertraut sein. Aus diesem Grund könnte das Splitting des Funktionsbereichs die Konsultationseffizienz der Ratspräsidentschaft erheblich steigern.

Zusammensetzung der Ratspräsidentschaft: Die Mittlerfunktion erfordert insbesondere im Europäischen Rat gut vorbereitete Vorsitzende. Die Qualität und Quantität des persönlichen Einsatzes spielt eine zentrale Rolle für die Kompromißfindung im Europäischen Rat. Die Personifizierung des Vorsitzes des Europäischen Rates kann erheblich zur Effizienz der Vorsitzführung beitragen, da ein Vollzeitvorsitzender die Stand-

[1] Vgl. GROS/HAGER (2002), S. 2 f.; SASSE (1975), S. 181.

punkte der Mitgliedstaaten im Detail kennenlernen kann. Der personalunionierte Hohe Vertreter für die GASP/Außenkommissar hat analog zum personifizierten Vorsitzenden des Europäischen Rates die Möglichkeit, die Hintergründe der Regierungspositionen kennenzulernen. Die erfolgreiche Verhandlungsführung hat im bisherigen Ratspräsidentschaftssystem eine strikte Unterscheidung zwischen der regulären Rolle eines interessengeleiteten Mitgliedstaates und der europaorientierten Rolle eines Mittlers erfordert. Die Einführung der Personalunion kann dazu dienen, den Vorsitz in nationaler Hinsicht neutraler zu gestalten. Dies betrifft im gleichen Maße die personifizierte Ratspräsidentschaft des Europäischen Rates. Im Fall einer Teamratspräsidentschaft ist positiv zu bewerten, daß die zeitaufwendige Informationssammlung geteilt werden kann. Der positive Effekt wird jedoch dadurch gemindert, daß eine Teamlösung hohe Koordinationsanforderungen an die beteiligten Mitgliedstaaten insbesondere bei der Zusammenstellung von ressortübergreifenden Verhandlungspaketen stellen wird. Wegen der übersichtlichen Teilnehmeranzahl und Homogenität der Interessen ist die Ausübung der Mittlerfunktion im Kreise der großen Mitgliedstaaten in einem Direktorium durch hohe Effizienz gekennzeichnet. Diese positive Auswirkung wird durch den höheren Überzeugungsaufwand der restlichen, kleinen Mitgliedstaaten zunichte gemacht. Die Errichtung einer ständigen Vorsitzinstitution macht eine ausschließliche Konzentration auf die Ratspräsidentschaft möglich, so daß der Zeitfaktor nicht mehr entscheidend für den Erfolg der Vermittlungstätigkeit ist. Die Beamten einer permanenten Institution als Ratspräsidenten besitzen jedoch in den Augen der Regierungen nicht die gleiche Autorität wie die mitgliedstaatlichen Vorsitze. Dies kann die Vermittlung erheblich erschweren.

Besetzung der Ratspräsidentschaft: Die Besetzung der Ratspräsidentschaft durch automatische Rotation ist einerseits positiv zu bewerten, da die Wahrnehmung der Mittlerfunktion durch einen Mitgliedstaat zu kooperativeren Einstellungen gegenüber Vereinbarungen auf EU-Ebene führen kann. Andererseits ist der Ausübung der Mittlerfunktion abträglich, wenn eine vorsitzende Regierung nicht wegen der innen- oder integrationspolitischen Faktoren fähig ist, Mittlerdienste zu betreiben. Im Gegensatz zur Besetzung durch eine Rotation ermöglicht eine Wahlratspräsidentschaft die Selektion der vermittlungsfähigsten Mitgliedstaaten. Dies fördert die Effizienz. Der Nachteil einer ständigen Ratspräsidentschaft bei der Vermittlungstätigkeit ist vor allem, daß einem EU-Beamten nicht dieselbe Autorität zur Verfügung steht wie dem mitgliedstaatlichen Vorsitzenden. Die Sicherstellung der neutralen Vermittlungsführung durch einen permanenten Vorsitzenden ist positiv zu bewerten.

Zeitdauer der Ratspräsidentschaft: Eine erfolgreiche Vermittlungstätigkeit setzt eine hohe zeitliche Investition des Vorsitzenden voraus. Je mehr Zeit die Ratspräsidentschaft zur Verfügung hat, desto besser sind die Voraussetzungen für die Ausübung der Mittlerfunktion. Anzumerken ist jedoch, daß die sechsmonatige Dauer durch klare Deadlines für das Handeln teils vermittlungsfördernd gewirkt hat.

Kontaktaufnahme mit anderen Gemeinschaftsorganen

Reformen aufbauend auf der aktuellen Ratspräsidentschaft: Die Entwicklung des Troika-Systems kann zur verbesserten Kontaktaufnahme mit anderen Gemeinschaftsorganen durch die Entlastung der Ratspräsidentschaft beitragen. Den Mitgliedern der Troika sollten einige Kommunikationsaufgaben wie beispielsweise im Mitentscheidungsverfahren formell zugeordnet werden. Problematisch ist jedoch, sich über ein einheitliches Vorgehen zwischen den Mitgliedern der Troika zu einigen. Ein längerfristiges Arbeitsprogramm setzt eine starke Kommunikation zwischen den EU-Institutionen, entsprechend der heranzuziehenden Entscheidungsmodalität, bereits im Vorfeld voraus. Die Festlegung einer mehrjährigen Agenda fördert somit einen besseren Meinungsaustausch innerhalb der EU. Die Stärkung des Generalsekretariats des Rates im Kommunikationsnetz vermag die Effizienz erheblich zu steigern, da das Ratssekretariat in das institutionelle System der Union eingebettet ist. Es besitzt einen Know-how-Vorteil, wie die interorgane Kommunikation am effizientesten zu gestalten ist.

Funktionsbereich der Ratspräsidentschaft: Die Aufteilung des Funktionsbereichs kann die Beanspruchung der Präsidentschaft im Rahmen der Kontaktfunktion in erheblichem Maße reduzieren. Dies führt zum verbesserten Informationsfluß und besseren Meinungsaustausch innerhalb des institutionellen Dreiecks. Das Problem ist jedoch, daß kein einheitliches Profil des Vorsitzes als Repräsentant des Rates der EU gegenüber den Verhandlungspartnern entsteht.

Zusammensetzung der Ratspräsidentschaft: Ein Vollzeitvorsitzender des Europäischen Rates hat erstens den Vorteil, daß er zeitlich in der Lage ist, enge Kontakte mit Kommission und Parlament zu pflegen. Da ein hauptamtlicher Vorsitzender einen festen Bestandteil des politischen Systems der Union darstellt, führt dies zweitens zur Internalisierung der Spielregeln der Kontaktfunktion. Die positiven Aspekte des personalunionierten Hohen Vertreters für die GASP und Außenkommissars sind analog zur Personifizierung zu sehen. Eine Teamratspräsidentschaft weist die Vorteile und Defizite identisch zur Differenzierung des Funktionsbereichs auf. Die Belastung der einzelnen Präsidentschaft wird verringert, aber es entsteht kein kohärentes Profil des Ministerrates gegenüber den Kontaktpartnern. Die EU-Organe betrachten Entscheidungsgremien außerhalb des traditionellen Gemeinschaftsrahmens mit Skepsis, so daß die Voraussetzung für eine Kooperation im Rahmen eines Direktoriumsmodells nicht optimal ist. Unter der Voraussetzung einer positiven Aufnahme der permanenten Vorsitzinstitution durch die EU-Organe, kann sie zur Effizienz der Kontaktaufnahmefunktion beitragen. Die Vorsitzinstitution würde im Kern des politischen Systems der Union agieren und als Insider des Systems leichter über das notwendige Know-how verfügen.

Besetzung der Ratspräsidentschaft: Eine automatische Rotation kann den systematischen Aufbau der Beziehungen zwischen Rat und Gemeinschaftsinstitutionen nicht optimal sicherstellen. Alle Mitgliedstaaten sind nicht in gleichem Maße interessiert, gute Kontakte mit den EU-Organen zu pflegen. Im Gegenteil zur Besetzung des Vorsitzes durch die Rotation kann eine Wahlratspräsidentschaft den kommunikationsfreundlichsten Mitgliedstaat oder Vertreter selektieren. Eine ständige Ratspräsidentschaft hat den Bonus eines Insiders des Institutionengefüges der EU, der eine effiziente Zusammenarbeit erleichtert. Ebenso kann sie dazu dienen, die Verwischung der institutionellen Verantwortung der Organe zu katalysieren.

Zeitdauer der Ratspräsidentschaft: Eine gute interorgane Kommunikationsbeziehung erfordert Zeit, da sie auf gegenseitigem Vertrauen basieren sollte. Zudem ermöglicht eine längere Zeitdauer dem Vorsitz, ein politisches Profil gegenüber den Kontaktpartnern aufzubauen.

Außenvertretung

Reformen aufbauend auf der aktuellen Ratspräsidentschaft: Die Entwicklung des Troika-Systems kann das Hauptproblem der Außenvertretung nicht lösen. Die Komplexität der externen Repräsentation bleibt weiterhin bestehen. Des weiteren werden die Glaubwürdigkeitsprobleme der Troika durch die Erweiterung um kleine, außenpolitisch unerfahrene Staaten in einer erweiterten EU zunehmen. Die Festlegung eines längerfristigen Arbeitsprogramms hat dagegen keinen unmittelbaren Zusammenhang zur Effizienz der Außenvertretung. Sie kann jedoch die Kontinuität der außenpolitischen Prioritäten garantieren. Die Stärkung des Generalsekretariats des Rates kann in Analogie zur Fortentwicklung der Troika kaum einen Beitrag zur Verbesserung der Repräsentation der Union gegenüber den Drittstaaten und den internationalen Organisationen leisten. Ebenso kann der Aufbau des Generalsekretariats nicht dazu beitragen, daß die EU als ein einheitlicher außenpolitischer Akteur agiert.

Funktionsbereich der Ratspräsidentschaft: Die Aufteilung des Funktionsbereiches kompliziert die Erzeugung von Synergieeffekten im außenpolitischen Bereich. Dies ist insbesondere der Fall, falls unterschiedliche Ratspräsidentschaften für Außenwirtschaftsbeziehungen und -politik existieren. Die Differenzierung kann wegen des erhöhten Koordinationsaufwandes nicht zur Effizienz der Außenvertretung beitragen.

Zusammensetzung der Ratspräsidentschaft: Ein Präsident des Europäischen Rates könnte den Weg zur personenbezogenen Präsenz der EU auf internationaler Bühne ebnen, die für eine glaubwürdige Außendarstellung von wesentlicher Bedeutung ist. Dies setzt jedoch voraus, daß die Kompetenzen der diversen außenpolitischen Akteure der EU klar geregelt werden. Nicht nur die Personifizierung der Ratspräsidentschaft, sondern auch die Personalunion kann das außenpolitische Profil der Union effizienter gestalten. Zudem kann sie zur Komplexitätsreduzierung der Außenvertretung durch eine engere Beziehung zwischen Außenwirtschaftsbeziehungen und -politik beitragen. Die Auswirkungen der Teamratspräsidentschaft auf die Effizienz der Außenvertretung besitzen Parallelen zum Splitting des Funktionsbereichs. In einem Teamvorsitz ist es schwierig, die Synergiepotentiale im außenpolitischen Bereich zu realisieren. Die großen Mitgliedstaaten haben wegen ihres größeren außenpolitischen Apparates und ihrer längeren diplomatischen Tradition weniger Schwierigkeiten, aktiv als Sprecher der Union in allen Drittstaaten und internationalen Foren im Rahmen eines Direktoriums aufzutreten. Ein weiterer Vorteil eines Direktoriums ist, daß die großen Mitgliedstaaten keine Schwierigkeiten haben, als akzeptable Verhandlungspartner von Drittstaaten anerkannt zu werden. Ein Direktorium könnte zur verbesserten Außendarstellung der Union beitragen. Das Problem einer permanenten Vorsitzinstitution als außenpolitischer Akteur ist, daß sie nicht genug politisches Profil entfalten kann, um als gleichberechtigter Partner neben den Staats- und Regierungschefs der Drittstaaten auf internationaler Ebene auftreten zu können.

Besetzung der Ratspräsidentschaft: Die Besetzung der Ratspräsidentschaft durch eine automatische Rotation erschwert eine kontinuierliche, personenbezogene Präsenz auf internationaler Ebene, da die Prioritäten und das Personal wechseln. Ein Rotationsverfahren kann außerdem nicht verhindern, daß auch Mitgliedstaaten mit geringen außenpolitischen Erfahrungen und Ressourcen die Vertretungsfunktion übernehmen. Die Einführung einer Wahlratspräsidentschaft kann höhere Effizienz der Außendarstellung sicherstellen, denn sie erlaubt eine qualitative Selektion der Vorsitzenden. Der effizienzbringende Vorteil einer ständigen Ratspräsidentschaft ist, daß sie eine permanente Repräsentation der EU nach außen ermöglicht. Darüber hinaus ist eine ständige Präsidentschaft unabhängig von den mitgliedstaatlichen Ressourcen.

Zeitdauer der Ratspräsidentschaft: Der Mangel einer alle sechs Monate wechselnden Ratspräsidentschaft bei der Außenvertretung ist vor allem die damit verbundene Diskontinuität. Sie verursacht Verwirrung bei den außenstehenden Akteuren. Die Benennung der Vorsitzenden für eine längere Zeitdauer würde die Kontinuität sicherstellen und zur erfolgreichen Außenvertretung erheblich beitragen. Die Auswirkungen einer Verkürzung der Zeitdauer der Außenvertretungsfunktion auf das externe Profil der EU wären dagegen negativ. Eine glaubwürdige Außenvertretung kann nicht innerhalb einiger Monaten entstehen.

Parameter der Reformvorschläge		Funktionale Anforderungen					
		Management im Rat	**Management der Gemeinsamen Außen- und Sicherheitspolitik**	**Förderung politischer Initiativen**	**Mittlerfunktion**	**Kontaktaufnahme mit anderen Gemeinschaftsorganen**	**Außenvertretung**
Reformen aufbauend auf der aktuellen Ratspräsidentschaft	Entwicklung des Troika-Systems	◐	○	○	◐	◐	○
	Festlegung eines längerfristigen Arbeitsprogramms	○	◐	●	◐	◐	○
	Stärkung des Generalsekretariats des Rates	◐	◐	◐	●	●	○
Funktionsbereich der Ratspräsidentschaft	Vertikale Ratspräsidentschaft	●	●	○	●	◐	○
	Horizontale Ratspräsidentschaft	●	●	○	●	◐	○
Zusammensetzung der Ratspräsidentschaft	Personifizierung	●	●	●	●	●	●
	Personalunion	●	●	●	●	●	●
	Teamratspräsidentschaft	◐	○	○	◐	◐	○
	Direktorium	◐	●	○	○	○	●
	Permanente Institution	●	●	◐	◐	●	○
Besetzung der Ratspräsidentschaft	Automatische Rotation	○	○	○	◐	○	○
	Wahlratspräsidentschaft	●	●	●	●	●	●
	Ständige Ratspräsidentschaft	●	●	●	◐	●	●
Zeitdauer der Ratspräsidentschaft	Verlängerung der Ratspräsidentschaft	●	●	●	●	●	●
	Verkürzung der Ratspräsidentschaft	○	○	○	○	○	○

Erfüllungsgrad: ○ schwach ◐ mittel ● stark

Abbildung 5-4: Bewertung der Parameter der Reformvorschläge anhand der funktionalen Anforderungen

Abbildung 5-4 faßt die erarbeiteten Erfüllungsgrade der Parameter der Reformvorschläge anhand der funktionalen Anforderungen zusammen.

Die Bewertung hat deutlich gemacht, daß die Kompatibilität der systemischen, mitgliedstaatlichen und funktionalen Anforderungen mit den Parametern der Reformvorschläge unterschiedlich ist. Aufbauend auf der obigen Bewertung der Parameter der Reformvorschläge anhand der Anforderungen und den Anforderungskatalogen für die Reform aus Abschnitt 3.4 erfolgt im folgenden der Entwurf der Reformoptionen. Dies geschieht differenziert nach den aufgestellten Entwicklungspfaden der erweiterten EU anhand der ausgewählten Modelle.

5.2 Entwurf der Reformoptionen in Abhängigkeit der Modelle einer erweiterten Europäischen Union

Die Perspektiven der Ratspräsidentschaft unterscheiden sich je nach den Weiterentwicklungen des Integrationsprozesses, die durch die aufgestellten Modelle einer erweiterten EU abgebildet werden.[1] Der Entwurf von Reformoptionen erfolgt deshalb auf Basis der erarbeiteten Anforderungskataloge[2] sowie der Bewertungsergebnisse der Parameter der Reformvorschläge anhand der systemischen, mitgliedstaatlichen und funktionalen Anforderungen[3] und wird entlang der Ratshierarchieebenen[4] vorgenommen. Aufgrund der Komplexität des Institutionengefüges einer erweiterten EU sowie den drei unterschiedlichen Anforderungen an die Neugestaltung der Ratspräsidentschaft ist es nicht möglich, eine einzige Reformoption pro Modell als absoluten Bestcase zu entwerfen.[5] Vielmehr werden Entwicklungstrends innerhalb eines Modells aufgezeigt. Die Erstellung der Reformoptionen ermöglicht somit Tendenzaussagen zur Kompatibilität der Parameter der Reformvorschläge mit den Modellen einer erweiterten EU (vgl. Abbildung 5-5).

5.2.1 Reformoption für die föderale Europäische Union

In der föderalen EU werden auf der Grundlage gemeinsamer Werte und Ziele eine supranationale Verfassung und demokratische Institutionen errichtet. Dabei treten die Nationalstaaten wesentliche Souveränitätsansprüche an die europäische Ebene ab. Die Kommission verfügt über Exekutivbefugnisse und absorbiert zahlreiche Aufgaben der heutigen Ratspräsidentschaft. In einem nach diesen Grundsätzen gestalteten institutionellen System werden die Funktionen, wie Management der Gemeinsamen Außen- und Sicherheitspolitik, Förderung politischer Initiativen sowie Außenvertretung, hauptsächlich von der Kommission wahrgenommen. Einen Wandel des Vorsitzes zurück in das ursprüngliche technische Chairmanship wird es jedoch nicht geben, da die Kompetenzbereiche Management im Rat und Kontaktaufnahme mit anderen Gemein-

---

[1] Vgl. 1.4.

[2] Vgl. 3.4.

[3] Vgl. 5.1 und Abbildung 5-1.

[4] Vgl. Abbildung 2-2.

[5] Hayes-Renshaw und Wallace argumentieren: „There is no ideal solution to a problem that is partly about technical functions and partly about political leadership." HAYES-RENSHAW/WALLACE (1997), S. 296.

schaftsorganisationen erhalten bleiben. Zudem spielt die Ratspräsidentschaft als Vermittler zwischen den mitgliedstaatlichen Positionen weiterhin eine zentrale Rolle.[1] Die Präsidentschaft wird keine zusätzlichen Aufgaben erhalten, denn sie wird als ein Symbol des vergangenen Integrationsprozesses angesehen.[2] Neue Tätigkeitsfelder werden in den gemeinschaftlichen Institutionen wahrgenommen. Aufgrund der strukturellen Veränderungen, der Erweiterung um neue Mitgliedstaaten und der Zunahme der Integrationsmaterie, wird die Arbeitsintensität der weiterhin existierenden Vorsitzfunktionen im Vergleich zur heutigen Situation steigen. Festzuhalten ist, daß die funktionalen Anforderungen an die Präsidentschaft für das föderale Modell im Vergleich zum heutigen System stark modifiziert werden.

Außerdem sind Veränderungen des mitgliedstaatlichen Anforderungskatalogs in einer föderalen EU notwendig. Wegen des staatsähnlichen Charakters einer föderalen EU haben die mitgliedstaatlichen Anforderungen Souveräne Gleichheit der Mitgliedstaaten, Europapolitischer Identifikationswert, Vermeidung der Handlungsunfähigkeit aufgrund innen- und integrationspolitischer Faktoren, Wahrnehmung der vorsitzverbundenen administrativen Know-hows sowie Politische Führung und Kontinuität innerhalb der EU nur eine schwache Ausprägung. Dagegen sind die Anforderungen Reduzierung der operativen Belastung der mitgliedstaatlichen Administration sowie Integrationspolitische Einfluß- und Gestaltungsmöglichkeiten auf die EU-Agenda stärker zu berücksichtigen.[3]

Die Reichweite der systemischen Anforderungen - Effizienz, Akzeptanz und Legitimation - ist größer als die der mitgliedstaatlichen sowie funktionalen Anforderungen. Die systemischen Anforderungen prägen die Erarbeitung der Perspektiven der Ratspräsidentschaft in allen Modellen einer erweiterten EU.[4]

Im folgenden werden die Parameter dargestellt, die aufgrund der charakteristischen Merkmale der föderalen Union für den Entwurf der Reformoption von entscheidender Bedeutung sind. Von den Reformen aufbauend auf der aktuellen Ratspräsidentschaft sind die Festlegung eines längerfristigen Arbeitsprogramms und die Stärkung des Generalsekretariats des Rates zu berücksichtigen. Beide Parameter besitzen eine hohe Kompatibilität mit den systemischen Anforderungen und zeichnen sich auch dadurch aus, daß sie gut mit den für die föderale Union zentralen mitgliedstaatlichen und funktionalen Anforderungen übereinstimmen. Trotz der Tatsache, daß die vertikale Differenzierung des Funktionsbereichs der Ratspräsidentschaft die systemische Anforderung Akzeptanz benachteiligt, ist sie mit anderen föderalen Anforderungselementen sehr gut kombinierbar. Insbesondere trägt die vertikale Aufteilung des Funktionsbereichs zur Erfüllung der funktionalen Anforderungen bei. Auch für die beiden stark ausgeprägten mitgliedstaatlichen Anforderungen Reduzierung der operativen Belastung der mitgliedstaatlichen Administration sowie Integrationspolitische Ein-

1 Zur näheren Erläuterung siehe Abbildung 3-7.

2 Wessels formuliert ähnlich: „The most unlikely approaches for an explanation are neo-functional and neofederal theories and strategies which stress the increasing role of supranational or federal both against the defensive pattern of nation states. An extensive role interpretation of Presidencies would perceive them as Trojan horses to prevent a proper integration process. In view of dynamic spill-over processes, an extensive role interpretation of Presidencies would be assessed as outdated and relicts of the past." WESSELS (1998), S. 145.

3 Zur näheren Erläuterung siehe Abbildung 3-6.

4 Zur näheren Erläuterung siehe Abbildung 3-5.

fluß- und Gestaltungsmöglichkeiten auf die EU-Agenda ist eine vertikale Ratspräsidentschaft vorteilhaft. Im Hinblick auf die Zusammensetzung der Ratspräsidentschaft wird deutlich, daß die Parameter Personifizierung, Personalunion und Permanente Institution mit dem föderalen Profil übereinstimmen. Bei der Auswahl der Reformparameter zur Besetzung der Ratspräsidentschaft ergibt sich hingegen kein einheitliches Bild. Die automatische Rotation stimmt nicht mit den systemischen und funktionalen Anforderungen überein, aber die Kompatibilität mit den mitgliedstaatlichen Anforderungen ist vorhanden. Die weiteren Parameter zur Besetzung des Vorsitzes, Wahlratspräsidentschaft und Ständige Ratspräsidentschaft, haben eine bessere Vereinbarkeit mit allen Anforderungstypen. Alle Parameter der Besetzung der Ratspräsidentschaft werden deshalb beim Entwurf der föderalen Reformoption berücksichtigt. Bei der Bestimmung der Zeitdauer der Ratspräsidentschaft ist eine Verlängerung der Ratspräsidentschaftsperiode anzustreben, da sie vor allem die Entfaltung der systemischen und funktionalen Anforderungen begünstigt. Eine Verkürzung der Zeitdauer wäre geeignet, wenn die Kommission einen erheblichen Teil der Vorsitzfunktionen übernehmen würde. Auf Basis dieser Leitlinien erfolgt im folgenden die Erstellung der Reformoption für die föderale EU.

Der Europäische Rat verliert seine zentrale Rolle als Leitliniengeber und konstitutioneller Architekt im Institutionengefüge der föderalen Union, da die Kommission der Union die politischen Impulse verleiht. Die Degradation des Europäischen Rates im Institutionengefüge und die starke Stellung der Kommission als europäische Exekutive haben zur Folge, daß die Tagungen des Europäischen Rates nicht mehr den Nukleus einer EU-Ratspräsidentschaft bilden. In diesem Sinne sollte die Double-hat-Lösung durchgesetzt werden, nach der eine Person zugleich die Präsidentschaft der Kommission sowie des Europäischen Rates übernimmt. Sie symbolisiert die Vereinheitlichung der europäischen Exekutivgewalt. In einer föderalen Union würden für die Dualität der Exekutive typische Probleme, wie die Gefahr der Komplexität und der schlechten Transparenz sowohl für die öffentliche Meinung in den Mitgliedstaaten der EU als auch auf der internationalen Ebene, keine Rolle spielen. Ein integrierter Präsident würde zu einer klaren Zuweisung der Funktionen und Kompetenzen beitragen, da er die diversen Bestandteile der Exekutive - koordinierende, ausführende und repräsentative Aufgaben - in sich vereinigt. Der Präsident würde der Union ein kontinuierliches Profil sowohl auf der außenpolitischen Ebene gegenüber Drittländern sowie im Kontext der internationalen Organisationen als auch EU-intern verleihen.

Dem Kommissionspräsidenten sollte ein europäischer Außenminister zur Seite stehen. In der föderalen Logik wäre die personelle Trennung zwischen dem Hohen Vertreter für die GASP und dem Kommissar für Außenbeziehungen aufzuheben. Das Amt des europäischen Außenministers, das durch diese Personalunion entstanden ist, sollte unmittelbar unter dem Dach der Kommission angesiedelt sein. Der Außenminister wäre für die vor allem operative Außen- und Sicherheitspolitik in Analogie zur Funktion eines nationalen Ministers für auswärtige Angelegenheiten und die Umsetzung der gemeinsamen außenpolitischen Beschlüsse zuständig, um die Kohärenz des gesamten Spektrums der außenpolitischen Aktivitäten der Union sicherstellen zu können. Zudem würde er die Union in der gesamten Breite der Außenbeziehungen der Union - Außen-, Sicherheits-, Verteidigungs-, Entwicklungs- und Handelspolitik - innerhalb der internationalen Organisationen und gegenüber den Drittländern vertreten. Identisch zur Rolle eines nationalstaatlichen Präsidenten oder Regierungschefs sollte der Kommissionspräsident die Union ausschließlich auf der höchsten Ebene nach außen repräsentieren und die zentralen Themen der Weltpolitik und des bilateralen Verhältnisses ansprechen. Die Details sollten durch den Außenminister verhandelt werden.

Der integrierte Präsident der Kommission und des Europäischen Rates sollte für die Dauer von fünf Jahren in Anlehnung an die Legislaturperiode des Europäischen Parlaments regieren, da die föderale Regierung, die Kommission, aus dem Parlament hervorgeht. Das Amt wäre somit auf Dauerhaftigkeit ausgelegt. Auch in einer föderalen EU wäre es von fundamentaler Bedeutung, einen strategischen Rahmen in Analogie zu den Entscheidungen des Europäischen Rates von Sevilla im Juni 2002 zu definieren, der es der Kommission ermöglichen würde, ihre Aktivitäten und Prioritäten mit anderen europäischen Akteuren effizient sowie zielorientiert zu organisieren. Um die Einbindung der Gliedstaaten in den Europäischen Rat weiterhin zu ermöglichen, könnten die Mitgliedstaaten sukzessiv eine Vizepräsidentschaft für die Dauer von sechs Monaten ausüben, die operative Aufgaben unter der Kontrolle der Kommission wahrnehmen könnte.

Die zentrale Rolle der Kommission im Institutionengefüge einer föderalen EU sollte auch bei der Vorsitzregelung des Ministerrates zum Ausdruck kommen. Angesichts der allgemeinen Koordinierungsfunktion des Rates „Allgemeine Angelegenheiten" sollte der Kommissionspräsident dessen Vorsitz übernehmen. Die Kommission wäre für die Koordinierung und Vorbereitung aller Räte verantwortlich und würde die Durchführung überwachen. Der Kommissionspräsident würde dem Allgemeinen Rat das von der Kommission vorbereitete langjährige Arbeitsprogramm der EU vorlegen. Dies würde stark zur Kohärenz des Institutionengefüges beitragen. Aus diesem Grund sollte auch im AStV die Vorsitzführung von der Kommission übernommen werden.

Eine ständige Präsidentschaft der Kommission im wirtschaftspolitischen Bereich sollte außerdem eingeführt werden, wodurch eine einheitliche Außenvertretung der EU-Wirtschaftspolitik in internationalen Gremien und eine enge wirtschaftspolitische Koordinierung gesichert werden würde. Um ein kohärentes Vorgehen auf internationaler Bühne gewährleisten zu können, sollte der Rat „Außenbeziehungen" einen permanenten Vorsitz in Form des in die Kommission vollständig eingegliederten Außenministers erhalten. Eine föderale Union setzt zudem voraus, daß die verschiedenen Dimensionen der Innen- und Sozialpolitik zunehmend in der Kommission verknüpft werden. Es wäre in Fortführung des föderalen Integrationsgedankens somit vorstellbar, den Vorsitz in allen weiteren Ratsformationen unmittelbar von den Mitgliedern der Kommission ausüben zu lassen. Die Einführung ständiger Ratspräsidentschaften der Kommission würde den Vorteil größerer Kontinuität und ausgeprägter Know-hows verbinden. Aus der Amtszeit der Kommission würde sich ergeben, daß die Amtsdauer der von der Kommission ausgeübten permanenten Vorsitze im Ministerrat fünf Jahre betragen sollte.

Für den Vorsitz im Ministerrat wäre jedoch die Einführung einer identischen Modalität wie im Europäischen Rat anstelle ständiger Präsidentschaften der Kommission vorteilhafter. Diese Regelung würde die Beteiligung der Gliedstaaten am Vorsitz gewährleisten, die entscheidend für die Entfaltung der politischen Vorteile der Ratspräsidentschaft wäre. Die Mitgliedstaaten sollten eine Vizepräsidentschaft in vorher festgelegter Reihenfolge in den einzelnen Ratsformationen mit Ausnahme vom Rat „Allgemeine Angelegenheiten", „Außenbeziehungen" und „Wirtschaft und Finanzen" ausüben. Die Kommission hätte eine strategische Verantwortung für die Ratspräsidentschaft im Ministerrat. Für die Gliedstaaten würde dies bedeuten, daß das Vorgehen nur in Abstimmung mit dem zuständigen Kommissionsbeamten während einer Präsidentschaft möglich wäre. Die durch aufgeteilte Ratspräsidentschaft zersplitterten Ratsaktivitäten würden sich auf diese Weise leichter koordinieren lassen.

Die Dauer der Vorsitze im Ministerrat könnte fünfzehn Monate, ein Viertel der Amtsdauer der Kommission, betragen, um die Kontinuität der europapolitischen Projekte sicherstellen zu können. Der weiterhin schnelle Wechsel der Vizepräsidentschaften würde die Gewähr dafür bieten, daß das Spektrum an Interessen und Präferenzen der Gliedstaaten regelmäßig der EU zugute kommen würde. Da die Kommission die Hauptverantwortung für die Präsidentschaft im Ministerrat hat, wäre auch eine kürzere Vorsitzdauer denkbar.[1] Die Dauer der Vorsitzführung in der EGKS bis zur Gründung der EWG und EAG im Jahre 1957 belegt dieses Argument. Die Dauer der Vorsitzperiode betrug damals lediglich drei Monate und war wegen der geringen Relevanz des Rates im Institutionengefüge möglich.[2]

Die Ratspräsidentschaft sollte im föderalen Modell auf den unteren Ratshierarchieebenen so festgelegt werden, daß die qualitative Auswahl der Vorsitzenden gefördert wird. Angesichts der stark spezifischen Aufgabenbereiche bietet sich die Wahl der Vorsitzenden in den Sonderausschüssen des Rates und den Arbeitsgruppen an, wobei der Bestgeeignete nicht notwendigerweise ein nationalstaatliches Mitglied des betroffenen Ausschusses sein müßte. Neben nationalen Beamten sollte auch die Kandidatur von Beamten des Generalsekretariats des Rates zugelassen sein. In einer föderalen Union sollte es auch möglich sein, Kommissionsbeamten die Präsidentschaft zu übertragen. Als Amtsdauer sollte zumindest fünfzehn Monate in Analogie zur Vorsitzregelung im Ministerrat festgelegt werden. Neben der Wahl sollte verstärkt die Einführung von ständigen Vorsitzen möglich sein, um die Unabhängigkeit der Präsidentschaft von den Gliedstaaten garantieren zu können. Der erste Impuls für diese Entwicklung wurde bereits von den Staats- und Regierungschefs auf dem Gipfel von Sevilla im Juni 2002 mit dem Beschluß zur Einführung der ständigen Vorsitze des Generalsekretariats des Rates in fünf Arbeitsgruppen gegeben.[3]

Für die Vorsitzführung in den Sonderausschüssen und Arbeitsgruppen in dem föderalen System könnte zudem die Einsetzung einer permanenten Vorsitzinstitution in Frage kommen, die innerhalb des Ratssekretariats errichtet werden könnte. Die permanente Institution könnte aber auch unter der Obhut der Kommission in einer föderalen Union gegründet werden, um einen optimalen Informationsfluß zu gewährleisten. Durch eine permanente Institution könnte bei der Ernennung der Vorsitzenden auf die polarisierenden Wahlmodalitäten verzichtet werden. Der Fähigste würde ohne Politisierung der Vorsitzwahl aus dem Reservoir der permanenten Institution selektiert und ermittelt werden.

Für die föderale EU wurde die oben beschriebene Reformoption der Ratspräsidentschaft entworfen, da sie die Etablierung eines europäischen Staates widerspiegelt. Aus

---

1 Van de Voorde stellt fest: „Die Reduktion des Gewichts des Ratsvorsitzes ist nur in einer reformierten Europäischen Union möglich, wobei der Kommission die Rolle des Motors und der Repräsentation verstärkt zukommt und dem Rat hauptsächlich die legislative Rolle zufällt." VAN DE VOORDE (2002), S. 323.

2 Vgl. 2.1.1.

3 Vgl. 2.2.2.

der Staatswerdung Europas resultiert, daß eine radikale Reform der Präsidentschaft notwendig ist. Funktionsbereich, Zusammensetzung, Besetzung und Zeitdauer des Vorsitzes wurden stark modifiziert, um den Anforderungen der föderalen erweiterten EU gerecht zu werden. Die starken Veränderungen des Ratspräsidentschaftssystems sind darauf zurückzuführen, daß die Kommission eine klare Führungsrolle im Institutionengefüge der föderalen EU innehat und viele Funktionen des aktuellen Vorsitzes übernimmt. Außerdem verlieren der Europäische Rat sowie der Ministerrat und sein Unterbau an Relevanz im politischen System der Union. Insgesamt kann festgehalten werden, daß die Kommission aufgrund ihrer Statusaufwertung in einem föderalen Modell ein Pendant zur heutigen EU-Ratspräsidentschaft darstellt.

5.2.2 Reformoption für die intergouvernementale Europäische Union

In der intergouvernementalen EU stehen die Nationalstaaten als zentrale Akteure im Mittelpunkt des politischen Geschehens, und die Kooperation erfolgt hauptsächlich auf der Basis zwischenstaatlicher Institutionen bzw. Instrumente. In einem solchen System besitzen alle funktionalen Anforderungen mit Ausnahme der Kontaktaufnahme mit anderen Gemeinschaftsorganen eine hohe Relevanz. Der Vorsitz prägt Management im Rat, Management der Gemeinsamen Außen- und Sicherheitspolitik, Förderung politischer Initiativen sowie Mittlerfunktion und Außenvertretung.[1] Im Zuge der Integrationsentwicklung können die Mitgliedstaaten auch neue Kompetenzen an die Ratspräsidentschaft übertragen, da die Ausweitung der Funktionen des Vorsitzes mit der Erhaltung der nationalstaatlichen Souveränität am besten vereinbart werden kann. Die Verstärkung der Ratspräsidentschaft verhindert die Machtkonzentration bei einem Mitgliedstaat oder bei den EU-Institutionen.

Die intergouvernementale Union weist außerdem eine hohe Kompatibilität mit den meisten mitgliedstaatlichen Anforderungen auf. Eine mittlere Ausprägung der mitgliedstaatlichen Anforderungen sind lediglich bei Europapolitischem Identifikationswert, Vermeidung der Handlungsunfähigkeit aufgrund innen- und integrationspolitischer Faktoren sowie Wahrnehmung der ratspräsidentschaftsverbundenen administrativen Know-hows erkennbar. Alle weiteren Anforderungen - Souveräne Gleichheit der Mitgliedstaaten, Reduzierung der operativen Belastung der mitgliedstaatlichen Administration, Politische Führung und Kontinuität innerhalb der EU sowie Integrationspolitische Einfluß- und Gestaltungsmöglichkeiten auf die EU-Agenda - spielen eine starke Rolle bei der Erstellung der intergouvernementalen Reformoption.[2]

Auch bei der Konzeption der intergouvernementalen Reformoption stellen die systemischen Anforderungen die Benchmarks zur Beurteilung der Qualität der Ratspräsidentschaftsreform dar.[3]

Für die intergouvernementale Reformoption sind die Parameter relevant, die sicherstellen, daß eine möglichst hohe Kompatibilität mit allen aufgestellten Anforderungen unter besonderer Berücksichtigung des institutionellen Kontextes existiert. Das intergouvernementale Modell basiert auf dem Primat der Nationalstaaten, so daß insbesondere Reformen aufbauend auf der aktuellen Ratspräsidentschaft, die auf souveräner

[1] Zur näheren Erläuterung siehe Abbildung 3-7.
[2] Zur näheren Erläuterung siehe Abbildung 3-6.
[3] Zur näheren Erläuterung siehe Abbildung 3-5.

Gleichheit der Mitgliedstaaten beruhen, die Merkmale einer intergouvernementalen Union unterstützen. Die Festlegung eines längerfristigen Arbeitsprogramms und die Stärkung des Generalsekretariats des Rates lassen sich gut mit den systemischen Anforderungen vereinbaren. Da die Kompatibilität mit den mitgliedstaatlichen und funktionalen Anforderungen ebenfalls gut vorhanden ist, sollten diesen Parameter eine besondere Bedeutung bei der Erarbeitung der Reformoption beigemessen werden. Die Entwicklung des Troika-Systems ist im Hinblick auf die systemischen Anforderungen negativ zu bewerten. Sie trägt darüber hinaus auch nur wenig zur Erfüllung der zentralen mitgliedstaatlichen und funktionalen Anforderungen bei. Da es sich dabei um einen Vorschlag handelt, der mit der Grundidee des intergouvernementalen Modells gut kompatibel ist, sollte die Einsetzung dieses Parameters unter besonderen Bedingungen möglich sein. Dies sollte der Fall sein, wenn die Mitgliedstaaten keinen Konsens über weitreichende Reformen des Vorsitzes finden können.

Wegen der stets umfangreicher werdenden Aufgaben sollte ein vertikales oder horizontales Splitting des Funktionsbereichs der Ratspräsidentschaft auch in einem intergouvernementalen Modell gewählt werden. Die Erfüllung aller Anforderungstypen kann bei der Differenzierung des Funktionsbereichs in hohem Maße erfolgen. Für die horizontale Aufteilung des Funktionsbereichs ist spezifisch, daß die Differenzierung anhand der Säulenstruktur der Union verwirklicht wird. Bereits im Europäischen Konvent wurde eine Übereinstimmung über die Auflösung der Säulenstruktur der EU gefunden. Es ist jedoch nicht auszuschließen, daß eine Säulenstruktur bei einer Regression der Integrationsentwicklung erneut eingeführt werden könnte. Die Horizontale Ratspräsidentschaft könnte ausschließlich im intergouvernementalen Modell eine Rolle spielen. Da dies momentan unwahrscheinlich ist, wird lediglich der Parameter Vertikale Ratspräsidentschaft bei der Erarbeitung der intergouvernementalen Reformoption berücksichtigt.

Für die Zusammensetzung der Ratspräsidentschaft ergibt sich aus den Strukturmerkmalen des intergouvernementalen Modells, daß die Personifizierung für eine gezielte Steuerung des Rates notwendig ist. Sie besitzt einen hohen Erfüllungsgrad bezüglich der systemischen und funktionalen Anforderungen. Die Personifizierung steht auch in positiver Korrelation zu den meisten mitgliedstaatlichen Anforderungen. Die Reformparameter der Zusammensetzung, wie Personalunion, Teamratspräsidentschaft und Direktorium, sind teilweise für die intergouvernementale EU geeignet. Insbesondere bei der Erfüllung der funktionalen Anforderungen können sie eine Rolle spielen. Bei der Besetzung der Ratspräsidentschaft sollte neben Wahlpräsidentschaft und Ständige Ratspräsidentschaft der Parameter Automatische Rotation eingesetzt werden, da er insbesondere der mitgliedstaatlichen Anforderung Souveräne Gleichheit der Mitgliedstaaten gerecht wird. Die Ausdehnung der Präsidentschaftsperiode sollte das prägende Gestaltungsprinzip für die Bestimmung der Zeitdauer auch in einer zwischenstaatlichen Union sein. Dies geht mit einer hohen Kompatibilität mit den systemischen und funktionalen Anforderungen einher. Aus systemischer, mitgliedstaatlicher und funktionaler Sicht ist für die Erstellung der Reformoption für die intergouvernementale EU eine Sicherstellung der oben dargestellten Parameterauswahl anzustreben. Diese Leitlinien bilden die Grundlage für den Entwurf der Reformoption für die intergouvernementale EU.

In der zwischenstaatlichen Union ist der Europäische Rat neben dem Ministerrat die zentrale Schaltstelle des Institutionengefüges. Die umfangreiche Erweiterung der

EU hat zur Folge, daß die Autorität des Europäischen Rates für die politische Steuerung und Kontinuität der intergouvernementalen Union immer wichtiger wird. Um seine führende Position auch in einer EU-25+ garantieren zu können, sollte ein Präsident für den Europäischen Rat ernannt werden. Dieser von den Staats- und Regierungschefs zu wählende hauptamtliche Präsident würde die zentrale Position des Europäischen Rates im Institutionengefüge der Union widerspiegeln. Da die exekutiven Befugnisse der Kommission und ihres Präsidenten in einer intergouvernementalen Union sehr eingeschränkt sind, würde die Existenz zweier Präsidenten das institutionelle System der zwischenstaatlichen EU nicht negativ prägen. Die Rolle des EU-Präsidenten kann mit der des UN-Generalsekretärs verglichen werden. Der hauptamtliche Präsident sollte die Tätigkeit des Europäischen Rates sowie der gesamten Ratshierarchie koordinieren und das gesamte Agieren der marginalisierten überstaatlichen EU-Institutionen kontrollieren.

Die Hauptverantwortung für die Zusammensetzung eines längerfristigen Arbeitsprogramms sollte beim Europäischen Rat unter der Führung seines Präsidenten liegen. Die restlichen Institutionen wären von diesem Prozeß ausgeschlossen und würden sich vornehmlich auf die administrativen Funktionen konzentrieren. Darüber hinaus sollte das interne Management des Europäischen Rates ein weiteres Aufgabenfeld des Präsidenten des Europäischen Rates darstellen. Darunter sollten die Vorbereitung der Sitzungen, die Sitzungsleitung und die Überwachung der Umsetzung der Entscheidungen fallen. Das Generalsekretariat des Rates sollte effektiv den Präsidenten bei der Erfüllung dieser Funktion unterstützen. Das Amt eines Generalsekretärs sollte wiederhergestellt werden. Aus der Stärkung des Ratssekretariats würde resultieren, daß es nicht erforderlich wäre, ein permanentes Sekretariat für den Europäischen Rat zu gründen. Der Präsident sollte außerdem die Union rechtlich in ihrer Gesamtheit auf der höchsten Ebene gegenüber den Drittstaaten und internationalen Organisationen vertreten. Somit würde der Präsident der Union eine Stimme und ein Gesicht verleihen sowie die Aufgaben des derzeit halbjährlich rotierenden Vorsitzes übernehmen. Um eine langfristige Steuerung der EU-Prozesse über den hauptamtlichen Vorsitzenden des Europäischen Rates zu ermöglichen, sollte die Amtsdauer fünf Jahre betragen.

Die Errichtung einer Personalunion spielt in einer zwischenstaatlichen EU keine Rolle. Der Hohe Repräsentant für die GASP sollte gestärkt und im Gegensatz zur heutigen Praxis parallel zu den Mitgliedstaaten ein Initiativrecht in den außenpolitischen Dossiers ausüben können, da das Initiativrecht der Kommission im Bereich der Außen- und Sicherheitspolitik in einer intergouvernementalen Union entzogen würde. Um die Kohärenz aller Außenaktivitäten der Union sicherstellen zu können, sollte das Management der Entwicklungs- und Handelspolitik zum Tätigkeitsfeld des Hohen Repräsentanten gehören. In einer intergouvernementalen Union sollte der Hohe Vertreter einen ständigen Vorsitz im Außenrat für fünf Jahre erhalten und die verschiedenen Aktivitäten der Außenpolitik koordinieren. Er sollte für die Kontinuität und Visibilität in den alltäglichen Außenaktivitäten sorgen, so daß das Troika-System im außenpolitischen Bereich abgeschafft werden könnte.

Neben dem Hohen Vertreter sollte der Präsident des Europäischen Rates einen permanenten Vorsitz im Ministerrat erhalten und dem Allgemeinen Rat vorsitzen, um die gesamte Ratshierarchie effektiver koordinieren zu können. Diese Lösung hätte den Vorteil, daß sie den institutionellen Vorsitz des Europäischen Rates mit den unteren Hierarchieebenen des Rates verbinden würde. Dies würde garantieren, daß die strategische Steuerung der EU vom Europäischen Rat kontinuierlich durchgesetzt wird. Hinsichtlich der Vorsitzregelung in den übrigen Räten und im AStV sollte vor allem die mitgliedstaatliche Anforderung Souveräne Gleichheit berücksichtigt werden, um die politische Beteiligung aller EU-Staaten gewährleisten zu können. Ein Rotationsverfahren mit der Dauer von einem Jahr in einem gesplitteten Ministerrat würde die Gleichheit zwischen allen Mitgliedstaaten sicherstellen. Aufgrund der umfangreichen Erweiterung sollte jeweils ein Land nur eine technische Ratsformation für ein Jahr leiten. Eine regelmäßige Teilnahme aller Staaten könnte dadurch garantiert werden. Die Dauer der Ratspräsidentschaft im Ministerrat wäre somit verdoppelt und die mitgliedstaatlichen Verwaltungen würden nicht überlastet werden. Die Präferenzen, Know-hows und Ressourcen eines Staates sollten bei der Wahl mitberücksichtigt werden.

Alternativ wäre es möglich, das rotierende Vorsitzsystem im Ministerrat durch eine Teamratspräsidentschaft zu ersetzen. Jeder Mitgliedstaat des Teams sollte bestimmten Formationen des Ministerrates vorsitzen. In bezug auf die Teamlösung stellt sich jedoch die Frage nach der Koordinierung der Ratstätigkeiten, wenn mehrere Staaten gemeinsam eine kohärente Führung der Union leisten sollen. Allerdings ist die Teamratspräsidentschaft am besten mit einer intergouvernemental ausgeprägten EU kompatibel. Die hohe Komplexität des Institutionengefüges und die weit fortgeschrittene Integrationsentwicklung in einer föderalen und flexiblen Union sind mit einer Teamlösung schwieriger zu vereinbaren.

Die Präsidentschaft auf der Ebene der Arbeitsgruppen sollte auf den gleichen Nationalitäten der Vorsitzenden des AStV basieren. Diese Modalität ermöglicht, Spannungen und Konflikte zwischen Arbeitsgruppenvorsitz und Ratspräsidentschaft im AStV zu minimieren. In einer zwischenstaatlichen Union sollte zunehmend auch das Instrument der Wahl in technischen Gremien angewandt werden und der Vorsitz in möglichst vielen Arbeitsgruppen durch das Generalsekretariat des Rates übernommen werden. Nur durch diese beiden Maßnahmen kann ein dauerhaft erhöhtes Niveau der Vorsitzführung auf der untersten Ebene des Rates in einer intergouvernementalen Union gewährleistet werden. Der Vorsitzende der Arbeitsgruppen sorgt für die Kontinuität der Beratungen. Somit sollte eine Verlängerung der Vorsitzperiode von derzeit sechs auf zumindest zwölf Monate in Analogie zur Zeitdauerregelung der Ratspräsidentschaft im Ministerrat stattfinden.

Entsprechend den Merkmalen des institutionellen Kontextes und der Bewertung der Anforderungen an die Ratspräsidentschaft wurde die obige Reformoption für die intergouvernementale Union gewählt. Die Errichtung des hauptamtlichen Präsidenten des Europäischen Rates spiegelt die starke Stellung des Europäischen Rates und des Ministerrates sowie die Statusabwertung der Europäischen Kommission und des Europäischen Parlaments wider. Des weiteren gilt der aus dem Kreis der Staats- und Regierungschefs zu bestimmende Präsident als Garantie für eine gezielte Steuerung einer heterogenen, zwischenstaatlichen EU-25+. Die hauptsächlich auf Rotation beruhende Präsidentschaft in den dem Europäischen Rat nachgeordneten Gremien stellt dagegen einen Sicherheitspuffer gegen Machtkonzentration dar. Die vorhergehenden Ausführungen verdeutlichen, daß insbesondere die Parameter Personifizierung und Automatische Rotation für die Reform des Vorsitzes in der intergouvernementalen EU als zentral identifiziert werden konnten.

5.2.3 Reformoption für die flexible Europäische Union

Die flexible EU ist durch eine Zunahme von intergouvernementalen Kooperationsformen einerseits und weiterhin existierenden supranationalen Institutionen andererseits gekennzeichnet. Strukturell weist die flexible EU eine hohe Komplexität auf. Im Vergleich zur föderalen und intergouvernementalen EU besitzt das flexible Modell aufgrund seiner dualistischen Struktur die größte Ähnlichkeit mit dem politischen System der heutigen EU. Dies hat für die Erstellung der Reformoption der flexiblen EU als Konsequenz, daß die meisten mitgliedstaatlichen und funktionalen Anforderungen eine starke Ausprägung besitzen. Die funktionalen Anforderungen Management im Rat, Management der Gemeinsamen Außen- und Sicherheitspolitik, Mittlerfunktion, Kontaktaufnahme mit anderen Gemeinschaftsorganen und Außenvertretung sollten mit hoher Intensität bei der Erarbeitung der flexiblen Reformoption berücksichtigt werden. Lediglich die mittelstark ausgeprägte Anforderung Förderung politischer Initiativen ist weniger stark zu berücksichtigen.[1]

Von den mitgliedstaatlichen Anforderungen sollten Europapolitischer Identifikationswert, Vermeidung der Handlungsunfähigkeit aufgrund innen- und integrationspolitischer Faktoren, Wahrnehmung der ratspräsidentschaftsverbundenen administrativen Know-hows, Reduzierung der operativen Belastung der mitgliedstaatlichen Administration sowie Politische Führung und Kontinuität innerhalb der EU intensiv zur Erstellung der Reformoption herangezogen werden. Die zwei restlichen mitgliedstaatlichen Anforderungen, Souveräne Gleichheit der Mitgliedstaaten und Integrationspolitische Einfluß- und Gestaltungsmöglichkeiten auf die EU-Agenda, sind in einer flexiblen EU weniger stark ausgeprägt.[2]

Analog zu allen Reformen des EU-Systems sollte der Entwurf der Reformoption für die flexible Union von den systemischen Anforderungen geprägt werden. So ist zu verifizieren, ob die ausgearbeitete Option zur Steigerung der Effizienz, Akzeptanz und Legitimation beiträgt.[3]

Im folgenden werden die für den Entwurf der Reformoption einer flexiblen Union relevanten Parameter dargestellt. Erstens ist der Parameter Festlegung eines längerfristigen Arbeitsprogramms für die interne und externe Stabilität der flexiblen Union von fundamentaler Bedeutung. Dieser trägt insbesondere zur Erfüllung der systemischen Anforderungen bei. Von den Reformen innerhalb des aktuellen Ratspräsidentschaftssystems sollte zudem der Parameter Stärkung des Generalsekretariats des Rates ausgewählt werden, da er hinsichtlich aller drei Anforderungstypen sehr positiv zu bewerten ist. Aufgrund der unterschiedlichen Voraussetzungen der Mitgliedstaaten, die Ratspräsidentschaft übernehmen zu können, und der variablen Teilnahme an Integrationsprojekten sollte der Funktionsbereich der Ratspräsidentshaft gesplittet werden. Für die Einsetzung des Parameters Vertikale Ratspräsidentschaft spricht die hohe Kompatibilität mit systemischen, mitgliedstaatlichen und funktionalen Anforderungen. Der Reformparameter Personifizierung sollte gewählt werden, da er mit dem institutionellen Kontext der flexiblen Union übereinstimmt und für die Performance der EU als einheitlicher Akteur wegen der institutionellen Komplexität von fundamentaler Bedeutung ist. Neben der Personifizierung ist eine Personalunion in der flexiblen EU

---

1 Zur näheren Erläuterung siehe Abbildung 3-7.

2 Zur näheren Erläuterung siehe Abbildung 3-6.

3 Zur näheren Erläuterung siehe Abbildung 3-5.

anzustreben. Für diese beiden Parameter liegt ein hoher Erfüllungsgrad mit den meisten Anforderungen vor.

Zur Besetzung der Ratspräsidentschaft in einer flexiblen Union ist eine Kombination von Automatischer Rotation, Wahlratspräsidentschaft und Ständiger Ratspräsidentschaft besonders geeignet, da sie den supragouvernementalen Charakter der flexiblen EU widerspiegelt. Der Parameter Automatische Rotation stößt jedoch lediglich bei der Erfüllung von mitgliedstaatlichen Anforderungen auf positive Resonanz. Aus der dualen Struktur der flexiblen Union ergibt sich aber, daß bei der Besetzung der Präsidentschaft sowohl die Gleichheit der Bürger als auch die Gleichheit der Mitgliedstaaten berücksichtigt werden muß. Nur auf diese Weise können die Gegensätze zwischen großen und kleinen Staaten vermieden werden. Um die Herausforderungen der Erweiterung und Flexibilisierung bewältigen zu können, ist es jedoch notwendig, die Gleichheit der Mitgliedstaaten, also die Automatische Rotation, bei der Vorsitzführung zu relativieren. Die beiden weiteren einzusetzenden Parameter der Besetzung - Wahlratspräsidentschaft sowie Ständige Ratspräsidentschaft - sind im Gegensatz zum Parameter Automatische Rotation dadurch gekennzeichnet, daß sie eine hohe Kompatibilität mit allen drei Anforderungstypen aufweisen.

Analog zum föderalen und intergouvernementalen Modell einer erweiterten EU ist die Verlängerung der Amtsdauer auch für die Ausübung der Ratspräsidentschaft in einer flexiblen Union aus systemischer, mitgliedstaatlicher und funktionaler Sicht förderlich. Diese aufgestellten Leitlinien werden bei der Erstellung der Reformoption für die flexible EU berücksichtigt.

Die Rolle der gemeinschaftlichen Institutionen ist im Flexibilisierungsprozeß marginal, denn die Vertiefung der Integration wird von den Mitgliedstaaten betrieben und getragen. Die Position des Europäischen Rates als Richtliniengeber ist daher sicherzustellen. Dies setzt voraus, daß die Präsidentschaft des Europäischen Rates neu ausgerichtet und auf eine neue Grundlage gestellt wird. Die starke Stellung des Europäischen Rates sollte durch die Ernennung eines hauptamtlichen Vorsitzenden für fünf Jahre in Analogie zur Amtsperiode des Kommissions- und Parlamentspräsidenten festgelegt werden. Die exekutive Rolle der Kommission darf dabei nicht im politischen System der Union beeinträchtigt werden. Der Vorsitzende des Europäischen Rates sollte nicht in Konkurrenz zum Präsidenten der Kommission agieren. Es sollte deshalb keine Machtverteilung innerhalb der Exekutive, wie im Semi-Präsidentialismus der V. Französischen Republik, stattfinden, da diese die Komplexität des politischen Systems erhöhen würde. Die Koordinierung von zwei Exekutiven könnte sich als problematisch erweisen.

Die Hauptzuständigkeit des neuen Vorsitzenden sollte in der Übernahme der Aufgaben der derzeit alle sechs Monate rotierenden Präsidentschaft im Europäischen Rat und nicht in den ausführenden Tätigkeiten sowie den Außenbeziehungen liegen. Die Befugnisse des Vorsitzenden sollten in Anlehnung an die bisherigen Präsidentschaftsfunktionen begrenzt bleiben. Die Personifizierung der Ratspräsidentschaft würde keinen neuen Präsidenten für die EU hervorrufen, sondern einen hauptamtlichen Vorsitzenden für den Europäischen Rat. Ein eigener Unterbau für den Vorsitzenden wäre nicht notwendig. Der Vorsitzende sollte sich auf das Know-how des ausgebauten Generalsekretariats des Rates stützen und eine stark koordinierende Rolle innerhalb der Unionstätigkeiten haben, um die Kohärenz aller EU-Aktivitäten gewährleisten zu können. Er sollte somit eine zentrale Position bei den Konsultationen über die Festlegung eines mehrjährigen Arbeitsprogramms im Institutionengefüge der flexiblen Union besitzen, die durch den Europäischen Rat letztlich genehmigt würde. Im Gegensatz zu den Bestimmungen von Sevilla sollten aber das Europäische Parlament und vor allem die Kommission in diesen Prozeß über den Vorsitzenden in größerem Maße eingebunden werden.

Der personalunionierte Außenminister sollte die Außenpolitik der Union leiten. Der Vorsitzende des Europäischen Rates sollte somit lediglich eine Rolle als Integrationssymbol nach innen und außen analog zum deutschen Bundespräsidenten ausüben, um den zentrifugalen Tendenzen in der flexiblen EU entgegenzuwirken. Loth formuliert ähnlich:

> „Die nötige Kohärenz der Gesamtgemeinschaft könnte (...) durch die Errichtung von Institutionen vorwiegend symbolischer Natur abgesichert werden - etwa durch die Schaffung des Amtes eines Europäischen Präsidenten."[1]

Die Relevanz der mitgliedstaatlichen Anforderung Souveräne Gleichheit nimmt in einem flexiblen Modell ab. Alle Mitgliedstaaten sollten sich aber weiterhin an Vorbereitung, Durchführung und Nachbereitung des Europäischen Rates als Vizevorsitzende für sechs Monate sukzessiv nach dem Prinzip der Alternanz beteiligen. Dieses Vorgehen würde die Einflußnahme auf die EU-Agenda ermöglichen. Das Einbringen von neuen Perspektiven spielt in allen politischen Systemen eine zentrale Rolle für die Innovationsfähigkeit. Die mitgliedstaatliche Vizepräsidentschaft des Europäischen Rates sollte aber vor allem operative Aufgaben unter Kontrolle des hauptamtlichen Vorsitzenden wahrnehmen. Der Vorsitzende des Europäischen Rates sollte die Zuständigkeit für die Leitung der Arbeiten sowie Überwachung und Implementierung der Entscheidungen haben. Diese Aufteilung der Zuständigkeiten würde eine kohärente Vorsitzführung im Europäischen Rat trotz der unterschiedlichen Teilnahme der Mitgliedstaaten an Integrationsprojekten und des verschiedenen Einsatzes von Ressourcen garantieren.

Auch bei der Suche nach Interessenausgleich zwischen den Mitgliedstaaten könnte die Vizeratspräsidentschaft den Vorsitzenden unterstützen. Ein hauptamtlicher Vorsitzende hätte vor allem in der Rolle als Mittler zwischen den unterschiedlichen Auffassungen der EU-25+ Vorteile. Es ist jedoch fraglich, ob er diese Funktion deutlich besser als ein Ratspräsident nach heutigem Muster wahrnehmen könnte.[2] Die Mitgliedstaaten sollten deshalb weiterhin über die Vizepräsidentschaft in die Vermittlungstätigkeit eingebunden bleiben. Es wäre zudem notwendig, die Erklärung 22 zum Vertrag von Nizza für obsolet zu erklären. Die Tagungen des Europäischen Rates sollten in dem die Vizepräsidentschaft innehabenden EU-Mitgliedstaat abgehalten werden, um die positiven Effekte der Gipfel beizubehalten. Die Gliedstaaten würden stärker in die Organisation der Union miteinbezogen werden. Dies hätte insbesondere den Vorteil, daß der europapolitische Identifikationswert der Ratspräsidentschaft garantiert werden könnte.

Aus zwei Gründen ist die Vorsitzregelung im Ministerrat der flexiblen EU-25+ komplex: Erstens muß die Kohärenz der Ratshierarchie sichergestellt werden, und zweitens ist nicht jeder Mitgliedstaat an allen Bereichen der Integration beteiligt. Deshalb sollten innovative Vorsitzmodalitäten eingeführt werden. Um eine handlungsfä-

---

1 LOTH (1997), S. 14.

2 Vgl. JOPP/MATL (2003), S. 100 f.

hige GASP in einer flexiblen EU zu ermöglichen, sollten alle außenpolitischen Aktivitäten - Außen-, Sicherheits-, Verteidigungs-, Entwicklungs- und Handelspolitik - durch eine Double-hat-Lösung verbunden werden. Dies würde dem ambivalenten Charakter der Außenpolitik in der flexiblen Union gerecht werden und ein einheitliches Erscheinungsbild nach außen trotz der strukturellen Komplexität ermöglichen. Das fusionierte Amt des Hohen Vertreters für die GASP und des Außenkommissars sollte der flexiblen Union ein Gesicht verleihen. Dieser europäische Außenminister sollte als fester Ansprechpartner innerhalb der internationalen Organisationen und gegenüber den Drittländern fungieren, so daß sich eine Kontinuität in der außenpolitischen Arbeit herausbilden könnte. Die außenpolitische Troika könnte somit abgeschafft werden. Der europäische Außenminister sollte zugleich auch Vizepräsident der Kommission sein und ein Initiativrecht besitzen, um die Entfaltung von Synergien zwischen intergouvernementalen und supranationalen Außenaktivitäten zu ermöglichen. Aufgrund der Einbindung des Außenministers in die Kommission sollte die Amtszeit fünf Jahre betragen. Nach Absprache mit dem Kommissionspräsidenten und dem Vorsitzenden des Europäischen Rates, der die Position der Mitgliedstaaten vertritt, sollte der Außenminister auch eigenständig Verhandlungen führen und Beschlüsse fassen dürfen. Dies würde voraussetzen, daß der Außenminister dem Außenrat vorsitzt, der Entscheidungen zu allen außenpolitischen Fragen trifft.

Der Allgemeine Rat und AStV sind von zentraler Bedeutung für die Koordinierung der Ratstätigkeiten. Die Präsidentschaft dieser beiden Gremien sollte von dem Mitgliedstaat, der die Vizepräsidentschaft im Europäischen Rat innehat, für je sechs Monate ausgeübt werden. Eine dreimonatige Amtsdauer könnte ebenfalls denkbar sein, da der Europäische Rat vierteljährlich zusammentritt. Dies würde jedoch voraussetzen, daß die Vizepräsidentschaft eng durch den Vorsitzenden geführt und ein mehrjähriges Strategieprogramm existieren würde. Die dreimonatige Vizepräsidentschaft würde die sukzessive Alternanz zwischen den Mitgliedstaaten beschleunigen. Jeder Mitgliedstaat hätte die Vizepräsidentschaft alle 7 Jahre in einer EU-27 inne, die dem heutigen Rotationszyklus entspräche. Eine nationale Profilierung wäre weiterhin möglich und die Kontinuität durch den hauptamtlichen Vorsitzenden des Europäischen Rates sowie des Strategieprogramms sichergestellt.

Die Kommission sollte in den Vorsitz des Allgemeinen Rates und AStV eingebunden werden, um ihre ausführende Rolle im Institutionengefüge der erweiterten EU beizubehalten. Die unterstützende Rolle der Kommission wäre insbesondere für die Staaten notwendig, die im Integrationsprozeß nicht weit vorangeschritten sind oder nicht über ausreichende Ressourcen verfügen. Das Generalsekretariat des Rates sollte weiterhin eine bedeutende Rolle in der gesamten Ratshierarchie spielen und wieder von einem hauptamtlichen Generalsekretär koordiniert werden. Der Europäische Rat ist durch das mehrjährige Arbeitsprogramm mit der Präsidentschaft im Allgemeinen Rat und AStV verknüpft. Diese Vorsitzregelung im Europäischen Rat, Allgemeinen Rat und AStV würde die Beibehaltung der notwendigen Rotation in einer flexiblen EU garantieren.

Der Vorsitz der restlichen Ministerratsformationen sollte dagegen nach Wahl für eine Dauer von einem Jahr vergeben werden. Dies würde die flexible Auslese der Vorsitzenden im Ministerrat ermöglichen. Die Mitgliedstaaten, die nicht die Pflichten und Rechte der Präsidentschaft aufgrund innen- und integrationspolitischer Faktoren wahrnehmen könnten, könnten dadurch ausgeschlossen werden. Die zentrale Rolle der an allen Integrationsprojekten teilnehmenden EU-Mitglieder sollte allerdings im Gesamtsystem zum Ausdruck kommen.[1]

Analog zur föderalen und intergouvernementalen EU sollte die rotierende Präsidentschaft in den Sonderausschüssen und Arbeitsgruppen der flexiblen Union nicht beibehalten werden. Eine Einführung von gewählten Vorsitzenden würde die qualitative Auswahl fördern und der gesamten EU zugute kommen. Bei den technischen Gremien könnte die Präsidentschaft für die Dauer eines Jahres durch ein gewähltes Mitglied wahrgenommen werden. In einer flexiblen Union könnte neben der Wahlratspräsidentschaft auch eine ständige Ratspräsidentschaft in den Sonderausschüssen und Arbeitsgruppen in Frage kommen, die von den Beamten des Generalsekretariats des Rates ausgeübt werden könnte. In Analogie zu den Beschlüssen von Sevilla im Juni 2002 könnten neben den Gruppen Elektronische Kommunikation, Rechtsinformatik, Kodifizierung, Information und Neue Gebäude in zahlreichen weiteren Arbeitsgruppen die Präsidentschaft durch das Generalsekretariat des Rates wahrgenommen werden. Darüber hinaus könnte die Ratspräsidentschaft permanent an Kommissionsbeamte delegiert werden. Falls die Besetzung der Ratspräsidentschaft nicht durch einen gewählten oder permanenten Vorsitzenden möglich sein sollte, könnte sich die Präsidentschaft an den Wahlvorsitzen im Ministerrat orientieren.

Die flexible Union ist durch eine Balance zwischen supranationalen Institutionen und der zunehmenden Tendenz zu intergouvernementalen Entscheidungsstrukturen gekennzeichnet. Die Erstellung der Reformoption für die flexible EU darf das institutionelle Gleichgewicht nicht gefährden. Der neu einzusetzende Vorsitzende des Europäischen Rates ist somit nicht als Antithese zur Kommissionspräsidentschaft zu sehen. Zudem sind die Ämter des Hohen Vertreters für die GASP und des Außenkommissars in einer Personalunion mit doppelter institutioneller Verankerung auszuüben. Um die interne und externe Kohärenz der flexiblen EU zu garantieren, ist die Personifizierung der Macht notwendig. Deshalb wird die Ratspräsidentschaft in der Person des hauptamtlichen Vorsitzenden des Europäischen Rates und des Außenministers kulminiert. Aufgrund der dualistischen Natur der flexiblen Union, die ihre Legitimation zum größten Teil von den nationalen Regierungen erhält, sollte die automatische Rotation zur Erhaltung der politischen Vorteile der Ratspräsidentschaft weiterhin eine tragende Rolle spielen.

Abbildung 5-5 zeigt zusammenfassend die Tendenzaussagen zur Kompatibilität der Parameter der Reformvorschläge für die Ratspräsidentschaft mit allen drei Modellen einer erweiterten EU. Die Abbildung verdeutlicht den supragouvernementalen Charakter der flexiblen EU. Die Reformoption für die flexible Union liegt konzeptionell zwischen der föderalen und intergouvernementalen Reformoption.

[1] Janning und Weidenfeld argumentieren ähnlich. Vgl. JANNING/WEIDENFELD (1996), S. 10.

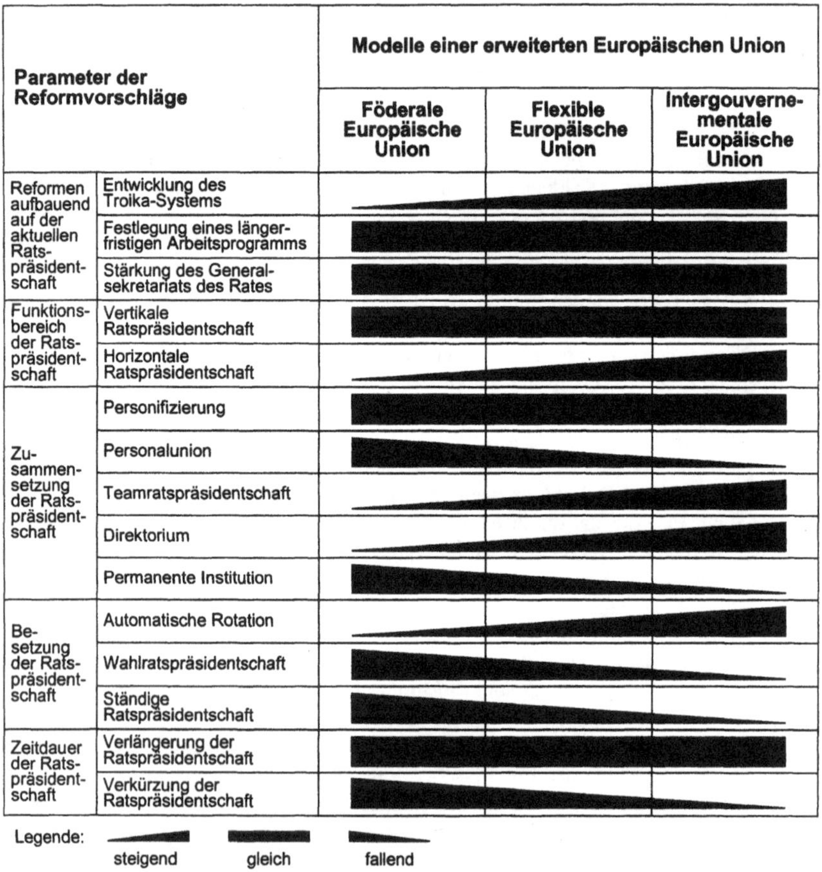

Abbildung 5-5: Kompatibilität der Parameter der Reformvorschläge mit den Modellen einer erweiterten EU

Abschließend kann festgehalten werden, daß sich eine unterschiedliche Kompatibilität der verschiedenen Parameter der Reformvorschläge differenziert nach den drei Modellen einer erweiterten EU ergibt. Die Parameter Personalunion, Permanente Institution, Wahlratspräsidentschaft, Ständige Ratspräsidentschaft und Verkürzung der Ratspräsidentschaft zeigen eine steigende Kompatibilität mit der föderalen EU im Gegensatz zu den Parametern Entwicklung des Troika-Systems, Horizontale Ratspräsidentschaft, Teamratspräsidentschaft, Direktorium und Automatische Rotation, die eine steigende Kompatibilität mit der intergouvernementalen EU aufweisen. Die Auswahl der Parameter und deren Ausgestaltung sind der gezielten finalité politique der EU anzupassen. Die Struktur der erweiterten EU ist für den Entwurf der Reformoptionen ausschlaggebend.[1] Dennoch zeigt der Entwurf der Reformoptionen für die föderale, intergouvernementale und flexible EU, daß die Parameter Festlegung eines längerfristigen Arbeitsprogramms, Stärkung des Generalsekretariats des Rates, Vertikale Ratspräsidentschaft, Personifizierung der Ratspräsidentschaft und Verlängerung der Ratspräsidentschaft unabhängig vom Verlauf des Integrationsprozesses sowie der neuen internen und externen Herausforderungen zur Erhöhung der Effizienz des Ratspräsidentschaftssystems notwendig sind. Dies impliziert, daß die Ratspräsidentschaft in ihrer gegenwärtigen Form nicht mehr für eine EU-25+ unabhängig von der Evolution des Integrationsprozesses praktikabel ist.

Im folgenden wird die Kompatibilität der Vorsitzbestimmungen des Verfassungsentwurfs des Europäischen Konvents mit den aufgestellten Anforderungen ermittelt. Im Anschluß werden die Parameter des Entwurfs im Hinblick auf die eingeschlagene Integrationsrichtung auf Basis der erarbeiteten Reformoptionen evaluiert.

5.3 Beurteilung der Parameter des Verfassungsentwurfs des Europäischen Konvents

Die Parameter zur Reform der Ratspräsidentschaft im Rahmen des Verfassungsentwurfs des Europäischen Konvents werden in bezug auf das in Kapitel 3 erarbeitete Analyseraster beurteilt.[2] Dabei wird die Kompatibilität der Parameter mit den aufgestellten systemischen, mitgliedstaatlichen und funktionalen Anforderungen überprüft. Daran anschließend werden die Parameter anhand der integrationspolitischen Trennlinie zwischen Supranationalisten und Intergouvernementalisten auf Grundlage der entworfenen Reformoptionen analysiert.[3]

Im Verfassungsentwurf wurde die Einführung eines von den Staats- und Regierungschefs gewählten Präsidenten des Europäischen Rates festgelegt. Dies ist im Hinblick auf die Funktionsfähigkeit der EU positiv zu bewerten. Seine Einrichtung ist der Effizienz, Akzeptanz und Legitimation förderlich und trägt insbesondere zur Steigerung des Outputs im Europäischen Rat bei. Der Präsident kann die Sitzungsvorbereitung und -leitung des Europäischen Rates sicherstellen, was für die Funktionsfähigkeit der EU fundamental ist. Der Erfüllungsgrad der funktionalen Anforderungen ist durch diese Maßnahme sehr hoch. Das Führungsprofil des Präsidenten nach innen ist schwach ausgeprägt, da er vornehmlich die Funktionen der bisherigen rotierenden Ratspräsidentschaft übernimmt. Nach außen ist der Präsident zuständig für die Außenvertretung auf höchster Ebene. Er besitzt somit im Gegensatz zu den ursprünglich diskutierten Plänen wenige Machtbefugnisse. Trotzdem ist der Präsident hinsichtlich der Kontinuität und der Kohärenz der Aktivitäten des Europäischen Rates positiv zu bewerten. Je nach persönlichem Charisma wird er auch dem Integrationsprozeß förderlich sein. Vorteilhaft für die Union ist außerdem, daß der Präsident formell keine

[1] Marhold argumentiert ähnlich: „Erst wenn man sich darüber klar sei, wozu man ein vollendetes Europa wolle, könne man über dessen Struktur nachdenken". MARHOLD (2001b), S. 14.

[2] Die Vorsitzregelungen des Konventsentwurfs werden detailliert in Abschnitt 4.7 dargestellt.

[3] Die Trennlinie zwischen kleinen und großen Staaten wird im folgenden nicht berücksichtigt, da sie keine unmittelbare Rolle für die Bewertung der integrationspolitischen Richtung des Verfassungsentwurfs spielt. Die einzelnen Parameter der Reformvorschläge wurden bereits entlang der beiden Trennlinien in Kapitel 4 untersucht.

Gegenmacht zum Kommissionspräsidenten bildet. Zudem ist die Perspektive zur Fusion des Amtes des Kommissionspräsidenten mit dem des Präsidenten des Europäischen Rates aus integrationistischer Sicht ein Erfolg.

Die Errichtung des Amtes eines Außenministers kann dagegen, wie das Amt eines Präsidenten des Europäischen Rates, nur punktuell zur Erfüllung der mitgliedstaatlichen Anforderungen beitragen, da die nationale Profilierung durch den Vorsitz nur noch bedingt möglich sein wird. Eine Personalunion weist dagegen eine hohe Kompatibilität mit den funktionalen und systemischen Anforderungen auf. Aufgrund des Initiativrechts und der Vorsitzführung im Rat „Auswärtige Angelegenheiten“ sowie der doppelten institutionellen Verankerung hat der Außenminister mehr Möglichkeiten als der heutige Hohe Vertreter für die GASP, autonom zu agieren. Dies ist eine zentrale Voraussetzung für eine erhöhte Einflußnahme auf internationaler Ebene. Der Außenminister kann sich dabei auf den neuen Europäischen Auswärtigen Dienst stützen.[1] Das Pooling von diplomatischen und finanziellen Ressourcen der EU wird durch den Auswärtigen Dienst künftig erleichtert. Positiv ist vor allem, daß der Außenminister kein Zuarbeiter der Präsidentschaft ist, der in allen seinen Handlungen vom jeweiligen Vorsitz abhängig ist. Die Kohärenz und Kontinuität der EU-Außenpolitik kann hierdurch gesteigert werden.

Das Fehlen einer zentralen Figur der GASP ist für die Handlungsfähigkeit und Performance der Union ein Defizit. Eine Stärkung der außenpolitischen Visibilität ist durch die Einrichtung des Außenministers der Union zu erwarten. Allerdings existieren in der EU weiterhin zahlreiche außenpolitische Akteure. Bisher waren die Kompetenzen zwischen Ratspräsidentschaft, Hohem Vertreter für die GASP und Kommission geteilt. Gegebenenfalls waren noch die nachfolgende Präsidentschaft und Sonderbeauftragte beteiligt. Künftig tragen insbesondere der Präsident des Europäischen Rates, der Außenminister der Union und der Kommissionspräsident die außenpolitische Verantwortung. Angesichts der vagen Verankerung der Zuständigkeiten des jeweiligen Akteurs kann es zu Kompetenzstreitigkeiten kommen und die neue Lösung somit nur beschränkt zur Behebung der außenpolitischen Schwächen der Union beitragen. Scholl argumentiert:

> „Nimmt man aber die Kompetenzen innerhalb der Kommission mit denen in der Außen- und Sicherheitspolitik zusammen, so erhält die Union in Zukunft eine „Doppelspitze plus“ aus Kommissionspräsident, Ratsvorsitzendem und Außenminister. Ob dies die Kakophonie in der Europäischen Außenpolitik beenden wird, ist angesichts der sehr vagen Kompetenzzuschreibungen fraglich.“[2]

Inwieweit der Außenminister zur Etablierung einer europäischen Außenpolitik beitragen kann, ist vor allem davon abhängig, wie in Zukunft die außenpolitischen Entscheidungen zustande kommen. Der Verfassungsentwurf verankert weiterhin Einstimmigkeit für alle außenpolitischen Beschlüsse, was der Glaubwürdigkeit der EU als außenpolitischem Akteur abträglich ist.[3]

Die Vorsitzregelung im Ministerrat spiegelt die von den kleinen Staaten geforderte Souveräne Gleichheit der Mitgliedstaaten wider. Die auf der gleichberechtigten Rota-

---

[1] Vgl. Erklärung über die Einrichtung eines Europäischen Auswärtigen Dienstes, in: DAS SEKRETARIAT (CONV 850/03).

[2] SCHOLL (2003), S. 210. Vgl. auch GIERING/EMMANOUILIDIS (2003), S. 2.

[3] Everts und Keohane formulieren: „The draft does not extend the Commission's powers over foreign policy and it explicitly preserves every country's right to wield a veto. The maintenance of this veto right is superficially appealing but in reality a huge obstacle for a more credible EU foreign policy.“ EVERTS/KEOHANE (2003), S. 172.

tion in den einzelnen Ratsformationen basierende Präsidentschaft ist somit gut mit den mitgliedstaatlichen Anforderungen kompatibel. Die automatische Alternanz des Vorsitzes ist dagegen den meisten systemischen und funktionalen Anforderungen abträglich. Die positiven Effekte des mitgliedstaatlichen Vorsitzes auf die Nationalstaaten und die EU können zum größten Teil beibehalten werden. Aus der vertikalen Aufteilung des Funktionsbereichs des Vorsitzes im Ministerrat ergibt sich jedoch, daß die Profilierungsmöglichkeiten qualitativ abnehmen. Die vertikale Aufteilung der Ratspräsidentschaft steigert die Komplexität des Rates, was die Koordinierung der Ratsformationen erschwert. Dies ist im Hinblick auf die systemischen Anforderungen negativ zu bewerten. Positiv ist jedoch, daß eine einheitliche Vorsitzregelung für den gesamten Ministerrat mit Ausnahme des Rates „Auswärtige Angelegenheiten" und der Euro-Gruppe im Konvent gefunden wurde. Viele Beiträge im Rahmen der Reformdiskussion hatten eine unübersichtliche Kombination zahlreicher Parameter befürwortet. Defizitär ist neben der steigenden Komplexität die unzureichende Flexibilität der Vorsitzregelung im Ministerrat. Innen- und integrationspolitisch handlungsunfähigen Mitgliedstaaten können weiterhin die Ratspräsidentschaft ausüben. Dies kann fatale Auswirkungen auf die Glaubwürdigkeit der EU nach innen und außen in einer immer heterogeneren und integrationspolitisch differenzierteren EU-25+ haben. Aus diesem Grund sind die Ständige Ratspräsidentschaft des Außenministers der Union im Rat „Auswärtige Angelegenheiten" und die Wahlratspräsidentschaft eines nationalstaatlichen Ministers in der Euro-Gruppe sinnvoll.

Die Vorsitzführung auf den unteren Hierarchieebenen des Rates wird im Verfassungsentwurf nicht näher definiert. Es ist anzunehmen, daß die nachgeordneten Ausschüsse und Gremien die parallele Nationalität der Vorsitzenden des zuständigen Rates haben sollen. Dies steigert den Bedarf an Koordinierung, da zahlreiche Mitgliedstaaten ihre Aktivitäten abstimmen müssen. Die Wahlratspräsidentschaft und Ständige Ratspräsidentschaft sollten auf den unteren Hierarchieebenen an Relevanz gewinnen, um zu einer Verstetigung und Effektivierung der Arbeit beitragen zu können. Die Einführung von gewählten Gruppenvorsitzenden in Analogie zum WFA sowie die Übertragung der Präsidentschaft auf die Beamten des Generalsekretariats des Rates und der Kommission sollten öfter angewendet werden. Die Bestimmungen des Europäischen Rates von Sevilla sind hinsichtlich der Einrichtung von permanenten Vorsitzen des Generalsekretariats in den Arbeitsgruppen unzureichend.

Im Konvent wurde eine Stärkung des Generalsekretariats des Rates durch die Wiedereinführung eines hauptamtlichen Generalsekretärs festlegt. Die technischen und administrativen Möglichkeiten des Ratssekretariats stehen dadurch der Präsidentschaft besser zur Verfügung.

Der Verfassungsentwurf des Europäischen Konvents kombiniert verschiedenste Reformparameter. Dabei wird das Ratspräsidentschaftssystem fundamental revidiert. Der Konventsentwurf sieht neben den kleineren Reformen des Vorsitzes - Reformen aufbauend auf der aktuellen Ratspräsidentschaft - eine Modifizierung des Funktionsbereichs, der Zusammensetzung, der Besetzung und der Zeitdauer der Ratspräsidentschaft vor. Betrachtet man die Parameterauswahl des Entwurfs, so ist auffällig, daß sie eine Kombination von supranationalen und intergouvernementalen Reformelementen darstellt. Der Entwurf ist ein Kompromiß zwischen den gemeinschaftlichen und zwischenstaatlichen Integrationssträngen und kann die unterschiedlichen Positionen von Intergouvernementalisten und Supranationalisten überbrücken. Im allgemeinen ist jedoch die Tendenz erkennbar, daß die Supranationalisten den Intergouvernementalisten bei der Gestaltung der Ratspräsidentschaft entgegengekommen sind. Dies gilt insbesondere für die Einrichtung eines Präsidenten des Europäischen Rates. In diesem Kontext ist jedoch anzumerken, daß die Option eines integrierten Präsidenten für die Kommission und den Europäischen Rat offen gelassen worden ist. Zudem kann das Amt eines personalunionierten Außenministers der Union als Brücke zur weiteren Vergemeinschaftung der Außenpolitik dienen.

Als Bilanz kann festgehalten werden, daß der Entwurf einen logischen Schritt aufbauend auf der bisherigen institutionellen Entwicklung der EG/EU darstellt. Der Integrationsprozeß ist durch eine dialektische Wechselbeziehung zwischen integrationistischen und intergouvernementalen Formen der Zusammenarbeit gekennzeichnet. Die Variationsbreite der Finalitätsvorstellungen der Teilnehmer des Europäischen Konvents ließ auch kein anderes Ergebnis erwarten. Die EU ist noch nicht reif für eine föderale Option,[1] und ein Europa der Nationalstaaten stellt keine realistische Alternative dar.[2]

Aufbauend auf der Beurteilung der Parameter des Verfassungsentwurfs des Europäischen Konvents anhand der aufgestellten Anforderungen und den entworfenen Reformoptionen in Abhängigkeit der einzelnen Modelle einer erweiterten EU wird innerhalb des nächsten Abschnittes die Relevanz der Ratspräsidentschaft im politischen System der EU-25+ analysiert. Die abzuleitenden Tendenzaussagen zeigen den Stellenwert der reformierten Ratspräsidentschaft im Institutionengefüge einer erweiterten EU auf.

5.4 Relevanz der Ratspräsidentschaft

Die Ratspräsidentschaft zeigte in der Vergangenheit eine permanent zunehmende Aufgabenvielfalt und -tiefe. Dieser Entwicklungstrend führte zu einer kontinuierlichen Relevanzsteigerung der Präsidentschaft im Institutionengefüge der EG/EU. Im folgenden wird der Frage nachgegangen, ob der Vorsitz weiterhin an Bedeutung gewinnen wird oder ob er in seiner Existenz erstmalig mit einem verringerten Stellenwert innerhalb der EU zu rechnen hat. Die Tendenzaussagen zur künftigen Relevanz können dadurch ermittelt werden, daß der Stellenwert des heutigen Vorsitzes im politischen System der Union[3] mit der Position der reformierten Präsidentschaft anhand des modifizierten Ursachenkatalogs des Bedeutungswandels der Präsidentschaft von Vornbäumen[4] gegenübergestellt wird.

Vornbäumen unterscheidet vier in Wechselbeziehung stehende Ursachen für den Bedeutungswandel der Präsidentschaft: nationale Egoismen, interinstitutionelle Verschiebungen, intrainstitutionelle Verschiebungen im Ministerrat und strukturelle Veränderungen. Da die künftige Bedeutung der nationalen Egoismen[5] nicht an meßbaren Kriterien festgemacht werden kann, wird diese Ursache in der vorliegenden Beurtei-

---

1 Vgl. SCHMUCK (2002), S. 220. Näheres dazu STÜWE (1999).

2 Vgl. WEIDENFELD (1994), S. 7.

3 Vgl. 2.2.1.

4 Näheres zu den Ursachen des Bedeutungswandels von Vornbäumen siehe 2.2.1.

5 Vornbäumen versteht unter nationalen Egoismen den Grad, inwiefern die Ratspräsidentschaft für die Umsetzung nationaler Interessen eingesetzt wird. Vgl. VORNBÄUMEN (1985), S. 21.

lung der Relevanz der Ratspräsidentschaft nicht berücksichtigt. Neben den inter- und intrainstitutionellen Verschiebungen sowie den strukturellen Veränderungen in der EU wird ein weiterer Faktor in die Analyse der Relevanz einbezogen: die strukturelle Komposition der Ratspräsidentschaft. Sie spielt eine zentrale Rolle für die potentielle Entwicklung der Relevanz. Die Negativ- und Positivtendenzen der erstellten Reformoptionen und der Ratspräsidentschaftsbestimmungen des Verfassungsentwurfs des Europäischen Konvents sind dabei in bezug auf die Struktur des umgestalteten Vorsitzes zu ermitteln. Die Analyse der Relevanz der Ratspräsidentschaft wird getrennt nach den drei Modellen einer erweiterten EU und dem Verfassungsentwurf des Europäischen Konvents durchgeführt (vgl. Abbildung 5-6).

Föderale Europäische Union

Die zentrale Verschiebung im interinstitutionellen Bereich in der föderalen EU betrifft die Statusaufwertung der Kommission zur Europäischen Regierung. Die Kommission usurpiert viele Aufgaben der heutigen Ratspräsidentschaft. Ein weiterer Faktor für die Ermittlung der Relevanz auf dem interinstitutionellen Feld ist die Degradierung des Europäischen Rates. Die Bedeutung des Europäischen Rates im föderalen System nimmt ab, wodurch die Ratspräsidentschaft einen bedeutenden Teil ihres Funktionsbereiches verliert.

Die intrainstitutionelle Lage des Ministerrates ist insbesondere dadurch gekennzeichnet, daß die Entscheidungen auf allen Politikbereichen in der Regel mit qualifizierter Mehrheit getroffen werden. Somit ist die Ratspräsidentschaft als Ausgleichs- und Vermittlungsorgan nicht mehr wichtig. Die Mittlerfunktion des Vorsitzes verliert stark an Bedeutung. Einen weiteren intrainstitutionellen Trend im Rat der EU zeigt die abnehmende Bedeutung des Vorsitzes als Koordinator zwischen den Fachräten auf. Dies wird zunehmend von der Kommission übernommen. Der Relevanz der Ratspräsidentschaft ist interinstitutionell auch die abnehmende Bedeutung des Unterbaus des Ministerrates abträglich.

Die Ursachen der strukturellen Veränderungen bestehen erstens aus der Erweiterung der EU um neue Mitgliedstaaten und zweitens aus der Erweiterung der Integrationsmaterie. Da die Reichweite der Erweiterung in den einzelnen Modellen einer erweiterten EU nicht unterschiedlich eingestuft wird, ist die Relevanz des erstgenannten Faktors in allen Modellen gleich.[1] Im allgemeinen gilt für alle Erweiterungsmodelle: Je mehr Mitgliedstaaten existieren, um so wichtiger wird die strategische Leitung der EU. Der zweite Faktor der strukturellen Veränderungen Erweiterung der Integrationsmaterie variiert dagegen in Abhängigkeit des jeweiligen institutionellen Modells einer erweiterten EU. In diesem Zusammenhang gilt: Je größer die Reichweite der Integration ist, desto größere Kohärenz ist für die Führung notwendig. Für die föderale Union ist charakteristisch, daß die meisten Politikbereiche vergemeinschaftet sind. Die Kommission und ihr Präsident sind für die Steuerung der EU verantwortlich. Da alle strategisch wichtigen Bereiche der Kommission untergeordnet sind, besitzt die Ratspräsidentschaft wenige Kompetenzen im Institutionengefüge der föderalen Union.

Die strukturelle Komposition der Ratspräsidentschaft in der föderalen EU[2] spiegelt den Machtgewinn der Kommission im Institutionengefüge wider. Die Ratspräsident-

---

[1] In der vorliegenden Arbeit werden die Reformoptionen für eine EU-25+ konzipiert. Vgl. 1.1.

[2] Vgl. 5.2.1.

schaft agiert zunehmend als ein Zuarbeiter der Kommission und ihres Präsidenten. Darüber hinaus schwächt die vertikale Aufteilung des Funktionsbereichs die Ratspräsidentschaft. Der Vorsitz wird in einem föderalen Modell einer erweiterten EU entpolitisiert.

Aus der gesamtheitlichen Betrachtung der vier Faktoren zur Ermittlung der Relevanz der Ratspräsidentschaft zeichnet sich für die föderale Union die Tendenz ab, daß die Ratspräsidentschaft erstmalig in ihrer Geschichte stark an Relevanz verliert.

Intergouvernementale Europäische Union

Interinstitutionell ist für die Ermittlung der Relevanz der Ratspräsidentschaft in der intergouvernementalen EU von Bedeutung, daß die Machtpositionen des Ministerrates und des Europäischen Rates verstärkt werden. Aus dem Machtverfall der Kommission als Impulsgeber resultiert, daß sich die Rolle der Ratspräsidentschaft verändert. Der Vorsitz trägt zunehmend die Verantwortung für die Förderung des politischen Prozesses im Institutionengefüge. Aus der Statusaufwertung des Europäischen Rates und Ministerrates folgt, daß das Interaktionsfeld des Vorsitzes erweitert wird.

Auch intrainstitutionell geht der Trend zur Kompetenzzunahme der Ratspräsidentschaft. Die de facto auf Einstimmigkeit beruhenden Entscheidungen haben unmittelbar zur Folge, daß die Mittlerfunktion der Ratspräsidentschaft stark an Relevanz gewinnt. Der Ministerrat braucht die Führung des Vorsitzes, um Integrationserfolge erzielen zu können.

Aus Sicht der strukturellen Veränderungen in der EU ist jedoch eine Negativtendenz für die Bedeutung des Vorsitzes festzustellen. In der intergouvernementalen Union nimmt der Integrationsstand bedingt zu. Sogar eine Regression der Reichweite der Integrationsmaterie ist im Laufe des Integrationsprozesses nicht auszuschließen. Dieser Negativtrend wird jedoch durch die Erweiterung um zehn und mehr neue Mitgliedstaaten teils kompensiert. Die Heterogenität einer EU-25+ verkompliziert die Funktionen des Vorsitzes.

Die strukturelle Komposition der Ratspräsidentschaft in der intergouvernementalen EU[1] zeigt, daß der Vorsitz das Machtzentrum in der zwischenstaatlichen Union darstellt. Die Personifizierung der Macht ist hierfür ein Anzeichen. Die Ratspräsidentschaft wird in der Person eines hauptamtlichen Präsidenten des Europäischen Rates zentralisiert, der die Koordination der mitgliedstaatlichen Vorsitze in den einzelnen Ratsformationen übernimmt.

Drei Ursachen für den Bedeutungswandel der Ratspräsidentschaft - interinstitutionelle Verschiebungen, intrainstitutionelle Verschiebungen im Ministerrat und strukturelle Komposition - zeigen eine zunehmende Relevanz der Ratspräsidentschaft in der intergouvernementalen EU auf. Die steigende Bedeutung der Ratspräsidentschaft wird durch die vierte Ursache, strukturelle Veränderungen, aufgrund der Aufnahme neuer Mitgliedstaaten nicht abgeschwächt. Entsprechend den obigen Erkenntnissen ist in der intergouvernementalen EU die Tendenz zu beobachten, daß die Relevanz der Ratspräsidentschaft stark zunimmt.

---

[1] Vgl. 5.2.2.

Flexible Europäische Union

Das Institutionengefüge der flexiblen Union ist durch Supragouvernementalität gekennzeichnet. Aus interinstitutioneller Sicht hat dies für die Relevanz des Vorsitzes zur Konsequenz, daß neben der Europäischen Kommission die Ratspräsidentschaft impulsgebende Funktionen ausübt. Die Flexibilisierung erhöht den Koordinierungsbedarf des Vorsitzes im interinstitutionellen Bereich, denn die Kommission ist allein nicht fähig, den politischen Prozeß zu steuern. Aus der Relevanzzunahme der intergouvernementalen Kooperationsformen im Flexibilisierungsprozeß resultiert, daß der Europäische Rat und sein Vorsitz von besonderer Bedeutung für das Institutionengefüge der flexiblen Union ist.

Auch die Verhandlungsführung trägt dualistische Züge in einer flexiblen Union. Das breite Spektrum von Verhandlungsformen entspricht in großem Maße dem heutigen Status quo. Der Unterschied besteht jedoch darin, daß die Arten der Verhandlungsführung in Abhängigkeit der teilnehmenden Mitgliedstaaten variieren können. Daraus ergibt sich ein zunehmender Bedarf an Koordinierung im intrainstitutionellen Bereich.

Die strukturellen Veränderungen in der EU haben eine analoge Auswirkung auf die Relevanz der Ratspräsidentschaft, wie die inter- und intrainstitutionellen Modifikationen. Aus der Komplexität der flexiblen EU resultiert ein erhöhter Koordinationsaufwand für die Präsidentschaft. Die Harmonisierung der differenzierten Integrationsmaterie bindet den Vorsitz in großem Maße, wobei die Erweiterung um zahlreiche neue Mitgliedstaaten diesen Effekt katalysiert.

Die strukturelle Komposition der Ratspräsidentschaft in der flexiblen EU[1] ist dadurch gekennzeichnet, daß der personifizierte Präsident des Europäischen Rates eine stark koordinierende Position erhält. Eine Entpolitisierung des Vorsitzes auf den unteren Hierarchieebenen des Rates ist nicht zu erwarten, obwohl die Präsidentschaft kein einheitlicher Akteur mehr ist. Die politische Dimension der Ratspräsidentschaft im Ministerrat bleibt erhalten. Die Akzentsetzung und die Festlegung der Prioritäten bei der Auswahl und Behandlung der Dossiers sind für den Vorsitzenden des Rates der EU weiterhin in einem kleineren Rahmen möglich.

Zusammenfassend ist festzuhalten, daß die Relevanz der Ratspräsidentschaft in der flexiblen EU insbesondere aufgrund des erhöhten Koordinationsbedarfs zunehmen wird. Allerdings ist diese Relevanzzunahme nicht so stark wie in einer intergouvernementalen EU. Die Kommission nimmt in einer flexiblen Union weiterhin Aufgaben wahr, die in der intergouvernementalen EU von der Ratspräsidentschaft übernommen werden.

Verfassungsentwurf des Europäischen Konvents

Die Relevanz der Ratspräsidentschaft im Verfassungsentwurf des Europäischen Konvents läßt sich in Analogie zu den Modellen einer erweiterten EU anhand des modifizierten Ursachenkatalogs des Bedeutungswandels der Präsidentschaft von Vornbäumen ermitteln.

---

[1] Vgl. 5.2.3.

Im Konvent wurden alle Institutionen graduell verstärkt.[1] Die Stellung der Kommission spiegelt dies wider, obwohl die Wahl des Kommissionspräsidenten durch das Europäische Parlament nicht durchgesetzt werden konnte. Dennoch wurde die Stellung des Kommissionspräsidenten im Institutionengefüge gestärkt. Die Machtbefugnisse des Präsidenten bei der Festlegung der internen Arbeitsteilung der Kommission wurden erweitert. Der von den Staats- und Regierungschefs gewählte Präsident des Europäischen Rates soll zur Arbeitseffektivität und zur Stärkung des Europäischen Rates beitragen. Dem Europäischen Parlament wurden mehr Kompetenzen im Gesetzgebungsverfahren zugestanden, denn das Mitentscheidungsverfahren wurde als Regelverfahren in der Gesetzgebung verankert. Der Status des Ministerrates wurde durch die Ausdehnung der qualifizierten Mehrheitsentscheidungen aufgewertet.

Diese interinstitutionellen Verschiebungen reflektieren den dualistischen Charakter der im Konventsentwurf verankerten EU. In der supranationalen Logik wurden die Kommission und das Parlament gestärkt. Die institutionelle Innovation eines Präsidenten des Europäischen Rates stärkt dagegen die intergouvernementalen Strukturen der Union. Die Machtkompetenzen der Ratspräsidentschaft bleiben deshalb im interinstitutionellen Hinblick konstant. Angesichts der getrennten Präsidentschaft im Europäischen Rat findet jedoch eine leichte Statusaufwertung statt. Zudem erhöht die zunehmende Verflechtung der Institutionen und Organe der Union den Koordinierungsbedarf des Vorsitzes im interinstitutionellen Bereich, der zur weiteren Bedeutungssteigerung führt.

Die Ratspräsidentschaft hat auf dem intrainstitutionellen Feld nur mit marginalen Veränderungen im Vergleich zur aktuellen Situation zu rechnen. Obwohl die Entscheidungen im Ministerrat normalerweise mit qualifizierter Mehrheit gemäß des Verfassungsentwurfs des Europäischen Konvents getroffen werden sollen, bleiben zahlreiche zentrale Politikbereiche mit einem Vetorecht jedes einzelnen Mitgliedstaats versehen. Somit fungiert die Präsidentschaft weiterhin als wichtiges Ausgleichs- und Vermittlungsorgan.

Für die Ratspräsidentschaft bleiben die strukturellen Veränderungen in der EU nicht ohne Konsequenz. Die Heterogenität der EU-25+ erfordert, weitere flexible Formen der Integration einzuführen. Die vertraglichen Regelungen der verstärkten Zusammenarbeit wurden im Verfassungsentwurf spezifiziert und erweitert. Falls neue Formen der flexiblen Zusammenarbeit in der EU implementiert werden, ist davon auszugehen, daß die Koordinationsfunktion der Ratspräsidentschaft zunehmen wird.

Im Hinblick auf die strukturelle Komposition zeigt sich eine steigende Relevanz der Ratspräsidentschaft. Obwohl der Präsident des Europäischen Rates über keine institutionalisierte Machtbasis verfügt, wird er künftig einen höheren Stellenwert als die heutige rotierende Präsidentschaft im Europäischen Rat besitzen. Auch der personalunionierte Außenminister der Union spricht für eine höhere Bedeutung des Vorsitzsystems. Die Präsidentschaft im Ministerrat verliert in geringem Maße an Relevanz, da die Impulsgebung über mehrere Politikbereiche entfällt. Andererseits wird die koordinierende Rolle des Vorsitzes für das Funktionieren einer Ratsformation aufgrund der Erweiterung immer wichtiger.

---

[1] Näheres zur institutionellen Bilanz des Europäischen Konvents siehe EMMANOUILIDIS/GIERING (2003); SCHOLL (2003).

Vor diesem Hintergrund zeichnet sich für die Relevanz der Ratspräsidentschaft im Verfassungsentwurf des Europäischen Konvents die Tendenz ab, daß sie in gleichem Maße wie in einer flexiblen EU, aber nicht so stark wie in einer intergouvernementalen EU, an Relevanz gewinnen wird.

Die Tendenzaussagen zur Relevanz der Ratspräsidentschaft in einer erweiterten EU werden in Abbildung 5-6 zusammenfassend dargestellt.

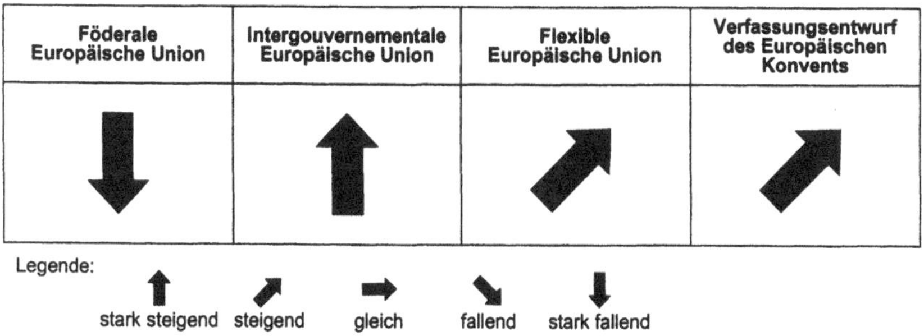

Abbildung 5-6: Relevanz der Ratspräsidentschaft

Es bleibt festzuhalten, daß die Relevanz der Ratspräsidentschaft nicht automatisch durch eine Erweiterung zunimmt. Die Anzahl der Mitgliedstaaten ist nur ein Einflußfaktor auf die Bedeutung der Ratspräsidentschaft im Institutionengefüge der EU. Vielmehr ist die Aufgabenvielfalt und -tiefe der Ratspräsidentschaft, die durch die Struktur der erweiterten EU determiniert wird, für den Stellenwert ausschlaggebend. Bei einer Weiterentwicklung zur föderalen Union ist von einer stark fallenden Relevanz, bei einer flexiblen oder intergouvernementalen EU von einer steigenden bzw. stark steigenden Relevanz auszugehen. Bei der Umsetzung der im Verfassungsentwurf des Europäischen Konvents verankerten Regelungen ist ebenfalls mit einer zunehmenden Relevanz der Ratspräsidentschaft zu rechnen.

6 FAZIT: REFORM DER RATSPRÄSIDENTSCHAFT IN EINER ERWEITERTEN EUROPÄISCHEN UNION

In einer erweiterten EU ist eine Reform der Ratspräsidentschaft notwendig, um die Funktionsfähigkeit des politischen Systems der Union sicherzustellen. Diese sollte die bestehenden Defizite beheben und den neuen Herausforderungen, die durch die Erweiterung entstehen, gerecht werden. Insbesondere wird die Rationalität der sukzessiven Alternanz der Ratspräsidentschaft angesichts der Erweiterung um mittel- und osteuropäische Staaten sowie Malta und Zypern in Frage gestellt. Andererseits besitzt die regelmäßig zwischen allen Mitgliedstaaten wechselnde Ratspräsidentschaft politische Vorteile. Die Neugestaltung des Vorsitzes kann aber nicht losgelöst von der Evolution des institutionellen Kontextes der Union betrachtet werden. Daher wurde im Rahmen dieser Arbeit die Zielsetzung verfolgt, die Perspektiven der Ratspräsidentschaft als Reformoptionen in Abhängigkeit der Modelle einer erweiterten EU aufzustellen. Des weiteren wurde die Relevanz der Ratspräsidentschaft im Institutionengefüge einer erweiterten EU evaluiert und dabei analysiert, ob die Ratspräsidentschaft ihren Stellenwert weiterhin im politischen System der Union expandieren kann oder ob zu erwarten ist, daß sie auf das Ursprungskonzept eines technischen Vorsitzes zurückfällt.

Drei grundlegende Perspektiven für die Ratspräsidentschaft wurden in der vorliegenden Arbeit anhand von Modellen einer erweiterten EU aufgezeigt. Diese spiegeln die Reichweite der finalité politique der EU wider und lassen sich in eine föderale, intergouvernementale und flexible Reformoption einteilen.

In der Untersuchung wurden aber auch übereinstimmende Tendenzen erkennbar, welche unabhängig von der Richtung der Integrationsentwicklung für die Optimierung des künftigen Ratspräsidentschaftssystems von Bedeutung sind. Zu diesen Reformelementen gehört die Aufteilung des Funktionsbereichs der Ratspräsidentschaft. Seit der letzten EU-Erweiterung im Jahre 1995 zeichnet sich dieser Trend ab. Einige Funktionsbereiche der Ratspräsidentschaft sind auf Instanzen verlagert worden, die unabhängig vom vorsitzenden Mitgliedstaat agieren. Die Erweiterung um zehn und mehr Staaten hat unmittelbar zur Konsequenz, daß das bisherige Gestaltungsprinzip der Ratspräsidentschaft, Einheitlichkeit des Vorsitzes, in praxi nicht mehr umsetzbar ist. Der Bedarf an vertikaler Aufteilung des Funktionsbereichs der Ratspräsidentschaft kann in allen Modellen einer erweiterten EU festgestellt werden. Die Ratspräsidentschaft kann nicht mehr von ein und demselben Mitgliedstaat in allen Tätigkeitsbereichen der Union und auf allen Hierarchieebenen des Rates in einer EU-25+ wahrgenommen werden. Eine mitgliedstaatliche Regierung kann keine effiziente Steuerung der gesamten Ratshierarchie gewährleisten. Dies ist vor allem darauf zurückzuführen, daß die Heterogenität in einer erweiterten EU und die Komplexität des Institutionengefüges steigt. Zusätzlich führt die Zunahme des Integrationsbestands vor allem im föderalen und flexiblen Modell zur Verwässerung des Grundsatzes der Einheitlichkeit des Vorsitzes. Die zunehmende Differenzierung des europäischen Integrationsprozesses spricht neben den unterschiedlichen Ressourcen der Mitgliedstaaten außerdem für das Splitting des Tätigkeitsfeldes der Ratspräsidentschaft. Bereits heute determinieren diese die erfolgreiche Durchführung des Vorsitzes auf allen Funktionsbereichen. Der in der Arbeitshypothese angenommene Relevanzverlust des Grundsatzes der Einheitlichkeit des Vorsitzes als Strukturelement der Ratspräsidentschaft in einer erweiterten EU bei steigender Anzahl von Mitgliedstaaten wird somit bestätigt.

Neben dem Relevanzverlust des Grundsatzes der Einheitlichkeit des Vorsitzes ist die Personifizierung unabhängig von der Richtung der Integrationsentwicklung in einer erweiterten Union für die Reform der Ratspräsidentschaft erforderlich. Der Trend zur Personalisierung europäischer Politik hat sich bereits in den letzten Jahren abgezeichnet. Die Wahl der Vorsitzenden der vor allem militärischen Ausschüsse und Komitees sowie die Ernennung des Hohen Vertreters für die GASP sind Beispiele für diese Entwicklung. Der personifizierte Vorsitz des Europäischen Rates, mit oder ohne Double-hat in Abhängigkeit der Evolution des EU-Institutionengefüges, kulminiert diese Tendenz. Dieser hauptamtliche Vorsitzende verleiht dem komplexen Institutionengefüge einer EU-25+ mehr Stabilität und Visibilität nach innen und außen. Insbesondere stellt er die strategische Steuerung und programmatische Kontinuität der heterogenen EU sicher. Im Hinblick auf die Bewältigung der künftigen integrationspolitischen Herausforderungen ist die Personifizierung des Vorsitzes des Europäischen Rates unumgänglich. Für alle Modelle einer erweiterten EU wird die Annahme der Arbeitshypothese bestätigt, daß die Personifizierung der Ratspräsidentschaft bei steigender Komplexität des Institutionengefüges an Bedeutung gewinnt.

Ein weiteres kongruentes Element der verschiedenen entworfenen Reformoptionen ist, daß die Ratspräsidentschaftsperiode von derzeit sechs auf zumindest zwölf Monate verlängert werden sollte. Die sechsmonatige Ratspräsidentschaft ist für die komplexe Problemstruktur der erweiterten Union nicht adäquat. Die Sicherstellung der Kontinuität des politischen Prozesses und effizienter Führung einer heterogenen EU-25+ erfordert eine Verlängerung der Amtsperiode. Die Untersuchung verdeutlicht, daß die Ausdehnung der Mandatsdauer des Vorsitzes auf allen Ebenen der Ratshierarchie in allen drei Modellen einer erweiterten EU anzuwenden ist.

Die Stärkung des Ratspräsidentschaftssystems durch unterstützende Maßnahmen, die nicht unmittelbar eine substantielle Neuordnung des Vorsitzes zur Folge haben, ist außerdem in den Reformoptionen der Ratspräsidentschaft unabhängig von der Evolution des Integrationsprozesses wiederzufinden. Modellübergreifend sollte die Festlegung eines längerfristigen Arbeitsprogramms und die Stärkung des Generalsekretariats des Rates einen festen Bestandteil der Reform der Ratspräsidentschaft in einer erweiterten EU bilden. Die Vereinbarungen des Europäischen Rates von Sevilla im Juni 2002 sind diesbezüglich auszubauen und zu präzisieren.

In einigen Aspekten ist die hohe Konformität der Reformen der Ratspräsidentschaft unabhängig von der Richtung der Integrationsentwicklung auffällig. Diese Kongruenz impliziert, daß die Ratspräsidentschaft in ihrer gegenwärtigen Form in einer erweiterten EU nicht mehr praktikabel ist. Trotz der unterschiedlichen Weiterentwicklungsmöglichkeiten der EU-25+ sind die folgenden Parameter bei der Reform des Vorsitzes zu berücksichtigen:

- Festlegung eines längerfristigen Arbeitsprogramms,
- Stärkung des Generalsekretariats des Rates,
- Vertikale Ratspräsidentschaft,
- Personifizierung der Ratspräsidentschaft und

- Verlängerung der Ratspräsidentschaft.

Neben diesen übereinstimmenden Parametern ist für alle erarbeiteten Reformoptionen der Ratspräsidentschaft kennzeichnend, daß sie eine Relativierung der souveränen Gleichheit der Mitgliedstaaten und somit eine Reduzierung des Prinzips der automatischen Rotation beinhalten. Andererseits bleiben die mit der Rotation verbundenen politischen Vorteile für das Funktionieren des Institutionengefüges einer erweiterten EU relevant. Diese sind allerdings für die Effizienz des Gesamtsystems der flexiblen und intergouvernementalen EU zentraler als für die föderal organisierte Union. Die sukzessive Alternanz der Mitgliedstaaten sollte als Konstante in einigen Tätigkeitsfeldern des Vorsitzes unabhängig von der Endgestalt der politischen Grundordnung Europas erhalten bleiben.

Obwohl in der Parameterauswahl Gemeinsamkeiten bei den drei aufgestellten Reformoptionen der Ratspräsidentschaft existieren, bleiben wesentliche Differenzen zwischen den Modellen bestehen.[1] Dabei zeigen sich Unterschiede vor allem zwischen föderaler und intergouvernementaler Perspektive in folgenden Parametern:

- Personalunion,
- Teamratspräsidentschaft,
- Automatische Rotation,
- Wahlratspräsidentschaft und
- Ständige Ratspräsidentschaft.[2]

Bei der Reform der Ratspräsidentschaft spielen in der föderalen EU die Parameter Personalunion, Wahlratspräsidentschaft und Ständige Ratspräsidentschaft und in der intergouvernementalen EU Teamratspräsidentschaft und Automatische Rotation neben den oben dargestellten gemeinsamen Reformparametern eine herausragende Rolle. Konzeptionell liegt die flexible Reformoption zwischen gemeinschaftlicher und zwischenstaatlicher Linie.

Die konträren Entwicklungstendenzen ließen sich in der vorliegenden Untersuchung des weiteren im Detail der entworfenen Reformoptionen ermitteln. Divergierende Trends existieren vor allem hinsichtlich der präzisen Ausgestaltung der einzelnen Reformparameter. Dies impliziert, daß die Perspektiven der Ratspräsidentschaft vom jeweiligen institutionellen Kontext abhängig sind. Die Grundannahme der Arbeit, nach der die Eignung der Reformoptionen um so besser ist, je ausdifferenzierter sie in Abhängigkeit der Modelle einer erweiterten EU sind, wird bestätigt. Trotz den teilweisen Übereinstimmungen der Reformoptionen sind die Perspektiven der Ratspräsidentschaft in einer erweiterten EU nicht generalisierbar.

Vor diesem Hintergrund lassen sich die Ratspräsidentschaftsbestimmungen des Verfassungsentwurfs des Europäischen Konvents positiv beurteilen.[3] Im Europäischen Konvent konnte eine Einigung über eine grundlegende Reform des bisherigen Rats-

---

1 Die Zuordnung der Parameter der Reformvorschläge zu den Modellen einer erweiterten EU gibt Hinweise auf die Tendenzen der Kompatibilität. Vgl. Abbildung 5-5.

2 Bei den Parametern werden nur die berücksichtigt, die auch für den Entwurf der Reformoptionen von grundlegender Bedeutung sind. Es entfallen: Entwicklung des Troika-Systems, Horizontale Ratspräsidentschaft, Direktorium, Permanente Institution und Verkürzung der Ratspräsidentschaft. Vgl. 5.2.

3 Ausführlich zur Beurteilung der Parameter des Verfassungsentwurfs siehe 5.3.

präsidentschaftssystems erzielt werden. Sie stellt eine Kombination von gemeinschaftlichen und zwischenstaatlichen Parametern dar und beinhaltet außerdem alle in dieser Arbeit als modellübergreifend identifizierten Elemente. Hierdurch wird gewährleistet, daß die Ratspräsidentschaft dem im Konvent festgelegten institutionellen Kontext der EU angemessen ist. Dieser bewegt sich weiterhin auf dem Pfad der bisherigen institutionellen Entwicklung, der durch Kompromisse zwischen supranationalen und intergouvernementalen Formen der Zusammenarbeit gekennzeichnet ist. Diesen positiven Aspekten stehen auch kritische Punkte bei der Beurteilung des Verfassungsentwurfs gegenüber. Die Vorsitzregelung im Ministerrat ist nicht genügend flexibel gestaltet, um die Ausgrenzung von innen- und integrationspolitisch handlungsunfähigen Mitgliedstaaten von der Vorsitzführung zu ermöglichen. Die außenpolitische Glaubwürdigkeit und Sichtbarkeit der EU ist zudem nicht ausreichend garantiert. Die Kompetenzzuschreibung zwischen dem Präsidenten des Europäischen Rates, dem Außenminister der Union und dem Kommissionspräsidenten ist nicht genug präzisiert.

Neben dem Entwurf der Reformoptionen war die Ermittlung der Relevanz der Ratspräsidentschaft in einer erweiterten EU ein weiteres Ziel der Arbeit. In einer föderalen EU besitzt die Ratspräsidentschaft im Vergleich zur aktuellen Situation einen reduzierten Stellenwert im Institutionengefüge. Eine konträre Tendenz zeichnet sich in der zwischenstaatlichen Union ab, da der Vorsitz an Bedeutung gewinnt. Mit einem höheren Stellenwert der Ratspräsidentschaft ist ebenfalls zu rechnen, wenn die Union dem Zwischenweg der Integration weiterhin folgt. Zusätzlich hat eine Flexibilisierung der Integration einen erhöhten Koordinationsbedarf im Institutionengefüge der EU zur Konsequenz. Die Ratspräsidentschaft baut ihre Zuständigkeiten in diesem Bereich aus. Auch die Relevanz der Ratspräsidentschaft in einer EU-25+ ist somit von der Richtung des europäischen Integrationsprozesses abhängig.

Die in der Arbeitshypothese angenommene Zunahme an Relevanz bei der nichtgegebenen souveränen Gleichheit aller Mitgliedstaaten im Ratspräsidentschaftssystem läßt sich lediglich im intergouvernementalen und flexiblen Modell einer erweiterten EU bestätigen. Im Hinblick auf das föderale Modell wird diese Hypothese revidiert. In der föderalen EU wird der Grundsatz der Gleichheit der Staaten zugunsten der Gleichheit der Bürger modifiziert. Trotz dieses Transformationsprozesses zeichnet sich ein verringerter Stellenwert des Vorsitzes im föderalen Modell ab. Im intergouvernementalen sowie flexiblen Modell verliert die Gleichheit aller Mitgliedstaaten als Strukturelement des Ratspräsidentschaftssystems ebenfalls an Bedeutung. Die automatische Rotation stellt nicht mehr das einzige Besetzungsverfahren der Ratspräsidentschaft dar. Dies impliziert eine Relativierung des Prinzips der souveränen Gleichheit. Die Ratspräsidentschaft gewinnt trotzdem im intergouvernementalen und flexiblen Modell an Relevanz.

Das Ziel der vorliegenden Arbeit war, die Perspektiven der Ratspräsidentschaft in einer erweiterten EU darzustellen. Die Erkenntnisse der Arbeit ermöglichen, die Ratspräsidentschaft systematisch in Abhängigkeit der Evolution des Integrationsprozesses zu reformieren. Vor dem Hintergrund steigender Anforderungen an die EU wird die institutionelle Optimierung an Bedeutung gewinnen und kann das rechtzeitige und zielorientierte Reagieren auf EU-interne und -externe Veränderungen unterstützen.

Die erarbeiteten Erkenntnisse können Ansatzpunkte für weiteren Forschungsbedarf aufzeigen. Eine vertiefende Untersuchung mit detaillierteren Modellen einer erweiterten EU kann das Konzept weiterentwickeln. Der Fokus könnte auf der Operationalisierung von Zwischenmodellen liegen, die die Merkmale der betrachteten Grundmodelle kombinieren. Darüber hinaus könnte eine Beschreibung der Auswirkungen einzelner Reformparameter der Ratspräsidentschaft und ihrer Ausgestaltung auf das Institutionengefüge der EU erarbeitet werden. Ein weiteres Forschungsthema könnte in der genaueren Bewertung der Ratspräsidentschaftsbestimmungen des Verfassungsentwurfs des Europäischen Konvents liegen. Diese Erkenntnisse könnte die Qualität der künftigen Neuordnung des Vorsitzes präzisieren, indem sie Vorteile und Defizite der Lösung eingehend herausarbeiten würden.

Unabhängig davon auf welches Ziel der europäische Integrationsprozeß zusteuern wird, ist eine substantielle Reform der EU-Ratspräsidentschaft notwendig. Die Sicherstellung der Handlungsfähigkeit der erweiterten EU erfordert jedoch mehr als eine reformierte Präsidentschaftsinstitution. Der Wegbereiter der europäischen Einigungsbestrebung Monnet hat in seinen Memoiren geschrieben:

> „Wesentlich ist, sich an bestimmte feste Punkte zu halten, von denen wir uns vom ersten Tag an leiten ließen: fortschreitend zwischen den Menschen Europas die weitestgespannten gemeinsamen Interessen zu schaffen und diese durch gemeinsame demokratische Institutionen zu pflegen, auf die die notwendige Souveränität zu übertragen ist."[1]

Eine Fortentwicklung des Institutionengefüges der EU ist nur dann sinnvoll, wenn der politische Wille ihrer Umsetzung vorhanden ist.[2] Auf der Suche nach den gemeinsamen europäischen Interessen sind wirksame politische Prozeduren und Verfahren erforderlich, was im wesentlichen eine Reform des Rates der EU voraussetzt.

[1] MONNET (1978), S. 661.

[2] Vgl. WEIDENFELD/JUNG (1993), S. 143 f.

7 LITERATURVERZEICHNIS

Abschnitt 7.1 führt ausschließlich die Quellen im Rahmen des Europäischen Konvents (in: http://european-convention.eu.int [Stand: 20.07.2003]) auf. Das Verzeichnis der weiteren Quellen (Abschnitt 7.2) umfaßt Datenmaterialien, Dokumente, Email-Korrespondenzen, Reden und Vertragstexte. Abschnitt 7.3 enthält Monographien und wissenschaftliche Beiträge in Sammelbänden sowie Fachzeitschriften. Unter Printmedien (Abschnitt 7.4) erscheinen Artikel aus Tageszeitungen und Wochenzeitschriften.

7.1 Quellen im Rahmen des Europäischen Konvents

AMATO, Giuliano (CONV 703/03): Studie des Europäischen Universitätsinstituts, vorgelegt von dem stellvertretenden Vorsitzenden des Konvents Giuliano Amato [28.04.2003]: Zehn Überlegungen zum Verfassungsvertrag für Europa.

ANDRIUKAITIS, Vytenis Povilas (CONV 719/03): Beitrag von Vytenis Povilas Andriukaitis, Mitglied des Konvents [07.05.2003]: On the institutional architecture of the EU.

ATTALIDES, Michael U.A. (CONV 646/03): Contribution submitted by Michael Attalides, Péter Balázs, Henning Christophersen, Hannes Farnleitner, Lena Hjelm-Wallén, Sandra Kalniete, Jan Kohout, Ivan Korčok, Maglena Kuneva, Ernani Lopes, Rytis Martikonis, Lennart Meri, Dick Roche, Dimitri Rupel, Peter Serracino-Inglott, Teija Tiilikainen [28.03.2003]: Reforming the Institutions: Principles and Premises.

BALÁZS, Péter (CONV 522/03): Beitrag von Péter Balázs, Mitglied des Konvents [31.01.2003]: Vorschlag für eine Viererpräsidentschaft des Rates mit regelmäßiger Erneuerung im gleitenden Wechsel.

BARNIER, Michel/VITORINO, António (CONV 448/02): Beitrag der Mitglieder des Konvents Michel Barnier und António Vitorino [05.12.2002]: Für die Europäische Union Frieden, Freiheit, Solidarität. Mitteilung der Kommission zur institutionellen Architektur.

BERÈS, Pervanche (CONV 397/02): Beitrag des Stellvertretenden Mitglieds des Konvents Pervanche Berès [12.11.2002]: Welche Exekutive für Europa?

BRUTON, John (CONV 27/02): Beitrag von John Bruton, Mitglied des Konvents [10.04.2002]: A Report for the Joint Oireachtas Committee on European Affairs.

DAS PRÄSIDIUM (CONV 477/03): Funktionsweise der Organe [10.01.2003].

DAS PRÄSIDIUM (CONV 691/03): Organe. Entwurf von Artikeln für Titel IV des Teils I der Verfassung [23.04.2003].

DAS SEKRETARIAT (CONV 820/03): Entwurf eines Vertrags über eine Verfassung für Europa [20.06.2003].

DAS SEKRETARIAT (CONV 850/03): Entwurf eines Vertrags über eine Verfassung für Europa [18.07.2003].

DE ROSSA, Proinsias (CONV 697/03): Beitrag des Mitglieds des Konvents Proinsias de Rossa [24.04.2003]: Die Institutionen der Union.

DE VILLEPIN, Dominique/FISCHER, Joschka (CONV 489/03): Beitrag der Mitglieder des Konvents Dominique de Villepin und Joschka Fischer [15.01.2003]: Deutsch-französischer Beitrag zum Europäischen Konvent über die institutionelle Architektur der Union.

DE VRIES, Gijs (CONV): Contribution by Gijs de Vries, Representative of the Netherlands, to the debate on institutional affairs at the European Convention [20.01.2003].

DEHAENE, Jean-Luc (CONV): Speech by Jean-Luc Dehaene, Vice-President European Convention. Kings College London - Centre of European Law [11.02.2003]: Towards a Constitutional Treaty for the European Union.

DINI, Lamberto (CONV 180/02): Beitrag des Mitglieds des Konvents Lamberto Dini [09.07.2002]: The European Union's Foreign and Security Policy.

DINI, Lamberto (CONV 387/02): Beitrag des Mitglieds des Konvents Lamberto Dini [06.11.2002]: A European Foreign Minister.

DINI, Lamberto/FOLLINI, Marco (CONV 538/03): Beitrag von Lamberto Dini und Marco Follini [05.02.2003]: The Functioning of the Institutions.

DUFF, Andrew (CONV 234/02): Beitrag des Mitglieds des Konvents Andrew Duff [03.09.2002]: A Model Constitution for a Federal Union of Europe.

GISCARD D'ESTAING, Valéry (CONV 7072.doc): Speech Elements by Valéry Giscard d'Estaing: The Henry Kissinger Lecture. Washington: Library of Congress [11.02.2003].

GISCARD D'ESTAING, Valéry (CONV): Mündlicher Bericht an den Europäischen Rat in Thessaloniki erstattet von Valéry Giscard d'Estaing Vorsitzender des Europäischen Konvents [20.06.2003].

HOLOLEI, Henrik (CONV): Statement by Henrik Hololei. Alternate Member of the Convention. Government of Estonia [20./21.01.2003].

HÜBNER, Danuta (CONV 550/03): Beitrag des Mitglieds des Konvents Danuta Hübner [12.02.2003]: Eine effiziente Führung in der erweiterten Europäischen Union.

KILJUNEN, Kimmo/VANHANEN, Matti/KORHONEN, Riitta/HELLE, Esko (CONV 509/03): Beitrag von Kimmo Kiljunen, Matti Vanhanen, Riitta Korhonen und Esko Helle [27.01.2003]: Report of the Council of State on Finland's positions concerning the future of Europe and issues arisen during the Convention.

KOHOUT, Jan (CONV 485/03): Beitrag des Mitglieds des Konvents Jan Kohout [15.01.2003]: Non-paper zur Reform der EU-Organe und Institutionen.

KORČOK, Ivan (CONV): Contribution by Ivan Korčok, Representative of the Government of the Slovak Republic in the Convention [21.01.2003].

LEQUILLER, Pierre (CONV 320/02): Beitrag des Mitglieds des Konvents Pierre Lequiller [07.10.2002]: Ein Präsident für Europa.

MICHEL, Louis/DE VRIES, Gijs/SANTER, Jacques (CONV 457/02): Beitrag der Mitglieder des Konvents Louis Michel, Gijs de Vries und Jacques Santer [11.12.2002]: Benelux-Memorandum: Ein ausgewogener institutioneller Rahmen für eine effizientere und transparentere erweiterte Union.

NAHTIGAL (CONV): Intervention by Slovenian government representative Dr. Nahtigal at the plenary session of the European Convention on external action of the EU [11.07.2002].

PALACIO, Ana/HAIN, Peter (CONV 591/03): Contribution by Ana Palacio and Peter Hain, members of the Convention [28.02.2003]: The Union institutions.

PAPANDREOU, Georgios/KATIFORIS, Georgios (CONV): Suggestion for amendment of Article: 16a. Suggestion for Part I [15.05.2003].

SERRACINO-INGLOTT, Peter/INGUANEZ, John (CONV 680/03): Beitrag von Peter Serracino-Inglott, Mitglied des Konvents und John Inguanez, stellvertretendes Mitglied des Konvents [11.04.2003]: Proposal concerning institutional reform.

SEVERIN, Adrian (CONV 488/03): Beitrag von Adrian Severin, stellvertretendes Mitglied des Konvents [16.01.2003]: The Institutional Reform.

TEUFEL, Erwin (CONV 495/03): Beitrag des Mitglieds des Konvents, Erwin Teufel [20.01.2003]: Freiburger Entwurf für einen Europäischen Verfassungsvertrag.

TIILIKAINEN, Teija (CONV 521/03): Beitrag von Teija Tiilikainen, Mitglied des Konvents [30.01.2003]: Die Schaffung neuer Eliten stärkt weder die Legitimität noch die Effizienz der EU.

TIILIKAINEN, Teija/PELTOMÄKI, Antti (CONV 514/03): Beitrag von Teija Tiilikainen, Mitglied des Konvents und Antti Peltomäki, stellvertretendes Mitglied des Konvents [30.01.2003]: Die Zukunft der EU und die Arbeit des Konvents.

WORKING GROUP VII - EXTERNAL ACTION (CONV 459/02): Final Report of Working Group VII on External Action [16.12.2002].

WÜRMELING, Joachim (CONV 549/03): Beitrag des stellvertretenden Mitglieds des Konvents Joachim Würmeling [12.02.2003]: Konkrete Vorschläge für die institutionelle Architektur.

ZIELENIEC, Josef (CONV 492/03): Beitrag von Josef Zieleniec, Mitglied des Konvents [17.01.2003]: The Question of Presidency in the European Union.

7.2 Weitere Quellen

An effective Council for an enlarged Union. Guidelines for reform and operational recommendations. Approved by the Helsinki European Council (10./11.12.1999), in: http://ue.eu.int/en/info/main8.htm (Stand: 28.11.2001).

ANTSU, Gert (Email 07.09.2002): Head of the Planning and Analysis Division. Office of European Integration. State Chancellery of the Republic of Estonia. Auf Email-Anfrage d. Verf. übermittelt am 07.09.2002 (gerta@wp.rk.ee): A short overview of the thinking on the presidency reform.

A-Punkt-Vermerk des AStV an den Rat. Arbeitsmethoden des Rates: Außenbeziehungen der Europäischen Union (08.06.1995). 7896/95.

AZNAR, José María (Rede 20.05.2002): Speech by the President of the European Council, José María Aznar, at St Anthony's College in the University of Oxford, in: http://www.ue2002.es/Actualidad/plantillaDetalle.asp?opcion=1&id=1844&idioma=ingles (Stand: 10.06.2002).

Basic positions of Austria for the Intergovernmental Conference (22.05.1996). CONF 3857/96, in: Amsterdam in der Analyse CD-ROM, in: Weidenfeld, Werner [Hrsg.]: Amsterdam in der Analyse. Gütersloh: Verlag Bertelsmann Stiftung.

Beitrag Griechenlands zur Regierungskonferenz 1996 (26.03.1996). CONF 3845/96, in: Amsterdam in der Analyse CD-ROM, in: Weidenfeld, Werner [Hrsg.]: Amsterdam in der Analyse. Gütersloh: Verlag Bertelsmann Stiftung.

Benelux Memorandum on the reform of the Council: Preparation of the European Council of Sevilla (04.06.2002), in: http://www.diplobel.fgov.be/Pres/Home/homedetails.asp?ID=236 (Stand: 04.09.2002).

Bericht Bourlanges (1999) [Bericht über den Entscheidungsprozeß im Rat in einem erweiterten Europa. Institutioneller Ausschuß des Europäischen Parlaments. Berichterstatter: Jean-Louis Bourlanges 28.01.1999]. A4-0049/99.

Bericht De Giovanni (1992) [Bericht des Institutionellen Ausschusses über die institutionelle Rolle des Rates. Berichterstatter: Biagio De Giovanni, 21.05.1992]. A3-0190/92.

Bericht der Drei Weisen (1979) [Bericht des Dreier-Ausschusses an den Europäischen Rat über die europäischen Organe vom Oktober 1979 (Zusammenfassung)], in: Europa-Archiv 1980 Bd. 35 H. 2, S. D 80-D 84.

Bericht der Reflexionsgruppe (05.12.1995), in: Amsterdam in der Analyse CD-ROM, in: Weidenfeld, Werner [Hrsg.]: Amsterdam in der Analyse. Gütersloh: Verlag Bertelsmann Stiftung.

Bericht Hänsch (1992) [Bericht des institutionellen Ausschusses des Europäischen Parlaments über die Gestaltung und die Strategie der Europäischen Union im Hinblick auf ihre Erweiterung und die Schaffung einer gesamteuropäischen Ordnung, 21.05.1992], in: Weidenfeld, Werner [Hrsg.] (1995): Reform der Europäischen Union. Gütersloh: Verlag Bertelsmann Stiftung, S. 351-363. A3-0189/92.

Bericht Hermann (1994) [Bericht des Institutionellen Ausschusses des Europäischen Parlaments zur Verfassung der Europäischen Union, 10.02.1994]. A3-0064/94.

Bericht Lamassoure (2002) [Bericht über die Abgrenzung der Zuständigkeiten zwischen der Europäischen Union und den Mitgliedstaaten. Ausschuß für konstitutionelle Fragen. Berichterstatter: Alain Lamassoure 24.04.2002]. A5-0133/2002.

BESARA, Nisha (Brief 15.10.2002): Political Adviser. Prime Minister's Office. Auf Email-Anfrage d. Verf. übermittelt am 15.10.2002: The Swedish government's position on the Council Presidency SB2002/7979.

BLAIR, Tony (Rede 06.10.2000): Europas politische Zukunft. Rede des britischen Premierministers Tony Blair in Warschau, in: Marhold, Hartmut [Hrsg.]: Die neue Europadebatte. Leitbilder für das Europa der Zukunft. Bonn: Europa Union Verlag GmbH, S. 239-253.

BLAIR, Tony (Rede 28.11.2002): Rede des britischen Premierministers, Tony Blair, zur Zukunft Europas in Cardiff (Auszüge), in: Internationale Politik Bd. 58 H. 1, S. 94-100.

Candidate countries Eurobarometer (CCEB 2003.2 - Spring 2003), in: http://europa.eu.int/comm/public_opinion/cceb_en.htm (Stand: 18.11.2003).

Candidate countries Eurobarometer (CCEB 2003.3 - Autumn 2003), in: http://europa.eu.int/comm/public_opinion/cceb_en.htm (Stand: 18.11.2003).

CHIRAC, Jacques (Rede 06.03.2002): Rede von Präsident Jacques Chirac in Straßburg, in: http://europa.eu.int/futurum/documents/speech/sp060302_de.pdf (Stand: 04.03.2003).

DE VILLEPIN, Dominique (Rede 02.12.2002): Rede des französischen Außenministers, Dominique de Villepin, zur Reform der EU in Marseille (Auszüge), in: Internationale Politik Bd. 58 H. 1, S. 100-104.

EEA (28.02.1986), in: http://europa.eu.int/abc/obj/treaties/de/detoc113.htm (Stand: 19.11.2003).

EGV (idF. vom 01.01.1995), in: Läufer, Thomas [Hrsg.] (1995): Europäische Union. Europäische Gemeinschaft. Die Vertragstexte von Maastricht mit den deutschen Begleitgesetzen. Bonn: Europa Union Verlag GmbH, S. 119-272.

EGV (idF. vom 02.10.1997), in: Läufer, Thomas [Hrsg.] (1998): Vertrag von Amsterdam. Texte des EU-Vertrages und EG-Vertrages. Bonn: Europa Union Verlag GmbH, S. 51-210.

EGV (idF. vom 26.02.2001), in: Khan, Daniel-Erasmus [Hrsg.] (2001): Vertrag über die Europäische Union mit sämtlichen Protokollen und Erklärungen. Vertrag zur Gründung der Europäischen Gemeinschaft (EG-Vertrag) in den Fassungen von Amsterdam und Nizza. Grundrechte-Charta der Europäischen Union. München: Deutscher Taschenbuch Verlag GmbH & Co. KG, S. 289-400.

Ein effizienter Rat für eine erweiterte Union. Anlage III. Schlußfolgerungen des Vorsitzes. Europäischer Rat von Helsinki (10./11.12.1999). SN 300/99, in: Nizza in der Analyse CD-ROM, in: Weidenfeld, Werner [Hrsg.]: Nizza in der Analyse. Gütersloh: Verlag Bertelsmann Stiftung.

Ein Projekt für die Europäische Union. Mitteilung der Kommission (22.05.2002). KOM (2002) 247.

Erklärung der Bundesregierung (26./27.06.1995). Aktuelle Fragen der Europapolitik insbesondere Vorschau auf die Tagung des Europäischen Rates in Cannes am 26./27.06.1995, in: Bulletin Nr. 51 vom 26.06.1995.

Erklärung von Laeken zur Zukunft der Europäischen Union (14./15.12.2001), in: http://europa.eu.int/abc/doc/off/bull/de/200112/i1027.htm (Stand: 26.03.2003).

Eurobarometer 26 (1986), in: http://europa.eu.int/comm/public_opinion/standard_en.htm (Stand: 20.08.2003).

Eurobarometer 27 (1987), in: http://europa.eu.int/comm/public_opinion/standard_en.htm (Stand: 20.08.2003).

Eurobarometer 28 (1987), in: http://europa.eu.int/comm/public_opinion/standard_en.htm (Stand: 20.08.2003).

Eurobarometer 29 (1988), in: http://europa.eu.int/comm/public_opinion/standard_en.htm (Stand: 20.08.2003).

Eurobarometer 30 (1988), in: http://europa.eu.int/comm/public_opinion/standard_en.htm (Stand: 20.08.2003).

Eurobarometer 31 (1989), in: http://europa.eu.int/comm/public_opinion/standard_en.htm (Stand: 20.08.2003).

Eurobarometer 32 (1989), in: http://europa.eu.int/comm/public_opinion/standard_en.htm (Stand: 20.08.2003).

Eurobarometer 33 (1990), in: http://europa.eu.int/comm/public_opinion/standard_en.htm (Stand: 20.08.2003).

Eurobarometer 34 (1990), in: http://europa.eu.int/comm/public_opinion/standard_en.htm (Stand: 20.08.2003).

Eurobarometer 35 (1991), in: http://europa.eu.int/comm/public_opinion/standard_en.htm (Stand: 20.08.2003).

Eurobarometer 36 (1991), in: http://europa.eu.int/comm/public_opinion/standard_en.htm (Stand: 20.08.2003).

Eurobarometer 37 (1992), in: http://europa.eu.int/comm/public_opinion/standard_en.htm (Stand: 20.08.2003).

Eurobarometer 38 (1992), in: http://europa.eu.int/comm/public_opinion/standard_en.htm (Stand: 20.08.2003).

Eurobarometer 39 (1993), in: http://europa.eu.int/comm/public_opinion/standard_en.htm (Stand: 20.08.2003).

Eurobarometer 40 (1993), in: http://europa.eu.int/comm/public_opinion/standard_en.htm (Stand: 20.08.2003).

Eurobarometer 41 (1994), in: http://europa.eu.int/comm/public_opinion/standard_en.htm (Stand: 20.08.2003).

Eurobarometer 42 (1994), in: http://europa.eu.int/comm/public_opinion/standard_en.htm (Stand: 20.08.2003).

Eurobarometer 43 (1995), in: http://europa.eu.int/comm/public_opinion/standard_en.htm (Stand: 20.08.2003).

Eurobarometer 44 (1995), in: http://europa.eu.int/comm/public_opinion/standard_en.htm (Stand: 20.08.2003).

Eurobarometer 45 (1996), in: http://europa.eu.int/comm/public_opinion/standard_en.htm (Stand: 20.08.2003).

Eurobarometer 46 (1996), in: http://europa.eu.int/comm/public_opinion/standard_en.htm (Stand: 20.08.2003).

Eurobarometer 47 (1997), in: http://europa.eu.int/comm/public_opinion/standard_en.htm (Stand: 20.08.2003).

Eurobarometer 48 (1997), in: http://europa.eu.int/comm/public_opinion/standard_en.htm (Stand: 20.08.2003).

Eurobarometer 49 (1998), in: http://europa.eu.int/comm/public_opinion/standard_en.htm (Stand: 20.08.2003).

Eurobarometer 50 (1998), in: http://europa.eu.int/comm/public_opinion/standard_en.htm (Stand: 20.08.2003).

Eurobarometer 51 (1999), in: http://europa.eu.int/comm/public_opinion/standard_en.htm (Stand: 20.08.2003).

Eurobarometer 52 (1999), in: http://europa.eu.int/comm/public_opinion/standard_en.htm (Stand: 20.08.2003).

Eurobarometer 53 (2000), in: http://europa.eu.int/comm/public_opinion/standard_en.htm (Stand: 20.08.2003).

Eurobarometer 54 (2000), in: http://europa.eu.int/comm/public_opinion/standard_en.htm (Stand: 20.08.2003).

Eurobarometer 55 (2001), in: http://europa.eu.int/comm/public_opinion/standard_en.htm (Stand: 20.08.2003).

Eurobarometer 56 (2001), in: http://europa.eu.int/comm/public_opinion/standard_en.htm (Stand: 20.08.2003).

Eurobarometer 57 (2002), in: http://europa.eu.int/comm/public_opinion/standard_en.htm (Stand: 20.08.2003).

Eurobarometer 58 (2002), in: http://europa.eu.int/comm/public_opinion/standard_en.htm (Stand: 20.08.2003).

Eurobarometer 59 (2003), in: http://europa.eu.int/comm/public_opinion/standard_en.htm (Stand: 20.08.2003).

EUV (idF. vom 01.01.1995), in: Läufer, Thomas [Hrsg.] (1995): Europäische Union. Europäische Gemeinschaft. Die Vertragstexte von Maastricht mit den deutschen Begleitgesetzen. Bonn: Europa Union Verlag GmbH, S. 17-35.

EUV (idF. vom 02.10.1997), in: Läufer, Thomas [Hrsg.] (1998): Vertrag von Amsterdam. Texte des EU-Vertrages und EG-Vertrages. Bonn: Europa Union Verlag GmbH, S. 17-46.

EUV (idF. vom 26.02.2001), in: Khan, Daniel-Erasmus [Hrsg.] (2001): Vertrag über die Europäische Union mit sämtlichen Protokollen und Erklärungen. Vertrag zur Gründung der Europäischen Gemeinschaft (EG-Vertrag) in den Fassungen von Amsterdam und Nizza. Grundrechte-Charta der Europäischen Union. München: Deutscher Taschenbuch Verlag GmbH & Co. KG, S. 265-288.

Feierliche Deklaration von Stuttgart (1983) [Feierliche Deklaration zur Europäischen Union, verabschiedet vom Europäischen Rat in Stuttgart am 19. Juni 1983], in: Weidenfeld, Werner/Wessels, Wolfgang [Hrsg.] (1984): Jahrbuch der Europäischen Integration 1983. Bonn: Europa Union Verlag GmbH, S. 417-424.

FISCHER, Joschka (Rede 12.01.1999): Rede vor dem Europäischen Parlament. Rede des Vorsitzenden des Rates der Europäischen Union Joschka Fischer, Bundesminister des Auswärtigen, vor dem Europäischen Parlament, Straßburg, in: Marhold, Hartmut [Hrsg.]: Die neue Europadebatte. Leitbilder für das Europa der Zukunft. Bonn: Europa Union Verlag GmbH, S. 30-40.

FISCHER, Joschka (Rede 12.05.2000): Vom Staatenverbund zur Föderation - Gedanken über die Finalität der europäischen Integration. Rede des Bundesministers des Auswärtigen in der Humboldt-Universität, Berlin, in: Marhold, Hartmut [Hrsg.]:

Die neue Europadebatte. Leitbilder für das Europa der Zukunft. Bonn: Europa Union Verlag GmbH, S. 41-54.

Fouchet-Plan (1961) [Vertragsentwurf zur Gründung einer Staatenunion], in: Buerstedde, Sigismund (1964): Der Ministerrat im konstitutionellen System der Europäischen Gemeinschaften. Bruges: De Tempel, S. 233-239.

FusV (08.04.1965), in: http://europa.eu.int/abc/obj/treaties/de/detoc112.htm (Stand: 19.11.2003).

GENERALSEKRETARIAT DES RATES DER EUROPÄISCHEN UNION (1996): Regierungskonferenz 1996. Bericht der Reflexionsgruppe und dokumentarische Hinweise. Luxemburg: Amt für amtliche Veröffentlichungen.

GENERALSEKRETARIAT DES RATES DER EUROPÄISCHEN UNION (1997): Handbuch für den Rat. I Leitfaden für den Vorsitz. Luxemburg: Amt für amtliche Veröffentlichungen der Europäischen Gemeinschaften.

GENERALSEKRETARIAT DES RATES DER EUROPÄISCHEN UNION (1999): Überblick über die Tätigkeit des Rates im Jahr 1996. 44. Bericht des Generalsekretärs. Luxemburg: Amt für amtliche Veröffentlichungen der Europäischen Gemeinschaften.

GENERALSEKRETARIAT DES RATES DER EUROPÄISCHEN UNION (2002a): Handbuch für den Rat. I Leitfaden für den Vorsitz. Luxemburg: Amt für amtliche Veröffentlichungen der Europäischen Gemeinschaften.

GENERALSEKRETARIAT DES RATES DER EUROPÄISCHEN UNION (2002b): Handbuch für den Rat. II Erläuterungen zur Geschäftsordnung des Rates. Luxemburg: Amt für amtliche Veröffentlichungen der Europäischen Gemeinschaften.

GENERALSEKRETARIAT DES RATES DER EUROPÄISCHEN UNION (2002c): Handbuch für den Rat. III Leitfaden für die Delegierten. Luxemburg: Amt für amtliche Veröffentlichungen der Europäischen Gemeinschaften.

GENERALSEKRETARIAT DES RATES DER EUROPÄISCHEN UNION (2002d): Handbuch für den Rat. IV Leitfaden Mitentscheidungsverfahren. Luxemburg: Amt für amtliche Veröffentlichungen der Europäischen Gemeinschaften.

Geschäftsordnung des Rates (idF. vom 05.06.2000), in: Generalsekretariat des Rates [Hrsg.] (2002): Handbuch für den Rat. II Erläuterungen zur Geschäftsordnung des Rates. Luxemburg: Amt für amtliche Veröffentlichungen der Europäischen Gemeinschaften, S. 55-69.

Geschäftsordnung des Rates (idF. vom 22.07.2002), in: http://ue.eu.int/de/info/index.htm (Stand: 09.09.2003).

Kopenhagener Bericht (1973) [Zweiter Bericht der Außenminister der Mitgliedstaaten der Europäischen Gemeinschaften an die Staats- bzw. Regierungschefs vom 23. Juli 1973 betr. die europäische politische Zusammenarbeit auf dem Gebiet der Außenpolitik], in: Europa-Archiv 1973 Bd. 28 H. 18, S. D 515-D 522.

LEHTIRANTA, Sari (Email 26.06.2000): Mertens. Ständige Vertretung Finnlands. Auf Email-Anfrage d. Verf. übermittelt am 26.06.2000 (Sari.Lehtiranta@formin.fi): Rolle der Ständigen Vertretung Finnlands während der finnischen Ratspräsidentschaft.

LEINEN, Jo (23.10.2002): Verfassung der Europäischen Union. Vorschlag an den Konvent „Zukunft der Europäischen Union“, in: http://www.joleinen.de/dokumente.html (Stand: 10.03.2003).

LINDH, Anna (27.01.2003): Minister for Foreign Affairs, Anna Lindh, answers questions on the EU of the future, in: http://www.utrikes.regeringen.se/inenglish/frontpage/lindh_enlargement.htm (Stand: 04.03.2003).

LINDQVIST, Asko/ESKOLA, Kari (2000): Vuosina 1997-1999 toteutettu EU-puheenjohtajuusvalmennus - yhteenveto. Muistio 03.04.2000. Helsinki: Valtiovarainministeriön henkilöstöosasto.

Londoner Bericht (1981) [Dritter Bericht der Außenminister der Mitgliedstaaten der Europäischen Gemeinschaft an die Staats- und Regierungschefs über die Europäische Politische Zusammenarbeit vom 13. Oktober 1981], in: Weidenfeld, Werner/Wessels, Wolfgang [Hrsg.]: Jahrbuch der Europäischen Integration 1981. Bonn: Europa Union Verlag GmbH, S. 500-504.

Luxemburger Bericht (1970) [Bericht der Außenminister der Mitgliedstaaten der Europäischen Gemeinschaften an die Staats- bzw. Regierungschefs vom 20. Juli 1970 betr. Mögliche Fortschritte auf dem Gebiet der politischen Einigung], in: Europa-Archiv 1970 Bd. 25 H. 22, S. D 520-D 524.

Maastricht-Urteil (12.10.1993), in: Entscheidungen des Bundesverfassungsgerichts Bd. 89, S. 155-162.

MCGARRY, Aoife (Email 02.09.2002): Department of Foreign Affairs Ireland. Auf Email-Anfrage d. Verf. übermittelt am 02.09.2002 (aoife.mcgarry@iveagh.irlgov.ie): An extract of a reply by Ireland to the Solana report: The Presidency.

Measures to Prepare the Council for Enlargement. Report by the Presidency to the European Council. Drawn up jointly with the General Secretariat of the Council (13.06.2002). 9939/02.

Memorandum der Benelux-Staaten für die Regierungskonferenz (08.03.1996). CONF 3844/96, in: Amsterdam in der Analyse CD-ROM, in: Weidenfeld, Werner [Hrsg.]: Amsterdam in der Analyse. Gütersloh: Verlag Bertelsmann Stiftung.

PERSSON, Göran (Rede 18.10.2001): Rede des schwedischen Ministerpräsidenten Göran Persson an der Humboldt Universität in Berlin, in: http://www.europa.eu.int/futurum/documents/speech/sp181001_en.htm (Stand: 20.12.2001).

PERSSON, Göran (Rede 25.04.2002): The future of the European Union and the role of the council. Der schwedische Ministerpräsident im Seminar organisiert vom Ausschuß „EU 2004“, in: http://www.regeringen.se (Stand: 04.09.2002).

PERSSON, Göran (Schreiben 06.03.2002): Schreiben des schwedischen Ministerpräsidenten Göran Persson an José Maria Aznar über die Arbeitsweise des Rates, in: http://www.regeringen.se (Stand: 04.09.2002).

Preparing the Council for Enlargement (1). Report the Secretary-General/High Representative to the European Council (07.06.2001). 9518/01, in: http://ue.eu.int/newsroom/LoadDoc.cfm (Stand: 05.12.2001).

Preparing the Council for Enlargement. Report by Javier Solana Secretary-General of the Council of the European Union (11.03.2002). S0044/02.

PRODI, Romano (Rede 05.12.2002): Rede des Präsidenten der Europäischen Kommission, Romano Prodi, zur institutionellen Architektur der EU vor dem Europäischen Parlament am 5. Dezember 2002 in Brüssel (gekürzt), in: Internationale Politik Bd. 58 H. 1, S. 116-119.

Protokolle zum Vertrag über die Europäische Union und zu den Verträgen zur Gründung der Europäischen Gemeinschaften (idF. vom 26.02.2001), in: Khan, Daniel-Erasmus [Hrsg.] (2001): Vertrag über die Europäische Union mit sämtlichen Protokollen und Erklärungen. Vertrag zur Gründung der Europäischen Gemeinschaft (EG-Vertrag) in den Fassungen von Amsterdam und Nizza. Grundrechte-Charta der Europäischen Union. München: Deutscher Taschenbuch Verlag GmbH & Co. KG, S. 233-249.

RASMUSSEN, Anders Fogh (Rede 15.01.2003): Danish EU Policy after the Presidency, Speech by Prime Minister Anders Fogh Rasmussen at The Institute for International Studies in Copenhagen, in: http://www.statsministeriet.dk/Index/dokumenter.asp?o=6&n=0&d=1366&s=2&st=stor (Stand: 05.03.2003).

Schlußakte der Konferenz von Nizza mit Erklärungen (idF. vom 26.02.2001), in: Khan, Daniel-Erasmus [Hrsg.] (2001): Vertrag über die Europäische Union mit sämtlichen Protokollen und Erklärungen. Vertrag zur Gründung der Europäischen Gemeinschaft (EG-Vertrag) in den Fassungen von Amsterdam und Nizza. Grundrechte-Charta der Europäischen Union. München: Deutscher Taschenbuch Verlag GmbH & Co. KG, S. 251-263.

Schlußfolgerungen des Vorsitzes. Europäischer Rat von Helsinki (10./11.12.1999), in: http://europa.eu.int/council/off/conclu/dec99/dec99_de.htm (Stand: 16.01.2000).

Schlußfolgerungen des Vorsitzes. Europäischer Rat von Sevilla (21./22.06.2002), in: http://a140.g.akamai.net/7/140/6631/cce95cba717a36/multimedia.ue2002es/infografiasActualidad/20020622/2268Esp.pdf (Stand: 24.06.2002).

Schlußkommuniqué des Pariser Gipfels (09./10.12.1974), in: Sasse, Christoph (1975): Regierungen Parlamente Ministerrat. Entscheidungsprozesse in der Europäischen Gemeinschaft. Bonn: Europa Union Verlag GmbH, S. 252-260.

Schreiben (Übersetzung) der portugiesischen Delegation (05.05.1996). CONF 3846/96, in: Amsterdam in der Analyse CD-ROM, in: Weidenfeld, Werner [Hrsg.]: Amsterdam in der Analyse. Gütersloh: Verlag Bertelsmann Stiftung.

SCHRÖDER, Gerhard/BLAIR, Tony (25.02.2002): Gemeinsamer Brief. Bundeskanzler Schröder und Premierminister Blair fordern Reform, in: http://www.bunderegierung.de/dokumente/Artikel/ix_70350_1499.htm (Stand: 26.02.2002).

SCHÜSSEL, Wolfgang (Rede 14.01.1999): Politische Führung in Europa. Erfahrungen der EU-Ratspräsidentschaft. Rede von Außenminister Wolfgang Schüssel vor der Bertelsmann-Stiftung; Gütersloh, in: http://www.bmaa.gv.at/presseservice/reden/x1eu00ra_bertelsmann1-19990114.html.de (Stand: 28.03.2002).

STRAW, Jack (Rede 21.02.2002): Europa reformieren: Neue Ära, neue Fragen. Rede von Jack Straw, Minister für Auswärtige und Commonwealth-Angelegenheiten,

Den Haag, 21. Februar 2002, in: http://www.britischebotschaft.de/de/news/items/020221.htm (Stand: 26.02.2003).

The Amendments to the Rules of Procedure of the Council (1987), in: Westlake, Martin (1999): The Council of the European Union. London: John Harper Publishing, S. 136-137.

The Finnish Presidency of the European Union (1 July-31 December 1999). A Preliminary Summary of Achievements, in: http://www.vn.fi/vn/english/vn712e.htm (Stand: 24.01.2000).

The Provisional Rules of Procedure of the Council of Ministers of the European Economic Community (1958), in: Westlake, Martin (1999): The Council of the European Union. London: John Harper Publishing, S. 130-133.

The Rules of Procedure of the Special Council of the European Coal and Steel Community (1952), in: Westlake, Martin (1999): The Council of the European Union. London: John Harper Publishing, S. 129-130.

The 1993 Revised Version of the Definitive Rules of Procedure of the Council (including 1995 amendments) (1993), in: Westlake, Martin (1999): The Council of the European Union. London: John Harper Publishing, S. 137-143.

Tindemans-Bericht (1975) [Der Tindemans-Bericht über die Europäische Union. Schreiben des belgischen Ministerpräsidenten, Leo Tindemans, an seine Kollegen im Europäischen Rat vom 29.12.1975], in: Europa-Archiv Bd. 31 H. 3, S. D53-D84.

Trumpf-Piris-Report (10.03.1999). Operation of the Council with an enlarged Union in Prospect. Report by the Working Party set up by the Secretary-General of the Council [10.03.1999]. 2139/99, in: http://ue.eu.int/newsroom/LoadDoc.asp?MAX=341&BID=75&DID=58068&LANG=1 (Stand: 05.03.2003):

Verhandlungsgrundlage der dänischen Regierung: „Ein offenes Europa". Auszüge (11.12.1995), in: Jopp, Mathias/Schmuck, Otto [Hrsg.]: Die Reform der Europäischen Union. Analysen - Positionen - Dokumente zur Regierungskonferenz 1996/97. Bonn: Europa Union Verlag GmbH, S. 177-180.

Vertrag über die Gründung der Europäischen Gemeinschaft für Kohle und Stahl (18.04.1951), in: http://europa.eu.int/abc/obj/treaties/de/detoc29.htm (Stand: 19.11.2003).

VISSCHER, Jacob (Email 20.11.2003): DG F - Press, Communication, Protocol. Transparency - Access to Documents. General Secretariat of the Council of the European Union. Auf Email-Anfrage d. Verf. übermittelt am 20.11.2003 (jacob.visscher@consilium.eu.int): Sitzungstage des Rates und der vorbereitenden Gremien 1998 und 2002.

Website des Vorsitzes, in: http://ue.eu.int/de/presid.htm (Stand: 10.09.2003).

Weißbuch der britischen Regierung: Eine Partnerschaft von Nationen. Auszüge (21.03.1996), in: Jopp, Mathias/Schmuck, Otto [Hrsg.]: Die Reform der Europäischen Union. Analysen - Positionen - Dokumente zur Regierungskonferenz 1996/97. Bonn: Europa Union Verlag GmbH, S. 169-176.

Weißbuch der irischen Regierung. Auszüge (03.1996), in: Jopp, Mathias/Schmuck, Otto [Hrsg.]: Die Reform der Europäischen Union. Analysen - Positionen - Dokumente zur Regierungskonferenz 1996/97. Bonn: Europa Union Verlag GmbH, S. 181-187.

7.3 Monographien und wissenschaftliche Beiträge

ABROMEIT, Heidrun (2001): Wie demokratisch ist die EU - wie ist sie demokratisierbar?, in: Tömmel, Ingeborg [Hrsg.]: Europäische Integration als Prozess von Angleichung und Differenzierung. Opladen: Leske + Budrich, S. 265-283.

AHN, Hendrik/DYCKHOFF, Harald (1997): Organisatorische Effektivität und Effizienz, in: Wirtschaftswissenschaftliches Studium Bd. 26 H. 1, S. 2-6.

ÅKERBLOM, Katja (1999): EU:n neuvoston puheenjohtajuus - jäsenmaita velvoittava mahdollisuus, in: Ulkopolitiikka Heft 2, S. 25-32.

ÅKERBLOM, Katja (2000): Neuvoston puheenjohtaja unionin poliittisen asialistan muotoilijana, in: Martikainen, Tuomo/Tiilikainen, Teija [Hrsg.]: Suomi EU:n johdossa. Tutkimus Suomen puheenjohtajuudesta 1999. Saarijärvi: Gummerus Kirjapaino Oy, S. 51-106.

ALGIERI, Franco (2001): Die Europäische Sicherheits- und Verteidigungspolitik: erweiterter Handlungsspielraum für die GASP, in: Weidenfeld, Werner [Hrsg.]: Nizza in der Analyse. Gütersloh: Verlag Bertelsmann Stiftung, S. 161-201.

ALGIERI, Franco (2002): Die Europäische Sicherheits- und Verteidigungspolitik, in: Weidenfeld, Werner [Hrsg.]: Europa-Handbuch. Bonn: Bundeszentrale für politische Bildung, S. 585-601.

ALGIERI, Franco/EMMANOUILIDIS, Janis/MARUHN, Roman (2003): Europas Zukunft. Fünf EU-Szenarien. München: Ludwig-Maximilians-Universität München. Centrum für angewandte Politikforschung, in: http://www.cap.uni-muenchen.de (Stand 02.06.2003).

ALLEN, David (1998a): Wider but Weaker or the More the Marrier? Enlargement and Foreign Policy Cooperation in the EC/EU, in: Redmond, John/Rosenthal, Glenda G. [Hrsg.]: The Expanding European Union. Past, Present, Future. Boulder: Lynne Rienner Publishers Inc., S. 107-124.

ALLEN, David (1998b): 'Who Speaks for Europe?' The Search for an Effective and Coherent External Policy, in: Peterson, John/Sjursen, Helene [Hrsg.]: A Common Foreign Policy for Europe? Common Visions of the CFSP. London: Routledge, S. 41-58.

ANDERSEN, Svein S./ELIASSEN, Kjell A. (1993): The EC as a new political system, in: Andersen, Svein S./Eliassen, Kjell A. [Hrsg.]: Making Policy in Europe. The Europeification on National Policy-Making. London: Sage Publications Ltd., S. 3-18.

ANDERSON, Malcolm/BORT, Eberhard (2001): The Frontiers of the European Union. Basingstoke: Palgrave.

ANDRÉANI, Gilles (2002): What future for federalism? London: Centre for European Reform.

ANTOLA, Esko/LEHTIMÄKI, Milla (2001): Small States in the EU. Problems and the Prospects of the Future. Working Paper No. 10. Turku: University of Turku. Jean Monnet Unit.

ARNAUD, Jean-Louis (2001): European Union. The Reform of the Council of Ministers. Paris: Notre Europe. Groupement d'etudes et de recherches, in: http://www.notre-europe.asso.fr (Stand: 18.02.2003).

ARTER, David (2001): Small State Influence within the EU: The Case of Finland's Northern Dimension Initiative, in: Journal of Common Market Studies Bd. 38 H. 5, S. 677-697.

AXT, Heinz-Jürgen (1994): Griechenlands Präsidentschaft in der Europäischen Union: Neue Initiativen für den Balkan?, in: integration Bd. 17 H. 1, S. 12-20.

AXT, Heinz-Jürgen (1997): Die EU nach Amsterdam: Kompetenzzuwachs für Außen- und Sicherheitspolitik, in: Europäische Rundschau Bd. 25 H. 4, S. 3-13.

BAILLIE, Sasha (1998): The Position of Small States in the EU, in: Goetschel, Laurent [Hrsg.]: Small States Inside and Outside the European Union. Interests and Policies. Dordrecht: Kluwer Academic Publishers, S. 193-205.

BAKKER, Age F. B. (1996): The Liberalization of Capital Movements in Europe. The Monetary Committee and Financial Integration 1958-1994. Dordrecht: Kluwer Academic Publishers.

BARBÉ, Esther (1996): Spanien, in: Weidenfeld, Werner/Wessels, Wolfgang [Hrsg.]: Jahrbuch der Europäischen Integration 1995/1996. Bonn: Europa Union Verlag GmbH, S. 357-364.

BARBÉ, Esther/DE VASCONCELOS, Álvaro (1996): Portugal and Spain in EPC/CFSP: Committed Partners, in: Algieri, Franco/Regelsberger, Elfriede [Hrsg.]: Synergy at Work. Spain and Portugal in European Foreign Policy. Bonn: Europa Union Verlag GmbH, S. 295-313.

BARRINGTON, Anne (1996): The Irish Presidency So Far, in: Labohm, Hans H. J. [Hrsg.]: The Netherlands' Presidency of the European Union. Cligendael/ISEI/TEPSA Conference. The Hague, 15./16. November 1996. The Hague: The Netherlands Institute of International Relations Cligendael, S. 3-5.

BARTOSZEWSKI, Wladyslaw (2002): Europa erdenken, in: WEIDENFELD, Werner [Hrsg.]: Europa-Handbuch. Bonn: Bundeszentrale für politische Bildung, S. 860-865.

BAUN, Michael J. (2000): A Wider Europe. The Process and Politics of the European Union Enlargement. Lanham: Rowman & Littlefield Publishers Inc.

BECKMAN, Björn (2001): Den administrativa utmaningen – svensk effektivitet i EU:s tjänst, in: Tallberg, Jonas [Hrsg.]: När Europa kom till Sverige. Ordförandeskapet i EU 2001. Stockholm: SNS Förlag, S. 51-67.

BELLERS, Jürgen (1995): Integration, in: Woyke, Wichard [Hrsg.]: Handwörterbuch der Internationalen Politik. Opladen: Leske + Budrich, S. 150-156.

BENGTSSON, Rikard (2001a): EU Enlargement and the Swedish EU Presidency. Paper presented at the Conference „Baltic States and EU Accession Negotiations: An Assessment“, Riga Latvia, December 14, 2001, in: http://www.svet.lu.se/Research/sve_Research.html (Stand: 22.08.2002).

BENGTSSON, Rikard (2001b): Securing Europe: The Swedish EU Presidency and EU Enlargement. Paper presented at the Conference „EU Enlargement and the Swedish EU Presidency“, Budapest Hungary, June 26-27, 2001, in: http://www.svet.lu.se/Research/sve_Research.html (Stand: 22.08.2002).

BENGTSSON, Rikard (2001c): The Council Presidency and External Representation, in: http://www.svet.lu.se/Research/sve_Research.html (Stand: 22.08.2002).

BENGTSSON, Rikard (2002): Soft Security and the Presidency. Symposium on the Swedish 2001 EU Council Presidency, in: Cooperation and Conflict Bd. 37 H. 2, S. 212-218.

BERGEDORFER GESPRÄCHSKREIS DER KÖRBER-STIFTUNG [Hrsg.] (2001): Ein föderatives Europa? Das politische Gesicht Europas im Zuge der Erweiterung. Hamburg: Körber-Stiftung.

BERTELSMANN EUROPA-KOMMISSION [Hrsg.] (2000): Europas Vollendung vorbereiten. Forderungen an die Regierungskonferenz 2000. Gütersloh: Verlag Bertelsmann Stiftung.

BERTELSMANN FORSCHUNGSGRUPPE POLITIK (2002): Europas Reform denken. Diskussionspapier zum Karlspreis-Europa-Forum in Aachen 2002. München: Ludwig-Maximilians-Universität München. Centrum für angewandte Politikforschung, in: http://www.cap.uni-muenchen.de (Stand 12.12.2002).

BERTELSMANN FOUNDATION AND CENTER FOR APPLIED POLICY RESEARCH [Hrsg.] (2001): Thinking Enlarged. The Accession Countries and the Future of the European Union. A Strategy for Reform by the Villa Faber Group on the Future of the EU. Gütersloh: Verlag Bertelsmann Stiftung.

BERTELSMANN FOUNDATION AND CENTER FOR APPLIED POLICY RESEARCH [Hrsg.] (2002): Bridging the Leadership Gap. A Strategy for Improving Political Leadership in the EU by the Thinking Enlarged Group. Gütersloh: Verlag Bertelsmann Stiftung, in: http://www.cap.uni-muenchen.de (Stand: 15.12.2002).

BESARA, Nisha/DAMERON, Caroline (2001): Hur sätts agendan? Bakomliggande faktorer och samhällsaktörernas roll i det svenska EU-ordförandeskapet. Kandidatuppsats i statsvetenskap. Huddinge: Södertörns högskola.

BEST, Edward (2000): The Debate Over the Weighting of Votes: The Mis-Presentation of Representation?, in: Best, Edward/Gray, Mark/Stubb, Alexander [Hrsg.]: Rethinking the European Union. IGC 2000 and Beyond. Maastricht: European Institute of Public Administration, S. 105-130.

BEST, Edward/GRAY, Mark/STUBB, Alexander [Hrsg.] (2000): Rethinking the European Union. IGC 2000 and Beyond. Maastricht: European Institute of Public Administration.

BEYERS, Jan/DIERICKX, Guido (1997): Nationality and European Negotiations: The Working Groups of the Council of Ministers, in: European Journal of International Relations Bd. 3 H. 4, S. 435-471.

BEYERS, Jan/DIERICKX, Guido (1998): The Working Groups of the Council of the European Union: Supranational or Intergovernmental Negotiations?, in: Journal of Common Market Studies Bd. 36 H. 3, S. 289-317.

BIEBER, Roland (2002): Föderalismus in Europa, in: Weidenfeld, Werner [Hrsg.]: Europa-Handbuch. Bonn: Bundeszentrale für politische Bildung, S. 361-373.

BIEBER, Roland/PALMER, Michael (1975): Power at the top – The EC Council in Theory and Practice, in: The World Today Bd. 31 H. 8, S. 310-318.

BILČÍK, Vladimír (2002): Developments in the EU's Foreign and Security Policy - the Candidates' Perspective, in: Brusis, Martin/Emmanouilidis, Janis A. [Hrsg.]: Thinking Enlarged. The Accession Countries and the Future of the European Union. Bonn: Europa Union Verlag GmbH, S. 89-102.

BJURULF, Bo (2000): Kan Sverige öka öppenheten i EU?, in: Internationella studier H. 4, S. 27-37.

BJURULF, Bo (2001): How Did Sweden Manage the European Union? Discussion Paper C 96. Bonn: Rheinische Friedrich-Wilhelms-Universität Bonn. Zentrum für Europäische Integrationsforschung, in: http://www.zei.de (18.02.2003).

BLONDEL, Jean (1987): Political Leadership. Towards a General Analysis. London: Sage Publications Ltd.

BLUMENWITZ, Dieter (2003): Wer gibt die Verfassung Europas?, in: Politische Studien, Sonderheft Bd. 54 H. 1, S. 44-52.

BOGDANOR, Vernon (1985): The Future of the European Community: Two Models of Democracy, in: Government and Opposition Bd. 21 H. 1, S. 161-176.

BOMBERG, Elizabeth/CRAM, Laura/MARTIN, David (2003): The EU's Institutions, in: Bomberg, Elizabeth/Stubb, Alexander [Hrsg.]: The European Union: How Does It Work? Oxford: Oxford University Press Inc., S. 43-68.

BONVICINI, Gianni (1988): Mechanisms and Procedures of EPC: More than Traditional Diplomacy?, in: Pijpers, Alfred/Regelberger, Elfriede/Wessels, Wolfgang [Hrsg.]: European Political Cooperation in the 1980s. A Common Foreign Policy for Western Europe. Dordrecht: Martinus Nijhoff Publishers, S. 49-70.

BONVICINI, Gianni (1989): Strukturen und Verfahren der EPZ: Mehr als traditionelle Diplomatie?, in: Pijpers, Alfred/Regelsberger, Elfriede/Wessels, Wolfgang [Hrsg.]: Die Europäische Politische Zusammenarbeit in den achtziger Jahren. Eine gemeinsame Außenpolitik für Westeuropa? Bonn: Europa Union Verlag, S. 71-94.

BONVICINI, Gianni/REGELSBERGER, Elfriede (1987): The Decisionmaking process in the EC's European Council, in: The International Spectator Bd. XXII H. 3, S. 152-175.

BONVICINI, Gianni/REGELSBERGER, Elfriede (1988): The Organizational and Political Implications of the European Council, in: Hoscheit, Jean-Marc/Wessels, Wolfgang [Hrsg.]: The European Council 1974-1986: Evaluation and Prospects. Maastricht: European Institute of Public Administration, S. 155-209.

BORCHARDT, Klaus-Dieter (2002): Die rechtlichen Grundlagen der Europäischen Union. Heidelberg: C. F. Müller Verlag.

BOURLANGES, Jean-Louis (1996): Ein neues Gleichgewicht zwischen großen und kleinen Staaten, in: The Philip Morris Institute for Public Policy Research [Hrsg.]: Gleichheit für alle Staaten in einer größeren EU. Brüssel: The Philip Morris Institute for Public Policy Research, S. 27-36.

BRETHERTON, Charlotte/VOGLER, John (1999): The European Union as a Global Actor. London: Routledge.

BRITTAN, Leon (1994): Die europäische Herausforderung. Bergisch Gladbach: Gustav Lübbe Verlag GmbH.

BROK, Elmar (1999): Ein Jahr nach Amsterdam: Verfassungsperspektiven der Europäischen Union auf dem Weg ins 21. Jahrhundert, in: Kloepfer, Michael/Pernice, Ingolf [Hrsg.]: Entwicklungsperspektiven der europäischen Verfassung im Lichte des Vertrags von Amsterdam. Baden-Baden: Nomos Verlagsgesellschaft, S. 35-42.

BROK, Elmar (2003): Kein großer Wurf, in: Europäische Zeitung Bd. 54 H. 1-2, S. 1-2.

BROWN, Jennifer (2000): Small States in the European Institutions. Working Paper No. 8. Turku: University of Turku. Jean Monnet Unit.

BUCK, Karl-Hermann (1982): Der Ministerrat, in: Weidenfeld, Werner/Wessels, Wolfgang [Hrsg.]: Jahrbuch der Europäischen Integration 1981. Bonn: Europa Union Verlag GmbH, S. 57-66.

BUERSTEDDE, Sigismund (1964): Der Ministerrat im konstitutionellen System der Europäischen Gemeinschaften. Bruges: De Tempel.

BULMER, Simon (1985): The European Council's First Decade: Between Interdependence and Domestic Politics, in: Journal of Common Market Studies Bd. XXIV H. 2, S. 90-104.

BULMER, Simon (1994): Erwartungen an den Europäischen Rat in Essen: Elemente für ein Verhandlungspaket '96, in: integration Bd. 17 H. 4, S. 197-203.

BULMER, Simon (1996): The European Council and The Council of the European Union: Shapers of a European Confederation, in: Publius: The Journal of Federalism Bd. 26 H. 4, S. 17-42.

BULMER, Simon/MAURER, Andreas/PATERSON, William (2001): The European Policy-Making Machinery in the Berlin Republic: Hindrance or Handmaiden, in: Webber, Douglas [Hrsg.]: New Europe, New Germany, Old foreign Policy? German Foreign Policy since Unification. London: Frank Cass and Company Limited, S. 177-206.

BULMER, Simon/WESSELS, Wolfgang (1987): The European Council. Decision-Making in European Politics. London: The Macmillan Press Ltd.

BURGESS, Michael (1996): Introduction: Federalism and Building the European Union, in: Publius: The Journal of Federalism Bd. 26 H. 4, S. 1-15.

BUSCH, Klaus (2001): Politikwissenschaftliche Integrationstheorien in Interaktion. Der synoptische Ansatz II, in: Loth, Wilfried/Wessels, Wolfgang [Hrsg.]: Theorien europäischer Integration. Opladen: Leske + Budrich, S. 247-292.

BUSSE, Christian (2000): Österreich contra Europäische Union. Eine rechtliche Beurteilung der Reaktionen der EU und ihrer Mitgliedstaaten auf die Regierungsbeteiligung der FPÖ in Österreich. Basel: Europainstitut der Universität Basel. Basler Schriften zur europäischen Integration.

BUTLER, Michael (1986): Europe: More than a Continent. London: William Heinemann Ltd.

CAMERON, Fraser (1993): The Commission's View of the Presidencies, in: Kirchner, Emil J./Tsagkari Anastassia [Hrsg.]: The Council Presidency: A Comparison of the Dutch and Luxembourg Presidency and Reform Considerations. University of Essex: Centre for European Studies, S. 39-44.

CAMERON, Fraser (1998): Building a Common Foreign Policy. Do Institutions Matter?, in: Peterson, John/Sjursen, Helene [Hrsg.]: A Common Foreign Policy for Europe? Common Visions of the CFSP. London: Routledge, S. 59-76.

CHRISTENSEN, Jørgen Grønnegaard (1985): The Presidency of the Council of Ministers of the European Communities: The Case of Denmark, in: O'Nuallain, Colm [Hrsg.]: The Presidency of the Council of Ministers. Impacts and Implications for National Governments. Kent: Croom Helm Ltd, S. 51-72.

CHRISTIANSEN, Thomas (2001): Intra-institutional politics and inter-institutional relations in the EU: Towards coherent governance?, in: Journal of European Public Policy Bd. 8 H. 5, S. 747-769.

CLOSA, Carlos (2001): The Domestic Basis of Spanish European Policy and the 2002 Presidency. European Studies No. 16. Paris: Notre Europe. Groupement d'etudes et de recherches, in: http://www.notre-europe.asso.fr (Stand: 18.02.2003).

CONSTANTINESCO, Léontin-Jean (1981): Die Institutionen der Gemeinschaft an der Schwelle der 80er Jahre, in: Europarecht Bd. 16 H. 3, S. 209-239.

CROSSICK, Stanley (2003): A Matter of Presidencies. Working Papers. Brussels: The European Policy Center, in: http://www.theepc.net (Stand: 28.10.2003).

CRUM, Ben (2003): Legislative-Executive Relations in the EU, in: Journal of Common Market Studies Bd. 41 H. 3, S. 375-395.

DAHAENE, Jean-Luc/SIMON, David/VON WEIZSÄCKER, Richard (1997): Die institutionellen Auswirkungen der Erweiterung (18.10.1997), in: Marhold, Hartmut [Hrsg.]: Die neue Europadebatte. Leitbilder für das Europa der Zukunft. Bonn: Europa Union Verlag GmbH, S. 11-126.

DAHMANN, Klaus (2000): Der EU-Gipfel in Nizza. Analysen und Reaktionen. Köln: Deutsche Welle.

DANIELS, Philip (1997): The Italian Presidency of the European Union, in: D'Alimonte, Roberto/Nelken, David [Hrsg.]: Italian Politics. The Center-Left in Power. Boulder: Westview Press, S. 233-246.

DASHWOOD, Alan (1994): The Role of the Council of the European Union, in: Curtin, Deirdre/Heukels, Ton [Hrsg.]: Institutional Dynamics of European Integration. Essays in Honour of Henry G. Schermers. Dordrecht: Martinus Nijhoff Publishers, S. 117-134.

DASHWOOD, Alan (1996): Effectiveness and Simplification of Decision-Making by the Council, in: Winter, Jan A./Curtin, Deirdre M./Kellermann, Alfred E./De Witte, Bruno [Hrsg.]: Reforming the Treaty on European Union – The Legal Debate. The Hague: Kluwer Law International, S. 147-160.

DASHWOOD, Alan (2000): The Common Foreign and Security Policy, in: Usher, John A. [Hrsg.]: The State of the European Union. Harlow: Pearson Education Limited, S. 42-57.

DAUERSTÄDT, Michael/LIPPERT, Barbara (1998): Die deutsche Ratspräsidentschaft. Doppelstrategie zur Vertiefung und Erweiterung der EU. Bonn: Friedrich-Ebert-Stiftung.

DE BASSOMPIERRE, Guy (1988): Changing the Guard in Brussels. An Insider's View of the EC Presidency. New York: Praeger Publishers.

DECKER, Frank (2002a): Governance beyond the nation-state. Reflections on the democratic deficit of the European Union, in: Journal of European Public Policy Bd. 9 H. 2, S. 256-272.

DECKER, Frank (2002b): Parlamentarisch, präsidentiell oder semi-präsidentiell? Der Verfassungskonvent ringt um die künftige institutionelle Gestalt Europas, in: Aus Politik und Zeitgeschichte B 51-52/2002, S. 16-23.

DEDMAN, Martin J. (1996): The Origins and Development of the European Union 1945-95. A history of European Integration. London: Routledge.

DEHOUSSE, Renaud U.A. (2003): The institutional architecture of the European Union: A third Franco-German way?, in: Research and European Issues No. 23. Paris: Notre Europe. Groupement d'etudes et de recherches, in: http://www.notre-europe.asso.fr (Stand: 07.07.2003).

DEMMKE, Christoph/JANSSEN, Helen (1996): Der Rat der Europäischen Union, in: Weidenfeld, Werner/Wessels, Wolfgang [Hrsg.]: Jahrbuch der Europäischen Integration 1995/1996. Bonn: Europa Union Verlag GmbH, S. 47-54.

DE SCHOUTHEETE, Philippe (1988): The Presidency and the Management of Political Cooperation, in: Pijpers, Alfred/Regelberger, Elfriede/Wessels, Wolfgang [Hrsg.]: European Political Cooperation in the 1980s. A Common Foreign Policy for Western Europe. Dordrecht: Martinus Nijhoff Publishers, S. 71-84. S 2

DE SCHOUTHEETE, Philippe (1989): Die Präsidentschaft und das Management der politischen Zusammenarbeit, in: Pijpers, Alfred/Regelsberger, Elfriede/Wessels, Wolfgang [Hrsg.]: Die Europäische Politische Zusammenarbeit in den achtziger Jahren. Eine gemeinsame Außenpolitik für Westeuropa? Bonn: Europa Union Verlag, S. 95-109.

DE SCHOUTHEETE, Philippe (2003): Die Debatte des Konvents über den Europäischen Rat, in: integration Bd. 26 H. 4, S. 468-482.

DE SCHOUTHEETE, Philippe/WALLACE, Helen (2002): The European Council. Research and European Issues No. 19. Paris: Notre Europe. Groupement d'etudes et de recherches, in: http://www.notre-europe.asso.fr (Stand: 18.02.2003).

DEUBNER, Christian (1994): Vertiefung der Europäischen Union: Wieweit und mit wem? Die deutsche Europapolitik im Dilemma. Ebenhausen: Stiftung Wissenschaft und Politik.

DEUBNER, Christian (1995): Deutsche Europapolitik: Von Maastricht nach Kerneuropa? Baden-Baden: Nomos Verlagsgesellschaft.

DEUTSCH, Karl W. U.A. (1957): Political Community and the North Atlantic Area: International Organization in the Light of Historical Experience. Princeton: Princeton University Press.

DE WINTER, Lieven/TÜRSAN, Huri (2001): The Belgian Presidency. Research and Policy Paper No. 13. Paris: Notre Europe. Groupement d'etudes et de recherches, in: http://www.notre-europe.asso.fr (Stand: 18.02.2003).

DE ZWAAN, Jaap W. (1995): The Permanent Representatives Committee: Its Role in European Union Decision-Making. Amsterdam: Elsevier Science B. V.

DI BUCCI, Vittorio Carlo Maria (1988): La présidence des Communautés. Nancy: Centre Europeen Universitaire de Nancy.

DIEDRICHS, Udo/WESSELS, Wolfgang (2002): Europäische Union, in: Weidenfeld, Werner/Wessels, Wolfgang [Hrsg.]: Europa von A-Z. Taschenbuch der europäischen Integration. Bonn: Europa Union Verlag GmbH, S. 166-175.

DIEZ, Thomas (1995): Neues Europa, altes Modell: Die Konstruktion von Staatlichkeit im politischen Diskurs zur Zukunft der Europäischen Gemeinschaft. Frankfurt am Main: Haag + Herchen Verlag GmbH.

DINAN, Desmond (1999): Ever Closer Union. An Introduction to European Integration. Boulder: Lynne Rienner Publishers Inc.

DI QUIRICO, Roberto (2003): Italy, Europe and the European Presidency of 2003, in: Research and European Issues No. 27. Paris: Notre Europe. Groupement d'etudes et de recherches, in: http://www.notre-europe.asso.fr (Stand: 03.09.2003).

DUFF, Andrew (1997): Reforming the European Union. London: Federal Trust.

DUFF, Andrew (2001): From Amsterdam Left-overs to Nice Hang-overs, in: The International Spectator Bd. XXXVI H. 1, S. 13-19.

DUKE, Simon (1998): Assessing the UK Presidency: A Second Pillar Perspective. Working Paper 98/W/04. Maastricht: European Institute of Public Administration.

DUKE, Simon (2003): Beyond the Chapter. Enlargement Challenges for CFSP and ESDP. Maastricht: European Institute of Public Administration.

DURAND, Guillaume (2001): The Need for Council Reform. The Europe We Need Working Paper. Brussels: The European Policy Center, in: http://www.epc.be (Stand: 10.06.2002).

DURAND, Guillaume (2003): Montesquieu wakes up: Separation of powers in the Council on Ministers. The Europe We Need Working Paper. Brussels: The European Policy Center, in: http://www.epc.be (Stand: 10.04.2003).

EDWARDS, Geoffrey (1985): The Presidency of the Council of Ministers of the European Communities: The Case of the United Kingdom, in: O'Nuallain, Colm [Hrsg.]: The Presidency of the Council of Ministers. Impacts and Implications for National Governments. Kent: Croom Helm Ltd, S. 237-259.

EDWARDS, Geoffrey (1996): National sovereignty vs integration? The Council of Ministers, in: Richardson, Jeremy J. [Hrsg.]: European Union. Power and policy-making. London: Routledge, S. 127-147.

EDWARDS, Geoffrey (1998): The Council of Ministers and Enlargement: A Search for Efficiency, Effectiveness, and Accountability?, in: Redmond, John/Rosenthal, Glenda G. [Hrsg.]: The Expanding European Union. Past, Present, Future. Boulder: Lynne Rienner Publishers Inc., S. 41-64.

EDWARDS, Geoffrey/LORD, Christopher (1990): Der Ministerrat, in: Weidenfeld, Werner/Wessels, Wolfgang [Hrsg.]: Jahrbuch der Europäischen Integration 1989/90. Bonn: Europa Union Verlag GmbH, S. 53-60.

EDWARDS, Geoffrey/LUND, Camilla (1993): Der Ministerrat, in: Weidenfeld, Werner/Wessels, Wolfgang [Hrsg.]: Jahrbuch der Europäischen Integration 1992/1993. Bonn: Europa Union Verlag GmbH, S. 63-71.

EDWARDS, Geoffrey/MAYER, Hartmut (1994): Der Ministerrat, in: Weidenfeld, Werner/Wessels, Wolfgang [Hrsg.]: Jahrbuch der Europäischen Integration 1993/1994. Bonn: Europa Union Verlag GmbH, S. 63-70.

EDWARDS, Geoffrey/PEARSON, Brendan (1992): Der Ministerrat, in: Weidenfeld, Werner/Wessels, Wolfgang [Hrsg.]: Jahrbuch der Europäischen Integration 1991/1992. Bonn: Europa Union Verlag GmbH, S. 65-72.

EDWARDS, Geoffrey/PIJPERS, Alfred (1996): The 1996 Intergovernmental Conference and EU Presidency. Annex II, in: Labohm, Hans H. J. [Hrsg.]: The Netherlands' Presidency of the European Union. Cligendael/ISEI/TEPSA Conference. The Hague, 15./16. November 1996. The Hague: The Netherlands Institute of International Relations Cligendael, S. 1-2.

EDWARDS, Geoffrey/WALLACE, Helen (1978): Die Präsidentschaft im Ministerrat. Eine zentrale Rolle im Entscheidungsprozeß von EG und EPZ. Bonn: Europa Union Verlag GmbH.

EDWARDS, Geoffrey/WIESSALA, Georg (1999): 'Plus ça change...?', in: Edwards, Geoffrey/Wiessala, Georg [Hrsg.]: The European Union. Annual Review of the EU 1998/1999. Oxford: Blackwell Publishers Ltd., S. 1-8.

EGGER, Alexander (1994): Das Generalsekretariat des Rates der EU. Baden-Baden: Nomos Verlagsgesellschaft.

EHLERMANN, Claus Dieter (1999): Differenzierung, Flexibilität und engere Zusammenarbeit: Die neuen Vorschriften des Amsterdamer Vertrags, in: Ehlermann, Claus Dieter [Hrsg.]: Der rechtliche Rahmen eines Europas in mehreren Geschwindigkeiten und unterschiedlichen Gruppierungen. Köln: Bundesanzeiger Verlagsges. mbH, S. 15-41.

EHLERMANN, Claus-Dieter (1981): Das schwierige Geschäft der Kommission, in: Europarecht Bd. 16 H. 4, S. 335-365.

ELGSTRÖM, Ole (2000): Vad utgör ett lyckat ordförandeskap?, in: Internationella studier H. 4, S. 77-87.

ELGSTRÖM, Ole (2002a): Evaluating the Swedish Presidency. Symposium on the Swedish 2001 EU Council Presidency, in: Cooperation and Conflict Bd. 37 H. 2, S. 183-189.

ELGSTRÖM, Ole (2002b): Dull but Successful – the Swedish Presidency, in: Edwards, Geoffrey/Wiessala, Georg [Hrsg.]: The European Union. Annual Review of the EU 2002. Oxford: Blackwell Publishers Ltd., S. 45-48.

ELGSTRÖM, Ole [Hrsg.] (2003): European Union Council Presidencies. A comparative perspective. London: Routledge.

ELGSTRÖM, Ole/TALLBERG, Jonas (2001): Den politiska utmaningen – nationella och europeiska interessen i konflikt?, in: Tallberg, Jonas [Hrsg.]: När Europa kom till Sverige. Ordförandeskapet i EU 2001. Stockholm: SNS Förlag, S. 35-50.

EMMANOUILIDIS, Janis A./GIERING, Claus (2003): Licht und Schatten – eine Bilanz der Konventsergebnisse. Konvent-Spotlight 08/2003, in: http://www.cap.uni-muenchen.de (Stand: 01.07.2003).

ENGEL, Christian (1995): Der Europäische Rat, in: Weidenfeld, Werner/Wessels, Wolfgang [Hrsg.]: Jahrbuch der Europäischen Integration 1994/1995. Bonn: Europa Union Verlag GmbH, S. 39-46.

ENGEL, Christian (1996): Der Europäische Rat, in: Weidenfeld, Werner/Wessels, Wolfgang [Hrsg.]: Jahrbuch der Europäischen Integration 1995/1996. Bonn: Europa Union Verlag GmbH, S. 39-46.

ENGEL, Christian (1997): Der Europäische Rat, in: Weidenfeld, Werner/Wessels, Wolfgang [Hrsg.]: Jahrbuch der Europäischen Integration 1996/1997. Bonn: Europa Union Verlag GmbH, S. 41-48.

ERSBØLL, Niels (1985): Preface, in: O'Nuallain, Colm [Hrsg.]: The Presidency of the Council of Ministers. Impacts and Implications for National Governments. Kent: Croom Helm Ltd, S. ix-x.

ETZIONI, Amitai (1965): Political unification – a comparative study of leaders and forces. New York: Institute of war and peace studies Publications.

EUROPÄISCHE STRUKTURKOMMISSION (1995): Europa '96 – Reformprogramm für die Europäische Union, in: Weidenfeld, Werner [Hrsg.]: Reform der Europäischen Union. Materialien zur Revision des Maastrichter Vertrages 1996. Gütersloh: Verlag Bertelsmann Stiftung, S. 11-55.

EVERTS, Steven (2002a): Shaping a credible EU foreign policy. London: Centre for European Reform.

EVERTS, Steven (2002b): Foreign and security policy: from bystander to actor, in: Barysch, Katinka u.a.: New designs for Europe. London: Centre for European Reform, S. 35-47.

EVERTS, Steven/KEOHANE, Daniel (2003): The European Convention and EU Foreign Policy: Learning from Failure, in: Survival Bd. 45 H. 3, S. 167-186.

FALKNER, Gerda (1994): Supranationalität trotz Einstimmigkeit. Entscheidungsmuster der EU am Beispiel Sozialpolitik. Bonn: Europa Union Verlag GmbH.

FALKNER, Gerda/NENTWICH, Michael (1996): Institutionenreform und Demokratisierung der EU: Die internationale Diskussion zu ausgewählten Fragen, in: Leicht, Anton [Hrsg.]: Regierungskonferenz 1996. Wohin steuert die EU? Wien: Signum Verlag Ges.m.b.H.&Co., S. 213-228.

FASTENRATH, Ulrich (1994): Die Struktur der erweiterten Europäischen Union, in: Europarecht (Beiheft) Bd. 29 H.1, S. 101-126.

FISCHER, Thomas/SCHLEY, Nicole (1999): Europa föderal organisieren. Ein neues Kompetenz- und Vertragsgefüge für die Europäische Union. Bonn: Europa Union Verlag GmbH.

FORGÓ, Katrin (1998): Zwischen „Europa à la carte“ und Einheit: Modelle differenzierter Integration, in: Breuss, Fritz/Griller, Stefan [Hrsg.]: Flexible Integration in Europa. Einheit oder „Europa à la carte“? Wien: Springer-Verlag, S. 41-78.

FRANGAKIS, Nikos/PAPAYANNIDES A. D./APOSTOLIDES, R. [Hrsg.] (1994): The Third Greek Presidency of the Council of the European Union. Athens: Hestia Publishers.

FRANßEN DE LA GERDA, Boris (2000): Institutionelle und konstitutionelle Aspekte der Weiterentwicklung der Europäischen Union, in: Zeitschrift für Politikwissenschaft Bd. 10 H. 2, S. 539-583.

FREUDENBERG, Tobias (2003): Europa auf Italienisch, in: Europäische Zeitung Bd. 54 H. 8, S. 14-15.

FRIEDRICH, Carl Joachim (1968): Trends of Federalism in Theory and Practice. New York: Praeger.

FROEHLY, Jean-Pierre (2001): Paris, Berlin und das politische Europa, in: Dokumente Bd. 57 H. 1, S. 25-33.

FRÖHLICH, Stefan (2002a): Das Projekt der Gemeinsamen Europäischen Sicherheits- und Verteidigungspolitik (GESVP): Entwicklungen und Perspektiven. Discussion Paper C 116. Bonn: Rheinische Friedrich-Wilhelms-Universität Bonn. Zentrum für Europäische Integrationsforschung, in: http://www.zei.de (18.02.2003).

FRÖHLICH, Stefan (2002b): Abschied vom alten System - die Erweiterung erfordert drastischere Reformen der EU-Institutionen, in: Zeitschrift für Politikwissenschaft Bd. 12 H. 3, S. 1099-1121.

FROWEIN, Jochen Abr. (1972): Zur institutionellen Fortentwicklung der Europäischen Gemeinschaften, in: Europa-Archiv Bd. 27 H. 18, S. 623-632.

GAREL-JONES, Tristan (1993): The UK Presidency: An Insider's View, in: Journal of Common Market Studies Bd. 31 H. 2, S. 261-267.

GAZZO, Emanuele (1980): Die Institutionen der Europäischen Gemeinschaft vor der zweiten Erweiterung. Vorschläge zur Verbesserung der Arbeitsweise der EG-Organe, in: Europa-Archiv Bd. 35 H 8, S. 237-248.

GEORGE, Stephan (1997): Britain and the IGC, in: Edwards, Geffrey/Pijpers, Alfred [Hrsg.]: The Politics of European Treaty Reform. The 1996 Intergovernmental Conference and Beyond. London: Pinter, S. 100-118.

GEURTS, Charles-Michel (1998): The European Commission: A Natural Ally of Small States in the EU Institutional Framework, in: Goetschel, Laurent [Hrsg.]: Small States Inside and Outside the European Union. Interests and Policies. Dordrecht: Kluwer Academic Publishers, S. 49-64.

GIERING, Claus (1997a): Europa zwischen Zweckverband und Superstaat. Die Entwicklung der politikwissenschaftlichen Integrationstheorie im Prozeß der europäischen Integration. Bonn: Europa Union Verlag GmbH.

GIERING, Claus (1997b): Vielfalt in der Einheit – Die Flexibilisierung der europäischen Intgration, in: Böhringer, Peter/Jacob, Walter: Die Europäische Union. Wesen, Struktur, Dynamik. Zürich: Polygraphischer Verlag AG, S. 191-210.

GIERING, Claus (1998): Institutionelle Reformchancen, in: Bertelsmann Stiftung. Forschungsgruppe Europa [Hrsg.]: Kosten, Nutzen und Chancen der Osterweiterung für die Europäische Union. Gütersloh: Verlag Bertelsmann Stiftung, S. 55-68.

GIERING, Claus (1999a): Der Europäische Rat, in: Weidenfeld, Werner/Wessels, Wolfgang [Hrsg.]: Jahrbuch der Europäischen Integration 1998/1999. Bonn: Europa Union Verlag GmbH, S. 51-60.

GIERING, Claus (1999b): Zwischenschritte für Europas Zukunft – Die Bilanz der ersten österreichischen EU-Ratspräsidentschaft, in: Österreichische Gesellschaft für Außenpolitik [Hrsg.]: Österreichisches Jahrbuch für internationale Politik 1998. Wien: Manz, S. 1-24.

GIERING, Claus (2000): Der Europäische Rat, in: Weidenfeld, Werner/Wessels, Wolfgang [Hrsg.]: Jahrbuch der Europäischen Integration 1999/2000. Bonn: Europa Union Verlag GmbH, S. 49-58.

GIERING, Claus (2001a): Die institutionellen Reformen von Nizza – Anforderungen, Ergebnisse, Konsequenzen, in: Weidenfeld, Werner [Hrsg.]: Nizza in der Analyse. Gütersloh: Verlag Bertelsmann Stiftung, S. 51-144.

GIERING, Claus (2001b): „Offene Koordinierung" - Sachstand, Vorzüge und Probleme. München: Ludwig-Maximilians-Universität München. Centrum für angewandte Politikforschung.

GIERING, Claus (2001c): Der Europäische Rat, in: Weidenfeld, Werner/Wessels, Wolfgang [Hrsg.]: Jahrbuch der Europäischen Integration 2000/2001. Bonn: Europa Union Verlag GmbH, S. 47-56.

GIERING, Claus (2001d): Die Europäische Union vor der Erweiterung – Institutionen, Flexibilität und Zukunftsaussichten nach Nizza, in: Axt, Heinz-Jürgen/Rohloff, Christoph [Hrsg.]: Frieden und Sicherheit in (Südost-) Europa. EU-Beitritt, Stabilitätspakt und Europäische Sicherheits- und Verteidigungspolitik. München: Südosteuropa-Gesellschaft e.V., S. 401-427.

GIERING, Claus (2001e): Die Bilanz der schwedischen Ratspräsidentschaft. Wenig Raum für eigene Akzente, in: Europäische Zeitung Bd. 52, H. 7-8, S. 1.

GIERING, Claus (2002a): Integrationstheorien, in: Weidenfeld, Werner/Wessels, Wolfgang [Hrsg.]: Europa von A-Z. Taschenbuch der europäischen Integration. Bonn: Europa Union Verlag GmbH, S. 261-266.

GIERING, Claus (2002b): Flexibilisierung, in: Weidenfeld, Werner/Wessels, Wolfgang [Hrsg.]: Europa von A-Z. Taschenbuch der europäischen Integration. Bonn: Europa Union Verlag GmbH, S. 213-216.

GIERING, Claus (2003): Der EU-Reformkonvent vor der Bewährungsprobe, in: Internationale Politik Bd. 58 H. 1, S. 31-38.

GIERING, Claus/EMMANOUILIDIS, Janis A. (2003): Hohe Hürden auf der Zielgeraden für den EU-Konvent, Konvent-Spotlight 07/2003, in: http://www.cap.uni-muenchen.de (Stand: 01.07.2003).

GIERING, Claus/JANNING, Josef (2001): Flexibilität als Katalysator der Finalität? Die Gestaltungskraft der „Verstärkten Zusammenarbeit" nach Nizza, in: integration Bd. 24 H. 2, S. 146-155.

GINSBERG, Roy H. (1998): The Impact of Enlargement on the Role of the European Union in the World, in: Redmond, John/Rosenthal, Glenda G. [Hrsg.]: The Expanding European Union. Past, Present, Future. Boulder: Lynne Rienner Publishers Inc., S. 197-215.

GLAAB, Manuela (1999): Die Bürger in Europa, in: Weidenfeld, Werner [Hrsg.]: Europa-Handbuch. Bonn: Bundeszentrale für politische Bildung, S. 603-617.

GLAESNER, Hans-Joachim (1994a): Der Europäische Rat, in: Europarecht Bd. 29 H. 1, S. 22-34.

GLAESNER, Hans-Joachim (1994b): The European Council, in: Curtin, Deirdre/Heukels, Ton [Hrsg.]: Institutional Dynamics of European Integration. Essays in Honour of Henry G. Schermers. Dordrecht: Martinus Nijhoff Publishers, S. 101-115.

GÖLER, Daniel (2003): Die Europäische Union vor ihrer Konstitutionalisierung: Eine Bilanz der ersten Verfassungsentwürfe, in: integration Bd. 26 H. 1, S. 17-30.

GOTTSCHALD, Marc (2001): Die GASP von Maastricht bis Nizza. Baden-Baden: Nomos Verlagsgesellschaft.

GOWLAND, David/TURNER, Arthur (2000): Reluctant Europeans. Britain and European Integration 1945-1998. Essex: Pearson Education Limited.

GOZI, Sandro (2001): Does the EU Institutional Triangle Have a Future?, in: The International Spectator Bd. XXXVI H. 1, S. 39-49.

GRANT, Charles (2002a): New leadership for Europe, in: Barysch, Katinka u.a.: New designs for Europe. London: Centre for European Reform, S. 7-33.

GRANT, Charles (2002b): A strategic European Council, a streamlined Council of Ministers, in: Barysch, Katinka u.a.: New designs for Europe. London: Centre for European Reform, S. 49-60.

GRECO, Ettore (2003): Prioritäten der italienischen EU-Präsidentschaft, in: integration Bd. 26 H. 3, S. 195-203.

GRETSCHMANN, Klaus (2001): Traum oder Alptraum? Politikgestaltung im Spannungsfeld von Nationalstaat und Europäischer Union, in: Aus Politik und Zeitgeschichte B 5/2001, S. 25-32.

GREVI, Giovanni (2002): An Integrated Presidency for a United Europe. Working Papers. Brussels: The European Policy Center, in: http://www.theepc.net (Stand: 28.10.2003).

GREVI, Giovanni (2003a): Time for a Government of the Union. The Europe We Need Working Paper. Brussels: The European Policy Center, in: http://www.theepc.net (Stand: 28.10.2003).

GREVI, Giovanni (2003b): The Presidency of the Council: Teaming up to complicate the system? Commentary. Brussels: The European Policy Center, in: http://www.theepc.net (Stand: 27.10.2003).

GROS, Daniel/HAGER, Wolfgang (2002): Reforming the Council Presidency. CEPS Commentary. Brussels: Centre for European Policy Studies, in: http://www.ceps.be (Stand: 09.06.2002).

GROß, Thomas (2003): Zwei-Kammer-Parlamente in der Europäischen Union, in: Zeitschrift für ausländisches öffentliches Recht und Völkerrecht Bd. 63 H.1, S. 29-57.

GSTÖHL, Sieglinde (2001a): Der Mikrostaat als Variante des Kleinstaats? Erfahrungen mit UNO und EU, in: Kirt, Romain/Waschkuhn, Arno [Hrsg.]: Kleinstaaten-Kontinent Europa. Baden-Baden: Nomos Verlagsgesellschaft, S. 101-124.

GSTÖHL, Sieglinde (2001b): Flexible Integration für Kleinstaaten? Liechtenstein und die Europäische Union. Vaduz: Verlag der liechtensteinischen Akademischen Gesellschaft.

GUÉROT, Ulrike (2001a): Nach der Krise die `relance'? Anmerkungen zum Stand der deutsch-französischen Beziehungen, in: Politische Studien Bd. 52 H. 376, S. 31-48. K 15

GUÉROT, Ulrike (2001b): Nizza – Zur Genese eines unnötigen Psycho-Dramas, in: Dokumente Bd. 57 H. 1, S. 13-21.

GUÉROT, Ulrike (2002): Leerlauf im deutsch-französischen Tandem. Hat es noch eine Existenzberechtigung?, in: Internationale Politik Bd. 57 H. 1, S. 33-38.

HAAS, Ernst B. (1958): The Uniting of Europe: Political, Social, and Economic Forces 1950-1957. Stanford: Stanford University Press.

HANF, Kenneth/SOETENDORP, Ben (1998): Small States and the Europeanization of Public Policy, in: Hanf, Kenneth/Soetendorp, Ben [Hrsg.]: Adapting to European Integration. Small States and the European Union. Essex: Addison Weslex Longman Limited, S. 1-13.

HANNY, Birgit/WESSELS, Wolfgang (1998): The Monetary Committee: A Significant Though Not Typical Case, in: Van Schendelen, M.P.C.M. [Hrsg.]: EU Committees as Influential Policymakers. Aldershot: Ashgate Publishing Limited, S. 109-126.

HÄNSCH, Klaus (1993): Vertiefung der Gemeinschaft und gesamteuropäische Identität. Ein System konföderaler Zusammenarbeit in Europa, in: Europa-Archiv Bd. 48 H 13-14, S. 389-396.

HÄNSCH, Klaus (2001): Maximum des Erreichbaren – Minimum des Notwendigen? Die Ergebnisse von Nizza, in: integration Bd. 24 H. 2, S. 94-101.

HARTMANN, Jürgen (2001): Das politische System der Europäischen Union. Frankfurt am Main: Campus Verlag GmbH.

HAUKKALA, Hiski (2000): Pohjoinen ulottuvuus Suomen EU-puheenjohtajuuskaudella, in: Ulkopolitiikka Bd. 37 H. 1, S. 53-60.

HAYES-RENSHAW, Fiona (1996): The Role of the Council, in: Andersen, Svein S./Eliassen, Kjell A. [Hrsg.]: The European Union: How Democratic Is It? London: Sage Publications Ltd., S. 143-163.

HAYES-RENSHAW, Fiona (1999): The European Council and the Council of Ministers, in: Cram, Laura/Dinan, Desmond/Nugent, Neill [Hrsg.]: Developments in the European Union. New York: St. Martin's Press, S. 23-43.

HAYES-RENSHAW, Fiona (2002): The Council of Ministers, in: Peterson, John/Shackleton, Michael [Hrsg.]: The Institutions of the European Union. Oxford: Oxford University Press Inc., S. 47-70.

HAYES-RENSHAW, Fiona/LEQUESNE, Christian/LOPEZ, Pedro Mayor (1989): The Permanent Representations of the Member States, in: Journal of Common Market Studies Bd. XXVII H. 2, S. 119-137.

HAYES-RENSHAW, Fiona/WALLACE, Helen (1995): Executive power in the European Union: The functions and limits of the Council of Ministers, in: Journal of European Public Policy Bd. 2 H. 4, S. 559-582.

HAYES-RENSHAW, Fiona/WALLACE, Helen (1997): The Council of Ministers. London: Macmillan Press Ltd.

HEGELAND, Hans/JOHANSSON, Karl Magnus (2000): Inrikespolitisk konflikt eller konsensus?, in: Internationella studier H. 4, S. 68-76.

HEGELAND, Hans/JOHANSSON, Karl Magnus (2001): Ordförandeskapet och riksdagen – borgfreden som höll, in: Tallberg, Jonas [Hrsg.]: När Europa kom till Sverige. Ordförandeskapet i EU 2001. Stockholm: SNS Förlag, S. 171-186.

HEIKKINEN, Ari (1999): Euroopan unionin pohjoinen ulottuvuus, in: Eurooppatiedotus [Hrsg.]: Näkökulmia pohjoiseen ulottuvuuteen, Eurooppa-tietoa No. 171/1999, in: http://www.eurooppa-tiedotus.fi/suomi/julkaisu/poh_ulottuvuus/heikkinen.html (Stand.16.05.2000).

HEINRICH, Egon C. (2003): Deutsch-französischer Vorschlag im Zentrum der Kritik, in: Europäische Zeitung Bd. 54, H. 1-2, S. 7.

HELLMANN, Rainer (1966): Schlußakt einer Krise. Die europäischen Institutionen nach Luxemburg, in: Europa-Archiv Bd. 21 H. 7, S. 259-268.

HELMS, Ludger (2000): „Politische Führung" als politikwissenschaftliches Problem, in: Politische Vierteljahresschrift Bd. 41 H. 3, S. 411-434.

HENDERSON, Douglas (1998): The British Presidency of the EU and British European Policy. Discussion Paper C 7. Bonn: Rheinische Friedrich-Wilhelms-Universität Bonn. Zentrum für Europäische Integrationsforschung, in: http://www.zei.de (18.02.2003).

HENDRIKS, Gisela/MORGAN, Annette (2001): The Franco-German Axis in European Integration. Cheltenham: Edward Elgar Publishing Limited.

HENIG, Stanley (1980): Power and Decision in Europe. The Political Institutions of the European Community. London: Europotentials Press Ltd.

HENIG, Stanley (1983): The European Community's Bicephalous Political Authority: Council of Ministers – Commission Relations, in: Lodge, Juliet [Hrsg.]: Institutions and Politics of the European Community. London: Frances Pinter, S. 9-20.

HENSCHEL, Thomas (1998): Europa der Bürger. Zur Akzeptanz der Europäischen Union bei den Europäern, in: Bayerische Landeszentrale für politische Bildungsarbeit [Hrsg.]: Europa am Scheideweg, München, S. 33-46.

HILLENBRAND, Olaf (2002): Europa-ABC, in: Weidenfeld, Werner/Wessels, Wolfgang [Hrsg.]: Europa von A-Z. Taschenbuch der europäischen Integration. Bonn: Europa Union Verlag GmbH, S. 384-427.

HIX, Simon (1999): The Political System of the European Union. New York: St. Martin's Press.

HOFFMANN, Stanley (1966): Obstinate and Obsolete? The Fate of the Nation-State and the Case of Western Europe, in: Daedalus Bd. 95 H. 3, S. 862-915.

HÖLL, Otmar [Hrsg.] (1998): The Austrian Presidency of the European Union. OIIP/TEPSA Conference, Vienna, 15/16 May 1998. Laxenburg: Österreichisches Institut für Internationale Politik.

HÖRETH, Marcus (1999): Die Europäische Union im Legitimationstrilemma. Zur Rechtfertigung des Regierens jenseits der Staatlichkeit. Baden-Baden: Nomos Verlagsgesellschaft.

HORT, Peter (1988): Eine Bilanz der deutschen EG-Präsidentschaft, in: Europa-Archiv Bd. 43 H. 15, S. 421-428.

HORT, Peter (1989): Der Europäische Rat, in: Weidenfeld, Werner/Wessels, Wolfgang [Hrsg.]: Jahrbuch der Europäischen Integration 1988/89. Bonn: Europa Union Verlag GmbH, S. 39-46.

HOSCHEIT, Jean-Marc (1988): The European Council and Domestic Policy-Making, in: Hoscheit, Jean-Marc/Wessels, Wolfgang [Hrsg.]: The European Council 1974-1986: Evaluation and Prospects. Maastricht: European Institute of Public Administration, S. 61-104.

HOSCHEIT, Jean-Marc [Hrsg.] (1984): The Impact of European Affairs on National Administrations – The Case of the Presidency. Proceedings of the Colloquium Organized by the European Institute of Public Administration, 17-18 November 1983. Maastricht: European Institute of Public Administration.

HOSCHEIT, Jean-Marc/WESSELS, Wolfgang [Hrsg.] (1988): The European Council 1974-1986: Evaluation and Prospects. Maastricht: European Institute of Public Administration.

HOSLI, Madeleine O. (1996): Coalitions and Power: Effects of Qualified Majority Voting in the Council of the European Union, in: Journal of Common Market Studies Bd. 34 H. 2, S. 255-273.

HOYER, Werner (1995): Perspektiven für die Regierungskonferenz 1996 und die europapolitische Agenda, in: integration Bd. 18 H. 4, S. 189-196.

HRBEK, Rudolf (1996): Europäische Union: Auf dem Weg zu stärkerer demokratischer Legitimität, in: Leicht, Anton [Hrsg.]: Regierungskonferenz 1996. Wohin steuert die EU? Wien: Signum Verlag Ges.m.b.H.&Co., S. 197-212.

HRBEK, Rudolf (1999): Aufgaben für die deutsche EU-Präsidentschaft, in: Wirtschaftsdienst Bd. 79 H. 1, S. 7-10.

HUBER, Annemarie (1998): Österreichs Vorsitz im Rat der Europäischen Union. Wien: Europäische Kommission. Vertretung in Österreich.

HUMMER, Waldemar/OBWEXER, Walter (1999a): Die „EU-Präsidentschaft“: Entwicklung, Rechtsgrundlage, Funktion und Aufgaben sowie künftige Ausgestaltung der „Präsidentschaft“ des Rates der Europäischen Union, in: Europarecht Bd. 34 H. 4, S. 409-451.

HUMMER, Waldemar/OBWEXER, Walter (1999b): Die Rolle der „Präsidentschaft" (in) der Europäischen Union. Aufgaben und Funktionen des Vorsitzes des Rates der Europäischen Union, in: europablätter Bd. 8 H. 2, S. 45-55.

HUMPREYS, Peter C. (1997): The Fifth Irish Presidency of the European Union: Some Management Lessons. Committee for Public Mangement Research Discussion Paper 2. Dublin: I.P.A.

INOTAI, András (2002): Die EU-Osterweiterung in strategischer Perspektive, in: Europäische Rundschau Bd. 30 H. 3, S. 9-22.

ISAK, Hubert (1999): External and Internal Constraints. Introductory Statement, in: Höll, Otmar/Puntscher Riekmann, Sonja [Hrsg.]: The Austrian Presidency of the European Union: Assessment and Perspectives. Conference Austria Vienna 19/20 March 1999. Laxenburg: Österreichisches Institut für Internationale Politik, S. 43-49.

JACHTENFUCHS, Markus/KOHLER-KOCH, Beate (1996): Regieren im dynamischen Mehrebenensystem, in: Jachtenfuchs, Markus/Kohler-Koch, Beate [Hrsg.]: Europäische Integration. Opladen: Leske + Budrich, S. 15-44.

JACQUÈ, Jean-Paul/SIMON, Denys (1988): The Constitutional and Juridical Role of the European Council, in: Hoscheit, Jean-Marc/Wessels, Wolfgang [Hrsg.]: The European Council 1974-1986: Evaluation and Prospects. Maastricht: European Institute of Public Administration, S. 105-154.

JANNING, Josef (1999): Die unvollendete Integration: Europa vor den Herausforderungen seiner Finalität, in: Kühnhardt, Ludger/Val Cárcel, Dario [Hrsg.]: Spanien und Deutschland als EU-Partner. Baden-Baden: Nomos Verlagsgesellschaft, S. 43-66.

JANNING, Josef (1995a): Politische und institutionelle Konsequenzen der Erweiterung, in: Weidenfeld, Werner [Hrsg.]: Reform der Europäischen Union. Materialien zur Revision des Maastrichter Vertrages 1996. Gütersloh: Verlag Bertelsmann Stiftung, S. 265-280.

JANNING, Josef (1995b): Bundesrepublik Deutschland, in: Weidenfeld, Werner/Wessels, Wolfgang [Hrsg.]: Jahrbuch der Europäischen Integration 1994/1995. Bonn: Europa Union Verlag GmbH, S. 287-294.

JANNING, Josef (2000a): Das Regierungssystem der großen EU. Anforderungen und Optionen der Regierungskonferenz 2000, in: Europäische Rundschau Bd. 28 H.1, S. 9-15.

JANNING, Josef (2000b): Leitbilder, in: Weidenfeld, Werner/Wessels, Wolfgang [Hrsg.]: Europa von A-Z. Taschenbuch der europäischen Integration. Bonn: Bundeszentrale für politische Bildung, S. 281-287.

JANNING, Josef (2002): Leitbilder, in: Weidenfeld, Werner/Wessels, Wolfgang [Hrsg.]: Europa von A-Z. Taschenbuch der europäischen Integration. Bonn: Europa Union Verlag GmbH, S. 280-286.

JANNING, Josef/GIERING, Claus (1999): Strategien gegen die institutionelle Erosion, in: Giering, Claus/Janning, Josef/Merkel, Wolfgang: Demokratie und Interessenvergleich in der Europäischen Union. Gütersloh: Verlag Bertelsmann Stiftung, S. 39-67.

JANNING, Josef/GIERING, Claus (2001): Flexibilisierung als Option deutscher Europapolitik, in: Schneider, Heinrich/Jopp, Mathias/Schmalz, Uwe [Hrsg.]: Eine neue deutsche Europapolitik? Rahmenbedingungen - Problemfelder - Optionen. Bonn: Europa Union Verlag GmbH, S. 667-693.

JANNING, Josef/WEIDENFELD, Werner (1996): Das neue Europa. Strategien differenzierter Integration. Vorlage zum International Bertelsmann Forum (Petersberg 19./20.01.1996). München: Ludwig-Maximilians-Universität München. Centrum für angewandte Politikforschung, in: http://www.cap.uni-muenchen.de (Stand 14.06.2002).

JANSEN, Max (1985): The Presidency of the Council of Ministers of the European Communities: The Dutch and the Presidency, in: O'Nuallain, Colm [Hrsg.]: The Presidency of the Council of Ministers. Impacts and Implications for National Governments. Kent: Croom Helm Ltd, S. 209-235.

JOENNIEMI, Pertti (1998): From Small to Smart: Reflections on the Concept of Small States, in: Irish Studies in International Affairs Bd. 9 H. 1, S. 61-62.

JOPP, Mathias (1995): Die Reform der Gemeinsamen Außen- und Sicherheitspolitik - Institutionelle Vorschläge und ihre Realisierungschancen, in: integration Bd. 18 H. 3, S. 133-143.

JOPP, Mathias (1996): Reformziel Stärkung der außen- und sicherheitspolitischen Handlungsfähigkeit der EU, in: Jopp, Mathias/Schmuck, Otto [Hrsg.]: Die Reform der Europäischen Union. Analysen - Positionen - Dokumente zur Regierungskonferenz 1996/97. Bonn: Europa Union Verlag GmbH, S. 41-58.

JOPP, Mathias (1999): Key Matters of the Austrian Presidency and Future Consequences, in: Höll, Otmar/Puntscher Riekmann, Sonja [Hrsg.]: The Austrian Presidency of the European Union: Assessment and Perspectives. Conference Austria Vienna 19/20 March 1999. Laxenburg: Österreichisches Institut für Internationale Politik, S. 36-40.

JOPP, Mathias/MATL, Saskia (2003): Perspektiven der deutsch-französischen Konventsvorschläge für die institutionelle Architektur der Europäischen Union, in: integration Bd. 26 H. 2, S. 99-110.

JOPP, Mathias/RECKMANN, Jan/REGELSBERGER, Elfriede (2002): Ansatzpunkte und Optionen zur institutionellen Weiterentwicklung von GASP und ESVP, in: integration Bd. 25 H. 3, S. 230-237.

JUCHLER, Ingo (2001): Legitimationsdefizite der Europäischen Union. Positionen und Wege der Demokratisierung, in: Gegenwartskunde H. 4, S. 459-469.

JUNGWIRTH, Michael (1998): Im Chefsessel Europas - Österreich als Ratspräsident der EU. Wien: Verlag Styria.

KAISER, Karl/MERLINI, Cesare/DE MONTBRIAL, Thierry/WALLACE, William/WELLENSTEIN, Edmund (1983): Die EG vor der Entscheidung. Fortschritt oder Verfall. Bonn: Europa Union Verlag GmbH.

KARAMA, Miriam (2001): Struktur und Wandel der Legitimationsideen deutscher Europapolitik. Bonn: Europa Union Verlag GmbH.

KARLSSON, Christer (2001): Democracy, Legitimacy and the European Union. Uppsala: Uppsala University Library.

KEES, Andreas (1994): The Monetary Committee as a promoter of European integration, in: Bakker, Age/Boot, Henk/Sleijpen, Olaf/Vanthoor, Wim [Hrsg.]: Monetary Stability through International Cooperation. Dordrecht: Kluwer Academic Publishers, S. 127-145.

KELLER, Horst (2002): Das neue Europa, in: Europäische Zeitung Bd. 53, H. 12, S. 1.

KERREMANS, Bart/DRIESKENS, Edith (2002): The Belgian Presidencies of 2001, in: Edwards, Geoffrey/Wiessala, Georg [Hrsg.]: The European Union. Annual Review of the EU 2002. Oxford: Blackwell Publishers Ltd., S. 49-51.

KINNUNEN, Kristiina Maarit (2000): Saksan kielen asema Euroopan unionin neuvostossa. Kielikiista Suomen EU-puheenjohtajuuskaudella 1999. Pro gradututkielma. Helsinki: Helsingin yliopisto.

KINSKY, Ferdinand (1986): Föderalismus: Ein Weg aus der Europakrise. Bonn: Europa Union Verlag GmbH.

KIRCHNER, Emil J. (1992): Decision-making in the European Community. The Council Presidency and European Integration. Manchester: Manchester University Press.

KIRCHNER, Emil J./TSAGKARI, Anastassia (1993a): Introduction. Evolution and Importance of the EC Council Presidency, in: Kirchner, Emil J./Tsagkari Anastassia [Hrsg.]: The Council Presidency: A Comparison of the Dutch and Luxembourg Presidency and Reform Considerations. University of Essex: Centre for European Studies, S. 1-5.

KIRCHNER, Emil J./TSAGKARI, Anastassia (1993b): Reforming the EC Council Presidency, in: Kirchner, Emil J./Tsagkari Anastassia [Hrsg.]: The Council Presidency: A Comparison of the Dutch and Luxembourg Presidency and Reform Considerations. University of Essex: Centre for European Studies, S. 53-59.

KIRCHNER, Emil J./TSAGKARI, Anastassia [Hrsg.] (1993c): The Council Presidency: A Comparison of the Dutch and Luxembourg Presidency and Reform Considerations. University of Essex: Centre for European Studies.

KIRT, Romain/WASCHKUHN, Arno (2001): Was ist und zu welchem Zwecke betreibt man Kleinstaaten Forschung? Ein Plädoyer für die wissenschaftliche Beschäftigung mit kleinen Nationen, in: Kirt, Romain/Waschkuhn, Arno [Hrsg.]: Kleinstaaten-Kontinent Europa. Baden-Baden: Nomos Verlagsgesellschaft, S. 23-46.

KISS, László J./KÖNIGOVA, Lucie/LUIF, Paul (2003): Die „Regionale Partnerschaft": Subregionale Zusammenarbeit in der Mitte Europas, in: Österreichische Zeitschrift für Politikwissenschaft Bd. 32 H. 1, S. 57-75.

KLAIBER, K-P. (1984): The Presidency and European Political Cooperation, in: Hoscheit, Jean-Marc [Hrsg.] The Impact of European Affairs on National Administrations – The Case of the Presidency. Proceedings of the Colloquium Organized by the European Institute of Public Administration, 17-18 November 1983. Maastricht: European Institute of Public Administration, S. 45-52.

KOECKE, Johannes Christian (1999): Der Rat der Europäischen Union, in: Weidenfeld, Werner/Wessels, Wolfgang [Hrsg.]: Jahrbuch der Europäischen Integration 1998/1999. Bonn: Europa Union Verlag GmbH, S. 61-70.

KOENIG, Christian/HARATSCH, Andreas (1998): Europarecht. Tübingen: J.C.B. Mohr (Paul Siebeck).

KOHLER-KOCH, Beate (2000): Eine Frage der Perspektive, in: integration Bd. 23 H. 3, S. 185-197.

KOLLMAN, Ken (2003): The Rotating Presidency of the European Council as a Search for Good Policies, in: European Union Politics Bd. 4 H. 1, S. 51-74.

KOPEINIG, Margaretha (1998): EU-Präsidentschaft. Aufgaben und Rolle Österreichs. Wien: Signum-Verlag Ges.m.b.H&Co.

KOPEINIG, Margaretha (1999): Erste österreichische EU-Präsidentschaft: „Zeit des Übergangs", in: Österreichische Gesellschaft für Außenpolitik [Hrsg.]: Österreichisches Jahrbuch für internationale Politik 1998. Wien: Manz, S. 62-79.

KORTE, Karl-Rudolf (2001): Was kennzeichnet modernes Regieren? Regierungshandeln von Staats- und Regierungschefs im Vergleich, in: Aus Politik und Zeitgeschichte B 5/2001, S. 3-13.

KOßDORFF, Felix (2000): Die Republik Irland – ein europäischer Kleinstaat und seine außenpolitischen Strategien als Mitglied der EU. Wien: WUV.

KOTZIAS, Nikos (1998): Die Regierungskonferenz und die flexible Förderung (?) der Integration, in: Breuss, Fritz/Griller, Stefan [Hrsg.]: Flexible Integration in Europa. Einheit oder „Europa à la carte"? Wien: Springer-Verlag, S. 1-40.

KOUTRAKOU, Vassiliki N. (2000): The British Presidency, in: Koutrakou, Vassiliki N./Emerson, Lucie A. [Hrsg.]: The European Union and Britain. Debating the Challenges Ahead. London: Macmillan Press Ltd, S. 44-77.

KOWALSKY, Wolfgang (1997): Projekt Europa. Die Zukunft der europäischen Integration. Opladen: Leske + Budrich.

KÜHNHARDT, Ludger/PÖTTERING, Hans-Gert (1998): Kontinent Europa: Kern, Übergänge, Grenzen. Zürich: Edition Interfrom.

KUJALA, Liisa Johanna (2000): Suomen EU-puheenjohtajuuden julkisuuskuva ulkomaisissa lehdissä. Pro gradu-tutkielma. Helsinki: Helsingin yliopisto.

KUOSMANEN, Antti (1998): Decision-making in the Council of the European Union, in: Goetschel, Laurent [Hrsg.]: Small States Inside and Outside the European Union. Interests and Policies. Dordrecht: Kluwer Academic Publishers, S. 65-78.

LABOHM, Hans H. J. [Hrsg.] (1996): The Netherlands' Presidency of the European Union. Cligendael/ISEI/TEPSA Conference. The Hague, 15./16. November 1996. The Hague: The Netherlands Institute of International Relations Cligendael.

LABOHM, Hans H. J. [Hrsg.] (1998): The Austrian EU Presidency. Report of the Cligendael Conference. The Hague, 26. June 1998. The Hague: The Netherlands Institute of International Relations Cligendael.

LAFFAN, Brigid (1983): The Consequences for Irish Foreign Policy, in: Coombes, David [Hrsg.]: Ireland and the European Communities: Ten Years of Membership. Dublin: Gill and Macmillan Ltd., S. 89-109.

LAFFAN, Brigid (1994): Developments in the Member States, in: Edwards, Geoffrey/Wiessala, Georg [Hrsg.]: The European Union. Annual Review of the EU 1993. Oxford: Blackwell Publishers Ltd., S. 105-122.

LAFFAN, Brigid (1995): Developments in the Member States, in: Edwards, Geoffrey/Wiessala, Georg [Hrsg.]: The European Union. Annual Review of the EU 1994. Oxford: Blackwell Publishers Ltd., S. 119-137.

LAFFAN, Brigid (1996): Developments in the Member States, in: Edwards, Geoffrey/Wiessala, Georg [Hrsg.]: The European Union. Annual Review of the EU 1995. Oxford: Blackwell Publishers Ltd., S. 121-140.

LAFFAN, Brigid (1997a): Developments in the Member States, in: Edwards, Geoffrey/Wiessala, Georg [Hrsg.]: The European Union. Annual Review of the EU 1996. Oxford: Blackwell Publishers Ltd., S. 131-150.

LAFFAN, Brigid (1997b): The Governance of the Union, in: Tonra, Ben [Hrsg.]: Amsterdam. What the Treaty Means. Dublin: Institute of European Affairs, S. 29-48.

LAFFAN, Brigid (1997c): Irland, in: Weidenfeld, Werner/Wessels, Wolfgang [Hrsg.]: Jahrbuch der Europäischen Integration 1996/1997. Bonn: Europa Union Verlag GmbH, S. 325-330.

LAFFAN, Brigid (1998): Developments in the Member States, in: Edwards, Geoffrey/Wiessala, Georg [Hrsg.]: The European Union. Annual Review of the EU 1997. Oxford: Blackwell Publishers Ltd., S. 143-160.

LAFFAN, Brigid (2000): The Agenda 2000 Negotiations: La présidence coûte cher?, in: German Politics Bd. 9 H. 9, S. 1-22.

LAHR, Rolf (1983): Die Legende vom „Luxemburger Kompromiß", in: Europa-Archiv Bd. 38 H. 8, S. 223-232.

LANE, Jan-Erik/MATTILA, Mikko (1998): Der Abstimmungsprozeß im Ministerrat, in: König, Thomas/Rieger, Elmar/Schmitt, Hermann [Hrsg.]: Europa der Bürger? Voraussetzungen, Alternativen, Konsequenzen. Frankfurt am Main: Campus Verlag GmbH, S. 328-343.

LANG, Helmut (2002): Die österreichische EU-Ratspräsidentschaft 1998. Die Präsidentschaft als Instrument der Integration. Frankfurt am Main: Peter Lang GmbH.

LANG, Winfried (1989): Multilateral Negotiations: The Role of Presiding Officers, in: Mautner-Markhof, Frances [Hrsg.]: Processes of International Negotiations. Laxenburg: International Institute of Applied System Analysis, S. 23-42.

LANKOWSKI, Carl (2001): Germany: A Major Player, in: Zeff, Eleanor E./Pirro, Ellen B. [Hrsg.]: The European Union and the Member States. Cooperation, Coordination, and Compromise. Boulder: Lynne Rienner Publishers Inc., S. 89-114.

LAURSEN, Finn (1996): The Role of the Commission, in: Andersen, Svein S./Eliassen, Kjell A. [Hrsg.]: The European Union: How Democratic Is It? London: Sage Publications Ltd., S. 119-141.

LAUWAARS, R. H. (1977): The European Council, in: Common Market Law Review Bd. 14 H.1, S. 25-44.

LEHNE, Stefan (1999a): Institutionenreform 2000, in: integration Bd. 22 H. 4, S. 221-230.

LEHNE, Stefan (1999b): Die österreichische Präsidentschaft und die Erweiterung der Europäischen Union, in: Österreichische Gesellschaft für Außenpolitik [Hrsg.]: Österreichisches Jahrbuch für internationale Politik 1998. Wien: Manz, S. 25-44.

LEHNE, Stefan (1999c): Does the Presidency Really Matter? Theoretical Perspectives and Reform Proposals, in: Höll, Otmar/Puntscher Riekmann, Sonja [Hrsg.]: The Austrian Presidency of the European Union: Assessment and Perspectives. Conference Austria Vienna 19/20 March 1999. Laxenburg: Österreichisches Institut für Internationale Politik, S. 69-70.

LEQUESNE, Christian (1989): Europapolitik unter Mitterrand: Die französische Präsidentschaft als Etappenziel, in: integration Bd. 12 H. 4, S. 152-161.

LEWIS, Jeffrey (1998): Is the 'Hard Bargainig' Image of the Council Misleading? The Committee of Permanent Representatives and the Local Elections Directive, in: Journal of Common Market Studies Bd. 36 H. 4, S. 479-504.

LEWIS, Jeffrey (2002): National Interests: Coreper, in: Peterson, John/Shackleton, Michael [Hrsg.]: The Institutions of the European Union. Oxford: Oxford University Press Inc., S. 277-298.

LIDDLE, Roger (2002): Für Europa und für Reform, in: Weidenfeld, Werner [Hrsg.]: Europa-Handbuch. Bonn: Bundeszentrale für politische Bildung, S. 866-873.

LINDAHL, Rutger (2001): Schweden, in: Weidenfeld, Werner/Wessels, Wolfgang [Hrsg.]: Jahrbuch der Europäischen Integration 2000/2001. Bonn: Europa Union Verlag GmbH, S. 385-390.

LINSENMANN, Ingo/MEYER, Christoph (2002): Dritter Weg, Übergang oder Teststrecke? Theoretische Konzeption und Praxis der offenen Politikkoordinierung, in: integration Bd. 25 H. 4, S. 285-296.

LIPPERT, Barbara (2000a): EU-Osterweiterung als doppelte Reifeprüfung, in: Lippert, Barbara [Hrsg.]: Osterweiterung der Europäischen Union – die doppelte Reifeprüfung. Bonn: Europa Union Verlag GmbH, S. 17-27.

LIPPERT, Barbara (2000b): Die Erweiterungspolitik der Europäischen Union – Stabilitätsexport mit Risiken, in: Lippert, Barbara [Hrsg.]: Osterweiterung der Europäischen Union – die doppelte Reifeprüfung. Bonn: Europa Union Verlag GmbH, S. 105-164.

LIPSIUS, Justus [Pseudonym] (1995): The 1996 Intergovernmental Conference, in: European Law Review Bd. 20 H. 3, S. 235-267.

LISTER, Frederick K. (1996): The European Union, the United Nations, and the Revival of Confederal Governance. London: Greenwood Press.

LOTH, Wilfried (1997): Vertiefung in der Erweiterung? Die Regierungskonferenz in historischer Perspektive, in: Hrbek, Rudolf [Hrsg.]: Die Reform der Europäischen Union. Positionen und Perspektiven anläßlich der Regierungskonferenz. Baden-Baden: Nomos Verlagsgesellschaft, S. 13-15.

LUDLOW, Peter (1993): The UK Presidency: A View from Brussels, in: Journal of Common Market Studies Bd. 31 H. 2, S. 246-260.

LUDLOW, Peter (1998): The 1998 UK Presidency: A View from Brussels, in: Journal of Common Market Studies Bd. 36 H. 4, S. 573-583.

LUDLOW, Peter (2001): 2004 and Beyond. A View from Brussels. A Commentary on the EU. Brussels: The European Policy Centre.

LUDLOW, Peter/ERSBØLL, Niels (1995): Towards 1996: The Agenda of the Intergovernmental Conference. CEPS Special Report Nr. 6: Preparing for 1996 and a Larger European Union: Principles and Priorities. Brussels: Centre for European Policy Studies.

LUIF, Paul (1999a): Österreich, in: Weidenfeld, Werner/Wessels, Wolfgang [Hrsg.]: Jahrbuch der Europäischen Integration 1998/1999. Bonn: Europa Union Verlag GmbH, S. 377-382.

LUIF, Paul (1999b): Austria and the Common Foreign and Security Policy, in: Höll, Otmar/Puntscher Riekmann, Sonja [Hrsg.]: The Austrian Presidency of the European Union: Assessment and Perspectives. Conference Austria Vienna 19/20 March 1999. Laxenburg: Österreichisches Institut für Internationale Politik, S. 51-58.

LUIF, Paul (1999c): Itävalta EU:n puheenjohtajana. Analyysi ja kommenteja, in: Ulkopolitiikka Heft 2, S. 13-24.

LUOTO, Jari (2001): Nizza ja sen saavutukset, in: Ulkopolitiikka H. 1, S. 13-18.

LUTHER, Kurt Richard (1999): Small and New, but Nonetheless Competent: Austria and the EU Presidency, in: Edwards, Geoffrey/Wiessala, Georg [Hrsg.]: The European Union. Annual Review of the EU 1998. Oxford: Blackwell Publishers Ltd., S. 65-67.

LUTHER, Kurt Richard/OGILVIE, Iain [Hrsg.] (1998): Austria and the European Union Presidency: Backround and Perspectives. Keele: Keele European Research Centre.

MAGNETTE, Paul/NICOLAIDIS, Kalypso (2003): Large and Small Member States in the European Union: Reinventing the Balance. Research and European Issues No. 25. Paris: Notre Europe. Groupement d'etudes et de recherches, in: http://www.notre-europe.asso.fr (Stand: 10.07.2003).

MÄKI-LOHILUOMA, Kari-Pekka (1999): Ready for the Presidency - An Assessment of the Capabilities and Means of Influence of Finnish Civil Servants. Helsinki: Ministry of Finance.

MALMSTRÖM, Cecilia (2001): Ordförandeskapet och Europaparlamentet – nationalstaten i federalismens högborg, in: Tallberg, Jonas [Hrsg.]: När Europa kom till Sverige. Ordförandeskapet i EU 2001. Stockholm: SNS Förlag, S. 187-204. K 18

MARCHER, Brigitte/WEIERMAIR, Cãcilia (1998): Die österreichische Ratspräsidentschaft und ihre Agenda. Wien: Renner-Institut.

MARHOLD, Hartmut [Hrsg.] (2001a): Die neue Europadebatte. Leitbilder für das Europa der Zukunft. Bonn: Europa Union Verlag GmbH.

MARHOLD, Hartmut (2001b): Die neue Europadebatte, in: Marhold, Hartmut [Hrsg.]: Die neue Europadebatte. Leitbilder für das Europa der Zukunft. Bonn: Europa Union Verlag GmbH, S. 9-23.

MARTENCZUK, Bernd (1998): Der Europäische Rat und die Wirtschafts- und Währungsunion, in: Europarecht Bd. 33 H. 2, S. 151-177.

MARTIKAINEN, Tuomo/TIILIKAINEN, Teija [Hrsg.] (2000): Suomi EU:n johdossa. Tutkimus Suomen puheenjohtajuudesta 1999. Saarijärvi: Gummerus Kirjapaino Oy.

MAURER, Andreas/MATL, Saskia (2003): Steuerbarkeit und Handlungsfähigkeit: Die Reform des Ratssystems, in: integration Bd. 26 H. 4, S. 483-492.

MAURER, Andreas/SCHMALZ, Uwe (2002): Institutionelle Reformen, in: Weidenfeld, Werner/Wessels, Wolfgang [Hrsg.]: Europa von A-Z. Taschenbuch der europäischen Integration. Bonn: Europa Union Verlag GmbH, S. 255-260.

MAURER, Andreas/WESSELS, Wolfgang (2000): Die Ständige Vertretung Deutschlands bei der EU - Scharnier im administrativen Mehrebenensystem, in: Knodt, Michèle/ Kohler-Koch, Beate [Hrsg.]: Deutschland zwischen Europäisierung und Selbstbehauptung. Frankfurt am Main: Campus Verlag GmbH, S. 293-324.

MAY, Simon (1986): Prioritäten der britischen Präsidentschaft in der Europäischen Gemeinschaft, in: Europa-Archiv Bd. 41 H. 14, S. 407-414.

MAYER, Franz C. (2003): Macht und Gegenmacht in der Europäischen Verfassung, in: Zeitschrift für ausländisches öffentliches Recht und Völkerrecht Bd. 63 H.1, S. 59-75.

MCCORMICK, John (1996): The European Union. Politics and Policies. Boulder: Westview Press Inc.

MCCORMICK, John (1999): The European Union. Politics and Policies. Boulder: Westview Press Inc.

MCDONAGH, Bobby (1998): Original Sin in a Brave New World. The Paradox of Europe. An account of the negotiation of the Treaty of Amsterdam. Dublin: Institute of European Affairs.

MELLBOURN, Anders (2000): Allvar för Sverige i EU, in: Internationella studier H. 4, S. 3-6.

MENTLER, Michael (1991): Der Ausschuß der Ständigen Vertreter bei den Europäischen Gemeinschaften, in: Zeitschrift für internationales Privatrecht und Europarecht Bd. 32 H. 6, S. 401-414.

MENTLER, Michael (1996): Der Ausschuß der Ständigen Vertreter bei den Europäischen Gemeinschaften. Baden-Baden: Nomos Verlagsgesellschaft.

METCALFE, David (1998): Leadership in European Union Negotiations: The Presidency of the Council, in: International Negotiation Bd. 3 H. 4, S. 413-434.

MILES, Lee (2000): Developments in the Member States, in: Edwards, Geoffrey/Wiessala, Georg [Hrsg.]: The European Union. Annual Review of the EU 1999/2000. Oxford: Blackwell Publishers Ltd., S. 143-162.

MILLER, Gary (1992): Großbritanniens EG-Präsidentschaft: Plädoyer für eine konstruktive Haltung, in: integration Bd. 15 H. 3, S. 154-163.

MITRANY, David (1943): A working peace system: an argument for the functional development of international organization. London: The Royal Institute of International Affairs.

MONAR, Jörn (2001): Die Kommission nach dem Vertrag von Nizza: Ein gestärkter Präsident und ein geschwächtes Organ?, in: integration Bd. 24 H. 2, S. 114-123.

MONNET, Jean (1978): Erinnerungen eines Europäers. München: Carl Hanser Verlag.

MORAVCSIK, Andrew (1993): Preferences and Power in the European Community: A Liberal Intergovernmentalist Approach, in: Journal of Common Market Studies Bd. 31 H. 4, S. 473-524.

MORGAN, Roger (1982): Vereinigtes Königreich, in: Weidenfeld, Werner/Wessels, Wolfgang [Hrsg.]: Jahrbuch der Europäischen Integration 1981. Bonn: Europa Union Verlag GmbH, S. 459-467.

MOSER, Cornelia (2001): How open is `open as possible´? Three different approaches to transparency and openness in regulating access to EU documents. 80 Reihe Politikwissenschaft. Wien: Institut für Höhere Studien (IHS), in: http://www.ihs.ac.at/publications/pol/pw_80.pdf (Stand: 13.01.2003).

MÜLLER-BRANDECK-BOCQUET, Gisela (2000): Die Mehrdimensionalität der EU-Außenbeziehungen, in: Schubert, Klaus/Müller-Brandeck-Bocquet, Gisela [Hrsg.]: Die Europäische Union als Akteur der Weltpolitik. Opladen: Leske + Budrich, S. 29-44.

MÜLLER-BRANDECK-BOCQUET, Gisela (2001): Frankreichs Europapolitik unter Chirac und Jospin: Abkehr von einer konstruktiven Rolle in und für Europa?, in: integration Bd. 24 H. 3, S. 258-273.

MÜLLER-BRANDECK-BOCQUET, Gisela (2002a): Deutsche Leadership in der Europäischen Union? Die Europapolitik der rot-grünen Bundesregierung 1998-2002, in: Müller-Brandeck-Bocquet, Gisela u.a.: Deutsche Europapolitik von Konrad Adenauer bis Gerhard Schröder. Opladen: Leske + Budrich, S. 167-220.

MÜLLER-BRANDECK-BOCQUET, Gisela (2002b): Stand der europäischen Reformdebatten, in: http://www.uni-wuerzburg.de/polwiss/ls-polwiss/EU-Reform GMBB.html (Stand: 04.03.2003).

MURRAY, Alasdair (2002): The European Parliament´s path to maturity, in: Barysch, Katinka u.a.: New designs for Europe. London: Centre for European Reform, S. 89-100.

NEISSER, Heinrich (1995): Die Rolle der Kleinstaaten in der Europäischen Union, in: Zeitschrift für Rechtsvergleichung, Internationales Privatrecht und Europarecht Bd. 36 H.6, S. 244-255.

NEISSER, Heinrich (1998): Welcome Address, in: Höll, Otmar [Hrsg.]: The Austrian Presidency of the European Union. OIIP/TEPSA Conference, Vienna, 15/16 May 1998. Laxenburg: Österreichisches Institut für Internationale Politik, S. 15-16.

NELSEN, Brent F./STUBB, Alexander C-G. (1998): The European Union. Readings on the Theory and Practice of European Integration. Boulder: Lynne Rienner Publishers Inc.

NEUHOLD, Hanspeter (1999): Expectations and Results, in: Höll, Otmar/Puntscher Riekmann, Sonja [Hrsg.]: The Austrian Presidency of the European Union: Assessment and Perspectives. Conference Austria Vienna 19/20 March 1999. Laxenburg: Österreichisches Institut für Internationale Politik, S. 13.

NEUNREITHER, Karlheinz (2001): The European Union in Nice: A Minimalist Approach to a Historic Challenge, in: Government and Oposition Bd. 36 H. 2, S. 184-208.

NICOLL, William/SALMON, Trevor C. (1994): Understanding the New European Community. London: Harvester Wheatsheaf.

NOËL, Emile (1967): The Committee of Permanent Representatives, in: Journal of Common Market Studies Bd. V H. 3, S. 219-251.

NOËL, Emile (1985): The European Community: What Kind of Future?, in: Government and Opposition Bd. 20 H. 2, S. 147-155.

NOËL, Emile (1988): Die Organe der Europäischen Gemeinschaft. Luxemburg: Amt für amtliche Veröffentlichungen der Europäischen Gemeinschaft.

NOËL, Emile/ÉTIENNE, Henri (1971): The Permanent Representatives Committee and the 'Deepening' of the Communities, in: Government and Opposition Bd. 6 H. 3, S. 422-447.

NOËL, Emile/ÉTIENNE, Henri (1972): Zur Entwicklung der Europäischen Institutionen: Der Ausschuß der Ständigen Vertreter und die Vertiefung der Gemeinschaften, in: Europarecht Bd. 7 H. 2, S. 137-158.

NONNEMACHER, Günther (1994): EU-Ratspräsidentschaft. Am 1. Juli übernimmt die Bundesrepublik für sechs Monate den Vorsitz in der EU, in: Deutschland. Zeitschrift für Politik, Kultur, Wirtschaft und Wissenschaft H. 3, S. 28-30.

NUGENT, Neill (1995): The Leadership Capacity of the European Commission, in: Journal of European Public Policy Bd. 2 H. 4, S. 603-623.

NUTTALL, Simon J. (1992): European Political Co-operation. Oxford: Oxford University Press.

NUTTALL, Simon J. (2000): European Foreign Policy. Oxford: Oxford University Press.

NYE, Joseph S. (1971): Peace in parts: Integration and conflict in regional organization. Boston: Little, Brown.

OBERREUTER, Heinrich (2001): Gewaltenteilung, in: Nohlen, Dieter [Hrsg.]: Kleines Lexikon der Politik. Bonn: Bundeszentrale für politische Bildung, S. 169-173.

OBWEXER, Walter (2001a): Der Vertrag von Nizza (Teil I), in: europablätter Bd. 10 H. 2, S. 44-55.

OBWEXER, Walter (2001b): Der Vertrag von Nizza (Teil II), in: europablätter Bd. 10 H. 3, S. 89-96.

OJANEN, Hanna (1999a): Suomi ehdottamaan EU-puheenjohtajuuskauden lyhentämistä, in: Ulkopolitiikka Heft 2, S. 5-12.

OJANEN, Hanna (1999b): Expectations and Results, in: Höll, Otmar/Puntscher Riekmann, Sonja [Hrsg.]: The Austrian Presidency of the European Union:

Assessment and Perspectives. Conference Austria Vienna 19/20 March 1999. Laxenburg: Österreichisches Institut für Internationale Politik, S. 22-24.

O'LEARY, Marian (1985): The Presidency of the Council of Ministers of the European Communities: Ireland and its EC Membership, in: O'Nuallain, Colm [Hrsg.]: The Presidency of the Council of Ministers. Impacts and Implications for National Governments. Kent: Croom Helm Ltd, S. 139-162.

O'NEILL, Michael (1996): The Politics of European Integration – A Reader. London: Routledge.

O'NUALLAIN, Colm (1984): Introduction to the Colloquium, in: Hoscheit, Jean-Marc [Hrsg.]: The Impact of European Affairs on National Administrations – The Case of the Presidency. Proceedings of the Colloquium Organized by the European Institute of Public Administration, 17-18 November 1983. Maastricht: European Institute of Public Administration, S. 1-3.

O'NUALLAIN, Colm [Hrsg.] (1985a): The Presidency of the Council of Ministers. Impacts and Implications for National Governments. Kent: Croom Helm Ltd.

O'NUALLAIN, Colm (1985b): Introduction, in: O'Nuallain, Colm [Hrsg.]: The Presidency of the Council of Ministers. Impacts and Implications for National Governments. Kent: Croom Helm Ltd, S. xi-xv.

ORDOÑEZ, Francisco Fernandez (1989): The EC Presidency Experience of Spain, in: European Affairs Bd. 3 H. Autumn, S. 18-20.

PAGOULATOS, George (2002): Greece, the European Union, and the 2003 Presidency. Research and European Issues No. 21. Paris: Notre Europe. Groupement d'etudes et de recherches, in: http://www.notre-europe.asso.fr (Stand: 18.02.2003).

PATERSON, William E./JEFFERY, Charlie (1999): Deutschland, Frankreich - und Großbritannien? Eine britische Sicht deutscher Europa-Politik, in: Internationale Politik Bd. 54 Heft 11, S. 19-27.

PELTONEN, Pauliina (2000): Päätöksenteko Euroopan unionissa - kahdeksan esimerkkitapausta puheenjohtajamaan näkökulmasta, in: Martikainen, Tuomo/Tiilikainen, Teija [Hrsg.]: Suomi EU:n johdossa. Tutkimus Suomen puheenjohtajuudesta 1999. Saarijärvi: Gummerus Kirjapaino Oy, S. 107-162.

PETERSEN, Nikolaj (1997): The Nordic Trio and the Future of the EU, in: Edwards, Geffrey/Pijpers, Alfred [Hrsg.]: The Politics of European Treaty Reform. The 1996 Intergovernmental Conference and Beyond. London: Pinter, S. 159-187.

PETERSON, John (1995): Decision-making in the European Union: Towards a framework for analysis, in: Journal of European Public Policy Bd. 2 H. 1, S. 69-93.

PETERSON, John (2002): The College of Commissioners, in: Peterson, John/Shackleton, Michael [Hrsg.]: The Institutions of the European Union. Oxford: Oxford University Press Inc., S. 71-94.

PETERSON, John/BOMBERG, Elizabeth (1998): Northern Enlargement and EU Decisionmaking, in: Laurent, Pierre-Henri/Maresceau, Marc [Hrsg.]: The State of the European Union. Vol. 4: Deepening and Widening. Boulder: Lynne Rienner Publishers Inc., S. 43-65.

PETERSON, John/BOMBERG, Elizabeth (1999): Decision-Making in the European Union. New York: St. Martin's Press.

PETERSON, Olof (2000): The European Debate in Sweden. Research and Policy Paper No. 12. Paris: Notre Europe. Groupement d'etudes et de recherches, in: http://www.notre-europe.asso.fr (Stand: 18.02.2003).

PIEPENSCHNEIDER, Melanie (1995): Konsenslinien und Spielmaterial – Vorschläge für die Regierungskonferenz, in: integration Bd. 18 H. 4, S. 209-222.

PIEPENSCHNEIDER, Melanie (1996): Die Positionen der Mitgliedstaaten und EU-Organe im Überblick: Standpunkte, Spielmaterial und Sprengsätze, in: Jopp, Mathias/Schmuck, Otto [Hrsg.]: Die Reform der Europäischen Union. Analysen – Positionen – Dokumente zur Regierungskonferenz 1996/97. Bonn: Europa Union Verlag GmbH, S. 75-100.

PIEPENSCHNEIDER, Melanie (1997): Spezifische Aspekte der Regierungskonferenz: Institutionelle Reform, in: Hrbek, Rudolf [Hrsg.]: Die Reform der Europäischen Union. Positionen und Perspektiven anläßlich der Regierungskonferenz. Baden-Baden: Nomos Verlagsgesellschaft, S. 219-232.

PIJPERS, Alfred (1992): Between the Gulf War and a European Political Union, in: Pijpers, Alfred [Hrsg.]: The European Community at the Crossroads. Major Issues and Priosities for the EC Presidency. Dordrecht: Martinus Nijhoff Publishers, S. 273-292.

PIJPERS, Alfred/VANHOONACKER, Sophie (1997): The Position of the Benelux Countries, in: Edwards, Geoffrey/Pijpers, Alfred [Hrsg.]: The Politics of European Treaty Reform. The 1996 Intergovernmental Conference and Beyond. London: Pinter, S. 119-141.

PINDER, John (1994): Die deutsche Ratspräsidentschaft 1994: Eine Chance für Europa, in: integration Bd. 17 H. 3, S. 138-147.

PINDER, John (1998): For an Efficient Presidency and More Than That, in: Höll, Otmar [Hrsg.]: The Austrian Presidency of the European Union. OIIP/TEPSA Conference, Vienna, 15/16 May 1998. Laxenburg: Österreichisches Institut für Internationale Politik, S. 150-154.

PINDER, John (2001): Der Vertrag von Nizza – Wegbereiter eines föderalen oder intergouvernementalen Europa?, in: integration Bd. 24 H. 2, S. 77-85.

PINI, Wolfgang (1999): Der Ministerrat der Europäischen Union, in: Bayerische Landeszentrale für politische Bildung [Hrsg.]: Legitimation Transparenz Demokratie. Fragen an die Europäische Union. München: Bayerische Landeszentrale für politische Bildung, S. 145-159.

PLATZER, Hans-Wolfgang (1995): Lernprozeß Europa. Die EU und die neue europäische Ordnung. Eine Einführung. Bonn: Verlag J. H. W. Dietz Nachf. GmbH.

POOS, Jacques F. (1991): The Priorities of the Luxembourg Presidency of the European Community, in: Clesse, Armand/Vernon, Raymond [Hrsg.]: The European Community After 1992: A New Role in the World Politics? Baden-Baden: Nomos Verlagsgesellschaft, S. 29-35.

PRECHAL, Sacha (1998): Institutional Balance: A Fragile Principle with Uncertain Contents, in: Heukels, Ton/Blokker, Niels/Brus, Marcel [Hrsg.]: The European Union after Amsterdam. A Legal Analysis. The Hague: Kluwer Law International, S. 273-294.

QUERMONNE, Jean-Louis (2002): The Question of a European Government. Research and European Issues No. 20. Paris: Notre Europe. Groupement d'etudes et de recherches, in: http://www.notre-europe.asso.fr (Stand: 18.02.2003).

RAUNIO, Tapio/TIILIKAINEN, Teija (2003): Finland in the European Union. London: Frank Cass Publishers.

RAUNIO, Tapio/WIBERG, Matti (1997): Efficiency Through Decentralisation: The Finnish Eduskunta and the European Union, in: Wiberg, [Hrsg.]: Trying to Make Democracy Work. The Nordic Parliaments and the European Union. Södertälje: Fingraf tryckeri, S. 48-69.

RAUNIO, Tapio/WIBERG, Matti (1998): Päätöksenteko Euroopan unionissa - selkeä johdatus monimutkaiseen vallankäyttöön. Tampere: University Press Finland Ltd.

RECK, Brigitte (2001): Flexibilität in der Europäischen Union. Entstehung und Entwicklung eines alternativen Integrationsmodells. Stuttgart: ibidem-Verlag.

REDMOND, John (1996): From 'European Community Summit' to 'European Council': The Development and Role of Summitry in the European Union, in: Dunn, David H. [Hrsg.]: Diplomacy at the Highest Level. The Evolution of International Summitry. London: Macmillan Press Ltd, S. 53-66.

REGELSBERGER, Elfriede (1996): From EPC to CFSP: Adjusting the Mechanics to New Challenges and Remaining Deficits, in: Algieri, Franco/Regelsberger, Elfriede [Hrsg.]: Synergy at Work. Spain and Portugal in European Foreign Policy. Bonn: Europa Union Verlag GmbH, S. 167-179.

REGELSBERGER, Elfriede (1998): Die Gemeinsame Außen- und Sicherheitspolitik nach Maastricht – Minimalreformen in neuer Entwicklungsperspektive, in: Hrbek, Rudolf/Jopp, Mathias/Lippert, Barbara/Wessels, Wolfgang [Hrsg.]: Die Europäische Union als Prozeß. Verfassungsentwicklungen im Spiegel von 20 Jahren der Zeitschrift integration. Bonn: Europa Union Verlag, S. 442-454.

REGELSBERGER, Elfriede (2000): Gemeinsame Außen- und Sicherheitspolitik, in: Weidenfeld, Werner/Wessels, Wolfgang [Hrsg.]: Europa von A-Z. Taschenbuch der europäischen Integration. Bonn: Bundeszentrale für politische Bildung, S. 221-226.

REGELSBERGER, Elfriede (2001): Die Gemeinsame Außen- und Sicherheitspolitik nach Nizza – Begrenzter Reform-eifer und außervertragliche Dynamik, in integration Bd. 24 H. 2, S. 156-163.

REGELSBERGER, Elfriede (2002): Gemeinsame Außen- und Sicherheitspolitik, in: Weidenfeld, Werner/Wessels, Wolfgang [Hrsg.]: Europa von A-Z. Taschenbuch der europäischen Integration. Bonn: Europa Union Verlag GmbH, S. 225-230.

REGELSBERGER, Elfriede/WESSELS, Wolfgang (1985): The Presidency of the Council of Ministers of the European Communities: National Paper on the Federal Republic of Germany, in: O'Nuallain, Colm [Hrsg.]: The Presidency of the Council of Ministers. Impacts and Implications for National Governments. Kent: Croom Helm Ltd, S. 73-100.

REHN, Olli (1998): Suomen EU-puheenjohtajuuden eurooppalaiset haasteet.[2] Helsinki: Valtiovarainministeriö.

REHN, Olli (2001): Kolmas tie EU:n kehitykselle, in: Ulkopolitiikka H. 2, S. 57-64.

REICHENBACH, Horst/EMMERLING, Thea/STAUDENMAYER, Dirk/SCHMIDT, Sönke (1999): Integration: Wanderung über europäische Gipfel. Baden-Baden: Nomos Verlagsgesellschaft.

REMUS, Rolf (1969): Kommission und Rat im Willensbildungsprozeß der EWG. Meisenheim am Glan: Verlag Anton Hain KG.

RIIHIKALLIO, Katja (1997): Neuvoston puheenjohtajuus ja EU:n asialista. Esimerkkinä Irlannin puheenjohtajuuskausi 1.7.-31.12.1996. Helsinki: Valtiovarainministeriö Hallinnon Kehittämisosasto.

RITTBERGER, Volker/WOLF, Klaus Dieter (1991): Problemfelder internationaler Beziehungen aus politologischer Sicht. Tübingen: Friedensforschung am Institut für Politikwissenschaft der Universität Tübingen.

ROBERTSON, George (1996): Weg vom kontroversen Ansatz zu Europa, in: The Philip Morris Institute for Public Policy Research [Hrsg.]: Gleichheit für alle Staaten in einer größeren EU. Brüssel: The Philip Morris Institute for Public Policy Research, S. 59-67.

RÖHL, Hans Christian (1994): Die Beteiligung der Bundesrepublik Deutschland an der Rechtsetzung im Ministerrat der Europäischen Union - Die Rolle des Ausschusses der Ständigen Vertreter (COREPER) und der Ständigen Vertretung, in: Europarecht Bd. 29 H. 4, S. 409-439.

ROLOFF, Ralf (2002): Aktuelle Vorschläge zur Reform der europäischen Außen- und Sicherheitspolitik, in: http://www.swp-berlin.org (Stand: 02.04.2003).

ROMETSCH, Dietrich (1995): Europäische Kommission, in: Weidenfeld, Werner/Wessels, Wolfgang [Hrsg.]: Europa von A-Z. Taschenbuch der europäischen Integration. Bonn: Europa Union Verlag GmbH, S. 160-167.

ROMETSCH, Dietrich (1999): Die Rolle und Funktionsweise der Europäischen Kommission in der Ära Delors. Frankfurt am Main: Peter Lang GmbH.

ROMETSCH, Dietrich/WESSELS, Wolfgang (1994): The Commission and the Council of Ministers, in: Edwards, Geoffrey/Spence, David [Hrsg.]: The European Commission. London: Cartermill International Ltd., S. 202-224.

ROSAMOND, Ben (2000): Theories of European Integration. New York: St. Martin´s Press.

ROY, Joaquin/KANNER, Aimee (2001): Spain and Portugal: Betting on Europe, in: Zeff, Eleanor E./Pirro, Ellen B. [Hrsg.]: The European Union and the Member States. Cooperation, Coordination, and Compromise. Boulder: Lynne Rienner Publishers Inc., S. 235-263.

RUIN, Olof (2002): Sveriges statsminister och EU. Ett halvår i centrum. Stockholm: Hjalmarson & Högberg Bokförlag.

SABÁ, Katlyn (1996): Spain: Evolving Foreign Policy Structures – From EPC Challenge to CFSP Management, in: Algieri, Franco/Regelsberger, Elfriede [Hrsg.]: Synergy at Work. Spain and Portugal in European Foreign Policy. Bonn: Europa Union Verlag GmbH, S. 181-205.

SABSOUB, Jean-Pierre (1992): Der Rat der Europäischen Gemeinschaft. Einführung in seine Struktur und in seine Arbeit. Luxemburg: Amt für amtliche Veröffentlichungen der Europäischen Gemeinschaften.

SANCHEZ DA COSTA PEREIRE, Pedro (1996): Portugal: Public Administration and EPC/CFSP – A Fruitful Adaptation Process, in: Algieri, Franco/Regelsberger, Elfriede [Hrsg.]: Synergy at Work. Spain and Portugal in European Foreign Policy. Bonn: Europa Union Verlag GmbH, S. 207-229.

SANTER, Jacques (1991a): The Luxembourg Presidency of the European Community After the First Three Months: The Challanges Ahead, in: Clesse, Armand/Vernon, Raymond [Hrsg.]: The European Community After 1992: A New Role in the World Politics? Baden-Baden: Nomos Verlagsgesellschaft, S. 19-26.

SANTER, Jacques (1991b): Die Ziele der luxemburgischen EG-Präsidentschaft. Vortrag von Jacques Santer, Vorsitzender des Europäischen Rates und Premierminister von Luxemburg. Bonn, den 30. Januar 1991. Bonn: Europäische Gespräche, S. 5-25.

SASSE, Christoph (1972): Die Zukunft der Verfassung der Europäischen Gemeinschaft. Überlegungen zu einigen Reformkonzepten, in: Europa-Archiv Bd. 27 H. 3, S. 87-100.

SASSE, Christoph (1975): Regierungen Parlamente Ministerrat. Entscheidungsprozesse in der Europäischen Gemeinschaft. Bonn: Europa Union Verlag GmbH.

SASSE, Christoph (1977): Part I: Governments, Parliaments, and the Council of Ministers, in: Sasse, Christoph/Poullet, Edouard/Coombes, David/Deprez, Gérard: Decision Making in the European Community. New York: Praeger Publishers, S. 1-126.

SATULI, Antti (1999): An Ideal Beginning to the Finnish Presidency, in: Unitas. Meritanordbanken Economic Review Bd. 71 H. 3, S. 4-9.

SATULI, Antti/STUBB, Alexander (2001): Nizzan hallitustenvälinen sopimus. Hyvään lopputulokseen heikolla tavalla, in: Ulkopolitiikka H. 1, S. 3-12.

SCHÄFER, Günther F. (1997): Die institutionellen Herausforderungen einer EU-Osterweiterung, in: Weidenfeld, Werner [Hrsg.]: Europa öffnen. Anforderungen an die Erweiterung. Gütersloh: Verlag Bertelsmann Stiftung, S. 25-100.

SCHALLENBERG, Alexander/THUN-HOHENSTEIN, Christoph (1999): Die EU-Präsidentschaft Österreichs. Eine umfassende Analyse und Dokumentation des zweiten Halbjahres 1998. Wien: Manzsche Verlags- und Universitätsbuchhandlung GmbH.

SCHARPF, Fritz W. (1999): Regieren in Europa. Effektiv und demokratisch? Frankfurt am Main: Campus Verlag GmbH.

SCHARPF, Fritz W./REISSERT, Bernd/SCHNABEL, Fritz (1976): Politikverflechtung: Theorie und Empirie des kooperativen Föderalismus in der Bundesrepublik. Kronberg: Scriptor Verlag GmbH.

SCHEEL, Walter (1988): Die EG nach der deutschen Präsidentschaft – 1992 ist näher gerückt, in: integration Bd. 11 H. 4, S. 143-149.

SCHEICH, Manfred (2002): Die EU nach Nizza, Laeken und Sevilla. Eine kritische Analyse, in: Europäische Rundschau Bd. 30 H. 3, S. 23-30.

SCHIEDER, Peter (1998): The View of the Social Democratic Party, in: Höll, Otmar [Hrsg.]: The Austrian Presidency of the European Union. OIIP/TEPSA Conference,

Vienna, 15/16 May 1998. Laxenburg: Österreichisches Institut für Internationale Politik, S. 106-108.

SCHILD, Joachim (1999): Springt Europas Motor wieder an: Konflikte und Chancen im deutsch-französischen Verhältnis, in: Blätter für deutsche und internationale Politik Heft 2, S. 188-195.

SCHILD, Joachim (2001): National v. European Identities? French and Germans in the European Multi-Level System, in: Journal of Common Market Studies Bd. 39 H. 2, S. 331-351.

SCHMUCK, Otto (1993): The Setting of the Luxembourg and Dutch Presidencies, in: Kirchner, Emil J./Tsagkari Anastassia [Hrsg.]: The Council Presidency: A Comparison of the Dutch and Luxembourg Presidency and Reform Considerations. University of Essex: Centre for European Studies, S. 7-13.

SCHMUCK, Otto (2002): Föderalismus, in: Weidenfeld, Werner/Wessels, Wolfgang [Hrsg.]: Europa von A-Z. Taschenbuch der europäischen Integration. Bonn: Europa Union Verlag GmbH, S. 217-220.

SCHNEIDER, Heinrich (1992): Europäische Integration: Die Leitbilder und die Politik, in: Kreile, Michael [Hrsg.]: Die Integration Europas. Opladen: Westdeutscher Verlag GmbH, S. 3-35.

SCHNEIDER, Heinrich (1999): Europäische Integration im Wandel, in: Bayerische Landeszentrale für politische Bildung [Hrsg.]: Legitimation Transparenz Demokratie. Fragen an die Europäische Union. München: Bayerische Landeszentrale für politische Bildung, S. 8-33.

SCHNEIDER, Heinrich (2000): Alternativen der Verfassungsfinalität: Föderation, Konföderation – oder was sonst?, in: integration Bd. 23 H. 3, S. 171-184.

SCHNEIDER, Heinrich/WESSELS, Wolfgang (1994): Föderales Europa im Widerstreit - Einführung und Übersicht, in: Schneider, Heinrich/Wessels, Wolfgang [Hrsg.]: Föderale Union - Europas Zukunft. München: C. H. Beck´sche Verlagsbuchhandlung, S. 7-20.

SCHOLL, Bruno (2003): Wie tragfähig ist die neue institutionelle Architektur der EU? Der Verfassungsentwurf des Konvents im Spiegel nationalstaatlicher Präferenzen, in: integration Bd. 26 H. 3, S. 204-217.

SCHOUT, Adriaan (1998): The Presidency as a Juggler: Managing Conflicting Expectations, in: EIPASCOPE H. 2, S. 1-17, in: http://www.eipa-nl.com/public/ public_eipascope/98/scop_2/story1.htm (Stand: 12.05.2001).

SCHÜSSEL, Wolfgang (1998): Schwerpunkte der österreichischen Präsidentschaft, in: Europäische Rundschau Bd. 26 H. 2, S. 9-16.

SCHWARZ, Franz F. [Hrsg.] (1989): Aristoteles: Politik: Schriften zur Staatstheorie. Stuttgart: Philipp Reclam jun. GmbH & Co.

SCHWARZ, Oliver (2003): Integrationsmethoden und -theorien, in: http://www. europa-reden.de/info/theorie.htm (Stand: 22.05.2003).

SEIDEL, Martin (1996): Wahre Gleichheit nur im Föderalismus, in: The Philip Morris Institute for Public Policy Research [Hrsg.]: Gleichheit für alle Staaten in einer größeren EU. Brüssel: The Philip Morris Institute for Public Policy Research, S. 69-78.

SHACKLETON, Michael (2002): The European Parliament, in: Peterson, John/Shackleton, Michael [Hrsg.]: The Institutions of the European Union. Oxford: Oxford University Press Inc., S. 95-117.

SHERRINGTON, Philippa (2000): The Council of Ministers. Political Authority in the European Union. London: Pinter.

SIERRA, José Manuele Martínez (2002): The Spanish Presidency. Buying more than it can choose? Discussion Paper C 112. Bonn: Rheinische Friedrich-Wilhelms-Universität Bonn. Zentrum für Europäische Integrationsforschung, in: http://www.zei.de (18.02.2003).

SIMULA, Anu Eerika (2000): Suomen EU-puheenjohtajuus hallinnollisten järjestelyjen näkökulmasta, in: Martikainen, Tuomo/Tiilikainen, Teija [Hrsg.]: Suomi EU:n johdossa. Tutkimus Suomen puheenjohtajuudesta 1999. Saarijärvi: Gummerus Kirjapaino Oy, S. 21-49.

SMERAL, Egon/WÜGER, Michael (1999): Die gesamtwirtschaftliche Bedeutung der Übernahme der EU-Präsidentschaft durch Österreich. Wien: Österreichisches Institut für Wirtschaftsforschung.

SMERAL, Egon/WÜGER, Michael (2000): Use of intervention models to assess the effects of the EU Presidency on revenues from international tourism, in: Tourism Economics Bd. 6 H. 1, S. 61-72.

SPÄTH, Wilhelm (1990): Die Arbeit des EPZ-Sekretariats, in: Europa-Archiv Bd. 45 H. 6, S. 213-220.

SPENCE, David (1999): Foreign Ministries in National and European Context, in: Hocking, Brian [Hrsg.]: Foreign Ministries. Change and Adaptation. London: Macmillan Press Ltd, S. 247-268.

STARK, Christiane (2002): Different types of meetings of the EU Heads of Government, in: http://dragoman.orc/ec (Stand: 27.01.2003).

STEIN, Caroline (2000): What is a good presidency and how is it achieved? Comparing and evaluating the Austrian, German and Finnish presidencies. Thesis for the Degree of Master of European Studies. Natolin: College of Europe.

STENBERG, Esa (1999): The Intellectual Debate on the European Union in Finland. Research and Policy Paper No. 8. Paris: Notre Europe. Groupement d'etudes et de recherches, in: http://www.notre-europe.asso.fr (Stand: 18.02.2003).

STEPPACHER, Burkard (1997): Der Rat der Europäischen Union, in: Weidenfeld, Werner/Wessels, Wolfgang [Hrsg.]: Jahrbuch der Europäischen Integration 1996/1997. Bonn: Europa Union Verlag GmbH, S. 49-54.

STEPPACHER, Burkard (1998): Der Rat der Europäischen Union, in: Weidenfeld, Werner/Wessels, Wolfgang [Hrsg.]: Jahrbuch der Europäischen Integration 1997/1998. Bonn: Europa Union Verlag GmbH, S. 63-70.

STEPPACHER, Burkard (2000a): Der Rat der Europäischen Union, in: Weidenfeld, Werner/Wessels, Wolfgang [Hrsg.]: Jahrbuch der Europäischen Integration 1999/2000. Bonn: Europa Union Verlag GmbH, S. 69-76.

STEPPACHER, Burkard (2000b): „Und hinterm Horizont geht's weiter…", in: Die politische Meinung Bd. 45 H. 370, S. 69-72.

STEPPACHER, Burkard (2001): Der Rat der Europäischen Union, in: Weidenfeld, Werner/Wessels, Wolfgang [Hrsg.]: Jahrbuch der Europäischen Integration 2000/2001. Bonn: Europa Union Verlag GmbH, S. 67-74.

STREINZ, Rudolf (1984): Die Luxemburger Vereinbarung. Rechtliche und politische Aspekte der Abstimmungspraxis im Rat der Europäischen Gemeinschaften seit der Luxemburger Vereinbarung vom 19. Januar 1966. München: Verlag V. Florentz GmbH.

STUBB, Alexander (1996): A Categorization of Differentiated Integration, in: Journal of Common Market Studies Bd. 34 H. 2, S. 283-295.

STUBB, Alexander (2000): The Finnish Presidency, in: Edwards, Geoffrey/Wiessala, Georg [Hrsg.]: The European Union. Annual Review of the EU 1999/2000. Oxford: Blackwell Publishers Ltd., S. 49-53.

STÜWE, Klaus (1999): Der Staatenbund als Europäische Option. Föderative Entwicklungsperspektiven der Europäischen Union, in: Aus Politik und Zeitgeschichte B 1-2/99, S. 22-31.

SVENSSON, Anna-Carin (2000a): In the Service of the European Union. The Role of the Presidency in Negotiating the Amsterdam Treaty 1995-97. Uppsala: Uppsala University Library.

SVENSSON, Anna-Carin (2000b): Der schwedische Vorsitz der Europäischen Union, Januar-Juni 2001. Aktuelles über Schweden Nr. 31. Stockholm: Schwedisches Institut.

SVENSSON, Anna-Carin (2000c): Kan Sverige hantera maktfrågorna?, in: Internationella studier H. 4, S. 17-26.

TALLBERG, Jonas (2000): En väg till inflytande, in: Internationella studier H. 4, S. 7-16.

TALLBERG, Jonas (2001a): The Agenda-Shaping Powers of the EU Council Presidency, in: http://www.svet.lu.se/Research/sve_Research.html (Stand: 22.08.2002).

TALLBERG, Jonas (2001b): Inledning – Sveriges ordförandeskap i EU 2001, in: Tallberg, Jonas [Hrsg.]: När Europa kom till Sverige. Ordförandeskapet i EU 2001. Stockholm: SNS Förlag, S. 9-32.

TALLBERG, Jonas (2001c): Avslutning – ordförandeskapet och den svenska Europapolitiken, in: Tallberg, Jonas [Hrsg.]: När Europa kom till Sverige. Ordförandeskapet i EU 2001. Stockholm: SNS Förlag, S. 225-237.

TALLBERG, Jonas [Hrsg.] (2001d): När Europa kom till Sverige. Ordförandeskapet i EU 2001. Stockholm: SNS Förlag.

TALLBERG, Jonas (2002): The Power of the Chair in International Bargaining. Paper prepared for presentation at the 2002 ISA Annual Convention, New Orleans, March 24-27 2002, in: Auf Email-Anfrage d. Verf. übermittelt von Tallberg am 20.09.2002 (jonas.tallberg@svet.lu.se).

TEETZMANN, Doris (2001): „Europäische Identität" im Spannungsfeld von Theorie, Empirie und Leitbildern. Göttingen: Cuvillier.

TESKE, Horst (1993): Die Europäische Gemeinschaft. Aufgaben, Organisation, Arbeitsweise. Bonn: Dümmler

TEUNE, Henry (1964): Models in the Study of Political Integration, in: Jacob, Philip E./Toscano, James V. [Hrsg.]: The Integration of Political Communities. New York: J. B. Lippincott Company, S. 283-303.

THE EUROPEAN POLICY CENTRE (2002): Constitution of the European Union (17.09.2002). The Europe We Need Working Paper. Brussels: The European Policy Centre, in: http://www.irri-kiib.be/papers.htm (Stand: 10.03.2003).

THE EUROPEAN STEERING COMMITTEE OF NOTRE EUROPE (2001): A Chain Command for Europe, in: Arnaud, Jean-Louis: European Union. The Reform of the Council of Ministers. Paris: Notre Europe. Groupement d'etudes et de recherches, in: http://www.notre-europe.asso.fr (Stand: 18.02.2003), S. 30-34.

THE INDEPENDENT COMMISSION FOR THE REFORM OF THE INSTITUTIONS AND PROCEDURES OF THE UNION (1999): Advancing the Union, in: http://www.icri.org.uk/ad-union.pdf (Stand: 09.06.2002).

THORHALLSSON, Baldur (2000): The Role of Small States in the European Union. Aldershot: Ashgate Publishing Limited.

THUNE, Christian (1994): Dänemark, in: Weidenfeld, Werner/Wessels, Wolfgang [Hrsg.]: Jahrbuch der Europäischen Integration 1993/1994. Bonn: Europa Union Verlag GmbH, S. 313-318.

THUN-HOHENSTEIN, Christoph (1999): Expectations and Results, in: Höll, Otmar/Puntscher Riekmann, Sonja [Hrsg.]: The Austrian Presidency of the European Union: Assessment and Perspectives. Conference Austria Vienna 19/20 March 1999. Laxenburg: Österreichisches Institut für Internationale Politik, S. 14-18.

TIILIKAINEN, Teija (2000a): EU Suomen johdolla uudelle vuosituhannelle. Testi läpäisty kunnialla, in: Ulkopolitiikka Bd. 37 H. 1, S. 45-52.

TIILIKAINEN, Teija (2000b): Finland Guided the EU into the New Millenium-The First Test Passed, in: The Finnish Institute of International Affairs [Hrsg.]: Northern Dimensions 2000. The Yearbook of Finnish Foreign Policy. Forssa: Forssan kirjapaino, S. 25-33.

TIILIKAINEN, Teija (2000c): Johdatus Suomen puheenjohtajuuden haasteisiin, in: Martikainen, Tuomo/Tiilikainen, Teija [Hrsg.]: Suomi EU:n johdossa. Tutkimus Suomen puheenjohtajuudesta 1999. Saarijärvi: Gummerus Kirjapaino Oy, S. 1-19.

TIILIKAINEN, Teija (2000d): Suomi johtajana EU:n ulkosuhteissa, in: Martikainen, Tuomo/Tiilikainen, Teija [Hrsg.]: Suomi EU:n johdossa. Tutkimus Suomen puheenjohtajuudesta 1999. Saarijärvi: Gummerus Kirjapaino Oy, S. 163-185.

TINDEMANS-GRUPPE [Hrsg.] (1996): Welches Europa wollen Sie? Fünf Szenarien für das Europa von morgen. Baden-Baden: Nomos Verlagsgesellschaft.

TONRA, Ben (1996a): Die irische Präsidentschaft der Europäischen Union - Flexibilität und Phantasie, in: integration Bd. 19 H. 3, S. 133-145.

TONRA, Ben (1996b): Report on The Netherlands' Presidency of the Council of Ministers Seminar. Dublin: Institute of European Affairs.

TROY JOHNSTON, Mary (1994): The European Council. Gatekeeper of the European Community. Boulder: Westview Press Inc.

TRUMPF, Jürgen (1988): Reflections from Three German Presidencies – High Marks for the German Coordination Model, Low Marks for the Presidency System, in: Wessels, Wolfgang/Regelsberger, Elfriede [Hrsg.]: The Federal Republic of Germany and the European Community: The Presidency and Beyond. Bonn: Europa Union Verlag GmbH, S. 266-275.

TRUMPF, Jürgen (1998): Zur Reform der Europäischen Union, in: Staatswissenschaft und Staatspraxis Bd. 9 H. 3, S. 397-407.

TSAKALOYANNIS, Panos (1985): The Presidency of the Council of Ministers of the European Communities: National Paper on Greece, in: O'Nuallain, Colm [Hrsg.]: The Presidency of the Council of Ministers. Impacts and Implications for National Governments. Kent: Croom Helm Ltd, S. 101-118.

TUGENDHAT, Christopher (1986): Making Sense of Europe. Harmondsworth: Penguin Book Ltd.

UNGERER, Werner (1983a): Europa-Politik unter deutscher Präsidentschaft, in: Außenpolitik Bd. 34 H. 1, S. 3-16.

UNGERER, Werner (1983b): Deutsche EG-Präsidentschaft im Rückblick, in: Außenpolitik Bd. 34 H. 4, S. 332-347.

UNGERER, Werner (1998): Die neuen Verfahren nach der Einheitlichen Europäischen Akte: Eine Bilanz aus der Ratsperspektive, in: Hrbek, Rudolf/Jopp, Mathias/Lippert, Barbara/Wessels, Wolfgang [Hrsg.]: Die Europäische Union als Prozeß. Verfassungsentwicklungen im Spiegel von 20 Jahren der Zeitschrift integration. Bonn: Europa Union Verlag, S. 302-315.

UUTELA, Marjo (1999): The Finnish Presidency of the EU, in: http://um1.tmt.tele.fi/finfo/english/ eupresid.html (Stand: 23.02.2000).

VAN BEUGE, Charles R. (1993): Strategies and Perspectives of the Dutch Presidency, in: Kirchner, Emil J./Tsagkari Anastassia [Hrsg.]: The Council Presidency: A Comparison of the Dutch and Luxembourg Presidency and Reform Considerations. University of Essex: Centre for European Studies, S. 23-29.

VAN DE VOORDE, Willem (2002): Plädoyer für das Rotationsverfahren in der Ratspräsidentschaft der Europäischen Union, in: integration Bd. 25 H. 4, S. 318-324.

VANHOONACKER, Sophie (2003): A Revival of the Benelux?, in: Österreichische Zeitschrift für Politikwissenschaft Bd. 32 H. 1, S. 7-17.

VAN SCHENDELEN, M. P. C. M. (1996): The Council Decides: Does the Council Decide?, in: Journal of Common Market Studies Bd. 34 H. 4, S. 531-548.

VASEY, Martin (1988): Decision-making in the Agriculture Council and the „Luxembourg Compromise“, in: Common Market Law Review Bd. 25 H. 4, S. 725-732.

VERBEKE, Johan/VAN DE VOORDE, Willem (1994): The Presidency of the European Union. Some Reflections on Current Practice and Recent Evolutions, in: Studia Diplomatica Bd, XLVII H. 3, S. 29-40.

VERHEUGEN, Günter (1999): Deutschland und die EU-Ratspräsidentschaft: Erwartungen und Realitäten, in: integration Bd. 22 H. 1, S. 1-8.

VERLAG HERDER [Hrsg.] (1995): Herder Lexikon Politik. Freiburg: Verlag Herder.

VICTOR, Janina (1999): The Council Presidency of the European Union and its function as „Honest Broker“. Abschlußarbeit im Studiengang Europäische Studien des Fachbereichs Sozialwissenschaften der Universität Osnabrück.

VON DONAT, Marcell (1987): Das ist der Gipfel. Die EG-Regierungschefs unter sich. Baden-Baden: Nomos Verlagsgesellschaft.

VON KYAW, Dietrich (1999): Prioritäten der deutschen EU-Präsidentschaft unter Berücksichtigung des Europäischen Rates in Wien. Discussion Paper C 33. Bonn: Rheinische Friedrich-Wilhelms-Universität Bonn. Zentrum für Europäische Integrationsforschung, in: http://www.zei.de (18.02.2003).

VORNBÄUMEN, Axel (1985): Dynamik in der Zwangsjacke. Die Präsidentschaft im Ministerrat der Europäischen Gemeinschaft als Führungsinstrument. Bonn: Europa Union Verlag GmbH.

VOSS, Hendrik/BAILLEUL, Emilie (2002): The Belgian Presidency and the Post-Nice Process After Laeken. Discussion Paper C 102. Bonn: Rheinische Friedrich-Wilhelms-Universität Bonn. Zentrum für Europäische Integrationsforschung, in: http://www.zei.de (18.02.2003).

WALLACE, Helen (1975): Note of the Month. Holding the Ring: The EEC Presidency, in: The World Today Bd. 31 H. 8, S. 307-309.

WALLACE, Helen (1984a): Role and Evolution of the Presidency, in: Hoscheit, Jean-Marc [Hrsg.]: The Impact of European Affairs on National Administrations – The Case of the Presidency. Proceedings of the Colloquium Organized by the European Institute of Public Administration, 17-18 November 1983. Maastricht: European Institute of Public Administration, S. 5-13.

WALLACE, Helen (1984b): General Conclusions, in: Hoscheit, Jean-Marc [Hrsg.]: The Impact of European Affairs on National Administrations – The Case of the Presidency. Proceedings of the Colloquium Organized by the European Institute of Public Administration, 17-18 November 1983. Maastricht: European Institute of Public Administration, S. 57-59.

WALLACE, Helen (1985a): The Presidency of Council of Ministers of the European Community: Tasks and Evolution, in: O'Nuallain, Colm [Hrsg.]: The Presidency of the Council of Ministers. Impacts and Implications for National Governments. Kent: Croom Helm Ltd, S. 1-22.

WALLACE, Helen (1985b): The Presidency of Council of Ministers of the European Community: A Comparative Perspective, in: O'Nuallain, Colm [Hrsg.]: The Presidency of the Council of Ministers. Impacts and Implications for National Governments. Kent: Croom Helm Ltd, S. 261-279.

WALLACE, Helen (1985c): Negotiations and Coalition Formation in the European Community, in: Government and Opposition Bd. 20 H. 4, S. 453-472.

WALLACE, Helen (1986): The British Presidency of the European Community's Council of Ministers: The opportunity to persuade, in: International Affairs Bd. 62 H. 4, S. 583-599.

WALLACE, Helen (1993a): A Critical Assessment of the Styles, Strategies and Achievements of the Two Presidencies, in: Kirchner, Emil J./Tsagkari Anastassia [Hrsg.]: The Council Presidency: A Comparison of the Dutch and Luxembourg

Presidency and Reform Considerations. University of Essex: Centre for European Studies, S. 45-51.

WALLACE, Helen (1993b): Vereinigtes Königreich, in: Weidenfeld, Werner/Wessels, Wolfgang [Hrsg.]: Jahrbuch der Europäischen Integration 1992/1993. Bonn: Europa Union Verlag GmbH, S. 355-362.

WALLACE, Helen (1999): The Evolving Presidency of the Council of the European Union, in: Höll, Otmar/Puntscher Riekmann, Sonja [Hrsg.]: The Austrian Presidency of the European Union: Assessment and Perspectives. Conference Austria Vienna 19/20 March 1999. Laxenburg: Österreichisches Institut für Internationale Politik, S. 71-73.

WALLACE, Helen (2000): The Institutional Setting, in: Wallace, Helen/Wallace, William [Hrsg.]: Policy-Making in the European Union[4]. Oxford: Oxford University Press, S. 3-37.

WALLACE, Helen (2001): Stimmen und Stimmungen aus Nizza: Entscheidungen der Regierungskonferenz 2000 zum Rat, in: integration Bd. 24 H. 2, S. 124-132.

WALLACE, Helen (2003): Designing Institutions for an Enlarging European Union, in: Amato, Giuliano (CONV 703/03): Studie des Europäischen Universitätsinstituts, vorgelegt von dem stellvertretenden Vorsitzenden des Konvents Giuliano Amato [28.04.2003]: Zehn Überlegungen zum Verfassungsvertrag für Europa, S. 85-105.

WALLACE, Helen/EDWARDS, Geoffrey (1976): European Community: The Evolving Role of the Presidency of the Council, in: International Affairs Bd. 54 H. 4, S. 535-550.

WALLACE, William (1983): Introduction: Cooperation and Convergence in European Foreign Policy, in: Hill, Christopher [Hrsg.]: National Foreign Policies and European Political Cooperation. London: George Allen&Unwin Ltd, S. 1-16.

WANKA, Wendelin (1998): Die österreichische EU-Ratspräsidentschaft aus der Sicht der Stadt, in: Perspektiven. EU-Ratspräsidentschaft '98 H. 4/5, S. 9-11.

WARLEIGH, Alex (2002): Flexible Integration. Which Model for the European Union? London: Sheffield Academic Press Ltd.

WASSER, Hartmut (1993): Von der Unabhängigkeitserklärung zur Verfassung, in: Wasser, Hartmut [Hrsg.]: USA. Politik Gesellschaft Wirtschaft. Opladen: Leske + Budrich, S. 17-34.

WEBBER, Douglas [Hrsg.] (1999): The Franco-German Relationship in the European Union. London: Routledge.

WEIDENFELD, Werner (1984): Die Bilanz der Europäischen Integration 1983, in: Weidenfeld, Werner/Wessels, Wolfgang [Hrsg.]: Jahrbuch der Europäischen Integration 1983. Bonn: Europa Union Verlag GmbH, S. 13-34.

WEIDENFELD, Werner [Hrsg.] (1994): Europa '96. Reformprogramm für die Europäische Union. Gütersloh: Verlag Bertelsmann Stiftung.

WEIDENFELD, Werner [Hrsg.] (1995): Reform der Europäischen Union. Gütersloh: Verlag Bertelsmann Stiftung

WEIDENFELD, Werner [Hrsg.] (1997): Europa öffnen. Anforderungen an die Erweiterung. Gütersloh: Verlag Bertelsmann Stiftung.

WEIDENFELD, Werner (1998a): Zukunftsgut Europa, in: Europäische Rundschau Bd. 26 H. 3, S. 5-13.

WEIDENFELD, Werner [Hrsg.] (1998b): Amsterdam in der Analyse. Gütersloh: Verlag Bertelsmann Stiftung.

WEIDENFELD, Werner (2001a): Zwischen Anspruch und Wirklichkeit – die europäische Integration nach Nizza, in: Weidenfeld, Werner [Hrsg.]: Nizza in der Analyse. Gütersloh: Verlag Bertelsmann Stiftung, S. 19-49.

WEIDENFELD, Werner [Hrsg.] (2001b): Nizza in der Analyse. Gütersloh: Verlag Bertelsmann Stiftung.

WEIDENFELD, Werner (2001c): Bilanz der Europäischen Integration 2000/2001, in: Weidenfeld, Werner/Wessels, Wolfgang [Hrsg.]: Jahrbuch der Europäischen Integration 2000/2001. Bonn: Europa Union Verlag GmbH, S. 13-24.

WEIDENFELD, Werner (2002a): Europa – aber wo liegt es?, in: Weidenfeld, Werner [Hrsg.]: Europa-Handbuch. Bonn: Bundeszentrale für politische Bildung, S. 15-40.

WEIDENFELD, Werner (2002b): Europäische Einigung im historischen Überblick, in: Weidenfeld, Werner/Wessels, Wolfgang [Hrsg.]: Europa von A-Z. Taschenbuch der europäischen Integration. Bonn: Europa Union Verlag GmbH, S. 10-50.

WEIDENFELD, Werner/GIERING, Claus (1998): Die Europäische Union nach Amsterdam - Bilanz und Perspektive, in: Weidenfeld, Werner [Hrsg.]: Amsterdam in der Analyse. Gütersloh: Verlag Bertelsmann Stiftung, S. 19-87.

WEIDENFELD, Werner/GIERING, Claus (2002): Die Zukunft Europas, in: Weidenfeld, Werner [Hrsg.]: Europa-Handbuch. Bonn: Bundeszentrale für politische Bildung, S. 783-806.

WEIDENFELD, Werner/JANNING, Josef (2001): Europas Zukunftsfähigkeit – Herausforderung, Grundlagen, Perspektiven. CAP Working Paper 12/2001. München: Ludwig-Maximilians-Universität München. Centrum für angewandte Politikforschung.

WEIDENFELD, Werner/JUNG, Christian (1993): Lehren aus Maastricht: Transparenz, Demokratie und Effizienz in der Europäischen Union, in: integration Bd. 16 H. 3, S. 118-146.

WEIDENFELD, Werner/JUNG, Christian (1997): Osterweiterung und Handlungsfähigkeit der Europäischen Union: Zwang zur Reform, in: Weidenfeld, Werner [Hrsg.]: Europa öffnen. Anforderungen an die Erweiterung. Gütersloh: Verlag Bertelsmann Stiftung, S. 11-23.

WEINSTOCK, Ulrich (1980): Wie kann der Entscheidungsprozeß in der Gemeinschaft verbessert werden? Zum Bericht der „Drei Weisen“, in: integration Bd. 3 H. 2, S. 60-75.

WEINSTOCK, Ulrich (1981): Vorschläge zur Belebung des Ministerrates der Europäischen Gemeinschaft, in: Europa-Archiv Bd. 36 H. 2, S. 47-56.

WELZ, Christian/ENGEL, Christian (1993): Traditionsbestände politikwissenschaftlicher Integrationstheorien: Die Europäische Gemeinschaft im Spannungsfeld von

Integration und Kooperation, in: von Bogdandy, Armin [Hrsg.]: Die Europäische Option. Baden-Baden: Nomos Verlagsgesellschaft, S. 129-169.

WERTS, Jan (1992): The European Council. The Hague: T.M.C. Asser Institut.

WESSELS, Wolfgang (1980): Der Europäische Rat. Stabilisierung statt Integration? Geschichte, Entwicklung und Zukunft der EG-Gipfelkonferenzen. Bonn: Europa Union Verlag GmbH.

WESSELS, Wolfgang (1988): The Federal Republic and the EC – Four Issues Revisited, in: Wessels, Wolfgang/Regelsberger, Elfriede [Hrsg.]: The Federal Republic of Germany and the European Community: The Presidency and Beyond. Bonn: Europa Union Verlag GmbH, S. 305-314.

WESSELS, Wolfgang (1991): The EC Council: The Community's Decisionmaking Center, in: Keohane, Robert O./Hoffman, Stanley: The New European Community. Decisionmaking and Institutional Change. Boulder: Westview Press Inc., S. 133-154.

WESSELS, Wolfgang (1992): A Mission as Broker, Guardian and Ambassador for a Historic Opportunity, in: Pijpers, Alfred [Hrsg.]: The European Community at the Crossroads. Major Issues and Priorities for the EC Presidency. Dordrecht: Martinus Nijhoff Publishers, S. 13-23.

WESSELS, Wolfgang (1996): Verwaltung im EG-Mehrebenensystem: Auf dem Weg zur Megabürokratie, in: Jachtenfuchs, Markus/Kohler-Koch, Beate [Hrsg.]: Europäische Integration. Opladen: Leske + Budrich, S. 165-192.

WESSELS, Wolfgang (1998): The Presidency of the Council. From the Capability/Expectation Gap to the Trap of Overstretchment. Remarks in View of the Austrian Presidency 1998, in: Höll, Otmar [Hrsg.]: The Austrian Presidency of the European Union. OIIP/TEPSA Conference, Vienna, 15/16 May 1998. Laxenburg: Österreichisches Institut für Internationale Politik, S. 143-149.

WESSELS, Wolfgang (2000a): Die Öffnung des Staates. Modelle und Wirklichkeit grenzüberschreitender Verwaltungspraxis 1960-1995. Opladen: Leske + Budrich.

WESSELS, Wolfgang (2000b): Grenzen- und ratlos – Institutionelle Flexibilisierung gegen geographische Überdehnung, in: Lippert, Barbara [Hrsg.]: Osterweiterung der Europäischen Union – die doppelte Reifeprüfung. Bonn: Europa Union Verlag GmbH, S. 349-367.

WESSELS, Wolfgang (2001): Die Vertragsreformen von Nizza – Zur institutionellen Erweiterungsreife, in: integration Bd. 24 H. 1, S. 8-25.

WESSELS, Wolfgang (2002a): Das politische System der EU, in: Weidenfeld, Werner [Hrsg.]: Europa-Handbuch. Bonn: Bundeszentrale für politische Bildung, S. 329-347.

WESSELS, Wolfgang (2002b): Europäischer Rat, in: Weidenfeld, Werner/Wessels, Wolfgang [Hrsg.]: Europa von A-Z. Taschenbuch der europäischen Integration. Bonn: Europa Union Verlag GmbH, S. 184-188.

WESSELS, Wolfgang (2003): Beamtengremien im EU-Mehrebenensystem – Fusion von Administrationen, in: Jachtenfuchs, Markus/Kohler-Koch, Beate [Hrsg.]: Europäische Integration. Opladen: Leske + Budrich, S. 353-383.

WESSELS, Wolfgang/JANTZ, Birke (1997): Flexibilisierung: Die Europäische Union vor einer neuen Grundsatzdebatte? Grundmodelle unter der Lupe, in: Hrbek, Rudolf [Hrsg.]: Die Reform der Europäischen Union. Positionen und Perspektiven anläßlich der Regierungskonferenz. Baden-Baden: Nomos Verlagsgesellschaft, S. 345-368.

WESTLAKE, Martin (1999): The Council of the European Union. London: John Harper Publishing.

WESTLAKE, Martin (2000): The Council, in: Lynch, Philip/Neuwahl, Nanette/Rees, Wyn G. [Hrsg.]: Reforming the European Union – from Maastricht to Amsterdam. Essex: Pearson Education Limited, S. 9-31.

WEYLAND, Joseph (1993): Strategies and Perspectives of the Luxembourg Presidency, in: Kirchner, Emil J./Tsagkari Anastassia [Hrsg.]: The Council Presidency: A Comparison of the Dutch and Luxembourg Presidency and Reform Considerations. University of Essex: Centre for European Studies, S. 15-22.

WHEARE, Kenneth C. (1963): Federal Government. London: Oxford University Press.

WIELGOß, Tanja (1997): Die Europäische Union vor ihrer ersten Osterweiterung. Vorbereitung, Probleme und Konsequenzen. Berlin: Logos Verlag Berlin.

WILLIS, Virginia (1982): Britons in Brussels. Officials in the European Commission and Council Secretariat. London: London Policy Studies Institute.

WILMING, Claudia (1995): Institutionelle Konsequenzen einer Erweiterung der Europäischen Union. Eine ökonomische Analyse der Entscheidungsverfahren im Ministerrat. Baden-Baden: Nomos Verlagsgesellschaft.

WITTMANN, Peter (1998): The Priorities of the Austrian Presidency, in: Höll, Otmar [Hrsg.]: The Austrian Presidency of the European Union. OIIP/TEPSA Conference, Vienna, 15/16 May 1998. Laxenburg: Österreichisches Institut für Internationale Politik, S. 26-29.

WOLF, Dieter (1999): Integrationstheorien im Vergleich. Funktionalistische und intergouvernementalistische Erklärung für die Europäische Wirtschafts- und Währungsunion im Vertrag von Maastricht. Baden-Baden: Nomos Verlagsgesellschaft.

WOSCHNAGG, Gregor (1998a): The Challenges of Administering the Austrian Presidency, in: Luther, Kurt Richard/Ogilvie, Iain [Hrsg.]: Austria and the European Union Presidency: Backround and Perspectives. Keele: Keele European Research Centre, S. 103-113.

WOSCHNAGG, Gregor (1998b): The Priorities of the Austrian EU-Presidency, in: Höll, Otmar [Hrsg.]: The Austrian Presidency of the European Union. OIIP/TEPSA Conference, Vienna, 15/16 May 1998. Laxenburg: Österreichisches Institut für Internationale Politik, S. 32-34.

WOSCHNAGG, Gregor (2000): Österreich in der Europäischen Union – Zielvorstellungen des Ratsvorsitzes, in: Pape, Matthias [Hrsg.]: Österreich – Von der Monarchie zum EU-Partner. Baden-Baden: Nomos Verlagsgesellschaft, S. 131-134.

WOYKE, Wichard (1992): Belgien, Niederlande, Luxemburg, in: Weidenfeld, Werner/Wessels, Wolfgang [Hrsg.]: Jahrbuch der Europäischen Integration 1991/1992. Bonn: Europa Union Verlag GmbH, S. 297-309.

WOYKE, Wichard (2000): Deutsch-französische Beziehungen seit der Wiedervereinigung. Das Tandem faßt wieder Tritt. Opladen: Leske + Budrich.

WRIGHT, Vincent (1996): The national co-ordination of European policy-making. Negotiating the quagmire, in: Richardson, Jeremy J. [Hrsg.]: European Union. Power and policy-making. London: Routledge, S. 148-169.

WUERMELING, Joachim (1996): Streicht die Räte und rettet den Rat! Überlegungen zur Reform des EU-Ministerrats, in: Europarecht Bd. 31 H. 2, S. 167-178.

WURZEL, Rüdiger K. W. (1996a): The Role of the EU Presidency in the Environmental Field: Does It Make a Difference Which Member State Runs the Presidency?, in: Journal of European Public Policy Bd. 3 H. 2, S. 272-291.

WURZEL, Rüdiger K. W. (1996b): What Role Can the Presidency Play in Coordinating European Union Environmental Policy-making? An Anglo-German Comparison, in: European Environmental Law Review Bd. 5 H. 3, S. 74-79.

WURZEL, Rüdiger K. W. (2000): Flying into unexpected turbulence: The German EU Presidency in the environmental field, in: German Politics Bd. 9 H. 3, S. 23-42.

WURZEL, Rüdiger K. W. (2001): The EU Presidency and the Integration Principle: An Anglo-German Comparison, in: European Environmental Law Review Bd. 10 H. 1, S. 7-15.

WURZEL, Rüdiger K. W. (2002): Enviromental Policy. Symposium on the Swedish 2001 EU Council Presidency, in: Cooperation and Conflict Bd. 37 H. 2, S. 206-211.

ZBINDEN, Martin (1998): Implications of the Intergovernmental Conference and the Treaty of Amsterdam for Small States, in: Goetschel, Laurent [Hrsg.]: Small States Inside and Outside the European Union. Interests and Policies. Dordrecht: Kluwer Academic Publishers, S. 207-241.

7.4 Printmedien

Dagens Nyheter 19.01.2003; Persson säger nej till EU-federation, in: http://www.dn.se (Stand: 20.01.2003).

Der Spiegel 4/2002; Trick 2007, S. 18.

Die Presse 12.10.2002; Auf die österreichische Gefühlslage Rücksicht nehmen, in: http://www.diepresse.at (Stand: 14.10.2002).

Die Welt 24.04.2003; Giscard: Alle Macht den Räten, in: http://www.welt.de (Stand: 24.04.2003).

Die Zeit 26.06.2003a; Ein Thron für König Silvio I., in: http://zeus.zeit.de (Stand: 26.06.2003).

Die Zeit 26.06.2003b; Europas Sündenfall, in: http://zeus.zeit.de (Stand: 26.06.2003).

Financial Times 30.04.2002; Schröder boosts reform plans as he swaps EU presidency with Finland, in: http://www.ft.com (Stand: 17.06.2002).

Financial Times 15.05.2002; France and UK call for new force at top of EU, in: http://www.ft.com (Stand: 17.05.2002).

Financial Times 14.01.2003; Boost for EU presidency plan, in: http://www.ft.com (Stand: 15.01.2003).

Financial Times Deutschland 30.04.2002; Deutschland und Finnland tauschen Präsidentschaft, in: http://www.ftd.de (Stand: 17.05.2002).

Financial Times Deutschland 16.05.2002a; Fischer stellt sich gegen Schaffung eines EU-Ministers.

Financial Times Deutschland 16.05.2002b; London schlägt neues Amt an der EU-Spitze vor.

Financial Times Deutschland 13.02.2003; EU-Parlament kritisiert Modell für EZB-Reform.

Financial Times Deutschland 19.02.2003; EU-Kritik an EZB-Reform nimmt zu.

Financial Times Deutschland 21.02.2003; Europa-Parlament lehnt Rotation in EZB-Führung ab.

Financial Times Deutschland 03.03.2003; Finnland droht Blockade der EZB-Reform an.

Financial Times Deutschland 06.03.2003; EZB-Reform droht an Finnland zu scheitern.

Financial Times Deutschland 21.03.2003; Blockade gegen EZB-Reform bröckelt, in: http://www.ftd.de (Stand: 24.04.2003).

Financial Times Deutschland 15.05.2003; Das Glas ist halb voll.

Financial Times Deutschland 19.05.2003; Briten wehren sich gegen EU-Außenamt.

Financial Times Deutschland 21.01.2004; Irland will EU-Verfassung wiederbeleben.

Financial Times Deutschland 18.02.2004; Europa braucht Führung.

Frankfurter Allgemeine Zeitung 28.05.1994; Kohl und Mitterrand wollen EU-Präsidentschaften koordinieren.

Frankfurter Allgemeine Zeitung 01.06.1994; Symbolische Gesten und Absichtserklärungen beim Treffen Kohls mit Mitterrand in Mülhausen.

Frankfurter Allgemeine Zeitung 27.12.1994; Ein Fest nur für die Buchhalter.

Frankfurter Allgemeine Zeitung 08.03.2003; Es gibt noch anderes als den Irak-Konflikt. Schröder und Berlusconi sprechen in Bremen vor allem über Europa.

Frankfurter Allgemeine Zeitung 05.04.2003; „Nicht nur auf die Großen schauen". Kleine Länder im EU-Konvent gegen deutsch-französischen Vorstoß.

Frankfurter Allgemeine Zeitung 24.04.2003; Giscards Überraschungen.

Frankfurter Allgemeine Zeitung 25.04.2003; Konventspräsidium verändert Giscards Vorschläge stark.

Frankfurter Allgemeine Zeitung 26.04.2003; Der Kurfürst blickt über die da unten hinweg.

Frankfurter Allgemeine Zeitung 16.05.2003; Papandreou schlägt Direktwahl des Ratspräsidenten vor.

Frankfurter Allgemeine Zeitung 13.12.2003; Historische Chance verpaßt - EU-Gipfel gescheitert, in: http://www.faz.net (14.12.2003).

Handelsblatt 17.06.2002; „Betriebsblinde Finanzminister".

Helsingin Sanomat 18.06.1999; Lipponen: Kosovosta Suomen EU-puheenjohtokauden suurin haaste.

Helsingin Sanomat 01.07.1999a; Ulkoministeriö varautuu kaiken maailman kriiseihin.

Helsingin Sanomat 01.07.1999b; Puheenjohtajuus maksaa Suomelle 371 miljoonaa.

Helsingin Sanomat 01.05.2002; Brittilehti epäilee Suomea ja Saksaa EU:n budjettipelistä.

Helsingin Sanomat 24.11.2002; Onko EU:ssa pieniä ja suuria jäsenmaita?

Helsingin Sanomat 16.05.2003; Pienet maat tyrmäsivät ehdotuksen EU:n presidentistä.

Helsingin Sanomat 01.07.2003; Kiistelty Berlusconi aloittaa EU-johdossa.

Kurier 31.05.1998; Kein Burgfriede während der EU-Präsidentschaft, in: http://archiv.kurier.at (Stand: 09.06.2002).

Süddeutsche Zeitung 05.03.2002; Spanien erwartet wenig von EU-Gipfeltreffen.

Süddeutsche Zeitung 22.03.2002; Kanzler schlägt Rat den Europaminister vor.

Süddeutsche Zeitung 02.05.2002; Poltern und Pokern.

Süddeutsche Zeitung 11./12.05.2002a; Supermann im Kompetenzgerangel.

Süddeutsche Zeitung 11./12.05.2002b; Den Überblick verloren.

Süddeutsche Zeitung 17.05.2002; Blair fordert neue Führungskraft in EU.

Süddeutsche Zeitung 23.05.2002; EU soll mit einer Stimme sprechen.

Süddeutsche Zeitung 01./02.06.2002; SZ-Interview mit Jean-Claude Juncker „Die EU-Außenpolitik gehört in die Kommission".

Süddeutsche Zeitung 10.06.2002; Cox kritisiert Pläne für Amt eines EU-Präsidenten.

Süddeutsche Zeitung 24.04.2003; Der böse Geist der Tafelrunde.

Süddeutsche Zeitung 05.05.2003; Europa braucht mehr Integration.

Süddeutsche Zeitung 12.05.2003; Der unflätige Regierungschef.

Süddeutsche Zeitung 17.06.2003; Berlusconis Dilemma. Der Premier zwischen EU-Ratspräsidentschaft und Anklagebank.

Süddeutsche Zeitung 18./19.06.2003; Ein Raufbold für Europa.

Süddeutsche Zeitung 10.07.2003; Giscard: Außenminister-Posten wird erst 2006 besetzt.

The Economist 11.10.2002; A Constitution for Europe, in: http://www.economist.com (Stand: 14.10.2002).

The Economist 08.05.2003; Unfit to lead Europe. The Italian prime minister is not the man to speak for the European Union, in: http://www.economist.com (Stand: 12.05.2003).

Wirtschaftswoche 02.10.2003; Ernste Krise droht. Der frühere Präsident der Brüsseler Kommission über den neuen europäischen Verfassungsentwurf, die Stabilität des Euro und die Zukunft der Europäischen Union, S. 42-44.

FSC
www.fsc.org
MIX
Papier | Fördert
gute Waldnutzung
FSC® C083411

Kolibri 360 GmbH
Ferdinand-Jühlke-Straße 7
99095 Erfurt, Deutschland
produktsicherheit@kolibri360.de

Druck:
CPI Druckdienstleistungen GmbH
im Auftrag der
Kolibri 360 GmbH
Ferdinand-Jühlke-Str. 7
99095 Erfurt